# 通海口风情

余立功　总纂

南海出版公司

·海口·

# 湖北省仙桃市通海口镇
# 《通海口风情》

**总　纂**　余立功

**编纂委员会成员**（按姓氏笔画排列）

马道富　王泉远　刘祖荣　张礼成　张光照　陈　青　聂传松
莫茂修　韩训政　曾令益　谢守鼎　雷本海　熊自强

**撰稿人**（按姓氏笔画排列）

马月亮　马汉昌　马定炯　马道富　王东柏　王庆炎　王庆耀
王志华　王克松　王树恒　王泉远　王恒璧　文必发　文必宏
文昌荣　帅的困惑（网名）　叶少琴　叶少雄　田光权　田光和
田光璧　朱　墨　刘兴隆　刘松青　刘祖荣　许　汉　许　明
许　翠　李木兰　李长乐　李传学　李庆成　李明晰　李炎高
李　恬　李培新　杨　柳　肖海林　但召旭　但召俊　余功鑫
余立功　怀万静　张才林　张礼成　张光照　张定福　张祖国
张道兰　张德荣　陆家鑫　陈　青　陈　超　武海英　范体军
范体芳　范体国　范体明　范体新　罗绍华　金祖友　周传普
周彦星　周振金　郑家尧　钟儒柱　姜耀雄　莫茂修　夏甸清
顾绍柏　郭祥纲　涂正立　涂阳文　涂阳生　涂阳斌　黄霞春
黄霞清　萧仁沛　蒋志红　韩训华　韩训良　韩训政　韩祖英
曾凡银　曾令益　曾德雄　谢守鼎　雷玉华　雷玉琼　雷本权
雷本海　雷宏伟　雷震山　简希刚　熊自强　熊志军　熊　英
魏泽军

**协　编**　韩训政　王泉远　陈　青

**组织、联络、杂务**　刘祖荣　莫茂修　马道富　熊自强

**友情资助**

朱　墨　王庆耀　石绪伟　陈　浩　郭光鹏　郭光华　杨祖泽
金　成　印贤涛

**封面设计**　夏甸清

编委会部分成员合影。前排左起张光照、张礼成、谢守鼎、马道富、王泉远、熊自强，后排左起曾令盎、莫茂修、刘祖荣、雷本海、聂传松、韩训政

走进通辽口

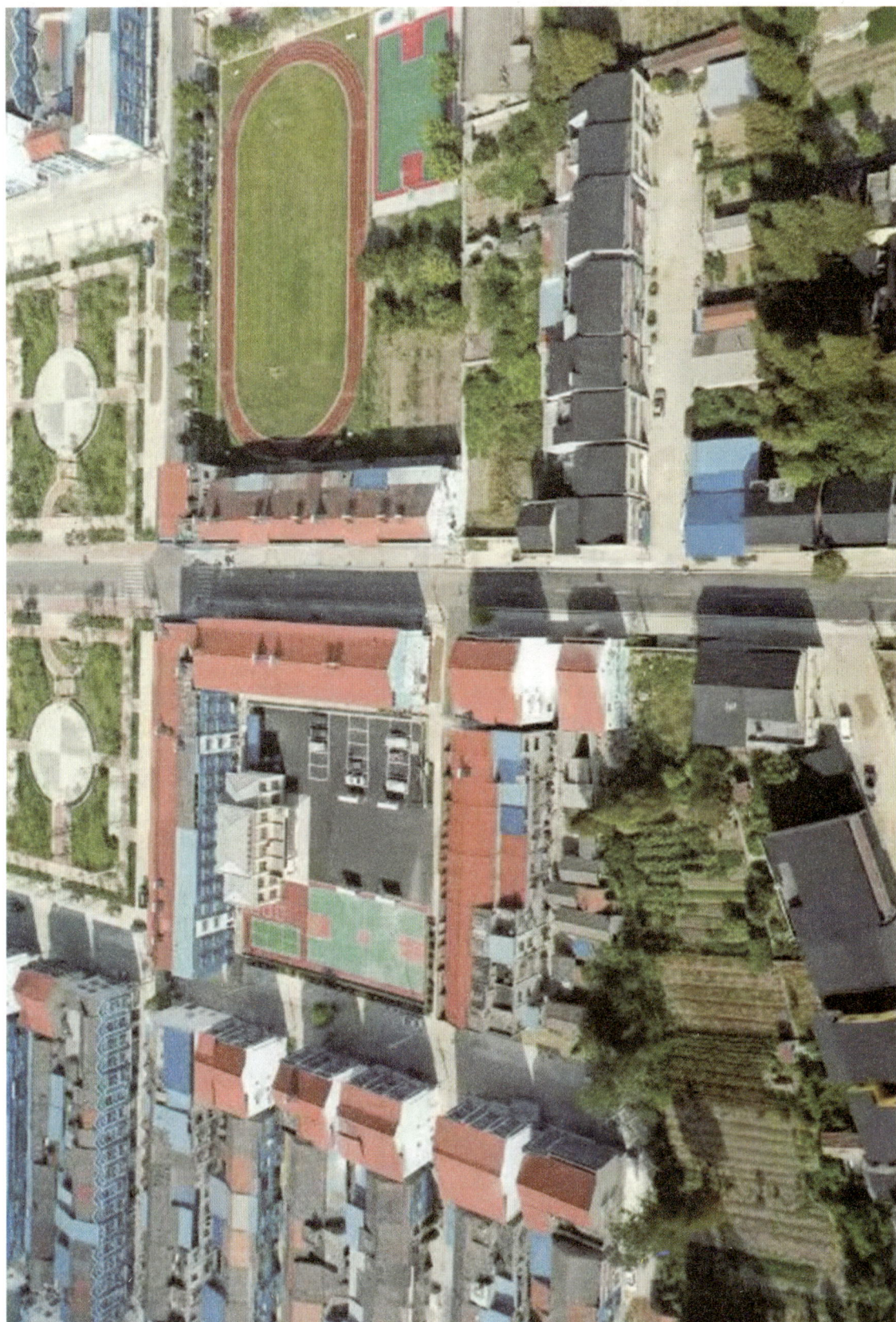

通海口镇美丽乡村鸟瞰图

今日通海口镇夜景

# 前　言

历时近七年的齐心协力，《通海口风情》终于杀青了！

刚刚舒出一口长气，编委会的老先生们却提醒我，得说点么事[1]。仔细想想，也是该说点么事。不然，对不起辛勤付出的编委会老先生们，对不起100多位无私赐稿的作者，更对不起翘首以盼的广大读者。

实话说，做梦也没想到，《通海口风情》会跟我扯上关联。

那是筹备工作已经在路上的2019年春节。刚回到老家，岳父岳母就告诉我，通海口一帮老先生，拟在出版《通镇往事》和《通海口记忆》之后，趁热打铁再编一本书，叫我来总纂。我哑然失笑说，怎么可能？通海口人杰地灵，文采飞扬又德高望重者比肩继踵，再怎么轮，也轮不到我来赶鸭子上架的。没想到，第二天韩训政老师果真找上门来。我想都没想就一口回绝，还讲了几条理由，希望韩老师另觅高人。也的确那时公务缠身，分不出时间和精力。

韩老师不气馁，一如既往地执着。不忍心耄耋老人三番五次上门，我就心软了，加上岳父岳母撺掇，说是用另类方式，为家乡尽点绵薄之力，这才于当年"十一"回家探亲，勉为其难地斗胆应允。

之所以最终答应，一个考量是给岳父岳母一个交代，免得他们跟老乡邻、老朋友不好见面。更主要的是，感佩于老先生们对信念的执着、对家乡的热爱、对传承的担当和孜孜以求的精神。

编委会组成人员，大多是早已退休赋闲的父辈老人，不说孙辈，重孙辈都有了。这群本该含饴弄孙、安享幸福晚年的老人，照老家的话说，为何要睡着不烧爬起来烧[2]，折腾着出这么一部书呢？都到了这把年纪，还有么事看不穿、想不透的！难道，还想出个么名，捞个么利吗？不是的！他们全凭信念指引，靠着精神支撑，觉

---

[1] 仙桃方言词汇。"么"即"什么"，"么事"即"什么事"。

[2] 湖北方言俗语。"睡着不烧爬起来烧"指没事找事，发疯了。说话时常带调侃语气，常用于自己。

得还有责任没完成，还有义务没尽到。他们也明确说了，不取分文报酬，全是义务劳动。这是一种怎样的情怀，怎样的品格，怎样的精神！面对这么一群老人，任谁也会折服，而讲不出任何条件。

因为可恶的新冠疫情滋扰，我有两年没回老家。这当然影响了《通海口风情》的编辑进度，但编辑工作并未停顿。这也要感谢我们所处的时代，科技和通信手段高度发达。

2021年"十一"前夕，利用去武汉出差的机会，我专门回了趟仙桃，第一次跟部分老先生见面，在城区开了个编委会会议。不承想，有人是从武汉，或者老家通海口赶来的。望着他们走路都颤颤巍巍的样子，我懊恼怎么不去通海口开会呢？岳父雷本海大人说，你去通海口开会，就有更多人受拖累，因为大多人都住进城区了。我这才释然。开编委会会议，还是尽量整齐的好，可以商商量量，也能够定一些事情。

随着交流交往的深入，互动配合的增多，老先生们对家乡那份炽烈的情，对作者和读者那份诚挚的爱，对书稿追求完美的那份较真劲，不断地感染着我，鞭策着我，感佩之情与日俱增。于是，更为勉力地进行组稿、审稿、统稿、编稿工作。

我是土生土长的通海口人，家住共和村六组，1980年才到武汉读书，后参加工作，自诩与家乡感情笃深，对当地历史和现实都有一定了解。出版的几部文学作品，也都有家乡的影子，包括语言风格。特别是2023年由作家出版社出版的第6部长篇小说《葵花金黄色》（上、下），58万字，更是把故事发生地赋予了"通海口"，也写到了通州河及几个地名。所用语言近乎"土话"，虽作了必要注释，却仍令一些朋友伤透脑筋。这部长篇也赢得了一些口碑，比如荣获第三十二届东丽杯梁斌小说评选长篇小说类二等奖、2023年"深圳市优秀群众文学（小说）评选"长篇小说类一等奖等殊荣。深圳市文联、作协和评协于2023年12月专门召开"余立功长篇小说《葵花金黄色》研讨会"，来自北京大学、中国人民大学、中山大学、上海大学等20多位专家也给予一致好评，肯定作品语言具有强烈的地域性，鲜明地镌刻着"通海口"这个闪亮标签。这也是我，敢理直气壮自诩"通海口人"的底气。2024年第一期《中国乡土文学》发表的中篇小说《王夫子坐席》，除了把故事发生地赋予通海口，更是系统介绍了通海口的乡俗、婚俗以及道德伦理，所用语言更加"通海口化"。为方便外地读者读懂通海口，近5万字的作品，竟有188条注释。

于我而言，通海口不仅是一个地理概念，也是一个文化标签，更是一种精神象征。生我养我的通海口，赋予我生命的同时，也在我的血脉里打上了深刻烙印，让我念兹在兹，无日或忘。所以，《葵花金黄色》里的"通海口"，包括故事情节的构造，当然就既有地理上的涵义，也有文化上的暗示，更有精神上的寄托。

但是，随着稿件源源不断地通过邮箱或者微信汇聚到电脑屏幕，我对自己的自信，竟产生了莫名的动摇。作者们似乎更了解通海口、更理解通海口，他们才是真正读懂了通海口的通海口人。

说来惭愧，本人孤陋寡闻，给《通海口风情》赐稿的100多位作者，竟没几位相熟，包括同在深圳打拼的老乡。通过阅读作品，我对他们迅速熟稔起来。甚至感觉透过那些灵动的文字，看得清他们的举手投足、一颦一笑，听得见他们的嬉笑怒骂、呢喃私语。进而，我对家乡的认识不断深化，对家乡人和事的了解更为深切。

说通海口是块风水宝地，钟灵毓秀，决不是通海口人的狂言妄语，也不是友人的虚赞谬夸，而是恰如其分。自南北朝时期的梁朝天监二年（503年）置沔阳郡起，直到中华人民共和国成立初期（1952年），这里一直是郡、府、路、州、县治所在地，是元末群雄之一、农民起义领袖、陈汉开国皇帝陈友谅的故乡，也是近代以来鄂中第一个红色政权所在地，涌现出了一批以胡幼松烈士为代表的革命先驱，他们在这块红色土地上浴血奋战，创建了革命根据地。这里不仅是新中国最早创办农业合作社（1953年）的地方之一（沙岭农业合作社的经验被毛泽东主席指示，并收入老人家亲自主编的《中国农村的社会主义高潮》），也有70年代全省十七面红旗之一的石垸大队，更有改革开放以来的羽化成蝶。同时，从能妙笔生花地写出如此有灵性作品的作者群，以及作品间活跃着的如此有灵性的人，跳动着的如此有灵性的事，从另一个侧面，也能得到充分佐证。

通观收录的98位作者的137件作品，读者不难发现，作者群是从两个大的维度，给我们展现一个相对完整的通海口的。一个是纵向的维度，用马克思主义大历史观，从历史的纵深，帮助我们了解通海口的辉煌过去，读懂通海口的绚丽现在，也憧憬通海口的美好未来；另一个是横向的维度，用马克思主义的系统论，从不同断面，全方位展示通海口的主体，以及各个构成细胞，所蕴含的丰富资源，和绽放出的无限魅力。

换句话说，作者群以浩瀚的历史长河为经，以大通海口的版图为纬，以生产生活于其上的人民为中心，以发生在这片热土的事件为线索，给我们编织了一幅壮丽而不可多得的通海口画卷。

当然，还可从其他维度，来帮助我们了解家园、熟悉家园、热爱家园，并激起磅礴力量，画出最大同心圆，共同建设好自己的美丽家园。这里重点从"风情"的维度，作一个简单剖析。

风情，体现了一个地域的文化。甚至从某种意义上讲，是地域文化内核的重要组成部分。而"风情"，也是本书的重点。本书的书名，就叫《通海口风情》。那么自然地，从不同的维度来阐释家乡的风情，便是本书的基调。按照百度的解释，所谓"风情"，一是指风采，二是指男女恋爱的情怀，三是指风雅的情愫，四是指风力、风向的情况，五是指风土人情。可以说，本书把这几层意思，一网打尽了。

读完135件作品，我对"风情"又有一些新的感悟，即任何时候，我们对事物的认知，都不能盲目崇拜权威，而必须遵从本心。因为我发现，收纳的部分作品，是超越了百度的概括，但的确属于"风情"，即在百度概括的五类之外，还有一类风情，叫"恋乡之情"。

出海的人，须臾不忘出海口。这些由通海口起程，然后一头扎进汪洋大海的人们，不管是乘坐豪华游轮晒太阳吹海风，还是一丝不挂裸泳；不管是追求更美好生活，还是只去逛逛风景；不管是旅途困乏或者审美疲倦，还是锦衣玉食或者风光无限；不管是归宿仙境，还是落魄流浪……无一例外的，都没齿不忘出发地，都魂牵梦萦通海口。

通海口，已经深深烙印在他们骨子里，流淌在他们血脉里，映照在他们梦境里，是他们一生及至几辈人的牵挂，进而形成一种近乎痴癫的"通海口情结"。这让我想起遍布世界各地的唐人街。这也正如我在长篇小说《人生归途》结尾处所写的那样："丰泽垸虽不是他地理学上的家乡了，但是没有办法，犹如眼前的云彩离不开地球、离不开地球庞大的水循环一样，生了他养了他的这片肥田沃土，已经在他的人生烙上了深刻印记。甚至他的思维逻辑、处事方式、生活习性，都跟长年累月在这片肥田沃土上摸爬滚打的人们并无二致，都镌刻着深深的丰泽垸标记。丰泽垸用一根隐形的细线把他紧紧地拴在她的掌心，让他一辈子不管走到哪里、飘向何方，都离不开对她的思念和牵挂，都挣脱不开她的羁绊。这也正如孙悟空无论怎么折腾，也始终跳不出如来佛的手掌心。故土难离呀！丰泽垸可以没有他，他却须臾离不开丰泽垸。"

这种情结，在我踌躇再三，最后仍收入本书的短文《我的中学永存》里，也有比较充分的描述。只不过，本书的作者们比我境界更高、视野更开阔。我的那篇短文，只写了对通海口中学和小河中学的思念，他们却是对整个通海口的，包括人文和地理，包括历史和现实……难道说，这样的"恋乡之情"，还不是一类风情么！

为方便读者更好地感知和体验通海口，依据编入稿件的情况，我把原定书名《通海口逸事》改为《通海口风情》，同时把文章分成了14个板块，外加一个"书评"和顾绍柏老先生所作的"跋"。换而言之，是从14个维度来阐释通海口风情的，地理、历史、人文、民俗、家风、民风、邻里、饮食、行业等，以及透过友人的"第三只眼睛"，可谓无所不包。

壮哉通海口！人杰地灵通海口！勤劳勇敢睿智包容的通海口人民！

因为成书的整体需要，我对部分作品提了一些修改意见，所涉作者均毫无怨言，不厌其烦地修改完善。更有把文章的取舍，以及修改大权，放心托付给总纂的，说"你想怎么改，就怎么改。"当然，修改时我也十分慎重，尽量忠于作品原意。有时一句话，要反复琢磨，甚至改出几种表达方式，比较哪个更合适。

这是真诚的信任，良性的互动，充满了亲人间的理解和包容，让人倍感温馨，心情愉悦！

有专家指出，地域文化的发展，既是地域经济社会发展不可忽视的重要组成部分，又是地方经济社会发展的窗口和品牌，也是招商引资和发展旅游等产业的基础性条件。通海口特有的文化现象，符合荆楚文化的一般特征，又具有通海口这个较小地域的独特文化个性，以及独特文化魅力，应该归入地域文化一类。我们希望，《通海口风情》的编纂出版，在推进通海口地区经济社会发展，以及繁荣本地文化等方面，发挥一些有益的作用。

本书的编纂，得到了通海口镇委镇政府的大力支持。虽没跟他们谋面商讨编书具体事宜，但据编委会的老先生们讲，镇领导一直关注着《通海口风情》的编纂，给予了组稿等许多指导和便利。

本书的编纂工作，组委会的老先生们付出了辛勤劳动，特别值得称道。因公务缠身，我只对所有文稿作了文字修改，以及纲目编纂和统稿工作，而组稿、通联等等一应事宜，都托付给了老先生们。韩训政老师和我联系最多，常常夜晚十点还给我发微信，或者寄稿子，或者商讨有关组稿、编稿事宜。部分稿件是韩训政和王泉远两位老先生组织人员撰写的，并作了初步修改。我的岳父雷本海等老先生积极提出建议、提供素材、佐证时间事实，多次过问稿件收集情况。从这些点滴事情中，足见老先生们一丝不苟、严谨负责的态度。

本书编纂过程中，得到很多热心乡贤襄助。比如柳李村涂阳斌先生，不仅赐予高质量稿件，还多次和我讨论编纂问题；比如潘坝村陈青先生，部分文章我是通过他的"通海口人"微信公众号了解到的，他还热心做了许多联系联络、穿针引线以及插配图等工作；比如在外发展的武脑村朱墨、碾盘村王庆耀、共和村石绪伟、柳李村陈浩和郭光鹏、郭光华等成功乡贤倾囊以助，以拳拳之忱表爱乡之心、尽同乡之情；比如非通海口籍的沔阳成功人士杨祖泽、金成、印贤涛，也主动提供资助。更有耋寿高龄的《通镇往事》总纂顾绍柏老先生欣然作《跋》，以及萧仁沛先生写的书评《立意高远　打造精品》，让本书赫然增辉……因篇幅所限，恕不一一列举。

本书的编纂，参考了顾绍柏、熊镜川两位老先生总纂的《通镇往事》和《通海口记忆》的相关原则。那两部巨著，为我们少走弯路，提供了很好的指引，也树立了标杆。比如，沿袭大通海口理念，所选文章并非都出自目前的通海口镇范围，还包括了沔城、陈场等地。遗憾的是，未曾跟两位老先生晤面，未能得他们真传。

这是一部众人拾柴、众志成城的集体作品，彰显了通海口人的凝聚力、战斗力和影响力！

在此，谨对所有关心、支持和参与《通海口风情》编纂工作的乡贤和朋友，表达最真诚的谢意，致以最崇高的敬礼！特别感谢南海出版公司和北京抱朴盛德文化传播有限公司的鼎力相助，使本书得以面世，跟广大读者见面。还有部分稿件，本身质量也是高的，但因种种原因没能入选，特表歉意。更有赐稿人张定福、雷震山两位老先生，抱憾地没能等到本书面世，即驾鹤成仙魂游苍穹，特向他们表示衷心感谢，并致以沉痛哀悼！

  由于新冠疫情影响，以及我们能力水平所限，本书存在诸多缺憾，不足之处在所难免。譬如并未事先提出完整大纲，以及重点采写目录，而是根据来稿情况进行编辑分类，其不完整性显而易见，一些重要的人物和事件并未载入其中。

  再一细想，悠长而厚重的通海口，岂是短短百来篇稿子、总计 40 多万字所能囊括和承载的？于是也释然了。好在，《通海口风情》并非历史书，更不是地方志，相信读者能够体谅，也相信以后的类似作品能处理好这些问题。

  拉拉杂杂说了这么多，还是觉得意犹未尽。但也总该有个结束的时候，还是交给读者去评判吧！

余立功

2024 年 7 月 1 日于深圳

# 目录
## CONTENTS

### 第一章　家乡好地方

一次难忘的座谈会——仙桃市通海口镇海峰村三组村民汪继云一席谈 …… 涂阳文 /2
实现最美乡村的梦想 …………………………………………………… 萧仁沛 /4
水乡泽国杂谈 …………………………………………………………… 郭祥纲 /8
回乡散记——寻访杨场红色遗址 ……………………………………… 周传普 /11
杨场桥纪事 ……………………………………………………………… 周传普 /22
"鱼米之乡"散记 ……………………………………………… 郭祥纲　李木兰 /28
通州河，我的母亲河 …………………………………………………… 许　明 /32
通州河桥集锦 ………………………………………………… 涂阳生　郑家尧 /35
"小汉口"散记 …………………………………………………………… 王东柏 /38
谈柴说灶 ………………………………………………………………… 周振金 /41
桂花台村赋 ……………………………………………………………… 李传学 /44
追昔抚今话采桑 ……………………………………………… 黄霞清　郑家尧 /45
水乡五七村 ……………………………………………………………… 黄霞春 /49
柳李记忆碎片 …………………………………………………………… 刘兴隆 /52
新旧社会两重天——回忆家乡天星洲王家渡 ………………………… 文必发 /59
水乡情思 ………………………………………………………………… 简希刚 /63
东荆河——家乡的河 …………………………………………………… 熊　英 /66
流淌在心中的河 ………………………………………………………… 李长乐 /69
远　乡 …………………………………………………………………… 刘松青 /71
记忆似条河 ……………………………………………………………… 周彦星 /74
我心中神圣的铁塔 ……………………………………………………… 张祖国 /76

### 第二章　地名有故事

救王垱缘何而来 ………………………………………………………… 王庆耀 /80
"玉皇阁"今犹在？ ……………………………………………………… 王庆耀 /84
熊庙潭与熊家庙之传说 ………………………………………………… 魏泽军 /87
石垸名称之缘起及湾组名称之变迁 …………………………………… 李庆成 /90
斋公桥 …………………………………………………………………… 王泉远 /92
重阳树与黑大仙庙 ……………………………………………………… 但召旭 /94
高昇垱上的故事 ………………………………………………………… 王志华 /99
湘字号河的传说 ………………………………………………………… 莫茂修 /102

## 第三章　民俗蕴大雅

土语年俗称谓 …………………………………………………………… 郭祥纲/108
通海口的歇后语 ………………………………………………………… 周振金/113
春节习俗的变迁 ………………………………………………………… 钟儒柱/115
男婚女嫁讲究多 ………………………………………………… 雷本海　韩训政/117
花　轿 …………………………………………………………………… 张才林/122
1981年的集体婚礼 ……………………………………………………… 涂阳斌/125
上　梁 …………………………………………………………………… 曾令益/127
观水碗 …………………………………………………………………… 韩训华/129
远逝的打硪声 …………………………………………………………… 王树恒/132

## 第四章　家风代代传

颂家风戏剧词 …………………………………………………………… 马定炯/136
情系于怀　根植于心——怀念家伯余启宗老先生 …………………… 余功鑫/140
祖父的田福源 ………………………………………… 田光璧　田光和　田光权/143
怀念我的肖爹 …………………………………………………………… 雷玉华/146
我的父亲母亲 …………………………………………………………… 余立功/151
父母为我治病 …………………………………………………………… 曾令益/157
父亲如书 ………………………………………………………… 叶少雄　叶少琴/160
纸短情长：家风家教书信间 …………………………………………… 叶少雄/163
父　亲——写在父亲逝世12周年之际 ………………………………… 李明晰/172
怀念大仁大爱的母亲 …………………………………………………… 周传普/177
妈妈的古训 ……………………………………………………………… 张道兰/183
妈妈，您最珍贵 ………………………………………………………… 蒋志红/188
"小伯"有大爱 …………………………………………………………… 但召俊/191
游和尚寻子 ……………………………………………………………… 韩训政/196
丁氏割肝 ……………………………… 马二姑（丁氏孙女）丁宗昌/口述　马月亮/整理/200
三婶吴碧玉 ……………………………………………………………… 韩祖英/201
秉承家风　繁花不落——来自排湖岸边的"马老板" ………………… 马汉昌/205

## 第五章　民风真淳朴

劫后余生话当年——忆1983年武汉空军派飞机飞赴通海口抢救伤员事件始末
　……………………………………………………………………………… 曾凡银/208
记曾定邦书记二三事 …………………………………………………… 涂阳斌/212
我为贤妻颁证书 ………………………………………………………… 张光照/215
情系杨场——记通海口知青下乡五十周年联谊活动 ………………… 雷本权/219
难忘深恩 ………………………………………………………………… 马道富/222
碾盘行 …………………………………………………………………… 韩训良/225
我的"姆妈"陈家秀 ……………………………………………………… 谢守鼎/230
记忆里的小人书 ………………………………………………………… 蒋志红/233

## 第六章　文脉贯古今

与通海口文朋诗友交往记略 …………………………………………… 涂阳斌/238

| | |
|---|---|
| 笔墨如幻,画出军人一世芳华——我眼中的军旅书画家朱墨大哥 | 蒋志红/252 |
| 现代诗《和平万岁》与朱墨的画作(两幅) | 朱 墨/257 |
| 陆家鑫画作(两幅) | 陆家鑫/260 |
| 许汉书法作品(三幅) | 许 汉/262 |
| 父亲的书法情 范体军 范体明 范体新 范体国 | 范体芳/263 |
| 从沔阳花鼓戏《秋江》说开去 | 刘祖荣/265 |
| 荆楚放歌——通海口区毛泽东思想文艺宣传队简忆 | 李庆成/271 |
| 七律·大雪节前一日喜闻通海口诗社成立感吟兼以贺之(外一首) | 许 明/281 |
| 逐渐消亡的通海口民谣情歌 雷本海 | 韩训政/282 |
| 通海口童谣58首 | 涂阳斌等收集整理/287 |
| 鼎盛时期通海口教育之小考 | 金祖友/300 |
| 五六十年代的人民教师 | 韩训政/304 |
| 通海口小学,我永远的根 | 雷本权/307 |
| 情系通海口中学 | 张德荣/309 |
| 进入母校的长廊——1979年某星期天写于通海口中学 | 张礼成/313 |
| 我的中学永存 | 余立功/314 |
| 难忘天中 | 陈 青/317 |

## 第七章 师生情谊长

| | |
|---|---|
| 贵人不难遇 | 余立功/322 |
| 人生的航标——献给我的几位小学老师 | 李庆成/329 |
| 我的知青老师 | 王庆炎/338 |
| 我的老师林进荣 | 曾德雄/341 |
| 怀念我的启蒙老师 | 姜耀雄/343 |

## 第八章 地灵人亦杰

| | |
|---|---|
| 陈友谅出世 | 韩训政/346 |
| 杨金凤与沔阳三蒸 | 韩训政/349 |
| 通海口抗倭名将王麟 | 王庆耀/353 |
| 喋血通海口——王怀之抗日传奇 | 王克松/357 |
| 忆跛爹二三事 | 王志华/365 |
| 不忘初心的老共产党员 | 李庆成/370 |
| 爱我所爱无怨无悔——我把人生献给共和国粮食事业 | 罗绍华/374 |
| 记"沔阳三蒸"第四代传承人——李和鸣 | 张道兰/378 |

## 第九章 往事不如烟

| | |
|---|---|
| 少年识得愁滋味 熊志军 | 雷玉琼/384 |
| 通海口老家的街坊 | 张德荣/389 |
| 通海口老街旧事和旧物件 | 张礼成/394 |
| 不常见的自然景观和野生动物 | 雷震山/399 |
| 老戏院里的趣闻轶事 | 张定福/401 |
| 君自故乡来 | 王恒璧/405 |

| 1969年的旗杆 | 涂阳斌/408 |
| 难忘逸事 | 张光照/411 |
| 小院　槐树　老人 | 蒋志红/417 |
| 到外婆家去 | 张礼成/419 |
| 在评工记分的日子里 | 李炎高/423 |
| 那一座小桥 | 肖海林/425 |

## 第十章　最忆儿时事

| 七十年代通海口伢趣事集锦 | 文昌荣/428 |
| 我在通海口度过少儿时代 | 李恬（田化军）/432 |
| 那年十岁 | 雷宏伟/439 |
| 童年散记 | 张礼成/441 |
| 童年记忆 | 李炎高/444 |
| 端阳节趣事 | 熊自强/446 |
| 有段情感,搁浅在通海口 | 怀万静/450 |
| 通海口伢 | 许　翠/453 |
| 最忆儿时"火钵子" | 蒋志红/460 |
| 彩票情牵上学路 | 蒋志红/462 |
| 赶街二则 | 陈　超/466 |

## 第十一章　难忘味蕾香

| 通海口酒席12大碗 | 帅的困惑（网名）/470 |
| 家乡美味 | 夏甸清/473 |
| 难忘通海口老早点 | 雷本权/476 |
| 儿时的小吃 | 张礼成/477 |
| 记忆中的排湖味道 | 刘松青/480 |
| 通海口的白米粽 | 陈　青/484 |
| 麻叶子 | 许　汉/486 |

## 第十二章　话说老行当

| 斗转星移话榨坊 | 李培新/492 |
| 记忆中的草鞋 | 王志华/494 |
| 李家五爷罐头场 | 张德荣/498 |
| 彭家钩铺 | 但召旭/502 |

## 第十三章　未来不是梦

| 追梦,永远在路上——记一专多能型人才黄斌 | 莫茂修/506 |
| 不同的房子相同的梦 | 涂正立/511 |
| 我的未来不是梦 | 武海英/513 |

## 第十四章　第三只眼睛

| 在永和的日子 | 文必宏/516 |
| 通海口记忆 | 杨　柳/521 |
| 立意高远　打造精品 | 萧仁沛/525 |

| 跋 | 顾绍柏/529 |

一

家乡好地方

# 一次难忘的座谈会
——仙桃市通海口镇海峰村三组村民汪继云一席谈*

涂阳文

今年3月下旬,我接到通海口镇委的一个通知,要我参加市里的一个座谈会。当时,正是我的蔬菜大棚里辣椒苗子和茄子苗子上市的黄金季节,我犹豫不决,因为耽误一天时间可能价格就有很大的不同。

最后我跟通知我的领导说,这个座谈会我就不参加了,因为我大棚里面的苗子等着去卖,卖迟了,就不值钱了。

当时我根本不知道是个么座谈会,领导也不知道,只是说是个很重要的座谈会,主要是关于农村和农民问题的座谈会,当时我也没有往心里放。

3月29日一清早,我拖着一板车苗子到离家10多里远的一个集市上去卖。

我刚到集市上,镇里领导的电话就来了,问我在哪里,我说了我的情况。镇领导十分着急地对我说:"老汪,你赶快回来,上次跟你说的那个座谈会你一定要参加。你不去,我们都要跟着你倒霉的。"这时我才感觉到这个座谈会的重要。

我也是在村组搞了好多年工作的人,虽然我现在是个普通农民,但领导信任我,我也不能让领导为难。于是,我马不停蹄地拖着板车赶回了家,镇农委主任正在我家等着。

我放下板车,就与镇农委主任搭车赶到了仙桃,说实话,我以为是个普通的座谈会,连衣服都没有换一件。

到了开座谈会的地方,市领导叫镇农委主任回家,就留下我一个人,我就感觉这个座谈会真的很重要了。

这时市农委主任跟我作了一些交代,说如果我有发言的机会,就实事求是地讲我这几年种田的情况,既不要夸大,也不要说些你不了解的情况。

我迅速把我种田的情况在脑海里"过"了一遍。说别的,我不行;说种田,我有一本账,应该没问题的。

座谈会马上就要开始了,这时我才知道是温家宝总理来了,要召开一个座谈会。跟温总理说什么呢?我心里真没底,这时我马上在心里琢磨起来,既要把自己种田的事表述清楚,又要让总理放心。

走进会议室,我的名字都摆在座谈会的桌子上了,就是一张席卡,席卡下放着

---

*此文原载于《仙桃日报》2009年10月20日。

纸，我在纸上写了几个我想说的事和我的内心话。写完我想说的话，抬头一看，温总理已经坐在对面了，我与温总理是面对面地坐着。

总理听省市领导汇报时，要求他们汇报重点事情，他说给点时间，让农民代表多说说。我们共有五六个农民代表，有监利县的，有汉川市的，有洪湖市的，我们市有三个人。来的都是种粮大户，只有我种的田少些。

当轮到我发言时，总理直接说："老汪，你讲讲你的虾稻模式，有什么困难，有什么问题。"

总理的问话，把我准备汇报的东西全打乱了、搞忘了。我真不知道总理对我稻田养龙虾的情况这么熟悉。

我向温总理说起我的虾稻模式：我种了40亩水稻，春季种一季油菜，再种一季水稻，水稻田收了养虾，一年仅养虾一亩田就可增收200多元。

我把我种田的情况给总理作了汇报，我并没有重点说养虾，我说了我种春季油菜的事。我说我种的是油菜新品种"华杂211"，是华中农业大学研究出来的，亩产达到456斤，比过去的品种高了近200斤。我还引用了毛主席的话："有了优良品种，既不增加肥力，也不要增加人力，可得到较好的收成。"

我的话一说完，温总理频频点头，脸上露出会心的笑。我还向温总理提了我想说的事，就是油菜价格问题。我说，中央能不能像关心稻谷一样，对油菜价格给个指导价，或者向农民通报全国的油菜生产情况，好让我们种田心里有底。温总理马上对农业部领导说："他的这个意见很好，我们每年要给农民一个'种田早知道'。"

最后温总理还作了讲话，句句都是为我们农民着想的，他说了我们农民关心的三件事：一是进一步提高粮价；二是加大对农民的种粮补贴；三是进一步开拓农资市场，让农民买到放心化肥、放心农药。

同时，温总理还对农村问题作了四点指示：一是要加强农田水利基本建设；二是加强农村社会事业建设；三是加强农民保障建设；四是加强返乡农民工安置工作。

温总理的话，句句都说到我心里了。总理时时处处都在为我们农民着想，我们只有种好田，搞好新农村建设，才能不辜负总理对我们农民的关心。

现在我的水稻已经收割，棉花也卖了1100多元，今年大棚蔬菜卖了12000多元，到年底，我想把我的收成给总理作个汇报。

## 实现最美乡村的梦想

萧仁沛

一路游车喜若狂，排湖两岸着新装，
蓝蓝碧镜掀银浪，座座楼台映绿樟。
棉白稻香殷万户，鱼肥鳖壮利千商。
男欢女爱农家乐，天上瑶池迁水乡。

作者萧仁沛

这是笔者2019年金秋游览通海口镇后写的一首抒情诗。诗中赞美了通海口新农村建设的美景，表达了我对通海口实现最美乡村梦想的一片情怀。

金秋日月排湖滟，一条州河两岸连。通海口镇地处仙桃市西南部，是一个物华天宝、人杰地灵的地方。

在这块热土上，曾经出过一位风云人物——陈友谅元代末年，湖北第一个农民起义的领袖，陈友谅就出生在排湖陈家湾，当时统兵六十万人马，威震华夏。在这片热土上，还出过不少文臣武将、志士仁人、诗家墨客、工匠艺人。

今天的这片热土，虽然不见了当年的渔火点点，渔歌互答；不见了刀光剑影，远离了马蹄声声，却仍然散发着沁人心脾的幽香，散发着勃勃生机、无限创造力和想象力。

解放后的50年代后期，通海口设置区公所，管辖十大公社，占了沔阳县的六分之一，是全县的示范区公所和粮仓。60年代编制八大公社，即姚嘴、杨场、潘场、小河、天星、官路、红庙、沔城。历来是省市领导的联系点，是当时沔阳的边陲重镇。

在我记忆中，通海口区在20世纪70年代初期，有湖北日报社的高级记者张良采写了一篇报告文学，题目是《站在排湖边，心向北京城》。这篇轰动全国的文章，主要记述了通海口辖区内排湖边缘的石垸大队和陈家大队，抗击洪水、战天斗地的英雄气概，粮食生产翻番的丰硕成果，为全国狠抓粮食生产起到了先锋模范的带头作用。

20世纪70年代中后期至80年代初，我在通海口大公社工作十年，这里的一草一木、一砖一瓦给我留下了深刻印象。当时，通海口集镇的主街只有两条街，从通海口汽车站到永湘闸横贯东西两条街，街上居民不足三千人。最高的楼房只有两层木楼，绝大部分都是平瓦房。街上行驶的车辆只有"东-20"和"东-40"拖拉机，运输车只有沔阳县粮食车辆和商业车辆。除此之外，就剩手扶拖拉机和自行车行驶。当时的通海口集镇，在沔阳县是一流的。

"东-20"拖拉机

锦绣村庄添锦绣，光明海口更光明。改革开放的春风吹遍了大江南北，富民政策的雨露阳光洒满了长城内外。改革开放四十多年来，通海口镇发生了翻天覆地的变化。大街小巷都是水泥路，新增了两条主街，延伸了两条街道，共有四条主街。其中两条主街长两千米。整个街面楼房林立，式样新颖，布局合理，各具特色。街面宽敞，整洁清新，樟树飘香，摊位整齐，牌面醒目，礼貌文明。现在的通海口集镇，比70年代的沔阳县城（仙桃）还雄伟壮观。尤其是天星洲外滩属于泄洪区，新街村、东堤村、陈闸村、向阳村、王家渡村整体搬迁，集中到了通海口集镇的通州河南北。通州河以北有新街村、东堤村，延长了通海口两条主街。扩建了原通海口小学。通州河以南有向阳村、陈闸村、王家渡村，形成了两条街道，整个搬迁户楼房高大，布局合理，街道宽敞，绿树成荫，休闲娱乐场所样样俱全。在通州河以南，新建了通海口第二小学，学校设计新颖，明窗几净，道路宽敞，可谓乡镇第一流的学校环境。整个街道布局合理，层次分明，疏朗相宜，各具特色，给有限的空间以无限的延伸，达到了"山重水复疑无路，柳暗花明又一村"的景象，真叫人流连忘返。

柳丝拂绿心波荡，桃花映红景色新。2019年春秋时节，我两次到通海口办事，骑一辆自行车从沔城到通海口集镇。在通海口集镇逗留半天，骑车沿通州河以北堤湾村（原东风）、娄沈台村（原大合村）到沔城湖口弦泵站。一路上给我耳目一新的感觉，处处是景，满眼是情。堤湾村在通海口正街东边，"农业学大寨"期间，这里全是平瓦房、土路。春秋两次我边骑车边看，可谓观景复观景，看花又赏花，金风一径路，不觉到君家。进入堤湾村和娄沈台村，好似到了另一个世界。两个村庄楼房林立，式样新颖，水泥道路宽阔，两边绿树成荫，花红柳绿。有的房前是菜园，房后是养鸡养鸭场；有的房后是菜园，房前是花坛。我路过时，年轻姑娘有的在打腰鼓，有的在跳广场舞，有的在唱流行歌，有在唱花鼓调；中年人有的在读书看报，有的在下棋，有的在聊天，有的在打小牌。养在庭院的鸡鸭不时发出嘹亮的叫声，我不时地问自己，这就是新农村建设，这就是小康社会吗？

因我在通海口政府机关工作十年，十年的春夏秋冬，十年的日日夜夜，十年的风雨雪霜，给我留下了深刻印象。这两个村的老年人和中年男女，不时跟我打招呼，向我挥手致意。在堤湾村，我碰到了一名老干部，恭敬下车，问他家庭情况如何。他笑着说："我现在还种有几亩口粮田，政府对我们老干部还有照顾，儿子媳妇都在外打工，家庭还比较幸福，对比以前我们到了天堂，感谢党的好政策！"

同是一个天，同是一个地，同是太阳照，同是中国共产党的领导。堤湾村、娄沈台村对比改革前，农民收入翻了十几倍，居住环境发生了翻天覆地的变化。进入春天，这里杨柳依依，樟树成行，河水清悠，鲜花耀眼。时届夏天，莲荷映日，碧叶接天，鱼藕满塘，鸡鸭成群，绿树成荫。金秋时节，稻田铺金，棉花吐银，瓜果飘香，人喜神欢。进入冬天，冬菊绽放，红梅吐艳，腰鼓震天，舞蹈轻盈，好一派新农村美丽景象。这里政令通、人心顺、民风淳，可谓名不虚传。这就是仙桃的桃花源，当时我情不自禁地赋诗一首——《新农村建设感怀》：

城乡一体化春芳，告别贫穷奔小康。

污水陋房更旧貌，荒坡颓岭换新装。

高楼大厦连环宇，村部广场歌曲扬。

精准扶贫新举措，共同富裕万年长。

红花映日草铺茵，粉蝶赏春风弄影。生活是美好的，前途是光明的。社会生活中的正义与崇高，庄严与伟大，平等与自由，友爱与情感，勤劳与富裕，欢乐与享受，都是生活美好的表现。

政策英明处处生机勃勃，春风得意家家喜气洋洋。2019年金秋，我在通海口镇找到现任镇长周国红，他下村刚回镇，风风火火，精神振奋，恭谦待人，谈吐自如。他笑着说："这些年来，我们通海口镇注重新农村建设，重点抓了村级班子建设，以点带面，多次组织村干部到胡场何口村、三伏潭栗林嘴村参观学习，注重抓典型、树样板，很多村干部为了城乡一体化建设，无私奉献，勇于开拓，敢于拼搏，作风民主。大手笔，大气魄，描绘通海口最美乡村。"他的话使我眼前一亮，这就是新农村建设的引路人，这就是撸袖加油干的好公仆。

朋友，这里就是喜鹊闹枝的地方，这里就是桃花盛开的地方，这里就是新农村建设的示范村！

门前绿水声声笑，屋后果林步步春。写到这里，我用赋的语言，对通海口新农村建设结尾：

汉水之南，荆河之北，仙桃乃冲积平原，海口创富蔗之乡。道路宽阔，贯南北而畅达，州河碧水，穿东西而流淌。交通便利，农牧渔兴旺。海口灿若明珠而耀眼，沃土似膏腴而芬芳。

人杰地灵，史册流芳。友谊起义，兵强马壮。摧毁元朝，威震华夏。从南至北，盛开奇葩，抗日救国，英勇奋杀；解放前夕，志士仁人，投身革命，舍身成仁。50年代，土地改革，三反五反，声名远扬。60年代，抗洪救灾，恢复生产，奋力拼搏。70年代，工农并举，全县楷模，轰动全国。改革开放，英才辈出，不忘初心，建设家乡。遥想昔日天星洲，十年九不收，危堤张血盆大口，堤决翻惊涛骇浪。背井离乡，似枯树而根亡；抛妻别子，如大雁而折翼；讨米要饭，眼噙泪珠两行；死尸遍野，天地为之悲丧！

改革开放，喜气洋洋；农副并举，步入小康。通镇人民，抗洪抢险，奋力拼搏，勇往直前。垒尘土而围堤，掘排湖而垦壤。杨柳伴皓月而轻舞，荷花趁阳光而幽香。锦鳞竞相欢跃，鳖虾悠闲徜徉。举目原野，放歌穹苍。春天百花竞放，夏时绿波荡漾，金秋稻谷盈仓，冬天捷报频传，共绘田园画廊。有地皆宝藏，无垠不风光。

今日通镇，放声高唱。民风之淳朴，人心之善良，勤俭持家，豁达开朗。仁孝高风传故里，老有所养，幼有所教，男女老少享安康。志士仁人，展扭转乾坤之宏愿；富商巨贾，书响彻家乡之华章。龙潜虎藏，造就能工巧匠；人才辈出，涌现文豪武将。楼房新颖，合家共享农家乐；庭院整洁，明月照彻天地朗。文化娱乐广场，朝夕歌舞飞扬，走进书廊画室，品赏翰墨清香。

一年四季，变化无常。春夏秋冬，无限风光；春光拂面，百花绽放。盛夏池塘，莲荷悠扬；金秋时节，丹桂飘香；三九隆冬，红梅傲霜。小区庭院，花坛锦簇，堪称国色天香。百姓安居以乐业，男女老少心欢畅，何处寻找仙境，此处就是天堂。

憧憬未来通海口，构建科技产业乡。农业牧副渔，各业齐兴旺。建成小康乡镇，实现大同理想。人民齐富足，生活之超强。携手同心，再铸辉煌！

# 水乡泽国杂谈

郭祥纲

作者郭祥纲

20世纪四五十年代，通海口地区是一个水乡泽国。镇子的东、南、北三面都被水包围着。就是不淹水的年代，也是这么个状况。如若不信，且听我略道三四。

## 一、东边的杨子四垸湖

沔城（原来属于通海口公社）以东数里处，有个叫"蚂蝗沟"的地方，那是杨子四垸湖的西岸起点。它在解放后几年竟然干涸，成了水稻田，这让我惊奇。向尚未见过此湖的青年朋友介绍当年的情景，他们也大多吃惊地说："原来杨子四垸还是一个大湖呀！"

事情从我三四岁（大概1946年前后）的时候说起。

一天，父母带我到家老妈①家去，我高兴得不得了。清早，我穿了件红色的开裆裤，跟哥哥、姐姐一同出发。一路上，我走路很少，大多是父亲背着。他是一个文弱私塾先生，背的时间长了很累，我就下地走走。一会儿我又走不动了，又要父亲背。这样背背走走，好不容易才穿越沔城、二羊，最后到达蚂蝗沟。我以为到了家老妈家，可父母说："这是刘姑爹家，离家老妈家远着哩！"

姑爹家门前有一条水沟，水上漂着一只船。吃罢午饭，我们都上了船。姑爹撑起竹篙，送我们去家老妈家。在船上点起一炷香，那是计时用的。

船开以后，水沟愈来愈宽，水面愈来愈阔，已是开进了一望无边的湖泊。极目远望，却望不到边。湖水荡漾，烟波浩渺。野鸭成群结队，游荡嬉戏，不时钻入水中，又从另一个地方浮出水面，自由畅快。

我从未见过茫茫无边的大水，心情格外紧张，神色惊惶失措。父母极力安慰，说全家都在船上，不要害怕。我的恐惧心理才稍稍缓解。两炷香烧完，家老妈家终于到了，天也黑了。

这湖西起蚂蝗沟，东至杨家垴，北抵郭河，南临窑场，直径约20里。在沔阳来说，算是一个中等湖泊。

## 二、西北边的毛范垸

1950年前后，我随父亲到离家约四里路的毛范垸武家台去读私塾。父亲先去

---

①家【ga】老妈：通海口方言，即外婆。

了，是二哥陪我去的。从家里出来向西北斜穿夏家垸的田野，一里多路，便上了夏家垸北堤，沿堤向西半里多路便是夏家湾。几道堤在那里纵横交错。过了夏家湾，便走上了毛范垸的东堤。再往前走不多远，堤的两边约300米处，显出一湾人家。那便是武家台。

解放前的毛范垸、夏家垸因地势低洼，大部分被水覆盖着，所以多是水田（种水稻）。凡有人烟的地方，必定筑起很高的台基，每一处台基住着几户乃至十来户人家，星星点点分布在堤的附近。这大概是为了淹水时搬迁和逃避吧。

武家台像个岛屿伫立在水中央。我们眼巴巴地望得见武家台，却不能走到那里去，被一片叫作夜壶沟的水域阻隔了。我和二哥在堤上等了好一会儿，终于有一只小木船向堤岸划来，我们才得以坐船去到父亲设在武家台的学堂。

武家台前河沟纵横，河边长满了一种水草——方言叫蒿（读 hāo）草。春季蒿草繁茂时，农民从河边的水中一把一把地拔起来，把苞叶去掉，露出一节节筷子般粗细的嫩茎。这便是蒿菜。不仅可以当菜炒了吃，尤其可以和鲫鱼一起煮汤喝，味道极其鲜美。

到毛范垸割水稻，稻梗全没在水中，只露出一点稻穗尖，要用船和木盆装运水稻把子上陆地。当地农民叫"割水把子"。

大概十岁的时候，堂兄乾纲和几个人到毛范垸去割水稻，要用船装运水稻把子，叫我去帮他们看守船只。船从我家西边不远处的永长河出发，经过夏家垸的条胯湖②，抵达毛范垸和夏家垸之间的隔堤。因为田在堤那边，我们便下船，先把船拖上堤，又推下毛范垸的水稻田里。水稻穗露出水面，黄澄澄的，已经成熟。他们找到自己的稻田，开始收割。我则坐在船上守船。

他们下到齐腰深的水里，每割一大把稻梗便扎成把子，待有几个水稻把子时，就抱到船上来。他们割完一块地，就驾船向南去。不到30分钟，就将船停靠在了通海口正街北面约50米的岸边。原来，被水覆盖的稻田，正处在武家台和通海口集镇之间。从武家台南面的水域，可以直达通海口集镇北面。通海口集镇北面，就是水波荡漾的毛范垸。

1958年秋水稻成熟时，由于壮劳力大部分到荆门炼钢铁去了，便组织在校中学生帮生产队收割水稻。我们沔阳二中的学生都去了。那个生产队叫什么名字我不记得了，但当时的情景却记忆犹新。

和毛范垸一样，成熟的水稻全长在齐大胯的水里。负责收割的基本是妇女。我负责将水稻把子运到岸上。运输工具是比洗澡的大木盆还要大的浆盆③。在收割后的水田来回走动，腿子被稻茬刷出一道道血痕。当时无所谓，但过后又痒又疼，过

---

②条胯湖：湖名。当地方言，下身一丝不挂叫条胯。"条"读上声；"胯"读"ga"，去声。

③浆盆：通海口方言。指打豆腐接豆浆用的特大盆。

了一个多月才好。

上次去毛范垸割水稻，和这次大概相差三年的光景。时间不同，地点不同，但有一样是相同的：在齐大胯深的水里割水稻。

### 三、东北面的条胯湖

1954年冬，到条胯湖南边的水田摸螺蚌，也是苦中有乐。

夏家湾南边和通海口集镇东边有一座堤，就是毛范垸和夏家垸的隔堤。堤的东侧，就是那个不大不深的小湖——条胯湖。湖里只长少量芦苇和菖蒲，不能种水稻。湖面向东延伸，水浅一点的地点才能种水稻。再向东延伸，就抵达我家后面，离菜园只有几十米了。湖中生长着各种鱼类。冬天，大雁常到这里栖息觅食。这里是它们的快乐家园。有时大雪纷飞，如遇冰冻天气，它们的翅膀会因此粘连，影响起飞速度。农民便在夜晚偷袭，有可能捉到一两只大雁。但这不是常有的事。

1954年冬天，湖水更大一些，永长河两岸的稻田也有齐大胯深的水。我常常打着赤脚，将裤子卷到大胯，下到冰冷的水里去摸螺蚌。两个小时下来，便可摸到一浅篓子。这时手脚都已冻僵。回家的时候，河堤上的地巴根草又枯又硬，扎得脚生疼。加上螺蚌沉重，脚上的疼痛就更厉害了。对于一个12岁的少年来说，确实有些力不从心。但水乡农村的孩子大多如此，何况遇到荒年，更要帮助大人们做些生计，艰苦奋斗，渡过难关。

回到家里，将螺蚌倒入大盆，竟然有一浅盆。在篓子里不显眼，在大盆里感觉多多了。便很有成就感，那些苦也就烟消云散了。在这个荒年，政府虽然给每人每天供应7两米粮，仍是不够吃。螺肉可烧可炒，蚌肉可煨汤，还是高蛋白食品，味道很鲜美。既可当菜吃，又能补贴粮食的不足，还能改善人体营养。真是一举多得。

### 四、大潭小坑密布

讲到水乡泽国，还得顺便提及一个特点。就是凡有人家的地方，台前屋后、或左或右，必有数个大潭小坑；每座堤的脚下，必断断续续地分布着一些小坑。

就以我家来说吧。我们郭姓其中有5家连台而居，左、前、右就有3个水坑——分别叫潭坑、轭头坑、大坑。周围的田家台、李家台、崔家台也均有若干个水坑。这些水坑大概是建房筑台时挖土而成，也许还有筑堤取土的因素。防洪堤纵横交错，每座堤的底部都有不少小水坑，可以说是星罗棋布。

鱼米之乡也好，水乡泽园也罢，都是我所见所闻、亲身经历的往事，是我最了解、最熟悉的事情。这也是水乡泽国的一个缩影。

写这篇文章，目的是向青年朋友介绍六七十年前通海口地区的自然环境、自然生态，帮助大家通海口地区曾经是个什么样子。虽然只是一部分，但回想起来，也增加了一点趣味。

## 回乡散记*

——寻访杨场红色遗址

周传普

筹建天潜沔边区县委、县府革命遗址杨家场纪念馆，串起沔西红色旅游文化经济圈，繁荣古镇杨场！

2023年9月，在"通州河文苑"微信群看到这一提议，不禁心潮起伏。提议表达了杨场一带民众的呼声，我为之欢欣鼓舞！

作者周传普

几年疫情，我极少出门。2023年12月29日，天气阴沉，呼呼的北风一阵阵紧。我在仙桃观看沔州学校首演的《汉水印象》，沉浸在激情澎湃的喜悦中，又重返故乡杨场。晚上小雨淅淅沥沥，30日艳阳高照、微风吹拂，我去寻访杨场红色遗址。

我老家邻居颜永耀是一位70后，蓄浅平头，身穿黑色羽绒服，他带我去看杨场老街，边走边谈他的经历。他从小酷爱书画，少年时在姚贤标老师指导下学习书法，放学后常在自家的水泥地板上用清水写毛笔字。南下深圳打工期间，偶然结识青年画家余彪，跟着学习素描和油画。2002年，拜师于符老先生学习国画，2008年9月起在广州美院学习一年，又拜师于伊登、韩健刚学习国画，先后进入广州几家玻璃厂当美工，从手工画画到电脑画图，周末休息到高云音乐书法美术学校当老师，教孩子们写字画画。

新冠疫情期间，他返乡开办了书法美术画室。他诚信为本，以质取胜，生意渐渐好了起来，2023年接了几十幅画。

我和老支书杨代振相约在杨场桥头见面。永耀和我走过新建的杨场桥，观赏新桥英姿，雄伟坚实，风采亮丽，一桥飞架州河，巨龙静卧碧波。通州河水清幽幽，缓缓流淌，似碧绿的丝带伸向远方。

北边桥头展板有杨代振撰文的《风雨杨场桥》。仔细阅读，得知杨家场始建于明代，在甘垸石刡对面（现棉组处）建第一座木桥。到清代，杨家场发展为上街、下街，同治年间，在五家集（我的老家在这里）对河处修第二座木桥，称为上桥。通州河上游100多里，谢场、坡段场、小河口、通海口各一座桥，唯独杨场有上下两

---

\* 此文原载于《党员生活》2024年第3期。

座桥。

新中国成立后，木桥面板残缺，1959年上桥曾发生坍塌事故。杨场人民公社在沔阳县政府支持下，1963年建成钢筋水泥桥，使之成为杨场地理标志。历经60年风雨，一些大型超重车辆行驶，导致杨场桥变成危桥。我写了《杨场桥纪事》[①]，赞美历经60年风雨的"桥坚强"，期盼早日建新桥。

经陈场镇政府多次申报，杨场桥列入仙桃市一批危桥重建工程，报省水利部门批准，2023年春新桥建成，成为杨场新的地理标志，是深得老百姓称赞的民生工程。

杨代振头戴鸭舌帽，身穿蓝棉袄，健步走来。

"让您久等了！欢迎回来走一走，看一看！"老杨热情爽朗的声音使我心头一热。

桥头两边是小百货、杂货铺商店，生意红火。老杨带我们穿行老街，西头两边是一排两层楼房，楼下设小卖部。

"这里曾经是杨场铁器社""这里曾经是杨场理发社"……

老杨一辈子在老街生活，担任过多年大队长、村支书、杨场乡工业公司经理、杨场修配厂厂长，可谓"杨场通"。老杨边走边指点经过的房屋，我的脑海中浮现当年的情景——

铁器社炉火通红，唐良银、陈士镐、彭师傅、赵师傅、熊师傅等众位铁匠师傅挥动大锤小锤，煅打菜刀、剪刀、镰刀、火钳、铁锹、犁、耙、锄头、铁钉，叮当叮当，叮当叮当……熟悉清脆的打铁声仿佛又在耳边响起。

理发社几张旋转收放座椅上，理发师傅为顾客剪发、捶背揉颈。

如今烟消火熄，人去屋空，大门紧闭。

走过大门紧锁的陈万选中医馆，不远处就是徐家豆腐铺、张家勤行铺。记得小时候这里有好几家小吃、食品店铺，是人气旺的好吃佬集中地，豆腐、千张、水豆腐、火烧粑、锅盔、洋糖酥，味道好极了。这些房主后来远走外地，给人们留下无尽的美好回味。

再往前，来到原杨场供销社门前。青砖老墙更苍凉，灰暗的大门紧锁。回想当年，杨场独此一家百货商店，布匹衣帽，针线扣子拉链，笔墨文具，烟酒糖果，电筒煤油，农药化肥，各种商品琳琅满目，不少物品凭票供应，这里是乡亲们的购物天堂。杨场公社撤销后，供销社落得关门的命运……

"这里就是天潜沔边区县委县府旧址。"老杨爽朗的声音响起，边说边指，我从沉思中抬头望去，宽大的砖墙变成红色遗址巨幅文化墙。大门右侧，镶嵌着仙桃市陈场镇人民政府2021年12月立的"中共天潜沔县委县府（旧址）"牌匾。二楼窗台上，五星红旗在艳阳下迎风飘扬。

---

① 见2021年5月21日"通海口人"公众号。

文化墙从左到右依次是：老红军、革命烈士、抗日志士，杨场街知名人士；天潜沔政府所在地杨场街态势图；边区政府时期杨场街人物志；天潜沔县政府简介；天潜沔县政府管辖区域图；边区政府主要政策及作为；天潜沔县政府由来；周柏庭故居旧址——大潜沔县政府驻地。

中共天潜沔县委县府（旧址）牌匾（杨代松 供图）

这里真实生动展现了当年边区政府烽火岁月波澜壮阔的辉煌历史，许多可歌可泣的英烈人物革命志士。我仿佛看到那熊熊燃烧的革命烈火，听到那震撼人心的冲锋号角——

天潜沔边区县委县府（1947—1949年）所在地天潜沔县政府管辖区域图 （周传普 摄）

杨场旧址红色文化墙 （颜永耀 摄）

1947年秋，江汉军区所属的三分区解放军攻占天潜沔地区。初冬，由天潜沔支队的王萍、高思礼、杜棠、胡长海带领的队伍分两路直扑杨场，经过战斗，解放杨场，在江汉平原率先成立中共天潜沔县委、县政府，下辖天门南、潜江东、沔阳西的广大地区，10多万人口，分设5个区政府和武装中队，县委、县政府驻设杨场街，县长王景川，政治委员谢健。边区大队长方晶明、政委张难、支队长罗毅、书记王建国，分队长王萍，队员高思礼、杜棠、胡长海、马杰、赵志诚、邓道生等人。下设组织部（部长段景祥）、宣传部（部长王云）、工商科、财粮科、民政科，两个警卫班，一个交通班，一个机关食堂。

为何天潜沔政府选址杨场？杨场乃明清以来古镇老街，交通便利，水陆通畅，行船上可至潜江荆门，下可达汉口。商贾云集，繁荣昌盛，工商业兴旺发达。人文历史厚重，钟灵毓秀，人杰地灵。这里的老百姓心向共产党，拥护革命。早在大革命时期，中共沔西区委书记、"农运大王"胡幼松在这一带开展轰轰烈烈的革命运动，杨场地区民众纷纷响应，组成赤卫队，与国民党反动派展开殊死斗争。我还记得，小时候我们家有红色的木柄长矛，好奇地问这是干什么的。父母告诉我，"伢儿，那是胡幼松闹革命的时候，我们杨场坡场这一块方（方言，这一带）是红区，家家户户都有杪子（方言，即长矛，语文课本称"红缨枪"），要提防通海口白区那边的常练队（反动民团）、监利新沟那边的白极会阴倒（方言，偷偷地）过来杀人放火抢东西，他们一过来我们就拿起杪子跟那些狗东西拼命！"

边区政府入驻杨场后，摧毁了国民党地方政权和反动武装力量，打击土匪恶霸，维护社会治安，组织军民粉碎敌人"围剿"，集中兵力攻克敌人据点，配合江汉军区攻占侏儒山、监利等大战役。以贫农团、农会为主体，建立各种群团组织，建立由中共领导的基层政权。1948年反国民党四次"清剿"胜利后，组织部部长唐田、宣传部部长段法勤在杨场街办公。1949年春，全区党政军干部500多人分两批在杨场整风，学习毛主席《目前形势和我们的任务》、军区指示精神，结合处理腐败分子牛蛮子为反面教材，进行整风，开展批评和自我批评，从而纯洁了组织，提高干部觉悟，配备好一批干部，为中共夺取政权、管理地方政权提供了组织保证。

边区政府发展生产，减租减息，没收官僚资本，发展经济，保护工商业，繁荣市场，筹集军费，为解放军渡江战役筹集了大批军饷。据有关资料记载及后来逐户统计，边区政府入驻杨场后，杨场老街（包括州河南边的五家集、菜园子塆）工商业发达，商贾云集，市场繁荣，这里有榨坊2家、槽坊5家、木作坊3家、糖坊1家、染坊2家、百货坊2家、杂粮行9家、整米行5家、肉案3家、杂货铺9家、豆腐铺4家、裁缝铺3家、铁匠铺5家、中药铺5家、银匠铺1家、篾匠铺2家、行医诊所2家、勤行铺12家、理发店2家、轧花2家、广货铺5家、打线铺3家、饭馆旅店3家、鱼市3家、菜市2处、柴行1家、小吃早点5家、卤菜馆2家、烟丝1家、卷烟铺2家、牌坊2家、包面担子2家，其中21家商号户可开银票转账。

看那商人、顾客及逛街人群来来往往，穿行于近千米长的青石板老街，人声鼎沸，生意兴隆。州河码头，泊满装货的卸货的商船，夜间船上华灯映水，波光粼粼，五彩斑斓。西上东下的船只穿梭，桨声欸乃州河绿，晃动梦境。

好一幅活生生清明上河图！鼎盛的杨场成为远近闻名的"小汉口"。

边区政府发展文化教育事业，培训教师，杨场街有杨南庚、许承烈、敖承顺老师参加培训。在杨家庙办公学，提倡女生上学，杨场街有蔡先贻、敖承凤、唐中秀、曹水香等女学生。活跃民间艺术，杨场乡政府成立不久就组建杨场汉剧团。

1948年春节，边区政府组织群众联欢活动，在梅正丙家后边大柳树前的梁小垸广场搭台唱戏，举行龙灯会，各区来的龙灯近百条，摆名堂比赛，龙跟着绣球，表演穿、腾、跃、翻、滚、戏、缠、"龙摆尾"、"金龙蟠玉柱"等各种动作。还有彩船、蚌舞等民间文艺表演，从初三演到十五元宵节，龙腾虎跃，锣鼓喧天，鞭炮炸响，人山人海，军民同乐，欢声笑语，好不热闹！

边区政府领导、指战员分住在街上居民家中,他们亲民爱民,与群众打成一片,深得民心。1948年冬,江汉全境解放,春节前夕,政府领导慰问烈军属、有功人员,举行团拜会,杨场街受到慰问的有杨金安、杨元坦、杨元松、唐忠贤、钟施氏、钟道金等人。

采访当年的亲历者,老人们无不感叹:这么暂广播电视老在说干部作风,那早先共产党的干部作风真是有得话说,有得一滴嘎架子。他郎们蛮小意,讲礼行,甩(方言,很)和气,抢起来挑水呀、扫地呀、擦洗桌椅板凳呀,还帮倒(方言,帮忙)照看病人老人,好人呐!党的干部对老百姓好,老百姓把他们当成自家亲人,真可谓军民鱼水一家亲。

中共天潜沔县委、县政府从1947年冬驻设杨场,到1949年3月迁转离开,经历了血与火的洗礼,擘画了众多可歌可泣的光辉业绩。杨场人民为解放战争的最后胜利和湖北全境解放作出了重大贡献,在争取民族解放的斗争中写下了辉煌历史篇章。

为什么要在这里建红色文化墙?后来,我采访得知,从2016年开始,杨代振邀集老会计杨士文、老村长雷玉祥、居民杨远清热心收集杨场红色文化史料,年复一年,春风秋雨,冒酷暑,顶雨雪,不辞辛劳奔波,寻访当年的老干部、亲历者和烈士后代,或登门拜访,或电话联系,或赴外地调查,多次到西湖坝、麻早湖、董家湖、廖家潭等地实地考察。在陈场镇文史办支持下,胡幼松纪念馆馆长、知名文史专家唐敦新精心指导,提供资料线索,杨代振在家夜以继日整理撰写杨场红色文史系列资料。

为开发红色资源,传承红色基因,在杨场村党支部村委会、依湾村党支部村委会的支持下,杨代振和陈场小学校长杨代山及陈平志、杨寿山、杨代左、刘文章、杨士茂、杨代松、陈文华、杨代柏、杨代龙等多位革命后代、老干部、知名人士联名发出筹资陈情书并带头捐款,计划设立文化墙,建亭立碑,筹建纪念馆,展示红色历史,教育后代子孙。

2023年7月中旬,杨代振顶着骄阳来到颜永耀的画室,永耀正挥笔画大幅山水国画。老杨向永耀讲天潜沔边区县委、县府曾驻杨场老街的历史,动情地说:"现在的年轻伢有几个晓得这些事呀,不能让光荣的历史断了线。我们打算在驻地旧址墙上搞一幅大型的字画图,让大家看得清楚,看得明白,把这光荣的历史传承下去。你是我们杨场的农民画师,想请你帮忙到供销社墙上写字画画,把文化墙的活做好!"

老杨一番恳切的话语,激起永耀心头涟漪。永耀想起父亲生前曾多次谈起杨场老街由热闹繁荣到冷清衰落的情景,边说边叹息。他在父亲去世前承诺:"我以后写写画画只要有点作为,定会为杨场振兴出一把力。"此刻,永耀满口应承:"老书记瞧得起我，把这重要的事交给我，是我的荣幸！我是杨场人，只要是为家乡出力，我宁愿不收钱也要办好这件事！"

永耀迅速在网上买了丙烯颜料，安排侄子颜昌华把墙上整白。墙整白后，永耀拿架梯和颜料开始写画。开工后下了几场雨，待天晴墙干了，他继续写画。供销社这面墙早上8点到下午2点有太阳暴晒，他顶着高温写写画画大汗淋漓，后来改为下午2点到天黑画画。

为加快速度，丰富多种字体，老杨请来姚贤标老师、杨代柏老师写字。经多日奋战，8月中旬完成全部工程。这里成为了解杨场红色历史的闪亮窗口，许多杨场及外地人来观看，知道这些历史的老人边看边点头，称赞做得好。年轻人、少年儿童十分惊奇，碰到杨代振在场时，便询问老杨书记。老书记讲解这段红色历史，讲到动情处，禁不住慷慨激昂，把人们带入当年的枪林弹雨之中，让大家对英烈的敬意油然而生！

从边区政府旧址往东前行，右拐朝河边行走一小段路，新建的一截纪念墙上有纪念展板，标题《蔺指导员血洒张沟，杨场民众泪祭英烈》。由杨代振撰文，经电脑打印，再制作完成展板。我认真阅读内容，听老杨讲解——

1948年初冬，襄南军分区组织进行荆门、侏儒山战役。各县武装配合行动，天潜沔边区县武装协同侏儒山作战，奉命攻打盘踞张沟之敌。

在这次战役中，边区支队指导员蔺延文身先士卒，英勇攻敌，被敌人机枪子弹打中，壮烈牺牲。他的遗体被运回杨场，人人悲痛，街道居民为烈士做了一副整木大棺材装殓。在此（敖家后院广场）举行追悼会，全街上午停市，2000多人为烈士送行。追悼会由支队长王萍主持，县政委谢健致悼词，全场为烈士哭泣。棺材由12人抬扛，通过下桥到南岸滩边下葬。我军荆门、侏儒山战役取得胜利，江汉全境解放，烈士的鲜血没有白流。

1952年，蔺指导员儿子时任解放军团长，来杨场搬其父遗骸还乡。起棺时发现墓穴有活鲫鱼，杨场老人们建议不开棺整体起运，其子将棺木用船水运至彭场，再转运河北老家安息。

我敬仰先烈为解放事业奋不顾身的牺牲精神，感叹杨场民众对英烈的深厚情怀、浓烈的赤子之心。

我们沿老街北边新建居民区往回走，经过村办公楼、新建的集贸市场，继续西行，稍远处是已经废弃的原杨场村办小学，近处见丛丛修竹前修葺一新的亭子。老杨介绍说，这是烈士纪念圣亭，此处是原杨家庙旧址，解放战争时期3位烈士在此殉国就义。

原来，1947年初春，江汉三分区（襄南军分区）姓李的区干部和一名年轻的共产党人来到杨场贴标语，发传单，揭露国民党撕毁双十协定、围攻中原解放军的罪行，宣传共产党"反对内战，和平建国"的方针。进行宣传活动时，被国民党乡长印煊之发觉，密告国民党沔阳县中队，对他们实施追捕。追捕至杨三合房后边，敌人打死无辜群众王洪宽，将二人捉住。边区政府杨林观税务卡长洪某正在理发店理发，来不及躲避，也被抓捕。敌人将他们捆绑，欲押赴西湖坝枪决。押至杨家庙旁堤边时，3位革命党人大义凛然，高呼"打倒国民党反动派！共产党万岁！"等革命口号，临死不屈地和国民党作斗争。敌人恼羞成怒，就地将3位革命党人枪杀了。杨场街开明绅士周柏庭大义出资，购了3副棺木，杨场街民众忍悲含泪，将3位无名烈士安葬在上桥南边的河滩上。

杨场民众心生敬佩，感慨至深，3位烈士为党、为革命威武不能屈的英雄形象光照日月！广大民众暗自烧纸悼念，文化人写诗祭悼，其中，著名老先生沈松龄的挽联"为国而亡为民而死，不降其志不辱其身"流传至今。

位于原杨家庙旧址的烈士
纪念圣亭　（颜永耀　摄）

设立在廖家潭的展板　（颜永耀　摄）

我细细观之，此亭飞檐翘角，六柱抱顶，龙腾穹顶，内有复原壁画，道、儒、佛圣人于上，唐太宗贞观盛世于前，杨震拒金倡廉、孟中哭竹显孝、五子登科纳福等中华传统文化环绕四周。前立3位无名烈士纪念碑，纪念碑文书于碑后。

后面立杨场地区革命烈士、仁人志士及壁龛，杨场有史以来革命烈士、仁人志士为国家、社会和本地区作出贡献的贤德人士名列其上。此碑亭修葺后，可供社会各界崇拜，后人祭祀。

我后来得知修亭经过——

2023年12月，杨代振和依湾村老书记胡才山找到颜永耀，说有急活做，要尽快翻新原杨场小学旁的亭子。当时，永耀接了十几幅画正在赶工画画，为了这件有意义的事，满口答应。永耀缓了缓订单，和老胡书记在亭子里清洗、画画写写，忙碌了5天，纪念亭焕然一新。

过了几天，老杨拿来撰写的对联"修碑亭祭先烈英灵涅槃天潜沔，抛头颅洒热血忠骨永息杨家场"，对永耀说："请你和街上杨代炎老师一起在纪念亭南面的柱子上写对联，用隶书字体。"2024年元旦，永耀带上器材，冒着凛冽的寒风，到陈场复印店把对联的字打印出来，赶回来后，用粉笔在柱子上打格子，然后和杨老师挥笔用黑色丙烯颜料写好了对联。

从供销社对面马路向北行，是杨场村新建的红色文化长廊。长廊上盖仿琉璃瓦，有10幅窗格花外框展板，系统介绍杨场革命史料，由杨代振撰文，电脑打印出来，制作成展板。在麻早湖、廖家潭、西湖坝等多处当年故事发生地，也建了纪念展板，供人们观看。潜移默化中，将红色种子播进人们心田。

几年来，调查走访收集史料，搜寻遗址，自筹资金修缮遗址旧居，建造碑亭、文化长廊，凝聚了杨代振、杨代山和众多乡贤的心血，体现了他们爱党爱国、心系杨场胸怀天下的博大胸怀和高尚情操。

作为老支书老厂长，杨代振说："我不图什么，只想有生之年，尽微薄之力，为杨场振兴繁荣做点实事。"

回到武汉后，老杨陆续传给我一些有关边区政府驻杨场的史料，请我帮忙修改订正。我反复阅读，认真修改，回传给老杨。一些真实的故事扣人心弦，令我感叹不已——

1948年4月，华中剿总白崇禧调集30个团"围剿"中共江汉解放区，即第二次"清剿"，欲摧毁天潜沔、江监石等5个县政权。为粉碎敌人"围剿"，天潜沔县政权迅速采取措施：动员备战武装民兵，疏散商户，封锁水陆交通，移走船只，设立关卡，在西湖坝渡口设关卡，巡逻值守，利用其天然屏障防范北来之敌。

国民党江汉联防指挥部探得天潜沔县政府积累了许多钱粮，便计划偷袭。有一天，由联防队长陈道洪带领武装便衣队20多人，从剅河经夏场到西湖坝，一片汪洋，不见船只。

敌兵下水寻船之际，被我方承先、王建华巡逻发现，立即报告支队长王萍和高思礼。此时，边区领导和警卫班外出执行其他任务去了。情况十分火急，他们立即通知民兵："赶快行动，保卫街道！"王萍跑到西南方向杨家庙"砰砰砰"放了几枪，高思礼又在东南方向杨氏祠堂"砰砰砰"开了几枪。

敌人听到西边枪响，时而东边又响起枪声，枪声此起彼伏，不知杨场有多少人多少条枪设埋伏，又没有船只，不敢冒进，也不敢原路返回，只得往代柳湾方向逃走了。王萍、高思礼巧用疑兵之计退敌，杨场免遭一劫。

西湖坝是边区政府水运码头，船只由此经排湖出里仁口，走通顺河可直达汉口。边区政府过渡到仙桃成立沔阳县第一届政府后，老领导书记谢健、县长王景川不忘老区杨场，最早一批水利建设就在西湖坝修建了一座具备排涝、行船、交通等功能的双拱西湖坝闸。

襄南三分区解放杨场后，由天潜沔指挥部指挥长方晶明、政委张难组建中共天潜沔县委、县政府，驻在杨场。为保障红色政权安全，在杨场街杨芹香住处设立岗哨，驻警卫一班，还有交通班，主要负责收集传递情报。

当时，通海口、沔城还是国统区。敌人为抵御边区政府扩张，派一支国民党军队秘密来到潘场，悄悄挖战壕，修工事，建堡垒，和红色政权对峙，伺机进攻杨场。

交通班探得这一情报后立即报告，边区政府领导分析研究，精心部署作战计划。1948年春节前一个风雪交加的深夜，分队长高思礼会同潘场小区队长张三义带领十几名武装人员，潜入国民党军队挖的战壕内，进入潘场街，将敌人住所包围后，一阵强攻猛打，枪弹齐鸣，火光冲天。敌人不知所措，伤亡惨重，慌忙逃回通海口，再也不敢来了。边区政府迅速在左桥开展工作。

杨场人民心向共产党，积极投身革命，支援解放战争。让我们看看杨场街首富、开明绅士周柏庭的义举——

周柏庭有门店、榨坊，做贩运（在武昌户部巷有商店）。周柏庭做生意宁可薄利多销，不可厚利滞销；宁可亏己，不可亏人。他待人和气，交易诚信，顾客盈门，生意兴隆。

1946年春节刚过，国共合作破裂，中原军区派几名侦察员到杨场等地侦察，搜集情报，准备建立以杨场为中心的天潜沔根据地。被国民党沔阳中队发觉可疑，中队长尹树君带兵追至杨场街。

有一位侦察员难以脱险，从通州河边自东往西跑，经州河边街中段周家榨坊时，听到榨坊打榨的吆喝声，立即入门躲避，向作头师傅唐良亭告知："国民党县中队追杀我，请师傅引见老板救我。"唐师傅即将此人带入周先生账房，告知国民党自卫队追杀此人。周柏庭问来人："你是新四军？"来人点头。周柏庭立即吩咐，"快拿油衣服给他换上！"对他说，"你去赶碾！"说完又对在场的人叮嘱："你们各就各位，都不准讲话，一切由我来应付。"

一会儿，自卫队从下街挨户搜查至周家，几个敌兵拿着枪闯进榨坊，只见炒菜籽的炸炸声，赶碾的吱吱声，打榨师傅粗犷的声音响起：起呀，落呀——起呀，落呀——，甩动大榔头"砰"地砸向木楔，榨梁震动。周柏庭奉茶装烟，从容应对说，"我的师傅们忙着赶活，没有见什么外人来过。"敌兵看不出什么破绽，以为这样的大老板不会顾怜共产党，便转到上街去搜查。

晚上，周柏庭对侦察员说，你安心在我这里当几天"榨狗子"，待平息后送你出杨场。3天后，杨场恢复了往日的平静。周柏庭雇了一艘篷船，装饼到彭场去卖，船上边装饼，船舱睡人，中午装船，傍晚开船，连夜顺河而下，将新四军侦察员经彭场平安送走了。

1948年，淮海战役战事正酣。边区政府为筹集军费，支援前线，支援渡江战役，解放全中国，号召商贾捐资，充实军费。周柏庭从汉口拿来4根金条，折算共完成3000大洋捐款任务，引发杨场和各大区商贾积极响应。一时间，杨场工商界捐的银元可用围子围。

解放后土改时，周柏庭捐谷3000石。在对资本主义工商业改造中，周柏庭将杨场全部资产上缴国家。这位共产党的忠实朋友，当选为沔阳县第一届人民大会代表。

写到这里，我想起曾参观拖船埠红色遗址的情景。拖船埠原是潜东小镇，为监利、潜江、沔阳三县交界处。解放前，拖船埠老街一半街道归潜江管辖，一半归沔阳管辖，解放后划归潜江管辖。拖船埠与杨场有许多相似之处：都是边陲古镇古街，水运交通方便，商贸小手工业繁荣，红五军曾在拖船埠驻扎9个多月，天潜沔县委县府曾驻杨场3个年头。20世纪70年代撤社建镇，这里都不是乡镇所在地了。拖船埠老街许多工商门店关门歇业。杨场的社办铁器社、木工厂、理发社、修配厂及供销社、食品组（杀猪卖肉）等逐渐关门撤销。原公办杨场小学撤除后搬到南岸建起杨场中学，杨场中学多年教学质量一流，曾红红火火名震仙桃，后来被停办，撤除后满地残砖破瓦。杨场老街逐渐沉寂，令父老乡亲摇头叹息。

进入新世纪，潜江市委、市政府重视革命传统教育，经市、镇多年投资（累计3000多万元）建设，拖船埠成为3A级红色旅游景区、爱国主义教育基地、全国红色美丽村庄试点，拖船埠村荣获"湖北省旅游名村"称号。

近年来，党中央强调不忘初心，砥砺前行，发扬革命传统，振兴乡村，让人民过上美好生活。古镇杨场，红色的土地，英雄的土地，这里经受了血与火的洗礼。为开发红色旅游资源，教育子孙后代，增强家国情怀，推动革命老区的政治经济文化发展进程，杨场党员干部和人民群众呼吁在古镇建馆立碑，营造投资环境，感召有志之士创业，让古镇杨家场焕发蓬勃生机，满足人民群众对美好生活的追求和向往。

陈场镇委、镇政府高度重视，镇委负责同志来杨场，考察天潜沔边区县委、县府旧址及其他红色革命遗迹，对办事处、村干部说，"这是一段光荣的革命历史，是杨场的骄傲，也是陈场的骄傲！镇委支持你们把红色革命资源保护好、开发好、利用好！"2021年12月，陈场镇政府在边区政府旧址原杨场供销社大门两侧立牌保护。杨场办事处赵书记关心这项工作，多次深入现场，了解进展情况，推动相关工作有序展开。

陈场镇"红色革命遗址杨家场纪念馆"筹备小组成立后，2023年8月写了关于在天潜沔政府遗址杨场街道举办纪念活动和筹建纪念馆的陈情书，分别向省、市、镇三级政府及相关部门申报建纪念馆项目，申请拨付资金。由民间自筹资金，2024年农历正月在杨场街道举办纪念红色革命遗址77周年活动。计划2026年底前，采取民间融资和政府拨款方式，筹集资金建成红色革命遗址杨场纪念馆，2027年春纪念天潜沔县委、县府杨家场革命遗址80周年之际对外开放。

紧接着，红色文化墙、红色文化长廊、烈士纪念碑亭相继开工建设，杨场民众纷纷主动捐款。老党员、老干部积极带头捐款，有的老人将添置新衣服的钱捐出来，许多家庭将微薄的收入捐出，有捐两三百元，有捐五六百元的。依垸村农妇汪四秀家庭人口多，日子过得紧巴巴，去年10月卖棉花收入2000多元，随后捐出1000元。她说："您郎们办这些事好啊！这是行善积德，让人们记得这些先烈。"

多么纯朴善良的民众，多么高尚可爱的民众！一分一厘，背后是一颗颗滚烫的红心，带着满满的崇敬和期盼；潺潺细流，将汇聚成奔涌的河水，泻入中华民族伟大复兴的滚滚洪流！

传承红色文化，讲好杨场故事；振兴沔西老区，繁荣古镇杨场。杨场刚起步，任重而道远。序幕徐徐拉开，一步一步往前走，定会展现风云激荡、高潮迭起的一幕幕——杨场红色遗址与拖船埠红色景区、坡场胡幼松烈士纪念馆、京久庄园、4A级景区梦里水乡组成红色旅游绿色生态旅游带，为振兴沔西、繁荣杨场迸发无限活力！

长风破浪会有时，直挂云帆济沧海。我相信，有仙桃市、陈场镇政府及有关部门大力支持，杨场地区的党组织及广大党员干部群众奋力拼搏，终会有实现美好目标的那一天——活力杨场，灵秀杨场，大美杨场，定会亮丽出现！

**后记**：感谢杨代振、颜永耀带我参观，细心讲解，介绍情况并提供相关图片文字资料！感谢仙桃市、陈场镇政府及有关部门大力支持，杨场办事处、杨场村党支部和村委会、依垸村党支部和村委会、杨场地区各村党支部和村委会及广大党员干部群众、众多乡贤为筹建杨场红色文化墙碑亭纪念场馆所付出的艰辛努力！

# 杨场桥纪事

周传普

清澈美丽的通州河自西向东流经杨场全境，如绿丝带缠绕迷人的杨场大地，边陲老街便在波光粼粼中荡漾开来。记忆中20世纪60年代前，从坡场至左桥十几里路，只有一座杨场桥，连通两岸居民。

我们小的时候，杨场桥是一座木桥。桥柱是很粗的大树，用大榔头打到河底深处固定，再架上横梁，桥柱间互加斜梁支撑，桥面铺上木板，用铁钉钉牢，桥两边没有架设栏杆扶手。

那个年代极少有汽车通行，运输主要靠船舶。东来西往的船舶在通州河穿行，船尾有人驾双桨划水，水花四溅，船头有人撑篙助力。人们用独轮车、板车运货，咿咿呀呀的声音传遍四野。通州河上接潜江，下抵通海口，可直达仙桃、汉口。木桥连接杨场两岸居民，也是南到姚咀、监利，北行剅河、毛场的必经之路。

杨场老街素有"小汉口"之称，桥下常常泊满装卸、运货的船，船船相依，煞是热闹。太阳落山后，船上灯火齐明，映照河水五彩斑斓，波光潋滟。

我们家紧靠河岸南边，住着周姓、胡姓、颜姓几户人家，称为"五家集"，常年种一些蔬菜到街上卖，故而又称为"菜园子塆"。从我们家出来，北行几十米，就上河堤，沿河堤东行100多米便是杨场桥头。

小时候背着母亲缝制的布书包，我欢快地唱着儿歌，与小伙伴到杨场小学读书，便是走这座木桥，总是小心翼翼地踩在桥板上，有点晃晃悠悠的感觉。那时可谓"桥东桥西好杨柳，人来人去唱歌行"。每逢细雨纷飞，则有江南烟雨濛濛、小桥流水人家之感，好一幅淡雅绝妙的水墨画。

木桥留下我们童年美好梦幻般的记忆。小时候印象最深的是每年端午节在桥下举行的划龙船比赛。那一天真是男女老少狂欢的日子。家家户户吃粽子，门上挂菖蒲、艾叶，乡村四野弥漫粽叶、菖蒲、艾叶、栀子花的香味。

参赛队伍以生产小队为单位，各队挑选最好的船，精心检修，刷上桐油，晾干。端午节那天，身强力壮的小伙子头顶木船，带上鳌子（划桨）、锣鼓，早早来到桥上游，将木船放入河中，先预热练习划游船。桥上游两岸站满从四面八方赶来的乡亲，木桥上也有观光的人群。有头戴斗笠的，有头戴草帽的。大人头顶着小孩，也有抱小孩、牵着小孩的。人们带着新小麦做的热馒头、火烧馍，还有的带麻叶子、玉兰片、京果、酥糖。姑娘伢、新媳妇穿着艳丽的新衣服，打扮得花枝招展，脸上扑粉擦胭脂，荷包里放几朵栀子花，还把栀子花插在辫子上。初夏的微风吹拂，散发淡淡幽香，引得小伙子左顾右盼。

比赛的起点在木桥上游约300米处，比赛的船两边坐着划水选手，指挥者立于船头，头系红带，手持小红旗。只见司令官手中的红旗猛地往下挥动，一声令下："开始！"站在两艘船前头的指挥者各自挥动小红旗："划！"船中的锣鼓齐鸣，选手挥鳌划水，向下游冲去。两岸敲锣打鼓，呼喊声震天动地，有的小孩追着龙船奔跑。指挥者边喊"彩划划彩划划，龙彩划！"边有节奏地挥动小红旗，选手一边呼喊"划！"一边齐刷刷划水。船尾的艄公操动艄板，激起团团雪白的浪花。两艘龙船你追我赶，有节奏地起伏前进。划过大半程后，船前的左右头号划手开始挥动大鳌划水，龙船似箭一般冲锋。此时，锣鼓声敲得更响，划水的频率更快。快接近终点木桥，领先的龙船指挥者奋力一跃，摘下头标，两岸人群欢声雷动。然后，又在桥下设头标，进行第二场比赛。

如此热闹非凡的场面，正如唐代诗人张建封《竞渡歌》写的那样：

鼓声三下红旗开，

两龙跃出浮水来。

棹影斡波飞万剑，

鼓声劈浪鸣千雷。

鼓声渐急标将近，

两龙望标目如瞬。

坡上人呼霹雳惊，

竿头彩挂虹霓晕。

岁月流逝几十载，通州河赛龙舟的精彩场景还时时浮现在我的脑海中。

为改善交通条件，杨场乡政府决定在木桥上游建一座钢筋水泥桥。1963年选址动工兴建，备好钢筋水泥砂石料后，开始在河上筑坝截流。那时施工缺乏大型机械，全靠人工挑土筑坝，由通州河南边向北一点点推进。大坝越往前延伸，水流越来越湍急。

我一辈子也忘不了合龙的情景。那是春季的一天中午，两岸站满观看的人群。湍急的河水哗啦啦地奔流而下，冲刷北岸堤坡，

站在杨场桥上远眺通州河　（周传普　摄）

不时有土块轰隆一声崩塌下来。乡长杨本华在现场指挥督战，几十人轮番倒土。稍有不慎，就会被崩塌下来的土块砸伤，或被急流卷走，真是惊心动魄！河岸边不时

有人发出惊叫声。连续奋战几个小时，后来推下装满泥土的草包，轮番倒土的速度更快，终于截流成功，合龙了！再深挖基坑，搭起脚手架，浇筑桥墩、桥梁，最后浇筑桥面、桥柱，安装栏杆。经过紧张施工，建成了杨场钢筋水泥桥。河中有四排桥墩，每排两个桥墩浇筑有横梁。桥长40米，宽4.5米。桥面两边的方形水泥栏柱用两根圆钢串联，没有任何装饰。此桥简陋但敦实。从此，南来北往的交通便利了，为杨场增添了一道新的魅力和风景。

当年上至坡场下到潘场小河口几十里河面上，只建了这一座钢筋水泥桥，成为杨场的地标，也算一个了不起的成就。

杨场桥建成后，相继在桥南建了杨场卫生所和杨场中学，为杨场及周边的人们提供医疗和读书的方便。大队卫生室看不了的病人或直奔杨场卫生所，或跨过杨场桥，到杨场卫生所就医。纵然是狂风暴雨漆黑一团的夜晚，也不用担心过不了河。

杨场中学大门面朝通州河，几排教室、宿舍、实验室、饭堂均为砖瓦平房建筑，校园内有成片的梨树林、橘树林，一排排密集的水杉树掩映校外东南面。常有乌鸦筑巢于树梢，麻雀鸣叫于树丛。

杨场中学最初只设初中班，有几百名学生，后来开设了高中班。每当霞光微露，便有学生在操场跑步，锻炼身体，淡紫色的雾气袅袅升腾，空气清新，有学生早读。阵阵轻风吹拂四野蚕豆花香、麦子芬芳，弥漫校园，便有琅琅书声嘹亮歌声悠悠钟声清脆哨声传遍通州河畔、杨场桥头。繁重的课业之余，偶尔有学生结伴漫步于翠绿的柳堤，看晶莹碧透的河水缓缓流淌，听桨声的欸乃，蛙声的起伏，嬉笑着走过杨场桥，去街上买纸、笔、橡皮、作业本等文具。20世纪七八十年代，是杨场中学的鼎盛期，学生的考试成绩在全县名列前茅，输送了许多优秀学生，一些乡镇的家长想方设法把孩子挤进杨场中学读书。

杨场桥见证了乡亲的艰辛与喜悦：

——迎着春风，顶着秋阳，一年又一年，各生产队一辆辆板车满载麦子、稻谷、棉花，经过杨场桥，送到杨场粮组、棉花站；一台台手扶拖拉机满载购买的农药、化肥、种子，"突突突"地开过杨场桥，驰向沈塆、姚塆、坡场等大队小队。

——每逢晨曦初露，通州河南岸的村民或手拐装满白菜、萝卜、南瓜、黄瓜、丝瓜、瓠子、葫芦、峨眉豆、韭菜、鸡蛋的竹篮，或肩挑劈柴、米糠、黄豆，匆匆跨过杨场桥，与北岸赶集的村民一起汇入杨场老街集市，此起彼伏的叫卖声、交易声分外热闹。散市后，村民带着购买的油盐酱醋、火柴、烟酒、鱼肉、衣服鞋帽，迎着朝阳，返回各自的家。

——待到寒冬腊月，杨场桥上不时穿过南来北往的迎亲队伍，走在最前面的是搬蚊帐的，随后依次是抬梳妆台、挑盆桶碗、抬衣柜的，紧跟着是抬花轿的，后面是乐队吹鼓手、送亲的队伍。桥上锣鼓喧天，大铜锣敲得锵锵响，鞭炮炸响，吹鼓手吹得格外起劲，欢快的乐曲在桥上荡漾。

——每年征兵时节，应征入伍的青年胸前挂着大红花，颇为自豪地走在前面，唢呐吹奏，敲锣打鼓，后面是欢送的领导、家人、乡亲，桥头桥上站满欢送的人群。"走过来了！走过来了！""那是某某某，那是某某某！"人群一阵阵欢呼，无不露出羡慕的眼神。我那时也挤在人群中，兴奋而深情地欢送芮永华、许汝云、张代富、姚道生、姚述生等熟悉的同龄人。他们雄赳赳气昂昂地跨过通州河，走向火热的军营。

杨场桥建成后，成为人们洗衣游泳、休闲纳凉的好去处。桥下的护坡铺满石块，用水泥浇筑缝隙，十分牢固，平整光滑，是天然的好搓衣板。姑娘呀、大嫂在下游的护坡洗衣服，手拿棒槌在青石上"嘭嘭嘭"槌衣，浣衣声在河岸两边此起彼伏。我和一些小伙子则在护坡上游用木桶挑水。

夏天热浪滚滚，桥下有几分荫凉，有人在护坡石铺凉席休息，河边阵阵清风吹拂，颇为惬意。夜幕降临，桥面的暑热渐渐消散。人们吃过晚饭，纷纷拿着竹椅、板凳、芭扇，来桥上乘凉。或倚钢筋而坐，或靠栏柱而憩，有的扯家常夸野白，有的轻哼小曲，悠然自得。南边桥头则逐渐聚集了几十人，中间一位身穿灰色对襟衣的中年汉子，他是来这里为生产队种菜的河南老乡，红红的脸膛儿，坐在小靠椅上，手捧搪瓷杯，时不时抿一口水。他每晚为纳凉人讲故事，这里成了评书场。我也成了这里的常客，晚饭后便拿着板凳、芭扇坐下，饶有兴味地听他讲《七侠五义》《封神榜》。他面前没摆惊堂木，嗓子略有点嘶哑，一口河南腔慢悠悠地讲开来，把人们带入那刀光剑影、飞沙走石、变幻莫测、紧张激烈的氛围中。他讲一会儿便喝一口水，清清嗓子接着讲，故事情节进展缓慢。

夜空繁星点点，银河似彩带铺向天际。几只萤火虫似一闪一闪的小星星，在河边飞来飞去。夜渐渐深，河面阵阵微风吹来野草的清香，轻摇芭扇，渐渐有一丝凉意。河南老乡继续讲：这两个人你来我往，一个手持长矛，一个挥舞双剑，大战30个回合，来回五六十个照面，杀得难解难分。要知胜负如何，且听下回分解！人们便站起来，伸伸懒腰，各自拿起竹椅、板凳、芭扇，回家睡觉。有内行人说，他吊别个的胃口，掺了好多水，有意把时间拉蛮长。

夏天，桥的上游下游是人们打鼓泅（方言，游泳）的绝佳河道。有的游到对岸，歇一口气，又游回来。有的从桥上很远仰泳，漂流而下，到桥下游几百米才停住。还有的从浅水处游到河中桥墩处，扒住横梁爬上去，坐在横梁上看流水潺潺，看小鱼游来游去。我只会狗爬式，在浅水处游。偶尔鼓足勇气，奋力游到河中桥墩处，扒住横梁休息片刻，再往回游。技术好的人从横梁上跳水，有的还从几米高的桥上往下跳，全身直立，似箭一样插入河水中，溅起片片洁白的水花，那真是令人惊叹的表演。

桥下稍远处，几个人拿着钓鱼竿钓鱼，时不时会钓起刁子鱼、鲫鱼。河岸边，则有人朝河面呼地一下撒开圆圆的大鱼网，慢慢收网后，常有胖头鱼、才鱼、鲤鱼在渔网中蹦跳挣扎。还有人在河里推泽子（小翻斗式网），捞起来小虾、麻骨楞子、刁子鱼、土憨巴。我们小伙伴则在河边浅水处推着木盆，摸螺蛳蚌壳，收获颇丰，拿回家或烧或烹或炖，都是绝佳的美味。

那时的通州河，多么美丽而富饶！

随着交通建设的加快，公路逐步加宽，南来北往的汽车越来越多，原先川流不息的船舶越来越少，后来不见踪影，通州河便渐渐沉寂。杨场桥头没有设立禁行载重车标志，特别是因为油田的勘探、公路修建，常有大型工程车通过，甚至几十吨的载重车从桥上呼啸而过，远远超过桥的负重极限，可怜的杨场老桥被压得直呻吟。

由于行政体制的变更，杨场公社被撤销后并入陈场镇管辖。20世纪90年代，杨场中学被上级有关部门要求停办。可叹红红火火名震仙桃的杨场中学从此销声匿迹，撤除后剩下满地残砖破瓦，如今成为一片庄稼地。

清明时节，重回故乡，站在杨场老桥上，我百感交集。桥台瓦工砌体缺陷，桥面铺装磨光、脱皮、露骨，I梁跨中挠度，桥墩身混凝土碳化、渗水、腐蚀，桥的南北两头砌了半堵墙，禁止汽车通行。桥头的泥土中金黄的油菜花开得正灿烂，偶有自行车、三轮车缓缓通行。有的栏柱已破损倾斜，穿连栏柱的圆钢锈迹斑斑。桥的两端有几家销售食品饮料的小卖店。正午的阳光洒满老桥，洒向通州河畔，铺满两岸绿草野花。

手扶斑斑点点青苔的栏柱，河水缓缓流淌，碧波荡漾，想起陈子良《游侠篇》"日暮河桥上，扬鞭惜晚晖"，我清静的感情湖水，泛起层层惆怅的涟漪。深情的杨场老桥，饱含我们温馨甘美的童年记忆，留下一代代人匆匆奔波的足迹。多少人曾牢记嘱咐，怀着希冀，揣着梦想，走过雨雪交加的老桥，走过春风吹拂的老桥，走过艳阳高照的老桥，奔向天南海北，去求学，去军营，去工厂，去创业，去打工，开启奋斗的征

如今的杨场桥桥面铺装磨光、脱皮、露骨 （周传普 摄）

程，跨越人生的心桥，闯出一片新天地……坚强的杨场老桥。

桥是有生命的。杨场水泥桥度过了她的青年壮年，即将六十花甲，如今像一个匍匐垂暮的老人。几十载春夏秋冬，她栉风沐雨，任凭风霜酷寒的洗礼，为人们提供交通便利；她忍辱负重，人流车流从她上面通过，为发展地方经济默默奉献，真乃"桥坚强"矣！老桥犹如一头憨厚淳朴的牛，挺起坚实的脊背，历经岁月的朝朝

暮暮，身躯渐渐老去。

可爱的杨场老桥，见证时代的变迁沧海桑田，见证杨场的风风雨雨，见证人们的悲欢离合、酸甜苦辣。一代代杨场人永远记得她的付出，她的伟岸英姿始终留在故乡人心中！故乡人对杨场老桥的那份痴情，那份守候，那份牵挂，如此热烈，如此执着，如此深沉！！

近日喜闻仙桃交通运输部门已作出规划，将拆除杨场老桥，在原址重建大桥，桥型结构从原 6m×5.5m 肋板梁到简支 2m×16m 预应力 T 梁桥，桥面比原来加宽 3 米。杨场老桥凤凰涅槃，浴火重生，一座新的宏伟大桥将在这里飞架，为改善仙桃西南边陲的交通状况，为故乡的发展、为美丽乡村建设插上腾飞的翅膀，增添绚丽的彩虹！期待早日一睹杨场新桥亮丽的风采！

# "鱼米之乡" 散记

郭祥纲　李木兰

沔阳荆汉水，鱼肥稻花香。

魂牵梦萦处，最念是故乡。

江汉平原中南部——通海口郭家堤湾，是生我养我的地方，是我魂牵梦萦的地方，是我可爱的家乡。我常常梦见我家的老屋，并走进房间到床上睡觉，梦见我四处张望、打探，看养父母是否也在家里。虽然他们已去世20多年，但儿时的记忆，却永远也挥之

作者郭祥纲、李木兰

不去。我忘不了生父母、养父母，忘不了兄弟姐妹，忘不了左邻右舍父老乡亲，也忘不了青少年时期的劳作和欢乐，更忘不了和中壮年农民以及青少年朋友到大小河沟、水坑、稻田捕鱼和捡鱼的欢乐情景。

## 一、人民愉快地劳动

1955年至1959年，沔阳县通海口地区已经远离水患，成为名副其实的鱼米之乡。而我也从少年走向青年，思想活跃，身体趋于壮实。

我每年都要利用暑假和青少年朋友一起锄棉草、推秧草、打药水、捡牛粪，样样都干得得心应手。夏末秋初，坑塘的水浅了，稻田的水接近干涸了，我又和青壮年人一道围坑捕鱼，或在稻田水窝中捡鱼，更是其乐无穷。夜幕降临，满天星斗，我和乡亲们露宿禾场，一边观看那忽闪忽灭的萤火虫光，一边谈古论今，说天道地，进入了神话世界。

和我一起锄棉草的多是女性青少年朋友，只有一个叫金盖的男同胞。因我们年龄、体质都差不多，所以组合到一起。体力强的男性青年是不愿和我们一起干活的。我们这个小组有六七十人，每人锄一厢地，排着一字横队向前推进。头顶骄阳，口中说着闲话，毫无忌讳，甚至每个人的异性朋友姓甚名谁，也要说出来加以品评，成为我们的热门话题。常常有几句打趣的话，惹得大家欢笑不已。被攻击的人则大动声色，一面笑，一面"追击"饶舌者，欢声笑语不断。在不知不觉中，一块地就被我们锄完了，丝毫没有劳累的感觉。

推秧草是1958年前后兴起的一种农业劳动。以前是不兴这么干的。这大概是推

广农业技术的农作改革吧！它是用一个10余厘米宽的木柄或竹柄铁齿耙子在稻秧的行间前后推动，不仅可以推掉秧田的杂草，而且起到帮助秧根分蘖、长出更多秧茎，使稻谷增产。这活多是妇女和未成年的青少年干的。不用说，我又加入以妇女为主的推秧草队伍。推秧草队由十几个人组成，有一个姓任的妇女，是我母亲娘家的叔伯侄女，多少和我沾亲带故，故而十分关心我，我们之间谈话融洽投机，增加了愉快的气氛。所以这种劳动，我也干得十分轻松愉快。在说说笑笑中，一大片秧田的草就被我们推尽了。推了一片又一片，只花一个星期左右的时间，整个生产队的秧田就被我们推了一遍。

打药水这活也是我乐意干的。棉花梗长有两尺来深、正开花结桃的时候，害虫也活跃起来。这时就开始打药水杀虫。队里似乎只有一个打药水的小组，崔忠耀叔任组长，加上金盖和我，3个人组成。忠耀叔是宽厚忠实的人，没有半点脾气，也没有多的话，满脸和气地默默干活。金盖爱说爱笑，是我打药水时的亲密伙伴。

那时用的农药是"1605"和"1059"，两种剧毒农药。我们先用木桶（粪桶）从水坑里挑上一担水，每桶水加进10~20克药剂，稍加搅拌便成了乳白色药水。将药水装进一个像灭火器那样的喷雾器，再用打气筒打足气，背在肩上，将开关打开，药水便从喷头喷出，成雾状。人在棉田退着走，药水喷洒在棉叶上，那些害虫便一命呜呼了。

我们每天早饭后出工，打完一块地，便在树荫下乘凉休息一会儿，吹牛聊天。中午太阳最毒，可以美美地睡个午觉。太阳偏西了我们再开始工作，太阳落土时才回家。这种劳动很有规律，也有足够的休息时间，加上我们同心协力，和睦相处，所以干得很有意思。

棉田里喷洒农药的农民　（刘伟　摄）

捡牛粪是我一个人干的事。那时规定600斤牛粪为一个标准工，60斤为一分工。我每天早晨天不亮就起床，戴着草帽、打着赤脚走村串户，在拴牛的树下、牛栏里、道路旁捡牛粪。干这活最大的问题是肮脏不堪，有时阴雨绵绵，牛粪和着雨水，污染了四周的泥土。踏着污浊的粪土走近成堆的牛粪去捡取，天长日久，脚趾丫烂出一道道血口。虽然脏累，但我有一个奋斗目标，精神上充实。每天下午捡的牛粪，能挣上七八分工，心里美滋滋的，有说不出的愉快。厚良兄曾赞扬我是能文能武之才，这说明我的劳动得到了师长和大人们的认可，于我是莫大的鼓励。

## 二、休闲生活片断

我常说："农民有农民的乐趣。"这乐趣除了他们一门心思种田，享受自己的劳动果实，以及和家人团聚的天伦之乐，还体现在左邻右舍频繁交往，连吃饭也要端着饭碗串门，甚至交换菜食，品味各家风味，拉拉家常、通通情况，显示出亲密无间的和谐气氛。更令人向往的，莫过于夏天劳累一天，傍晚各家各户将木凳、门板搁成露宿床铺，在禾场连成一片，男女老少走出户外，躺在自家的床铺上。相好的儿童便打破界线，跑到别家的铺位上凑热闹。

一首美妙的诗和美丽的画，便由此开始：静静的夜晚，篱边瓜藤下，传来蟋蟀的琴声，纺织娘的笛声；池塘里飘来了荷花的清香，飞来了忽亮忽灭的萤火虫光；天河繁星密布，牛郎织女隔河暗渡；人们背躺铺板，眼望星空，在大自然的怀抱中不紧不慢地摇着芭蕉扇，轻松自在地讲述神话故事、孤鬼孤仙，以及自己经历过的往事。

劳累一天的人们，尽情地分享宁静美妙的夜景，将自己融进大自然的怀抱，慢慢地、慢慢地，进入甜蜜的梦乡。

### 三、捕鱼乐趣

夏末秋初，坑塘的水浅了，人们忙里偷闲，几个带头的农民一声吆喝："伙计们，捕鱼去呀！"于是各家各户提上赶罾子、泽子①、渔罩、渔网等捕鱼工具，汇集在一起，向坑塘进发。

赶罾子赶鱼　（陈青　摄）

由于捕鱼者众，各种渔具同时行动，搅得塘水动荡翻腾，泥沙混杂，浑浊不堪。鱼儿们被浑水呛得要死，东蹦西窜，但人们布下了天罗地网，很快就被人们抓获。

有一次围鱼，为了逗哄和我年龄差不多的伙伴，我将渔罩盖下去后，故意大惊小怪地叫："快来呀，罩住一条大鱼了，快来帮忙！"一边说，一边拼命地将罩往下按。伙伴们信以为真，很快就围到我的渔罩边。说也奇怪，当我用脚从罩上边的小口伸进去摸时，竟然触到一个面积较大的光滑东西。我吃了一惊，以为是一只咬人的甲鱼哩！于是把罩又往下紧了紧，防止大鱼逃脱。过了好久，不见动静，才小心翼翼地用手将它抓牢，拿出水面一看，竟是一条半死的十几斤重的大白鳞胖头鱼。显然是被浑水呛死的。这件事真奇怪，本来是开个玩笑，没料到真弄到了一条鱼，并且是一条13斤重的大鱼。

在长而不宽的沟河中围鱼，还有一种方法。就是人们排成一字横队，将沟河里的丝蔓草一圈一圈地卷起来，向前推进。草越卷越多，越卷越粗，很快就形成了一个草筑的堤坝，称为"卷把"。鱼被驱逐在一个狭小的范围，人们举起各种渔具，不

---

①泽子：通海口地区的一种捕鱼工具。词典里没有"泽子"的解释，也有叫"推罾"的。这里只可意会不可言传。类似方言，通海口地区有很多。

费多大劲儿，便将鱼儿一条条抓获了。

在稻田水窝中捡鱼，更是随心所欲，轻松愉快。稻田的水接近干涸时，只剩下一窝一窝的水，那些鱼贪吃稻田的食物，在水退尽和蒸发掉时来不及跑掉，便一个个滞留在水窝里了。人们排着一字横队，一边说着闲话，一边看哪个水窝有鱼，像捡物件一样捡起来，放在肩上的鱼篓里，一会儿便满载而归。

1958年以前，农村的鱼是很多的。记得一天下午，我在离家300多米远的崔家台堤边玩，堤的东边靠百石垸的堤脚下，有一个30多平方米的小坑，水只有齐腰深。我用泽子在坑里推来推去，每一次总有鱼被捕起来，大的有筷子那么长，小的也有两三寸。我贪婪地捕着鱼，已经傍晚了也忘记回家吃饭。家里人以为我出了什么事，大声呼叫，我才恋恋不舍地提着一浅篓子鱼回家。家里人见我捕到这么多鱼，简直不敢相信。其实并不是我有什么捉鱼的高超本领，而是鱼儿太多。大家忙于农事，没把注意力放在捉鱼上，只要谁愿意去碰运气，总会轻而易举地得到意想不到的收获。

1959年夏，我到父亲教书的熊家岭（离家约6里）去玩，恰巧在张沟镇读书的二哥也在那里。为了解决学费，我们不约而同地提出捉鳝鱼。捉鳝鱼一般是两人合作，将捉鳝鱼的赶罾子放在离坑边约2尺远的水底，网口朝岸边，两头各站一个人，两人同时用一只脚在岸边相对而捅，将鳝鱼驱逐到赶罾子里，然后提起赶罾子，便将鳝鱼捉到了。我们到过的浅水坑已有人赶过一遍，所以鳝鱼并不多，常提空罾子。尽管如此，仍然捉到10多斤鳝鱼。回父亲学校的时候，一个人以3角钱一斤的价格（当时是很贵的，前不久只卖一角多钱一斤）将鳝鱼买了去，共售得3元钱。还有2斤多杂鱼，我们两人分了。回到堤湾家中，养父母和左邻右舍啧啧赞叹："得了这么多钱，又分了这么多鱼，真是走了红运！"（当时1元多钱相当于在学校一个星期的伙食费）

**四、生机无限的"鱼米之乡"**

鱼米之乡是人们羡慕、向往的地方，有优越的自然环境和丰富的自然资源。土地黝黑、肥沃，河湖纵横，适宜水稻、棉花等农产品生长和鱼类生长繁殖。除了生产稻、棉外，还有大麦、小麦、荞麦、黍子、蚕豆、黄豆、高粱、芝麻、红豆、绿豆、饭豆等，农产品十分丰富。河湖、水沟、水坑比比皆是，鱼类品种数量也多，生长水域广泛。

更重要的是，江汉平原人民有着勤劳朴素、艰苦奋斗的精神。1954年前与洪水、天灾、人祸进行了艰苦顽强的斗争，尔后又以高昂的劳动热情投身四个现代化建设。比如水稻的产量，解放初期每亩只有四五百斤，到90年代便上升到1000多斤，是解放初期的3倍多。

鱼米之乡的富，鱼米之乡的美，是广大人民用艰苦的劳动创造出来的。

这，就是我可爱的家乡，名副其实的鱼米之乡！

## 通州河，我的母亲河

许 明

电影《上甘岭》的插曲《我的祖国》中唱道："一条大河波浪宽，风吹稻花香两岸。我家就在岸上住，听惯了艄公的号子，看惯了船上的白帆。"有人问歌曲的词作者乔羽先生，为什么不直接写长江或黄河呢？乔羽先生回答：每一个中国人的心目中，都有一条大河。乔羽先生说出了亿万中国人心中的乡愁。在我的心中，就有这么一条河，它丰富了我儿时的记忆，承载了我一生对故乡热爱的情怀。这就是我的母亲河——通州河。

作者许明

通州河发源于汉江支流，从北到南贯穿我的家乡，我们的祖祖辈辈生活在大河两岸，在这条河里挑水做饭、浣衣洗菜，这条河无私地滋养着住在两岸的人们，灌溉着广袤肥沃的田野，也见证着两岸的时代变迁。

春天的通州河，河水清澈澄明，常有捕鱼的人悠悠地踩着小船，放着鸬鹚，在河上捕鱼。我们一大群孩子，便在河岸随着水上的渔舟行走，看捕鱼人用竹篙从河里捞起刚从水底钻出水面的鸬鹚，一只手提着鸬鹚的脖子，一只手卡在喙上对着船舱，只见鸬鹚从喉咙里吐出一条又一条大大小小的鱼儿，之后，作为赏赐，捕鱼人将一条小鱼喂给鸬鹚吃下，然后把鸬鹚扔回河里继续捉鱼，有的鸬鹚偷懒不肯潜水，捕鱼人便用竹篙猛烈敲击水面，鸬鹚们见状，吓得赶紧潜水工作。我们饶有兴味地在岸上观看着，觉得十分新奇有趣。

春天的河面风平浪静，坡边水草丛成群的小蝌蚪扭动乌黑的身躯，在春水中自在地游弋。比赛打水漂，是我们这群孩子另一个有趣的节目。大家找来薄薄的小石片、小瓦片，弯着腰，平着水面把瓦片用力扔出，看着瓦片击水泛起的涟漪渐行渐远，一阵欢呼。漂得最远的那个同伴，便会得到漂得最短的同伴献出的奖品——一把砂锅里炒出的豌豆。这一把豌豆，在比赛中传来传去，到比赛结束的时候，大家围着在河岸的草坡，胜利者掏出豌豆来，分给同伴们享用，豌豆放进嘴里咀嚼，嘎嘣脆响，香气萦口，多少年来，无论走多远，我丝毫都未曾忘却那香绵的味道和温馨的场景。

夏天的母亲河，是我们最期待的季节。每到暑假，这里便是孩子们的乐园。

午歇之后，趁大人们下地干活去了，小伙伴们便不约而同地溜到河边，开启各种水上运动模式。水上的节目可谓是丰富多彩，有比游水速度看谁先能游到对岸的，有比赛泅水最远的，有在河边浅水区打水仗的，还有的爬上三四米高的木桥，摆着各种姿势往下跳水的……不一而足，乐不可支。玩累了的小伙伴，就趴在河边，在水草丛抓鱼，总会抓到一些好看的小鱼儿，拿回去养在玻璃罐头瓶子里观赏。

由于大人们怕孩子不慎溺水，管束得很严格，严禁孩子们在没有大人陪伴的时候下水玩耍，晚上从地里收工回来后，会用各种方法检查孩子是否偷偷下水玩耍。比如，用指甲在孩子胳膊上划一道，如果出现白印痕，就断定是下过水，便会受罚。上有政策，下有对策。孩子们是何等聪明，为了避免短裤来不及完全干好，通常都是把短裤脱下挂在河边的柳枝上，光着屁股下水玩耍，为了防止大人抠胳膊检查，在大人回到家前，把毛巾浸水后拧到半干，把胳膊擦拭一遍，这样大人就划不出白印痕来，以逃避惩罚。

日渐西沉，空旷的田野上响起了收工的铃声。地里干活的农人们陆续收工回家，小伙伴们才恋恋不舍地从河里爬上来，意犹未尽地打闹着回家，做好准备，迎接大人的检查。

忆及此处，我有感而发，挥成小令一首：

忆馀杭·童年夏日记忆

曾记儿时，湍急河中方泳罢，赤身又逐岸边鸥，光腚不知羞。小桥犹作高台跃，博得众童欢谑。怅望西岸剩斜晖，母唤更迟归。

这美好的场景，在四十余年后的今天已不复再现，当今的孩子，得到大人全方位的保护，却不能经过风浪的洗礼，得不到大自然的陶冶和磨炼，失去了野性和与大自然相亲的真趣。每思及此，心中总是怅然若失。

记得有一年大旱，大河水位低落，河水不能从闸口直接排放到田边小渠。沟渠都干涸了，眼看庄稼渐至枯萎，生产队干部紧急组织村民抗旱，每家每户把自家的长板凳、芦竹编的帘子（晾晒农家物品的用具），全都搬出来到指定位置串装起来，从河坡一直排到田边，大约有两三里长，村里又把买来的透明薄膜铺在竹帘子上面，搭成一条临时的人工水渠，用抽水机从河里日夜不停地抽

原沔阳县通海口公社四大队的郑宇在1975年"双抢"中成绩显著，荣获"五好社员"奖状

水，机声隆隆，夜以继日，虽是万千辛苦，可旱情得到大大的缓解，确保了粮食收成，农人们的脸上都露出了欣慰的笑容。这大约是我对这条大河在危难中滋养家乡人民的最深记忆了。

每到仲夏之际的农忙季节，乡下称之为"双抢"，抢收早稻、抢插晚秧，生产队便开了集体食堂，省去各家各户回家做饭的时间，便于集中劳动力突击赶在季节前插下晚秧。孩子们最爱去集体食堂蹭饭了。他们不是嘴馋，只是欢喜那全生产队的人都席地坐在平整干净的禾场上吃饭的壮观而热闹场面。生产队为了丰富食堂餐桌，在湍流的通州河里布下了拦河网网鱼，这网很大很沉，拦住了整个河床，可谓河网恢恢，无鱼可漏。每天下午定时起网，起网用的是轮舵一样的轱辘，需两三个成年人合力慢慢地转动起网，每回起网都会有所收获。原始的生态，从不亏待勤劳的人们。记得有一次，网到一条很大的鱼，看上去有一米多长，一个大人扛起来都很费力，人们欢呼雀跃，奔走相告。不用说，在经过一天劳累的忙碌之后，村民们当晚享受了一次饕餮大餐。

在那个没有电扇更没有空调电视，甚至连电也没用上的年代，大河之上、木桥桥面便是人们晚间乘凉的绝佳去处。这座木桥长约二十米，宽不到三米，狭长而坚实，有的地方还可以从桥面缺隙看到三四米下的翻流的水面。近百年以来，它维系着两岸不同的生产队的交通，也维系着两岸人们淳厚的情感。每到夏夜，月上柳梢头，家家户户吃过了晚饭后，人们都会陆陆续续地来到木桥上乘凉。这也是农人们在苦夏中最惬意的时光。人们悠闲地散坐在桥面，享受着河面吹来的凉爽的晚风，倾听着一个中年模样的人讲各种志异。小孩子们每天都迫不及待地盼着天黑，去那里听鬼怪传说，听传奇故事，听到恐怖之处，小手紧紧抓住大人的胳膊不敢放手，生怕有厉鬼从身后突然蹿出来。散场回家的路上也没有了白日天不怕地不怕的豪情，紧跟着人群，不敢走在最前也不敢落在最后。

这情形，在物质生活丰富的今天回想起来，仍是历历在目，感慨良多。深感在那个物资匮乏的年代，精神生活比如今更加富有、更加质朴，人们的交流是面对面的促膝交谈，亲切、暖心。

秋冬的大河，或秋风萧瑟，或朔风凛冽，没有了夏日河水奔流的狂野，显得格外平静而安宁。只有到了最严寒的时候，河里结了厚厚的冰，似乎才会再给冬季冷酷的大河，增添一些热闹的气氛。一些胆大的孩子，不怕寒冷，在河道冰面上溜起冰来。胆小的孩子就在岸边呐喊助威，有的在冰上摔个仰面朝天，引得岸上的孩子们一阵哈哈大笑。再有顽皮的孩子，就直接从冰面一路溜去上学。

母亲河的四季，写满了耐人回味的美丽的故事，把这些零散的记忆串起来，就像电影一样，播放着我的童年生活。而今，年逾五十的我，将这些碎片的记忆带进了人生的风中和雨中，带到了千里之外的南国，带进了我对故乡深深眷恋的梦里，从未稍加忘却，那是我终其一生都难以忘怀的乡愁。

（2022年7月4日草于深圳市西乡）

# 通州河桥集锦

涂阳生　郑家尧

时光荏苒，岁月流淌。流淌在通海口人心中的，首先是通州河，这是母亲河啊！她孕育了五万通海口儿女的生命，用她的乳汁哺育五万儿女茁壮成长。但我要说，横跨母亲河南北的那些小桥，也是母亲躯体的重要组成部分，我们不能把它们遗忘。它们就是母亲的脊梁，不屈不挠，勇于担当；它们就是母亲的双肩，承担的是压力，是责任，是使命和希望；它们就是母亲的双腿，迈出家门，迈向四方，迈向辉煌。我要赞美小桥、讴歌小桥、感恩小桥，一如赞美母亲、讴歌母亲、感恩母亲。

作者涂阳生　郑家尧

## 一、官路桥

车水马龙过官道，
达官显贵临斯桥。
府县衙门近咫尺，
佳人才子竞逍遥。
百年沧桑雄风展，
历久弥新面目娇。
千年古镇逢盛世，
风流人物看今朝。

通海口官路桥

## 二、大合桥

南北对峙隔河望，
政府建桥有良方。
惊涛骇浪何所惧，
精准施工赖巧匠。
天堑从此变坦途，
南北来往运输畅。
村寨描绘幸福景，

通海口大合桥

昂首阔步奔小康。

### 三、唐家桥

唐桥历史亦辉煌,
北临昔日冯榨坊。
生意兴隆通监沔,
质优价廉传八方。
如今此桥大变样,
承载能力非寻常。
苍天无情人有情,
斯桥功德永不忘。

通海口唐家桥

### 四、苏堤桥

苏堤两岸多厂房,
交通便捷工业旺。
幸福生活甜如蜜,
车来人往欢歌扬。
犹记当年活塞环,
曾为吾镇铸辉煌。
企业强镇今胜昔,
再创佳绩谱新章。

通海口苏堤桥

### 五、信合桥

地处南北交汇道,夜赏流影更娇娆。
赶集买卖市场欢,存款购物多自豪。
通宵达旦迎送客,百花盛开艳如潮。
身临其境多梦幻,疑是踏上通天桥。

通海口信合桥

### 六、汽车桥

贵地历来属要道,
经久不衰桥基牢。
往日模样成追忆,

通海口汽车桥

应运而生现代桥。
沔西重镇添活力，
市政建设换新貌。
负重前行多壮志，
北镇南街一肩挑。

### 七、九家巷桥

激流浪涌水滔滔，
年深月久枯木销。
集资建桥传佳话，
石桥再现新容貌。

通海口九家巷桥

### 八、红仓桥

铮铮铁骨红仓桥，
革命重担肩上挑。
南北来往运粮车，
成年累月经此道。
备战备荒为人民，
红桥劳苦功又高。
无私奉献美名留，
泰山压顶不弯腰。

通海口红仓桥

### 九、谢庙桥

至今悲催谢庙桥，
一河之隔百步遥。
善男信女拜佛难，
摆渡绕道累数遭。
顺应民心施良策，
政府架设幸福道。
交通便利促振兴，
百姓心里乐陶陶。

通海口谢庙桥

# "小汉口" 散记

王东柏

曾几何时，通海口被誉为"小汉口"，这让每个通海口人都无比骄傲和自豪。

通海口为什么被誉为"小汉口"呢？因为这个地方经济繁荣、文明发达、交通便利。特别是通海口人执着，永远追求上进，为了这个地方繁荣，永不退缩。

经济繁荣，离不开商业发展。通海口的繁荣有一个特点，就是所有的经济活动，都是以人类生存发展、衣食住行为中心开展的。

作者王东柏

## 一、衣食住行

那时的通海口，有很多杂粮行、米行，我知晓的就有"西记米行"。还有众多米铺，我家就有一个小米铺，还有魏泽海、周家等米铺。米铺自己收购稻谷，加工成大米销售。市民们每天拿着一个钵子，买几升大米回去过生活。

勤行铺更多，有吴家、夏家、龙家等上十家。餐馆有张家、陈锦门家、吴祥泰家等上十家比较有名。还有粉馆、面馆、饭店、客栈，比如我祖父经营的正永兴客栈，以及尹家客栈，有时有上百人住宿吃饭。

花行是专门收购皮花的。有的住有上海、武汉的客商，比如武汉姓答的客商，就住在通海口收购皮花。有名的花行有李顺记、袁祖凯等商号，收购的皮花专门请采花工打包，然后由民船经通州河转运到武汉甚至上海，供应大城市的工厂（如申新纱厂）作为原料。

有名的榨坊（油料加工作坊），有袁家榨和黄家榨。他们将菜籽、芝麻先炒焦，然后碾碎，最后由大型土榨机压榨出菜油和麻油。通海口榨坊生产的食油，供应本地绰绰有余，所以还销往外地。当时的通海口，已成为本地粮棉油等农产品的集散之地。

通海口向来注重文化教育事业，办有伊斯兰小学和国民中心小学。那是比较先进的教育中心，有各种专业教师。此外，还有星罗棋布的私塾。李丰庆老先生（留日学生）、岳鹏武先生的私塾，我都就读过。岳先生的私塾，我读的时间比较长。记得的学友，有我幺叔王自明，还有定光耀、唐胡儿、魏上炎、黄天佑等。比我大一些的学生,则师从李丰庆等先生。他们是住读,老师不仅教识字读书,还要讲解文章意义,真正地传道授业解惑。

到了春节,民间举办蚌壳精、踩高跷、老背少(由陈锦成和儿子陈忠华装扮)、赛龙船、舞狮、龙灯等文艺活动,深受人们喜爱。

## 二、通海口是一个不屈不挠的英雄之地

1940年我刚出生不久,尚在襁褓之时,日寇魔爪入侵,河南岸街被烧毁。当时我家仍在挣扎,一边躲兵荒,一边坚持做生意。一天清晨,日机突然投炸弹轰炸。我家隔壁是福兴永的花行,遭到一颗硫磺弹袭击,大火迅速燃烧起来。想到我一个人还在床上,父母不顾一切地跑回家,把我抱了出来。回头一看,房子全被大火吞灭了。然后,父亲用衣兜兜着我跑到乡下,什么也没带。不久,河南岸两条街全部划为"日寇占领区",不许老百姓居住。拆屋修工事时,有一苦力很同情我家,把我家靠河边的两块后门故意丢到河里,被我姑妈捞了回来。此事不知怎么让鬼子知道了,将那苦力打得死去活来。后来我祖父特地割了两斤猪肉,去探望了那个苦力。

州河北面门口的地方成为皇协军驻地,但镇南面紧连洪湖,那是新四军活动的地方。周围农村还有抗日的国民党128师,我的三叔就是128师的。和我三叔一个部队的通海口人,还有一个魏家男儿(回民)。有一次他们负责守卫一个工事,有一挺机枪。敌机来轰炸,他们就用机枪打。可是敌寇一个炸弹正炸到那里,姓魏的战士当场牺牲,我三叔被炸弹震昏,滚到下面幸免于难。

日寇投降后,广大人民欢欣鼓舞,搬到镇北的各行各业开始复兴。餐馆都开业了,比较大的商家也热闹起来,比如严鑫论的匹头店、韩家锅铺、刘家锅铺、朱三房粗货铺、高家铁铺、黄家染房、庞顺昌铺,以及竹器业、木作坊也兴旺起来。还有湖南、江西丫船运来了红苕、木材、楠竹、陶瓷(包括各种缸),经济开始复苏。

州河南岸街剩下的汪记蛋行也恢复营业了,靠南边堤的一家房屋还改造成了剧场。那里有后来发展成为沔阳花鼓剧团骨干演员的长期登台演出,有的民间艺人还组成"围鼓子"班子,演唱汉剧选段。

人们的文艺生活逐渐丰富起来,由商会主办的龙舟赛也开场了。那时州河水清面宽,比赛起点在上桥,终点在下桥。每次两条龙舟竞赛,每条龙舟上有一个男人拿旗指挥,船尾有一个经验丰富、身强体壮的年纪大点的舵手掌舵。划到紧要处,船上最前面两排的队员(人称头分、二分),都按照旗手指挥拿桨划水,加上老舵手适宜压舵,船飞快前行。快到终点时,龙头下的水手突然射向标子(这叫"夺标")。这时紧锣密

端午节,村民在州河进行划龙舟比赛

鼓，喊声震天："划！划！加油！"河两岸看热闹的男女老少都配合着高喊"加油"，真是人山人海，热闹非凡。

到了除夕，孩子们打着灯笼，到徐家、夏家、周家等杂货铺门前高喊："老板开门大发财，给我一支蜡烛。祝您生意兴隆，更加发达。"

解放后，特别是改革开放以来，通海口经济更加发展，文化更加繁荣，交通更加便捷，人民真正安居乐业，"小汉口"的情景得以重现。我坚信，不要很久，通海口将更加美好，人民更加幸福！

## 谈柴说灶

周振金

古语云"柴米油盐酱醋茶",柴在第一位,说明了柴的重要性。柴,就是植物秸秆。自古以来,及至 20 世纪,柴都是人们很重要的生活资料。

通海口镇有通州河、小陈河,水上交通便利,给外来人员经商办作坊创造了极好的条件,所以商户越聚越多。经济的发展,让通海口镇外可通江达海,内可辐射周边乡村,人杰地灵,物产丰富,一度人称"小汉口"。但集镇发展,人口增多,没有充足的烧柴做保障,生活会很不方便,更聚不拢人气。因此,靠近通海口集镇的天星洲那取之不尽的柴禾,便成为通海口人日常生活的后勤保障。

作者周振金

记得儿时,清早起来,到镇上堤街一走,最热闹的地方当数柴行,长二三百米的堤街摆满了柴担,买柴卖柴的人川流不息,柴行经纪忙而不乱,娴熟地处理一笔一笔买卖。但到农忙时,乡下人没时间上街卖柴,集镇上家里无存柴的人,就得起早床到通往乡下的有关路上去拦截少数卖柴的柴担,抢先订购,不让别人买。更有甚者,没买到柴禾,回来就向邻里借柴做饭,可见柴禾每天都不能短缺。

解放后,各行各业获得发展。其中农业发展最快,先办互助组,后实现合作化,再成立人民公社,集体力量逐步壮大。20 世纪 50 年代末,我们这批解放前后出生的孩子,大的十多岁,小的八九岁,都加入到捡柴行列中。

我们捡柴都是相好的三五人一约,拿着扁担、绳子就往天星洲去。开始在近处捡,之后就越走越远,总之有柴捡,两三个小时就可以捡到百十来斤。我人小心大,总想多捡点,挑不起就慢慢挑。柴担刚上肩可走一两百米,然后慢慢就挑不动了,只得左肩换右肩,右肩换左肩,十几米、几米地走走歇歇,越歇越想歇,越歇越挑不动。好不容易挑到离镇子很近的刘湾,硬是走不动了,就希望大人来接担。

父亲在外地工作,我知道是没人来接担的,但总希望有奇迹发生,可最后还是只能在失望中自己慢慢挑回家。由于挑担早,负重大,结果身子就长歪了,总站不正。照相时一看,都是向左歪,就是当年挑担子留下的。

记得有一次去砍柴,由于不懂技巧,刚用镰刀砍几下,就把腿砍伤了,鲜血往外直冒，我疼得直哭。同伴们也吓坏了，赶紧帮我用绳子将腿绑住止血，大家都不能砍柴了，几个人轮换着背我回家。祖母、母亲看到直掉泪，匆匆将我送进医院，缝了十几针，十多天后伤口才长好。之后我仍然去捡柴，不气馁，也不言败。

儿时就在读书、捡柴的日子里度过。由于捡柴，劳动锻炼了身体，增长了知识，掌握了技能，懂得了一些人生道理；养成了不怕苦、不怕累，艰苦奋斗、勤俭节约的优良品德。

我们捡柴的收获是大的，家里再也不愁没柴烧，而且积攒了许多柴禾。我们家七柱九檩的小厢房，紧靠邻家墙壁，有一至二尺空间，堆放的柴禾达两三千斤。又将小阁楼铺上木板堆柴，五十多平方米的房子，满屋都是柴禾。堆攒的柴禾，一直到我参加工作后几年还剩下不少。

进入70年代，解放初期出生的孩子长大成人，结婚、分家、分灶，烧柴的需求量更大。同时，天星洲已陆续开垦成粮田，烧柴短缺的问题便显现出来了。人们开始研究省柴的问题，镇建筑队更是组织人员外出学习建省柴灶。

省柴灶可以放两口锅，一前一后，并建一个烟囱，高度适中，能把火往后拉，主锅灶心的下面放有炉齿，方便通风。主锅炒菜，辅锅蒸饭。有的在两锅中间放一个炉眼，炉眼上可放小汤锅，加热汤食。省柴灶多进氧气，使秸秆充分燃烧，发出更大热量，可以节省五分之一以上的柴禾。

江汉平原农村常见的柴火灶

农村也出现了缺柴问题，政府便组织建沼气池。沼气是倒入池中的人畜粪尿及青草发酵后产生的一种可燃气体，可利用来做饭和照明。由于技术难题，除旧料、换新料困难，沼气灶的推广半途而废。

为了省柴，人们发现木工厂的下脚料、木屑、锯末可当柴烧。于是就用一只小铁桶，在下三分之一处开一个圆洞口，横放进一根一尺长的圆木棍，再在桶中间竖放同样一根木棍，竖棍立在横棍上，将锯末倒进桶里，一点一点慢慢砸紧。否则，烧到一半就会塌，饭就蒸不熟。

当时煮饭用的是多用锅。当饭煮到半熟时，就将锅中的网筛提起来，米在上、米汤在下，不多会儿饭就熟了。

记得一次我十岁的女儿放学回家，自己动手烧锯末炉子，由于没扎紧锯末，烧了一会儿，锯末就塌了，饭没煮熟。三个小孩没有饭吃，饿着肚子哭着去上学。

刚开始烧锯末的人很少，锯末很便宜，也好买。后来，烧锯末的多了，就买不到了，人们就用榨油的棉壳代替。

那时，我在乡下小集镇工作，总惦记着家里的烧柴，隔三差五就到乡下的榨油厂去买棉壳，乘着月光运回家中，一点不感觉累。特别是想到今年的烧柴没有问题了，心里更是特别宽慰。

转眼到了20世纪80年代，仙桃城区向居民有计划地供应煤炭。通海口镇在仙桃工作的人员，将在仙桃购买的计划煤运回家中，所以部分家庭开始烧煤了。

煤炭作为一种新的能源，既干净、污染少，很受居民喜欢。当时正值国家改革开放，镇上的搬运站率先办起了蜂窝煤厂。有了蜂窝煤，蜂窝煤炉也就应运而生了。

随着改革开放的深入推进，经济建设的高速发展，更清洁的能源——电能，也进入了通海口镇的千家万户，都用上了电饭煲、电磁炉、电热水器。

80年代末，更为经济的能源——液化气，也为通海口人民所使用。开始时，是把液化气罐集中拉到潜江油田去灌气，后来镇政府在通海口办起了液化气站，方便了群众。

随着液化气的普及，灶具也更新了好几代。目前，通海口镇正在铺设天然气管道，不久的将来，通海口人民只要直接拧开天然气阀门，打开燃气灶就可以做饭、炒菜、烧水、沐浴、取暖了。

不知不觉几十年过去了。回想当年的灶、燃料，都已成为历史，而每次新灶、新能源的出现，都折射出社会的进步、祖国的富强、人民的幸福，真是让人欣慰。

# 桂花台村赋

李传学

桂花台村者，因桂花树而名焉。相传祖上一员外公，行善好施，被誉为乡达。其偶得一金桂，便植于高台之上，不日，冠盖若云，清香四溢。虽历遭水患而挺拔不倒。十里八乡者皆慕名前来观赏，惊叹不已，齐声叫绝！遂将此地命名为"桂花台"。赋云：

枝摇夜色于中庭，抱团聚势；香侵衣袖于晨昏，可心销魂。桂之珍兮，自擅蟾宫之宠；桂之贵兮，独领清秋之冠。神品囿于梓里，外濡有缘；幽香涵于胎骨，内敛无痕。夙梦斜枕，摅怀旧之蓄念；冰轮中天，发思古之幽情。明代成化以降，青莲李氏裕公官

作者李传学

泖，辟毛范垸为界，揽通州河为带，谐缪、刘、周诸姓，四台连横，互为犄角，休养生息，瓜瓞绵延。处江汉之腹地，乃鱼米之乡；得洪泽之天赐，是菱荷之域。声断云浦，失群之雉雁哀鸣；铳震晨空，落荒之獐兔惊魂。然时罹水患，民不聊生，更有兵燹（读音xiǎn，指兵乱中纵火焚烧），朝不保夕。三餐果腹之足，一年无求；九柱落地之构，终生之愿。

红莲作笔，书不尽千年沧桑；秋水为弦，唱不完两湖喜悦。桂花心花同绽，稻香荷香共享。兴修水利，荆江大堤锁苍龙；改造湖泊，枫柴荒滩变粮仓。网开八面，霞光与锦鳞争色；镰动三秋，粮垛共白云比肩。新楼林立，归燕不识昔主；大路坦荡，游子岂辨旧途？垃圾分类，告别村野陋习；厕所革命，拔高生活品质。休言种田必交税，自古而然；而今耕者得补贴，顺理成章。一渠绕村，碧水荡漾映朝日；千桂立门，清芬馥郁长精神。天然气，日子红红火火；自来水，幸福长长甜甜。排湖是我北院之肺，荆堤乃吾南庭之脊。台高可纳蟾宫月，桂馥宜生筋斗云。悠悠鸡公丘，一声凤鸣飞天；寂寂红巾冢，百腔热血溅霞；沉沉镇宅石，千古灵性护村。居此福地，壮哉幸也；特为斯赋，以尽微忱！

# 追昔抚今话采桑

黄霞清　郑家尧

采桑村位于百里排湖之滨，地处湖畔南翼陆地最高处的中心地带。北依排湖，南傍永长河，东通官路、沔城一线，西达潘场、杨场数地，地理条件得天独厚。元末著名农民起义军领袖大汉王陈友谅的故乡陈家台与这里仅隔一公里，采桑人一直引以为荣。

据一些老人讲，采桑历来就是周边地区人们心驰神往的地方，是一张不可多得的地理名片。究其原因，似乎主要有以下四点：

作者黄霞清、郑家尧

一是地势奇特。同在一片土地上，竟能自然地高出周边地区五米左右，如鹤立鸡群，似异峰突起，实乃大自然的鬼斧神工。二是物产丰富。采桑及周边一带，除盛产粮食外，更多的是果蔬、桑蚕、鱼虾、莲藕、芦苇及禽类产品，因此富甲一方的乡绅不断脱颖而出。三是交通便利。历史上既有水路四通八达，更有驿站跨州越府。四是景色宜人。这里集田园风光与水乡风情于一体，有稻菽千重浪，有沃野艳阳天，有荷花竞放，有芦絮漫舞；有白鹭戏水，有鲤鱼逐浪；有湖塘春晓，有渔歌唱晚。正因如此，这里就开始流传一些关于采桑的神奇传说和故事。

## 一、采桑地名有讲究

采桑地名至今是个谜，如东海之水深不可测。据我们采访，主要传说至少有三种，既有戏剧色彩，又有神话传说，更有皇恩浩荡。

所谓戏剧色彩，源于一出曾经在江汉平原广泛上演的沔阳花鼓历史剧，名曰《邱夫试妻》。剧中的男主角邱夫祖籍就是如今之采桑，战国时期人，出生于贫困之家，自幼丧父，是寡母李氏将其抚养成人，并娶民女罗凤为妻，婆媳二人植桑养蚕供其苦读。苍天垂怜，邱夫而立之年踏入仕途，在楚国都城纪南为宦30载，官至光禄大夫，终身没另娶。花甲之年告老还乡时，已是两鬓斑白、老态龙钟。他轻车简从回故里，撇开随从，孤身一人在一个桑园与其妻相逢不相识。在向其打听罗凤下落时，发现其正是朝思暮想的爱妻，为了试探其妻是否忠贞不二，他谎说邱夫已死，欠人银两，并委托他劝其改嫁债主。罗凤闻言，怒不可遏，扬长而去。邱夫尾随罗凤回家，与其母相见，母子抱头痛哭，邱夫跪在罗凤面前细说试妻原委，罗凤痛骂负心郎。全剧以婆母跪求儿媳原谅其子，最后夫妻相认，一家三口喜极而泣，相拥而笑谢幕。这可能只是一个凄美的爱情故事。但也正是采桑地名的来历和讲究之一。据原采桑大队党支部书记曹道善老人讲，他在五八年秋收季节点三伏潭戏班子演这出老戏时，引起轩然大波，几个老学究说这是自曝家丑、辱及祖先，大兴问罪，和沔城人禁演《陈姑赶潘》古戏的故事如出一辙。

所谓神话故事，是指距采桑七公里左右的剅河镇范关附近，很久前有座仙女山，两地近在咫尺，采桑种桑养蚕声名远扬，仙女们早有耳闻。她们羡慕人间男耕女织的美好生活，飘然而至，在桑园体验亲手采桑的生活情趣，被当地人们窥见，传为美谈，一时间闹得沸沸扬扬、家喻户晓。

所谓皇恩浩荡，似乎更接近事实。据说明洪武年间，农民出身的明太祖朱元璋，因为了解民之疾苦，竭力发展农商，重农耕以足食，兴桑蚕以丰衣，从国库拨银两，在全国培植十大桑蚕种养示范区。楚沔一带，只有采桑入围。其原因是这里系陈友谅的故乡一带，而且最适合种桑养蚕。由此可见，明太祖对陈友谅的历史功勋是充分肯定的，采桑是托了大汉王陈友谅的洪福。因为是钦定，是皇帝口谕，应该也算是皇恩浩荡，荣幸之至了。

我们在收集整理这些大同小异传说故事的过程中，往往被这些传说和故事深深吸引。作为采桑人和通海口人，更为家乡深感骄傲和自豪。可以这样讲，采桑地名岂止有来历有讲究，而是大有来历、大有讲究！

**二、集市商贸购销旺**

采桑地区名噪一时，绝非浪得虚名，而是有雄厚的物质基础作为支撑。在享受朝廷资金扶持的隆恩后，该地区发展速度明显加快，加上人杰地灵，殷实大户不断涌现。

据说17世纪中叶，这里就有"五里三场"之说。所谓"五里三场"，就是在五里左右范围，有三个集市场，即采场（采桑）、曹场、复兴场。采场乃三场之首。集市场是反映一个地区经济发展状况和人口密集程度的重要标志，当地人们的富裕程度和生活水平由此可见一斑了。

当时的采桑一带，有经商头脑、能力和经济实力的也不乏其人。集市商贸伊始，这些人抢占先机，各显神通经商忙。什么粮行、渔行、条子行（木材）、水果行、屠宰行；绸缎铺、杂货铺、药铺、铁铺、理发铺、豆腐铺；槽坊、粉坊、木作坊、茶馆等先后应运而生，很快形成了几乎一应俱全的集市贸易体系。

当时水陆交通十分便利，更由于这里特有的鱼、藕、菱、虾、芦席、桑蚕加工品和禽类产品价廉物美，每天就有大量商船往返于汉口、仙桃、天门、潜江、监利、洪湖与采场之间，购销交易十分活跃，人员往来川流不息。各行各业生意兴隆，一派繁华景象。尤其在春秋两季，集市场清晨人头攒动，叫卖声、吆喝声、交头接耳声和讨价还价声此起彼伏，形成了一道道水乡独特的亮丽风景线。爷爷奶奶这个辈分的文化人，每每谈及这段过往经历和道听途说，无不摇头晃脑、津津乐道、绘声绘色，怀旧之情溢于言表。

据老人们介绍，采桑一带虽然有福星高照，鸿运当头，风调雨顺，但天有不测风云，也曾遭遇过人力不可抗拒的灾难，经受过血与火的考验。

传说300多年前，排湖与采场接壤处，有一深潭叫黄龙潭，是通水路与采场往返的必经之地。谁知一条妖龙移居此潭，兴风作浪，每有商船过往，就妖雾四起，遮天蔽日，浊浪排空。如不预先供奉各类祭品，沉舟翻船十有八九。平时周边也时有小孩和妇女溺水身亡，尸迹全无，当地人和外来客谈潭色变，惶惶然不知所措。后经高人指点，当地富人和外地商人捐款建起了回龙寺（若干年后更名为黄龙庙），以求一方平安。庙的遗址和庙内部分遗物至今犹存。建了寺庙后，事故似乎减少了许多。但祸福难测，途径此地总是提心吊胆。

湘西一位名叫李奇的条子客（贩卖木材的人），发迹前曾来此贩卖木材，商船侧翻，险些丧了性命。发迹后始终不忘雪恨，遍访名医，广拜寺庙，炼就若干降龙丹和预备镇妖物品，准备为民除害。正好东海龙王二太子奉令除妖，于是一起密商了降龙的万全之策，以大量的食用饮用祭品为诱饵，以捆仙索作安全保证，一举击斩此妖。

老人们讲起来骇人听闻。传说黄龙服下降龙丹一个时辰后吼声如雷，还妄想大耍淫威，但被捆仙索绑得动弹不得，只能七窍生烟，吐血如注，鲜血染红了排湖近20里水面，尸身露出水面，除头部锁在庙内，仅尸长就达40余米，引来无数人围观，无不心有余悸，疑为幻景。特别是外地富商额手称庆。此事传开，采场（采桑一带）之声名在中部五省如雷贯耳，无形中给这里带来了新的商机。

### 三、焦土抗战毁家园

"九一八"事变后，大部分国土先后沦陷。那是1939年左右，日寇的铁蹄踏进了楚沔一带，百里排湖也成了抗日的战场。

国民党128师驻扎在沔城一带御敌，阻止日寇深入腹地。王劲哉将军奉令实行焦土抗战，采桑一带首当其冲，许多好端端的房屋、商铺、门店在短短几天内被夷为平地，用于挖防空洞、筑战壕、设掩体、架机枪眼。白天地面上空无一人，到处是断壁残垣，一片狼藉。晚上，一些成年的老百姓还主动配合部队修筑工事，完全将生死置之度外。

据说，王劲哉师长召集采桑一带乡绅代表讲话时，声泪俱下："我王某在此先给大家赔罪了，军人以服从命令为天职，别无选择。国破岂无家亡？你们的倾家荡产，将换来抗战的全面胜利。"乡绅代表竟被王师长一席话感动得热泪盈眶，没有表现出任何消极情绪和发泄半点怨言。

这是一段不堪回首和已经被人们遗忘的历史。

写到这里，我们对老一辈采桑人民的崇敬之情，不禁油然而生。他们那种拳拳爱国之心，那种博大胸襟，那种炎黄子孙的家国情怀，值得我们永远铭记。

**四、重建采桑再起航**

历史很快进入全国解放前夕，一无所有的采桑人民挺起不屈的脊梁，苦渡难关，千方百计谋生存。他们靠打鱼捞虾，植藕放菱，编织芦席，做长工，打短工，致力于重建家园。

解放后，从互助组到合作社，再到人民公社，采桑人民一步一个脚印，坚定不移跟共产党走。特别是在"以粮为纲"那个时代，采桑人民积极响应政府号召，大搞围湖造田，苦战整整三年，新造高标准粮田2000多亩，实现了粮食特大丰收，是江汉平原"农业学大寨"的一面鲜艳红旗。

进入改革开放年代，采桑人民重建家园劲头更足。大队党支部按照省政府"着力调整农业产业结构，全面改造低湖田，大力开挖精养鱼塘，培植养殖专业大户"的指示精神，苦战七个春秋，集体改造小坑塘，鼓励农户大力开挖精养鱼塘。全大队7900亩耕地，就开挖精养鱼塘7000亩，占总面积的88.6%，在当时，既加快了渔民脱贫致富的步伐，又增加了国家财税收入，多次被评为省、地、市先进单位。

随着打工潮的兴起，采桑人也不甘示弱。他们八仙过海、各显神通，有的向工业领域进军，自筹资金自办农业产品各类加工业、服装产品加工业、制革制鞋业等；有的投身商海，做起了各种销售商和销售代理商；有的结队南下，在深圳、珠海、厦门等特区成为城市建设者。由于继承了老一辈采桑人的遗传基因，大多数人收入颇丰，满载而归。伴随着岁月的流逝，在采桑那块风水宝地上，一栋栋崭新而漂亮的楼房拔地而起，不是老采桑，胜似老采桑。

采桑，你是勤劳的化身，你是智慧的象征，你是日寇侵华罪行的见证者之一，你是致富奔小康的排头兵，你是我们心中抹不去的记忆，你是通海口镇全体人民的骄傲！

为了采桑的明天更加美好，他们又踏上了中国式现代化建设的漫漫征程！

# 水乡五七村

黄霞春

江汉平原腹地，通海口板块排湖流域南岸，有一个因水而兴、得水而美、润水而秀的村庄，这就是五七村。

五七村，位于通海口镇西北部，距镇中心约 8.5 公里。东和采桑村联袂成片，南与陈家村翘首相望，西同盛埠村一衣带水，北与排湖风景区一桥相通。境内地势平坦，水土丰美，有机质含量高，很适宜各种农作物及野生鱼类生长。特别适宜生产优质水稻，以其颗粒饱满、米粒细长、颜色光亮在市场上久负盛名，故有"鱼米之乡"之美称。

作者黄霞春

五七村像一位饱经风霜的老人，冬去春来默默见证着社会的发展。

村落依水而建，为悠悠排湖所环抱。村河之间布局灵动，空间丰富，被多条水系所环绕，这些绵延不断的河流，将村子一分为二，形成了"双龙戏水"的风水格局。河水源自汉水，经通州河分流至五七村，在这块钟灵毓秀之地泗晕开来，托起一片绿洲，串起村庄生机盎然的早晨与黄昏。

一座村庄有了水的浸润，就充满了生机。水涵养着五七村深厚的文化内涵。

五七村，昔称曹场大队。由原曹场大队的曹家台、丁家台、向家台和原双丰大队的黄李院4个村落合并而成。1976年整体搬迁后，便成为现在的4个行政小组，并更名为五七村。

其名称由来，蕴含着丰富的文化意韵。据当时的大队支部书记说，1966年5月7日，毛主席作出了"五七指示"，要求全国各行各业都要办成一所大学校，学政治、学军事、学文化，又能从事农副业生产。在那个全国山河一片红的年代，走"五七道路"成了一种时尚，到处办起了五七工厂、五七农场、五七干校，等等。五七村名，可能由此而来，并沿用至今。

五七村原村民委员会旧址

五七这片土地，很多地名含义古老深厚，纵然史籍记载不多，也能勾起现代人无穷的回味与想象。如向家台，只有其名，未见其姓，却是一统天下的曾、刘两大家族。向家台没人姓向的，可能是向姓人家或因战难或因水灾而颠沛流离，空留下这个地名成了历史痕迹。

翻开历史，五七这里曾是要地亮点：

——1700年前，曹操80万大军下江南，凭借这一方便利的水道千帆竞发；

——700年前，江汉先英陈友谅，借助这一方汪洋一片的滔天巨浪打造水军，建立大汉王朝；

——抗战时期，这里以水为障，成为爱国将领王劲哉率128师抗击日寇的天然屏障……

在交通不发达的年代，这里地理上的优势不言而喻，水路的繁盛令此处成为排湖岸边近代以来运输贸易的节点。

1992年被列入省级文物保护单位的曹场墓群遗址，发掘出土的东汉至六朝时期的网纹罐、神兽镜等文物精品，是这片土地的回忆和见证。

浓厚的历史烟火，深厚的人文底蕴，一直铺垫着这个村，铺垫着这一座人水和谐的家园。

早前，这里是一片烟波浩渺之地，随着长江汉水裹挟的泥沙不断淤积，形成了五七这片河网密布的江南水乡。当五七的先民千

湖北省文物保护单位——曹场墓群
（谢秒云 摄）

里跋涉而来，波光粼粼的一泓湖水挽留住了"江西填湖广"迁徙的脚步，曹、李、黄、丁、谢、曾、刘等姓氏开始在这块湖泽交汇的灵秀水土上开基创业，生息繁衍。他们高处筑台，平地建场，湖中围院，于是以姓氏命名的曹场、丁家台、向家台、黄李院等一些村名便浮现在岁月之上。

季节轮回中，五七人挥洒着激情与汗水，奏响了一支充满蔚蓝色的文明凯歌，共同推动小村走向农耕时代的辉煌。

农耕时代，水就是命脉。丰沛的水资源在给人类带来福祉的同时，也曾经给五七带来灾难。岁月更替中，一次次水患的肆虐，使得当地社会经济实力与发展水平有所削弱。备受洪水困扰的五七人，毅然决然地开启了治理水患的艰难历程，历经漫长数百载时光，洪水终于收束起桀骜不驯的性格为人们所用，润泽这里的一草一木，让这片沃土之野充满勃勃生机。

新中国成立后，五七人战天斗地，经过多年的艰苦奋斗围湖造田，又经过多年的改良土壤并精耕细作，把一片沼泽地改造成了适应各种农作物生长的良田，留下稻麦飘香的"粮仓"。

人民公社时期，土地耕作实行三熟制。五七人凭借丰富的水资源，把稻谷、小麦、高粱、绿豆等五谷杂粮栽培得优质高产，使当地一直都保持粮食作物高产区的地位并成为交公粮大户，曾多次被评为"农业学大寨"先进单位。

1976年，顺势而并的村庄深度融合，农业效益提高较快，形成了农业、养殖业多种经营全面发展的格局。

改革开放后，五七人以水为脉，进行农业结构调整，因地制宜发展水产经济，率先将大片农田改造成了经济效益更高的水产养殖基地。经过多年的拓展深化，形成五七当今的格局，境内连片鱼塘星罗棋布，成了水产养殖专业村。

五七的发展之路，为周边乡村提供了宝贵经验。此处养的四大家鱼、小龙虾、螃蟹等水产品肥美鲜嫩，早已成为人们桌上佳肴。

这些历史进程的足迹，展现了五七这一方人独有的文化记忆。

值得一提的是，五七村虽地处湖区水乡，却不忘崇文重教，兴学甚早。创办于20世纪50年代的曹场小学，开创了乡村教育之先河，在这块乡村诗意般的土地上萌发了诗书的墨香，逐渐沉淀为一层厚重的文化土壤，形成区域教育高地。石垞、双丰、陈家、盛埠等周边乡村的莘莘学子纷纷到此求学，并学有所成。

自1977年恢复高考以来，五七村涌现了一大批中专生、本科生、研究生，甚至博士人才。在科技金融飞速发展的当下，这种人文精神将让祖国的科技更有温度。

一方水土养一方人，水的滋育不仅让五七村成为物产丰饶的鱼米之乡，也陶冶了五七人乐观包容、低调友善的性格。从政者，廉洁自律，公忠务实，虽没出大官，但科级处级干部都有；从教者，立德树人，桃李芬芳，有校长，也有中高级教师；民营企业者，诚信经营，尚义守信，大老板位置虽然空缺，但众多微型企业已孵化出壳，正在成长壮大；在乡创业者，勤劳质朴，内敛务实，有匠人艺人，也有乡村书法家。五七人都埋头做着不张扬的事情，胸中怀着不平凡的理想。

迈入新时代，勤劳睿智的五七人，正用水的灵性，泼墨出一幅居者心怡、来者心悦的文明新村、生态水乡。

# 柳李记忆碎片

刘兴隆

作者刘兴隆

"江西填湖广"始于大明洪武年间。洪武廿一年（1388年），迁江西移民10.7万人到汉阳府、沔阳府。"居楚之家，多豫章籍。"据此推算，柳李村的历史可能长达633年。

当然，一个村落的历史不能这么简单计算。从我们的先人在柳李这块土地上种下第一棵树，到现在这样绿树繁花的美丽村子，究竟度过了多少岁月？每一个热爱她的人，都会有这样的疑问。但因为她只是一个普普通通的平原村落，不可能有完整的谱系来证明自己的年岁。她的身份档案，被漫长的时光盗走了。

不管怎样，我认为，柳李村可以自豪地说，她是江汉平原一个有着数百年历史的古老村落。她有自己独特的人文底蕴和自然风物。她独特的美好，不应该被时光沙漠湮没。

——伢们丑。"伢们"是娃娃的复数形式。后头又添加一个"丑"字，表达的仍然是复数形式。设想各种语言环境，找不到更加合适的字。一个"丑"字，令人百思不得其解。最后我"大胆假设"，我猜它的意思是：我们娃娃长得丑，不好看。老天爷也好，皇帝也好，人贩子也好，不要打我们娃娃的主意。不要侵犯他们，掳掠他们，让他们野蛮生长，长大成材。这个"丑"字，和给孩子取小名"驴儿""狗儿"异曲同工。

——安逸。幸福、自在、无忧无虑的意思。是我们柳李人对生活的最高追求。据我所知，在这个各种压力纷至沓来的年代，敢说自己很"安逸"的人不太多。

——安之。"快要"的意思。例如，"村东头李爹家的花母猪安之生二胎"，意思是李爹家的花母猪快要生第二窝小猪了。"安之"，用古汉语拆解，是"安全抵达"的意思。

——艾草。艾蒿。从前柳李家家户户都将艾蒿晒干后放到神柜上祛邪。如有小儿皮肤瘙痒，也可用干艾蒿煮水洗浴去痒。

——爱情。柳李人大多矜持、内敛、含蓄，谨守"发乎情，止乎礼"的古老教义。084乡道像一道彩虹贯穿柳李，将柳李的饮食起居变得多彩而透明。爱情这种最能刺激人类神经的事情，更是无处遁形。

——熬糖。春节期间最受期待的饮食活动。熬糖之后，产出麻叶子、麻糖、糖稀子等多种甜蜜美食。连锅巴糖都不会被抛弃。如果大人管控得当，享用麻叶子的过程可持续到夏天。麻叶子捂在炒米之中，储存在半人高的紧口缸里，到了夏天变得软软的，和冬天比，别有一番风味。

——柏龄。我第一次见到这个词，是在父亲亲手制作的板车上。当时我们还在读小学，农村还是集体经济时代，为了减轻劳动量，父亲用柳木做了一副板车。他在板车左边把手靠近车轮处，用墨笔写下"柏龄"二字。那是弟弟的小名。这两个字证明父亲深谋远虑。他预见到农村集体经济在不远的将来会过渡到承包责任制，并且随着我们渐渐长大成人，必然会有财产分割之类的事情，于是早作安排。

实话说，父亲的良好愿望落空了。我们家唯一的双轮驱动绿色能源交通工具归到柏龄名下，柏龄先生并不买账。这副板车早已不知去向。

——柏树。我们家老屋后面的菜园和刘天举家菜园相邻的地方，曾经有一株柏树。在柳李，我未见过第二棵柏树。柏树的叶子是墨绿色的，纹路则像鸡冠，折下一枝，异香扑鼻。柏树的枝叶极其茂密，直直的躯干紧紧地裹在枝叶之中。偶遇狂风骤雨，柏树绝不枝叶凌乱，惊惶失色。雨后的柏树，宛如不食人间烟火的绿衣隐士。此外，柏树籽极多，一颗颗像绿松石。

我们家那株柏树，在宅基地调整时没有人费心移植，下落不明。

从前在柳李，婚丧嫁娶宴席上，靠近神柜的那只碗里头，大多放一束刚刚采折的新鲜柏枝，满室芬芳。现在这一仪式已经失传，或许和柏树绝迹有关。

——布瓦。小时候，柳李大多是青砖布瓦的房子。布瓦是一种半月形的瓦片，一面有布纹，称作"布瓦"。布瓦是手工年代的产物，因为制作效率低下，后来让位给机瓦，由此布瓦多年不见踪影。但现在有些风景区流行仿古建筑，布瓦又复活了，而且需要提前订制，真乃此一时彼一时也。

——八字。孩子出生后，父母会找算命先生给他排一个"八字"，即按孩子出生的年月日时，查对用以记时的八个汉字，再根据查对的"八字"推演他的一生运命。

待他长大成人，到了谈婚论嫁的年龄，还要把女方的"八字"拿过来比对一番，看看有无相克。如果相克，这婚事多半黄了。此时若要婚事成全，则花点小钱，请先生在"八字"上做点"文章"，称"做解（柳

打把子的祖孙

李人读 gǎi)"。

——把子。将棉梗、麦秆和稻草（柳李人叫"谷草"）折腾成正好可以放入灶口的"把子"，将"把子"用草绳（柳李人叫"草蒌子"）打成捆，最后在禾场边上码成峁（gào）。这是从前处理和储存柴草的典型做法。冬春两季的柴火，就指望这些大大小小的"把子"了。

麦秆和谷草把子合称"穰草把子"，不经烧，出灰多。棉梗把子硬经烧，出灰不多，用于熬糖、打豆腐、蒸糍粑、做年饭之类的大事。

"打把子"这个活并不繁重，但它把你禁锢在一个不足两丈的线段内，握着一个叫"搞子"的简陋工具，复进复退，真是枯燥无趣。小孩子天性好动，大多排斥这个活。

——裱糊。将各种废旧衣物上的布料拆下来，用米浆裱糊成片，用于制作鞋底之类。也有人家屋内的墙壁是用黄泥巴裱糊芦秆或茅草而成。

现在用黄泥巴裱糊室内隔断墙，多半会被视为一种艺术，好比侘寂美学。

——出糗。现代网络语言将它改造成"出糗""糗大了""糗事一筐"之类，很传神。《国语·楚语》里有记载："糗一筐。"这个"糗"，楚人是指干粮。现代人将"糗一筐"三个字激活，依然鲜活。我们通过文字接受古人传递的信息，就像通灵一样。

小时候认为最出丑的事是尿床。

白天疯玩了一整天，到了夜间睡得香喷喷的。忽然尿意强烈，而你梦见路过一段长堤，前不见路人，后不见来者。此时不尿，更待何时？于是站在大堤上，开心地尿尿，一直尿到堤下去，惊动了老鼠，吓跑了兔子。尿完，一阵轻风吹来，你打了一个轻快的寒战。你顿时醒了，发现屁股浸泡在温暖的尿液里。你沮丧至极，一动不动，希望尿液在天亮之前"cí 干"（柳李方言，疑为"糍干"，液体蒸发的意思）。这当然是痴人说梦。尿液不仅不会"cí 干"，相反，尿迹反倒是一寸一寸变大。这就是尿床的典型场景。

小时候我也时不时地尿一把。记得有一次是刚读耕读班，我一不小心又尿了一次。毕竟已是上学读书的人了，我感到很出丑。母亲说，如果我认真做作业，就将床单晾到后面的菜园；如果我不认真做作业，就将床单晾到门前的禾场上。

显然，正确答案只有一个。床单晾到了屋子后面，在菜园中间的马架（柳李人读 gà）上。柳李村家家都有这种木架子，用来晾晒衣服、干豆角和盐菜等等。

——菜园。我相信，每一个菜园都会给孩子们带来无穷无尽的快乐。菜园，大多有树木，有花草，有菜蔬，有篱笆，有的甚至有一点儿草药。然后就有鸟儿，有蜻蜓，有蝴蝶，有知了，有蚯蚓。偶尔会有黄鼠狼和野兔。

我印象最深的，除了我家菜园，就是刘天举家的菜园了。我家与天举家毗邻而居，菜园也是连在一块儿的，中间有一株柏树和一株棕榈树。我们偶尔能在菜地落叶间找到蝉蜕下的壳，积攒多了可以拿到大队小卖部换一两支铅笔。蝉蜕下的壳就叫蝉蜕，据说是一味中药。

冬春时节，出太阳的日子，四爹会拿一把椅子出来，在菜地里晒一会儿太阳。四爹是天举的曾祖父。他是富农，因此挨批斗成了家常便饭。我从未听他说过一句话。常年挨批斗，已经让他心如古井。

他很少去屋子南面的禾场晒太阳，也许他不习惯和来来往往的行人打招呼了。但左邻右舍依然尊重他，并没有冷落他。乡亲们说，他其实是一个知书达礼而又极其勤俭的人。在我的印象中，无论冬夏，他总是穿一件褪色的靛蓝粗布长袍，拄着一根褐色拐杖，面若严霜。

有一次村里调整宅基地，推土机推掉了我们的菜园。放学回家，我看到菜园已是面目全非。乡亲们三五成群聚在一块，叽叽喳喳，似乎依然沉浸在一片兴奋之中。原来，推土机推掉四爹家菜园的时候，从土地里推出两罐银元。两罐银元自然被围观的人群一抢而光，有人因此扭伤脚踝，扯破衣衫。

银元来自民国时期，证明掩埋的日期并不久远。一个人掩埋银元，并不是抛弃它们，而是在特殊时期把它们藏到一个比家里更安全的地方，但谁也不会将自家的银元埋到别人家的菜地。"两罐银元"出土的时候，四爹或许已经去世。我猜想，即便他在世，也不会站出来申明那是他的银元。财富让他饱尝苦楚。对银元这样的东西，他避之唯恐不及。

两罐银元被一抢而光，而比两罐银元价值高得多的柏树、棕榈树、香椿树、梧桐树……没人想到移栽它们，几天之内便从柳李村的土地上消失得无影无踪。

小时候，我和小伙伴们常常划破香椿树的树皮，看透明的树液慢慢流出来。香椿树的树液会在树皮上凝结成琥珀一样的疙瘩。将这些疙瘩剥下来，用温水浸泡后状如胶水，我们可用它修补书本。香椿树像一个憨厚的伙伴，它的树皮忠实地记载了我们的顽皮。

柳李的每一棵树都这样记载了村民们与树有关的各种信息。这些珍贵的信息，随着树的消失而消亡。

——踩高跷。踩高跷是春节期间最吸引人的活动之一。制作高跷只需要两根长木棍和三四截短小的木头，制作简便，成本低廉，给我们带来无穷的快乐。可是，高跷只适合在柔软的泥土地玩耍，禾场上覆盖了水泥，高跷就自然消失了。

跑彩船的民间艺人

——彩船龙灯。彩船只需两人表演，男人扮丑角，在外"撑"船和"掌艄"，女人扮花旦，"坐"船舱内。起先是花鼓戏班的职业演员春节期间走下舞台，为乡亲们添一份热闹。后来不知什么时候有了利益,彩船开始变得鱼龙混杂,只要会两句戏文,糊一只纸船就可以粉墨登场。

龙灯大不一样。一般龙灯长达十米以上,耍龙灯的团队约有七八人的样子,个个短装打扮,生龙活虎。龙灯来了,后面跟着一群看热闹的孩子和大人。龙灯从你家大门进去,绕方桌一周。龙头在你家堂屋上下左右巡视一番,意在祛邪招财。每家每户,无一遗漏。

——除夕。农历的最后一天,也是一年中孩子们最盼望的日子。这一天,从早上开始,母亲忙着做饭。作为主角,杉木蒸笼被清洗干净,端端正正坐在锅中。父亲从后面的菜地担来新鲜的土块,将屋前的禾场铺上新土。

随后,父亲开始为左邻右舍写春联。我们围在父亲身边,看他裁纸、折纸、调墨、写字。我一直纳闷,其实他只读过小学,但他的毛笔字和钢笔字都可圈可点。我曾经受书法家谷有荃先生耳提面命,却一直没有勇气为左邻右舍写春联。

——姐姐。对婶娘的称呼。一个孩子出生,会找算命先生给他(她)排一个"八字",如果这孩子八字"注定"在父母身边不好养大,就会过继给叔伯家。多半不是真的过继,变通一下,就把自己的母亲叫作"姐姐"吧。总之,柳李人为了孩子能够健康成长,可谓奇招迭出。

——打工。和全国的每一个村子一样,"打工"彻底改变了柳李的面貌,从物质到精神。

"打工"二字好比打开柳李大门的钥匙。大伙儿通过084乡道走向全国,走向世界。很多人打工之后自己开始做老板,靠勤劳和智慧改变自己的命运。据我所知,想英夫妇、元桂、东平在一些大型医院做后勤管理工作,军平和刘涛在武汉分别开办服装厂、刺绣厂,刘宇佳在汉口经营一家物流公司,章兴兰夫妇、刘天植在广州珠江国际轻纺城经营人造毛皮批发,曾德山在深圳拥有现代化的精密机械厂。

今年武汉解封①之后,我去红安参观了刘天成的家具厂,让我大开眼界。几年以前,他在武昌青山一带城中村租用一家小工厂,今天,他拥有了标准化的现代家具厂,工人们在车间忙忙碌碌,办公室电脑井然有序,他的孩子们处理着来自全国各地的订单。

在柳李,像刘天成这样走出村子、走向世界的人还有很多。我常年宅在斗室中,对他们几乎一无所知。我所列举的例子,也局限于家人和左邻右舍。我实地参观学习的,只有刘天成的工厂。如此说来,最需要走出去的,其实应该是我。

——打硪。从前柳李的房子都是平房,不需要复杂的地基构造,盖房子的时候,要将地基夯实,打硪就够了。

---

①编者注:因新冠疫情,2020年1月23日10时起实施离汉通道管控措施。4月8日零时正式解除该管控措施。

五六个男人用木头架子像抬轿一样地将石硪抬起来，然后重重地砸下去。如此这般，反复锤打，地基自然就结实了。打硪的时候，大家齐声唱着专为打硪创作的号子，旁观者会深受感染，感到打硪是一件快乐的劳动。

打起来呀闹起来呀，呀哪么呀儿哟呀，火嗨咿火嗨呀……

我猜，这打硪号子自诞生以来就没有多大变化。我们先人的声音就这样通过一代又一代人的传递，送入我们的耳中，让我们真切地感受到先人的脉动，这就是文化传承的魔力吧。

"井"字形石硪

——大礼堂。柳李村曾经有一座斯大林风格的大礼堂。大礼堂坐北朝南，青砖机瓦，可容千人。作为文艺宣传队员，我们曾在舞台上表演节目。一个伟人去世的时候，村里在大礼堂举行了追悼会。

改革开放之后，村里买回来一台投影电视机，那可是一件大事件。当天放电视，大礼堂挤满了乡亲，墙外窗台上趴着调皮的孩子。我记得那天播放的是美国人登上月球的纪录片，大伙儿心情激动地看着阿姆斯特朗小心翼翼地在凹凸不平的月球表面行走。

月球上不见嫦娥和吴刚。后来，集体活动越来越少，大礼堂渐渐衰败下去，若干年后被拆除，变成一堆残砖剩瓦。

——"东方红"。有两种最有名的"东方红"，一种是每天早晨把你叫醒的《东方红》歌曲，一种是马路上最神气的"东方红"拖拉机。

——动物。江汉平原没有像样的森林，野生动物没有藏身之地。那时候，所谓野生动物也就是黄鼠狼、野兔、老鼠和蛇，青蛙和癞蛤蟆，以及河里的各种鱼虾蟹蚌。

鸟儿以麻雀居多。树林里，屋檐下，它们从来不拘小节。也有乌鸦、八哥、斑鸠、布谷和野鸽之类。少年时，我常常用口哨和鸟儿唱和，从来只闻其声，不见其影，但双方乐此不疲。我无意中用口哨复制了林中鸟儿的叫声，而它们的肉身早已化作泥土。

小时候，我们如何对待动物呢？比如，我们常常到屋檐下掏麻雀窝，几乎对麻雀一家子"满门抄斩"。

油菜花开的季节，蜜蜂成群结队而来，采蜜之后，它们常常钻入房屋墙缝中，我们用玻璃瓶口堵住它们，将它们逼入瓶中。

我们用砖头瓦片围攻一只癞蛤蟆，直到它横死于一堆破砖烂瓦之中。我们若是在菜园或草丛中见到蛇，必然叫来大人，使出浑身解数将它打死才安心。

我们捉到蜻蜓，耍弄一番之后，去掉它的翅膀，看着它在地上痛苦地爬行，最后变成蚂蚁的大餐。我们也和蚂蚁部队作战，舀一瓢水泼入井然有序的蚂蚁队伍，看蚂蚁部队在大水中溃不成军，四散逃命。

表面看来，我们不能善待动物，是因为在我们的教育中，缺少环境教育这一门课，不懂得如何与身边弱小的动物相处。但是，也许更深层的原因，是那个年代，我们比动物的生存处境强不了多少。

虽然已经拥有了青霉素、链霉素和土霉素，但我们仍然会被脑膜炎、疟疾之类夺去生命。在夏天，我们会在玩水的时候淹死。我们会被狂奔的水牛撞死撞伤。我们在马架上玩耍，不慎摔断胳膊。我们在小河桥上连人带自行车摔入河中。不小心摔一跤，我们被银项圈硌断锁骨。因为木板朽坏断裂，我们不幸跌落臭气熏天的茅厕中。跳水的时候，我们被桥上的铁钉划破腿肚子。露天电影散场的时候，如果你没有躲开人流，你会被撞倒，被踩伤，甚至被踩死。

能活着变老，真是万幸。在我们这个家族中，有两个同龄伙伴在少年时就永远离开了我们。

——碓（duì）窝子。石碓，或石臼。多用来杵糍粑、碓米粉。柳李有一句歇后语：顶着"碓窝子"唱戏——人吃了亏，戏不好看。意思是吃力不讨好，说明石碓极笨重。

石碓这种古老的工具早就被各种机械淘汰了。因此，当你看到石碓的时候，它可能已经历了好几代人。石碓大多已经很圆润，漫长的岁月和不计其数的槌打，已经磨去了它们的棱角。

我们用什么证明柳李是有着数百年历史的古老村落？也许我们有各种族谱，有《通海口志》，有打硪号子，有乡村音乐，有独特的礼仪和方言。但我认为，还要加上这些石碓、石磙和石碾，因为掠过江汉平原的风雨无法摧毁它们。柳李没有一座古老的房子，大多数平原房子经受不住风雨侵蚀，有的甚至在风雨中倒塌，变成草堆和散乱的木头，被大水卷走。而石碓不会离开家园半步。即使我们的先人逃离故园，也不会带走石碓。古老而原始的石碓，正好成为我们家园历史的见证。

我家这只石碓是由一种灰白色的石头凿成。同样，看上去有了很多年岁。你凝视石碓良久，会体会到石匠的艰辛。

这只石碓终年蹲在屋后墙角，旁边多半有三两株指甲花陪伴。下雨的日子，雨水会滴落石碓中，盛满之后，雨水顺着石碓的面部皱纹流到地面。天长日久，石碓的脚部和墙脚一样，也长出了深深浅浅的青苔。布瓦白墙石碓，青苔红花碧树。一眼看去，让你忘却时空更迭，不知身在何处。

# 新旧社会两重天

——回忆家乡天星洲王家渡

文必发

### 一、遇不幸，老辛未年淹大水

明代洪武年间，我的先祖德及公从江西永新县搬迁到沔阳天星洲王家渡落籍，至今已近700年历史了，世代农耕。据父母说，90年前我爹爹（爷爷）、老妈（奶奶）带领他两对儿媳和两个女儿勤扒苦做，逐渐积攒了一定的物质财富，建起了在当地也算数一数二有天井的砖瓦房，并买了几十亩田地。自己很满足，村上人也羡慕不已。当时13口之家过的算是小康生活。

作者文必发

谁知好景不长。辛未年（1931年），东荆河水陡涨，天星洲瞬间变成一片汪洋。我们家原住在王家渡一段叫内堤的低矮堤上，没料到洪水到来时竟首当其冲！

那是一个漆黑之夜，家人正在熟睡，爹爹老妈突然被一片鸡鸣狗叫声吵醒，赶紧起床一看，屋西巷子的土台已管涌穿洞，连忙大喊："不好了，倒口了！"尚在熟睡的家人闻声，都慌忙起床，手忙脚乱带着小孩逃出门，直奔东边地势较高的地带。刹那间，只听得一声巨响——房子坍塌！这时清点人数，13人倒也一个不少，算是不幸中的万幸了！

次日天蒙蒙亮，大人们跑回住地一看，才知我们和善荣（昌扬祖父）两家房屋已荡然无存，被汹涌的洪水无情冲走了，台基被冲成了一个大潭。屋后河滩上的庄稼全被淹没——绝收了！

### 二、遭磨难，苦苦煎熬20年

死里逃生的文氏两家人面对大灾，该怎么生存下去？我后来经常听母亲哭着诉说往后20年的这段苦难历史——

毫无指望的人们纷纷背井离乡，有的沿门乞讨，有的投奔亲友。陆续迁出天星洲的人家约有百户。从此天星洲变成了蒹葭丛生的荒洲，每年洪水一来，即刻变成泽国。

我祖父母文为鑫、罗氏，一向被人认为勤劳能干，但此时却面临着家大口阔，"上

被东荆河洪水淹没的农田与房屋（谢蒙 摄）

无片瓦下无立锥之地"的艰难处境,于是决定分家,各立门户。大房家:伯父文善西(文化人)、伯母李氏,堂兄必川、必富。二房家:父亲善祥、母亲武幺姑,兄必爽、木子等。至于爹爹和老妈,他们不想给儿子们增加负担,执意要带着幺姑妈善珍(大姑妈已嫁)单独生活。

等洪水退去后,三家仍在天星洲原址附近临时搭草棚居住,这大概就是人们常说的"金窝银窝,舍不得穷窝"这句俗语的真实含义吧。

天星洲每年都遭水灾,在洪水到来之前只能收获一季大麦,等洪水退去后再补种荞麦。我们家和其他人家也曾在收割大麦之后,赶紧种上高粱、黄豆,可是等到初秋洪水一来,不等成熟即全被淹死。尽管年年淹水,可是农民总存侥幸心理,照种不误,结果总是颗粒无收。只有荞麦周期短,水退即种,入冬即收,虽然产量很低,亩产只有五六十斤,但有收总比绝收强。当然,仅凭田地的这点产出,是无法维持一家人生活的,还得靠砍柴、捞鱼、打短工补贴家用。其中的辛酸,真是难以缕述。

经过上十年的积累,我们家和伯父家用自家种的杨柳树做梁柱,就地取材割芦苇糊泥巴当墙壁,用麦草盖屋顶,各自建起两间房,虽不是砖瓦结构,但也比那茅棚子强10倍不止。不过,每年发大水,家里免不了要进水,水深齐胸,无法安身。不得不考虑建一艘一丈多长的木船,这样的话,等洪水一到家门口,大家就匆忙带着生活必需品上船,划到对面高高的防洪堤居住,水一退,又回到原屋。虽然很辛苦很麻烦,但年年如此,也就习惯成自然了。

那艘船一直用到1958年,10多年来一家人多亏了它!

在20多年时间里,家里不断添丁(必顺、必贵和我),但劳动力却不足,先是爹爹老妈过世,接着是我父大病一场,好几个月下不了地,家中一下子少了像父亲这样的壮劳力和主心骨。眼看田地无人耕种,要耽误农时。不得已,一双小脚的母亲同我那只有15岁的大哥,毅然挑起家庭重担,下地干活,大哥也慢慢学会了扶犁掌耙。那时除了水灾,还有别的天灾,以致经常歉收,粮食总不够吃,一家数口人常常是半饥半饱,艰难度日。

我出生晚,旧社会的生活我虽体会到一点,但不是很多,艰苦岁月的叙述大都是从母亲那里听来的,它已深深印在我脑海里。过去有一首民谣这样唱道:

沙湖沔阳天星坑,十年就有十年淹;

愁吃愁住愁娶媳,逼得只有往外迁!

### 三、天大亮,穷人翻身得解放

1949年春,沔阳县全境解放。

1949年10月1日,毛主席在天安门城楼上庄严宣告:"中华人民共和国成立了!"穷人的苦日子终于熬到了头!

解放初，沔阳县镇压反革命运动如火如荼，穷凶极恶的日伪头目苏振东、本地土匪头子萧传庆被人民政府公审枪决，人心大快，从此社会秩序空前良好！1951年开始实行土地改革，穷人欢天喜地，分得了土地、房屋、农具和耕牛。天星洲比较开明的破产地主文善源（儿子必禄）、文善举、萧厚仪几家在人民政府政策的感召下，主动交出土地，得到政府宽大处理。

我们家在土改中被划定为下中农，是好成分，属于依靠对象。

1953年，人民政府鼓励我们家和伯父家购买耕牛、农具等，进军排湖毛范坑，开垦水荒地约20亩，种上了水稻。虽然住的是茅棚，干活很辛苦，农忙时吃住都在这里，回不了家，但因为有田种，有收成，大家心里还是乐滋滋的，从心眼里感激共产党，感谢毛主席。那时我才10岁，也和大人一起住茅棚，放牛、插秧抢着干，哥哥们总是夸我聪明勤快。

与此同时，我们两家还分别在就近的新垸子燕子窝、刘家湾等地也开垦了好几亩白水田，专供女人耕种，以便兼顾家里。

由于增加了土地，并且连年丰收，大家能吃饱肚子，别提有多高兴了！

从1955年起，我们两家积极响应党的号召，走集体化道路，先后加入了初级农业社、高级农业社。1958年又顺应当时形势，加入了人民公社。我也是一名不够年龄的小社员，每当放学回家，便积极参加力所能及的劳动，虽不计工分不分红，却也感到无上光荣。

就在实行人民公社的1958年，天星洲传来振奋人心的特大喜讯——省农垦局和水利厅联合批复成立天星洲农场，书记操志德、场长林方运（农场和通海口大公社平级。20世纪60年代降为通海口区管小公社，首任书记李佐清）。上级同时批准并拨款对天星洲月堤加高加固，以彻底消除水患。喜讯迅速传开，天星洲的老百姓无不欢欣鼓舞。人们敲锣打鼓放鞭炮，迅速投入战斗，

洪堤边的王家渡村居旧址（谢秒云 摄）

男女老少齐上阵，晴天一身汗，雨天一身泥，筑堤开河，垦荒种地。经过三年奋斗，硬是把一个百年荒洲变成了千顷良田，浊浪排空的骇人景象从此一去不复返了。年年收成好，家家建新房，外迁户也陆续搬回来了。多年娶不上媳妇的汉子，个个喜结良缘，儿孙满堂。

特别值得一提的是，天星洲多少年没有正规学校。旧社会偶然有人办私塾，弟子也是寥寥无几。解放后虽说穷人翻了身，但我们这里人烟稀少，办学校仍是老大难，孩子们如果要上学，只得跨河越堤走很远的路，到熊庙村去读初小；如果要读

高小，那得走到更远的通海口镇上。自从家乡解除水患后，办学事宜便提上了政府的议事日程。

1964年春，王家渡（东方红）筹办小学，刚开始只办了几个复式班。1967年正式建立全日制东方红小学，从此王家渡结束了没有正规学校的历史。直到20世纪90年代初，先后有张修进、文昌印等同志担任过该小学校长。学生由少到多，师资力量由弱变强，教学质量迅速提高，深受老百姓欢迎。

从这所学校走出去的，有不少已经成为国家的栋梁。总之，天星洲的老百姓始终没有忘记老师们的辛勤劳动与无私奉献。

天星洲——生我养我的土地啊！看着你的沧桑巨变，我不由得千遍万遍地引吭高歌："没有共产党就没有新中国！"

# 水乡情思

简希刚

### 一、渡

俗话说，五百年修来同船渡。世上情缘何处衍生了结？水之湄，渡有约。

穿越夜籁穿越雾霭穿越朝露，一叶驿站写意成一帧水墨。微澜生处，乌篷轻吟一阕心歌。

忘不了跨越生命渡的盟誓，忘不了心河忧郁寂寥的瘦月。凝固的年历里走不出永远的季节。

作者简希刚

桨声咿哑唤归亘古的灵犀，一篙青黛撑来相思泉的苦涩。湖水是镜哟，印记萍踪叠影惜别。

攘攘的尘嚣随絮云远遁了，只留一枕清波洗濯双眸，那生长星辰的天空，渔火如昨。

### 二、雨中秋荷

秋雨中的残荷，飘摇老人的倔强和羸弱。或佝偻或傲然的身躯，总在遥想当年的壮怀。

鸥鹭栖息过的双肩，已无力承载雨丝浸润。当群鱼嬉绕膝间，才啜饮那弥足珍视的天伦。

殒消了沁心透脾的香馥，陌生了采莲船的歌声。听雨珠敲打额头沟壑，苍老的心中依然珍藏年轻。

秋雨中的残荷哟，既然七孔玉笛吹圆了经年的夙愿。休闲的时候，就从四季影集中翻看，曾经蓬发阴翳的照片。

### 三、农家喜事

好一部晦涩耐解的《易经》，庄稼人膜拜你千万年。一个看来寻常的日子，占定佳期，铺张喜筵。

唢呐因你张翕笑靥，小院因你升腾青烟。那门楣檐际的红对联红灯笼，也因你红韵飞溅。

读你，粗心汉子也一脸虔诚；读你，一杯薄酒胜玉液浓醑。

### 四、蝶祭

如水冰凉的音乐流来，漫过长满青草的河畔，又见无眠古冢香尘袅袅，覆盖哀怨悱恻串缀的花环。

楼台隐现苔痕屐印的古井，柳丝飘逸唏嘘斑白的袖衫。那说不清的率真道不明的羞涩，随一柄檀香折扇徐徐舒展。

舞倦的精灵啊翅断羽化了，听不厌的情节便开始四方流传。恨一蓑烟雨淅沥了梦幻情旅，空有数杆江南丝竹轻揉慢弹。

### 五、乡音

竹篙点碎一湾丹青，川流轻语别意。河埠依旧，难觅浣衣涟漪。

慢听林间声声蝉鸣，折赠几许柳枝。惊唤快要霉变的乳名，笑话湿漉漉的记忆。

### 六、乡愁

轻放心灵之舟，漂流在生命河上的上游。载满黄昏，载满记忆，云帆飘泻思乡的泪痕。

夕阳照古今。透穿唐人难叩的柴扉，透穿元人射雕的足印。捧一抔故乡的黄土，感受野菊清香。那漫漫迷雾样的忧伤，逐渐飘来又逐渐飘去。

月光无语。月光无声。

记忆不能封尘。总有一方领地，缭绕心襟。那么明晰，又那么遥远。

### 七、母亲河

一枚碧玉簪，别在乡野风情的边缘；一缕绿丝带，飘飞阡陌纵横的田塍。

垂柳高盘素雅的鬟髻，小草精编绮丽的衣裙。从此，你便拥有这不变的容颜。直让云雾流连缱绻，直让月儿去意缠绵。

男儿大了当婚，女儿大了当嫁。一拨拨儿女就这样来去匆匆，但见光腚的顽童，追逐浪花里五色的斑斓；但见踏青的游人，寻找散落着记忆的沙滩。

唯有你，终身守望家园。让一泓清澈明净的乳汁，汩汩流淌。

### 八、那一刻

那一刻，春洪坍塌逶迤的堤岸。浊流邀约泥沙，卷起轩然狂澜。苇叶沉浮，村舍盘旋哀鸿的凄婉。

那一刻，宁静的伊甸园也一片零乱。亚当牵挽夏娃的发丝，泣别熟稔的故园。不假樯橹，不挂云帆，诺亚方舟步履蹒跚。

那一刻，没有阳光的照看，心便拉上了夜的帷幔。瑟瑟春寒中，孤寂的魂灵梦游荒原。磷磷星火飘忽明灭，信手圈点狰狞和幽暗。

就在那一刻，请将一堆篝火点燃。那曼妙的淡蓝色小木屋，松丫拥抱火苗，正温馨地倾谈。

#### 九、琴韵

竹篁幽深，一串串音符跳跃流淌。

有琴的日子总是雨季，幽怨在指间滑落。柔冷的丝弦上，四季结伴悄然走过。当琴音颤动良宵，便有一轮圆月，穿行心旌。

什么时候，这曾经钟爱的琴声将会丢失？空留纤纤琴丝，演奏人生的过渡段落。

#### 十、水乡行

独走水乡，渡你宽阔丰腴的胸膛。

你方格的衣衫，是一件很风俗很民族的时装。湖乡人穿在身上，有笑语有欢声，直惹得蝶戏蜂忙。

鱼鹰作伴，撒开长满皱纹的网。渔舟轻轻，划碎锦缎也划碎夕阳。

也曾祈望，让雨神慰籍你亘古的沧桑。但心田的沟壑，已被泪水注满……

#### 十一、越

你从古画中走来，带着秦风汉韵，带着唐诗的飘逸，宋词的婉约，款款越过千年。

桃花与你做伴，孔雀因你回眸。醉眼醉情，最是那一裙，娇羞的绿，勾魂。

# 东荆河——家乡的河

熊 英

> 轻轻的我走了
> 正如我轻轻的来
> 我轻轻的招手
> 作别西天的云彩
> 那河畔的金柳
> 是夕阳中的新娘
> 波光里的艳影
> 在我的心头荡漾
> ——徐志摩《再别康桥》

"每想你一次，天上飘落一粒沙，从此形成了撒哈拉！"这是三毛对荷西的感情。东荆河，我对你的感情何尝不是？

没你的日子，我心荒凉，荒凉的日子难过。所以，今天我来了，东荆河——母亲河，躺在你的怀里，抚平了我所有的不顺心！

作者熊英

望穿秋水，我在河边等你；

越过寒冬，我在堤坡等你；

春回大地，终于等到你灿烂地笑着向我走来；

我们一起静候时光，沉淀的岁月。

东荆河真美啊！清澈碧绿恬静，令人神往。远看它是那样的绿，绿得像一条翡翠的绸带；近看它是那样清，清得可以看见河底游动的鱼儿。

夜晚，那弯弯的月牙儿倒映在清澈透明的小河上，是那样的温柔是那样的美丽，她日夜流淌，渐渐消失在东堤的转弯处！

河坡上，那千百朵笑脸迎我的紫云英，仿佛正在用清脆的声音，微笑低语：丫丫来了，丫丫来了！

"好雨知时节，当春乃发生"，油菜花生在冬季，开在春天里。那一丛丛的油菜花在慢慢地吮吸着春天的甘露，阳光下，油菜花奔放，南风吹过，涌起一股又一股金色的波浪。

油菜花田里，清新自由，沁人心脾的香味热情似火。在灿烂的油菜花田里，我成了一个逐光的少女，狂热地向前无尽地奔去，奔去……

你静静地等着我的到来，你叫紫云英，是吗？还有这是什么花？我竟然叫不出你的名字。

河滩上大片大片的紫花吸引着我家小子，好漂亮的花，我要把你摘了编成花环戴在头上……这么美的花我能摘吗？这么多的花我摘也摘不完。

我的遮阳帽扔在花丛中，别有一番风趣。

太开心了，小子来回奔跑着。

"宝贝，拍下妈妈这唯美图片，妈妈我摘了五朵花。"我愿坐在这花地毯上，留下最美的画面。

作者在东荆河滩赏花

这一路上全部长着细米菜——书面语叫地菜。我在想，童年的我怎么没有注意到这么美的花呢？

小时候去学校走河滩总喜欢找那种草吃，吃得满嘴黑黑的，很好吃很甜。

这一条直直小路就是通往天星中学的路，三十年前我每天往返在这条路上。

我愿时间定格在这里。

这就是枸杞，还没长出红红的果子，记得小时候不知道它叫枸杞，知道红红的，甜甜的，很好吃。

小时候我就喜欢吃茅草，白白的一条，很嫩很甜。那成片的麦子簇拥着的高高的黄土，就是我们一家人生活了几十年的地方。

东荆河，母亲河！我对你的思念，日复一日，年复一年。河滩上，满坡遍野，开满了小紫花。小时候，外面的世界就是河对岸。我总是托着腮，坐在河这边静静地想：河对岸的小朋友们，你们在做什么？

记得五六岁跟大人来河里浣洗衣服，差点滑进河里面去了，最后是母亲河保佑了我。

满坡遍野的花，使人流连忘返。一眼望去，你看到北口大桥了吗？记得五六岁时北口大桥建成，那才叫轰轰烈烈，十里八里的乡亲全部涌向了那里。

曾经熟悉的小路看不到一个人。我来了，我走了，只有母亲河知道。东荆河你看上去那么美，阳光照上去像一面镜子。

记得我小时候，你没这么安静。每年夏季你躁动得汹涌澎湃，怒吼着奔跑着，把混浊的河水，淹没了乡亲的房子和稻田。所以人们怕你躲着你，都搬走了，留下你静静地反思。

这么美的河我不愿离去，我想建一栋别墅，在这里每天守着你。

以往传唱的民谣"沔阳天星洲，十年九不收"，如今早已不复见。位于天星洪涝区的陈闸村、向阳村、东堤村和王家渡村，在国家移民政策支持下，均已搬到通海口镇移民社区。

东荆河堤边，再不见民居，取而代之的是一排一排的防护林，树木参天，但勤劳勇敢的天星洲人，顽强地与洪水作斗争的场景仍时时在我脑海回忆，终身难忘。

如今的东荆河，依然魅力无穷。它头接汉水，尾注长江，汇入九派，融入大海，像一条银丝带蜿蜒镶嵌在金色沃土之中。

漫步河滩，旭日东升，霞光给河面抹上了一片血色。夕阳西下，斜晖向河中撒下了一层碎金。

时移世易，东荆河那流淌不息的河水，依旧清澈甘甜；被树林覆盖仍可辨认的宅基，依然散发出浓浓乡情。

东荆河，家乡的河，我爱你！

# 流淌在心中的河

李长乐

家乡的篱笆院前，有一条古老的河，河边有芦苇、垂柳。一到夏天，知了在树上高叫，我就穿一条窄小的裤衩仰躺在河面上，像躺在摇篮中轻轻荡漾。蓝天和白云纯净而高远，这条河在林子和篱笆院前静静地流淌。

作者李长乐

我不知道她源头在哪里，要流到哪里去，也不知道她的名字。没有人能读懂这条河流，尽管她把一切都敞开来，都曝晒在春夏秋冬的阳光里。她是那么平凡，那么朴素，和我的目光交错，在我的心里流淌。没有夏日激情的奔流，没有秋日碧翠的身影，也没有冬日的枯干寂寥。她无处不在，无时不在，目之所及，身之所处，就如同我眼中的一棵树、一条埂、一垄地，稀松平常。那些或暗藏或明朗的关于河流的故事，我没有听到。历史像河流一样，或许是河流像历史一样，湮灭在越来越快的步伐里，越来越高的水泥树林中。

这条河承载了我童年太多的记忆。在夏天涨水的季节，宽阔的河面上，偶尔会有一米多长的青水彪蛇（老家的人叫它青字彪，青色，速度很快，如在水上飘过）箭一般的飘过，乡亲们拿着长长的竹竿追打。也是在夏天，他们把收割的谷子装上船，运到镇上去交公粮。生产队的禾场旁，总有两三只大船涂了柏油保养在那里，船和河的命运紧紧连在一起。一到冬天，河面结上厚厚的冰，淘气的孩子们就跑到冰面上打陀螺。70年代的冬天总是特别的寒冷，常有大雪没过膝盖。秋春季节，河水清悠，波澜不惊，唯有河堤旁的芦苇在春天里吐露的新芽，鲜艳欲滴，动人心魄。

我在家乡的河边慢慢长大，这条河也随着时代的变迁在改变。20世纪70年代中期，因大兴农田水利建设和消灭血吸虫病，这条河被填塞。我清楚记得填河时的场景，本地的劳力不够，还从邻村调来民工，男男女女，一铲土一铲土，硬是将河填平。填河的场面很是壮观，欢声笑语一片。所有的沉重来自所有的轻盈，唯有喧嚣的背后，留下一声叹息。那一刻我才明白，再也没有了我的河流，这条河和她的船只将彻底地消失在家乡的沧桑岁月里了。

多年以后，当我离开家乡漂泊在外，我时时想起这条河流，怀念在这条河里打鼓泗的顽皮，想着在河里摸螺蛳蚌壳的童趣……多想听她告诉我一些什么，多想在她的过去与未来里走几个来回。在浓浓的思念里，我知道再也抵达不了生命的故乡、灵魂的家园。

再也不能静静地坐在这条河的河堤边，一个人的沧桑只有自己体会，一条河流的沧桑像她停息的流淌一样。人生的酸甜苦辣，在这条母亲一样的河流往心灵的时候，其实是微不足道的。每个平淡如水的日子里，生活的流程简单重复，生命在重复中轮回，追名逐利终归成为过眼烟云。喧嚣浮华的背后是沉静平淡，这才是生活的本色。

想起家乡的这条河，就会想起家乡的人和事，就会想起父母、乡亲。他们是那么的勤劳、质朴，然而在那个时代，却又是那么的贫穷、困顿。想到这些，我总是感到莫名的惆怅。但再想想家乡的这条河，一切也就释然了。人到了一定的年纪，就会念旧，特别是对儿时经历的事情，总会在不经意间想起，仿佛昨天。但光阴似箭，再无少年时的鲜衣怒马。从某种意义上讲，物质财富只安定人们对生活的态度和信心，而文化和感情，决定灵魂的存在方式：高贵还是卑微，匍匐还是飞翔。对于生命而言，人要活，只需一箪食、一钵水足矣，但要活得精彩，就要有故乡河流的胸怀、执着、隐忍……

我的家乡在通海口镇堤湾村一组。四十余年后的今天，从一篇乡贤的文章中，我才知道家乡的这条河有千年历史，因频繁行驶与湖南商贸往来的船只而得名湘字号河。她全长约十五公里，过去能行驶三桅大船，是通海口境内除州河以外的第二大河流。

# 远 乡

刘松青

**【作者按】** 家乡是清明的那炷香,是中秋的那轮月,是春运时的那张车票,是不经意间,流露出的口音。家乡是起点,是终点,是即便永远回不去,也依然是家乡的那个地方。

家乡不远,其实不到两小时车程;说远,说的是心境。

久居城市,每天像机器一样为饭碗奔波,人变得有些麻木,感受不到四季变换。家住长江边,闲时喜欢站阳台上,看着二七桥下奔流的江水。夕阳西下,晚霞满天,日落的方向,是我的家乡,一个以姓氏命名的村庄——夏刘王。

作者刘松青

两年前回老家,碰到代成爹坐在门口,听父亲说他身体不太好,我在他身边待了一会:"成爹,你还好吧?"

"松啊,我感觉我离夏刘王越来越远了。"他是笑着说的,些许无奈和苦涩。过年后他还是走了。还有伦洪伯,跟我母亲前后脚,赶两步可以追上母亲,让母亲在天堂之路上有个照应。

现在的家乡,与记忆中远不相同,一切都在逝去,少了儿时的快乐和热闹,少了浓郁的烟火气。每年回家都被告知长辈的离开,年轻人大多远行,平常的村庄显得孤独、破败,好几栋房子因为多年无人回来而坍塌。天还是那样的蓝天白云,晚上依然繁星满天,可这片天空下的家乡却渐渐远去。

"长亭外,古道边,芳草碧连天。天之涯,地之角,知交半零落。"一首《送别》,让人感慨唏嘘,我感同身受。

年过半百,对于家乡的印象,总停留在儿时遥远的记忆中——那树、那溪流、那田野、那耕田的水牛、那小伙伴……

走遍村子每个角落,到处都是儿时的影子,到处都藏着儿时的故事。田埂上,有我在薄雾中放牛的身影,露水打湿了我的双脚;大路上,有我迎着初升的太阳和小伙伴一道上学的背影;稻田中,有我跟在母亲旁边插秧干农活的经历,细嫩的小腿上经常被蚂蟥叮得血流不止;村外的小河边,晚霞笼罩着村庄,有我面朝青烟朦胧的村庄发呆的样子……

我家住村头第一家,隔壁便是与我年纪相仿的青堂,再隔一家便是爱民。我的记忆里，除了吃饭睡觉，大多时间我们都在一起，打闹、玩耍、上学放学，甚至被老师家访罚站都是一起。"发小"一词，说的就是我们吧。

家乡，被溪水环绕并向四周的农田延伸。小河小时候看好宽，是我夏天狂欢的娱乐场，是刻在心中的永恒记忆，戏水、垂钓、摸鸭蛋……常年流动的潺潺溪流，是小村繁荣的血脉，渍水排涝、农田灌溉、洗衣做饭……，滋养着全村人。

溪水在绿树掩映下，刁子鱼成群游弋在水草丛中，清澈见底，一根细竹竿绑上鱼线鱼钩，把蜘蛛丝戳成团做饵扔向鱼群，只听刷刷几声后，一条白色的刁子鱼便上了钩。

不等夏天到来，气温刚刚升起，春装穿不住了，从五里开外的小学放学，在路上，几个小伙伴便赤条条，扑通扑通下水了。还不够刺激？干脆从路边伸向河中央的杨树杈上往下跳。直到今天，我和青堂都还记得他平躺入水的窘态，见面总拿这件事说笑："如果小时候玩水出了事，现在就少了一位学有所成的大教授。"

南面是出村的开阔地，一块很平整、面积很大的打谷场，一座村里最大的建筑坐落在禾场边。这座建筑，那时候叫"队屋"，是村里的"行政中心"，更是小伙伴玩游戏捉迷藏的不二之选。有一次到了晚上，别的小孩都归家了，家里人发现我却没回，急得提着马灯满村找，最后在打谷场谷垛里找到我时，我正在草垛里熟睡。

再往东边两里地是中排渠，是我小时候看到的最宽最长的河流了。蜿蜒经过十来个村庄，最终通往汉江。夏天水流很大，河面很宽，比我们绕村的小河宽好几倍。跟着大孩子，我们才有胆量下水。我的狗刨式，无法驾驭这条河的水流和宽度。夏天常常听说，有小孩在这里出事。

北边是大片的绿色稻田，视野尽头朦胧看到一排树影，就是稻田的尽头。阡陌纵横、大大小小的沟渠，把稻田分割成几乎一样的方块。春天，老牛翻耕好田地，早稻秧苗栽好，我会学着大孩子，入夜后拿着手电筒在田埂边搜索鳝鱼泥鳅。泥鳅鳝鱼静卧在稻田里，灯光对准它，一动不动，一晚上下来，收获颇丰。炎热的夏天，野鸡躲在长势茂盛的水稻田打鸣，运气好，循着声音的方向可以捡到一窝鸟蛋。

东边是隔壁村种的稻田和瓜果园，西边和南边是种棉花和小麦的旱地。一座烧土砖的土窑，是我们村最高的地方。五月割麦子的时候，带上一只狗，可以捉到肥美的野兔。瓜果飘香的夏天，小伙伴在这里就是天堂。

江汉平原柳树上一串串的"鸭屁屁"

河边有整齐的大杨树，但村子里的大柳树最高，树冠最大，种子长成一串一串的，像鸭子尾巴，我们叫它"鸭屁屁"。春楝树上的种子也是一串串的，因为是椭圆形，便成了小伙伴弹弓上的子弹，取之不尽。还有野生桑树和构树，点缀在村里的房前屋后。整座村庄被绿树遮盖，远看只见炊烟袅袅和淡淡的薄雾……

现在的河道已经很窄了，那粗壮挺拔、绿荫如盖的杨树成了记忆，最美的溪流逐渐被蒿草、芦苇占满。尽管美景不再，物产却依旧丰富。清明时节，下水可以摘到嫩绿的蒿菜，刚刚还在水中，立马就变成桌上一道菜肴。在家乡不足奇的野草，上了城里餐桌，马上变成高端食材，清炒做汤无所不能。在河边走走，地米菜、野茼蒿、野韭菜、野芹菜寻常可见。那独特的香味，只有家乡的土地才有。

"队屋"早已经拆除，连墙角基础都没留下。大禾场现在是成片的油菜。北边的水稻田，被一块一块鱼塘代替。

家乡已物非人非，剩下的是离别和乡愁。每次回家，一顿丰盛的家乡宴倾其所有等着我，都是我平常吃不到的地道美味。回家的时候，七婶八叔早早做好了准备，后备箱承受不起的是满满亲情——

"松啊，这是家里攒的土鸡蛋，你都带上。"

"松啊，这是你叔打的鱼，养了好几天了，他时刻记得换水，怕鱼死了，知道你要回来。"

"松啊，菜园里都是你爱吃的青菜，我多帮你摘点带回去。"

……

"多情自古伤离别，更那堪，冷落清秋节！今宵酒醒何处？杨柳岸，晓风残月。此去经年，应是良辰好景虚设。便纵有千种风情，更与何人说？"五十多岁的人，将面对更多的离愁别绪。家乡故土在远去，家乡亲人在老去，家乡记忆随时间逐渐褪去……

即便生活无忧，即便"除了当下，一切都是虚妄"，然而这种内心煎熬，依然无人倾诉，无人能解。

我用心绘制家乡的轮廓，刻意留存这些美好回忆，让我对家乡总是魂牵梦萦。即便现在的家乡看起来有些不尽如人意，但稍有闲暇，我就有回家的冲动。每次回家，我都在村前屋后寻觅，一个人步行很远，一个人思绪久远。

儿女们不同，他们大多是一种猎奇，对父辈的乡愁没有太多体会。我最忧虑的是传承中断，苦恼有朝一日，即便他们回到这里，也无人相识，只是匆匆过客。那我的故乡，会成为谁的家园、谁的故乡？

## 记忆似条河

周彦星

少小离家老大回,乡音无改鬓毛衰。
儿童相见不相识,笑问客从何处来。

——(唐)贺知章

再见故土,已经大变样子。

一道道宽敞的水泥路面,一幢幢两间两层的居民小楼。人们衣着光鲜,精神抖擞。七十老叟都腰杆挺立,完全看不出年已古稀的模样。

我不由得打开记忆中的闸门……儿童时代的我,同小伙伴们在还是一排平房的共和小学上学。那时候还在搞集体,泥泞的小路,家长们挣着微薄的工分,整天做不完的事:插秧,扯草,打药水,栽棉花。

作者周彦星

整天都是忙忙碌碌,关键还挣不了多少钱。

生孩子多的家庭,家里吃着杂粮果腹(粮食不够吃),住着土坯房子,穿着打了补丁的衣服。那时候的人们,一年到头都吃不上猪肉。谁都不知这种日子什么时候算出头!

打谷场里一片轰鸣,小伙伴们闹着捉迷藏,玩钢珠……因为贪玩起了冲突,哭声,笑声,骂声,全在突突地忙碌完后收场。六十多岁的老头们,花白的头发,胡子拉碴地挽着筐子里一点牛粪,叼着自卷老虎叶子烟,慢吞吃力地走着。

日子一天天过,随着包产到户,粮食增产,杂交中稻的实行,很多农户修了水塘搞养殖。勤劳的农民都像刚出穗的小麦,露出小尖尖。这家盖上青砖房,那家小孩做了新衣裳。想起集体的日子,看看现在的收入,都露出满意而知足的笑脸。

社会在进步,国家惠农政策的实施,原来原生态的人工操作被机械所代替,开河、挑堤由过去人工肩挑背驮发展到由推土机机械化施工。

摩托车进村了,电视电话也普及了,而老当益壮的男人们开始绞着脑汁想方设法寻找致富之路。镇办医疗队下乡了,免费体检,送医送药,扶贫办下村到户,帮工帮扶。人们生活上了新的台阶,成片的楼房像雨后春笋,遍地开花。户户出行都骑着电瓶车,方便快捷。宽平的水泥路纵横交错,直达田间地头。少年朋友都拿着智能手机，玩着游戏，聊着微信，刷着抖音。村办食堂开工了，老年中心运作了，老态龙钟的祖爷爷们，衣着得体，骑着小三轮，哼着小调来到老年活动中心，休闲娱乐。真好！

啊，真不敢想象，才过了多少年，当年一贫如洗、脏乱杂的村庄，时至今日如人间仙境：乡村整改环保绿化到位了，村卫生室、村委会都电脑办公了，人们饭后之余，沿着花园式的路径，漫游漫谈，闲情而至。广场的歌声伴着老太太们的舞步，欢快地唱着。这就是中国，一个最普通的乡村。

啊，记忆似条长河，有苦也有甜，只有我们这帮六零后、七零后，在这个新社会（奔小康）过渡阶段，亲身见证着祖国变富变强的巨变过程。

我爱你中国！我爱你中国共产党！

## 我心中神圣的铁塔

张祖国

我的老家潘场老街，曾经有一座铁塔，在附近都是小有名气的！

她位于仙桃市西，陈场镇北，潘场老街的东北方向。从潘场老街的下场把头街，沿代河子向北出街不远就是我们的队禾场，一个几百平方米的平场地。那是用来打稻子、晒棉花、堆柴禾的地方，也是小孩子们玩耍的场所。沿着代河子往梁家岭方向两百米左右，有一个叫黄嘎塔子的地方，铁塔就建在那里。往北一出潘场老街，铁塔就直入眼帘。

作者张祖国

在地势平坦的江汉平原，有这样一座铁塔，显得格外醒目，格外耀眼！

铁塔用各种角钢制成，下面是八个角，直径约十米，有二十多层，三十来米高，上面还有工作人员用的座椅；因为周围空旷，一望无际，所以一见铁塔，你就会感觉到她的高大雄壮，从心底产生一种敬畏。她没人守护，没有任何防护设施，不管是严寒酷暑，还是刮风下雨，都无怨无悔地守护着我们的潘场老街。

据说铁塔是1951年由中国水文军工局建设的，但有什么用途，却有多种说法。有说是测量海拔高度的一个标记点，有说是航空标识，还有说是气象台等。气象台的说法，仿佛为更多人所接受，成了我们对她的一贯称呼！

我总觉得，她是为我们的潘场老街而生。因为不管是做什么用的，但确实在潘场老街兴盛时，她在站岗放哨，相望守候；当潘场老街衰落后，她却轰然倒塌，不知去向。这真是一座有灵性的铁塔，是我心中神圣的铁塔！

小时候，我们经常在队禾场玩耍。我们做的第一件事，就是向铁塔行注目礼，看着她高高的身影，真像在默默地看着我们，记录着我们儿时的欢乐场景。在她的注视下，我们在队禾场里进行了一场又一场的躲猫蒙，完成了一次又一次老鹰抓小鸡的游戏。欢快的笑声，无忧无虑的打闹，疯得满身是汗了还要继续奔跑的场景，至今仍历历在目。

我们也会玩一些危险动作，给人生留下深刻印象。记得有一天，两个小伙伴在队禾场旁边的代河子上划船玩耍，一个不小心掉到了河里，另一个在船上急得团团转，不知所措，幸好有大人路过，将他救起，这才有惊无险。

如今，快六十岁的我们，在一起回忆往事时都能记忆犹新，真的感谢养育我们长大的这一方水土，给我们留下了童年美好的回忆。感谢潘场老街的那座铁塔，给我们带来了一生的好运！

铁塔也是我们找到自信和自豪的打卡地。每当星期天休息或外地来了亲戚的小朋友时，我们总是相约来到铁塔，很自豪地给人介绍这座铁塔，游览这座铁塔。尽管我们不太清楚她的用途，但在平地仰望这座铁塔，可瞬间让人肃然起敬。那是我们见到的最高建筑，看到她也算是开眼界了。让人印象更深刻的是攀爬铁塔，那真是勇敢、大胆和自豪的体验！

小孩子们举着火把"赶蒋狗"

由于没有防护措施，攀爬是需要勇气和胆量的，我们却都有攀爬铁塔的历史。因为只有爬上了塔顶，才能看到潘场老街最美的风景！在顶上，我们可以看到繁华老街的全貌，隐约听到热闹嘈杂的叫卖声，也可看到广垠无际的农田风光，有满眼金黄色的稻谷，也有淡淡的花香！只有爬上过铁塔的人，才能感受到她铁质的厚重和钢铁般的意志；只有爬上过塔顶的人，才会有那种克服了恐惧和各种艰难困苦取得胜利后的自豪感和胜利感！

这铁塔，也给潘场老街人带来了在生活中、在工作上不畏艰险勇攀高峰的精神！

后人在原铁塔倒塌的遗址处修建的铁塔纪念碑

风风雨雨几十年过去了，铁塔终于难以承受岁月的无情冲刷。在 20 世纪 70 年代末，一个风雨交加的夜晚，她轰然倒塌了，和我们不辞而别。那时潘场老街已衰落，往日的繁荣走得无影无踪。也许是铁塔不愿意看到潘场老街的进一步衰落，忍痛而去；也许是铁塔想用自己的倒塌来告诉我们，再高大、再刚强，如果不懂得维护，不知道发展，那最终的结局必然是倒塌！

虽然铁塔倒塌了，但我的心里，永远铭记着铁塔带给我的欢乐，带给我的自豪感！相信经过铁塔时代的潘场老街人，会将铁塔带给我们的不畏艰险勇攀高峰的精神世代传承！

神圣的铁塔，是我心里永远的思念！

## 二 地名有故事

# 救王垱缘何而来

王庆耀

参天大树始于根，怀山之水有其源。说起位于通海口镇碾盘村三组"救王垱"老地名的由来，不得不先说一段气吞山河的悲壮故事。

作者王庆耀

元末明初，朝廷腐败，朱元璋在凤阳起义，投郭子兴红巾军。不久，始祖韩成（元代濠西人，今安徽省蚌埠市北郊吴郢乡小韩庄）亦投奔朱元璋。因其出身农家，以打鱼为生，性情耿直，相貌身段与朱元璋酷似，朱元璋甚爱之，封为帐前牙将，立为并驾王，充当指挥使，奋发忠义，勇冠三军。

朱元璋占应天（今南京）称吴国公，出生于沔阳排湖的陈友谅率其义军踞武昌。二者虎视眈眈，不共戴天。

乘朱元璋南方兵力薄弱，元至正二十三年（1363年），陈友谅率六十万军攻洪都（今南昌）。是日，朱元璋战船搁浅，被陈友谅骁将张定边包围，宋贵、陈兆先相继战死，情势万分危险。陈英杰逼朱元璋自刎，方肯放其大军将士出湖离开。此时徐达、汤和等援军鞭长莫及，陈友谅伏兵杀声四起。

千钧一发之时，我祖韩成急中生智，谏曰："自豪梁起义，历经艰辛，眼看元朝将灭，百姓将重见天日，如主公一死，我军群龙无首，事必功亏一篑前劳尽弃。古有纪信杀身成仁，属下不才，但与主状貌相似，自请替主殒命，虽死九泉亦对得起淮西父老。"言毕，不容朱元璋迟疑，遂强劝朱元璋与之更衣换衵，推朱元璋入船舱。

韩成一身明主打扮，形神毕肖，立坐船头，引敌注意，迷敌难辨真伪。他一边大声呼唤援军，一边佯装情急溺水。谅急令左右麾手万箭齐发，俄而大呼："明主溺水死矣！"朱元璋趁乱得以逃脱。

而后朱元璋义军士气大振，而陈友谅错失良机节节败退。两者此消彼长，最后朱元璋建立明朝，立国号洪武，定都南京。

威乎壮哉！我祖韩成视死如归，威武雄壮，睥睨泰山。

洪武登基后，感念我祖韩成功勋，敕封为"救命高阳侯"。"救王"之称便源于此。

明立国之后，为表彰忠勇献身之士，取沔阳功勋康茂才的"康"字和丁普郎的"郎"字，寻避讳改鄱阳湖边的"鞋山"为"康郎山"，并立祠于康郎山以悼之。吾祖韩成，位列康郎山"忠臣庙"三十六位阵亡将军之首。屡遭损毁又屡屡重建的"忠臣庙"，位于今江西省余干县忠义文化园内，浩气万年存（明太祖为"忠臣庙"题匾"浩气万年存"）。

以上所列，有史为记：韩成（？—1363年）濠州虹县人，明初开国名将，从朱元璋起事于徐泗。屡立战功升帐前总制，亲兵左副指挥使，专司宿卫。从朱元璋攻陈友谅，鄱阳湖代太祖死，赠轻车都尉安远大将军，追赠高阳郡侯，谥忠壮。祀余干康山忠臣庙，位列三十六位之首。

大庙落成，太祖亲率众臣前往垂吊，以祭韩成文诰天下曰："维公气壮虹霓，心矢天日，浩浩洪波，捐躯尽节，亦有死者，从死无益，孰如公死？脱君于危，纪信而后，谁是其匹神？驭洋洋迎风飒飒，贲我几筵？迪我贞洁尚飨！"

明主还封我祖韩成程太夫人一郎兴敬公享正四品皇恩，代代世袭。即御千户使职恩赐后嗣，赐以王姓，生王讳韩。郡名曰"救王世家"。后几经迁徙，始建浮南，均被荡析飘零。后复卜浮南旧址，在"浮湘院"树立祠宇，巍然雄伟，以救王传世表始祖丰功伟绩，以沔西城外浮图、浮南、浮北、北石等垸以群取址，名"石坂里浮湘院"，土名称"救王垱"。

我主后嗣职统九十余印官，直辖三千多军丁镇守楚沔，任卫前所使职，兼管辖楚沔各垸策化运粮。先卜居沔阳城外江北铁匠街，后转此地。

谱载二世祖王兴（改名换姓前字名韩兴敬）从贵州五开卫入沔。五开卫和高山卫等为洪武初年设置的卫所，家眷随行，屯田养兵，闲时种地，战时出征。主要是维护地区稳定，清剿匪患。王兴入沔初任湖广司参政兼德安（现安陆县）卫指挥使。

《安陆县志》"大事记"篇记载："王兴1369年兴建安陆城，重修浮云楼。"浮云楼始建于唐，为江南名楼，与岳阳楼、黄鹤楼、滕王阁、叠嶂楼、九峰楼、万安楼、芙蓉楼、八咏楼齐名，唐宋诗人杜牧、杜嘏、曾巩、廖世美等留下千古佳句。

童承叙编纂的嘉靖《沔阳州志》武秩人物传记，录世祖王武、王钺、王恺、王柱世袭沔阳卫指挥使。

清康熙《沔阳州志》为世祖王柱立传："王柱，沔阳卫指挥使，善弓马，勇力绝伦，寻罢职后擒土司田勉有功，后复职升永道守备以寿终。"为世祖王极立传："王极，字建之，沔衙人，天启壬戌进士，初授户部主事监本仓银库，却例金次监比新大军二包储运弁德之发三大营。以时积余米四万石，历升本部郎中，掌上供五万石身无所私，赐宴会，极门中丞张公我绩以清刚忤言路下迁尉，朝议竟主公言得解，张复升用出青州。是时珰祸方烈，各都建祠，公故缓之，珰败奉恩旌异，赐人帑金，遂督学关门上，年末艾解组归关绿合园吟咏。其中置义田赡其族。一日坐中寝微，族戚言别曰'吾后二日当归，因命苟橐中资有差'，逾二日果端坐逝，有司请祠报乡贤可。"为世祖王恺立传："王恺，字伯和，凤阳临淮县人，指挥使，人传其鞫囚过于酷刻，似为道家所忌，次子麟有将才，登嘉靖戊戌武举为掘港守备，其孙辄以征倭死于战。"

清道光《晋江县志》武秩三十六据《闽书》为王恺立传："王恺，沔阳人，泉州卫指挥同知，征剿汀州叛贼詹思富等有功，升本卫世袭指挥使，遂家晋江。子麟袭职，嘉靖甲午1534年、丁酉1537年两举武科，有擒贼功。"

康熙《威海卫志》记录世祖王恺任威海卫辖文登卫把总、威海卫指挥使。征剿倭寇赴汤蹈火屡立奇功，并主持重修"环翠楼"。"环翠楼"为现山东省著名旅游景区和省级重点文物保护单位。

清道光《晋江县志》为世祖王麟立传："王麟，字君仁，沔阳人，指挥使恺子，袭父职，嘉靖甲午、丁酉两魁武举，署镇海卫篆，历掌南日、小埕、铜山①总司事。擒海寇吴老、唐子容等，前后擒贼三百七十人，捷闻赐白金，擢广东泷水守备，晋都指挥佥事。折叛瑶李公本、覃善元等二十二人。征平新宁、清远、英德等贼，擢杭嘉湖参将，寻改福兴泉漳参将。值倭寇发以水陆军击贼于安平、祥芝，擒山老余党各匪巢道，擎马达、法正等二千余人，倭突至海坛，麟与把总朱先等夹击大破之。又讨贼于镇海山、生得哑哩国王孙，新获首甲二百余。诏赐金，以参将南路水军，大剿月港，折林云、张连、林叔济、李体宽等数十贼，诛其党，贼相戒引避，呼曰'髯将军'，以疾卒于军中。"

麟状貌魁梧，瞠目修髯，臂力绝人，阔达多智，抚士卒有恩，所立功均分于麾下。吏有过，许以功赎，士卒乐效死力，临敌冒矢石，为士卒先。先计后战，军无败衄，推诚爱人，铜山人立祠祭之！

洪武初年，太祖为征讨云南蛮夷，巩固大明基业，派颖川侯傅友德、副总兵永昌侯蓝玉、西平侯沐英前去征伐以"梁王"为首的元残余势力。三世祖王贞以指挥使率部英勇克敌，一往无前。偶孤军深入，驰援不济，弹尽粮绝。明调兵继续征讨，蛮夷无力反抗缴械投降，明军大获全胜。太祖亲发诏文对世祖赞许有加，升任湖广司五开卫第三任指挥使。

洪武十六年（1383年）十月初一，太祖诏文："奉天承运，皇帝诏曰：凡因云南匿有罪约人逃，惑我边守，命将颖川侯帅甲士三十万，问罪梁王其西南诸夷，从拒敌二载余，今已平定，惟金齿之疵实也。先忽都之为，非平缅之谋，又尔平缅不恃。远崄生归。指挥王贞等事大之诚可验矣。呜呼！造福福民，福归于己首；祸殃

---

①铜山：位于今福建省漳州市东山县铜陵镇，明清卫城，是抗击倭寇的重要军事要塞。古迹和民族文化传统保存完好，今为东山岛著名旅游风景区。

民殃，将自受兹尔。诏示，想宜知悉。"

相关志传功绩，在《明功臣实录》《明史武职簿》等均有记载。

至大清成立，明朝恩赐革除，救王世家受害遭贬。为后嗣承续，弃军归民，还甲归田，以免祸殃，衍生于今，枝繁叶茂，人杰辈出，此地灵秀，皆因沐国之荣光，祖上恩德。

高阳侯韩成后裔，主要分布在安徽泗县、灵璧县、马鞍山，江苏省徐州市、宿迁市，湖北省随州市、仙桃市，陕西省城固县、山西省，重庆云阳县，贵州省安顺市、毕节市、赤水市、遵义市，湖南省溆浦县、湘潭市、岳阳市，云南弥勒等地。

我们救王世家繁衍生息于江汉平原排湖岸边六七百年，远近以"救王垱"呼之，而知其渊源者甚少矣。

坐落在通海口镇碾盘村的"救王世家"祠堂

## "玉皇阁" 今犹在？

王庆耀

古之沔阳左江右汉周袤千里，担三湖七泽之雄，交通畅达，民风淳厚，人才炳蔚，物产丰宜。从南北朝、西魏到新中国初期（1952年），沔城乃郡、道、府、州、县治地，亦为政治、经济、文化中枢，治地近1500年。悠久的中华文明，润育了世世代代生活在这片土地上的人民！

沔城最有名的是"沔阳八景"（五峰山色、三澨波光、沧浪渔唱、柳口樵歌、丙穴钓鳅、荆楼玩月、东沼红莲、西城古柏），还有四十八古井、四十八牌坊、四十八石桥、四十八寺庙，以及闻名遐迩的四大楼阁——万寿、实香、云章、玉皇。名阁中，又以"玉皇阁"更能体现风云际会时事变迁。

那么，曾经令方圆百里和附近十里八乡的人们景仰朝拜的"玉皇阁"，如今安在？

"楼者，重屋也。"古时候主要用于观敌瞭阵，后来诗人雅客聚此以琴棋书画茶会友，畅谈人生。随着历史更替、朝代兴衰、兵荒马乱、自然灾害，使这些楼阁日渐凋零损毁，只剩下仅供如织游人观赏的千古名楼。

沔阳城的"玉皇阁"，兴建于元末，在道教盛极一时的大明王朝时期达到巅峰。那时兴建的楼阁，会聚着江汉平原及全国各地富贾名流、达官显贵，于此谈经论道、博文兴雅。道教随明朝统治阶级逐渐衰落而不济，百姓亦趋之若鹜地把昔日的庭堂楼阁，变成了求福祈愿的庙堂。名称虽没变，功能在转换。

沔城的"玉皇阁"也不例外。其前身叫"玄妙观"，元末明初改名"玉虚阁"。现在大家看到的"玄妙观"，是后人为纪念抗元领袖大汉王陈友谅新起的。

明正德年间，沔阳城来了一名知书达礼勤政爱民的知府名士李濂[①]，在任期间经常布衣草帽粗茶淡饭，深入民间倾听民意，体察百姓疾苦。为改善"沙湖沔阳州，十年九不收"的现实，组织民工修筑堤防疏通河道，减税降赋抚恤孤贫。他在《学署斋宿所》一诗中写道："绛纱围烛夜堂深，冲默端居霞气侵。千古文章今夕重，万方血食后王心。斋坛花发瑶琴畔，石鼓苔斑碧殿阴。城阙漏残星斗乱，朱弦清庙听遗音。"

他还修复沔城城池，恢复兴建名胜古迹（解放前还有李濂兴修汉律楼碑文）。有

---

① 李濂（1488－1566年），明代学者，字川父，祥符（开封）人，中进士授沔阳知州。

其诗题:"雁过州城无地秋,溟溟波涛抱城流。二毛早入潘安赋,一叶能添宋玉愁。潦群田芜犹窈绿,殊方日落更登楼。岁时摇落悲无尽,兴在清江双白鸥。"

李濂是河南开封人。开封是五朝皇城,还有一个"铁面无私"的包青天。人们把包青天比作"玉皇大帝"顶礼膜拜,纷纷前往开封府"玉皇阁"焚香祈愿,希望升官发财、沉冤得雪、风调雨顺、普度众生,一时之间人头攒动,香火鼎盛。于是各地纷纷效仿,新建"玉皇阁"蔚然成风。

沔阳知府李濂自然耳濡目染,上任伊始便主持重修"玉虚阁",竣工时又亲自主持庆典,将"玉虚阁"改名"玉皇阁",并赋诗一首:"神仙传谂好楼居,平地风花迥不如。绕栋云霞丹鼎气,满龛龙虎碧纹书。何时飞鸟乘凫去,此日凭阑放鹤初。黄石赤松逢未卜,江天摇首对樵渔。"

这首诗描述了重建后的"玉皇阁"浩大雄伟壮观景象,成为至今人们祈求平安幸福的朝拜圣地。

上有"凌霄宝殿",下有"玉皇阁",大汉王陈友谅举义之时,它是古城四十八庙之一。"玉皇阁"由三厅(殿)、东西四厢房、两天井、厅院、长廊构成一体,白墙青瓦,雕梁画栋,亮脊飞檐。脊有二龙戏珠、鳌鱼背剑,檐上有鸾凤和鸣、龙飞凤舞,彰显高贵典雅、国泰民安的内涵。

前殿上有知府李濂亲笔题写的"玉皇阁"镶金大字,波浪水纹蓝色浮雕点缀其间。殿前的石狮、石像活灵活现,高大石碑林鳞次栉比,与中央标志遥相呼应,相得益彰。

殿前广场占地一二亩,四周由黄石砌成的行人道星罗棋布。道旁赤松绿荫环抱,参天杨柳古木在门前屋后均匀分布。前殿供奉四大天王,各持法器,怒目圆睁,硕壮有力,庄重肃穆。中间是大殿。正中供有玉帝圣像,金蟒环绕,腰佩玉带,头戴宝珠,龙冠加身,足下粉底玥靴。王母娘娘端坐在右,温和宁静,富丽端庄。金童玉女浓眉淡雅,婀娜多姿侍坐东西。雷电二神护主保驾,站立两旁。

后殿供奉诸神佛像,姿态万千,各显神通,求子、求财、求福、求寿,香客穿梭其间,神清气爽,若有所思。殿内香雾弥漫,功德无量。

一旁的民悦殿、东西厢房、经房、书斋、寝膳房短小精悍,简洁整齐。大殿廊道屋檐下悬挂铸有百寿图案的大钟,鸣钟上宾,击鼓报更。墙上挂有悟道行善积德经书,桌子上摆放着名字书画诗文。旁边也有古玩、茶具、手工艺品和刺绣,琳琅满目,随意挑选物美价廉。

这就是当时沔西排湖之滨盛极一时的"玉皇阁"盛景。周边天门、潜江、洪湖香客,不顾路途遥远、车舟劳顿,纷至沓来。

"玉皇阁"在1903年重修,但规模大不如前,只有一栋明三暗五的民房,由法号龙秀、伦道二僧主持,下传张、泰两僧。再后来,于民国三十二年(1943年)洪水噬掠后重新修整，亦每况愈下。

1944—1949年，由升、郭两僧主持，迎接祖国解放。

其间经历抗日战争，日寇占领通海口地区，烧杀抢掠犯下滔天罪行。通海口人民和爱国将领王劲哉率领的一二八师奋起抵抗，英勇顽强。被王劲哉收编的苏振东旅，驻扎在救王垴（当时人们习惯叫"工作台"）。后来苏振东设立"维持总会"汉奸组织，投靠日寇改称"皇卫军"，除一部分兵力驻扎在通海口汽车桥南岸的"日华区"外，把"玉皇阁"作为大部分兵力的歇脚点长期霸占。

1950年前后，土地改革建乡，沔阳县划分为十区两镇，通海口为第七区（后改为第八区）。将原来的保改为村，村或联村改为乡。当时通海口区辖20乡，有小河、陈场、双桥、沙毛、高印、杨场、姚嘴、坡场、姚湾、唐场、横市、金潘、金莫、谢庙、李老台、向石、高武、左桥、青福寺和潘市乡。

1955年，沔城十区撤销，将天星、李家堤、万垴、唐桥、官路（碾盘归官路乡管辖）、於家渡、七红、王河口、城关九个乡划归通海口（第八区）管辖。1950—1957年，乡政府、村委会、少年儿童团团部、农村合作社等设在"玉皇阁"。

1958年10月成立人民公社，实行政社合一，将原来的姚嘴、杨场、潘场、小河、天星、官路、城关、郭河、红庙九个乡改为管理区。

1958—1966年，在"玉皇阁"设管理区、大队部、民办小学。"玉皇阁"受到了"破四旧""破除封建迷信"等运动冲击，设施尽毁，楼房倒塌，无人打理。

1984年，通海口人民公社转为县辖镇，"人民公社"正式退出历史舞台。通海口镇代管天星、毛范垸、官路乡和一个街道办事处，再加上沔城镇。是年冬，沔城作为回族聚居区升格为县辖镇，不再属于通海口管辖。从这个时候起，碾盘村一直归属通海口镇管辖。

改革开放，让"玉皇阁"绝地逢生。经碾盘村四组乡民倡议组织，贤达好善人士和基层领导大力支持，有钱出钱有力出力，积极响应踊跃参与。平整土地、组织募捐、筹集善款、购置物料、建设施工、后勤打杂等事项有条不紊地展开，只用了不到半年时间，一座简洁明亮、红墙碧瓦、庄严肃穆、香火鼎盛的"玉皇阁"又回来了！当地百姓又有了一个寄托夙愿、启迪心灵、祈福的庭堂庙所！

在碾盘村原址上重建的玉皇阁

# 熊庙潭与熊家庙之传说

魏泽军

作者魏泽军

仙桃市通海口集镇南约一公里处,傍东荆河大堤边,有一口近二十亩大小的水潭,叫熊庙潭。旁边就是熊氏家庙。潭、庙共处一地,水陆相连,唇齿相依。先有潭而后有庙。庙为祭祀潭内之冤魂而捐建,潭因庙之灵验而驰名。潭、庙相依成趣,相映生辉。

相传四百年前,熊氏一世祖一相先公,几经迁徙,定居此地。躬耕农田,兴修水利,建桥铺路,繁衍后代。越百年,形成了近百人的村落。其后三百年间,开始流传一些奇闻轶事,给熊庙潭与熊家庙蒙上了一层层神秘的面纱。

为一探熊庙潭与熊家庙之神奇传说,笔者先后采访了多位老人和当事者,挖掘出部分较为真实且鲜为人知的历史故事。现整理如下,以飨读者。

## 一、苍天尚无情,两家蒙难葬深潭

据说1714年的八月中旬,东荆河沿线连降大雨,河水猛涨。熊氏族人熊悟乾、熊悟坤弟兄带领族中成年男女三十余人,日夜坚守在大堤上,哪里有险情,就在哪里加高加固堤坝。在一个月黑风高之夜,一阵电闪雷鸣过后,天空一道金光闪过,又闻一声巨响,一段河堤决口了。人们哪里还顾得许多,唯有四散逃命。

第二天清晨,天空竟出现一道彩虹,雨收云散。东荆河水骤退,人们定睛再看时,只见前面突然出现了一口深潭,而地处深潭正前方的悟乾、悟坤两家十余口性命连同房屋,全部葬身深潭。一场人间悲剧,就这样发生,并迅速结束了。

熊氏族人和周围百姓哭天抢地、死去活来。有人说电光闪处见一巨龙,尾身扫倒了堤坝。有人说是龙神移居此潭,掌管东荆河水利调度,才迅速控制了洪水,没有危及下游百姓。还有人说悟乾、悟坤弟兄天生异象,抗洪精神感天动地,被上苍请去深潭修炼成下一任东荆河神。众说纷纭,莫衷一是。但大多数人更倾向于后一种说法,于是流传至今。

## 二、舍家终有报,游子问祖回故里

熊悟贤是悟乾、悟坤的堂兄,也是他们的近邻,更是熊氏族人中家道殷实之户。眼见堂兄弟两家惨遭灭门大祸,熊悟贤痛不欲生,万念俱灰。加上年过四旬,尚无一男半女，思来想去，遂决定将自己七柱九檩一厢房的家产捐出来作为熊氏家庙。一是超度两家亡灵，二是作为求子的功德，三是庇佑一方百姓。在悟乾、悟坤弟兄蒙难满"五七"后，超度告一段落，房屋捐赠停当。悟贤夫妇离开故乡，踏上了浪迹天涯的人生旅途。

时至1999年春，也就是熊家庙重建后的次年，熊家庙迎来了一位来自台湾的香客。此人年近八旬，慈眉善目，熊帮炳和肖增洪多次接待过这位客人。这位客人在庙里住了一个礼拜有余，每天在庙内和潭边烧化纸钱，叩拜佛像十分虔诚。问他姓名，他总是笑而不答，只说日后各位自知。问他生活起居是否习惯，他总说有在家的感觉。

直至客人不辞而别数日后，熊帮炳老人才从梦中得知，这位乡客正是悟贤前辈的后裔，他是寻根问祖回到了故里。熊帮炳老人怕节外生枝，将此事守口如瓶。直至今天，其真相才大白于天下，这也再次印证了善恶终有报的古训。

### 三、古庙显神灵，留下多少奇闻轶事

古刹显灵绝非空穴来风，而是人证物证俱在。限于文章篇幅，笔者只想简单讲述几个不久前采访的故事。

1. 张传寿重金酬寺庙。张传寿，熊庙村四组人，仙桃市原妇联主席张家艳之父，曾长期在排湖渔场工作。此人于1998年捐款五千元重建熊家庙，熊氏族谱上早有铭文记载。2021年1月3日，笔者就捐款建庙一事的前因后果，专门采访了张传寿本人。他的回答是明确的，也是令人难以置信的。

2. 堤管段选址熊庙潭。1955年左右，原通海口区政府要在东荆河堤岸建堤防管理段，最初选址沔城王河村地段。在建王河管理段时，所用各种木料、砖瓦等材料，全部是拆除老熊家庙庙屋所得。但六年后，最终选址熊庙潭边，原来拆去建王河管理段所有物品，又全部运回，再建熊庙管理段。

熊家庙重建的消息传到王河村时，王河村有夫妇俩（原住东荆河通海口堤防管理段）得知讯息，想起一对方方正正的石门墩被遗弃在该地已达数十年，觉得此物件是时候该回到它的老家了。夫妻俩毫不迟疑地将这对重达两百余斤的石门墩用板车拉到了建庙现场，令在场施工的所有人员惊讶不已，为之震撼。此物件的还原，无不增添了熊家庙的一抹色彩。族长帮兴老先生要二位留下尊姓大名，两人只是淡淡地一笑说："能为重建熊庙尽一份力，是值得的。"然后就拉着板车，踏上了回家的路。

### 四、古潭换新颜，历经多少人间沧桑

也许是神奇传说感动了天地，熊庙潭和熊家庙终于迎来了前所未有的历史机遇。2020年，借乡村振兴和"擦亮小城镇"的强劲东风，市、镇两级党委政府顺应民心，耗巨资全力打造熊庙潭。熊庙潭、熊家庙与九曲桥浑然一体，水天一色、如

诗如画,勾勒出一幅美丽的新农村图景。白天游客如织,流连忘返;晚上灯火通明,村民们载歌载舞庆盛世。

熊家庙村的村民们,从三百年前的贫穷、落后、饥寒交迫中,逐步向温饱过渡。如今又全面脱贫奔小康,人变精神地变貌!历经沧桑,总算苦尽甘来,换了人间。悟乾、悟坤两家在天有灵,应该可以含笑九泉了。

如今的熊庙潭九曲回廊

愿熊庙潭和熊家庙的明天更加美好!

# 石垸名称之缘起及湾组名称之变迁

李庆成

作者李庆成

相传北宋初年,高怀德率部征伐南唐,大将军石守信为先锋,高氏也有子弟随军南征。大军途经浩瀚云梦泽达沔阳之此地,石军士卒感染瘟疫者甚众,不能前行。石守信便令部下于水乡泽国之中选择了东、西两块高地,安营扎寨,设置临时留守处,医治染疫之士卒。

若干年后,留守处撤销,可石、高两姓后裔便难舍此膏腴之地,选择在此安身立命,围垸造田,并取名曰:石家垸。自此,石姓人居东边营地,高姓人居西边营地,男耕女织,繁衍子孙。

时至今日,石家垸东南面有一村子仍然叫石家老台(现属永长河村管辖),西南面保存有高家庙(现属陈家村管辖)可为佐证。

1970年,石垸大队平整土地,在高家庙北面的百亩石膏坟地①出土了大量巨棺、套棺和无数宋、元、明、清时期的铜钱,还有好多好多杯、碗、碟和坛坛罐罐等器皿。可悲的是,那时考古意识和文物保护意识不强,大量珍贵文物毁于一旦。尤其令人印象深刻的是,出土的很多棺木板竟达1.5米宽,且质地坚硬。当时石垸小学刚开办,急需添置教学设施,这些棺木板便成了乒乓球台、篮球架挡板、办公桌等物件上佳的原材料。

石家垸各个台子、湾子的名称,则基本随姓氏命名。但随着历史的变迁,村民的迁出、迁入及兴衰更替,也有所变化。

比如,一组的卜家台,原是毛家、范家的一部分,历史上都叫毛范垸。清代后期卜家移民至此,逐渐发展才更名曰卜家台。

二组历史上以汪姓为主,所以一直叫汪家垴。

三组、四组原名周李郭,只是后来李姓、郭姓发展较快,周姓逐渐式微,就分别成了李家台、郭家台。

五组变化较大。姜姓最先移居于此,加上此地有一长条高地,所以叫姜氏岭

---

① 似应为石、高坟地,民间误传为"石膏"。

（被人误叫姜子岭、冈子岭）。后来吴家、章家移居此处，并开沟建刽，因此改为吴章刽（仍然存有遗址）。再后来，邓姓、李姓、张姓发展成三角鼎立，于是远近的人又叫此地为邓李张。

至于六组的陈家湾，则颇有历史渊源。陈姓应该是元代就移居此地，而且是此垸的最大姓氏。赫赫有名的元末明初"汉王"陈友谅就出生于陈家湾，并在此处兴家立业，建有楼台亭阁近半里路长，后被朱明王朝夷为平地。几百年来，此地留下几尺厚的砖块瓦砾，不能耕种，也没人住，人们都叫它瓦子台，或者叫鬼魂台。直到解放后修城石公路，这些砖块瓦砾才得以发挥作用。后来，此地慢慢改造成了粮田。

由此，不禁让人扼腕长叹：小地方名称，也承载着沧海桑田的变迁。

# 斋公桥

王泉远

斋公桥原名侯家桥,始建于18世纪20年代。位于侯家垸(今通海口镇熊庙村一组)与河坝上(今陈场镇沙埂村五组)交界处,架设于小陈河之上。北通三观湖(今共和村)、卸甲洲(今星红村)数处,南达侯家垸、张金垸和魏横堤等地。是连接小陈河两岸重要的陆上通道之一,迄今已有三百年的历史。

作者王泉远

斋公桥究系何人所建?因何而建?侯家桥为什么更名为斋公桥?又凭什么在那个年代在通海口地区颇负盛名呢?带着这一连串问题,笔者先后走访了十余位周边的古稀老人,了解并掌握了一些关于斋公桥来龙去脉的翔实史料,并有幸挖掘出几个鲜为人知的小故事。

**一、桥毁桥建话沧桑**

18世纪20年代,侯家垸地面侯姓虽系大户,但人丁单薄,充其量七八户而已。六百多亩农田的大垸,百分之八十以上属于侯家所有,其中农田最多的是侯华堂。

据说侯华堂在年近四旬之后,又在小陈河北岸的三观湖重新添置了六十亩低湖田,并划出二十亩用于放牧牲口。为了方便,侯华堂首先想到了架设木桥。所谓建木桥,工序也十分简单,即栽木柱,用木榫接上横梁,再用长杉树条子把几个木柱的横梁连起来,然后在上面铺上厚木板,用大铁钉锁在杉树条上,桥两边置上栏杆,桥就完成了。桥长二三十米,宽三四米,在当时也算壮观。这就从根本上解决了长期困扰人们两岸往来需要涉水、摆渡或者绕道的难题。

侯华堂此举,虽主要为自己种田和放牧需要,但两岸百姓皆大欢喜,也算奇功一件。天理昭彰,毫厘不爽。侯华堂建桥第三年竟又喜得一子,从此改变了侯家历代单传的历史,在当地传为美谈。

此桥跨越时空近三百年,历经"三建三毁"。第一次毁于命案。18世纪末,在大户侯家地面,因聚赌产生纠纷,相互斗殴,致一中年男子丧命,该男子族人拆侯家桥,以泄对侯家的愤恨。事隔一年,侯华堂次子又重建此桥。第二次毁于战乱。1941年,通海口沦入日寇之手,侯家桥被日寇放火,付之一炬。当时侯家已经败落,是附近寺庙皇经堂的佛门弟子和周围的斋公们筹集善款,第二次重建,功莫大焉。第三次毁于1959年。疏挖小陈河，加宽挖深，本来岌岌可危的小木桥，哪经得起如此折腾？也算圆满完成了历史使命，安然寿终正寝了。

### 二、命运多舛谈仕途

相传18世纪中叶，当地侯姓系大户人家，但人丁不旺。

有一熊姓男子入赘侯家，其独孙熊照侯自幼聪颖过人，才华横溢，可堪造就。本该认祖姓侯，可熊氏族人不允，熊照侯虽有经天纬地之才，然命运多舛，屡试不第。

直至年事已高，经高人指点，认祖归宗，改名侯照熊，才得以高中。然长期赋闲，没任一官半职，后经朝廷派员送回故里。乡邻们普遍以"遗老"相称，也算光宗耀祖，大慰平生了。

此后，侯氏在当地更是成为名门望族。

### 三、佛道信徒聚福地

侯家垸这个名不见经传的弹丸之地，却能诞生一位朝廷遗老，难道不是风水宝地吗？于是各类人员蜂拥而至，车水马龙。

佛道信徒亦不甘落后，率先在通向侯家桥的小堤边建起了一座皇经堂，供奉了六尊佛像，由家住附近的斋公刘其胜老人负责管理。

几乎每日清晨，斋公、道士和一干笃信佛道的善男信女多会于此。他们或叩拜佛像，或念佛诵经，或坐坛论道，或做斋放生，或测字相命，仿佛置身于极乐世界，达到物我两忘之境界也。

据有关老者回忆，侯家垸四周十华里范围，就有九个半斋公（九男一女。女人本不该以公相称，因他们做着同样的事情，故称半个斋公，以顺应称呼耳）。他们力主不吃荤，不杀生。

一次，在魏家湖的水埠头跳板上，众斋公发现一只半斤左右的白甲鱼，竟然以为是白龙太子到此。众人顶礼膜拜，先后三次买乌龟、鳝鱼数十斤放生。但无论是把它送至离此地一华里、十华里，还是二十华里左右的湖里或河里，数日后它总能返回原处，众人无不啧啧称奇。更让人意想不到的是，十年后居然遭雷击毙，其尸体重达十斤有余，引来数百人围观。

正是这些斋公和佛门中人往返于侯家桥，为行善而来，为积德而去，不断地教化百姓，使侯家垸得以岁岁平安。又因侯家桥第二次被日本鬼子破坏后，皇经堂的斋公们四处化缘，重建此桥，方便了当地百姓。为感念他们的教化，感念他们亲力亲为重建此桥，故而索性将侯家桥更名为斋公桥。

从解放前至20世纪50年代，斋公桥一直在周围老百姓心目中印象极深，故流传至今。

改革开放初期，又在原址西约一百五十米处，重建了一座钢筋水泥大桥，既美观，又坚固，还能走小型载重汽车。两岸百姓谈起此桥，无不笑逐颜开！

# 重阳树与黑大仙庙

但召旭

在通海口镇星红村一组，有一座远近闻名的古庙——黑大仙庙。

从星红桥往西，出通海口集镇，沿通潘（通海口至潘场）公路，有一排漂亮的民居。沿民居走200米就到了何家巷子。黑大仙庙就隐藏在岔路边的民居背后。这里香火旺盛，一年四季香客盈门。庙里有个本土神仙，名叫"黑大仙"，为人们驱邪消灾，有求必应。

作者但召旭

我家离黑大仙庙的直线距离不到100米，算得上是毗邻而居，我却从没认真关注过它。最近和村里的老人们聊起一些掌故，才对近在咫尺的黑大仙庙有了更多的了解。原来，这是一座货真价实的古庙，"黑大仙"也大有来头。

**一、郝老板**

明朝中后期，随着大量江西人口迁入江汉平原，通海口人口骤增，逐渐形成集镇。那时水运发达，特别通州河一路向东，直达长江，可谓通江达海。本地产品在这里集散，外来货物在这里中转，码头和集市客商云集，百业兴旺。

有一个做木材生意的老板，来自湖南长沙，姓郝。郝老板身材魁梧，双目有神，既有湖南人的实诚，又有生意人的精明，生意做得比别人都好。郝老板发现通海口是他的福地，随后一连几次从湖南买进大量杉木，走水路放排到通海口，都是销售一空，发了大财。郝老板深知，这一切全是仰仗通海口的神灵护佑。于是拿出大笔钱财，扶危救难，赈济饥民，老百姓都称郝老板为"活菩萨"。

一天，郝老板来到谢家洲（星红村古称"谢家洲"，合作化时改为现名），被眼前的景象惊呆了——距离州河200米的高坡上耸立着一棵巨大的重阳树。郝老板走南闯北，和树木打了几十年交道，没想到在通海口居然碰上了平生见到的最大一棵树。

这棵树有多粗呢？十几个人手牵手都抱不过来。远远望去，树枝向四周伸展，树冠形成一把巨大的"雨伞"，伞下覆盖的面积比四个篮球场还要大。走近重阳树，只见枝繁叶茂，遮天蔽日。树上大大小小的鸟窝层层叠叠，各种鸟儿呼朋引伴。树下是一片地巴根草，也许是鸟粪的滋养吧，地巴根藤牵蔓绕，纵横交织，形成一块绿茵茵的大草甸。大人们在树下歇息，做手工活，孩子们在草甸上追逐嬉戏。此情此景，宛若仙境。

郝老板冥冥中感到，这一切分明是老天的安排，这棵重阳树不就是护佑自己的神灵吗？于是购置木材砖瓦，请来能工巧匠，紧挨着重阳树修了一座庙。庙因重阳树而建，重阳树衬托庙的庄严，二者交相辉映，融为一体。远近的老百姓生了病患，遇到难处，到庙里来焚香祭拜，祈求逢凶化吉。于是，人们都称郝老板为"郝大仙"。时间一长，发音变异，喊成了"黑大仙"。郝老板去世后，人们干脆称这座庙为"黑大仙庙"。

二、黑大仙

现今的谢家洲（星红村）只有一家姓谢的，且从外地迁入。那么，这个村子为什么叫谢家洲呢？

传说元朝末年，陈友谅的60万水军兵败鄱阳湖，陈友谅中流矢而亡，大将张定边冒死将其尸体抢回，安葬于武昌蛇山。朱元璋大军随即赶到，张定边见大势已去，逃回沔阳通海口，在重阳树下卸下铠甲，隐遁而去。大军杀到，仅见一副铠甲留在树下，于是称该地为卸甲洲。到明清之际，演变成"谢家洲"。从这个传说看来，重阳树应有600多年的历史。这是题外话，回到正题。

通海口地属古云梦泽，地势低洼，河流湖泊众多，南有东荆河与长江相通，北有排湖与汉水相邻，"十年淹九水"。加上瘟疫肆虐，匪患连连，可谓民不聊生。周边百姓只好到黑大仙庙寻医问药，祈祷平安。

随着黑大仙在民间的影响越来越大，信众越来越多，其影响范围东到沔城、红庙，西到九合院、潜江，南到府场、龚场，北到剅河、三伏潭，庇护着方圆百里地界的生灵。于是，谢家洲、重阳树声名远扬，黑大仙庙香火日盛。

每年的春、秋两季，黑大仙庙都要举行隆重仪式，为信众服务：

——做会。正月十五，在重阳树下搭一个将台，四周插上彩旗，布置帷幔，中央摆上祭品、香案。法师沐浴斋戒后，穿一身黑色道袍，在将台上舞宝剑，念咒语，施法术。来自四面八方的信众齐聚一堂，交粮的交粮，捐钱的捐钱，有的做义工，有的看热闹。法事结束，法师带领大家开始这天的三项活动，这是"做会"的主要内容。一是赈济，将募捐来的钱粮施舍给无家可归的灾民和乞讨者，分发给各村的孤寡老人；二是施孤，即安抚各村的孤魂野鬼，让他们灵魂安息，以免到阳间来为祸添乱；三是放河灯，晚上将点燃的河灯放到通州河水面，河灯闪闪烁烁，顺流而下，好不壮观，以此安抚河神，祈求风调雨顺，水患无踪。

——悬斛挂斗。到了中秋节，通海口的乡绅富户，就花钱请来法师做法，为信众治病消灾。这天一大早,人们会聚在庙前,焚香烧纸,登记名册,献上香纸钱。钟鼓敲响,铙钹齐鸣,只见法师身着奇装异服,一阵嘟嘟囔囔的咒语之后,将事先备好的20斤大米当众倒入一个斛(圆形木桶)里,一边口中念念有词,一边以迅雷不及掩耳之势,将一把斩妖剑插入装满大米的木桶。霎时,神奇的一幕出现了:法师握住剑柄用力往上提,剑没有拔出来,居然将装满大米的木桶整个提了起来。"黑大仙显灵了!"人们鼓掌欢呼,将悬吊着一斛大米的斩妖剑挂到横梁上,并派专人值守,以防伪诈。一个昼夜后,把斛放下来,将已赋予神奇法力的大米分发给慕名而来的信众。人们将这把珍贵的米带回家,煮熟了吃下去,以期消灾治病,时来运转。

### 三、重阳树

1952年,新中国百废待举,人民政府投入巨资,建设大型水利枢纽工程——荆江分洪工程。一年后,这一举世闻名的工程顺利完工。1954年,长江流域发生百年不遇的特大洪灾,荆江分洪工程先后三次开闸泄洪,保证了荆江大堤的安全,保护了长江中下游地区千百万人民群众的生命财产,民生工程收到了立竿见影的效果。

通海口区也有迫在眉睫的民生问题需要解决。地处通州河南边的共和、光明、沙岭、楼台、太平桥、金岭、丰实垸、高台等村地势低洼,逢雨必淹,小雨大渍,农作物年年歉收,百姓生活十分困苦。

要治理好这个"水袋子",就要开河凿渠,将这一带的水引到别处去。南边的东荆河是悬河,河床高于地面;北边的通州河是灌溉河,水位高于周边地区,只有将水引到排湖,才能从根本上解决问题。通海口区人民政府决定,在通州河的潘场段修建埋闸,让水通过州河下面的埋闸,流往排湖方向,彻底解决这一带的水患。

"潘场埋闸"在当时是一项惊天动地的大工程。那时候经济社会落后,交通不便,没有工程用的钢筋水泥,怎么办?就用木板代替,既简便易行,又能节省大笔投资。平原地区只有重阳树最结实,在水下能千年不朽,万年不烂。区政府一声令下,锯掉谢家洲的重阳树,用来做潘场埋闸的管道。

1955年秋的一天,区政府的干部来了,木工厂和建筑队的师傅带着蜈蚣锯等大型工具来了,谢家洲的青壮劳力也来了。听说要拆掉黑大仙庙,锯掉重阳树,谢家洲和通海口镇上的人们都来围观,跟黑大仙庙和重阳树作最后的告别。他们心里即使有一千个不舍,一万个不舍,又有什么办法呢?何况锯重阳树是为了建潘场埋闸,造福子孙后代,功德无量。

人们三下五除二就把黑大仙庙拆了,扫除了锯树的障碍。这么粗的树,要锯断可真不容易,四条大蜈蚣锯子从不同的方位同时下锯,大大提高了工作效率。每条大锯的两端都系上长长的粗绳子,各用五六个大汉拉,两边交替用力,锯齿吃进十分明显。重阳树的肉质是红色的,锯齿进入树体,吐出红色的锯末,并伴有红色的汁液流出,乍看上去,像重阳树的伤口流出的鲜血。

终于，耸立在江汉平原达数百年的重阳树，像一个被击中要害的巨人，轰然倒下。小孩们涌上去捉雏鸟、抢鸟蛋，大人们锯树枝、截树干。第二天战场清扫完毕，人们发现，留在地面上的树蔸子仍在汩汩地往外淌着红汁。树是有生命的，此时如果趴在地上仔细聆听，一定能听到重阳树痛苦的呻吟。

事情已经过去60多年了，当年下令拆庙锯树，是无奈的选择，还是鲁莽的决定？如今谁也说不清了。要是能多想点办法，克服些困难，去武汉购买钢筋、水泥，请来设计施工人员修建潘场埋闸，也不是没法实现的幻想。这样一来，水利设施更坚固，黑大仙庙和重阳树也得以保全，那该多好啊！想象一下，如果重阳树能活到现在，通海口集镇、星红村一带就成了远近闻名的旅游观光景区，重阳树公园、明清一条街古色古香，黑大仙庙香客如潮，民俗博物馆人头攒动，宾馆酒店、土特产品顾客盈门⋯⋯

韩爹爹说，小时候听老人们讲，这棵重阳树与通海口街上钱道士的祖上有关。传说钱道士游手好闲，专横跋扈，但他有一本无字天书，因此在民间颇有地位，人称"道士老爷"。比如说，谁家要插秧，请了帮工，必须请道士老爷喝酒。否则，他从无字天书里翻出几片树叶丢到田里，变成一群鱼，帮工们都去捉鱼，插秧的事就泡汤了。有一回，一个街坊捉弄道士老爷，说："前面有个年轻姑娘，你如能施法让她的裤子掉下来，我就请你一桌酒席。"钱道士欣然应允，念了几句咒语，把无字天书一挥，姑娘的裤子果然掉了。走近一看，这姑娘不是别人，正是自己的女儿。道士老爷又羞又恨，从此改邪归正，再不做伤天害理之事，将无字天书埋在了谢家洲村头。不久，埋书的地方长出来一棵重阳树。

功才叔说，那年他十来岁，几个小伙伴在重阳树下玩耍，突然掉下来一截枯树枝，竟有水桶那么粗。召武哥精明些，趁大家没反应过来，就飞快地跑过去，一屁股坐在树枝上，说："是我最先看到的，树枝归我了！"

雨香叔说，小时候看玩龙灯的围着重阳树转圈，一条13节的大龙都无法将重阳树合围，可以想见树有多么粗。重阳树锯掉后，先后来了两拨天门人劈树蔸子，拉回去做烧柴。天门人能吃苦，又有专门工具，巨大的树蔸子被劈得只剩下一张圆桌那么大了。

召树哥说，锯重阳树时他只有两岁，对树没有印象，但是另一个细节至今记得。就是重阳树锯掉后，那片地做了大禾场，队里每年要整一次禾场，先用犁翻耕，再用耙把土块打碎整平，这时候会发现许多古代的铜钱。小伙伴们都跟在犁耙后面捡铜钱，用鸡毛扎毽子。由此可见，黑大仙庙在古时候香火多么旺盛，场面多么壮观。

### 四、新生的重阳树与黑大仙庙

重阳树蔸子被挖得干干净净，是1980年的事。挖掉后运到通海口石灰厂，作了煅烧石灰的薪柴。

物理上的树蔸子挖掉了，人们心头的那个"树蔸子"却还在。

后来队里重新划分自留地，重阳树蔸子所在的这块地分给了瓦匠程师傅。他搜集一些旧砖瓦，在重阳树蔸子的南侧做了一个简易的祭台，焚香叩拜，诚心祷告。后来，人们从四面八方带来砖头，不久就砌成了半人高的围墙。两年后，盖了一间一人多高的小房子，一个初具规模的小庙又建成了，程瓦匠为谢恩而栽下的重阳树苗子也长到碗口粗了。再过些时日，又请来了菩萨。于是，执着的人们继续在原地烧香拜佛，消失了20多年的黑大仙庙又复活了。

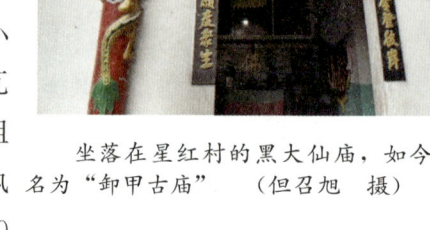

坐落在星红村的黑大仙庙，如今已改名为"卸甲古庙" （但召旭 摄）

1986年，在雨香叔、仪德叔、刘婶娘、玉如哥、玉红哥等村民组织下，人们有钱出钱，有力出力，在原地扩大规模，建起了新的黑大仙庙。然后请来菩萨，添置香炉，聘用工作人员，组成了监管小组。一座几百年历史的古庙又出现在了人们面前。

程师傅新栽的重阳树，如今长到了三四层楼高。

1986年村民新栽的重阳树 （但召旭 摄）

重阳树、黑大仙庙，是通海口的地标，是信众灵魂的寓所，也是老通海口人永远的乡愁，如今重获新生。

进入信息时代，人类早已"九天揽月""五洋捉鳖"，那些爹爹婆婆却仍然活在他们的时代，有事没事到庙里来烧纸叩拜。人们也见惯不怪，充分包容。"青山依旧在，几度夕阳红。"愿走过风雨，走过沧桑的黑大仙庙，一如既往地守护这片土地上的父老乡亲；愿神奇的重阳树，不只是活在老一辈的记忆里。

# 高昇垱上的故事

王志华

在古老地名佘（沔阳地方语读"炊"音）子窑附近的四里八乡，至今还传诵着一个关于高昇垱自然村名由来的故事。

多少年来，几姓（唐、魏、傅、王）几代人一直心口相传。特别是魏姓、王姓的后生们，忙完农事之后每每好聚在一处，村落闲语里只要一谈及这一趣事，便眉飞色舞、津津乐道，语丝绵绵。那种自信自豪的感觉，令人觉得他们好像总是要比其他姓氏的人高出一等，倍感荣耀。

作者王志华

在很早以前，高昇垱原本是千年古城——沔阳城西北边石板里百石（读"担"）垸南四号垸子中的一片高地，是一个名不见经传的史家（沔阳地方语读"嘎"字音）台。它西邻"官道"中的"接官庭"，北枕通州河，南面江北村的"祭江台"，东依"五支角"羊肠小路。西边的"官道"，是一条从通州河上官路大木桥上的"歇官厅"起经"接官庭"、魏家竹林、严家牌坊、东岳庙、头天门、二天门、下官街、九贺门、建兴门、十字街道，直达州衙的由上万块青石板铺就的石板大道（也叫"官路"）。路上行走的，除了坐轿骑马的大小官员、绅士之外，还有南来北往的"吱吱呀呀"响声不绝的独轮车商贾车队。

平常百姓"赶街上市"，要么西出河北官路街，要么南走"五支角"到州城下官街。途中有个史家台。

这史家台四周茅草丛生，阔叶杂树林立。台上只有一家姓史的独门独户。从户门口到东边"五支角"，只有一条鸡肠小径可供出入。

清嘉庆己卯（1819年）之后，有王家岭的王姓兄弟两人出世，哥哥叫王晋绰，弟弟叫王晋墀（念"池"字音）。兄弟俩是清朝诰封"通奉大夫"王袭坦的4个儿子中的两个。晋绰排行二，晋墀排行三。这两人从小就机敏好学、聪慧过人，12岁之前就通晓《增广贤文》《千字文》和四书五经，并能熟记于心、随时答对。但也调皮捣蛋，常常弄出些一般书香子弟们干不出的稀奇事儿。

在魏吾圆老书究先生的建议之下，王袭坦（官名王树棻，嘉靖、光绪两沔阳志均有记载）只好送二子到州城武家大屋读书深造。这兄弟俩在家人护送接回之中，长月累年地在五支角小路上来来往往。每每经过史家台，就大感稀奇。因为史家台上的史家门前，栽有两棵杞柳树，叶扁干直，与其他阔叶杂树有别，又四季常青，再加上这独户独门、鸡肠小径，故而引起他们疑惑多多。

不知是哪年哪月哪日，王晋绰独自一人经过史家台时，一时兴起，驻足不行，从身上掏出裁纸刀，在其中一棵杞柳小树上用心剐雕出一个"高"字。字剐完后便洋洋得意地溜走了。过了几天，他把用刀剐字之事告诉了弟弟晋墀，并且还领他到现场看了看那个字。

不说不看不打紧。这一说一看，把个历来就有不服输性格的犟弟晋墀给惹烦了。内心深处谋算了几天之后，他也偷偷乘史家没人时，用小刀在另一棵杞柳树上用刀剐刻一个"昇"字，然后春风得意地跑回了家。而后又悄悄地把此事说与二哥听，并说："我剐雕的这个'昇'字，比你剐的'高'字，还要大还要好！"还叫兄长自己去验证。

过了好多年，幼稚剐字之趣事，已被人们遗忘。而这两棵杞柳树，却长得高大粗壮，枝繁叶茂。姓史的独户之家，也不知何故，老的死，少的走，这里便成了一个高高的空台子。"高""昇"二字因树伤皮太重，新树皮难以缝合聚拢，字也随树长大。二丈有余的直干大树上，"高""昇"二字在一丈之外都能看得一清二楚。

树长大了，晋绰、晋墀两读书人也成人成材了。

清同治壬戌（1862年）年间，兄弟俩同时在乡试中中举。同治癸亥（1863年、同治二年），晋绰在清朝府试中连捷进士（北京功名石林殿中有记载，王冕南，湖北沔阳第二十二名），同治甲子（1864年初）晋绰被朝廷签发入闽为官，并赐官名冕南（大概有面南之意吧）。王冕南在闽历上杭、光泽、宁德、福安、福青、长汀、霞浦等八县二厅二府。因为官廉洁、勤勉、耿直，卓有政绩，擢拔为二福（福州、福宁）知府、福建海防厅巡抚使。他为官近30载，纾民困、解民忧、开作坊、置盐局、设书院；与民同勘察、筑堤垸、防水泛；筑碉楼、抗强人、打海盗……使那里的人们智力被开发、民力被多用，安逸生产生活有保障，故而后来有五县之民在各自境内给他"造筑生祠"，以焚香唱喏表示谢恩之情。他的弟子林天植（福建举人）入闱中举后，献送了"砚水渡人"金字红匾。在向朝廷上书"致仕表"（即退休申请书。因较长时间与海水打交道，得了腿疾，一腿难行）后，他挂冠福建海防厅正厅，简便着装离开大位时，大小官员挥泪相送，当地成百上千百姓高举"万民伞"拜送10余里。

晋墀因兄为官，为人性情放荡，不喜官场辛苦作态，常与武昌李大涯、郭清狂为伍，饮酒挥毫、游山观水，以诗会友。经汉阳府推荐，朝廷要他为官，他一谢再谢，始终不允。他也因文精言粹、彩句出众、华章惊人而"名噪江汉"。他在耳顺之年，被族人强举为家族第二任族长，被朝廷诰封为"敕同进士出生"，并赐官名"冕璪"。

后来，晋绰、晋墀兄弟在老家带领子孙，对史家台进行了再开发，重新布局、重新划块。王冕南的子孙移居到史家台上，将史家台更名为"高昇坮"。

人们常说："母以子贵"。推出一个地方新名，也会"因官出名"，继而显赫赫，威呼呼！

从此，高昇坮被定格，成名至今已有一百几十年了。

现在的高昇坮，地属通海口马套村四组，有20余户人家。除了3户唐姓人家（唐良座、唐良佑、唐良信）之外，其余均姓王，都是王冕南的后裔子孙。而今唐姓已有两家迁入仙桃（老辈去世，少壮辈迁出，只剩一家晚辈在官路）。唐姓落户高昇坮，是因抗战期间沔城被毁。另有上十户人家，在"建设新农村"活动中，也迁出了高昇坮。

据老辈们传讲：两棵被剐刻有字的杞柳大树，后来被强权强势人群强行锯走。但锯得掉古树，锯不掉古地名。高昇坮这一古老的自然村落之名，还是被历史记住，而且会被一代又一代高昇坮人不断讲述、品味……

# 湘字号河的传说

莫茂修

在通海口镇东侧,有个大型民垸,垸内有座悠久古寺,它们的名字都来源于一条古老神奇的河流,这就是湘字号河。

"湘"者,湖南也,因频繁行驶与湖南商贸往来的船只而得名。她西起现在的菜园桥,与通向州河的剅沟相连,偏北进入堤湾一组文小垸分岔后向东流经碾盘村到协伟朱家垸,再到郭河官伟村的危岭、下朱家垸,最后进入郭河的姚村注入排湖,全长约15公里,过去能行驶三道桅大船,是通海口境内除州河以外的第二大河流。

作者莫茂修

## 一、湘字号河与百石垸

相传在800多年前的南宋时期,湘字号河经常莫名地发生沉船事故,不知有多少无辜生命被吞噬。为了祈求平安,当地人民不时在河边焚香秉烛。

在一个天气晴和的日子,湘字号河边忽然间来了一位身着青色长袍、头戴道冠、手持拂尘、身背宝剑,两眼炯炯有神的道长,对人们说道:"要想贵地平安,唯有一个身穿白衣之人依我吩咐去做,定保福地太平无事!"

正巧,距离河边不远处,有个身穿白色孝服的中年人在祭奠他父母的亡灵。人们随即将他请到道长身旁,说明缘由。道长掏出毛笔,在中年人左右掌心分别写上"日""月"两字,然后对他说:"你下到这河里去,会看到一个银发白须的老头,这时你只要将双手举起,用手心对着他的头部就行了!"

中年人听后,立马跳入河中。潜入河底时,只见眼前是一座高大的石楼,楼门敞开着。于是他进得楼内,果见有个白须银发老头,微闭双眼坐于厅中。中年人按照道长吩咐,以掌心对准老头的头部,霎时,只见金光一闪,雷鸣般的巨响震动整座石楼,中年人迅疾跑出石楼游出河面。紧接着,在河中浮出一条鱼来,长至丈余,人们定睛一看,是条鲢鱼精尸体。此时,人们才知道,原来是这妖孽在作祟,祸害人命。

待人们寻找那位道长时,却早已不见踪影。这时,有位长者恍然大悟地说道:"这是张天师下凡拯救我们来了!"所有在场的人们也如梦方醒,齐刷刷地跪倒在地,面朝西方,磕头叩拜,良久才站起身来,又向毅然跃入河中为民除妖的中年人拱手表示谢意。

从此,不仅所有船只行至于此平安无恙,而且在河南岸出现了堆积如山的大小、方圆不等的石头。附近的人们纷纷将石头搬回家,以备建筑之用。可是,今天搬完了,明天又恢复了原样,真可谓"取之不尽,用之不竭"!

久而久之,人们便把沿湘字号河南岸直抵州河的民垸统称为"百石垸",并按地势高低,将南北走向的大合村九组至碾盘村七组、官路街至协伟村六组的垸堤分别称作一号堤、二号堤;垸堤以西分别称作百石一号垸、百石二号垸,二号堤以东称作百石三号垸,三号垸中由协伟二组的朱家垸通向排湖的支流称作三号沟。

### 二、百石垸和百石古寺

第二则故事说的也是在某一天,湘字号河南岸夏湾的一棵大树下的石头上,坐着一位衣着整洁、相貌堂堂的小伙子正打着瞌睡,朦胧之中听见一阵阵踢踏踢踏的声音。醒眼望去,只见一匹枣红色的马,驮着两口木箱朝他这方向跑来。再细看,马匹后面却不见人跟着。于是小伙子站起身来,迎头将马拦住,勒着缰绳,拴到附近的树林里后,随即折身返回原地坐下。

不一会儿,急匆匆地跑来一位手提大刀的壮汉,气喘吁吁地问小伙子:"请问仁兄,有否见一匹枣红色马朝这边跑来?"小伙子连声答道:"有,有!是有匹马朝这边跑来了!"

小伙子没加细问,便将壮汉领到树林边,从树林中将马牵出,连马带物交与壮汉。壮汉感恩不尽,立即从随身包裹中取出两锭白银送与小伙子。小伙子却连连摆手说道:"此乃举手之劳,仁兄何须破费!"执意不肯收。

"大恩不言谢。我就是结草衔环,也不足以为报!"壮汉边说边跪倒在地,叩头拜谢。待他抬头时,只见一朵白云向天空飘然而去,哪里还有小伙子的踪影!

原来,壮汉是个镖师。此番押镖进京,不慎让马挣脱了缰绳,才出现上述之事。数日后回到家中,将所遇之事告诉父母妻儿,并说这是上苍的安排,让他遇上了菩萨,才免遭满门抄斩的灭顶之灾。于是全家人合计,拿出了所有积蓄,又向亲友筹措了些许银两,就在湘字号河南岸(现今的堤湾一组境内)兴建了一座寺庙。这是为纪念白云仙子的,故取名"白云寺"。

白云寺建成后,前来烧香拜佛的善男信女络绎不绝,真可谓"影堂香火长相续,应得人来礼拜多"。百石垸成为人间福地,太平无事。后来据说是因地处百石垸,为了方便较远的人们前来白云寺敬香,就将白云寺更名为"百石寺"。又有一说,是此故事发生在百石垸垸名由来之前。到底孰先孰后,现在难以考证。

至元朝末年,该寺拥有数百人的十方丛林,大小佛像近800座。汉王陈友谅在沔城兴建四十八寺庙时,将百石寺内的佛像搬走不少,充实了沔城寺庙。百石寺方丈强忍屈辱,并于事后不久,将百石寺改名为"百石古寺"。清末,曾有冯、张、陈等和尚留守此寺。民国开始,战乱频发,致使该寺无人管理,直至抗战时期,数百年的古寺毁于战火之中。

### 三、百石古寺今生

新中国成立后,当地人民筹资重建百石古寺。建成后的古寺,前有一栋三间正房,另有厢房加磨角,占地面积160余平方米;后有房屋一栋三间,占地120平方米。房屋均为砖木结构,绿色琉璃瓦,四角扳爪,雕薨亮脊,土红色围墙,大小佛像数十座,古刹得以重光。然而遗憾的是,1954年长江流域发生百年不遇的特大洪水,百石古寺被夷为平地。

时隔35年后的1989年,堤湾一组村民李某和钟某主动让出责任田,村民们又自筹资金,在遗址上重建了一座大殿,殿内有一尊大佛坐于佛堂之上。于是古寺遗风地,神佛再生威,香火又复兴旺。

1992年,村民们从河南平顶山香山寺请来中国佛学院毕业的陈文华法师做主持。陈法师弘扬佛教文化,告诫人们积善行德,并以他所学之长为人们医治疾患。

在周中英倡导下,通海口活塞环厂的几位师傅郭德汉、杜子国、邹从德、郑学龙、李合庆等,于1995年端午节之际,特意为百石古寺铸造了大钟一口,上书"皇图巩固、帝道遐昌、佛日增辉、法轮常转"16个字,寓意国家稳定,繁荣昌盛,佛法长存于世,与佛教界提出的爱国爱教的思想一脉相承。

2017年,堤湾村民又多方筹资,依照1954年洪水冲毁前的原貌,对百石古寺进行扩建。12月5日,这个万物都在沉睡着等待被唤醒的日子,古寺举行隆重的上梁庆典,十里八乡的香客和信众顶着寒风前来道贺。作为百石垸垸民的笔者,也前往现场呈上了100元香钱,聊表心意。

重建后的百石古寺

### 四、湘字号河变迁

新中国成立后的农业合作化后期,为了解决通海口东半部的灌溉水源问题,区里组织人力将集镇西边州河北过去用作打仗的壕沟扩宽加深,引入州河水,并在河堤上兴建了剅闸。因属永长河和湘字号河上游,故命名为"永湘河""永湘闸"。

1974年大兴农田水利建设,同时结合血吸虫病防治,滋养了官路和红庙人民千年的湘字号河被填塞,从而结束了她的历史使命。

新开挖的河流,从通海口影剧院旁向北流经永长河村为西灌渠,影剧院前至堤湾七组分岔为碾湾河,堤湾七组向东流经碾盘、协伟村彭家台下抵三号沟为中灌渠,堤湾七组偏南向东流经大合村至协伟村四组为东灌渠。

百石一号堤也被平作农田耕种，百石二号堤成为沔城和官路人民进出排湖的主要通道，三号沟也相继疏挖取直与排湖围湖河相连，中灌渠公路和三号沟公路逐渐拓宽与排南公路连接。而今，通海口和沔城方向的游客们，可由该公路径直到达排湖风景区去旅游。

　　沧海桑田，世事变迁。湘字号河和百石垸逐渐淡出了人们的记忆。唯独那座庄严肃穆，经历了风云变幻又重焕生机的百石古寺，承载着人们的精神寄托。鸿恩播洒，诚邀四面随缘客；香火鼎盛，恭迎八方信奉人！

# 三 民俗蕴大雅

# 土语年俗称谓

郭祥纲

方言土语是地方的特色，风俗习惯是地方的灵魂。

回忆往事，书写文章，如用土语、"风习"加以点缀，则文章更加出色，语言更具感染力。现就我所知道的通海口地区的方言、土语、年俗、称谓写出来，希望得到本地区土文化行家批评指正。

## 一、方言土语

首先说方言土语。我所知道的，就有二百多个词组，但苦于有些字不知如何写，拿捏不准，所以很多词组就不能列举出来。就是列举出来的，用字也不一定准确。只好用不确切的字代替，有的则用汉语拼音注音。

伢儿——小孩　宁醒——干净、顺眼　丫得很——特撒娇　憨气——傻东西　挺（去声）气——又傻又莽撞　壮（上声）气——略同挺气　憨巴（去声）——傻瓜　憨家伙——蠢东西　磨（去声）气——略同憨气，还胆大　苕货——傻东西　半转（去声）——二百五　是个苕——是个傻瓜　流气——流氓　憨气话——流氓话　哈（上声）打呼——傻乎乎搞不清　桐油灯盏——不开窍，拨一下亮一下　活洋干——明显的人和物看不见　狗郎的——狗东西　狗郎养的——狗生的　浑气——没心计，糊涂过日子　撩将（去声）——会做事，快、利落　丝慢——吃东西不蛮　颠地——过于挑剔　最（阳平）得很——乖得很　翻巧——不安现状，不安分　俺晴——羡慕　颇（阴平）辣（去声）——吃东西和行为都粗放、蛮　淘力——淘气、不听话　晒焦——晒脆了　隔（上声）了——受潮不脆了　将（江）才——刚才　捞倒打——捉住了　铆倒——抓住　铆紧——抓牢　的（敌）多——啰嗦　罗（上声）连——啰嗦得多　抢白——反驳　抖狠——摆狠、厉害　枯西儿——开玩笑　斗散放——阴里开玩笑　你敷我——你骗我　阿（上声）胀——憨吃　告头——撑腰、支持　哈（去声）是的——都是的　哈（去声）洒（阳平）了——都掉下了　没下梢——没好结果　搞得彻的——来得及搞的　搞不彻——忙不过来，来不及搞　累赘——多余负担　不撩他——不挑弄、不逗引他　不惹他——不理他，不招引他　张头聋耳——脑不灵，耳又聋　扭筋绊筋——扭扭捏捏不痛快　黄眼雀子——应能看到的却没看到　洋觉不睬——视而不见、不理睬　惹都不惹——理都不理　策宝——不稳重、轻浮的人　打野——注意力不集中　洋天野地

——心不在焉　扯皮——找麻烦，闹矛盾　打结——闹矛盾，闹意见　嚷时码——吵架　改交——劝解，调和有矛盾双方　转弯——调停，改交　挨霉（阳平）——挨训　把狠——讲狠　错（阳平）打拐——出了事　吃家伙——被打　枯死你——抽死你　怄气——不开心、生闷气　出挺——故意出人丑　半吊子——没多少真本事　二黄——不清白的人　白测子——骗子、小偷　背时——不走好运，受损失　不上腔——不上正道　打拆——惊讶地招呼客人　打平伙——共同出钱，聚餐改善生活　打发——送红包，送礼物　炒现饭——老是说那几句话　大苕码大苕齐——大家遵守一样规矩　搭高子——摔了一跤子　机三磨四——今三明四，岁月过去很快　点到逢新——立竿见影　打抽货——怂恿　大楷——出钱出手大方　瘪嘴——鄙视别人　参到哪儿去了——跑到哪里去了　壳（上声）死人——困难，无可奈何　消开——让开　板东西——用力摔东西　勒——小防玩耍时爬上跳下，干危险事，蛮干　浅浅神——轻浮样子　谲人——骂人　抽筋——大蹦大跳发脾气　背静偏僻，安静处　打鼓泅——游泳　磅（上声）了一下——撞了一下　短阳寿——短命　打脱离——离婚　磨（去声）叽——磨蹭　合包——衣服上的口袋　慢蒸胡子——洗碗洗锅塞缝的布　太子——小袋子、小口袋　胡子——手巾、手帕　调更——汤匙　藏（zhàng）柜——厨柜、饭菜柜　翻梢——翻身有出息　包面——馄饨　蛾米豆——扁豆　扯闪——闪电　赶鸡篙子——把人赶走，不结交人　戴高帽——奉承人　夜蚊子打更——盲目附合别人说话　把人——同意把姑娘嫁人　客（阳平）蚂——青蛙　丁顶——蜻蜓　壁蛇子——壁虎　憨子——蚌蛤　猪糙子——半大猪　吃冷饭——未婚先同居　走草——狗交合　叫春——猫找伴侣　打水——鸡交合　麻分雨——细雨　电水——墨水　电笔——自来水笔　垓沿——台阶　尼（阴平）——踩着别人又用力碾一下　瞟——偷看别人的答案　敖皱——脏　背褂子——被心　袞绅子——小棉袄

## 二、年俗

再说说年俗。除了栽秧割麦，抢收抢种等农忙季节外，腊月就是最忙的一个月了。腊月忙就忙在准备年货上。烙豆饼、打豆腐、蒸饭米、炒炒米、熬糖、切麻叶、打糍粑、推汤圆、发麻花、荷叶子、玉兰片等。起早摸黑，要整整忙一个月。做这些年货的食材，如大米、小米、糯米、玉米、绿豆、黄豆等，都要先分别浸泡、磨浆，再按不同年货制作要求，经过多种程序，才能制成我们所需要的年货。

举个例子吧。炒米是怎样制作出来的？先将糯米浸泡，再用甑蒸熟后，放到晒垫上晾几天，将一坨坨糯米团搓散晒干，然后将少许糯米粒放在辣锅滚烫的沙中，用一把麻杆帚子转圈炒，爆成米泡，用沙撮筛掉沙子，便成了炒米。这个过程需要好几天，这才完成了一项年货的制作。如果要切麻叶，那就要在此基础上，将炒米和稀糖揉和均匀冷却后，再用刀切成一片片，需要更多时间。

在腊月除了准备年货外，还要过两个重要节日。一是腊八节，二是小年。腊是一个祭名，是祭祀祖先和百神的日子。其中包括祭祀五位家神，即：门神、户神、天窗神、灶神和行神。

腊月初八，本是佛祖释迦牟尼得道成佛的日子。寺院的僧人在这一天以谷物、果实煮成腊八粥祭祀佛祖，同时将此粥赐给门徒、善男、信女，让他们吃了保平安。所以腊八粥又叫福寿粥。以后民间就沿袭腊月初八吃腊八粥成为习俗。腊八粥是用阴米（蒸熟晒干的糯米）、红豆、蚕豆、饭豆、花生、冰糖等食材熬制而成，酣润舒口，回味无穷。

准备年货的又一内容，就是腌制腊肉、腊鱼、腊鸡。在腊月初八腌制的腊味，特别香，是过年招待客人的美味佳品。而且保质时间长，过去没有冰箱，只要挂在北面通风的地方，就不会腐败。

过去，男子过喜事（结婚），女子出嫁，都要看"期"，选择黄道吉日。这样，结婚后才能和睦恩爱，多子多福。但有些人怕选不好日期，反而误事。所以干脆就以腊月初八为婚期，这是一个老"期"，在这一天成婚，保管百事顺遂，没有任何妨碍。

男女成婚一年有两个老"期"，一个是阴历十月十六日，再就是腊月初八了。

腊月二十四日，是南方过小年的日子（包括通海口，以湖北中部为界）。这一天有何重要？我先问问大家：你们想发财吗？你们想有好运吗？你们想过好日子吗？大家一定异口同声："想！"既然想，我们就要拍拍一个神仙的马屁。这个神就是司命老爷，就是财神爷。他在这一天要上天述职，汇报这一年来的执政情况，老百姓的生产情况，百姓有何善事、做错了什么事，都要向玉皇大帝陈述。并从玉皇大帝那里领受新的玉旨。百姓们马虎不得，所以一定要准备五谷、年货等丰厚的祭礼，烧香叩头，隆重欢送这位掌管老百姓命运的财神，给他一个好的印象，请他在玉帝面前说说好话，请玉帝给老百姓更多的恩惠。

年货办齐了，一年的最后一天来到了，这一天更忙，所有没有干完的事，要在这一天收尾，并要清洗、扫除一切污秽——理发、洗澡、掸扬尘，都要在吃团年饭之前完成。紧接着就是贴对联，贴门神。这叫作除旧迎新，女主人更是忙得不亦乐乎。因为她要准备丰盛的团年饭，从清早到下午忙个不停，没有一点喘息的时间。

吃团年饭一般在下午三四点钟开始，比平时晚餐要早一些，因吃完团年饭要敬神，要向左右邻居拜个早年，小孩们要点上灯笼，聚在一起玩耍，并在每家的室内驱赶魔头和坏蛋，口里还一边念着"戳（上声）戳！赶蒋狗"（这个口号在不同的时期有着不同的内容）我小时也参加了这种驱赶魔怪的活动。

除夕夜，家家都要将点亮的灯笼插在祖坟上，以示对祖先的怀念（1958年因平了坟包，之后就没有这项内容了）。自家的堂屋和房内也要灯火通明。大人们，小孩们一边守夜，一边玩牌，并拿出麻叶、玉兰片、麻花根等年货当宵夜。

大概五更左右，家家户户都要出行。争先恐后将高粱梗捆成的"发宝财"树立在门前禾场上，点火燃烧起来，同时燃放鞭炮。霎时，鞭炮声响彻天际，四周火光通亮，连成一片。老百姓期盼风调雨顺，五谷丰登，有一个好年成。

不敬神，不能吃饭，只有在敬神，敬祖宗之后，才能向本家的长辈拜年，然后吃饭。

从三十晚上开始，直至初三晚上，内室一切垃圾、灰尘是不能倒出门外的，清扫后只能堆在饭桌底下，这样才能保住财运，不至外流。

长辈说：正月初一是自己为大，不能出远门走亲戚拜年，顶多在前后左右的族人间相互拜个年。初二，雷打不动，一定要到岳父、丈母家拜年，然后，才能去其他亲戚家拜年，这是一个世代传承的规定。

过年有几天最重要，大年三十，大年初一、初二、初三。再就是初九，名为上九日，是玉皇大帝万寿日，所以也要顶礼膜拜。

从过年开始，陆续都有舞龙灯的、耍狮子的、踩高跷的、划采莲船的光顾到每家每户来拜年，送恭贺。俗话说：年小月半大，到了正月十五，这些民间文艺活动达到了高潮，不仅如此，每家每户还要吃汤圆和团子，挂灯笼。汤圆就是元宵，故而正月十五也叫元宵节。团子是米粉内包有馅的，一种是豆干子、肉丝、蒜苗做的咸味馅，另一种是红豆泥和冰糖等做的甜馅，蒸熟，便成了可口的团子了，象征家

江汉平原南部地区的一种美食——团子

人团团圆圆。家家门前屋檐下挂上灯笼，绚丽辉煌，一片灯海，比天上闪烁的星星还要美丽，寓意人间生活红红火火。另一习俗是，晚上一伙没过十五岁的少女们聚在一起请七姐，问年成。

二月二是龙抬头的日子，也是土地神的生日。因土地神是管一方的神，得罪不起。人们一生的祸福，由土地神直接支配、主宰，所以要好好敬拜。

土地爹爹、土地老妈等共有五位土地神，这五位神的镀金塑像，每年都要转移一次供奉的东家。这方被管辖的人家都要在二月初二的晚上携带着香纸蜡烛，到供奉的东家家里敬上土地神，敬拜的百姓挤满堂屋。你方拜罢我登场，热闹异常。

### 三、称谓

称谓问题比较复杂。这里说个大概，以此推论，可知全貌。

首先有两个字要说明一下，"嘎（去声）"字或者"个"字用"家"字代替，"哪"字用"老"字代替。例如"刘嘎（去声）姑哪妈"或念成"刘个姑哪妈"，改写成"刘家姑老妈"，以此类推。

曾祖父称老爹，曾祖母也称老爹。祖父称爹爹，祖母称老妈。

祖父的哥哥称大爹，配偶称大老妈。祖父的弟弟根据排行称三爹、四爹……最小的称么爹。其配偶称三老妈、四老妈……么老妈。

不同房的叔祖，在爹字前加名字中的一个字，如学爹，其配偶在老妈前加上姓，如熊老妈。

祖父的姐妹称姑老妈，其配偶称姑爹。

父亲称爷爷，母亲称母妈。但也有称父亲为大伯，母亲为小伯的。还有称父亲为伯伯，母亲为娘娘的。如我称生父母为大伯、小伯。我爱人称她父母为伯伯、娘娘。

父亲的哥哥称大伯，配偶称小伯，父亲的弟弟称二叔或小爷，配偶称大爷。父亲的姐姐称姑妈伯伯，配偶称姑爷伯伯。父亲的妹妹称姑妈或二爷、三爷，其配偶称姑爷。

不同房头的父亲的哥哥在伯字前加名字中的一个字，如纯伯，其配偶在伯字前加姓，如黄伯、蒋伯。不同房头的父亲的弟弟，在叔字前加名字，其配偶在婶娘前或大爷前加姓，如危婶娘、刘大爷。父辈不同房头叔叔的配偶也有称达（da）达的。

母亲的弟弟称舅爷、么叔，其配偶称舅娘、婶娘。母亲的哥哥称舅爷伯伯，其配偶称舅娘伯伯。母亲的父母分别称家爹爹、家老妈。母亲的姐姐称姨妈伯伯，母亲的妹妹称姨妈或二爷、三爷，其配偶称姨爹。

父亲的叔伯妹妹称大爷、么爷。如二房的父辈姐妹俩，加上名字，大的称玉珍大爷，小的称福珍么爷。又如三房的父辈姐妹俩，大的称友大爷，小的称孝芳么爷。

这里有一个有趣的现象。就是父亲的亲哥哥只称大伯，没有称大爷的，亲弟弟也有称二爷、三爷的，只有二叔可称小爷。但女性前辈，很多叔叔的配偶，我都称大爷、么爷。男性前辈除父亲称爷爷外，很少有称爷的。有些人可能有误解，但这是事实。

我们家乡父辈只能称爷，而不能称爹，祖辈只能称爹，而不能称爷，否则就是违背伦理的大问题。比外省有些颠倒。

兄弟姐妹之间，大的称大哥、二哥、大姐、二姐，小的直呼其名。哥哥的配偶可称嫂，亲热起见，一般不称嫂，而称大姐、二姐。弟弟的配偶可直呼其名。姐的配偶在哥前加名字。

姑、舅、姨表之间，大的称哥、姐，前面冠以名字，小的直呼其名。

异姓之间的称呼，可参照同姓之间称呼灵活掌握。

以上称谓是以我本人为参照人写出来的。真实可信。这是一些基本原则，但也可根据每个人的实际情况，灵活地作些小的改变和调整。

# 通海口的歇后语

周振金

家乡通海口物华天宝，人杰地灵，文化底蕴丰富，流传着诗词、儿歌、戏曲、皮影、歌舞、说书，更有在百姓中广泛流传的歇后语。

歇后语是由两部分组成的固定语句。前一部分多用比喻，像谜面；后一部分是本意，像谜底。通常只说前一部分，后一部分不言而喻。

一句歇后语，聊天时幽默又俏皮，演讲时有趣又诙谐，用在文章中，形象而生动。我先抛砖引玉，写点久藏在记忆中的歇后语，欢迎朋友们指正补充。

1. 钵子煨汤过火——湖北（音 bó）（意思是糊了钵子）。
2. 三伏天盖被子——武汉（谐音"捂汗"，意思是"捂出了汗"）。
3. 狗子吃（读"七"音）麻糖——汉口（方言，意思是麻糖粘住牙齿了）。
4. 油煎豆腐——黄陂（皮）。
5. 怕死鬼打仗——仙桃（谐音"先逃"）。
6. 八抬大轿上路——官路（指旧时官家走的路）。
7. 木船包上气垫——沔城（谐音"免沉"）。
8. 长生不老——永河（音 huó）（意思是"永远活着"）。
9. 纱窗擦屁股——漏一手。
10. 三个铜钱买猪伢——刚刚一张嘴。
11. 豆腐掉到灰堆里——吹也吹不得，打也打不得。
12. 筲箕装菩萨——淘神（用于小孩子调皮或顽皮）。
13. 正月十五玩龙灯——越玩越转（音 zhuǎn）去了（意思是不如从前）。
14. 《百家姓》里去掉赵——开口就是钱。
15. X 光照人——看透你了。
16. 跑步上酒吧——该省省该花花。
17. 光屁股坐板凳——有板有眼。

---

① 蛮杂胡子：通海口方言。指擦灶的抹布。
② 水嘎子、匿嘎子：方言。指两种水生动物。据说匿嘎子比水嘎子潜水更深。

18. 蛮杂胡子①缠脑阔——包头。
19. 何家姑娘嫁郑家——正合适（郑何氏）。
20. 孕妇过独木桥——铤而（挺儿）走险。
21. 跛子滴屁股——斜歪了（多指做事做过了头）。
22. 荷叶包钉子——个个想出头。
23. 藕坑的打灯笼——遭活孽（照荷叶）。
24. 粗大腿被蛇咬——肿（总）是一肿。
25. 三九天的萝卜——动（冻）了心。
26. 扬叉捣兔子——杈里过。
27. 驼子摔倒街心滴（街头）——两头俏（翘）。
28. 虾子过河——谦（牵）虚（须）。
29. 蚂蟥叮住牯牛脚（音 jió）——要脱不得脱。
30. 顶着碓窝子唱戏——吃力不讨好。
31. 从地上滚到凉席上——高一篾片。
32. 水嘎子赶匿嘎子②——越赶越深。

家乡的歇后语，与方言有很大关系，用方言来读更生动、更耐人寻味，这是歇后语口口相传的原因。

歇后语是老百姓在生活实践中创造的一种特殊的语言形式，短小、幽默、风趣、形象、便于记忆，在民间流传甚广。歇后语具有鲜明的地方特色和浓郁的生活气息，耐人寻味，脍炙人口，为广大老百姓所喜闻乐见。

# 春节习俗的变迁

钟儒柱

春节,是中华民族最隆重的传统佳节,距今已有二千多年的悠久历史。一年一度的春节,在各地都形成了许多习俗。就通海口而言,诸如熬糖、炒米、打糍粑、扫尘、吃团年饭、祭祖、拜年、贴春联、放鞭炮、舞龙舞狮等等。这里主要谈谈六个方面的习俗。

作者钟儒柱

——掸阳尘。即扫尘。每逢春节来临,家家户户都要打扫环境,清洗各种器具,拆洗被褥、窗帘,洒扫庭院,掸拂尘垢蛛网,疏通明渠暗沟。到处洋溢着欢欢喜喜搞卫生、干干净净迎新春的欢乐气氛。

——吃团年饭。无论旧社会还是现在,大家对团年饭都很重视。家人不管外出经商,还是打工都要赶在腊月三十奔回家中团聚,吃团年饭。为过年,过去农村各家杀鸡、熬糖、炒米、打糍粑,有的还屠猪;现在无论农村还是城市,都在市场上购买年货。为吃团年饭,每家每户总要做几样拿手好菜,让家人吃得高兴。随着人民生活水平提高,现在城市许多家庭都在酒店吃团年饭,每年春节前后几天到酒店吃饭的人都爆满。

——祭祖。春节祭祖绝对不是简单的形式,更不是迷信活动,而是对先人表达感情、心愿与意志,激励后人慎终追远、继续前行,提高民族精神的一项庄严仪式。在农村,每到春节各家都要给已故长辈坟墓培土、烧香、作揖磕头;在城市不惜重金给已故长辈买墓地。春节前后在墓前焚烧纸钱,感激施恩于己的人。

——拜年。旧社会的农村大年初一,本族里各户之间对互相拜年都很重视,特别是晚辈必到长辈家里拜年,以表尊敬。现在本族各户之间淡化了这种礼节,但遇见长辈,"新年好,祝您健康"一类祝福的话,总会说出。正月初二开始走亲戚,过去送糕点一类的礼品,现在是买高档礼品和百元以上的酒送人情。在城市出现了新气象,党政机关、企事业单位举行团拜会,减少了互相串门。随着电信业的迅猛发展,许多人相互打电话,用手机发短信、微信拜年,互致问候。

——贴春联。春联也叫门对、春贴、对联、对子等。它以工整、对偶、简洁、精巧的文字,描绘时代背景,抒发美好愿望。它象征吉祥,是我国特有的文学形式。

## 通海口风情 | TONGHAIKOU FENGQING

这一习俗至今长盛不衰。每逢春节，无论城市还是农村，家家户户都要精选一副大红春联，贴于门上，为春节增添节日气氛。唯一不变的"福"字，一些人家要在屋门上、墙上贴。正如民俗专家指出的那样："福"字有四种意思，一是"寿"，即长寿，长命百岁；二是"富贵"，即财多物丰；三是"康宁"，即健康无疾患；四是"德厚"，即德善有道。"福"字寄托了人们对幸福生活的向往，对美好未来的祝愿。为了更充分地体现这种向往和愿望，有的人干脆将"福"字倒过来贴，表示"幸福已到""福运天降"。

——放鞭炮。这一习俗历史悠久。随着时代发展，制造技术不断提高，烟花鞭炮种类繁多。有的烟花能射几十米高，放一挂鞭要好长时间。在农村，一般是腊月三十晚上十二点开始放鞭，且敞开放，过年的几天随便放，毫无限制。放鞭炮时噪音大、烟雾浓，严重地污染了空气。为防止污染空气，减少噪音，现在许多城市实行了禁放令，净化了环境，得到了广大群众的拥护。

已知传世最早的对联　　（李皓　书）

# 男婚女嫁讲究多

雷本海　韩训政

通海口地区确定了婚约关系的，待女子到及笄之年，父母就开始操心他们的婚事了。

首先是男方找人看期，即确定结婚日期。日期选定后，由媒人通知女方，双方各做准备。男方要喂养喜猪，修整新房，请裁缝到家里给男女新人做新衣。女方要置办嫁奁，待嫁女歇嫁一个月，做些针线活，给自己和新郎做新鞋。

婚期前几天，把所有客人都接一遍，千万别遗漏了谁。否则就得罪人了。内亲不必说，邻里乡亲也要一家一家登门接，告知日期，好让人家赶情送礼，来喝喜酒。

作者雷本海

婚期一般是三天（严格讲是五天）。每天都要举行庄重仪式，内容不重复。也就是说，整个婚期都由仪式贯穿，充满了既行云流水，又庄重肃穆的仪式感。而这些仪式，都是有讲究（即规矩）的，逾矩不得。

**一、杀猪陪媒**

第一天的杀猪和陪媒，两件事情都很重要，必须安排好。

杀猪的讲究很大。猪杀死洗净，搁在江盆里，用五寸宽的红纸贴在脊背上，猪头向着神龛，祭祀祖先。祭祀祖先是第一道仪式，既表示不忘祖恩，又宣告婚期开始，马虎不得。然后，屠夫从头到尾把猪分成两半，一半留着自家用，一半准备过礼到女方家。

这天媒人最大。男女双方在婚期内的所有事宜，包括分歧，都由媒人沟通调解，所以双方都不能得罪媒人，一定要把媒人招待好。

这天还有几件事必须落实。一是把知宾先生、礼房先生落实好。婚期的一应礼节都由知宾安排处理，所有账务都由礼房一人经手。二是把喜堂布置起来，张灯结彩。同时在门前搭喜棚，请两名吹鼓手吹唢呐。赶情送礼的人来了，除礼房记账外，吹鼓手要吹一段迎宾曲。三是贴喜联。这是必不可少的，大门、房门、后门（总之是所有门）和神龛都要贴。特别是喜堂的神龛旁，要贴上以新郎的名字取的号，叫"号匾"。男子成婚后就是大人，应该用大名了。我们这里把男女结婚，叫作"做大人"。

**二、过礼**

第二天过礼，男女双方各自安排酒席，请内亲、乡亲们吃酒。特别是乡亲，先天晚上安排专人接一次，第二天早上再接一次，这叫"三请四催"。上、下午的酒席结束后，知宾要把乡亲吃酒的情况报告礼房，做好记载，不能漏掉一户。漏掉的以后用其他办法补上。

　　过礼，就是男方把彩礼送往女方家里。过礼的内容和数量，依女方陪嫁的嫁奁而定。但鸡、鸭、鱼、肉必不可少。同时，给新娘做的所有嫁衣都要送过去，还要给女方的父母、叔伯婶娘送一套衣料，以示对女方家人的尊重。

　　过礼的讲究也大，很有仪式感。过礼的东西要用大红纸粘贴，每张大红纸都要写上男方家的郡号。如赵姓是天水郡、李姓是陇西郡、许姓是高阳郡、萧姓是兰陵郡等等。过礼的东西由专人抬着，媒人领着去女方家。过礼时，男方家由新郎敬神禀告祖先，放大鞭；女方家要好生招待过礼来的人。

　　过礼来的人酒醉饭饱，再把女方准备的箱柜等大件嫁奁，抬到男方家里去。至少包括衣箱、衣柜、圆桶、大中小脚盆一套。家境好的，办对箱、对柜和"堂面"、桌椅凳及女人要用的炊具一套。个别富裕家庭的女儿陪嫁，为了显示豪华，还置办全副嫁奁。

### 三、正期

　　第三天的正期最重要，规矩最多，要举办一系列迎亲活动，仪式感也最强。细节也不能忽略，比如把花轿装饰好、落实迎亲人员、备足往返要放的鞭炮等。

　　——告祖。男女方家里都要"告祖"。这是在酒席开始前的一个仪式。男方家里，新郎洗漱完毕，在家兄或者表兄带领下，举行"告祖"仪式。就是告慰列祖列宗，承他们阴德庇护，今天要添人进口了，女方是谁，让他们也高兴高兴，继续护佑家族兴旺。要放大鞭，鼓乐齐奏，热热闹闹。女方家里的"告祖"仪式，意思差不多。就是告诉祖先自己要嫁人了，让他们也高兴高兴，同时希望得到他们的保佑。

　　——鹿鸣宴。这天开始的酒席是鹿鸣宴，有的叫"状元席"，我们这里一般叫"陪十弟兄"。鹿鸣宴有许多讲究。比如只有未婚男子方可参加；坐席时新郎一人坐首席，其他三方各坐三人；席桌上的十个碗摆成三角形，每个碗里盛满棉籽壳，再放点红丝瓜米，中间插上柏树枝。

　　鹿鸣宴开始后，知宾要站在宴旁，每上一碗菜都要高歌四言八句，也就是顺口溜，以示祝贺。

　　上菜前，知宾高声念："一张方桌正中搁，鹿鸣宴上笑声多；正中新郎面带喜，姑舅老表作陪客。桃园兄弟面对面，两边坐的有同学；掌勺厨师把令开，跑堂把菜端——上——来！"随着知宾"来"字落地，跑堂的端上第一碗菜，放在新郎面前，并换掉最前面的棉籽壳碗。

　　知宾接着高声念："一碗蛟龙满满装，三亲四友聚一堂；高朋胜友把席坐，恭喜新郎大登科。"这时跑堂的把第二碗菜端上来，换掉新郎面前左边的棉籽壳碗。后面再上菜，也是上一碗换掉一碗。

　　每上一碗菜，知宾都要念一段四言八句，直到十碗菜上完：

"二碗丹凤来朝阳,龙飞凤舞配成双;鸳鸯合卺来交颈,早生贵子登金榜。"

"三碗笋子节节高,好借银河搭鹊桥;八方亲朋来相会,同庆状元新娇娇。"

"四碗扣肉穿红袍,好比彩云上九霄;笙箫笛子来佐宴,六合班子情更高。"

"五碗上坡白如霜,嫦娥飘带下寒广;朱履三千华堂坐,席上八仙会喜堂。"

第六碗菜端上来,外加了个小碗。小碗里面有葵花籽,每人可以吃几粒,但都要往小碗里丢钱。新郎要多丢。其他席上也一样,钱可多可少,但不能空碗转去。这钱是给掌勺师傅的小费,也叫"瓜子钱"。

"六碗蒸肉香又香,状元红包放桌上;赏银不知是多少,满堂宾客眼放光。"

"七碗排骨炖藕巴,好似玉女散琼花;金杯银盏酒飘香,夫妻恩爱情意长。"

"八碗三鲜打得红,状元打马游街中;今夜花烛同结彩,夫妻双双情更浓。"

"九碗鲤鱼跳龙门,喜看状元掌大印;胸怀天下抱负大,国家栋梁满门贤。"

"十碗圆子大团圆,福禄寿喜在眼前;十全十美全家福,子孙富贵万万年。"

鹿鸣宴结束后,由两个搬匾的、两个吹唢呐的、两个打锣的、两个放三眼铳的、一个放鞭的,以及四抬大轿和六合班乐队组成的迎亲队伍,就在两个媒人带领下,吹吹打打,热热闹闹出发了。

——"陪十姊妹"。女方家里的"告祖"仪式结束后,选九个十五岁以下的女子陪打扮好了的新娘坐席,叫"陪十姊妹"。座位排法和桌上的菜碗以及上菜的方式,与男方"陪十弟兄"一样。但不需要念四言八句,只是开头由知宾念两段顺口溜,以表祝贺:

"十朵鲜花围一蓬,其中一朵分外红;今早相聚十姐妹,晚间一个凤配龙。"

"一只凤凰前头飞,一群喜鹊紧相随;凤凰飞去花结果,喜鹊叫来花现蕾。"

——丢压箱钱。"陪十姊妹"酒席结束,所有亲属都到喜堂举行拜别仪式,丢压箱钱。在伴娘带领下,新娘敬告祖先后,向父母、哥嫂以及亲属长辈行跪拜礼,磕头感谢父母鞠育之恩,沐祖宗培植之德。桌上放一口陪嫁的木箱,所有亲属和亲戚都要向木箱里丢钱,丢多丢少不等。"告祖"结束后,女方要把嫁奁摆出来(箱柜大件先天已经被过礼的人抬到男方家里去了,除外)。八铺八盖是不可少的,其他日常生活用品也都应该有。另外还要选一个十五岁左右、长得标致和机灵的男孩搬蚊帐。这是取彩的事,要给大红包的。

——发亲。花轿到了女方家,媒人拿出催妆柬帖,请女家早点发亲。母女俩哭哭啼啼,难舍难分。母亲叮嘱女儿要孝敬公婆,处理好妯娌、姑嫂之间的关系。轿夫把花轿抬到门口,新娘由亲哥或堂哥背到轿内,并将轿门锁好。一时间鼓乐鞭炮齐鸣,表示发亲,迎亲队伍可以出发回转了。

迎亲队伍一路吹吹打打、鼓乐喧天,鞭炮齐鸣、热热闹闹。轿夫们则趁着热闹,用力摇晃花轿,一直捉弄到伴轿的小舅子拿出大叠红包才肯罢休。轿夫们以肩膀为新娘代步，摇摇晃晃抬得美人归来。在离男家几十米的地方，借用一友人家把来亲拦下，热情招待。

——望亲。迎亲队伍从男家出发后，则派一人在半路打高望，叫"望亲"。他的任务是看到花轿临近时，赶快通知男家迎亲和接嫁妆。

——回车马礼。男方喜堂门前摆上香案，待花轿一到，礼生（先前选好的俊俏男孩）即上前拦住花轿，"回车马礼"开始。仪式如下：

知宾高歌（喜堂内外肃静）："停车、举顶，新人站起三揖。"新娘站起来，在轿内向后转，朝来的方向三揖，意在告别祖先、父母，自己已经到了婆家。

知宾再歌："初上香！"领拜人引导新郎上第一炷香；"亚上香！"领拜人指引新郎上第二炷香；"三元香！"新郎上完第三炷香，知宾再歌："初殿爵、亚殿爵、三园爵，天地开张，日吉时良。男家花轿请上高堂，女家车马请回乡，新人入室福寿永祥。"

知宾歌毕，轿夫用手托起花轿至大门前，送亲来的小舅子把轿门打开。这时牵亲娘上前，从轿内牵出新娘，并小声说："抬脚。"新娘知道要进大门了，门槛是用红毯铺的，把脚高高抬起跨过门槛。

——行大礼。进到厅堂，在牵亲娘和已婚并生有男孩的家兄（堂兄、表兄亦可）领拜下，新郎新娘跪在厅堂中，对着祖宗神位行三跪九叩大礼。同时鞭炮齐鸣，鼓乐相伴。

——拜堂。这是整个婚礼的高潮。行大礼毕，知宾高歌《诗经》首章："关关雎鸠，在河之洲。窈窕淑女，君子好逑。"然后高喊："内外肃静，新人拜堂！"管弦细乐奏起。知宾继续歌曰："桃之夭夭，灼灼其华。之子于归，宜其室家。日吉并时良，淑女配才郎。堂前三叩首，夫妻百年长。"

歌毕，知宾高喊："一拜天地，地久天长；二拜高堂，长寿安康；夫妻对拜，和睦满堂。礼成，送入洞房！"在牵亲娘的引领下，新娘来到新房。

——撒床礼。拜堂结束后，知宾以红枣、花生、瓜子（寓意早生贵子）行撒床礼，高歌：

"撒床东，才子佳人两相逢。提玉盏，捧金盅，美酒双斟状元红。一朵牡丹碧纱笼，解人尽在不言中。

"撒床西，一对夫妻并头栖。蓝田玉，红叶题，恩恩爱爱两相依。燕尔新婚胜兄弟，才子佳人如友戚。

"撒床南，鸾凤双飞入洞房。同心带，合欢床，好似张生求红娘。今日得睹嫦娥样，风吹桂花满屋香。

"撒床北，百年好合调琴瑟。赋桃夭，咏瓜瓞，一双跨凤乘龙客。门前迎来七香车，玉箫吹月秦楼得。

"撒床中，红灯高挂绿翠笼。金孔雀，玉芙蓉，如鱼得水乐融融。天上碧桃和露种，来年花开子孙重。"

礼毕，开席，请送亲的来宾和舅老爷赴宴。宴后送亲的来宾返程，舅老爷见新郎的父母，要说："我姐（或妹）年纪轻，在家娇惯了。刚来您家，如做事和言语不周，请多多包涵、原谅！"

——看新姑娘。乐队敲锣打鼓送走送亲的来宾后，喜堂中间放一方桌，方桌上放一把交椅，上面铺上红毯，请新娘坐在上面，牵亲娘站在新娘旁边。这叫"看新姑娘"。一时间喜堂内热热闹闹，看新娘的你推我挤。知宾趁机大把大把地把糖果撒在人们头上，喜堂内更加热闹，外面则鞭炮齐鸣，鼓乐齐奏。大约二十分钟后，新娘回新房卸妆，再回到喜堂举行磕头仪式。

——磕头。喜堂中的神龛前放一方桌，上面铺上红毯。新郎新娘双双跪在桌前，新郎家的所有亲属和亲戚围坐在屋内。随着管弦细乐慢奏，知宾高叫：

"兰桂齐芳，吉祥如意。两姓好合，红叶诗题。百年偕老，花开并蒂。诚叩诸亲，请受双礼。"

知宾从新郎的父母叫起，接着是伯叔，姑舅姨，表兄嫂，诸亲都来受礼。叫一个就往桌上的礼盒里丢钱，多少不限。每丢一个，新郎新娘都要磕头一次。

仪式结束后，新娘回到新房，闹房开始。新郎的侄子辈可以多次端一杯白开水给新娘喝，每接一杯，新娘都要给一个小红包（早就准备好了的）。

——吃下米饭。内外宾客都散了，在牵亲娘的带领下，新娘开始串厨"吃下米饭"。牵亲娘在前，新娘在后，从新房到厅堂再到厨房。每走一步，牵亲娘就丢一支筷子到地上。新娘立即捡起，这叫快快生子。到厨房后，新娘要谢掌勺的厨师，并递上红包，意味着新娘要接管厨房了。

这天的所有活动结束，但闹房仍然继续。

### 四、端茶

新婚第二天早上是端茶。近亲和住得远的亲戚都没回家，就近住宿。清早，新郎新娘在牵亲娘的带领下，给亲戚和长辈端茶。茶品是四个煮熟的鸡蛋、一小包点心（有的是新娘家做好的，也有的是街上买的）。喝茶的亲戚和长辈都要给茶钱，可多可少。

### 五、双回门

婚后第三天，是新郎新娘双回门。这天很早，新娘的兄或弟就来接了。新娘带着新郎回到娘家拜见父母。但不能在娘家过夜，一定要回家。

至此，婚期才算结束。朋友你说，男婚女嫁的讲究，是不是多？

# 花 轿

张才林

在我们通海口乃至整个江汉平原,旧时夫妻吵嘴,妻子嘴边上常说的一句话就是:我是你用花轿抬进门的,又不是我自己行来的!可见,用花轿娶亲,不仅是一种嫁娶方式,更是传统的文化习俗。

作者张才林

据考证,花轿是由轿子演变而来。原名"舆",初唐时期叫"檐子"(肩舆)。最早见于《史记》,说明早在西汉以前就有轿子了。晋六朝盛行肩舆(即用人抬的轿子)。到后唐五代始有"轿"之名,沿用到现在的小"轿"车。北宋时,轿子只供皇家使用,大约自中期起,开始有"花轿子",迎娶用花轿,但只在富人中流行。宋高宗赵构南渡临安(今杭州),废除了乘轿的有关禁令,花轿才发展到民间,成为嫁娶时代步之主要工具。

南宋时,孝宗皇帝为皇后打造了一乘"龙肩舆",上面装饰着四条走龙,并用朱红藤子编成坐椅、踏子和门窗。内有红罗茵褥,软屏夹幔,外有围幛和门帘、窗帘,这是早年的"彩舆"(即花轿)。

按类型分,花轿有"硬衣式"和"软衣式"两种。硬衣式指花轿全身都是木质结构,造型类似四方四角出檐的宝塔顶形,在我国南方地区比较流行。软衣式指花轿的轿框,四周罩以红色的绫罗绸缎装饰品,并绣上精美图案,流行于我国北方地区。

花轿除有鲜明的艺术风格外,制作材料要求严格,必须是质轻而坚固的木材,一般选用香樟、银杏等上等木材。雕刻多是选用"天作之合""举案齐眉""福禄寿喜"等喜庆吉祥题材。轿体一般采用浮雕、透雕、贴金、涂银、粉饰朱漆等装饰手法。帏幕多选用朱红色绫罗绸缎等丝织品。刺绣的图案,十分讲究含义吉祥和彩色精美。轿帏上面一般绣着"禧""金鱼闹荷花""丹凤朝阳"

花轿

"麒麟送子""富贵牡丹""事事如意"等喜庆、吉祥的图案，赋予了约定俗成的特定含义。手工精细，画面栩栩如生。轿门上贴着"百年好合结良缘，五世齐昌成佳偶"之类的喜庆对联。

花轿体积大小，按乘坐者身份而定。最大是八人抬的大轿，约高二点六米，宽一点一米，深一点三米。这是供皇帝和大富贵人家使用的。四人抬的花轿，体积就小很多了。大约高一点六米，宽零点九米，家境较富裕之户常用四人抬花轿。一般人家，就只能使用两人抬小轿了。

四人抬花轿是纵向双杠，前后各两人抬着。八人抬大轿也是纵向双杠，但在纵杠两端各加了一根横杠，前后各四人抬着前行。

旧时结婚有一个规矩，女子只能新婚坐轿子。二婚和纳妾是不能坐的，只能夜里进门，举行一些简单仪式。

婚庆雇轿要提前预定，要写请帖下聘礼，不然租不到轿子。租轿，也叫"写轿"。在农村没有固定的轿铺，有轿子出租或抬轿子的班子，其实是民间自发组织的一些团队。

娶亲队伍中，除抬花轿的人之外，有搬堂号旗子的、提灯笼的、打大抄锣开道的，还有吹唢呐的、六合班、放鞭炮的、打土铳的、提敬酒壶的、牵姑娘的、抬台货的、挑洒货的，以及陪红人（媒人）先生的姑爷、舅爷……至少十几人，多则几十人，很是壮观。尤其是用草蒌子编成的大锣锤，敲一下大抄锣，十里闻声。

婚庆灯笼是两把，与现在堂前挂的大红灯笼一样大小，丝皮纸裱糊，长长的杉木杆手柄，刷大红颜色。每根上端连接一个粗铁丝挂钩，挑着灯笼，下面套着铁铺打的插脚，可插在地上。灯笼上用红绿晶珠画有蝙蝠等图案和花纹，写有堂号，如我们张姓写的是"清河堂"。娶亲队伍行走在路上，别人看到灯笼上的堂号，就知道是张姓家迎亲的队伍。

用花轿娶亲，礼俗很多。抬轿出发时，要有一男童坐轿，轿子不能空抬，"空"就意味着以后子女不多，大有"一场空"的晦气之意。轿子到达新娘家，新娘必须由亲哥哥背上轿。没有亲哥哥的，就由亲弟弟牵上轿。亲兄弟都没有的，只能让堂哥或堂弟顶替。

新姑娘上花轿——半推半就。娶新姑娘当天，到了新娘家，起轿吉时将至，红人先生要拿赏钱（封同）进闺房催新娘上轿，且要催三次，谓之"催轿"。这时，迎亲乐队在门外高奏乐曲，三吹三打。女家礼房先生见吉时已到，安排兄长或弟弟烧香敬神，请新娘到达喜堂。新娘顶着盖头哭啼不止（谓之"哭轿"），拜别祖先和父母后，由兄弟抱着或背着进入花轿。最后，轿夫将轿门锁好，钥匙交给舅老爷。路途遥远的，轿内还放有新娘解手的马桶。锣鼓、唢呐在前，轿子在后，送亲的舅老爷跟着轿子行走。

抬花轿要求步调一致。途中如遇转弯、过沟坎等障碍时，均由前行轿夫喊出行号予以提示。如"起肩走"，轿夫喊一声"起轿"等。轿子不能左右摇摆，只有平稳起落，新娘坐在轿子里才能安稳。

同日结婚的可能较多，容易在路上和他家花轿碰到一起，称为"撞亲"。这时，双方的花轿必须停下来，交换手帕或袜带，代表相互礼让。然后，各走自己的大手一边。

有喜事就有丧事。如果碰到了丧事，花轿要遮红毡、放鞭炮，改道而行。

花轿到了男家，新娘下轿脚不能沾地，要由新郎抱着或背着出花轿，以免将地面的晦气带进喜堂。

后来，接亲过程中衍生出了上轿、起轿、喝轿、宿亲、翻镜、压街（颠轿）等一系列繁文缛礼，把整个送嫁、迎娶活动的喜庆气氛推向高潮。

社会在改变，人们的观念在改变，对生活的追求也在改变。在通海口一带，20世纪50年代以前和60年代中期，结婚是骑马、坐轿子。60年代以后，旧式婚礼少了，年轻人结婚是革命化步行，或用自行车迎娶新娘。到了70年代，开始用手扶拖拉机、"东-20"等车。80年代则用"万山"等面包车，条件好的用"桑塔纳"小轿车。而进入21世纪，婚车都是小轿车，少则大几辆，多则十几二十辆。一辆辆彩车同向驰行，远远望去，宛如一条舞动的彩龙。

2017年，笔者在协伟村三组参加内弟用花轿娶亲的活动，可谓别开生面，热闹非凡——

娶亲队伍出发前，新郎的父母、伯叔、兄长和婶婶、嫂嫂们被爱"闹事"的亲友涂上花脸，穿上戏服。伯叔们肩上抬着大灰耙，兄长们胸前挂着牌子，女士们颈下吊着醋瓶，被亲友"押着"，从前湾游到后湾。鞭声不断，伯叔们敬烟不停，气氛热烈，友好温馨。

正游得兴高采烈，忽听知宾高喊"新姑娘发亲了，快接亲去！"欢乐的人群又跟随打着"莫府迎亲队"横幅的队伍，前往"城排"公路等候。新郎的伯叔、兄长也用花轿抬一男童前往，迎接新娘到来。送亲、迎亲的两支队伍交汇时，鞭炮齐鸣，锣鼓喧天，管乐同奏。歌声、笑声、欢呼声、唢呐声交织，汇成欢乐的海洋。

人们推搡着让新郎的父亲抱着新娘坐入花轿，再由新郎的伯叔、兄长轮换抬轿前行。大抄锣在前面开道，六合班、腰鼓队、唢呐、管乐队紧随其后。锣鼓阵阵，管乐声声，好不热闹。

花轿临近村口时落轿，新娘走了出来，伯叔、兄长们轮换背着新娘，在亲友簇拥下来到喜堂前。堂前小舞台上的司仪，用流利的普通话主持结婚典礼……

俗话说："丑女不可贱嫁。"过去用花轿把新娘抬进门才显得风光，如今虽不多见了，但这一有着独特趣味性的民俗，是祖先留下的珍贵历史文化遗产和传统风情，受到越来越多新人的青睐。

# 1981 年的集体婚礼

涂阳斌

1980 年底，组织上调我担任了通海口公社团委书记。

上任不久，我就随公社管委会副主任定光元同志到潘坝村驻队，推行联产承包责任制。驻队中发现，农村青年订婚、结婚不仅礼节繁琐，而且铺张浪费、大操大办十分严重，我感到有必要在青年中倡导移风易俗、喜事新办。

作者涂阳斌

于是，我晚上逐家逐户走访，摸清了农村青年订婚、结婚的开支明细，了解了一些家庭为操办儿女婚事而负债累累的现状，很快形成了《关于农村青年订婚结婚费用的调查》一文，不仅列出了每笔费用的数额，而且提出了解决问题的建议。

我把这篇调查报告刊印在公社团委主办的《通海口青年》上，一方面组织全镇青年开展讨论，一方面把它报给公社党委、团县委领导参阅。不久，各级领导机构作出了反应。团县委和团地委先后转发了这份调查报告，县委分管青年工作的领导王生铁同志、荆州地委分管青年工作的领导赵富林同志都作了批示。

公社党委、管委会十分重视领导的批示和我们团委的建议，决定由我牵头，起草一份《关于提倡移风易俗反对大操大办的若干规定》以下简称《若干规定》，以公社党委、管委会的名义下发。1981 年初，公社党委、管委会很快通过了《若干规定》，并拨专款 300 元铅印，在全镇范围内张贴。我还和公社农具厂的一名姓李的团支委坐着拖拉机，到田边地头用广播向农民宣讲《若干规定》，足足跑了 10 多天。

《若干规定》好写，落实不易。我便到星红大队办点，得到了在星红大队蹲点的县委工作队的支持。不久，在星红小学的大操场上，我们公社团委主持了 20 多对青年的婚礼，婚礼办得热闹俭朴，使前来"看热闹"的 3000 多名青年羡慕不已。各村团支部书记也纷纷表示，回去后"照这个样子办"。

我还和团县委取得联系，在沔阳县第八次团代会上，又为星红大队的 8 对青年举行了集体婚礼。团县委书记彭胜元担任了主婚人，我以证婚人的身份，登台朗诵了即席写下的长诗《给新郎、新娘们的祝福歌》，这一活动在全县引起了比较强烈的反响。

与此同时，我们还与派出所联合，对不执行《若干规定》者给予了批评教育。

通过系列活动，有效地遏制了婚事大操大办之风，倡导了喜事新办，淳化了社会风气，受到方方面面的好评。

我感到，共青团工作必须善于找准青年中的"热点""难点"问题，针对"热点""难点"出良策、用真功、打实锤。只有这样，团的活动才能受到广大青年的欢迎，得到各级组织的支持，找到自身的"用武之地"。

# 上 梁

曾令益

建房，是人生中的大事。这样的大事我操办过两次：一次是 1969 年 10 月，将父辈的房子分家后，请师傅重新建了一栋两间的砖瓦房。一次是 1978 年 9 月 28 日至 10 月初，请师傅将原先的两间房拆后，在老台上重新建起了一栋三间砖瓦房。

作者曾令益

上梁，则是建房这件大事中最重要的事，具有极其隆重的仪式感。

就拿第二次建房来说吧！

首先，请"阴阳先生"选定黄道吉日。给我选的日子是 10 月 1 日，开始时间是 10 点钟。在此之前，要准备好一根笔直粗壮且经过修整的大梁，并缠好红布。我家的大梁，是用香椿树做的。这棵香椿树，是第一次建房后，我移栽到屋后的菜园角落边精心培育的。民间有这样的说法：用香椿树做梁，预示着满屋馨香，人人长寿。我还准备好了红包，十几筒小麻饼和一些花生糖果以及鞭炮。

仪式由建房子的掌脉师傅即"首席木匠"师傅主持。由此可见，在传统的手工建筑业中，木匠的地位高于泥瓦匠、石匠和铁匠，尽管大梁正中的雕花圆形铁巴巴及挂钩是铁匠师傅精心铸造的。

仪式开始，主持师傅抓起那只事先准备好的雄鸡，用刀当场宰杀，将鸡血涂抹在大梁上，寓意祛邪祈福。师傅边杀鸡边抹鸡血边口中念道："此鸡此鸡，不是平常之鸡……"

然后，众人将大梁用绳索吊上去安放。主持师傅站在墙上，一边调试安放，一边诵吟：

"此梁此梁，好不寻常之梁。来自东方，高高山岗。三十三丈，直入云端。"

"鲁班祖师，命它做这新屋的栋梁。"

调试的过程中，师傅还不停地吟诵：

"上梁东，云起蓬莱一朵红。齐鲁遥连千里路，明年棠树显春风。"

"上梁西，望里湖云水泊堤。山映夕阳多爽气，讼厅挂笏觅诗题。"

"上梁南，门启迎薰瑞气还。福德一星离粤岭，文光先射楚州山。"

"上梁北，遥指神京云五色。锦缆牙樯日下来，黄河长绕千年国。"

"上梁上，彩虹飞起三千丈。咫尺丹霞雨露重，风云喜气瞻天象。"

"上梁下，仁风四境随车驾。和风潜从地底回，冰霜先向春前化。"

这些说词，可能是千百年流传下来的，师傅只是背诵而已。

梁安放到位之后，来的客人，无论老幼，都可接着主持师傅吟诵上梁诗。如：

"今日天清来上梁，东家修得好华堂。"

"脚踏云梯步步高，登上新屋亮堂堂。"

有人接着又说：

"上一步一品当朝，上二步双凤朝阳，上三步三元及第，上四步四季发财。"

反正说的全是好听的话，押点韵的奉承话。虽是俚俗之言，但欢声笑语不断，鼓掌叫好声不绝于耳，高潮迭起。

我递上红盘，盘内装有事先备好的花生、糖果、饼干之类。主持师傅将这些喜庆之物撒到场子里，大人小孩抢个不停，有人干脆用帽子衣兜接起来了，场面十分热闹有趣。

主持师傅从墙上下来，禾场上鞭炮齐鸣，上梁仪式结束。

接着招待师傅及亲朋好友入席就坐，大吃大喝谈笑风生。兴起的人，有的讲顺口溜，有的作打油诗，调侃欢乐不已。

散席后停工休息。我便将前期的工钱和红包交给木瓦工的领班人，由他们发给师傅们。

我想，各地都有类似我家"上梁"这种仪式吧。这大概就是中华文化的优秀传统。直到现在，建筑高楼大厦时的"喜封金顶"，仍是一道挥之不去的亮丽风景！

# 观水碗

韩训华

仙桃属古云梦泽，随着几千年岁月的流逝，孕育了这块绿色的平原。这里有三国、汉唐故事，也有荆楚文化遗留下来的乡风民俗，还有农村流行的问灵姑、请七姐、观水碗等形式的神占巫术。据《后汉书》记载，巫术在吴越荆楚最盛行。

我说的这个故事，是母亲讲给我听的。虽然过去好多年了，似信非信，但在脑海里印象深刻，一直都没有忘记。

作者韩训华

母亲谌贻秀，小名素金，出生在一个殷实的家庭。与男孩子一样，从小就送到私塾读书，学习内容是《三字经》《千字文》《女儿经》《增广贤文》等。由于家教严格，在家就学做针线活、刺绣、纳鞋底、缝制衣服。除了去见同学与附近的玩伴，很少出门。

母亲的家就在沔阳城不远的李家湾。百十户人家沿河而居，砖瓦房都是屋脊二头尖的明清样式。也有部分草屋，大门朝南对着河流，门前有禾场，靠河边修了一条路。房前屋后种有树木，以杨树、柳树、楝树、槐树为主，间有桃树、枣树、夹竹桃、竹子等。屋后是菜园子，每家都饲养了鸡、鸭、鹅、猪等。村子后面就是农田。傍晚时分，一家家房顶上升起袅袅炊烟，在霞光的映照下格外醒目。除了晚上，家家户户的大门都是敞开的，乡亲们串门说话都是常事。在路上相遇，隔好远就喊，张家婶娘、李家婆婆。哪家来了客，乡亲们都要端几个鸡蛋上门问候。

在那个风云变幻的年代，是少有的世外桃源，乡风淳朴。

20世纪30年代初，李老爷家发生了一宗盗窃案。李老爷是清末进士，在山西为官多年，清正廉洁，得到当地百姓的好评。由于年事已高告老还乡。一直闲居在家，家事田产交账房先生打理，日子过得也很清闲。时值秋天的一个早晨，账房先生起床后发现后门开着，顿觉不妙，前后一查，两间房里柜子箱子被撬开，衣物凌乱。经家人清点，主要是金银首饰等贵重物品被盗。

这件事轰动了李家湾，三人一堆、两人一伙地相互猜疑，交头接耳，议论纷纷。多年来清泰平安的小村，别说大盗，小偷都不多。这一下打破了宁静的生活。

账房先生觉得事大，与李老爷商量后，找族里几个有头面的能人。大家聚在一起商议，有的提出来搜家，一户一户地搜查；有的提出来报官；有的提出来暗访。

有人提了一个办法，说邻村有一位有名望的风水先生，姓陈，通易经，知阴阳，会八卦、奇门遁甲等神术。大家一合计，觉得可行，就委派熟悉的人，去请陈大师过来帮忙（那是要付法金的）。

几天后的一个晴天，陈大师请来了。只见他头戴紫阳巾，身着八卦道袍，凤眼疏眉，面色红润，神态飘逸，透出儒雅之气。后面跟着一道童，提着法器物件。见过李老爷及众人，看了房前屋后的大致情况，陈大师与管事的面议，我先用观水碗这一神术试一下，无果再说。又叫闲杂人等出去，大门不让人围堵。

盛满清水的瓷碗

他先在上首的香案上点燃香纸蜡烛，焚香三炷，四周墙上挂上黄色符箓。在堂屋八仙桌上铺上桌布，中间摆放一只大白瓷碗，碗中盛了清水，让管事的安排几个未到十岁的男女小孩，其中就有母亲。这个时候陈大师开坛做法，他手持法剑，口中念念有词："天灵灵、地灵灵，拜请仙佛菩萨众神明……"

边说边围着桌子绕了三圈，最后站在上首，两眼微闭，然后让几个孩子围着桌子，当他的大拇指靠在碗边的水里时，屋子里顿时安静下来。他叫孩子们看着碗中的水。开始几个孩子觉得什么都没有，突然有一个男孩叫起来，说水碗中出现了人影。而后又一个孩子也说看见一点了，影像开始很模糊，后来稍微清晰了一些，时隐时现。

陈大师让孩子们看见什么就说什么。最先发现影子的男孩说，好像是在晚上，有一个人影从后门进屋的，在屋里摸索后，就进了房门。房门可能没拴好，很轻易就进去了。那个人蹑手蹑脚走得很轻，把柜子、抽屉和箱子都摸到了。拿的东西看不清楚，好像装进了一个袋子里。出了房门还把门掩上，又向前头的一个房门摸去。看起来他对房子里的情况还是清楚的。这个门比较费劲一点，好像是用什么拨开的，进去后，把箱子、柜子、桌子又摸了一遍，东西装进袋子后退了出来，沿路返回，从后门溜走，出来后步子加快。由后院转到了村子前面的路上，往西走了一段路，看见这个人影往河边走。那里有用木头搭的水埠头，他没有上水埠头，而是沿河边的草丛往西又走了十几步，把袋子放进水里，袋子沉下去了。袋子上有一根绳子，把绳子系在靠水边的芦苇根部。做完这些，他又退回到沿河路上，继续朝西行。快到村子尽头时，转向进了一间小屋。最后碗里就什么也看不见了。

上面这些情节，是根据几个小孩看到的，叽叽喳喳你一言我一语归纳的。特别是把东西放水里时，母亲与另一孩子几乎同时喊："把袋子放河里了！"法事到此，陈大师睁开双眼，大拇指离开了水碗。当即安排族里人去办两件事，一是找回失盗物品，二是查找盗窃犯，有人说可能是村西头的刘二。

一组人立即按路径出门，沿河向西走，碰到水埠头，沿河边再向西寻找，终于看到几根大的芦苇。找到系在根部的绳子，把布袋拖了上来。拿回去请李老爷及家人清点，所盗金银首饰俱在。另一拨人去找村西头的刘二。他家里人说有事出去了。问附近的乡亲，都说一大早人还在，后来不知去向。估计这事在湾子里闹得沸沸扬扬，刘二看这架势，溜之大吉了。李老爷家找回了被盗物品，摆酒谢过陈大师及族里众人，对于刘二就没再提了。一场被盗风波，就这么圆满收场。

观水碗破案这事，母亲在 50 年代给我讲过，以后也说过几次，我一直持怀疑态度。但母亲说她亲眼所见，既是旁观者也是亲历者，讲得也很确切。我想她没必要跟我说假话，况且世上有很多未解之谜。鉴于这种想法，还是用文字记录下来，奇文共欣赏，疑义相与析。真与假就显得不重要了。

# 远逝的打硪声

王树恒

我印象之中的打硪,是 20 世纪六七十年代的事。在乡下,村民们盖房子之前,先夯实地基。而夯实地基最基本的方法,就是要用沉重的石硪来打牢地基,在这样的地基上建成的房屋才牢固。

于是,每当乡村有盖新房子的时候,就能听到那动人的硪声。石硪的制作并不是很复杂,用绳子或铁条把石磙捆紧,在石磙上半部放四根胳膊粗的杠子,用绳子绑牢,再用摽棍摽紧,成"井"字形,形成四个硪把。有的硪上百斤,重的二三百斤,使用时,一般八人一组,上上下下,左左右右,来来回回,砸实地面。

打硪是一项需要体力的集体性劳动,需要齐心协力,劲儿往一处使。为了达到统一用力、调动和激励打硪者干劲的目的,就开始有人"喊号",于是"硪歌"就产生了。比如,通海口的《打硪歌》:

> 清早起来把硪开,十二硪夫站拢来。
> 八字步子齐张开,两臂夹紧往上抬。
> 方对方来角对角,高高举起重重落。
> 硪儿打得紧又紧,压花套打往前挪。
> 小小石硪百把斤,轻轻抬起过头顶。
> 硪歌唱了千万代,石硪代代传下来。

(此《打硪歌》由通海口韩训政老师提供)

硪歌是打硪时一人领唱、众人和唱的歌。由扶硪把者唱,所唱内容,没有固定歌词,一般是即兴编排,现编现唱,可长可短。硪歌有张有弛,节奏有急有缓,或激昂,或缠绵,或如疾风骤雨,或如流水潺潺。

随着节奏加快,只有"哎嘿""哎嘿"的吼声,越来越快,越来越激昂。那吼声、那叫声,犹如千军万马在呼啸、在奔腾、在

打硪　(图源百度百科)

厮杀,让一旁"观战"的人们也为之震动、心颤。到最高潮的时候,喊声、吼声戛然而止,大家哄堂大笑。然后换班休息,喝碗东家早已准备好的热茶,点上一支香烟,美美地抽上一口。

故乡的打硪歌,或高亢激昂或阴柔婉约或荡气回肠,句句充满了号召力、感染力、

凝聚力，充满了人性化，激发了大家的干劲和热情。特别是七八条汉子抬起石硪，一个喊起号子，众人唱起硪歌，有应有和，协调自然，宛如谱写一曲荡气回肠的乐章。

那时的打硪歌，是农村除了冬天打麻将，偶尔看一场皮影，或是娶媳妇的人家听吹奏唢呐之外的另一种文化生活，硪歌充满了力量的美感和独特乐感。不仅仅是一种劳动号子，还是群众的一个娱乐节目。比如下面的通海口打硪号子：

> 石榴花嗬嗬儿海，快快打起石硪来。
> 上打雪花来盖顶，下打枯树来盘根。
> 左边打的龙摆尾，右边打的虎翻身。
> 只有中间不好打，打个秦王乱点兵。
> 一块石硪四只角，高高举起重重落。
> 打硪汉子莫打野，各人看好自己脚。
> 一人唱硪众人和，八人用力打石硪。
> 打硪要打四方正，莫打偏硪反翻身。

（此《打硪号子》由通海口韩训政老师提供）

在文化匮乏的时期，农家禾场前有硪歌声，会引来乡亲围观聆听。这表面看似简单、重复的劳动——打硪，实际是一种力与美的展示，歌与舞的表演。硪随歌动，歌伴硪生，边唱边干，边干边歌，让人感受一种和谐之美、力量之美、粗犷之美，陶醉在劳动与创造的快乐幸福之中。

随着社会的发展，生产力的提高，人们盖房垒墙都用水泥构件了，地基也直接用挖掘机操作了，自然地基也早被钢筋混凝土所代替。操作简便、省时省力的打硪，渗透着泥土气味的劳动号子——硪歌，带着纯朴的打硪人，带着父辈的希望日渐退出历史舞台，消失在记忆深处。

下面是沔阳民俗专家张才富老师整理的《沔阳石磙打硪歌》：

> 我出身，本是在，高山之上；我姓石，叫磙子，来到稻场。
> 多亏了，石匠们，将我凿上；一头大，一头小，又圆又光。
> 农友们，收割时，把我用上；架磙盘，用牛拖，帮忙打粮。
> 忙完了，季节活，将我闲放；反说我，不如磨，愚蠢非常。
> 昨夜里，睡土台，耳听人讲；说政府，搞建设，修筑堤防。
> 又说是，片硪轻，难保质量；赶不上，我石磙，身壮力强。
> 次日里，硪工们，扎上轿杠；十二人，抬起我，像抬新娘。
> 抬到了，工地上，开口就唱；他一唱，我一蹦，不慌不忙。
> 论深度，打到了，八寸以上；把堤坝，筑成了，铁壁铜墙。
> 哪怕它，洪水大，能够抵挡；修好堤，保丰收，增收棉粮。
> 我翻身，搞建设，出了力量；感谢了，共产党，办法周详。

# 四　家风代代传

# 颂家风戏剧词

马定炯

习主席发号召，家庭建设很重要，
国富民强是根本，家风家规要抓好。
马氏家族响号召，新的家规有九条。
一则爱国又爱民，国家利益是首要。
二则敬老又爱幼，赡养父母守孝道。
三则把好科学观，祖国发展是首条。
四则遵纪又守法，坑蒙拐骗不能要，
清除恶习毒赌黄，国家宪法要记牢。
五则诚实守礼信，时时处处讲谦逊。
六则勤俭又持家，切记莫要学奢华。
七则教子要有方，勤学苦练成绩棒。
八则行善又积德，慷慨济贫是美德。
九则人人会感恩，饮水思源不忘根。
马氏家族学家风，祖先教导记心中，
和谐社会齐努力，早日实现中国梦。

附：一、家规十二律
　　二、新家规九则

**一、家规十二律**

其一：首规鞠育崇山瓣，养志非徒养鲤簸。父母恩难忘寥蔚，吴天德罔极富郎。徐君抱恨因操诵，伍子悲亲绝楚粮。白水承欢强脸炙，黄泉发誓等参豺狼。王陵阵陷情长戚，考叔肉遗乐未央。哭竹心诚犹可感，衣芦身冷亦无妨。椿宣虽茂年防老，膳寝未安血泣丧。自古圣贤皆怨慕，且移孝道作忠良。

其二：次规同体贵勤助，玉干金校垂柳杨白。外侮阅墙谁肯御，大伦树屏乃无亡。分甘分痛强分产，爱弟爱兄胜爱棠。骨肉相残泣釜豆，煮煎太急烈壶浆。庭阁秦越人心怨，手足参商众口哩。破釜且曾惹物议，操戈巨弗获天殃。实华勿识惟丧葱花草享有情是橡棠吹我壤策淘可乐，何须古调弹松室。

其三：严规荆室莫徨彷，妻妾弗庄失赞襄。德性二三惟阔范，防闲第一是闺房。女男无别等禽兽，夫妇虽和总鹄婚。家法有条正内外，朝纲不紊理阴阳。始娥匪易心调养，嫉拓每多涕泪渎。专昕细言乖骨月，乘权反自碾鸳鸯。娇娇勿使重金宝，倍老方可比玉范。帼完人自古少，抵驱纺织与蚕钟。

其四：合规防戒严斧钱，嫖赌咬摇入梦场。亡纣总由溺优俑，沼吴何匪陷嫔婿。复关若使庞长吠，穿屋徒惊雀跳跟。最是投壶少间范，莫贪博弈倾家囊。酒池宜早绝仪狄，肉食未能谋鲁在。飘荡消耗剥骨髓，奢华美丽捐缭细。迷途切忌双鞋履，歧路漫轻一苇杭。自古圣贤禁戏豫，光阴错过误驹驹。

其五：中规立业首胶库，士早工商农事忙。道乐阿衡处肤宙，图呈诸葛卧龙冈。漫云鸡啄不毛地，续了蚕桑又插秧。沽酒田家高李白，活人技艺业岐黄。方员巧弗外绳墨，画堤柱为食稻粱。利尽陶朱精贸易，富无猗顿起炎凉。种吾老圃蓝田玉，钓公太公渭水簌。都是持身大要领，切毋春草误池塘。

其六：内规房族正膀胱，家长为家作保障。服振锦衣崇领袖，树藩铜柱庇薇蔷。屋惟长子压门户，国仗大臣镇土岗。马鲜跨骑鞭孰执，车无正立就谁辙。风高千仞顾凡鸟，龙在万流看蟹螃。约束难羁等犬豖，横行切忌类螗蹄。遮篱堂外要安稳，御侮庭前少怯匡。请看同宗周恃晋，伐秦攘楚制西羌。

其七：外规闾里饮蒲富，恭敬切勿疏一乡。赛报秋收餐寿考，酒逢春社燕毛鬃。江湖豪气须除扫，桑梓旧情转瞬匡。礼尚往来忘淡泊，骄防富贵弃糟糠。风仪宜早脱凡俗，族类那能分瓦康瓦。雀噪堪怜性昧昧，兔罝莫誓貌趟趟。比邻和好皆姻戚，同井扶持少掠抢。请酌伯兄先仗者，浊清何必问沧浪。

其八：晋规师表立旗枪，噬瞌弗诚本蔑萝。蒙坐春风意想怒，随吟秋水交渎渎。剥开滋味强鱼拳，井掘逢泉获鱼缉。豫鲜鱼机捷化鲤，恒观莺趣察飞煌。塞疏水锋羡时雨，节振金声爽谷踢。否去南窗情洒洒，泰来西席乐央央。困经斧削严铁锁，蛊干舌耕贵宝琅。临雪程门犹敬慎，家人莫以献羔羊。

其九：复规朋友进羹脚，雪叙寒温诗债偿。涣汗逆情未逆理，萃谈倾耳盈倾筐。鼎浓鸡泰投胶漆，颐臭鲍鱼人鲤筋。小过何须绝乃抉，中孚不必击其钟。明夷相顾誓可水，无妄巧言吹笛簧。损益切勿恨敝毁，睽离且代为殡殇。同人履坎屯车马，既济成升此凤凰。大壮盟心能倒颈，谦恭好义捐困仓。

其十：申规乞丐莫撞搪，辰馁西饥磋不粮。乙落风尘为饿莩，巳胡霜雪各衣裳。芦中伍子吹策笛，路下壮丁辱剑铭。辛苦英雄屈跃亩，午餐漂母渡芒场。赠纬未吝释仇怨，与土鬼寅宾解束装。号类半由离海岛，呼庚都是隔山石。金圭糊口如萍草，家亥乖谁误岁貌。丙去甲来皆远旅，莫填戊犬吠麻桑。

其十一：总规心术端趋跄，时倚时偏类跤群。独有孔明性谨慎，且借冰镜乐清洗。蹊留茅草塞山径，垢去胸膛美目胖。执德不宏少执礼，钩深致远捷钩镶。精诚直可格脉犬，正大亦无忍蛤挠。情溺养奸如养虎，志坚驱崽似驱握。誓盟悔过法秦穆，盘勒日新学古汤。屋漏昭昭有藻钟，自欺莫认斯爷娘。

其十二：末规宗谱重金刚，慎固封函宝玉瑭。里载祥麟联虎豹，外防巨蠢与蜗搪。在笛少谨多残毁，负版旋尊同血盲。国史點名垂竹白，家藏姓字列轩键。亲疏以此详根抵，远近可无隔谷亡。派别百川归海岛，源寻一本汇可漳。蒸尝蔑后读条律，昭穆俊余共醒献。法古欧苏真礼式，永建不朽树门坊。

## 二、新家规九则

### （一）爱祖国

国家是人民的载体，国家发展富强，人民才幸福安定，古语云："皮之不存，毛将安附？"所以作为一个新时代公民，都应该自觉践行社会主义核心价值观，把祖国的利害和荣誉置于最高地位，为国家的安定、团结、繁荣、富强贡献毕生精力。

### （二）孝父母

父母是生我养我至亲无上的恩人。十月怀胎，移湿就干，关怀备至，教养成人。每一个人都一样，今天为人子女，明天做人父母，要把自己对子女未来的希望印证到今天对父母的奉养，照顾和心情安慰上。不然，枉为人子，莫作人父。

### （三）尚科学

当前日趋激烈的国际竞争中，主要突出于科学领域，判断一个国家是否富强的关键是看这个国家是否重视教育和把科学技术放在各项事业的主导地位。因此，要使祖国富强必须形成一个全社会倡教育、办教育和讲科学、爱科学、用科学的优良风尚。

### （四）遵法纪

法律是国家制定作为全国人民的行为原则、尺度和准绳，作为一个公民，必须时刻警诫自己，遵纪守法，特别是一些颇具才智的青年辈，凭一己之才智，胡作非为，一触法网，难以自拔，悔之晚矣，为害人哉。

### （五）重礼信

礼是人的合法表现，信为文明，待人谦逊，处世公平，接物正直，皆礼也。而信是言行相一，坚守信用，表里相符，不说空话，人无分高低，家无分贫富，事无分大小，均慎重礼守信。反之，为人耻也。

### （六）睦乡邻

俗语有云："合得邻居好，犹如捡个宝！"一句话道出了乡亲、邻里关系的重要，一个人生活在社会孤行独断、天马行空是不可能的。大凡生活中出现的大事、小事、坏事、好事都得有人"帮助"。"远亲不如近邻"，家中有事邻里帮，邻里有事我相当，一个连邻里关系都处理不好的人，其他方面可见一斑。

（七）勤职业

人在社会中生活，必须依靠本身所持的一定专业。人的天赋不齐，爱好各异，劳心劳力，殊途同归，以求养家，但必须本着一个"勤"字。近代文学家鲁迅说过："伟大的成绩和辛勤的劳动是成正比的，有一分劳动就有一分收获，日积月累，从少到多，奇迹就可以创造出来。"

（八）戒奢侈

人是社会的创造者，也是物质的消费者，无论你站在什么行业，什么岗位，收入总是有限的。因此，必须量入而出，略有节余，以防万一，特别是当前中国式现代化建设任重道远，物质有限，所以，每一个公民都应该养成一个"倡节俭，戒奢侈"的良好美德。

（九）恤孤贫

人莫不以守业而自养，但因天灾人祸或意外事故亦有不少，对待这种情况，应本着良知无条件给予支持帮助。"渴时一滴如甘露"，并非望其还报，实处世之当然。

# 情系于怀　根植于心
## ——怀念家伯余启宗老先生

余功鑫

### 一、父辈情深

1986年初夏，家父余锡宗从陈场镇党委副书记位置上退居到棉花采购站工作。在他的倡导下，《余氏宗谱》第三次续修拉开帷幕。那年我31岁，在武汉军区空军从事党委秘书工作。只要有机会，父亲会隔三差五专程到武汉，一来看看孙女余娜，二来想和我聊聊老家续谱的人和事。

作者余功鑫

"这次是自1936年以来的首次家谱续修，时隔半个世纪，好在有星红的启宗爹出任主修，才使打谱有了点眉目。"我有一句没一句地听父亲唠叨着，那个年代，加上我的工作性质，是根本与这个话题扯不上边的。但我也是从那个时候起，听说了星红有个启宗爹的。

1988年孟冬，当家父把一包红绸子包裹着的书籍交给我时，我翻开一瞧，13本线装竖排版的《余氏家志》摆在我的面前。当时的条件和环境，要把这么隐秘的事情做到如此精致，不是一件简单的事，付出了老一辈的艰辛努力。望着这部大手笔作品，真是感慨万分，敬佩之情油然而生，好一幅"老夫聊发少年狂"的美景图画，让我深刻意识到家父锡宗、家伯启宗必将永载家族史册！

### 二、家书传情

2010年清明节前，我从武汉回柳李祭祀逝去的父母。那年我55岁，刚从部队正团职主官的位置上退休不久。

小住几天的日子里，来来往往的亲朋中，除自家亲友外，其他人我并不认识。但大家关注的话题只有一个，那就是希望我领头组织余姓家族打家谱。大家好话说了一箩筐，我却只能敷衍了事。

返回武汉后，5月中旬，我收到了一封来自星红的家书。

"功鑫贤侄：我和你的父亲完成第三次《余氏家志》续修，现在也已过去20多年了，宗亲们要求重修家谱的呼声甚高。我了解到你德才兼备，有敬祖爱族之心，望继承你父亲的遗志，勇挑重担，完成任务。前几年，听说你在柳李起了屋，经常可以回老家来，期望能在老屋谋面。家伯启宗亲笔。"

看到这封信，我犹豫了许久，有一种使命难违、情怀召唤的厚重力量在推我。

随后，我翻阅了大量家谱编纂的资料，草拟了一份完整的"第四次《余氏家志》续修方案和需要说明的几个问题"，特快专递给了伯父启宗爹。

五天后，我接到家兄余功生的电话，他说："启宗爹用一晚上时间把你写的东西看了两三遍，竖起大拇指连说三个好，叫你抽空回来面谈。"

### 三、登门求教

当年中秋节前，我驱车来到星红，登门拜访了老人家。那年启宗爹84岁。

"稀客稀客！"启宗爹一边招呼我，一边握着我的左手。我放下右手提着的烟酒和月饼，抬手给启宗爹行了一个军礼。

"讲礼行了。"启宗伯说。

"启宗爹！功鑫向您报到，请指教。"我习惯地报告了我的来意。

望着眼前的启宗爹，比我想象中的老者要健康、干练、精神、灵性。一米六的身高，偏瘦，手脚都还麻利，思路清晰，说话洪亮。

落座后，我才发现方桌上整齐地摆满了各种与家谱有关的书籍和资料。我们围绕着续谱这事，交谈了两个多小时。大多是启宗爹说打谱的事，老人家说得很慢很细，对我提出的问题解释得非常清楚。

见该说的话差不多说完了，启宗爹直截了当地说："叫你回来，就是请你出来当打谱的会长，挑起这个担子！"

"不敢不敢！有您在，我大不了帮忙跑个腿吧。"我是不会接这个担子的。

"我年纪大了，办不了事了。当个顾问可以，当会长却非你莫属，推不脱的。"启宗爹仿佛下最后通牒般，语气容不得商量。

临别的时候，我知道启宗爹每天喝点小酒，抽几支香烟，散步，做家务，自己种蔬菜。这么充实的生活，兴许是老人家健康长寿的秘诀吧！

### 四、使命担当

为了熟悉余氏家谱的脉络，我翻阅了戊辰版《余氏家志》1~13卷，编排了本华公世系总图并打印成13米长卷。

当这个庞大的根系图文呈现在我面前时，那种有本之木、有根之源的家族传承，给了我无限感怀和震撼。也正是一代一代的族人们不遗余力地乐此不疲，余氏家族才得以源远流长。启宗爹的用心，大约就在此处了，我想。

2011年4月2日，余氏本华公后裔30多人聚集到通海口镇柳李老家，成立了家谱编纂理事会，启宗爹任总顾问，我任会长，开启了为期两年的打谱历程。

两年来，我们从潘场找到了那套丙子版《余氏宗谱》，到洪湖谢仁口、汉川城关镇寻找到失散和分散几十年的宗亲，到洪湖丰口镇协商余氏道中公联宗合谱，召集理事会和代表大会10余次，审稿编辑排版近一年时间，校对修改4次，改欧苏体例为立干分枝横书体例……

所有活动，启宗爹都亲力亲为，力所能及地参加。每次出远门，我都会开车接送老人家一同前往，以便能聆听教诲。还好有启宗爹，让我们少走很多弯路，让过往得以传承。

2013年清明节，一套壬辰版《余氏宗谱》精装本正式发行，凝聚启宗爹等几代人的心血，彰显出余氏宗亲的睿智。

2014年5月，重建的"余氏宗祠"在郭河镇开工；2015年清明节，"余氏宗祠"竣工落成，圆了沔城"余氏宗祠"被日寇损毁后重建的梦想。启宗爹也是新旧祠堂的见证者、传承者和守护者，他多次到祠堂祭祀先贤，向后人讲述过去的事情。

2020年8月13日，启宗爹走完了94岁人生旅程，与世长辞。特赋诗一首，以示缅怀：

丙寅降生庚子亭，<br>
家伯启宗显峥嵘。<br>
苦难忍辱少年梦，<br>
蹉跎岁月伏小龙。<br>
栉风沐雨育英雄，<br>
满腹经纶润苍穹。<br>
矢志不渝颂歌传，<br>
夕阳漫道创恢宏。<br>
细语轻声白发银，<br>
家和福兴丰碑存。<br>
灵椿株老五枝芳，<br>
率先垂范静气神。<br>
根系于心笃于行，<br>
家国情怀始于亲。<br>
拜磕炎黄烈祖宗，<br>
承载华夏文脉情。

第四章 家风代代传

# 祖父的田福源

田光璧　田光和　田光权

我们田氏家族迁到通海口镇，已有五代人，100多年历史。喜看家族兴旺，使我们更加怀念祖父田运书（1876－1936年），缅怀他创业的艰辛以及智慧、善良、正直的人生。由于年代久远，我们只能从记忆中写下片纸只言，供大家阅读欣赏。

## 一、胸怀大志，艰苦创业

祖父年仅13岁就从武昌老家来到通海口当学徒，开始盘算如何开铺坐店，不愿"寄人篱下"。为此，他把挣得的微薄工资积攒起来，尝试做些小买卖。刚开始提篮或者肩挑小百货，走街串乡叫卖。此后，在街上摆摊叫卖，继而开了小百货。

作者之一田光和

他吃苦耐劳、恪守诚信、货真价实、热忱服务、老少无欺，从而生意越做越活，资本也随之增多，深得仙桃镇、新堤镇和武汉市批发商大老板的信任。特别是武汉市"谦祥益"的大老板，对祖父更是信任有加。祖父在他店里可以赊购，下次购货时再偿还欠款。有了这老板做后盾，祖父就大胆地在通海口镇开设了有名的商铺——"田福源"，专卖绸缎匹头，雇请店员、学徒10多人，实现了他多年的愿望！这样的红火生意，持续了20年左右。

1937年卢沟桥事变爆发后，日寇的铁蹄在中国领土随意践踏，社会治安混乱，商店安全没有保障，被土匪抢了两三次、洗劫一空，才不得不关门停业、另谋生路。

## 二、恰当消费，置地建房

具备一定的经济实力后，祖父首先购置营业用房，接着改善居住用房，为子孙后代造福。他在通海口正街（现在民政街中段）购置土地，花了一年多时间，建造了一栋仿古建筑住房。这栋房的特点：

一是高。从铺面房到住房，要上五级石阶，其屋脊数公里外都可以看见。看到了这个屋脊，就证明离通海口不远了。这栋房屋，仿佛成了通海口的"路标"。这栋房屋前后五层，面积近

田福源老屋使用的"田"字砖
（李恬　供图）

千平方米，6个卧室。尤其堂屋（客厅）和天井都很宽阔，可以摆设20个餐桌。时有商家或乡邻，借以招待客人。

二是好。首先是材料质量好，砖瓦都是定制的，砖上铸有"田"字记号；木材则全是杉木或柏木。其次是建筑质量好，实砌墙体，水泥粉刷，门墩是青石所做，每根立柱下方都有石墩。整个木质屋梁没有用一枚铁钉，都是榫卯结构。客厅和天井雕梁画栋，工艺更是巧夺天工。图案有八仙过海、刘海戏蟾、双龙戏柱、狮子滚球、牧牛短笛等传统故事，还有松、竹、梅、兰、荷花、牡丹等植物，喜鹊、飞燕、凤、麻雀等鸟类，刀法细腻，栩栩如生，象征喜庆吉祥平安；每块隔门上方雕有一个动物：马、牛、羊、鸡、犬、豕……寓意六畜兴旺。阁楼上方有一对木质镂空灯笼，玲珑剔透，如同竹篾编织而成。据不完全统计，雕工共花了1200多个工，是天门县师傅掌墨完成的。整个房屋除厨房外，呈"U"字形转楼，楼板是梳缝的。楼上可以住人，可以承受重物。

三是室内装饰及家具十分讲究。客厅正上方置有一块金堂黑字横匾，书有"克迪前光"4个大字，两旁有两对高大站匾对联，正中摆放雕有狮龙图案的"神龛"。客厅则摆有雕花罗汉椅、八仙桌。每个房间都摆有书桌、方桌、方凳、靠椅、茶几、衣架、衣柜和木床，衣柜和木床全是柏木雕花。这栋房屋坐南朝北，因为北边有两栋商铺遮挡，住在屋内冬暖夏凉。

这栋仿古建筑，于20世纪70年代拆除了。拆除后的材料被用来建了"供销旅社"，让来往通海口镇的旅客有了住宿的地方。让它为全体人民服务，意义更加深远。

**三、扶贫济困，与人为善**

祖父致富后，无时不在关怀周围较贫困人群。逢年过节，他都给贫困户送些柴米油盐及其他物资；对上门乞讨者，嘱咐店员学徒一律给些钱。每到春节，他派专人给乞讨者发钱；对一时误入歧途者，不打不骂，教育后放走。

有一次晚上大约三更，一个行窃者被他逮住。他用老家方言大声叫道："伢子们，家里来'客人'了。大家伙儿起来烧火做饭招待'客人'！"大家迅速起床，做好饭菜，还备了酒，热情款待这位"贵客"。他轻言慢语地对"贵客"说："小伙子，你有什么困难就讲，我可以送些钱给你。但就是碰到天大的难处，你也应走正道，千万不要做贼。"给了一些钱之后，把他送走了。过了一段时间，我们家大门上竟然挂有两条鱼。家里人估计是那位"客人"送的。一方面是感激田老板的教育和馈赠，另一方面是祝贺老板发大财，年年有余（鱼）！

有一年，通海口后街（现在的堤街）失火，受灾户衣食无着。祖父指派店员、学徒拿一些钱挨家发放，令受灾户十分感激。他对店员、学徒更是关怀备至。每月按时发工资，春节另发红包。祖父的这些善举，至今在通海口镇仍传为佳话（老乡亲张道才在《通海口往事》寻踪篇"011"页有叙述）。有一位店员叫陈庆余，和他老伴住在我们家里，直到解放后的1954年才迁回咸宁。我们家和店员学徒们真是亲如一家人。

**四、生活俭朴，疼爱子孙**

祖父一生勤俭，多数时候穿的都是土纺、土织、土染的紫花布衣裤，脚穿棉纱织袜，与店员、学徒同吃一锅饭。他不赌博抹牌，一心求事业发展，偶尔与亲朋好友打打纸牌，只是为了应酬娱乐、放松心情。

他从不乱花钱，但在后辈身上却舍得投资。尤其教育方面的投资在所不惜，曾把长子文钟送到武昌晴川中学读书。他鼓励儿孙们努力学习，每天过问学习情况，教育我们长大之后老实做人。对右手残疾的长孙光泽特别关爱，经常教育他不要自卑，要他用左手练字，学打算盘。正是在祖父的精心教育鼓励下，光泽凭一只左手，能写会算，而且新中国成立后在教书育人的岗位上拼搏了几十年。

祖父是一个严于律己的人。在他的晚年，由于过分操劳，患了严重的哮喘病，加上缺医少药，于1936年10月离开了人世。

追今抚昔，我们可以无愧地告慰老人家：我们这一代人坚定不移跟党走，都能自觉刻苦学习，奋力拼搏在不同岗位上，努力做到全心全意为人民服务；我们勤俭节约，廉洁自律，堂堂正正做人，抚育教育好了田家的后代。我们的儿女，赴美留学的有田靖、田红玉；里孙赴美留学的有田迟、田正梁；外孙赴美留学的有余蒙，赴英留学的有肖宇书……就不一一列举了。目前各房头，高中生的好苗苗多着呢！一派喜人景象。我们这些老人真还想多活些年，看看往后的大好形势。我们相信，后来的接班人，一定比我们干得会更好！

## 怀念我的肖爹*

雷玉华

我的家乡通海口，称呼很是有趣。把爷爷叫"爹爹"，奶奶叫"老妈"，外婆叫"家老妈"，外公叫"家老爹"。

我外公姓肖，外婆姓朱。在我母亲出生不到100天，外公就去世了，外婆成了家里的顶梁柱。她以做点小生意、种几亩薄田为生，既当爹又当妈，抚养6个子女，赡养我外曾祖母，在通海口这个小镇，生活很是不易。但她的生活态度总是积极乐观，一辈子

作者雷玉华

勤劳节俭，热心助人，大家都很佩服她、敬重她，尊称她"肖爹"。我们也随大家叫外婆"肖爹"。

我出生的年代，正是三年困难时期，全国人民都吃不饱肚子。我们家人口多，且兄弟姊妹正长身体，家里更是困顿。母亲怀我的日子，每天只有胡萝卜、青菜、红薯充饥，半饥半饱，且生了很严重的病。所以我先天不足，身体极度营养不良。在我刚一岁的时候，母亲又怀上了我大妹，因此也没奶喂我。

当时，奶奶要去仙桃三叔家照顾堂妹，家里请不起人来照顾我，父母亲看到我骨瘦如柴、体弱多病，担心养不活，就想送给条件稍好一点、没有孩子的人家。肖爹一听就急了，说她一辈子就是缺人，自己生了6个，因疾病、饥饿、瘟疫死得只剩我母亲一人。现在国家鼓励多生孩子，我能有这4个外孙，是福气，一个都不许送人。她说她会想尽一切办法，把4个孩子抚养长大。于是带着我大哥、大姐和小哥（他们跟着肖爹住）来到我们家，照顾我和即将出生的妹妹。

为了调养我的身体，她每天换着花样做蒸鸡蛋、米糊、稀饭等，然后一口一口地喂我。我身体弱，食欲不好，吃点带荤的食物，就头晕呕吐。吐了，她就让我休息一下，重新再熬好消化的米汤喂。经过她耐心喂养，我的体质慢慢有了好转。我体质弱，经常感冒发烧、扁桃体发炎。有一次因连续发烧，我住进了医院。同病房

---

* 原文发表在《仙桃日报》2023年12月15日版（有删节），《汉水文苑》2024年第1期。

有一位星红大队的女孩，跟我同姓同辈，也叫"雷玉"什么，不知生的什么病。护士疏忽，竟把两个人的药给错了，结果那个女孩吃了我的药，病情急剧恶化，经抢救无效去世。我吃了那个女孩的药，也很难受。一听说我吃错了药，日夜照顾的肖爹吓了个半死，立马把手指放进我的喉管，让我把吃的东西全吐出来，又反复给我喂大量的水喝。医生的全力救治和肖爹的细心照顾，终于把我从死亡线上救了回来。

父亲是公社干部，在沔城、官路多地任职，到农村驻队一住就是一年，根本见不到人。母亲在服装厂工作，计件工资多劳多得，为了养活一家10口人，没日没夜赶工，有时还出差为厂里购买布料、毛领等材料，联系销售厂家等。所以，家里的事父母根本顾不上，当家主事、抚养教育我们兄弟姊妹6人的重担，全落在肖爹身上。

为了填饱一大家人的肚子，肖爹想尽了各种办法。比如养鸡、养鸭、养猪，还得迈着小脚四处找饲料，买米糠、绞猪草，到别人家收淘米水、捡人们丢在菜场的菜喂猪，找蚯蚓给鸭吃，捉小虫给鸡吃。

尽管平时用瓜菜代替，半饥半饱，但定量供应的粮油实在有限，我们还是经常陷入断顿困境，每到月底都愁没米下锅，肖爹只好向亲戚、街坊借，找米下锅。有时她还偷偷地找农村人买点米和油。

记得有一次，她找东风大队的一个老头买了一瓶棉油，很高兴地告诉我们，今天有油炒菜了，菜不会炒糊了，一定会好吃。可是，把买回的油倒了一点到锅里，便听到"嗞啦嗞啦"的声音炸了几下，就没油了，全是锅巴一样的东西。肖爹欲哭无泪，嘴里骂着："该死的老头，太狡猾了。下次见到了，一定不会放过你！"原来，瓶子里掺了酱油、水和米汤，就上面有一层棉油。因颜色都是酱黑色，又是偷偷交易没敢仔细检查，就拿回家了。当时的政策，是不允许自由买卖。

为了填饱一大家人的肚子，肖爹还种菜、卖菜，捡粪、卖粪，想着法子赚点小钱，贴补家用。

印象最深的是，她经常到菜园二队分给我爷爷（我们叫"雷爹"）的一小块自留地里去忙活，翻土、施肥、种菜、浇水，然后摘些新鲜蔬菜做给我们吃。有时吃不完，她会拿到市场上去卖。放学回来见不到肖爹，我和大妹、小妹就会去菜园二队的自留地里找。

有一次，我们到了菜园子外面，一眼就看到肖爹正弯着腰，用她那双长满茧子的手握着锄头在锄草。她抬头看见了，立马叫我们过去，然后教我们怎么摘菜。她小心翼翼地用小铲子把青菜连根挖起，再把绿油油菜叶上被虫子咬掉的部分撕下来，将根上的泥土抖掉。然后整理整齐，叠放着用稻草捆起。我们赶紧照做。不一会儿，篮子就装满了。她又用稻草捆了三把，叫我们一人拿一把，她自己则拎着满满的一篮子菜，跟我们一起回家。

路上肖爹说，今天摘的有点多，当天吃不完，放一夜就不新鲜了。天气又这么热，很容易坏掉的，得赶紧拿一部分到菜市场去卖。说着，从篮子里拿出今天要吃的菜给我们，她则提起篮子赶往集贸市场。我们三姊妹同时说："肖爹您郎路上慢点，注意安全。记得早点回来吃夜饭……"回应我们的，是肖爹提着篮子的微驼背影。她从小就培养我们爱劳动的习惯，经常带着大妹、小妹和我，到处捡猪粪、鸡粪。直到现在，我都挺喜欢在我家阳台上种点菜、种点花草什么的。

供销社办的印刷厂，就在我们家附近。在通海口小镇，这个厂当时算是好单位。为了给职工谋福利，印刷厂养了几头猪，年底杀了给职工分猪肉。可是厂里没种地，猪粪便没人要，且臭烘烘污染环境。肖爹每天义务去打扫猪圈，然后把猪粪捡回来，倒进自家茅坑里沤肥。平时洗衣服、洗菜、洗碗的水也倒进茅坑。

等肥沤好了，有时挑到自留地里去施，有时卖给菜园队赚点零花钱。记得一担粪，当时能卖一到2角钱。一茅坑粪，卖得好可以卖1块多钱。肖爹会给雷爹5毛钱，让他买烟抽。有时也奖励我们三姊妹，一人给5分零花钱，剩余的就贴补家用。

她勤俭持家的作风，影响了我一辈子。

记得20世纪六七十年代，小镇只有一家小旅社，几个工作人员，最多住20多人吧。公社每年召集各大队的干部来镇上开会学习，小旅社根本住不下。于是都自带行李，以及做饭的米油、蔬菜和柴火，住进家户人家。这样做，也节省开支。

我们家的房子算大的，特别堂屋很大，可以同时摆四桌酒席，打地铺能睡10多人。且本身人就多，做饭的锅和灶台也大。所以，每次都有人住我们家，也喜欢在我们家做饭。

肖爹是有名的热心肠，很乐于助人。来开会的人遇上任何困难，都喜欢找肖爹帮忙。如有的人家里没多的棉絮、床单带出来用，就找肖爹借。为了能帮到别人，肖爹稍微有点钱，就去置办这类物品。人家也不好意思每次都来借，便改成租，一床被子5角钱。公社开几天会，便能赚点小钱。会开完了，没用完的柴火、蔬菜，也会送点给我们。对于我们这样的家庭，就可以改善一下生活了。

记得当时还没撤区并社，还是大通海口公社，姚嘴大队总喜欢住我们家。那时知识青年下放，大姐就下放到这个大队。肖爹对他们特别好，经常帮他们做这做那，还把好吃的东西拿出来分享。

大哥从部队转业到沙市棉机厂、大姐到仙桃市人民医院工作、小哥考到湖北金融专科学校读书后，我们家的经济状况有了很大改观。家里的生活慢慢好起来，也能吃到肖爹的厨艺了。

肖爹会做各种各样的炒菜、蒸菜、卤菜，擀的面条很有劲道，稀饭、馒头、米发糕和粽子总是与众不同。尤其"沔阳三蒸"，味道极佳。每到过年，她都想尽一切办法，把平时舍不得吃的糯米拿出来炒炒米、发米酒、打糍粑，黄豆泡了打豆腐、做豆皮……

最难忘的，是肖爹做的包面。一碗热气氤氲的白嫩嫩包面，点缀上红红的辣酱和翠绿色葱花，淋点酸酸的醋和香香的麻油，真是色泽鲜亮，叫人垂涎欲滴。咬上一口，薄薄软软的面皮入口即化，而且带有弹性，充实的肉馅则鲜美多汁。喝口汤汁，那份酸辣真是荡气回肠。

肖爹还手把手教我们姊妹做家务。她的口头禅是：女孩子必须会做家务，成家了就不会去求人。事实的确如此。我们兄弟姊妹6个人都吃过苦，也常做家务，长大了便都很能干，做出的饭菜都很好吃。特别是老六，做的饭菜色香味俱全，比餐馆的都好吃。

小时候我们白天上学，放学回家了先做作业，再做家务，基本没娱乐活动。每天最快乐的事，就是晚上睡在床上，听肖爹讲故事。

肖爹大字不识，但特别聪明、智慧，记性好。以前在茶馆门前摆摊，卖点茶水、荸荠、糖果和烟，边卖东西边听茶馆里说书，竟大多记了下来。她不仅记下了故事，还把其中的人生道理运用于生活，助她战胜一个又一个困难，并运用故事中的道理，教育我们做人做事。

中国第一部长篇章回体小说《三国演义》中以曹操、刘备、孙权为首的魏、蜀、吴三个政治军事集团之间的矛盾和斗争，就是肖爹讲给我们听的。诸葛亮的故事，比如躬耕陇亩、三顾茅庐、隆中对策、初出茅庐、如鱼得水等，到现在还记忆犹新。我们边听故事，边问一些问题。比如，刘备为什么要三顾茅庐，请诸葛亮来帮他打天下呢？肖爹说诸葛亮非常有学问、有本事，进而教育我们好好读书，像诸葛亮一样上知天文、下懂地理，做一个有本事的人。

还给我们讲民间传说徐苟三的故事，讲王宝钏苦守寒窑的故事。传说唐朝末年，西安北门里有位显赫人家的千金王宝钏，在绣楼抛绣球择婿，结果抛中了寒酸的薛平贵。她不嫌贫爱富，坚持嫁给薛平贵，遂与家人吵翻，只身出走，到城南曲江池畔的寒窑居住。薛平贵征西18年，她就在寒窑苦守了18年。没有粮吃，就到附近田野挖野菜。最终盼到与薛平贵重聚，终成一代皇后。

王宝钏苦守寒窑

肖爹告诉我们，找丈夫并非看家境好坏，主要看男方有没有责任感、心好不好。只有找有本事、思进取的人，才吃得出饭来。还说家境不好的孩子，会更疼爱老婆和孩子。她很自豪地说，我父母的婚事就是她定的。虽说父亲家更穷，但我父亲心好、勤快，从小学做锅盔、馒头、包子就比别人快，卖得也快，以后一定能成大事，一定疼爱老婆和孩子。她这话是真的,我父亲真是个好干部、模范丈夫、慈祥的父亲。我们姊妹几个找的丈夫,家境也都不太好,但工作很努力,各自干出了一番成绩,也是疼爱老婆孩子的好丈夫、好父亲。

　　肖爹离开我们,已有 34 个年头。但我们对她的思念,无穷无尽。她对我们兄弟姊妹,倾注了全部的心血和爱。她的谆谆教诲,让我们受用一辈子。她是我们人生的榜样,指路的明灯。

# 我的父亲母亲

余立功

## 一、家父

家父姓余,名讳官宗。通海口公社共和大队人,生于1934年农历六月,卒于1984年11月,享年51岁。

贫农出身的家父,很少跟我们提及家世,只是时常充满感情地教导我们要感共产党的恩、毛主席的恩,知道新中国好、社会主义好,身在福中要知福。尽管那时候家境依然贫穷。

作者余立功

70年代初,从武钢下放来了十几个知青,大队专门建了排平房,集中食宿,集中劳动,派家父给他们当队长。家父将这些知青当作自家的孩子,一方面生活上给予力所能及的照顾,另一方面手把手地教他们农活。当时不让人省心的,是一些大队的知青要么打群架,要么偷鸡摸狗,也有人来串联。但在家父的教育下,他们成天下地劳动,没人去干让他们的家长和大队干部们提心吊胆的事。

知青们回城后,大队把各小队远在赵西垸的吊业田集中起来,成立农场,派家父去当场长。周边大队打这片地的主意,也滋出些事来。协调周边关系,维护共和大队1000多人的正当权益,便成了家父肩上的千钧重任。在家父的努力下,共和大队的粮仓,终始牢牢地揣在自己的怀抱,并没有出手相让。

家父的出色表现,既获得组织上的信任,也赢得社员们的拥护,所以在40岁左右光荣入党,实现了他梦寐以求的人生追求。

家父敬老睦邻、照顾同辈、爱护子女的许多做法,给我留下了深刻印象,也影响着我们兄妹五人。

我记事起,祖父母已经过世,父母自觉担起了"长哥长嫂替爷娘"的责任。大姑妈中年不幸,姑父英年早逝,一个人拖扯三个儿女,生活的艰辛可想而知。父母总是尽其可能地予以资助,遇到了困难想办法帮助解决。小姑妈热热闹闹出嫁,羡

---

\* 父母都是英年早逝。在他们去世30周年的特殊日子,我分别在2013年2月24日的《宝安日报》和深圳的地方刊物《合澜海》2014年秋季号发表过纪念文章。两篇文章加起来有两万字,只得删减合并成现在这篇,以寄托我们兄妹五人(余功龙、余立功、余功虎、余功豹和妹妹余莉)的哀思!

煞了多少乡亲，大家都羡慕她碰到了这么好的哥嫂。

家父跟母亲，那是再好也没有了，真正的举案齐眉、相敬如宾。没见他们红过脸、吵过架，更甭说动手了。

祖父有三兄弟，爹爹是我们的祖父。大爹和爹爹过世后，家父是把么爹么老妈当亲爹亲娘来待的。家里做了好菜，不忘接过来吃，或者吩咐我们送一碗过去；他们家里的事情，主动帮忙去做；逢年过节，带上我们兄弟上门问候；跟他们讲话，从不大呼小叫，都是恭敬有加。大爹和么爹家的叔叔和姑妈们，也跟家父处得很好，从未发生不愉快。

余家虽非大姓，也有十来户人家。每年春节，家里必请一次春客，把出嫁了的女眷及女婿们都请到家里来，亲亲热热地坐两桌，开开心心地玩一天。

家父与母亲秉持与人为善的信条，跟所有人都和睦相处，更不阴整人，所以人缘极好，很受人尊敬。乡亲们有了难处，往往找他们帮忙；产生了矛盾和纠纷，也找他们评理和调解。

对五个子女，家父都极疼爱，基本没打骂过。当然，我是个例外。

但家父从不打头，都是打屁股，不像有的家长劈头盖脸，或者顺手找根棍子或者扫帚乱打。说明老人家也是心疼我的，打屁股打不出啥毛病来，只是恨铁不成钢。而且打我时，分明看到他的眼里有一些无奈与不忍。

1980年我上大学后，家父便开始了和我的通信交谈。"吾儿立功""吾儿功才""吾儿桥林"，是家父来信对我的三种称谓，透出浓浓的父爱。立功是我上大学后的名字，功才是过去的学名，桥林是小名。假如是父亲主动写来，会先问"近况可好？"再具体问身体、学习、生活、差不差钱等诸多方面，事无巨细。然后讲家里的情况，总之是报喜不报忧。假如给我复信，则先说"见字如面"，其后便回答我信中提到的事项，再写家里的情况，也是报喜不报忧。

家父断断续续读过两年私塾，解放后又习了些字，所以行文中文白夹杂、简繁体并用，有时也不太通顺。家父的来信，都写得很工整，一笔一画一丝不苟。每次收到家书，我都一边仔细拜读，一边揣摩老人家戴着老花眼镜，用那扶犁耙秒子的糙手，伏在煤油灯下写信的情景，不由自主地有一股温情涌上心头，有一种激动梗在喉头。

家父来信必谈钱，询问钱够用不够用，要不要寄钱来。那时家里很困难，困难到有一年放寒假，甚至给不了我返回武汉的三块五角钱路费。是家父起早床挑了担棉梗，踩着积雪去街上卖了才凑齐的。所以每次回信都告诉他够用，不用给我寄。尽管我不要家里寄钱，但还是感受到了家父的慈爱，也深深感谢他老人家的恩情。

照现在有些人的说法，家父没给我们兄妹五人留下遗产，除了他建的那五间简易平房，以及一些简单的劳动工具和破旧家具。父亲还留了三样珍贵的遗产给我：

一只有些难看的用朱红色油漆漆过一遍的柳树板箱子，亲笔写的近30封信，以及他读私塾用过的课本。

那只用钉子钉起来的木箱，虽然刷过油漆，可底色清晰可见，甚至许多地方都没刷到。透过板子间的缝隙，能把里面的物品瞧个一清二楚。那是家父上水利或者外出用的，我当民办教师时他便送给了我。随后，它陪伴我上大学、参加工作，最后摆进单位分的第一套房子里。

家父的来信，我一封封原样装好，按时间顺序编了号，再用橡皮筋捆扎在一起，放在那只木箱里。家父用过的课本，是油墨印的繁体线装书，竖版、大开本，正文和注释夹杂。

三样遗产我是一起放的，信和课本都锁在箱子里。箱子里还有我的第一张团费证、第一本党费证、高考准考证等等值得珍藏的个人物品。可是分了新房子，家还没搬完，就出差了。等我回来再去搬时，却被人当废品处理掉了。我虽然气得和人大吵一架，只差动手打人，却也无可奈何。

物质层面的遗产找不回来，精神层面的遗产，我却是再也不敢弄丢了。父母留下的精神遗产，是我们兄妹一辈子都享用不尽的，比如：

——一生节俭，总是精打细算。家父连相都没照过一张，摆在大哥堂屋的那张遗像，是表姐夫唐登雄依照记忆，用碳素铅笔画的。母亲的遗像，则是依据一张三人合影，由唐登雄临摹的。

——公私分明，从不假公济私，损公肥私。那几年粮食普遍不够吃，家父却是有条件多多少少解决一些的，可他从未做过。

——寡言少语，身体力行，身教重于言传。家父从不抱怨人生之苦，从不抱怨生活之难，从不抱怨劳动之累，总是默默承受，并用他自己的方式，想办法解决各种困苦……

父母的优秀品质，还有许多许多，都是留给我们的宝贵财富，不仅过去影响了、现在仍在影响着我们兄妹五人，也会通过我们代代相传，不让他们的心血白费。

**二、追忆母亲**

母亲姓邓，柳李村人，生于1935年那个桂花飘香的季节，德字辈。虽家境贫寒，外祖父母仍将母亲视若掌上明珠，给她乳名"幺姑"的同时，还起了个只有大户人家的孩子才配有的大名——德桂。

母亲的童年和少年并没因这"得贵"的谐音而过得衣食无忧、天真烂漫。蹒跚学步，就跟在父母和哥哥姐姐身后，挖野菜、拾地皮，满地里找生活。1942－1943年树皮草根都不再可寻的时候，瘦得皮包骨头的母亲，不得不同两个哥哥、一个姐姐一起，随父母一路北行，逃荒要饭。最后是外祖父母不得不卖掉不满10岁的小儿子（于外祖父而言，其实是长子，也是独子！前面的一儿一女并非己出），又拖着3

个儿女沿路乞讨，回到了虽然贫瘠却朝思暮想的柳李故里。

打记事起，我就一直觉得母亲是天底下最能干的人，并以能成为她的儿子而骄傲而自豪：

——母亲非常勤劳，也非常能干。生产队里的农活，除男人干的重体力活之外，她都是数一数二的顶尖高手。就是后来年纪大了，年轻姑娘和媳妇们也不敢轻言超越她。

——母亲干活不恤体力，不投机取巧。每天早早出工、很晚收工，从不迟到早退。好像有使不完的力气，好像累和疲倦不敢沾她边。母亲常说，苦和累都是欺软怕硬的主，你越怕，它越欺负你。她还说，力气去了有来的，干活累不死人！但我知道，她其实是累的，收工了回到家里腰都直不起来，只不过有一股精神力量支持，有一份养家糊口的责任驱使，使她强忍着硬撑着罢了。

——母亲干活从不敷衍，保质保量。她做出来的活，都蕴涵着质的美感，像艺术品，既可当教科书，也能进展览馆。母亲栽秧株距行距规规整整，像墨线弹过；割下的稻子整整齐齐地横躺在身后，稻茬都是一般高，像迎接检阅的列兵；母亲薅草不仅把杂草薅得干干净净，顺便把禾苗培土的活也做了；摘过棉花的桃撮里不留一点眼子、绊子，包袱里的棉花不带一片护叶一点杂物……

——母亲有大局意识和团队精神。正因如此，但凡需要合作才能完成的任务，别人都抢着和她做一组。她却从不挑别人，能多做尽量多做，不和人计较干多干少。

因为勤劳能干，劳动态度又好，母亲每年挣的工分，都是同龄人中最高的。"双抢"结束和年末评先进，还能赢得一纸奖状，以及脸盆、箕壳开水瓶或者搪瓷杯、毛巾之类的奖品。

某种意义上说，母亲是为余家生的，是为子女活的，也是为我们死的。她是累死的，操心死的。

父亲是独子，有两个妹妹。从"邓家幺姑"变成"余家大嫂"，母亲很快适应了角色转变。20 世纪 50 年代末 60 年代初祖父祖母相继辞世，母亲把丧事办得恰如其分，让二老走得体体面面。对大姑妈、小姑妈的关照，不再赘述，大家都说她这个"嫂娘"当得非常称职！

我们兄妹 5 人来到人世，是母亲一直引以为傲的事。特别在诞下妹妹这个老幺之后，她眉宇间更是荡漾着自豪而满足的笑意。为了养家糊口，母亲拼命劳动，拼命挣工分。只要不是沉疴不起，都硬挺着出工，透支身体，慢慢熬尽那盏灯里的油！

虽然穷得叮当响，特别父亲基本顾不了家，却也不知母亲哪儿来的那么大本事，居然把家操持得井井有条，想方设法让我们吃饱穿暖，每年春节都有一身新衣裳一双新布鞋。

我印象深刻的是，冬春淡季许多人家只就腌菜喝照得见人影的稀饭的时候，母亲总能熬一大锅掺杂了胡萝卜、白菜或者红薯的并不算太稀的稀饭，然后在柴灶里煨一罐香喷喷的干饭，管我们饱。

让我难以忘却的，是她一年四季为我们做鞋。一家十几只脚板，又是些不懂得爱惜的小子，何况还要给外祖父母纳鞋，帮舅妈、姨妈、姑妈给表兄弟姐妹们纳鞋，为其他有需求的亲戚邻居纳鞋。母亲把不能再穿的破衣服拆开，浆洗干净，用糨糊糊成一张张平平整整的鞋壳贴在门板上晒干。稍有空闲就裁剪成一双双鞋子模样，然后拼在一起纳。鞋壳很硬——特别冬天穿的棉鞋，很需要力气。母亲连锥子、钳子之类的辅助工具都舍不得买，艰辛地用顶针顶，用指头夹住针往外拉，有时要拉几次或者用牙齿帮忙才能把针头拉出来。赶活最紧张的时候，一纳就是一个通宵。

纳鞋底

我现在珍藏的一双棉鞋，灯芯绒鞋面，鞋口滚了一圈绒，鞋底密密麻麻地布满了索子（棉线），鞋底和鞋帮铺了厚厚的棉花。那是母亲给我做的最后一双鞋，也只穿了一个春节。因为春节刚过完，年的喜庆尚未褪尽，母亲就溘然辞世了。

母亲没进过学堂，却懂得怎样教育子女。母亲的教育没有说教，也没功夫说教。她主要是身体力行，以身示范。父母的勤劳、朴实、节俭，以及尊老爱幼、与人为善、和睦乡邻，都是活的教材，让我们耳濡目染，终生受用。

母亲的口头禅是"油多盐多没有日子多""饱汉当知饿汉饥""丰年不忘歉收"等等，所以她凡事节俭。我们也养成了节俭的习惯，从不在吃的穿的用的方面和人攀比。就是这些年来，兄妹5家的条件比她那个时候不知道要强多少倍，也丝毫没有大手大脚的坏毛病。

给我们教育最深影响最大的，是母亲的爱是大爱，大爱无疆！

她是孟子"老吾老以及人之老，幼吾幼以及人之幼"思想的忠实践行者。比如对长辈、平辈，或者辈分虽低但年长者，一律谦卑地以"您郎"相称；家里有了好吃的，不忘让我们给爷爷辈和叔叔家送一份过去；来了乞讨者，定不会让人空手而过，有一年腊月三十，甚至将一位乞讨的老人请上了团年的餐桌……凡此种种，不胜枚举。

母亲为人厚道，从不惹是生非，从不在背后说三道四，我就没见她和人争吵过。

最令她儿媳妇、我妻子玉华感佩得五体投地的是，母亲居然做了二三十对的媒，且都和睦恩爱。

听老人们讲，我三四岁的时候患脑膜炎，只有出气没进气，医生都放弃了。母亲却不信她儿子刚刚睁开的眼睛会这么快闭上，硬是形影不离地守了我三天三夜。可能是她的诚意感动了上苍，让我这个不肖之子缓过了这口气，捡回了一条命。

母亲留给我的遗产，除了那双棉鞋，还有三张与人合影的照片。可惜没有单独的，不然我就放大了挂在家里，天天瞻仰，也好好地宽慰她老人家：托她荫庇，那曾经令她操碎了心的二儿子，不仅给她娶了如她一样娴雅稳重、勤劳聪慧的儿媳妇，还生了个聪明伶俐、乖巧懂事、学业有成的漂亮孙女。她另外几个子女的情况也和老二差不多，都衣食无忧、身心愉快、和谐和睦。而且，她已经有了8个孙辈嫡亲血肉，一个重孙也有一岁了。

"我有点困，先趴一下"，是母亲与亲人的最后诀别。"我有点困"，也是母亲对自己一生的总结。然而，她何止是"有点"困呐？她是困到了极点！

## 父母为我治病

曾令益

作者曾令益

1944年，农历甲申年二月二十五，太阳快落土的时候，我无声无息地来到了这个世界。听母亲说，是祖母用口从我的喉中吸出了两口淤血团后，我才发出了微弱的哭啼声。一个幼小的生命，这才从死亡线上挣扎着活了过来。

我出生后没几天，住在通海口街上的日本鬼子又来到了我们柳湾乡下。湾子里的人都逃跑了。我母亲身子弱，跑不动，只好披头散发揣着我，虚掩着门，坐在门背后。一个日本鬼子推门进来了，他端着枪，刺刀明晃晃的，看见我们母子，口里叽哩哇啦。母亲吓得心惊胆战，用手护着她怀中的我。那个鬼子只在屋里转了转，像是在寻找人，哇啦了几声，出门走了。我的小命算是保住了。

满月后，父亲请算命先生为我算命排八字。然后按算命先生盼咐，在大门外廊檐下，挂上了一副弓和箭，说是防三六九的关煞。算命先生还叮嘱我父母，要我过继改口。于是，我喊三叔为"爷爷"（父亲），喊三婶为"姆妈"（母亲），喊父亲为"大伯"，喊母亲为"小伯"。

襁褓中的我，常常日夜啼哭。父亲就求识字的人，在几张黄表纸上写"佛条子"：

　　天黄黄，地黄黄，
　　我家有个夜啼郎。
　　过路君子念一遍，
　　一觉睡到大天亮。

然后，父亲就将这几张"佛条子"贴在我家后面大路旁的树干上，以及十字路口边的树干上。

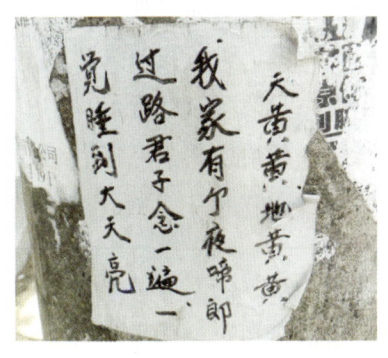

开始学步了。我扶着桌子，或者板凳，或者门框，一晃一晃的。有一次我跌倒在大门槛上，哇哇不停地哭。母亲抱起满脸是血的我仔细察看，只见我右眼角眉毛处划开了一个口子，血就是从那里流出来的。父亲急忙从神柜上的香碗里抓来香灰，按在伤口上，止住了血。然后用布条包扎好。过了些日子伤口才结痂，但留下了一条

157

疤痕，伴我终生。当时，父母亲还挺庆幸，说我破了相，养得活了。而我之前的哥哥姐姐，都没有活下来。

在那兵荒马乱的日子里，穷乡僻壤，无医无药。更别说我们这样的穷苦人家了。而我又偏偏先天营养不良，生来瘦小体弱，病痛不断。

我发烧头疼的时候，母亲就说被鬼摸了，连忙为我"竖柱"。就是装一碗清水，用三根筷子竖立在碗中心处，一只手扶着筷子，另一只手浇水从筷子上头淋下去，同时口中不停地念叨着那些死去的亲人：是爹爹来摸我的儿了？是家爹①来看我的儿了？是舅爷来了？……念到某人称谓，三根筷子竖在碗中放手后不倒时，就表示某人的阴魂来了。于是，母亲赶忙用钱纸在我身上从头至脚擦拭，同时许愿：我来跟你郎装香烧纸，打发你郎走。随后，将擦身的钱纸烧掉，敬香作揖磕头。

如果喊遍了死去亲人的称谓，"柱"依然竖不起来，就说是撞到孤魂野鬼了。这时，父亲便请"斋公爹"来画佛。"斋公爹"是本家叔祖父，常年吃斋念佛，是湾里德高望重的善人。他来到我面前，左手端半碗水，右手拿三炷点燃的香，眯着眼，口中小声地不停念着难以听懂的佛经。念完后，他插好香，用手指拈上碗中的"佛水"，弹在我头上，又用钱纸擦我的头及全身，然后将钱纸在香前烧掉。最后安慰我父母说："不要紧，过天把就会好的。"我父母亲千恩万谢地礼送"斋公爹"出门。

有时候，除了发烧头疼，我还不断惊叫。父母说是被野鬼抓了魂，就要为我"喊魂"。就是晚上点灯时分，母亲在禾场里一边走一边喊我的名字，说："回来吧！"父亲跟在后面，拿着我穿的衣服，紧跟着母亲的语音说："回来了！"父母就这样边走边喊边应，一直走到我床前，顺势将我的衣服裹在我身上，随着"回来了"一声停下，抱起我，父母不停连叫几声"回来了！""回来了！"

如果我先冷后烧，病一天好一天地循环往复，父母亲就知道我"打皮寒"②了，于是用另一种办法为我治疗。就是在大门旁边和房门边放两根新鲜的桃树枝，在我头上绑几片桃树叶子，说是防阻皮寒鬼。间歇的那天，母亲还引我串七家的"茅室"，串了东边的七家，再串西边的七家，说是把皮寒鬼串昏头，让它找不到方向。串了回来，随即"观水碗"。就是用钵子装半钵子水，让我低头看钵中的水，母亲用一个大碗，对着我的头影罩下去，说是将"皮寒鬼"扣在水中淹死。反正我什么都不懂，听话照做就行了。

我最怕拨"羊毛疗"。如果我发烧头疼好几天，时冷时热不见好转，父亲为我"打磁针"③也不见效，就去请吴大叔为我拨"羊毛疗"。吴大叔将做衣服的针用火

---

①家爹：方言。即外公。

②打皮寒：方言。即患疟疾。

③打磁针：就是用碎碗片很尖锐的角刺太阳穴，直到流出血来。

烤消毒后，在我的心窝处横穿过皮，然后将皮扯破，从皮下肉中挑出细毛状的"羊毛疔"。拨了心窝处，再拨与之对应的后背处。真是疼痛难忍。我大哭大叫，父母亲含泪按着哄我，也无可奈何。完事后吴大叔会说："羊毛疔拨出来了，过两天病会好的！"

还有一次更厉害的，是"过麻喜"（出天花）。我几天高烧不退，直到身上出了很多痘子，父母才知道是"过麻喜"。父母顿时就吓坏了，但又无法可施，只有天天早晚烧香，磕头敬神，求菩萨保佑。所幸我是"过小喜"，只在身上留下点点疤痕；不是"过大喜"，脸上没有麻子。更庆幸的是保住了小命，没有像我的哥哥姐姐那样，因"过麻喜"而丢了小命。

我肚子疼的时候，母亲就用手轻轻地按摩，父亲会问我肚子哪个位置疼得狠些。如果是上腹部疼，父亲就吩咐母亲把鸡内金炒糊磨成粉，加几颗老鼠屎煎开水，冷却到温热后给我喝，说是治消化不良；如果是受热或受凉引起的，母亲就用淡竹叶，或者芦根，或者车前草，洗干净煎水给我喝。有时父亲还用手沾上酒或者清水，捏挤我的肚脐直到呈红色才收手。如果肚子鼓包疼，父亲就挖楝树根取皮，让母亲煎水给我喝。楝树根水很苦，但喝了后会屙些蛔虫出来，肚子就不疼了。

有时我会无缘无故流鼻血，母亲就连忙用棉花团为我"筑鼻孔"④，父亲用冷水拍打我的后颈窝，不一会儿鼻血就止住了，蛮有效的。

我"害眼睛"的时候，父亲就从街上割点猪肝回来，母亲煮一碗猪肝汤放在桌上。让我坐在桌子边，低下头，眼对着冒热气的猪肝汤，用我的袄子包着我的头，让热气蒸我的双眼。直到猪肝汤没有热气了，才拿掉衣服。用这个法子治眼病，也蛮灵的。

我还经常闹中耳炎。每当耳朵流脓，母亲就擦干净流出的脓水，父亲就用麦管筒将朱砂吹进耳孔里。连续治几天才能好。再患再治，我也不知反复了多少次。结果，我的双耳鼓膜都穿孔了，听力也减退了。以至于我参加工作后，同事好友戏称我为"聋"老师。

我的婴幼儿时期，是兵荒马乱的旧社会。多灾多难，饥寒交迫，贫病交加，无医无药。提心吊胆的父母对我精心呵护，不管什么"迷信""巫术"，还是"传说"，也不管树皮、草根，还是老鼠屎，为了求生存，都想方设法为我治病救命。我终于以顽强的生命力，熬过来了！幸存地活了下来！

天大地大不如父母的恩情大！谨以此文，深切缅怀我那早已仙逝的父亲、母亲！愿二老在天国安息！

---

④筑鼻孔：塞住鼻孔。

# 父亲如书

叶少雄　叶少琴

父亲叶培元的长篇回忆录《沧桑岁月》，是在我们的建议和协助下完成的。我们建议父亲将自己在旧社会的亲身经历，以及解放后参加工作几十年的风风雨雨，以文字的形式记录下来，这对于个人、对于家庭、对于社会，都是一件极有意义的事。

没有想到的是，父亲18万余字的初稿是那么丰富和生动，其中的许多章节，读着读着，让我们有身临其境的感觉。

作者叶少琴与父亲

在那兵荒马乱的艰难岁月里，父亲只读了几年小学以及一段时间的乡村私塾。解放后，父亲在40年的工作生涯中，更是孜孜不倦地读书学习。如在通海口区生产队蹲点时住在农民家里，晚上靠着自带的油灯坚持读书学习。他常常在讲话或作报告时，旁征博引地插进一些历史典故和诗词名句，以丰富主题的内容。

后来，父亲书房书桌的左上角始终放着三本词典：《现代汉语词典》《四角号码新词典》《历代诗词名句辞典》。

父亲不仅自己爱读书学习，还经常督促我们有计划地读书："世界上的书本来是读不完的，但古今中外最基本的书都未读过，哪谈得上做学问？"

父亲还常对我们说，要通过读书学习和自身修养，成为群众认可的"能说、能写、能干"的"三能"干部。这实际上是他自身实践的体会和经验总结。

1951年初，父亲在沔阳县彭场镇土地改革运动中参加工作。1952年7月，父亲调沔阳县公安局工作。其间，无论是禁烟禁毒、追捕外逃，还是取缔反动会道门、平息械斗等，父亲都冲锋在前。1954年沔阳遭遇大水灾，父亲参与组织灾民转移，负责安全保卫，一个背包、一把雨伞、一支驳壳枪、一双草鞋，走到哪里，都是日日夜夜和老百姓在一起，吃一样的饭食，一样睡地铺，而家人的安危他不得而知，也顾不上。

1957年，父亲作为带队干部，率近百人到赵西垸农场垦荒，用血汗将大片荒芜的茅草、芦苇和数不尽的荒坟堆变成了一个有点雏形的农场。1958年，父亲带领1400余名沔阳民工支援宜昌修建宜官铁路，没有损伤一兵一卒，全部安全返乡。

父亲在沔阳县通海口工作时间最长，前后10余年。

我们常常看到，精干黑瘦的父亲戴一顶桐油漆得放亮的斗笠，白衬衣的袖子卷得高高的，脚蹬草鞋，裤腿常卷着，膝盖处是两个大大的补丁，办事、下乡总是骑一辆旧自行车，来去总是风风火火的。

赵西垸农场、通海口区，那时都是血吸虫病重疫区。不知不觉中，血吸虫病慢慢地侵蚀着父亲的肝脏。与此同时，父亲作为通海口区"走资本主义道路的当权派"，被挂黑牌、"架飞机"，进搬运站马棚劳动等，有病不能治，致使小病拖成大病。

1971年，父亲在沔阳县电油厂刚刚工作两个月，又受命回到了通海口区。带着严重的疾病，父亲硬撑到这一年的冬天，终于一病不起，病倒在工作岗位上。

来到武汉同济医院治疗，诊断为肝硬化腹水，同济医院依据病情下达了病危通知书。

一场生命攸关的大病，经过两三年的治疗，身体明显好转。于是，县委安排父亲到县直单位任职。这时，父亲多次向县委提出，不再承担任何领导职务，要求回到公安机关做些文字工作。于是，父亲1975年正式调回公安局，负责来信来访工作。

正是这种乐观精神和病后主动提出退出领导岗位的做法，父亲慢慢恢复了健康，又活了一个43岁。许多熟悉他的人说，这不能不说是一个奇迹。

1983年初，父亲接受组织安排，出任《沔阳公安志》主编。面对重重困难，父亲带领助手大海捞针一般查阅了大量的文史档案，抄录了150多万字的资料，走访各种对象160多人次，整理出20余万字的口碑资料。

有一次，父亲在法院查阅刑事档案中，发现一段叙述日伪警察的记载。根据这条线索查找，父亲9天走了8个县，终于在黄陂县查到了此人的档案，填补了日伪时期警察机构设置的空白。

在各地走访和收集资料的过程中，父亲总是尽可能节省开支。乘火车总是买硬座票，从不买卧铺；乘船本来可住三等舱，可总是买四等舱的票；住宿大多是公安机关招待所或小旅馆，从不住星级宾馆；在城里一律乘公共汽车，从不坐出租车。

《沔阳公安志》的编纂，使父亲受到上级公安机关的好评和表彰。1986年，湖北省公安厅、荆州地区公安处相继召开公安史志会议，父亲在大会上作编史修志及工作事迹的介绍，并荣立个人三等功，戴上了金色勋章。

父亲的晚年，与书法艺术为伴，依然令我们敬佩。

父亲对书法艺术的追求和酷爱，源于旧时代所受的私塾教育。他那时的一手好字，就备受先生和人们的青睐。

退休后，为了提高书法艺术水平，父亲毅然决然地放弃了自己几十年"引以为长"的行书，夜以继日地临习汉代名帖，逐渐形成了自己的隶书艺术特色。我们常常看到，父亲创作一幅作品时，屏心静气，思绪集中，神贯双目，力聚毫端，虔诚之态，宛如参禅。

父亲对此并不满足，继而发奋学篆、学中国画，几年后都获得行家的好评。在父亲九秩之年，仙桃市书法家协会举办了"叶培元先生书画作品研讨会"；仙桃市公安局、仙桃市书法家协会策划出版了《叶培元书画作品集》。

父亲离开我们已经六年多了，回想他艰苦卓绝、历经坎坷、丰富多彩的一生，我们常常感慨万分。父亲对党的忠诚、对人民群众的质朴情怀、对文化科学的钻研精神、对艰难困苦和疾病的顽强毅力，永远激励着我们子孙后代不畏困难，奋勇向前。

# 纸短情长：家风家教书信间

叶少雄

20世纪六七十年代，我在仙桃建设街小学读小学，在沔阳中学读初中、高中，在长埫口区八潭公社金河大队知识青年队务农，直至到武钢工作。在那些日子里，父亲在通海口、县机关工作，因此与我最多的联系是家书。

父亲的书信有的短短一页，有的长达千余字，既谈家务琐事，也探讨人生、畅谈读书，很多内容是教导我如何刻苦学习钻研、如何勤奋工作、如何做人、如何严于律己，可谓语重心长。

特别是我在1976年2月在长埫口区八潭公社金河大队加入中国共产党以后，父亲作为一个1951年参加工作、1954年加入中国共产党的老党员，提醒我时刻保持清醒的头脑，时刻用一个共产党员的标准严格要求自己，并经常对我思想上出现的苗头进行分析与警示、批评、训诫，使我不断克服不足，逐步成熟和成长起来，使我终身受益。

至今，我手头珍藏的父亲家书竟有130多封。时隔半个世纪，展开、重读一遍父亲书信，感慨万分，仿佛又看到了父亲的音容笑貌，感觉一个老党员的谆谆教导如温暖的春风，感受家风家教家训的正能量深入心扉。

一

整理父亲给家人的书信，最初是在2008年6月间提出来的。

那是2008年6月28日，"叶培元先生八十大寿暨《沧桑岁月》首发式"在武钢宾馆9楼会议厅举行，来自武汉、仙桃等地的家人与亲友欢聚一堂。那天，头发花白、身穿白色短袖衬衫、打着红色领带的父亲显得格外精神抖擞。会上，他作了简单发言，并给子女家庭、亲友家庭分发了还透着墨香的18万字的长篇回忆录《沧桑岁月》。

在众多的发言者中，有一位武汉的亲友拿出多年前我父亲写给他的一封信，一边展示一边念给大家听，十分动容地讲述了信里的内容与故事，表达了对我父亲的感激之情。

接着，作为会议主持人的大妹叶少英一手举着这封信，一边激动地说，父亲几十年来，给家人写过许多信，包括这封信，里面都渗透着关爱、鼓励和家风家教的内涵，真可以编一本《叶培元家书》了。

这句话、这场景，我记得特别清楚，脑海里留下了十分清晰的印象。那些年我实在忙碌，整理父亲家书还只是一个蕴藏在心里的想法。

但我在《沧桑岁月》序言的最后一段写道："后来，我和妹妹少英到武钢参加工作，在家里装电话之前，父亲与我们最多的联系是家书。这些信件积累下来，竟有一二百封。这些书信在目前使用电话、手机、电脑的年代更显珍贵，足以编一本家书了。"

二

再次提及整理父亲的家书，是在 2017 年下半年至 2018 年初。

这时，父亲去世已经 3 年左右。父亲于 2014 年 10 月 19 日病逝，享年 86 岁。

《沧桑岁月》

这段时间，仙桃市公安局、仙桃市书法家协会正着手策划与编辑出版《叶培元书画作品集》，仙桃市书法家协会还召开了"叶培元先生书画作品研讨会"，以纪念这位德高望重的中国老年书画研究会会员、湖北省书法家协会会员、仙桃市书法家协会顾问、仙桃市警察书画学会名誉会长，以及沔阳县"劳动模范""优秀共产党员"、仙桃市"优秀文艺家"。

在与书法家们整理、挑选父亲书画作品的同时，我也初步清理出父亲的大部分家书，其中最早的书信是 60 年代末期的，大都是 70～80 年代的书信，距今已有四五十年的岁月了。

从这些家书里可以感受到，家风源于党风与家教、家训，家教、家训融入党风、家风。书信里既渗透着父亲的关爱，又饱含着对我们的殷切期盼。同时，也感时时如坐针毡，好似正在当面听着严厉的训诫，恨不得从地面钻下去。

我没有想到，一位老党员的书信内容受到仙桃市档案馆领导和专家的关注与重视。

《叶培元书画作品集》出版后，连同《沧桑岁月》，都被仙桃市档案馆收藏，并颁发了收藏证书。与此同时，在与档案馆领导的交流中，他们对我父亲写有的大量家书，以及这些家书的大致内容、家书对子女等的影响和产生的效果十分感兴趣，认为这正是当下党风建设、体现家风家教家训难得的资料，也是可收藏的本地区域人物档案内容之一。

他们建议可将这些书信整理，编辑成册，其原始信件也可以交由档案馆收藏。

他们还建议把我的工作成绩纳入其中，形成一个家风内容的系列资料。

沟通过程中，档案馆拟进一步收集我父亲的相关物品，还开出了七类收集内容，并派两名专家到家里查看了初步整理的物品，提出了进一步整理资料的意见。

于是，我抽空逐步将父亲的这些信件分类，并一字字、一句句、一封封打出字来，竟然达到13万余字。其中，父亲写给其唯一姊妹的信件4封，写给我的89封，写给大妹少英的40封，写给孙辈的4封。

但感不足的是，由于小妹少琴长期与父母生活在同一城市，住得也很近，所以父亲没有给小妹写过信。父亲给弟弟少平应该写过不少信，但都没有保存下来。我深感这是一个缺憾。

## 三

勤奋学习、只争朝夕，是父亲在书信中对我们子女和孙辈提到最多的，也是家风家教家训里最朴素的观念。

那个年代，不管我是在沔阳中学读书、在沔阳长堉口区八潭公社金河大队知识青年队务农，还是在鞍钢半连轧钢厂、湖南湘潭电机厂实习；不管我是在武钢热轧厂当天车工，还是在武钢党校学习，在武钢党委政策研究室、武钢有限公司等单位工作，父亲来信中最多的是谈及勤奋学习、只争朝夕，勉励我们把业余时间的一分一秒更多地用在学习基础知识、学习技术和管理科学知识上，切不可碌碌无为、虚度年华，真可谓苦口婆心。

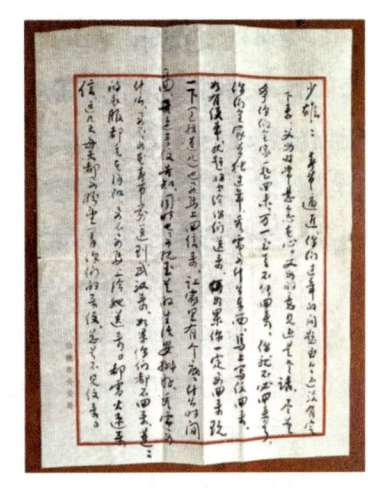

叶培元写给叶少雄的信原稿

"要像陈景润那样，钻进去，钻入迷，才能学到真东西。不愿付出艰苦劳动，想出成果，只是幻想而已。"

"走马观花，耍花架子，做做门面，是学不好东西的，要如痴如醉，像出家人一样的精神苦心修炼。"

"要树立雄心壮志，用一年的时间复习好高中的全面功课，扎扎实实达到一个优秀的高中毕业水平。在此基础上用二年时间专攻大学外语课程。这样扎扎实实自修三年，你才满25岁。"

"学习不能来半点虚伪。本职工作也要搞好，这就要求科学地安排好时间，科学地利用好一切时间，这就要把时间以分秒计算不能浪费。"

"再次希望你要加强学习、自修，不管考不考大学，都要学习，钻研技术，千万不要浪费了大好时光。"

1977年高考制度得以恢复，我那时刚到武钢参加工作，而且相继在辽宁鞍山、湖南湘潭的工厂实习。父亲给我接连写了多封书信，表达了他对恢复高考的由衷高兴，告知沔阳有关高考的信息，建议我工作之余加强复习，尽量参加高考，还给我和妹妹寄了高考复习提纲和资料。1978年，我从外省返汉后，报考了华师的俄罗斯语言文学专业，俄语及总分过线后，又参加了口试。最后未能如愿，父亲又多次写信，鼓励自学成才，还多次在书信中夹些他读过的报刊好文章，以激励我在搞好本职工作的同时自修文化课程、学习科学技术知识。

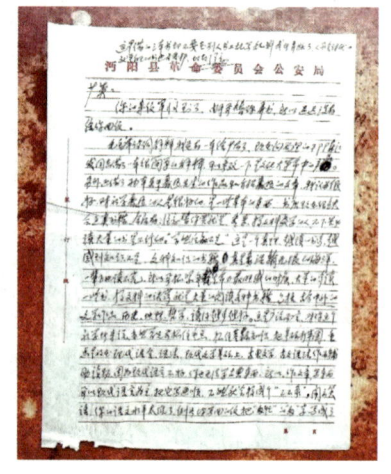

叶培元写给叶少英的信原稿

父亲对少英也是如此，在那些年写给她的40余封书信里，更多的是讨论如何勤奋学习、只争朝夕。

特别是她从知识青年队来到武钢并在武汉教师进修学校读书的二年时间里，父亲除了帮助购买书籍、词典，更是在书信中不断提出学习古典文学等方面的建议，指出学习中的不足。如多次批评，作为语文教师要练出一手漂亮的钢笔字；多次提出，要把字典、词典当作小说来读；多次用红色笔将写给他的信修改得密密麻麻，再反馈给她去体会。

## 四

艰苦朴素、勤俭节约，永远保持劳动人民的本色，不仅是父亲平时对我们口头说得比较多的，也是书信里经常强调的内容。

1976年9月，我被招工到武钢热轧厂，一年后定级工资是40元左右，开始有了经济自主权。这时起，父亲的书信中时常都有警示言论，提出要在思想上时刻保持劳动人民的本色。

"当前工厂环境可能艰苦一些，这是好事，不是坏事，艰苦的环境才能锻炼人、磨炼人的意志。要有吃大苦耐大劳的精神，决不能追求生活上的安逸和享受。"

"经济上要注意节省，这绝不是一个经济问题，而是一个与政治、与品德、与思想意识都非常有关的问题，望你过细思考。"

"你和少英现在都要树立这样的思想：现在是刻苦造就自己的时候，不是讲吃穿、讲享受、图舒适的时候。要把这个思想树牢。"

70年代，大妹少英参加工作后有一次花20块钱买了一件弹力毛衣。父亲得知后，在书信中进行了批评。他写道："在穿着方面不能追求'时髦'，不能赶'形势'，除了经济条件外，重要的是保持艰苦朴素的作风，要永远保持劳动人民本色，这话并不过时，永远适用。条件再好，也要保持。"

父亲对孙辈的思想教育也是十分注重，认为家教对于培育良好的思想、品德与人格基础极为重要。他在给我的多封书信中提到要加强孩子的思想品德教育。如："要进行些传统的艰苦朴素教育，勤劳的教育。在家学着做小事，让她懂得一粒粮食、一件衣服都是来之不易的，是劳动人民的血汗换来的。这个基础教育很重要。"

五

严格要求，奋发有为，做一个名副其实的共产党员、做一个对社会有用的人，是父亲对我们子女的一贯要求，这在书信来往中也多有体现。

一直以来，父亲对我们兄弟姊妹的思想、作风是极为关注的，只要发现苗头就及时指出纠正，许多意见在书信里表达得十分尖锐。

刚参加工作那会，父亲写信道："当前正是抓纲治国的大好时机，你要集中精力搞好学习，搞好工作，遵守劳动纪律，争当抓革命、促生产的先锋，要真正起到一个共产党员的作用。"

父亲在1977年4月19日给我的书信里说："望你好好学习，用清醒的头脑去辨别社会上的一切现象，去识别生活中经常碰到的问题，哪是香的，哪是臭的，搞不搞得清楚，如果把香和臭搞颠倒了，就要犯错误甚至走上犯罪道路。"

如在1977年6月8日的书信里，父亲对我说："作为年轻的共产党员，刚踏上工作岗位应当首先是满腔热情地把工作做好，抓好学习，抓好身体，锻炼本领，而不是考虑个人主义的东西。"

又如父亲在书信中对我说："遇着得意的事，就忘乎所以、沾沾自喜，遇着不如意的事，就灰心丧气，这是政治上不成熟的表现。你我除了父子关系，你我都是共产党员，我不能看到一个党员而且是一个年轻的新党员有错误的东西不批判、不斗争。"

他还在书信里对我说："你要加强党性锻炼，要看到自己的问题，才能得到提高。应当在生活的实践中发现自己的短处，学习人家的长处。""你思想上不能有任何自满自足的苗头，要时刻注意、时刻检查、时刻警惕。"

父亲在书信中有一段话给我留有深刻的印象，以至于我常常用来提醒自己。他写道："对待生活要严肃、谨慎，尤其是在道德品质方面要千万注意，要特别严肃。否则，一失足成千古恨。"

父亲不仅对子女、孙辈严格要求，同时也充满了亲情与关爱。

爱护身体、注重锻炼是他在书信中提到最多的。他始终强调，要养成早起早睡的良好习惯，要长期坚持体育锻炼，要保持心情愉快，饮食要吃饱吃好，小病要早治、无病要早防。

他在书信中写道："一是身体，二是本领，没有这两条，为人民服务，为建设社会主义祖国服务都是空话。"

他还在信中对我说："理想的人生是品德、健康、才能三位一体的人。望你多多思考这句名言,力争做一个三位一体的人。"

他甚至认为,"身体是占第一位的,没有一个好的身体,你本领再大也不能发挥作用"。

这种观念或许与父亲的亲身经历与感受有着极大的关系。在通海口10多年的农村艰苦工作中,父亲的胃曾切除了三分之二,后来又感染上血吸虫病,但他长期带病工作,直至40多岁时病倒在工作岗位上,在武汉同济医院被诊断为"肝硬化腹水",曾下达"病危通知单"。

后来,他的乐观精神和病后主动提出退出领导岗位的做法,使他慢慢恢复了健康,又活了一个43岁。许多熟悉他的人说,这不能不说是一个奇迹。

## 六

父亲在家书和日常生活中,用他的思想境界和一言一行教育、影响着家人,在很大程度上也反映出一个共产党员的家风家教观念。

这些书信中,有许多处体现出他始终廉洁修身,践行着做培育良好家风的表率。

"我到通海口区来,不觉已经有半个月了。来区的第二天就下乡去了,一直到最近才回区里来开会。当前农业生产已经大忙了,工作也很忙,所以,一直没有时间写信回来。"

"区里昨天开了个会,还是叫我搞水利,准备明天就上堤去,主要是带1000多民工搞堤防的修补和处理裂缝。"

"前天,收到电油厂给我寄来的工资,厂里除了给家里40元,把婆婆医病的药费和肥皂钱一扣,只有十几块钱寄给我了。十几块钱只够吃饭,抽烟零用都没有钱了。"

"我手上还有十几斤粮票,可以吃到月底。我节约的粮票都是从牙缝里挤出来的,我没有随便乱花一两票。"

"革命工作没有贵贱之分,都是为人民服务。人老了、病了,就要主动地让位。现在局里一些老同志认为我这样主动要求退出领导岗位,思想境界是比较高的,是符合党提出来一个共产党员要'能上能下、能官能民'的精神的。我们共产党人不是要做官,而是要革命。希望你能有一个正确的认识。"

父亲参加革命工作40余载,先后担任沔阳县公安局政保股副股长,县公安局秘书、政法党组成员,沔阳县委组织部支部教育工作组组长,沔阳县通海口区区委副书记,通海口区区长兼区委副书记,沔阳县电油厂党委书记,沔阳县广播站副站长,沔阳县公安局正局级侦查员。不管在哪里工作,他始终以焦裕禄为榜样,始终两袖清风。

我清楚地记得,父亲两次到通海口赴任,担负起这个拥有8乡1镇14万多人口的大区的生产与生活,共计10多个暑往寒来,家人及亲友从没有受到任何的特殊待遇。那个年代，我们家在县城建设街小学附近一片极为简陋的平房小区里住了好多年，都是红砖砌的墙，顶上是油毡，盖着大红瓦。全家7口人，只有30余平方米的面积，室内地面是泥土的。家里几乎没有一件像样的家具，一个旧抽屉桌可以说是最好的摆设。装衣服用的是母亲从县制药厂买回来的蓝色四方形厚纸盒。

父亲在通海口工作期间，长期在生产队蹲点，办试验田、调查研究，与农民同吃同住同劳动。我常常看到，精干黑瘦的父亲戴着一顶漆得放亮的斗笠，白衬衣的袖子卷得高高的，脚蹬草鞋，裤腿常卷起，膝盖处是两个大的补丁，办事、下乡总是一辆半新的自行车，来去总是风风火火的。

常常回想起来，那仿佛就是画上焦裕禄那样的神情与状态。

作家、评论家周中林在《忠正勤朴·书如其人》一文中对我父亲做过评述，其中表述：

忠。忠诚于党和人民，忠诚于自己的信仰，忠实地践行了毛泽东同志提出的共产党人"全心全意为人民服务"的根本宗旨。无论是解放初期的禁烟禁毒、追捕外逃、取缔反动会道门、平息械斗还是下放农场垦荒，叶培元都是冲锋在斗争的前沿，坚守在劳动的一线。1954年沔阳遭遇大水灾，他参与组织灾民转移，负责安全保卫，一个背包、一把雨伞、一支驳壳枪、一双草鞋，走到哪里，都是日日夜夜和老百姓在一起，吃一样的饭食，一样睡地铺，家里妻子和继母的安危他不得而知，也顾不上。

正。正派正直，正气凛然。"文革"中遭批斗，他不屈服于"造反派"的淫威，不低头，不下跪，不签字承认"反革命罪行"，被整得形容憔悴，骨瘦如柴，身体几近垮掉，依旧对党的事业痴心不改，从没动摇对党的信念。

勤。勤于学习，老树发新枝。叶培元从小热爱书法，有不错的"童子功"，但他不满足于旧有的"底子"，50多岁时开始师从比他小20多岁的年轻人学习篆书隶书，终于大器晚成，书艺再上台阶，焕发出艺术的青春。

朴。朴素朴实，能上能下，如一头吃草挤奶的"老牛"。叶培元长期在农村，尤其是长期在血吸虫病重疫区工作，终于积劳成疾，一病不起。大病初愈后，身体状况无法再适应繁重的农村工作，他谢绝了组织上给他安排的县直单位的职务，甘愿从正区（科）级的区长自降职务，回到公安部门当上了一般干部，而且从事的是很多人不愿做也难以做好的极其繁琐、极其耗费心力的信访工作，一干就是7年。后来他又"板凳甘坐十年冷"，主持修纂公安志。叶培元的行为，诠释了一个共产党人的情怀。

## 七

一封家书一片情。父亲认为，家书是表达真情实感的载体，也是党风教育、家风家教的重要形式，促使着下辈人健康成长，家人之间相亲相爱，家庭和睦兴旺。

他在退休后给孙女的书信中明确表达了这一观念。他写道：觉得电话里只通信息，没有文字能够充分表达人的感情。自古以来，抒发对亲人的感情、对亲人的嘱托和怀念，只有书信是最好的方式。因此，才有"烽火连三月，家书抵万金"的千古名句。

鸿雁传书家风情。父亲的130多封书信，伴随着我们读小学、读初中与高中，伴随着我们下放农村、参加工作，督促着我们成长与进步，前后长达近半个世纪。

父亲书信的观念，潜移默化地形成了我们家特有的家风、家教与家训，潜移默化地融入我们的思想观念和日常行为中。

我下放长埫口区八潭公社金河大队务农期间，入了党，并被评为沔阳县知识青年标兵。

80年代初被授予"武钢青年标兵"称号，参加湖北省青年自学成才大会，并当选为湖北省青年自学成才协会副理事长。

1984年从武钢党校毕业后，我被分配到武钢党委政策研究室工作，后来又调武钢有限公司、武钢集团等单位工作，我始终牢记父亲在书信中反复提到的"作为一名共产党员要能说、能写、能干"的要求，在实践中努力做到能写、能说、更能干，30多年来撰写各类工作报告、领导讲话、经验文章等数百篇，论文、调查报告等在全国及省市、武钢获奖百余次，在各级媒体发表通讯、新闻、评论等百万余字，主编或编辑书籍、画册、刊物10余种；给基层厂矿干部职工讲授企业管理等知识百余场次；围绕企业重点工作常常十天半月地连续加班加点，因而逐步成熟和成长起来，曾获武钢"劳动标兵""武钢优秀共产党员"等多种荣誉称号。

大妹少英也是一名共产党员，她在武钢十一中任教30多年，始终牢记父亲的教诲，在做好日常教学工作的同时，把班主任管理做得独具特色，既注重塑造学生完美的人格品质，又注重学生能力和习惯的培养，成为中学语文高级教师，曾获武汉市优秀语文教师、武汉市"百优班主任"、青山区学科带头人，以及武钢"三八"红旗手、武钢中小学教育处"十佳师德优秀班主任"等称号，还参加过武汉市中考命题工作，可谓桃李满天下。

弟弟少平、小妹少琴也都是共产党员。弟弟少平走出一条自主创业的路子，安防监控等工程的设计安装有着良好的质量和服务信誉。小妹少琴一直在父母身边，深受教诲，工作认真负责，曾获仙桃市政法战线"十佳干警"等荣誉称号。

我以为，当今虽然早已进入瞬息万变的信息时代，但家书仍以那厚重的历史沧桑感成为永恒的记忆，给我们留下了宝贵的家风家教家训遗产。

我深感，家风是家庭精神面貌的体现，也是党风在家庭的体现。好党风、好家风代代传承，家教家训始终在耳边回响。父亲的孙辈们相继参加工作后，也在各自的岗位上有所建树。

我坚信，父亲的书信和长久形成的家风家教家训，一定会继续促使着我们勤奋学习、只争朝夕，热爱读书，努力学习文化科学与技术管理知识；促使着我们艰苦奋斗、勤俭节约，永远保持劳动人民的本色；促使着我们珍惜生命、热爱生活，树立起正确的人生态度；促使着我们牢记入党誓词、牢记党的宗旨，正直忠厚，奋发有为，时刻不忘自己是一个共产党员。

# 父 亲
—— 写在父亲逝世 12 周年之际

李明晰

作者李明晰

父亲李兴远 2010 年 1 月 11 日离开我们，至今已有 12 个年头。12 年来，作为子辈，我们无时无刻不在怀念他老人家。

父亲从参加工作到去世，历经了几十年的事业奔忙与风雨淬炼，锻就了他所特有的一些品格与品质。探究父亲的品格品质，抑或精神谱系，对于后辈人走好人生之路，有着不可忽略的价值与意义。纵观父亲的一生，至少有以下几个方面的特质值得我们后辈学习和效仿。

**一、终身学研，手不释卷**

父亲出生于 1931 年农历三月。

那时，江汉平原水患频仍，兵荒马乱，民不聊生。父亲的十来个兄姊要么因饥荒夭折，要么因患病亡故。到解放之时，只剩下我父亲一人。祖父母将父亲视为掌上明珠，百般呵护，并寄予厚望。

父亲很小就发蒙读私塾，刚刚成年就从师学中医，历经三年苦学，《药性赋》《汤头歌诀》等医书倒背如流、熟记于心。从师期满，父亲便进入当时的通海口区小河乡卫生所就业，从此走上从医之路。

按理说，出师并走上了工作岗位，应该松松筋骨歇歇气了，可父亲并没有就此停息，而是把诊病开处方当成新的起点，一如既往地抓住一切可用的时间，在实践中继续学习钻研，力求探深究透，有新的收获与提高。

我记事时的第一印象，就是父亲有个小柜子，里面全是医书。记得在老家时，祖父母和母亲时常差我到卫生所找父亲办事，总看见父亲不是在给患者诊病，就是在看书做笔记。

工作不久，父亲报名参加湖北中医学院函授学习，通过艰辛努力，终于学有所成，四年后拿到了中医专业大学本科毕业证书，成为一名有较高学历的医务工作者。50 多岁时，父亲还报名到荆州参加医师职称考试，由于理论基础扎实，实践经验丰富，顺利通过考试，获得中医主治医师职称，在同行中传为佳话。

1991 年，父亲年满 60 岁退休，到宜昌开了个小门诊，继续为患者服务。按说干了几十年的医务工作，父亲仅靠"啃老本"就足以应付诊治需求，可父亲还是时常出入书店，有针对性地购买医书，持续钻研不止。就是年过古稀，因病卧床，只要神志清醒，仍然捧书阅读，直至病入膏肓，难以支撑，方才掩卷。

可以说父亲是活了一辈子，学了一辈子，而且学得精深，钻得彻透。父亲的终身学习精神是特别值得称道的！

### 二、忠于事业，恪尽职守

父亲不仅善于学习研究，摸索经验，而且善于把学到的医学知识运用到医务实践之中，真正做到忠于事业、以能立身、悬壶济世，尽心竭力地为病人服务。

父亲刻在我脑海里的印象，就是手不释卷，肩不离箱，不是在卫生所坐诊，就是肩背药箱徒步出诊，走村到户地为乡民治病除患，时常不舍昼夜，忙碌不闲。

记得小时候，父亲曾讲过一个至今还令我惊悚的故事："一天，我从早晨坐诊到天黑，吃完饭刚想休息，离卫生所蛮远的一村民突发疾病，来人点名要我出诊。我二话不说，赶紧背起药箱，快步疾行到病人家里。等诊断给药完毕，已是午夜时分。当我返程走到一空旷坟地时，突然乌云遮月，阴风阵阵，让人毛骨悚然。手电筒也凑热闹，怎么开关都不发光。我心想完了，跑不脱了，干脆一屁股坐在坟堆旁，点烟壮胆。等抽完一支香烟，忽地云散月亮，我赶忙起身，撒腿就往卫生所方向跑。刚刚进门，又一村民说他孩子肚子疼得直打滚。我顾不得休息，又是一阵'急行军'。当我给药并交代完服法时，已是鸡叫三遍。这时我才感到浑身瘫软，在村民家闭眼伏桌好一阵才缓过劲来。"

就是这样，父亲日复一日、年复一年地坐诊出诊，为家乡民众的健康而辛苦劳顿，无保留地献出自己的光和热，哪怕是常走夜路担惊受吓也在所不辞！

父亲在医疗战线工作40来年，先后在家乡小河口、通海口、官路、潘场、陈场等卫生院（所）干过，还任过好几年的卫生所所长。不论在哪里工作，父亲都是尽心竭力，救死扶急，勤勉服务。

我在潘场念初中时，曾有人当面讲过这样一个实例：

潘场乡徐梁岭有一壮汉患急症陷入昏迷，其家人请过当地医生诊治未见起色，只得请来父亲，企盼起死回生。父亲细致望闻问切，开出处方说了一句："这副药服下后要是不能醒过来，我也没办法了。"

家人闻之点头，并立即抓药煎汤给病人服下，半响过后病人口中突然涌出一股鲜血。家人着急万分，父亲却异常冷静："不要急，不要动，等等再看。"又过一会儿，但见病人哼了一下，手脚也开始动弹起来。病人得救了，家人终于破涕为笑，纷致谢意，并盛赞父亲"救人一命，医术高超"！

凭着经年勤学苦研，日积月累，父亲的治疗手段越来越多。不仅能扎针灸、打火针、拔火罐，还能熬膏子、做药丸、摊膏药；不仅能治各种常见病与多发病，还能治一些疑难杂症。

乡村一些新生儿易患腹泻，且经久不愈。父亲经多年探索，针对不同的泻物对症用方，用中西药研制出一种系列性止泻粉剂，经患儿服用后很快止泻，效果尤佳。

江汉平原沟壑密布，水乡湿度大，各种风湿尤其是类风湿病比较常见，且难治愈。父亲经多年钻研努力，终于攻克这个难关，使一些患者得以根治。

宜昌艾家镇有一个镇干部患有严重的肩周炎，夜晚疼得难以入眠，多方求医不见好转。父亲用自制的膏贴为之诊治，半月之内立见显效，该干部专门在家整酒答谢父亲。

三峡涟沱有一老农患病多年医治无果，经人介绍，坐船近百里找到父亲。经开方诊治一段时间，颇有好转，该老农夸赞父亲：人好医术更妙！

由于业务能力强，父亲在本乡和一些外地有着较高的知名度，就是一些同行谈到父亲都是深为佩服！

### 三、广学博采，聪慧能干

父亲既是一名称职的医务工作者，又是一个兴趣爱好多向且都达到相当水准的"杂家"。

几十年中，父亲在下气力做好本职工作的同时，注意广泛学习吸纳和操练各方面的技术与技艺，是一个文武兼备、粗细皆宜、精明能干、才能多多的人。其人生是丰富、充实而多彩的。

年轻时父亲酷爱琴棋书画，尤其在书法与绘画造诣颇深。父亲年少时上私塾，跟先生读书习字，打下了良好的书法功底。从业后又利用业余时间勤加摹练，软笔、硬笔字都达到了相当高的水平，其毛笔正楷、行书集多家之长，既有柳体字的刚骨之劲，也有颜体字的丰润之美，且形成了自己的风格。每年过春节，乡邻各家的对联书写都是由父亲"承包"。

父亲的绘画水平也相当不错。记得我上学后，第一次到父亲的卫生所寝室里去拿东西，见墙壁上挂着两个条幅，画面上的花鸟虫鱼活灵活现，甚是好看，便问父亲"是哪个送的？"父亲答道："不是，是我自己画的！"当时我大为惊诧，对父亲敬佩不已。

父亲还具有较强的文字写作能力，单位的工作总结写得不少，编著过医书《风湿骨

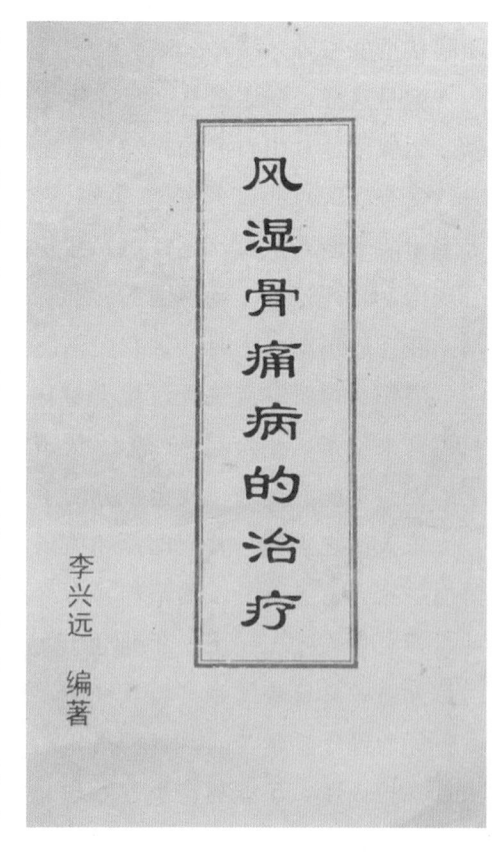

风湿骨痛病的治疗

李兴远 编著

痛病的治疗》，编修过族谱。退休后陈场镇政府还特邀他主编了《陈场志》，赢得认可和肯定。

人到中年，父亲把注意力放在习练匠艺上，起色也不小，大到盖房子、打家具，小到编箩筐、理发等都能干，且做得像模像样。

有一次我从外地回家，看到家里多了一口大衣柜，做工细、成色新，便问母亲这柜子在哪里买的。母亲说："是你二爷（指父亲）打的。"我对父亲又多了几分钦佩之意，心想我这辈子是赶不上父亲了。

实行家庭联产承包责任制后，家中有好几亩责任田需要耕种。父亲不顾身体羸弱，白天在单位上班，晚上回家和弟弟们打理，犁地、耙田、下种、施肥样样都会干，忙时每晚都干到深夜，吃了不少亏，流了不少汗。

我回老家探亲时，有乡邻这样夸奖父亲："原以为你们老头子是个文弱先生，没想到他农活干得也不比别人差，真不简单！"

### 四、正直立世，修身养德

人生在世，无非是如何为人和做事。

在人生旅途中，父亲既做到尽心竭力地干好事业，让自己成为一个对社会有用有为的人，同时也十分注重立德修为，努力塑造和展现自身的人格特征。父亲在为人处世上有一个鲜明的特点，就是对权势者不谄媚，对弱者怀仁爱之心，对做过错事者以德报怨。

父亲曾说，他愿意接近那些朴实低调、为民办事的干部，但对不学无术、盛气凌人、蓄意整人者决不奉承。父亲注重行善积德、扶危济困，在家庭经济并不宽裕的情况下，主动捐款修缮村里的公路，资助生活困难的老人。对在街头路边遇到的乞讨者、遭孽人，都十分怜悯，总是施以小钱才心安。

父亲当过几年卫生所所长，在过去运动中不免受到冲击，甚至挨过打骂。可事后大都不计前嫌，主动与人解铃散怨，促进团结。

对待长辈，父亲更是敬重有加，谨行孝道。

父亲深知，祖父母在旧社会灾荒、疾病、贫困交加的境况下把自己抚养成人，极为不易，因而对祖父母时刻感恩在怀，力图报答尽孝。小时候，我常见父亲蹲在老屋的门槛上，聆听祖父的教诲；家中每遇大事，也是平心静气地与祖父母商议，征求意见；祖父母平时身体不舒服，父亲只要在家，都是细心问询，针药侍候。1966年祖父患食道癌卧床不起，父亲更是悉心照料，几次与同行一起会诊开方，并亲手给祖父喂药送汤，期盼能有转机。祖父母相继过世，父亲均联系生产队干部主持召开追悼会，切实做到了恪尽孝心，厚养安葬。

对待后辈，父亲也是费尽心思，力扶荫助。

父母养育我们兄妹七人，可谓家大口阔，负担沉重。多少年来双亲都是筚路蓝缕，艰苦创业，极力苦撑，未曾清享。为改善我们的住房条件，父母节俭操持，几次三番地对房屋进行改建和重盖。

改革开放初期，父亲感怀党的富民政策，与母亲一道致力脱贫致富，以改变家庭经济状况，充补子女学习费用。先后养过长毛兔、肉鸡、鸽子、鳝鱼，开过豆腐小作坊，种过经济作物。一些项目虽因故收效不显，但也足见父母持家扶幼用心良苦。随着我们兄妹逐渐长大，父母对每个子女都据情思虑，作出各种安排，哪怕自己再苦再累，也要助儿女展翅高飞，开拓前程。父亲在病势沉重之时，还嘱托我们好好照护母亲，让她安享晚年。

在党的阳光照耀下，在父母双亲的扶助下，我和弟妹们均走上了各自的从业之路，逐步过上了比较殷实的生活：二弟明刚当过近30年小学教师，在三尺讲台上传业授道，为培养下一代作出了贡献；三弟明哲勇闯商海，靠智慧创利致富，同时还酷爱音乐，拉得一手好二胡，在家乡颇有名气；四弟明圣继承父亲衣钵，担当白衣天使，曾任镇卫生院院长，后又开营诊所，努力为民众诊除病患，声誉良好；妹妹明凤打工做裁缝；五弟明涛开车跑运输；六弟明杰做泥瓦活当业务员等，也都干得不错，家境日益趋好。就我而言，能从一个农家子弟逐步成长为大型央企的中层管理干部、高级政工师、音乐教育家，更是离不开党的关怀与培养，离不开父母大人的养育与荫助。如今我李氏一门，正是四世同堂，枝繁叶茂。

古语云：金无足赤，人无完人。就父亲的一生来看，确实是多有优长，当然也有不足，比如性子有时比较急躁，脾气也有点大，但毕竟瑕不掩瑜。正是基于这一考量，在父亲弥留之际，我们兄弟以一首四言诗对父亲作了概括性评价，这就是：一生博学，手不释卷；悬壶济世，医德过人；名扬乡梓，誉及宜涟；积善行德，扶危助困；赡养高堂，我辈遵言。

当诗念完时，父亲满意地点了点头，去世时脸上仍露着笑容。

父亲，您的优良品格与品质，一定会得到您的子孙们的认同与弘扬，进而世世相袭、代代相传！

（2021年12月于北京）

## 怀念大仁大爱的母亲

周传普

  乡村的油菜花又开了，迎着春风怒放，伴随蜂舞微笑。一片花海接一片花海，金黄金黄，那样灿烂，那样热烈，那样美丽，那样深情，散发醉人的芳香。我的忆念便随这花海奔涌起伏，如潮水激荡……

  桃红柳绿与荷枯菊黄飞快交替，时光的车轮悄无声息匆匆旋转。眨眼间，母亲离开我们十一年了。四千多个日日夜夜，我们的思念越来越浓烈，母亲熟悉亲切的声音总在耳边回响……几回梦回杨场老屋，母亲与子女团团围坐，笑声朗朗，慈祥的目光温暖我们的心田。梦醒时分，但见窗外一轮明月，满室清辉，思绪万千，不觉已是泪满巾。

  母亲顾寿宝，出生于1918年12月，正是风雨如磐的北洋军阀统治时期。在兵荒马乱的年代，东奔西跑，很早来到我们家做童养媳，小小年纪，吃苦耐劳，勤勤恳恳，风里来雨里去。

  当时，家境贫困，苛捐杂税多。为谋生计，母亲给别人打短工，还经常到十里外的赵西垸，在齐腰深的水里扯蒿芽、拉菱角，晚上挑回家，掰蒿芽，清洗菱角，忙到深夜，第二天清早到街上卖。母亲还四处挖荸荠供家人吃，砍野草供烧柴用。碰上风雪天，寒风刺骨，水面片片凌冰，母亲仍下水割柴禾，手脚冻得红紫。

  辛未年大灾荒，生活更艰难。母亲与家人四处寻找荸荠、扁担秧子、猴脚板、水蒿子，到十几里外的九合垸挖藜蒿根、细米菜，还吃树皮、草根、饭叶藤根。由于缺油少盐，有时是白开水煮菜。屋漏偏逢连夜雨，祖父周开禄不幸得了霍乱，请不起医生，无钱医治，可怜的祖父正值壮年，在病饿折磨中绝望地离开了人间。母亲和父亲、祖母、伯父、幺姑相依为命，艰难度日。

  抗战时期，苛捐杂税更是多如牛毛，经常被拉差做事。有一次由我们家守哨，那时五家共用一头耕牛，当天刚好是我们家用牛，母亲拿着长矛去桥头哨棚守哨，守了一整天。母亲刚刚回家，查哨的国民党匪兵、乡丁来了，见没有人，就追到我们家。母亲连忙往后门跑，他们抓住母亲，按在地上一顿乱打。母亲的腰部被打伤，从此落下腰疼的毛病。

  母亲和父亲周学友相依为命，同甘共苦，相敬如宾，共同撑起我们这个家。起初仅有一间半茅草屋，高粱秆、芦苇秆、毛竹糊满黄泥巴的墙壁，夏天到处漏雨，冬季寒风穿堂。

几个兄弟姊妹先后出生，母亲辛勤抚育，喂水喂饭，端屎端尿。我出生后因发"七风"马牙（现在看来可能是细菌感染肚脐引发炎症），牙关紧闭，母亲撬开我的嘴，喂奶灌药，怀抱我月余未出房门。母亲的精心护理照料，使我逃过了一劫，逐渐成长康复。

小妹美英出生才几个月，父亲上水利工地开河挑土修堤，母亲也被安排到工地。母亲挑着幼女上通海口水利工地，留下我和姐姐胡英、妹妹金秀在家。几个月后，母亲从工地回家，把我们搂在怀里，听说我们三人有时一天只吃几两稀糊糊青菜，母亲轻轻抚摸我们的脸，泪珠滚落下来，一边愧疚地喃喃自语：我遭孽的伢们，受苦了……我们依偎母亲身旁，不停地抽泣。晚上，母亲焖了干饭，还切了几片腊肉炒萝卜，韭菜炒鸡蛋，炒鲜胡椒，炒青菜。好久没有吃这香喷喷的饭菜，我们一个个狼吞虎咽。

犹忆年幼时，母亲把我们放在摇窝里轻摇，或搂抱怀中轻拍，悠悠哼着摇篮曲"宝宝睡，宝宝睡……"，或轻唱童谣"虫虫飞，虫虫飞，一飞一大堆……"。在母亲温柔的呢喃细语中，我们酣甜入梦。

三年困难时期，母亲忍饥挨饿，有时在外挖得几个萝卜荸荠，捡了一把小麦黄豆，舍不得吃，留给孩子吃。母亲常常后半夜鸡叫就起来忙碌，准备早饭，按时出工；中午做午饭，洗衣服；晚上回来做晚饭，待家人吃完晚饭，为孩子洗澡安顿睡觉，又匆匆清洗收拾锅碗，打扫卫生，缝补衣服做布鞋，深更半夜才休息。母亲省吃俭用，一件自织染色的土布衣服要穿好多年，上面补丁叠补丁，也舍不得换新衣。吃饭时，我们不小心有饭掉到桌上，母亲都要我们捡起来吃："你们要晓得甘难辛苦！收点粮食不容易，糟蹋粮食要遭天打五雷轰的！"

1963年，我到沔城中学读书，杨场老街上的杨代刚、杨士杰、邓坤仑几位同学隔我家很近，还有邻居同学颜泽兰。那时，杨场到沔城没有客运班车，自行车（我们羡慕地称为"溜机蹬"）更是想都莫想的稀罕物。我们经常相约在周六提着腌菜坛子，从沔城中学步行三十八里，回杨场家里带腌菜，星期天赶回学校。我总是赤脚（寒冬腊月才穿鞋）步行，穿过通海口老街，走过星红、柳李、潘场，直奔杨场桥头。

每当我归心似箭地迈入家门，母亲总是欣喜地接过腌菜坛子，拉着我的手，让我坐下歇口气。母亲匆匆在灶里点火，做饭炒菜，烧热水让我洗，为我换衣服。我坐在灶前添柴，灶火红彤彤，火光忽闪忽闪，映照母亲日渐消瘦的脸庞，母亲的身影被拉得又高又长。我只觉暖流在胸中涌动……

在沔城中学读书时，全班同学热情洋溢地排练歌剧《洪湖赤卫队》《黄河大合唱》，后来在全校登台演出，赢得满堂喝彩，音乐也逐渐成了我的爱好。教音乐课的钱老师二胡拉得优美动听。发大水时，钱老师没抢别的东西，只把二胡高举头顶才保住。这把二胡的传奇经历让我们着迷，我也梦想有二胡拉一拉。那时哪有钱买，就自己动手做。父母找来梨树枣树，我做成琴筒、琴杆、琴轴，蛇皮很难谋到，他们便想方设法弄来羊皮，还有细竹、马尾毛、丝弦等。在父母的细心协助下，终于做成了简陋的宝贝二胡。

我从二胡练习曲开始，练功法、指法，音质当然比买的二胡差，咿咿呀呀难听。我们隔壁（方言指邻居）有个远房叔伯哥哥，我们叫他水哥，曾当过小队长，喜欢和湾里的几个读书伢（当年为数不多的中学生在乡亲眼里就是知识分子）开玩笑，有意出出我们的洋相，引得人们哄堂大笑。我最初练习拉二胡时，水哥经常说，"哎呀，杀鸡子的来了！杀鸡子的来了！！"母亲站在我跟前，轻轻而沉稳地对我说："他嚼他的，你拉你的。"我便静心继续练习基本功。母亲晚上忙完清洗收捡的事，便坐在我旁边做针线活，纳鞋底，缝补衣袖，当忠实听众，时而投来鼓励的眼神。母亲就是我的琴魂，为我注入无穷的决心和勇气，增强我的耐心和毅力。

晚我一届的沔城中学同学、老表唐良海也喜欢拉二胡，经常和我在一起练习、交流二胡的演奏技巧。琴声中滑过春花秋月、草枯草荣，我反复练习慢长弓、短快弓、顿弓、跳弓、抛弓、颤弓、抖弓及换弦、揉弦、换把、颤指、滑音等多种技巧，渐渐拉得娴熟，学会拉《北京的金山上》《大海航行靠舵手》等流行歌曲，接着练习拉《良宵》《二泉映月》《江河水》等二胡名曲，后来拉歌剧《洪湖赤卫队》中《洪湖水浪打浪》许多唱段，样板戏中《穷人的孩子早当家》等经典唱段。水哥有时听一听，突然冒出一句："嗯，还有滴嘎味！"母亲也笑笑："大哥莫夸奖，还要学咧。"

在沔城中学上物理课时，罗老师讲无线电知识，教我们安装矿石收音机。当时，我们家收入少，一分钱要掰两半花。母亲得知我想装收音机，便给我钱，我买回漆包线、扬声器、二极管、电容、电阻、调谐器等零件。母亲为我找来铜板，我做成烙铁，挂在煤油灯罩上，焊接零件。为节省十分紧缺的煤油，母亲晚上做家务活便点桐油灯。我设计线路，焊接元件，绕制线圈，安装调试，用铁丝架设天线，埋下地线。母亲在旁观看，帮忙递工具。一天又一天，从嘈杂的电波到刺耳的啸叫声，反反复复调谐，当扬声器终于发出电台的播音声、美妙的音乐时，母亲又兴奋又惊奇，到处看看摸摸听听，想探寻声音是如何发出来的。

后来，我又装单管（三极管）收音机，装双管、三管收音机，需要三极管、磁棒、可变电容、带开关电位器等更多零件，母亲仍然给钱让我买。母亲还是极有兴趣地在一旁观察我焊接安装，有时守到深更半夜。每当成功调试好，声音更清晰，收到更多电台，母亲比我还高兴。有了这个基础，后来我在担任大队团支部书记、技术员时，在水利工地安装扩音机、架设高音喇叭，用于工地指挥讲话；在大队部建起简陋广播站，让上级精神、大队通知通过广播传遍家家户户。

正是母亲对我的兴趣爱好极力支持鼓励，对我的关注和陪伴，增添了我的勇气和力量，我由此学到了一些知识、技能，度过了那段充满激情、令人难忘的时光。

1969年，父母拆了茅草屋建新房。那年我十九岁，我从几里外一趟趟挑砖，帮忙挑水，和稀泥巴，搅拌石灰，搬运树木材料，抛砖递瓦做小工，尽力为父母分担压力。父母关切地对我说，歇一歇，省点力，小心扭伤了腰。紧张忙碌半个多月，三间砖瓦房终于落成。这是父母大半辈子心血的结晶！墙壁粉刷石灰，没有豪华装饰，但与茅草屋相比，宽敞明亮，居住条件大为改善，再也不怕屋顶掉草把子虫，不怕地上突然爬出鼻涕虫、蜈蚣了，不用整天担心发火灾。全家人甭提有多高兴！

母亲精明能干，开朗豁达，从不怨天尤人，不悲观叹息。母亲含辛茹苦，历经艰辛，抚育几个子女成长，教导我们诚实守信，与人为善，吃苦耐劳。

母亲常说："只有吃得苦中苦，才有甜上甜。为人做事要舍得吃亏哩，舍得舍得，不舍哪有得?！"

母亲目光远大，知书明理。当年在生产队一年四季辛辛苦苦干活，年终才分得几元钱。父母省吃俭用，种菜养鸡喂猪卖钱，供我和弟弟传舫上学读书。我们深知家庭的贫穷、父母的艰辛，分外节约，珍惜读书的机会。

我在沔城中学读书时，每逢回家或返校，途经通海口老街茶水摊，上面摆满大玻璃杯装的茶水。即使口渴，我也没买过这一分钱一杯的茶水喝。老师在班上反复强调学生要多订一些新鲜菜吃，我每周仅订一个青菜，换换口味，其他时间都是吃腌菜。偶尔与一些同学出校门，步行几百米，穿过残存的城墙门，到铺满青石板的沔城老街逛逛，油条、馒头、油饼散发诱人的香味，麻花、饼干、糖果，琳琅满目，还有餐馆里热气腾腾香味四溢的面条、牛肉饼、清蒸牛肉丸、藕汤，我从没有花钱买了饱口福。

母亲嘱咐我们，出去要争口气，好好读书。天地君亲师，老师是上了牌位的（江汉平原每家在堂屋大柜上放着香炉、烛台，供奉"天地君亲师"牌位，节日烧香跪拜），要尊敬老师，听老师的话。俗话说，同船过渡，五百年所修。这些同学都是前世所修的缘分，要好好相处，不要扯皮拉筋。我们牢记心间，视作为人处世信条。

我和弟弟传舫从小学到中学、大学，是勤奋学习、诚实温顺、与人为善的好学生。我们从芮湾农村走向仙桃、省城武汉，成长为高级知识分子、国家干部，多次被评为先进工作者，受到省市有关部门表彰嘉奖。我们几个子女先后成家，母亲的眼神透出幸福的光芒，这是一种费尽毕生心血、要把自己的乳汁和慈爱全部输送到儿女身上的幸福。后来，母亲又不辞劳苦，尽心尽力，带几个外孙及重外孙，抱小家伙入睡，喂饭喂水，缝补浆洗，乃至白发苍苍，满脸皱纹，弯腰驼背，仍乐呵呵，真是春蚕到死丝方尽，蜡炬成灰泪始干。

母亲没有上过学，目不识丁，但聪明好学，记忆力好，心算敏捷精准。上街摆摊卖菜或去买菜，结算迅速，分毫不差。到商店购买油盐酱醋或日用品，也算得清清楚楚，记得准确，从不糊涂。母亲口齿伶俐，讲话层次清晰，井井有条，通情达理。

20世纪70年代进行传统教育时，杨场中学请母亲去上忆苦思甜课。母亲不识字，便没有人为她写讲话稿，也不像现在先试讲试听。面对操场上坐着的几百名师生，作为一个农家妇女，母亲毫不怯场，在讲台上悲愤地控诉旧社会遭受的种种磨难，兴奋地讲述新社会翻身得解放，安心到生产队干活，晚上能安稳睡瞌睡（方言，睡觉），再也不怕听见狗叫就麻滴嘎（方言，赶快）爬起来跑兵荒躲土匪了……母亲讲述时而低沉，时而高亢，流利清晰，师生聚精会神地听，感情随之跌宕起伏，操场上多次响起热烈的掌声。学校领导感谢母亲上了一堂生动的政治教育课。

母亲在队里出工下力，生产上是一把好手。无论锄草车水还是割麦挑担，母亲做得样样出色，从不落后，队干部放心，乡亲们称赞。母亲常常累得汗流浃背，衣服透湿，以至于两手老茧，手脚满是裂口，如粗糙的老树皮。母亲纺纱，织得一手好布；熬糖打豆腐，做得一桌好菜。即使是八九十岁高龄，母亲仍辛勤劳作，不肯休息片刻。

每逢春节前夕，家家户户都要打豆腐、熬麦芽糖、切麻叶子，便请技艺精湛的父母做掌作（方言，把关指导）师傅。诸如泡黄豆的时间多久，豆渣过滤是否干净，点多少石膏浆；熬糖时满锅水下多少麦芽，熬时如何不停搅拌不粘锅，大火小火如何控制，把握火候，熬到金黄香味浓郁，糖浆愈见黏稠起锅……一一细心指点。如果哪个环节掌握不好，成品不仅味道差，看相也不好。父母往往走东家跑西家，忙得不亦乐乎。待雪白水嫩的豆腐、香甜四溢的棕黄麦芽糖、又酥又脆的麻叶子出来，父母心里比蜜甜。乡亲拿豆腐、麻叶子酬谢父母："您郎们吃亏了，吃亏了（方言，辛苦了）!"父母笑一笑推辞："说哪里的话。"随着购物的便利，老人

1992年8月，作者母亲在武汉长江大桥下留影

相继去世，现在很少有农户用传统技艺制作豆腐、麦芽糖了，传统老手艺难以传承，成为甜蜜的乡愁。

母亲胸怀宽广，大爱无疆，克己待人，有一颗仁慈仁爱的心，一辈子行善做好事。在物资匮乏、缺吃少穿的年代，母亲接济过许多相识和陌生的人。常有亲友来我们家，母亲让他们吃顿饱饭，虽然我们家粮食也不够吃，但母亲见亲友吃饱了更

高兴，还拿出米菜衣服接济更困难的亲友。即使是要饭的上门，母亲也怜悯他们，爽快地给米给菜给麻叶子，碰上天晚或下大雨，还留他们在家住宿。偶有邻家小孩恶作剧，起哄捣蛋，母亲总是善意地支开：人家也是遭孽人，不要撩别个。

母亲热心快肠，明断事理，辈分高，威望高。湾里偶有夫妻吵架，妯娌反目，邻里不和，有时甚至闹到摔碗砸盆。母亲或是听见，或是有人跑来喊母亲"快滴嘎去解交"（方言，快点去劝架），哪怕正在做饭吃饭或在忙农活，母亲连忙停下，匆匆去上门劝导，苦口婆心，讲道理，明是非，耐心调解，吹拂丝丝和谐春风，端上大爱心灵鸡汤，解开双方心结，使家庭和睦，乡邻和好，从而构建幸福家庭、良好村风。有的调解还比较顺利，费一些口舌，矛盾便烟消云散了。但有时碰上蛮不讲理斗狠、死猪不怕开水烫的刺头，难解的死疙瘩，母亲要劝解很长时间，甚至三更半夜口干舌燥还在耐心做工作，回家饭菜都凉了。我们便埋怨母亲管闲事太多了，母亲叹口气："你们晓得个么事？别个屋里闹翻天，我不去管一管，唧个闹出了人命大事，这家屋就塌了（方言，比喻这家人就完了），哪个不揪心不伤心？！"母亲可说是一位热心的乡村民事调解员、优秀的心理咨询师。

母亲饱经磨难，历尽沧桑。母亲的一生，是勤劳节俭的一生，是含辛茹苦的一生，是行善仁爱的一生，体现了中华民族的传统美德。母亲为我们遮风挡雨，为我们高扬航行的风帆，树起前进的路标，点亮明理的心灯，增强拼搏的勇气。母亲燃烧自己平凡的生命，温暖家人和乡邻，为人们带来幸福、欢乐。母亲的恩情比山高比海深。

我想，人世间正因为有了母爱而变得更加丰富多彩、美丽动人、生机勃勃。母爱的潮水汹涌澎湃，奔腾不息，震撼心灵。正是有千千万万个这样默默付出无私奉献平凡而伟大的母亲，无数家庭便成为幸福祥和的港湾，许多家族得以生生不息繁衍，中华民族才能保持旺盛的活力，走向繁荣兴旺！

母亲于 2010 年 3 月 9 日仙逝。乡亲们纷纷来吊唁，一边烧香作揖叩头，一边抹着眼泪轻轻叹息：一个菩萨心肠的好人走了！母亲虽然与我们永别了，再也听不见儿女倾心的呼喊，再也看不见儿女奔波的身影，儿女再也不能依偎在您温暖的怀抱，向您倾诉心中的酸甜苦辣，但母亲的音容笑貌长留在我们心中，母亲的教诲铭记在我们脑海，母亲的精神财富我们永远传承。

母亲出生于腊梅傲雪的初冬，仙逝于油菜花绽放的早春，变幻成天上的片片祥云，祝福人们幸福；化作大地的朵朵鲜花，装扮沃野家园。

母亲千古！大仁大爱的母亲，我们永远怀念您……

**后记**：本文写作过程中，姐姐胡英为我讲述往事，老伴王晓娴全力支持，精心照顾患病的我，在文章修改定稿时，一并深深致谢！

## 妈妈的古训

张道兰

国有国法，家有家规。每个家庭都有自己的家训、家规和家风。

我国近代著名政治家、战略家、文学家、理学家曾国藩曾说：看一个家庭是否兴旺，主要看三点：1. 是否起早；2. 是否做家务；3. 是否读圣贤经典。起得早是要养成良好的生活习惯。母亲以前也是教育我们说：早起三光（头光、脸光、地光），迟起三慌。三个早晨顶一个工。做家务是勤劳才能致富。读圣贤经典是要明事达理，让人有个高远的志向，做个有教养有素质的人。好的家教与门风，就是一个家庭最好的财富。

作者张道兰

妈妈常说：一个好的家庭，要把家教当作看家资本。只有这样，后人才不会走斜路，不会做坑蒙拐骗偷的坏事，更不会危害社会和国家。因此，妈妈把对孩子的教育当作了首选。她认为，成人比成才更重要！同样的，国家也必须把国民的素质教育放在首位。国民素质提高了，经济社会才会发展，国家才能强大。这是国富民强的基础。

母亲之所以看重家教，是因为她从小就受过良好的教育。母亲出身于书香门第，她的祖父和父亲都是读书之人。家里就她一个孩子，长辈视为掌上明珠，除了给予优越的生活条件，还花重金让她接受文化知识教育。她的老师都是当地最有名望水平最高的。母亲勤奋好学，博学私塾，特别是对传统的东西从不放弃。母亲知书达礼，很受人尊敬。以前我常听人称呼母亲叫"龚先生"。

我们家有四个孩子，姐姐老大，还有两个哥哥，我最小。我还不会走路，姐姐就出嫁了。大哥大我十一岁，由于家庭困难，十几岁就工作了。我与小哥相差三岁。我很小的时候，听到最多的就是母亲对姐姐和大哥他们的教育。现在回想起来，母亲真像个教育家。

记得姐姐每次回来，在吃饭和睡觉的时候，母亲就给姐姐"上课"。要她多孝敬公婆，处理好姑娌和邻居关系，不要不讲道理，做个贤妻良母，等等。

姐姐的公婆是姐夫的伯父伯母，身边无子女就把姐夫过继到身边。母亲特别强调做人要厚道，不要分彼此。人要多行善积德。百善孝为先。说"你对我差点不要紧，必须要对公公婆婆好。不能让二老有想法"。还给姐姐讲二十四孝里的好媳妇割股为婆婆治病的故事。姐姐出嫁时，母亲专门送了一张二十四孝画图，有二十四个感人的故事，贴在她的卧室里。

姐姐从小脾气暴躁，受了委屈爱和人争吵。俗话说：相骂无好言，相打无好拳。为这事，母亲没少费心思，开口就批评教育，要姐姐跟别人讲道理，不要伤人。伤人一语，利如刀割。姐姐不服气，说："别人都欺负到头上了，我能不吭气？"母亲说："让人非我弱，我让人不错，让她明天撞别个。不要学那些没教养的泼妇！她不讲道理，让旁人去评说。你是在有教养的家里出去的，要明事理，不要怕吃亏。吃亏是福！人在做，天在看。"

姐姐隔壁住着一个无儿无女的五保老人，腿还残疾，很可怜。妈妈每次去姐姐家，都要买些吃的送给他。老人感激得不得了。妈妈要姐姐也多帮帮他照顾他，多做好事和善事。老人家缸里没水了，就帮忙挑满。有什么困难主动去帮，逢年过节给老人送好吃的。

姐姐有时也会反对，说："我自己家的事都忙不过来，哪有时间去管别人？不要给我添麻烦！从小就对我管教特别严，我现在有家有口了，您还要管教我。"母亲没有责怪，而是苦口婆心地讲，"教育你是做娘的责任。老人言，'教不严师之惰，养儿不教父之过，养女不教是娘的错。'做人要厚道，多行善积德。要积阴德。做了好事不宣扬，不让人知道，就叫积阴德。还要积口德。不讲别人的坏话和不吉利的话，不骂人。说句好话三分德。厚德才能载物。做人要有仁爱之心、宽容大度之心。不要得理不饶人，更不能无理强三分！"

在母亲的教诲下，姐姐一直坚持做到老人离世。因此，姐姐在他们那里受到了一致好评。

小时候，我们吃饭不爱坐在桌前，喜欢跑出去吃。母亲立马叫回去，给我们讲规矩："吃饭要坐在桌上吃，端着碗跑起来吃那是要饭的人。吃不言睡不语，吃饭睡觉都不能讲话。筷子不能在菜碗里翻来翻去，别人看了会说你没家教。不能咬筷子，不能敲碗，不能把爱吃的菜放到自己面前。不能太自私，不能浪费粮食。"并说浪费粮食要遭天谴！后来还给我们讲了个浪费粮食遭报应的故事。

说从前有户有钱人家，家里很富裕，粮食堆成了山。每天他家吃完饭洗碗时，就会有一些米饭从水沟里流出去，正好被离他家不远的寺庙里的老方丈看见了，命小沙弥每天捞起来洗干净再晒干，存放在黄桶里。日积月累，满满地装了一黄桶。小沙弥不懂，问师父："这些米饭收集起来有何用？我们又不缺这些粮食。"师父答道："这些粮食，日后就能救人性命。到时候你就明白了。"由于这户人家不懂节约，大肆挥霍浪费，很快家就败光了。把房子卖了度日，没多久卖房子的钱也花光了。后来沦为乞丐。为了活命只能去乞讨，晚上就宿在寺庙。方丈叫小沙弥把黄桶的米煮给他们吃。三年过去了，落难人百思不得其解，不晓得这庙里的和尚怎么这么好，于是就问老方丈，"你们怎么对我们这么好？我们在庙里吃住了三年多，没问我们要一分钱，是何缘故？"沉思片刻，方丈说道："你们在我们庙里吃的，都是你们自家的粮食。"方丈的话，让落难人丈二和尚摸不着脑，便说："我们不曾把粮食存放在庙里，怎说是我家的粮食？"方丈把真相讲了，落难人当即跪地忏悔："我有罪！不该浪费粮食，把白花花的大米饭往水沟里倒。"那年突降大雪，天寒地冻，落难人饥寒交迫无处藏身，最后冻饿死在荒郊。方丈说这就是遭天谴！

故事虽然不长，但折射出的警示和教育意义很深。母亲教育我们要"一饭一粥当思来之不易。常将有日思无日，莫待无时盼有时。"这两句话，真是言语不多道理深。让我们明白，过日子要细水长流吃穿不愁，勤俭持家才能有幸福生活的大道理。

母亲对我们的要求时时处处都不放松，总喜欢用古人的规矩来教育我们。给我们讲得最多的，就是二十四孝：一是虞舜耕田，二是鹿乳奉亲，三是啮指痛心，四是戏彩娱亲，五是芦衣顺母，六是百里负米，七是亲尝汤药，八是卖身葬父，九是扇枕温衾，十是丁兰刻木，十一是行佣供母，十二是埋儿奉母，十三是拾葚异器，十四是涌泉跃鲤，十五是怀橘遗亲，十六是孟宗哭竹，十七是闻雷泣墓，十八是卧冰求鲤，十九是恣蚊饱血，二十是扼虎救父，二十一是尝粪忧心，二十二是乳姑不怠，二十三是弃官寻母，二十四是涤亲溺器。二十四孝宣扬的是孝道传统美德，每个故事都感人，都有教育后人的深远意义。二十四孝是儒家伦理思想的核心，是千百年来中国社会维系家庭关系的道德准则，是中华民族的传统美德，是中华民族传统文化之精髓。所表达的都是正能量的事迹。母亲本人就是个有孝心的善良人，特别要求我们都要做到。人要懂得报恩，感恩是做人的本能。动物还知道报恩，羔羊跪乳、乌鸦反哺也是行孝的榜样。

母亲还要求我们不跟调皮的孩子一起玩。她说跟好人学好人，跟着要饭的困庙门。用现在的话说，就是近朱者赤，近墨者黑。跟我们讲孟母三迁的故事。为了把孟子培养成优秀的孩子，孟母发现邻居家的小孩不好，就马上搬家。为此搬了三次家，硬是把孟子培养成了一个伟大的历史人物。

对孩子的教育，母亲的观点是要从小抓起。常说桑树条从小育，长大育不直。要求我们从小要有志气。给我们讲甘罗十二岁封宰相贵为当朝一品、商辂二十一岁连中三元天下扬名的故事。她说有志不在年高，无志痴长百岁，自古英雄出少年。

母亲教育我们求上进，做堂堂正正的人。做人不要太强势，强势不会有好结果。列举古人例子，说韩信强来刀下亡，霸王强来乌江尽。凡事都不要斤斤计较。计较不过争得蝇头小利，只能获利一时，厚道却可安享一世。坦诚能以真心赢得真心，强势只能治服他人的口，和善才是解决人与人之间问题的根本。做人，精明不如厚道，计较不如坦诚，强势不如和善。人不能过于精明，糊涂一点好。糊涂一点，心不累人也不累。因此就有句"难得糊涂"之说。该是你的早晚都是你的，不是你的就不要强求。不属于你的，争来了也守不住。

母亲特别信天明，认为一切都是天注定。也信因果报应，恶有恶报善有善报，不是不报时候未到，时候一到一起都报。把这当成座右铭来教育我们。她说除夕晚上诸神下界察善恶，好人坏人都记在簿子上。神仙有好也有坏，坏神仙到谁家就干坏事，在食物上下毒。为了防止坏神下毒，就在食物上放一根有须子的青蒜苗。他一看有白胡大仙看着就不敢投毒了，来年家里人就不会生大病。所以，三十晚上在食物上放大蒜，已成了我们家的传统。

她还把宋代吕蒙正赶斋的故事讲给我们听。吕蒙正是个有才学的书生，因运势不顺，年年赶考都不中。但他也不放弃，边学边考。后来花费了所有银钱，连吃饭的钱都没有了，又不好意思去要饭，拿不下书生的面子。他想，附近有座寺庙，何不去寺庙讨要点吃的呢？于是，每天寺庙开饭时就准点到。刚开始僧人们还抱着同情心，给他赏碗饭吃，时间一长，僧人们也没有同情心了，开始反感他，并提前一小时吃饭。吕蒙正拿着碗去时，说"不是开饭的点吗，怎么还没人来？"有人告诉他，"就是为了避开你才提前开饭的。"他带着饥饿与羞耻回到住处。他也安慰自己，人在屋檐下谁敢不低头！从此发奋读书，皇天不负有心人，终于金榜题名得中头名状元，并得到宋天子的赏识。柴君主与杨延昭婚事，就是请吕蒙正做的媒，流传下来了"状元媒"的故事。中状元后，不亲的亲戚都来了，不是朋友的也对他好了，走到哪里都前呼后拥。他看透了人心和世道，写下了堪称一代奇文《寒窑赋》，各种人情冷暖，现实无奈，写得真实且入心。

母亲常给我们讲《寒窑赋》，教育我们遇到不顺心的事不要着急，不要发怒，要学会忍。再大的事，忍一忍就过去了。"忍"是心字头上一把刀，忍是让人难受的，但不忍就会出麻烦。有句话讲小不忍则乱大谋，对家庭和自己都不利。

她给我们讲古代《张公百忍得金人》的故事。张公是个生意人，总会遇到一些烦心事，他从不和人争吵。别人不能忍受的事，他都能忍，总是顺应别人，成了十里八村出了名的好人。有人还故意去刁难试探他，都没有惹怒他，反之比以前更有肚量。他的忍耐感动了神仙，也去试探他。在他忍了九十九次时，神仙在大年正月初一早晨变成一戴

张公百忍雕像

孝的农夫拖一死人，站在他门前说道，"我家父去世了，求您帮忙给老人洗个澡。今天是大年初一，我不好去找别人，没办法就找到您这里来了"。神仙边说边哭很是伤心。张公一听，心生怒火。心想："大年初一早上遇到这不吉利的事，岂不对我家不

利？这事不能答应！"又见那人哭得伤心，心想"别人有难处，我就帮他一次"。便说"看你可怜，我就帮帮你，不过要等过了午时我才能洗。我是生意人，要图个吉利"。神仙见张公应承此事，便把包裹好的死人放在他家门后扬长而去。到了下午，张公去给死人洗澡，把包打开一看就是个泥人，全身是泥巴。边洗边擦，发现死人全身都变成金色了，成了个金人。擦洗完照样包好，放在门后等人来取。忽见门前站着位白胡子老者，便上去问，"您有何干？"老者答，"我就是上午送死人来的那个人"。张公马上求饶，说神仙请恕小民没及时帮你洗！说罢赶紧搬出来金人。神仙摇摇头笑道，"你没错，金人是赐给你的"。边走边说，"张公百忍得金人！"

故事可能是虚构，无法考证。但教育人要行好行善，就会有好报。

有时见别人家的孩子做了不好或是不对的事，母亲都要拿来教育我们。记得有一次，有个街坊的女儿在外面大声喧哗，很不文雅，引起大人反感，都说她不懂规矩，少教！母亲怕我也学她，让人指指点点说闲话，要我谨记古言"女子无才便是德"。我问母亲是什么意思，我理解为女子没有才华就是德。母亲说，是指女人在众人面前不要显示自己，不要大声喧哗，做好女人的本分。

还有一次，我说自私是天性，都说人不为己天诛地灭。母亲马上纠正说，这样理解是错误的。是说人要不修为自己，就要天诛地灭。现在想想，母亲的教训千真万确！少言是修养，闭嘴是智慧，人多时管住嘴。话多错多是非多，是非多就麻烦多。独处守心，人少时要管住心。

母亲的古训举不胜举，可能不全让人接受和信服，但有一点毋庸置疑。那就是走正道，做好人，行善事！这不正是当今社会提倡的正能量吗？充分证明了我们中华民族是有着光荣传统的伟大民族。这种美德会被一代一代传承下去，让子孙后代永远受益。我们是伴随妈妈的古训长大成人的，也影响到我们的下一代。他们也在按照妈妈的古训修炼自己、约束自己、完善自己，尽量做个对国家、对家庭、对社会有用之人。老祖宗留下来的宝贵财富，不能在我们这里毁掉。这也是对我们国家和民族的大爱！

## 妈妈，您最珍贵

蒋志红

作者蒋志红

光阴清浅，真实绣织，日子里散落了事与愿违的前尘，将一些心语寄予文字，将走远的故事点滴倾诉。

妈妈，今天是个下雨天，雨下得特别大，从半夜一直下到现在，不眠不休。一种莫名的心绪环绕着我，我想对你说些心里话。

妈妈，我们做母女已四十多年了。每次看到有关妈妈的文章，我总是不经意地翻阅过去。认为那是别人的妈妈，唯有羡慕的份。羡慕那些和妈妈相处得像亲姐妹的母女，羡慕她们手挽着手一起逛街，羡慕她们睡在一个被窝里诉说爱的呢喃。但，我们没有这些亲密的举止，因为在我心里，你是一个不讨喜的妈妈。

我一岁时就离开你，寄养到乡下外婆家。你的模样，你的笑容，在我的童年里没有记忆。但我依稀记得，我时常穿着你给我做的小布鞋，小布鞋绣有美丽的花朵，穿在脚上甭提有多美。每当穿上新鞋子的头一天晚上，我就抱着新鞋子睡觉，就像抱着妈妈一样。梦中，你温柔地亲着我的小脸蛋，给我梳着漂亮的羊角辫，扎着红红的蝴蝶结……

在乡下，我学会了扫地、做饭、洗衣，还跟着外婆一起学种菜。无数个黄昏，我站在村口的小路上，期盼你的身影出现，跟着你回到城里，在宽敞明亮的教室里读书写字，将来做个科学家。

我十岁那年，你终于来接我了！你把我紧紧地搂在怀里，泪流满面。面对陌生的你，我不知所措，挣脱你的怀抱，躲在外婆身后，用眼睛愤恨地瞪着你。

回到城里，我见到了两个可爱的弟弟，一个八岁，一个刚满周岁。你和爸爸的工作都特别忙。照顾弟弟的责任自然落在我的头上。每天天不亮就和你一起做早饭，然后牵着八岁的弟弟一路小跑到学校。当我站在小板凳上为一岁的弟弟晾晒尿布时，左邻右舍都夸我乖巧懂事。

在那个困苦的年代，勤劳节俭的你，在屋旁小河边的一块空地里，起早贪黑硬是整出一块菜地来。我像一个跟屁虫，帮你种菜苗、浇水。记忆中的小菜园，瓜果飘香，蔬菜青青，一畦韭菜绿，两垄茄子紫，一架丝瓜长，一片甜瓜香……它们硕大丰腴,生机盎然。你侍弄菜园,就像在被面上绣花,一针下去,绿的是叶,一针下去,红的是花,再一针下去,保准结一个大南瓜。

记忆里,你没有为我梳过一次头发,没有为我扎过一次蝴蝶结。但每年你都为我做一条小花裙。两个弟弟的衣服都是别人家孩子穿小了送给你的。你无疑是勤劳善良的妈妈,也是爱我的妈妈,可是你始终走不进我的心里,我很少叫你妈妈。

我们就这样在不咸不淡,没有多少温情的日子里苦度光阴,我渐渐长大,你慢慢变老。参加工作后,我除了每月按时上缴你规定的工资外,很少回家,更没有写过一封信给你。

1990年的三八妇女节,我出嫁了。你为我准备了丰厚的嫁妆,红红的喜被映红了我羞涩的脸。那天的我特别激动,我终于有了自己的家,可以离开你的视线,不再受你的管束。那天的你红着眼眶,跟在迎亲队伍后面一路小跑,似乎有千言万语的叮嘱,万般的不舍……

婚后,我生下了一个漂亮可爱的女儿,我发誓不让女儿离开我半步,不让她受一丁点儿委屈。没想到,女儿三岁时我下岗了,生活的拮据不得不让我和老公南下打工。临行前,我把女儿托付给你。你紧紧地抱着外孙女对我说:"走吧,在外面注意身体,多写信回来,报个平安!"我的眼泪刷刷而下,我似乎明白了当年你把我寄养在乡下的无奈和酸楚。

在深圳打拼的日子里,我除了每月按时给女儿寄生活费,没有给你打过一次电话,更没有给你写过一封信。你的生日我不曾记得,更不用说送你礼物了。

外面的世界很精彩,也很无奈。风风雨雨的日子我咬牙坚持,终于在深圳有了立足之地,准备把女儿接来深圳接受更好的教育。还积极备孕,想给女儿增加一个伴,一家人从此过上幸福快乐的日子。

然而,天有不测风云,人有旦夕祸福。一名新来的员工由于操作失误,遭到电击,从脚手架上摔下来,经医院全力抢救,成了植物人。由于来不及为这名新员工买工伤保险,所有的医疗费、安置费、赔偿费都得自己承担。面对这飞来横祸,我欲哭无泪。我不得不贱卖车子、房子,凑足一百多万元了结了这起工伤事故。

2002年的除夕,万家灯火的深圳没有一束温暖的光属于我。怀孕八个月的我出现了早产的症状,经过两天两夜的痛苦分娩,儿子在大年初二降生了。儿子瘦小得像一只猫。从医院回来,我用仅剩的168元钱买了一箱北京方便面准备度过暗淡无光的春节。我的奶水严重不足,儿子整夜啼哭,搞得我精神恍惚,几度崩溃,真想抱着儿子跳楼。

生性倔强要强的我,不想告诉你我遭遇的一切,怕你的责怪,怕你的看不起,我选择独自默默承受这一切。

大年初八的早晨,当你一身疲惫、满脸倦容出现在我面前时,我简直不敢相信自己的眼睛，你的脸像一张白纸，似乎没有一点血丝。刹那间，一股暖流唤起了我心底的柔软，我多么想大声呼唤一声妈妈，扑进你的怀里放声大哭，可是我的呼唤如鲠在喉，最终吞咽回肚子里。

我把你迎进屋，你给我带来了200个家乡的土鸡蛋和卤牛肉、米酒，还给我刚出生的儿子做了四双虎头鞋。你不顾身体的虚弱，忙生火给我做了一碗鸡蛋米酒。你告诉我，虽然我没有给你写信，但我在深圳的情况你基本知道。你责怪自己的身体不争气，晕车厉害，要不然早来深圳看我了。一路上你不敢吃不敢喝，两天两夜的大巴车把你折腾得够呛。

一大碗鸡蛋米酒填饱了我的肚子，你却舍不得吃一个鸡蛋，只是简单地煮了一碗稀饭吃。你看着摇篮里瘦弱的小外孙，对我说："我把他带走吧，你现在的情况怎么带好他？放心，有妈在，没有过不去的火焰山，一切都会好起来的！"

两天后，你带走了我的儿子，也带走了对我满腔的爱。

五年后，公司重振雄风，我和老公访问香港、澳门、日本、美国考察学习，开阔了视野，增强了睿智。公司被评为深圳明星企业之一。

你六十岁生日的时候，我第一次精心为你准备了礼物，得知我要回家的消息，你早早就在家门口等着我。我远远就看见你头上的白发一丝丝随风飘动，夹杂的青丝写尽岁月斑驳的历程，额头的皱纹深一条浅一条刻画着六十年来的风霜雪雨。我疾步上前紧紧地拥抱着你，深情地叫了一声妈妈，把一条金项链挂在你的脖子上。

妈妈，你有点耳背，我久违的呼唤你听到了吗？

妈妈，你老了。我没注意到你什么时候变老的，当我发现的时候，你老得颠覆了我的记忆，我对你关心得太少。在寿宴上我满含热泪地对你说："妈妈，感谢你让我从小培养了独立、坚强的性格，让我无论何时何地都能立于不败之地；感谢你默默无声的爱；感谢你为我做的鸡蛋米酒……"

亲爱的妈妈，我爱您。在我心里，您最珍贵！

# "小伯" 有大爱

但召俊

"小伯"是带我来到人世间的人，"小伯"这个称呼是陪伴我成长最平常也是最温暖的称呼，是神一般的存在。

"小伯"不是伯父也不是伯母，是依照通海口风俗改口对母亲的称呼。母亲一辈子生了11个儿女，那时候医学不发达，先后夭折了6个，只有我、两个哥哥和两个姐姐成人。是为了儿女好养活，才改口称父亲为伯伯、母亲为小伯的。

小时候放学回到家，远远地就大喊几声"小伯！小伯！"小伯就急忙忙去厨房看饭有没有做熟，快点满足我无尽的胃口。直到结婚后，我才随孩子们的口吻，改口称母亲为"婆婆"。"小伯"这个亲切的称呼，逐渐淡出了我的生活。如今回味"小伯"这个曾经伴我成长的温暖的称呼，思绪瞬间回到那虽然艰难但无比温馨的往日时光。

作者但召俊

母亲1922年出生于袁谭湾的顾家，家境贫寒，虽没读过书，但家教很严。那是一个以小脚为美的年代，女孩子都要缠足。出于当时所谓培养"正常、完整女人"的世俗压力，母亲的脚上被缠上布条，让脚趾强行弯曲，外公不得已强迫她从桌子上往地下跳，当场能听到"咔嚓""咔嚓"骨节折断的声音。母亲忍着钻心刺骨的疼痛，咬牙挺过来了。

有一年遇上水灾，外公外婆带更小的弟弟妹妹去湖南逃荒，临行时不放心，就把母亲交给了婆家。于是，8岁的她就到但家做了童养媳。童养媳生活的压抑和苦难，磨炼出了母亲勤劳、坚韧的意志和对美好生活的向往。

幼时对母亲最早的记忆，是五岁那年，出生两个多月的弟弟夭折了，母亲坐在床边默默啜泣，几位亲友在安慰。母亲流泪的画面，从此深深刻在了我幼小的记忆里。

我们小时候，电还没有进入农村，更别提电扇、空调了，整个夏天就是母亲的手摇芭扇帮我们解暑。室内太闷热无法入睡，大家都把凉床搬到门外禾场乘凉。不是很宽的凉床我和二哥一头一个，好不容易忙完家务的母亲在我们旁边侧身躺下，手里的大芭扇前前后后不停地扇动拍打，替我们赶蚊子、解暑。朦胧中感觉刮起了好凉爽的大风，一觉惊醒，才发现哪里是起风了，是母亲为了守护我们两兄弟，手里的扇子就没停过，她自己辛苦了一晚上根本不敢真正入睡。

我十来岁的时候，暑假农忙季节，有一次陪母亲去10多里外的农田做事，因为太远回不了家就用瓷把碗带了些午饭。我帮忙做的农活不多，肚子倒是饿得快。我喊母亲一起吃饭，母亲说不饿让我先吃。午饭是南瓜盖在饭上面的。我小时候爱吃甜食，越吃越有味，不知不觉一大碗饭很快就被我吃得差不多了。此时，我猛地记起母亲还一口没吃，惭愧地喊她来吃。母亲却说不饿，扛得住不要紧。干一整天的农活，不吃午饭能不饿吗？她只是心疼我，怕饿着我了。

有一年秋天，读初中的二哥为了赚点学费，自告奋勇去十几里外的永合村、陈家村周边的小河里摸蚶子（河蚌的俗称），那里的蚶子肉肥味美在菜场蛮受欢迎。深秋的水已经很凉了，二哥高挽裤脚下水摸，裤子都浸湿了。蚶子大且重，摸多了挑不动。母亲赞赏二哥小小年纪勤劳懂事，很心疼，下午就准备去帮他挑回家。母亲顺着小河边一路

蚶子（河蚌）

找了很远，一望无际的荒野不见一个人影。走了很长时间，母亲才远远地看见一条小河中间有个小黑点，像一只孤雁（母亲原话）在缓缓移动。此情此景，令母亲忍不住流下心疼的眼泪。几十年后，母亲还常常提起这段往事，每次都老泪纵横。是啊，在母亲心里，每个儿女都是她的心头肉！

16岁那年我高考落榜，父亲给我找了一个学手艺的地方——百里外的洪湖新堤。那时交通不便，要步行几十里才能搭上去新堤的班车。母亲担心我年纪小又不识路，亲自送我去车站。行李有一口木箱装着衣物，还有棉被等等，用一根扁担挑着。俗话说路远无轻担。刚开始好像不重，走着走着就感觉越来越沉。我刚离开学堂，还没有受过苦，走一段路就挑不动了，多数时候是母亲挑着担子走在前面。

走了10多里，来到与洪湖交界的东荆河边，坐过渡船去洪湖府场。正赶上汛期河水暴涨，水流湍急，小小的木船在激流中晃晃荡荡。我虽会游泳，但心里还是有点紧张，如果这小船失去平衡，后果将不堪设想。母亲当年57岁，走南闯北见过风浪，面对滔滔河水，毫无惧色。有母亲在身边，我心里慢慢踏实下来。

小船过了东荆河，上岸是洪湖市府场镇。经府场到曹市车站，还有二三十里路。就是空手走这么远也很辛苦，何况还要挑着几十斤重的行李。年近六旬又是小脚的母亲挑着担子，我心有不忍，就夺过扁担自己挑。就这样，一路儿疼娘、娘疼儿地走了好久，才到曹市汽车站。是母亲艰难地陪我迈出了走向社会的第一段旅程。套用一句网络鸡汤：哪里有什么岁月静好？只不过是有人在替你负重前行！是的，母

亲就是那个永远替我们负重前行的人!

母亲勤劳能干,朴实善良,任劳任怨,这是亲友乡邻公认的。父母在各自家中都是排行老大。我祖父过世早,父母理所当然成了家里的顶梁柱,两个叔叔、一个姑姑都得到了兄嫂无尽的关爱,大事小事全部由哥嫂当家,帮忙打点。舅舅比我母亲整整小了20岁,年轻时体弱多病。母亲想尽办法帮他治病调理,时时处处关照他们一家,给予了舅舅超出姐弟而类似于母爱的大爱。

外公外婆早年逃荒湖南,曾经失散了一个两三岁的女儿,找了很久没找到。解放后舅舅专程依照线索寻找,也是无功而返。失去这个妹妹,成了母亲永远的心结。所以,母亲更疼爱小她15岁的唯一的妹妹,也是我唯一的同样慈祥的姨妈。

姨妈一生命运多舛,每次在她命运的重要转折点,母亲总会尽力拉她一把。姨父四十多岁病逝后,姨妈独自抚养五个儿女成家立业,生活十分艰难。母亲看在眼里,疼在心头。当年农村寡妇改嫁,难免会招来闲言碎语。母亲深明大义,顶着压力,亲自牵线,为年过50岁的姨妈找到了共度余生的老伴。至今,姨妈和老伴已经幸福恩爱地生活了30多年。每每谈起这些,姨妈的感激之情就溢于言表。

对需要帮助的陌生人,母亲同样是义无反顾,古道热肠常怀悲悯之心。母亲虽然缠了小脚影响劳动能力,但依然是农田一把好手,生产队的乡亲们都抢着和母亲搭档做事。对做农活差一点点的乡邻,母亲也很大度地带着一起干,从不计较谁吃亏谁讨好。

记得六七十年代,常有远近各村开河修堤的民工住在我们家,几十人闹哄哄的,母亲总是提供方便,从不抱怨。我们家离通海口集镇近,家里也收拾得敞亮洁净。每年的干部会、党员会、民兵集训、老师培训,都在我们星红一队的农户食宿,各村的人们抢着住我们家里。母亲热情好客,令借住的人们宾至如归,赞不绝口。那些年,家里也常接待陌生的投宿人,有走乡串户做小买卖的,有做手艺的,甚至落难乞讨的人。记得有个弹棉絮的江苏年轻人,在我家一住就是两年。母亲生性善良仁慈,富有同情心,年幼时逃过荒,知道人在落难时需要帮助,所以她帮助别人从不图回报。

母亲有一双巧手,自留地里的菜蔬瓜果总比别人家长得好。每年玉米成熟了,母亲就煮上一大锅玉米棒子,把她在街上结识的几个铁杆闺蜜魏姨妈、吴姨妈,还有叔伯姑妈都接过来一起尝鲜,剩下的打包带走。在那个粮食紧缺的年代,这应该算是慷慨之举了。

三年困难时期,嫁到镇上的叔伯姑妈家有五个儿女,口粮总是不够吃。他们只要来,就算家里粮食再不充足,母亲总会想办法给他们弄点吃的。几十年后,菊英、环芝两位表姐还会提起这些事,对母亲的恩情感激不已。

母亲有一门绝活,就是做酒曲子。她将一种随处可见、叫不上名的野花裹在酒曲子里面，用这种酒曲子做成的米酒甜而不腻，芳香开胃，远近闻名。除了村里的乡亲，镇上那些平时多少有点高傲的吃商品粮的人们也口口相传，慕名而来。酒曲子售价本就很低，一角钱三个，如果顾客给了几个好评，母亲总要多送一两个给人家，不为赚多少钱，只为方便别人，自己开心。

母亲的厨艺是一流的。村里干部开会，或者来了上级领导、打麦子的司机，母亲常常担当主厨。即使寻常的小菜，也能做出不一样的味道。

物资匮乏的年代，母亲总是变着花样满足我们的胃口。马齿苋是野菜，那时很少有人敢吃。母亲挑些鲜嫩的马齿苋，洗净焯水晾干，拌细米粉加上佐料腌一两天，做成的马齿苋鲊胡椒恰到好处地酸爽，拌上稀饭特别开胃，至今难忘。冬天蔬菜不够吃，母亲将细米磨成米浆，做成鲜嫩可口的"米豆腐"，让我们姐弟回味无穷。因为小时候母亲的精心哺育打好了底子，这么多年来我一直胃口好、身体棒。感恩母亲赐给我最难得的财富，就是健康与平安！

那个年月什么都不让种、不许卖，母亲还是想方设法赚点小钱，贴补家用。泥蒿现在是餐桌上的新宠，但当年没人敢吃，民间传说吃了会耳聋。母亲应该是最先开发吃野泥蒿的元老。农闲时，母亲到十几里外的天星洲垸寻找野泥蒿，用她顽强的肩膀一袋袋扛回家，堆在厨房外的墙角边，淋上水，再用塑料纸蒙上。两天后，野泥蒿长出一截又白又嫩的芽来，再去叶留茎，就成了菜市场抢手的香喷喷野味蔬菜。

去蒿叶（剐蒿子）是费时又枯燥的活儿，我们全家常在煤油灯下剐到深夜。第二天天没亮，母亲又赶往菜场卖蒿子。有时剐蒿子的任务太重，附近的乡邻就过来助一臂之力。母亲有留住乡邻的绝活，就是讲故事。各种戏文、民间传说，甚至鬼故事，还有谜语游戏、民间段子，精彩得让帮忙的乡邻不忍离去。

母亲没读过一天书，但是语言组织能力、理解能力完全超出了普通农妇的水准。她的戏文有头有尾，高潮迭起，引人入胜；段子清新脱俗，让人忍俊不禁。几十年过去了，有两个段子仍然记忆犹新——

段子一：随附子（也就是人云亦云）。是说两个人天未大亮一前一后赶路，前面的人突然惊叫："好大一条蛇！"后面的人随口附和："是听到了'呼'的一声。"前面的人走近后说："喔，是条死蛇。"后面的人吸了吸鼻子，煞有介事改口道："嗯，是闻到了臭味。"前面的人仔细看过又说："原来是一根䕮子（草绳），虚惊一场。"后面的人毫不脸红，做出先知先觉的样子说道："我就说嘛，这地方怎么会有蛇呢！哈哈哈哈……"

段子二：亲生母女。是说一个傻妞好不容易有人提亲，听说对方大她一岁，满腹牢骚跟母亲说："娘啊，我才不会上当！我要嫁到他家，他今年大我一岁，明年大我两岁，后年就大三岁，岂不是要一直被他欺负？"母亲神回复："傻丫头！你今年小他一岁，明年就和他一般大，后年不就大他一岁了？"女儿不由得佩服："还是我娘聪明！"

听着这些精彩的段子，不知不觉，剐蒿子的效率大大提高，我们兄弟的学费也有了着落。现在回想起来，因为有母亲支撑，那些艰难的日子也变得充满快乐，充满希望。

或许是劳累过度吧！母亲70岁以后腰肌劳损，身体逐渐弯成了九十度，靠拐杖加小板凳艰难挪步。我们兄弟三个都在外面谋生，不放心老人独自在家，就想把80多岁的母亲送去福利院。母亲内心对福利院的生活模式是有抵触的，没亲人没熟人在身边始终是没有安全感。但她怕我们三兄弟过于担心，就义无反顾地答应了我们的安排。

那天送母亲去了福利院，于心不忍的我回到仙桃的租住地，特意去附近一家福利院暗访，实地感受、了解老人们的生活状况。看到有个老太婆和母亲差不多年纪，有轻微的老年痴呆，生活难以自理，我还嘱托身体好些的人帮帮这个可怜的老太太。想到母亲在通海口福利院也同样凄凉无助，不禁流下眼泪。好在两个姐姐、姐夫都孝顺细心，轮流把母亲接过去奉养，免去了我们的后顾之忧。

自从有了女儿，我便随孩子叫母亲"婆婆"，"小伯"这个温暖的称呼再没机会出口。更惭愧的是，我们的相册里居然没有一张和母亲的合影。真是愧为人子！

奉劝在外打拼的游子们放慢脚步，多回家看看双亲，多喊几声年幼时对父母的称呼，回味幸福时光；握一握父母双手，或者给个温暖的拥抱，让他们有足够的安全感；智能手机不要只拍儿女，要多拍拍老父老母，与父母合影，给自己多留点珍贵的记忆，让亲情延伸，让爱伴随父母的晚年，尽量少留遗憾。

时光已经凝固，思念无时不在。母亲去世10年了，往事并没有随风飘散。母亲慈祥的容颜愈加清晰，有如电影画面，常常在眼前掠过。特别愿意听亲友、乡邻谈母亲的往事，听到对母亲的赞美，会倍感亲切。那些曾经善待母亲的人，我将对他们永怀感恩之心。平生不求富贵，但求如母亲教诲的那样，顶天立地，问心无愧。

身影远去数冬春，几度梦回绕膝边。犹见缝衣残烛下，大爱铭记儿心间。

愚子无能空垂泪，慈母有德广施恩。若得转世能重逢，结草衔环报亲恩。

# 游和尚寻子

韩训政

那天傍晚,游和尚刚刚吃完晚饭,坐在门前休息,准备晚上到茶馆说书。哥哥游德恒急匆匆来到他家,很神秘地说:"你老婆在剅河夏家场。我给你找到了,她还给你生了个儿子。要不要去看看,把他们母子接回来?"

游和尚先是一惊,后又淡淡地说:"接她回来做么事?她能跟别人跑,我不能接她。她也没有脸回来。给我生了个儿子,这个……我可以去看看。"

作者韩训政

这到底是怎么回事?游德恒给他讲了事情的经过:那年三月初,天气很好,游德恒像往日一样,挑着货担串乡卖广货,不知不觉来到了夏家场的小街上。时值下午,本来很小的街上零星几个乡人行走,少有的几家铺面也没有人购物。只有一间小理发店里有几个说闲话和理发的人,使这个几十米长的小街显得有点活气。

游德恒听到一个好熟的声音,顿时用了心,驻足进到理发店。自己的头发很长,该理理了,也借机看看这个熟悉的声音是谁的。

理发师傅是个十六七岁的小伙,热情地把他迎进屋。坐在理发的凳子上,对着眼前的镜子,看着镜中的理发师,游德恒心中一惊,这个理发师怎么和自己的弟弟游德华小时候一模一样?两颊颧骨突出,嘴宽唇厚,身材修长,说话声音浑厚。

游德恒忍不住问道:"小师傅,姓什么?多大年纪?令尊做什么生意?"理发师没有住手,小声说道:"我姓徐,今年十七岁,父亲死得早,和母亲相依为命。"游德恒又问:"你母亲在家吗?我可否见一见?"理发师说:"可以,母亲在后面屋里洗衣。"

理完发,小师傅把游德恒引到后院来见母亲。

小师傅的母亲很客气地接待了游德恒,问道:"大哥是哪里人?"游德恒回答说:"我是通海口人。""啊!那你认识一个叫游德华的人吗?""认得,他是我亲弟弟。你问他做什么?""唉!我妹妹就是他的媳妇,前面理发的就是他的亲儿子。"

"啊!"游德恒一听,心中有底,自己的判断没有错,故意惊讶地说:"不是说她早死了吗?""唉!没有死,她出去半年后又回到我这里生了个娃,叫我帮她找到娃的父亲游德华。现在好了，可算找到他的亲老子了。"

游德恒听了她的介绍，说："徐大姨，多亏你了，让你受苦了。你不要慌，我今天就回通海口，把这事跟我弟弟说说，看他是个么意见，到时我们再来接他。"

游德恒连夜赶回通海口，没来得及吃晚饭，急匆匆来到弟弟游德华的家，弟兄俩商量了一晚上，决定第二天到夏场去。

这天晚上，游德华怎么也睡不着，想象着儿子的长相，担心儿子会不会认自己，见面了会不会叫自己父亲？该不该把儿子接到通海口？后来实在困得不行，才在兴奋和喜悦中睡去。梦中还笑醒了几回。

第二天不等天亮，弟兄俩就踏上了去夏场的路。夏场离通海口说远并不远，三十多里；说近也不近，要走几个小集镇，潘场、朱蒋湾、巴芒口、束家剅。当时没有汽车，弟兄俩挑着货郎担，边说边走。还好，只用了半天就到了夏场。

夏场街集市已散，没有几个行人，显得比较冷清。弟兄俩来到理发店，店门半掩着。

游德恒进门高喊："徐婶子！徐婶子！""唉！谁呀？啊，是大伯！你们来了？真不凑巧，宝儿串乡剃头去了，晚上还不知能不能回来。你们走了这么远，我来做饭你们吃。"没有见到儿子，只看到儿子的姨母，游和尚感到扫兴。吃过饭，说："怎么办？在这里等，也不方便。这样吧，我们过几天再来。"

就这样，弟兄俩连夜赶回了通海口。时间过得很快，转眼快到清明。游和尚思儿心切，哥哥游德恒有事，他只得一个人去夏场。这天天气很好，春风和煦，人逢喜事精神爽，想到今天可以见到儿子，游和尚的脚下好像生风，三十多里路不到半天就到了。

游和尚来到儿子的理发店。店门开着，一个小青年正给一个老头理发。游和尚刚一进门，理发师就说："大叔是理发吧？您稍坐一会儿，这位爹爹马上就好了。"

"好！好！"游和尚连声说。边说边坐在旁边的凳子上，仔细观察理发师，心想这就是自己的儿子吗？过细看，有点像自己。如果是，我怎么向他开口呢？他会认我吗？他会同我一起到通海口吗？他的姆妈会同意吗？这些问题，在游和尚的脑中不断翻腾。

"大叔，您坐过来，我给您理发吧！""哦！好好！"游和尚从遐想中醒过来。自己的头发并不长，他要给我理，就让他理吧。边理发，游和尚边问道："小师傅今年多大了？""十七岁。""就你和母亲一起生活？你父亲呢？""我父亲早死了。""你到过通海口吗？""没有去过，姆妈不准我去。""你姆妈呢？""姆妈到谢场去了，说过两天回来。"

"哦！"游和尚感到为难，他母亲不在家，怎好向他开口呢？还是等他母亲在家时，叫他母亲跟他说吧。理完发，心意已定的游和尚说："我是通海口的，等你母亲回来，就说我来过。今天不在家，我就不等了，过几天再来。"小理发师多次追问有什么事，游和尚只是不说，连夜回到通海口。

从夏场回来，游和尚把见到理发师的情况跟母亲讲了，肯定地说，这就是自己的儿子。母亲也急着叫他把儿子接回来，亲眼看看自己的亲孙子。游和尚哪能不着急呢？但自己家庭比较困难，修好的两间破房子，又刚遭过火灾。每天下乡卖百货，赚点生活费，和母亲相依为命。如果把儿子接回来，添人进口，在哪里住？想了很多很多，在焦急的等待和思绪烦乱中过了半月。

那天晚上，游和尚和母亲说闲话，哥哥游德恒来了，谈到找儿子的事，母亲催他们再到夏场，把儿子领回来，看一眼也好。为了了却母亲的心愿，弟兄俩准备再到夏场去。

第二天早上，天气很好，暮春的气温不冷不热。弟兄俩备好礼物，挑着货郎担上路，来到了夏场。因是熟路，他们直接来到理发店。

店里没有客人，小师傅独自坐在理发凳子上，见有人来，急忙起身相迎。过细一看，是自己给理过发的两个人，随口问道："您郎们今天有事吗？我母亲今天在家。"说着把他们领到了后屋。

徐母见是游氏两兄弟，眼神中透出一种惊喜与忧伤。说了一会儿话，天气突变，渐渐下起了小雨。在徐母的再三挽留下，游氏兄弟只好在此暂住了一宿。这间草屋前后两层，前面是理发店，店面的神壁后放了一张床，是理发小师傅的卧室，现暂时让给游氏兄弟。后面草屋有一小房兼厨房。小房是徐氏的卧室，小师傅和徐氏也暂时住这里。

"哎呀！快来人啦！"睡到半夜，一声惊叫打破了小屋的宁静。游氏兄弟从睡梦中惊醒，急喊："什么事？怎么了？"小师傅结结巴巴地说："我母亲她……她……"

顺着小师傅指的方向一看，只见徐氏吊在屋角的梁上。兄弟俩急忙上前，把徐氏抱起，解下绳子，平放在床上。游老二问小师傅："这是怎么回事？"理发师吓得战战兢兢，说："我也不知道。刚睡下就听母亲抽抽泣泣地小声哭，我问她为什么，她也不回答，我人很困，就迷迷糊糊地睡着了。一觉醒来，在床上一摸，没有人，我小声喊，也没有人答应。我感到奇怪，燃灯一看，母亲吊在那里。我害怕得急喊！"

小师傅刚说完，徐氏就在床上长长地哼了一声。游氏兄弟坐在床边，小师傅端了一杯温开水给母亲喝下。

见徐氏的精神稍好点，游德恒无不埋怨地说："他婶子，你这是何苦呢？有什么事不好说，非要寻短见不可？"

徐氏见问，哭得更伤心了。抽泣了一会儿，叹了一口气，说道："说来话长，都怪我那死鬼妹妹！"说着用手指了指小师傅："就是他的姆妈不听话，做了错事，不好好地和游德华过日子。当年跟德华都已有三个来月的身孕，为么事硬要和那个当兵的土匪跑？然而那个土匪命不长，被打死了。他姆妈怀身大肚，无脸回通海口，只好到我这里来，住了个把月，就生下了他。哪晓得他姆妈得了产后风，但哪有钱医治呢？不几天也死了。她把这孩子交给我，要我把他养大。这十几年来，娃跟我姓，我多次找他的父亲都没找到。当时我还是个姑娘家，为了我死去的妹妹和这个侄娃，我看了多少白眼，听了多少闲话？有几处给我说婆家，听说我还带了个娃，都没有搞成。别人看不起我，我也懒得找人了。前年我叫他学了个剃头的手艺，他能养活自己了，您郎们也来了。我也快五十的人，没什么用了。我把他交给您郎们，也就放心了。我后半生无依无靠，活在世上也不好意思，只好……"

游氏兄弟听了这段话，还好说什么呢？都心酸不已。

这么一折腾，天就快亮了。游德华说："哥，这孩子我们不能领回去，不然他姆妈一个人在家，孤苦伶仃，是不太好。我们家也不宽裕，孩子去了住的地方都没有。就让他住在这里，以后他想到通海口，也可以去，两边走动。"

"也是的，他姆妈含辛茹苦抚养他这么大，也是离不开他，就让他两边过吧！"游德恒也不好再说什么。

弟兄俩又劝慰了一番，徐氏叫理发师认了游德华为父亲，喊了游德恒一声大伯。游德华把自己的想法跟徐氏一说，徐氏的心里也踏实多了。至此，理发师没有搬到通海口，只是两边走动。

# 丁氏割肝

马二姑（丁氏孙女）丁宗昌/口述　马月亮/整理

丁氏（1866—1936年），祖籍通海口镇马套村九组人，是铜柱堂文虎公系下第十七世孙定一公之妻。丁氏一生，性慈仁，善施舍，以孝道为最，是孝敬公婆的典范。

丁氏家境贫穷，小小年纪就嫁到马氏家中。苦难深重的童年和少年经历，使她养成了勤劳俭朴、克己待人、温和善良、坚毅隐忍的优秀品质。对人敬而有礼，内外无闲言，以忠厚老实著称。其夫身体瘦弱，不能担家务，或耕或耘，或织或纺，日夜忙碌，不敢自暇自逸，也从无半点怨言。及至丈夫每临病危，必慎之又慎，精心照护。

1893年4月，婆婆胡氏得了重病，四十五天卧床不起。丁氏视其如亲生母亲，与婆婆同床相眠，夜晚起床数次护理，白天则端茶递饭，煎药洗衣。

婆婆有时大小便失禁，房内龌龊不堪，臭气难闻，自责不已。媳妇丁氏总是笑着说："儿子是您养的，媳妇就是你的女儿。老人病了，照护是应该的。"床上被子弄脏了，就拿自己的新被子给婆婆盖好；打来热水，把婆婆洗得干干净净；按时更换衣服，并点燃蚊烟驱赶病房苍蝇，用水拖洗房间。

婆婆的病经过多个医生治疗，却毫无好转。丁氏心急如焚，冥思苦想，觉也睡不着，乃偶生奇策，仿古"朱氏割肝"之诚，实出无聊之想，以行孝心之意。

选取吉日良辰，不顾一切，含着眼泪，咬紧牙关，而引刀自割肝，和羹奉婆，婆婆饮之立愈。丈夫深感奇怪，使用什么奇方却也不知，问媳妇丁氏而不忍言，总是以他事掩饰。

后婆婆见媳妇偻腰而行，心里窃疑，再三追问，媳妇才道出实情。婆婆于是四处宣传媳妇奇孝，亲朋好友也大加赞扬。传到县衙，呈报州官，州长葛振元深嘉奖之，亲笔题其匾额"孝以愚成"四个大字，敲锣打鼓，红旗招展，里把路长的人群，把匾额送到丁氏家（此匾一直挂在房檐下，直到改革开放后房屋改造方才拆下）。

丁氏的行为，给世人塑造了一个完美的大孝儿媳的光辉形象，无声践行了中华民族笃行孝道的传统美德，博得乡村邻里朝廷的普遍赞誉，也给我们树立了光辉榜样，留给我们无穷无尽的精神财富。在孝道崩弛、世风日下的今天，更显难能可贵。

## 三婶吴碧玉

韩祖英

如果没有听见三婶讲话的声音，一定以为她是本乡本土的女人。

她脑后梳一个圆圆的发簪，标志着已是有夫之妇，虽然只有18岁。穿的那身土布衣衫，是她自己种棉花缝制的。头上戴的斗笠、脚上穿的草鞋，也是她自己编织的。她纺纱织布，飞针走线，犁耙耕种，都很在行。

初学使用犁耙时，她差点没把脚指头削光，鲜血染红了泥土，硬是坚持学会了。在农村，这类活本应该是男人干的，可三婶家唯一的男人——儿子，还不会走路呀！

作者韩祖英

三婶也是村里唯一有文化的人，谁家给远方的亲人写信或者儿女亲事写个生辰八字……都来找三婶。她总是热情接待，毫不吝惜地拿出纸墨为乡亲代笔。来人也少不了拿四个五个鸡蛋作为酬谢。所以乡亲们都很喜欢她，亲切称呼她为三婶。当她说"引家，有么事"时，才听得出她讲的是一口标准的汉腔。

一个大城市的女人，为何流落到这穷乡僻壤、荒芜一片的天星洲了呢？说来话长，也不长。

三婶本名吴碧玉，出生在汉口一个知识分子家庭，父母都是教师，她中学毕业和她的初恋——现在的三叔结了婚。三叔是国民党某军校毕业生。婚后不久，抗日战争爆发了，他随国民政府去了重庆。走之前三婶怀有身孕，为了安全，就将她送回了老家天星洲。

从此夫妻天各一方，音讯渺无。不久生下了儿子，取名曙光。

为了母子俩的生活，她吃苦耐劳，开垦了两亩荒地。不管生活多么艰辛，她心中的那道"曙光"一直存在，给了她无穷的信心与力量。她坚信，总有一天，他们一家人会团聚，曙光会到来！

多少夕阳西下时，她倚门眺望田间小径的那头，希望那个熟悉的身影朝着这孤独的小屋走来；又有多少个不眠之夜，人静夜深时，她右手搂着儿子的头，左手拍着儿子的脸，轻声地唱着："望穿秋水，不见伊人的倩影……往日的温情，只换得眼前的凄景……"歌声委婉而凄凉，止不住热泪顺颊而下，滴在儿子的脸上。乖巧的儿子睁开朦胧的眼睛，不哭不闹，用手背擦干滴在脸上的泪水，又伸长手臂为妈妈拂去泪珠。

有一次儿子发高烧，三婶用了各种土方法都无济于事，只好冒着遭遇日伪军的危险，送儿子去镇上求医。

拿锅底灰往脸上一抹（怕遭日本鬼子祸害），用绳子将曙光往背上一捆，打着光脚朝镇上走去。走出村子必须要经过一条小河，河面无桥无渡，只能涉水过去。刚刚涉入河心，突然电闪雷鸣，暴雨倾盆，水流湍急，加之上重下轻，站立不稳，母子俩倒入河中。幸亏有一人经过，救了母子俩性命。

在这艰难困苦的日子里，三婶度过了八个春秋。

终于有一天，盼来了鸿雁传书。盯着丈夫那熟悉的笔迹，她心情无比激动，用颤抖的手，迫不及待地拆开信封，抖开信笺："吾妻碧玉……八年抗战，终于赶走了日寇……我即启程赴汉就职。将派人前来接你们母子……"

读完来信，她思绪万千，呆呆地站在原地，不知此刻该做什么。还是儿子喊"妈，我饿了！"她才如梦初醒。安置好儿子之后，做的第一件事，就是翻箱倒柜地找出了尘封多年的粉色旗袍和浅色高跟鞋。接着，面对镜子剪掉了发簪。

这是一个不眠之夜。回想这些年所受的苦，总算熬到了尽头，换取的是即将到来的幸福生活。仿佛所遭受的一切苦难，都是值得的！

第三天，果然来了一名军人。三婶带着早已备好的行李，告别了前来送行的乡亲，母子俩随来人启程。

到了汉口，那辆军用吉普停在一栋洋楼前。开门的是一位佣人，军人进入大厅，叫了一声："师座，夫人少爷已到！"

三叔从里屋出来了，这应该是三婶心跳的时刻。但出乎意料的是，三叔身边还有一个时髦的女人。那女人径直向三婶走来，不失礼貌地深深鞠了一躬："大姐，辛苦了！"

这一瞬间，三婶什么都明白了，好似一盆凉水从头顶浇到脚跟，两眼发黑，两脚发软，身子朝地下倒去。三叔上前一步，拦腰抱住，没让她倒在地上。经过众人一番"抢救"，可怜的三婶总算苏醒了。

那呆滞的目光，迷惘的眼神，饱含着多少痛苦与怨恨！美好的想象成了泡影，面对这严酷的现实，未来的羞辱，她失去了生活的勇气。随手操起茶几上那把水果刀，欲向自己的胸膛刺去。

懂事的儿子，意识到了妈妈的意图，连忙侧身抱住，幸免了这致命的一刀。接着曙光双膝跪下，号啕大哭："妈呀，您不能死！曙光不能没有妈呀！"

这凄惨的哭喊，唤醒了妈妈的良知和伟大的母爱："是呀！我儿还未成人；我怎能狠心丢下与我患难与共相依为命的骨肉不顾呢？"

母子俩抱头痛哭。

三婶和儿子被安顿在另一栋房子里，三叔不时也来小住。有一天，三叔说："我们那边有所好学校，我想把曙光接到那边去读书，每个周末我和儿子过来陪你。"

为了儿子，三婶没有异议。

可是过了几周，不见父子俩过来，电话也打不通了。正当三婶愁眉不展不知所措时，报童的叫卖声惊动了她："号外，号外！国民党军官携眷属，随主子蒋介石逃往台湾……"

可怜历尽沧桑的三婶，又失去了爱子，莫大的悲哀让她欲哭无泪，只得认命。

三婶的父母知道情况后，把无依无靠的她接回了娘家。在父母身边，她重新享受到了父爱母爱的温暖。两老退休后，她虔心照顾他们的生活，直到去世。

1951年武汉民主改革，派人到天星洲调查了她的情况。因为她出生在本街坊，群众了解底细，父母亲又是人民教师，所以地方政府及人民群众没有另眼对她，政府还给她安排了一份营业员的工作。退休后每月按时领取一份退休工资，衣食基本无忧。

1982年春，三婶收到了一封从台湾寄来的信，深感不安，不知它带来的是福还是祸。这时居委会陈主任来到三婶家，说："吴奶奶！恭喜您，终于等来了台湾的消息。"

主任的突然光临，让她更加忐忑不安。主任像看穿了她的心思，又说："现在政府颁布了对台三通——通邮、通航、通商的政策。他们能给您老来信，说明是拥护中央人民政府'三通'政策的。这是好事啊！如果他们能亲自回来，看一看我们大武汉的变化，那就更好了。"

主任的一席话，让三婶心里的一块石头落了地。而曙光在信里说，他下周就到家。于是，她立即打扫卫生，整理好床铺，准备了儿子爱吃的排骨莲藕汤和家乡特色菜瘦肉炒年糕。

终于盼到了周末。

从中午起，三婶就一直端坐在客厅里。不！真切点说，是触手可及开门拉手的门旁，迫不及待地等着那催人泪下的敲门声。

一直等到下午，终于响起了敲门声。三婶都没让敲门声响第二下，就急切地拉开门栓，然后一眼就认出了门口的那个人，并大叫一声："我的曙光儿啊！"

曙光连忙放下行李箱，上前抱住了妈妈。母子俩紧紧相拥，喜极而泣。前来迎接的亲朋们，随后将母子俩引入客厅。

开饭的时间到了，大家围席而坐，母亲不停地为儿子夹菜。曙光大口大口地吃，连声说："好吃，好吃！家乡的菜真好吃！"

看着儿子吃得高兴，三婶脸上乐开了花。待宾客散尽，母子俩安静地坐在客厅里，促膝谈心。

"妈，你恨爸吗？"

"这多年了，还有什么恨不恨的？"三婶沉默了片刻，回答。

"妈！您不知道，我们当时是仓惶离去的，不可能带所有亲人。即使是一家人踏上了上船的跳板，那混乱的局面，也可能妻离子散。当发动机轰隆响起，船尾溅起浪花时，岸上的亲人捶胸顿足，船上的涕泪横流。那是一幅多么凄惨的离别图啊！我们是由武汉关，直达金门岛的。一路上，父亲都没说一句话。一会儿仰天长叹，一会儿低头拭泪。他放不下您，舍不得故土啊！到了台湾，父亲身体每况愈下，于1958年离开军界，在高雄开了一座百货商场。那些年，父亲从不去娱乐场所，他最爱去的地方就是海边。

"有一天，他该回家的时候还不见人影，我立即驾车去了他常去的海边，老远就看见父亲坐在一尊礁石上低垂着脑袋，手上飞下来一张纸片。我担心他掉进海里，大声叫着爸爸。等走近了一看，只见他脸色苍白，嘴唇发紫。他勉强睁开那双忧虑的眼睛，看了我最后一眼。那天是1960年10月1号。他手上掉下来的那张纸片，是你们俩的结婚照。"

听到这里，三婶落泪了。

"妈！我这次回来，第一是看望您老人家，再就是来武汉考察。我从广州一路走来，都非常感动。不论是在机场还是在车站，大陆人都是那么热情善良，素质也很高。'三通'政策也给我带来了商机，我想在武汉投资办工厂。"

"你的妻儿呢？"三婶问。

"我们已经联系了，要她尽快处理好商场事务，立即来大陆创业，她也很乐意。"

接下来的一周，母子俩游览了著名的风景区黄鹤楼，在龟山电视塔俯瞰了武汉三镇绚丽的景色及雄伟的长江大桥。曙光玩得兴致很高，母子俩都很开心。

三婶担心儿媳牵挂，脱口问了一句："你打算什么时候回去？"

"回去？不！是回来！"曙光先是不解，接着回道。

三婶也不解其意。

"不仅如此，我还要完成父亲的遗愿。"曙光接着解释道，"父亲交代过，说自己回来无望了，假如有一天我能回到大陆，不要忘记带上他的骨灰，也不奢望举行葬礼，只要能将他的骨灰撒在家乡任何一个地方，他就能安息了。叶落归根，魂归故里啊！"

曙光继续说："我要在武汉把工厂办得红红火火，再买一套大房子。如果您在美国定居的孙子一家回来，我们四世同堂，让您享受幸福晚年。"

"曙光来了，曙光来了！望眼欲穿的曙光，真的来了……"三婶眼含热泪频频点头，小声喃喃。

## 秉承家风　繁花不落

——来自排湖岸边的"马老板"

马汉昌

作者马汉昌

在沔城回族镇上，有三栋两间三层的小楼房，楼里陈设讲究，红木家具沙发，窗明几亮，看上来就是个殷实人家。一位年逾花甲的老太婆穿梭其间，接待来自全国各地的蔬菜运销客户。老太婆面带笑容，迎来送往，一看上去，就是个精明能干，谙熟生意的"女老板"。她就是排湖岸边从事蔬菜经销的商人马景珍。

沔城回族镇原是沔阳老县城，南面的东荆河可通省城，北滨排湖。离沔城五六里地的排湖岸边，是马套村。1951年，马景珍就出生在这个村子。父亲是有名的乡村私塾教师，母亲是个知书达礼的沔城人。第二年马景珍的父亲去世，孤儿寡母相依为命。母亲算得上是城里人，不晓农活。丈夫去世后，只好下陡坡，从头学做农活，学缝纫手艺。农忙到地里干农活，农闲帮人家做衣服，硬是挺着脊梁过日子，把年幼的景珍抚养大，供她上小学，一直撑到小学毕业。

小景珍自幼丧父，耳濡目染母亲的辛勤教育，从小受母亲的一言一行的熏陶，自强自立，勤劳善良。

谁说女子不如男？十三岁那年，小学毕业的小景珍放弃学业，回乡参加劳动，挑起了家中的重担，学会了栽秧割谷，打草收场的农活。每天劳动收工，累得腰酸背痛，手脚打起血泡，母女俩依然灯下谈心，相互鼓励。母亲向她传授马家的家训家风，要吃得苦中苦，做得人上人；有志不在年高，勤劳才能增长才干，增长财富，脱贫致富；我们女人也能顶起半边天……母亲的教诲，在小景珍的心灵种下了勤劳守信、自强做人的种子。

十九岁那年，在母亲筹办下，按马套村马氏传统，景珍招婿成亲。此后生育三男一女，一家七口人辛勤劳作，其乐融融，过着普通农家人的平常生活，日子也像芝麻开花节节高。

1980年，改革开放的春风吹遍神州大地。而立之年的马景珍，毅然决定随母亲举家迁到沔城小镇，开始了城镇生活。在小镇上，她做小工、当厨师，既务农，又经商，做起了蔬菜生意。俗话说"红庙的萝卜沔城的藕"，沔城莲花池的藕誉满仙桃。她和丈夫每天起早摸黑，往返百余里路，把沔城的莲藕、蔬菜贩到仙桃城区，酷暑严冬坚持不懈。几年下来，家境有了可喜的变化。

尝到了经商的甜头，她拉起蔬菜生产、供应、销售的菜篮子产业链，且不断发展壮大。起初乡亲们的蔬菜地，只有几十亩，至多几百亩，如今达到了五千多亩。根据季节变化，引导乡亲们种时令蔬菜。不同种类的果、茎、叶各种蔬菜轮换种植，既有数量，又有质量，还能卖个好价钱。蔬菜运销到各大中城市，北京、广州、长沙、武汉、岳阳的蔬菜运销大户纷纷前来订货要货。

马景珍深知经商之道，诚信为本。接待各地商户和颜悦色，包容体贴，精心安排食宿，让商贩们有宾至如归、沔城如家的感觉。她也通晓经营策略，明白经营信息的重要。客户要货紧急，就发动蔬菜生产大户加班加点备好货源，不误商机。家里架起了专用电话和电脑，使蔬菜产、供、销信息畅通，准确及时。这些做法，令客商和生产大户十分满意，有困难就找"马老板"排忧解难，平衡供销。全国菜商几十家，固定的大销售商就有八家；全镇生产蔬菜大户有三十多家，经营量每天近十万斤。马景珍为他们架起了一座通畅的桥梁和一条金色纽带。

一个女人的成功，总会给家庭家族带来希望。母亲的教育，往往是潜移默化的。马景珍常常教育子女们，一个人的能力有大小，但品德只能求高不求低。她注重身教也重于言教，教育子女们明大义、识大体、有德行、讲诚信，人生要有生存的本领。子女们完成学业，都学一门手艺。在沔城的小镇上，子女中有学篾匠手艺的，有学烹饪厨艺的，有跑运输驾驶的。三百六十行，行行出状元。她的四个子女走出去，街坊都称有教养、有礼貌、有德行。三个儿子一家一栋三层小楼房，大儿子在沔城和她从事蔬菜产销工作。二儿子出国务工在莫桑比克，小儿子在刚果务工，待遇丰厚。

马景珍常说："作为农家小户，全家和睦，吃穿有余，衣食不愁，如今儿孙满堂，就享了祖传八辈子的福了。"

她的热心快肠，在沔城这个古老小镇上，无人不知、无人不晓。

"马老板"，真是秉承家风，繁花不落！

# 五 民风真淳朴

## 劫后余生话当年

——忆 1983 年武汉空军派飞机飞赴通海口抢救伤员事件始末

曾凡银

**编者按**：这是一个曾经轰动一时的历史事件，这是一段痛苦与幸福并存的记忆，是一个大写的爱，也是古镇通海口首次迎来直升机降落。

直升机那次降落通海口，既不是执行军事任务，也不是参加抗灾抢险，而是为了抢救一个遭遇车祸的重伤病人。这个大难不死的幸存者，就是进入耄耋之年的我。

遥想当年，我惨遭车祸，命悬一线，是共产党及时派来直升机，救生命于危难之中，拒死神于千里之外，此恩此德无异于身同再造，我将没齿难忘。

作者曾凡银

我的人生中所经历的大难与大幸，大悲与大喜，可谓酸甜苦辣，五味杂陈。多年来，剧烈的伤痛把我折磨得死去活来，其间我也产生过轻生的念头，但很快意识到我的生命不再仅仅属于自己，求生不再是一种本能，而是一份沉甸甸的责任，更是感恩的必然要求，我才能顽强地活到了今天。

在相当长的时间里，我多次找一些老领导、老同事、当事医生、护士和亲友们，广泛询问我当年住院前后的一些真实情况，以便写出一份能够表露个人心迹的文字材料。苦于才疏学浅，尚没成书，心愿始终未了。

值此党的二十大召开前夕，怀着感恩共产党、感恩社会的赤子之心，谨献上这篇短文，披露那次事件中鲜为人知的陈年往事。

首先，我将珍藏近四十年的《湖北日报》1983 年 11 月 3 日头版右下角一则通讯报道，呈献给读者诸君，并简单叙述那次事件的始末。

《沔阳通海口发生严重车祸 武汉空军派飞机抢救伤员》：

"本报记，昨天下午，武汉部队空军飞行管制室接到省政府办公厅通知，在沔阳县通海口发生严重车祸，几个重伤员生命垂危，请空军派直升机抢救。武空司令员武继元和参谋长史法如，立即命令某独立飞行大队执行任务。他们派了最好的机组和飞

机，在半小时内作好了飞行准备，十二时四十五分，从汉口机场起飞，半小时就到达现场上空。现场人流如潮，秩序较乱，地形又不好，驾驶员王天杰凭他多次执行野外抢救任务的熟练飞行技术，决定在现场着陆。十四时四十分飞机就载着伤员回到汉口。伤员正在医院抢救之中。

（程耀坤）

### 一、车祸在夜幕中降临

那是我担任通海口造纸厂厂长第六个年头的一天夜晚。准确地说，就是1983年10月31日晚上。因为我们厂有一火车皮卫生纸要发往贵州安顺，需要提前用汽车运往江岸火车站。因此，当晚我们联系了机站六辆解放牌汽车和搬运站二十余名装卸工人，准备连夜完成这次交货任务。

八点钟左右，装卸工先后到了，第一辆汽车已开进厂部仓库前待命。第二辆汽车进厂后，马上萧墙祸起，汽车竟像醉汉一样缓缓驶向比较集中的人群，人们惊慌失措地迅速向两旁躲避。但不知道是刹机失灵，还是司机在慌乱中加大油门，只见汽车猛地一头撞向厚厚的院墙，熄火时发出的轰鸣声响彻夜空，霎时间犹如地动山摇。

人们镇定下来后，马上意识到出了大事故。副厂长丁洪武同志立刻组织清点人数，除了发现一个倒在地上呻吟的伤员外，没有发现我的踪影。过了好一会儿，人们好不容易从另一辆汽车的车头下发现了我。那时的我血肉模糊，遍体鳞伤，已是奄奄一息。好心的人们自发地将我和另一位伤员用板车送进了通海口卫生院。

### 二、爱心在人群中涌动

那是怎样的一个不眠之夜啊！

急救室内，付沛林医生和护士始终在观察我的生命迹象，靠不间断地输氧、输液延续生命。同时，对累累伤痕作必要的药物清洗。急救室外走廊里，企管会正副主任金方清、魏天栋俩同志和造纸厂厂委会一班人轮班守候在那里。

我爱人哭得泪人似的，几次昏迷过去，更有一班亲友陪在一旁安慰和落泪，至今让我感念不已。

次日清晨，分管工业的副书记陈启发同志陪同从天星洲救灾前线赶来的党委书记冯家林同志一同前来看望。据说冯书记给医院和在场领导提了三点要求：一是不遗余力，二是争分夺秒，三是多种准备。我后来知道这些话后，铭感五内。

就在这一天，造纸厂出车祸的事在通海口集镇和部分村组传开了，到卫生院自愿献血的亲友和熟人，以及看热闹的人络绎不绝。据说，献血的场面十分感人。

抢救时间一分一秒地过去。要开颅，通海口不具备条件，转县人民医院，一路上打粮晒草的密密麻麻，病人经不起折腾。院方无计可施，个个焦灼万分。

就在这时，一位探亲的现役军人在医院对大伙讲，只有请武汉空军派直升机抢救才可行。

这句近乎天方夜谭的神话，居然在当天就变成了现实。镇领导马上向县政府办公室报告，并请迅速报告省政府办公厅。没想到当时政府机关办事效率极高，在电话层层转达仅一个半小时，就得到了武空将派直升机前来抢救的答复。

这个消息，让整个医院都沸腾了，据说在场的许多人眼里都饱含激动的泪花，似乎我就是他们所有人的亲人。

直升机马上来通海口救人的消息不胫而走，人们潮水般地涌向飞机将要着陆的地点——原通海口政府后面的星红村棉田一带。党委副书记朱传新、陈运珍同志（也是我的初中同学）迅速组织人员，拔掉着陆地点约五亩地段的棉花植株，并在四周插上多面大红旗，以便飞机在空中识别方位。一些来见识直升机的人们主动加入劳动队伍，一切准备工作迅速就绪。

十四时三十分左右，直升机缓缓着陆，给地面带来一阵不小的风浪，当时四周人头攒动，欢呼声、鼓掌声此起彼伏，人们用深情的微笑目送飞机载着病人驶向施救的前方。据一些目击者后来回忆，那种热闹壮观的场面，在通海口实属盛况空前，绝无仅有。

### 三、飞机在极限中穿越

金方清同志、卫生院胡医生和朱护士送我及家属一行5人登机前往武汉，飞机很快在汉口王家墩军用机场着陆。救护车和带有氧气包的医护人员早已在那里等候，然后飞快驶向省第一人民医院（武昌紫阳路）。开颅医师和麻醉师在等待病人到来。整个安排如此精细，完全超出常人想象。

病愈后听知情人谈起这段往事，我总是感触良多，泪水一次次模糊了双眼。很难设想，如果没有这样紧锣密鼓的周密安排，我可能早已命赴泉台了。

整个手术长达五个多小时，据说是十分复杂的，但也做得十分顺利。手术后我昏迷了七个昼夜，醒来恍如隔世。那时陈启发同志到医院看望，告诉我说，他将代表党委向"武空"赠送锦旗。我还处于半昏迷状态，只是潸然泪下，无法用恰当的语言表达真情实感，更不可能同他一道，向"武空"部队首长当面致谢，成为终身一大憾事。

### 四、岁月在感恩中流逝

三十八年了，岁月悠悠路漫漫。

然而那一幕幕、一件件往事，仿佛就在昨天。我在那次车祸中真正认识到什么叫生离死别，什么叫体无完肤，什么叫撕心裂肺，什么叫感天动地，什么叫生命至上！

感恩，成为我生存下来的强大动力。没有这种动力，我的生命肯定定格在 36 岁那个年轮上。

除了感谢党恩，还要感谢那些曾经关心我、帮助我的老领导、老同事和诸多爱心人士。这些人有的已经作古，有的已年逾古稀，愿逝者安息，生者平安。

同时，我打算在有生之年，在力所能及的范围内，扶危济困，助伤帮残，把感恩的美好心愿化为奉献爱心的实际行动，不断传递人间大爱，让社会充满正能量。

（2022 年 1 月）

# 记曾定邦书记二三事

涂阳斌

曾定邦主任是2019年2月8日走的。那天是正月初四，天冷得出奇，屋檐下、树枝上，都挂着"泠沟子"。我和余功文结伴从武昌赶回仙桃，送忘年友曾主任远行。

我和曾主任相识于1980年。那年底，在通海口公社举行的人民代表大会上，我当选公社管委会委员，从教育战线调到公社工作，与时任通海口公社党委书记曾定邦同志成为同事，时间不长，他就出任了沔阳县委常委、县委办公室主任。

1986年7月，我脱产学习两年归来，当时兼任沔阳县委（当年10月县改市）整党办公室主任的曾定邦同志，希望我到整党办公室担任秘书组组长，我愉快地上了岗。

在曾主任的率领下，我们没日没夜地工作，分层次指导县直、乡镇、村级整党。为了确保整党质量，他把一些难啃的骨头拿在手上，逐一督办。

1988年2月初，曾主任交给我一个"硬任务"要我去完成。此前，市里调整行政区划，把昌家湾管理区划到下查埠镇管辖，关系一直理不顺，停电、停水、停广播……已达半年之久。他让我带一个工作组进驻昌家湾管理区，尽快恢复供电、供水、广播，尽快恢复生产，尽快把瘫痪了的组织恢复起来，如期完成整党任务。

当年我才27岁，还是个"毛糙子"，我怕完不成如此复杂的任务，有些畏难情绪。他说："年轻人，要敢于在复杂的环境中磨炼自己。我帮你找了个把舵的人，多听老同志的意见，依靠那里的党员，相信你能顺利完成任务。"

他所说的把舵人，是在汉江公社担任过党委副书记的周良鹤同志，那时是市种子公司的党支部书记。我和周良鹤同志带着来自供电局、水利局、广电局、农业局等的8名同志组成的工作队，经过半年努力，终于使昌家湾管理区的生产生活走上了正轨，如期完成了整党任务。

整党办先后运行了4个年头。4年里，进进出出的同志很多。凡有同志出去，曾主任都要主持召开组织生活会，用批评和自我批评的形式欢送同志，我写了篇《把欢送会开成组织生活会，好！》，发表在1988年5月20日的《荆州日报》上。我是整党办少数坚持到最后的几个同志之一，忙完档案交接，大家就要到新的岗位上班了，曾主任主持召开了整党办最后一次欢送会。他同样没有按常理说些"飘洋"

的话，而是认认真真地开展了批评与自我批评，他对每个同志的缺点都进行了分析，还提了希望。会后，他觉得意犹未尽，又在我的笔记本上写了两句话："锐意进取可嘉，锋芒毕露应改。"提醒我要谦虚谨慎，克服急躁情绪，讲究方式方法。

1992年9月，仙桃市人大首次开展政府组成人员述职评议活动，我成为向人大述职的5名局长之一。抽签时，我抽了个第一号，成为仙桃市第一个向人大述职的局长。人民代表肯定了文化局"面向农村、文艺下乡，抓硬件、练内功"等工作，同时对文化市场管理不到位提出了严厉批评。述职后，我被评为优秀局长。

曾主任那时已担任市人大常委会副主任，他怕我评上了优秀局长飘飘然，专门找我谈了一次话，他说："对人民代表提出的批评意见，你一点也不能马虎，要尽快制定整改方案，尤其是要重视文化市场的整顿与管理，特别是要加强学校周边游戏机的整顿与管理。"

我们迅速开展工作，成立了文化市场管理所，购置了市场管理所办公用房，兴办了《文化市场报》，加强了案件查处，仙桃市文化市场管理的做法，很快受到国家文化部的肯定，文化市场管理所负责人还被评为了全国先进工作者。

1993年11月，仙桃市召开第四届人民代表大会，有几个代表团联名提议我为副市长候选人。曾主任作为大会秘书长，在市委招待所二楼会议室找我谈话，令他没有想到的是，我一见面就拿出了一份写给大会主席团的"我的请求"："我感谢人民代表对我的信任。我不接受代表对我副市长候选人的提名。我将努力工作，报答人民对我的厚望。"曾主任看了，紧皱的眉头舒展开来，说："有觉悟！有觉悟！值得肯定！"大会主席团接受了我的请求。大会结束后，曾主任又找我谈了心，鼓励我说：要经得起考验，要经得起摔打。

1998年初我调到了省直机关工作，1999年春节后举家搬迁到武昌。搬迁前夜，曾主任到了我家，从挎包里拿出一个笔记本送给我，说："要说的临别赠言，我都写在本子上了。"

曾主任的临别赠言是这么写的：

阳斌同志存念：

你举家搬走了，见面时难别更难！你前程远大，望你抱着为人民服务的宗旨，发扬勤学实干精神，在党风尚未根本好转的环境中，见贤思齐，见不贤而内自省，集聚才智，为党为人民争取更大光荣！

忘年友：曾定邦

记着老领导的嘱托，我信心满满地踏上人生的又一征程。

2014年11月，我在省委党校脱产学习，得知曾主任病重，住在党校附近的协和医院治疗，我多次晚上去医院陪他，和他聊天。他叮嘱我最多的是：党把你从一个放牛娃培养成领导干部，很不容易，要珍惜；不要攀比，要知足；要把工作放在第一位,多为老百姓做事。

我最后一次见曾主任是2017年7月2日,他来武昌参加孙女的婚礼,我和孩子一起去看他。曾主任笑眯眯的,摸了摸我孩子的头,问孩子的学习情况。曾主任送给孙女、孙婿的新婚礼物,是他写的一个7言条幅,诗中有句:

志同道合跟党走,

携手并肩同向行。

曾主任去世后,有关方面在介绍他的生平时,用了"三个一"来称赞他:一心向党,一世清廉,一身正气。我提议把这"三个一"配成"一心向党,一世清廉,一身正气誉江汉"作为上联,在仙桃市楹联协会的网页上征集下联,数百人参加了应征。民心是秤!

交上这样的忘年友,是我一生的幸运!

# 我为贤妻颁证书

张光照

**一、天上掉下个林妹妹**

20多岁的小伙子，该成家立业。于是，父母为我的婚事操碎了心，热心人也介绍了几个对象，但都因我家太清贫而告吹。

还有两次，我都与对方谈好了，也因对方家长反对而生变故。第一次，我随介绍人上女方家见面，约好第二天请她到我家做

作者张光照

客，结果当晚我学骑自行车摔倒，导致手臂骨折。对方家长称我为"飞蜈蚣"，直接爽约。第二次，我和女方互相满意，第二天她和母亲、嫂子到我家做客，她嫂子嫌我家房子太矮小，说到街上办点事再来，结果一去不返。

从那以后，母亲不知托付了多少人，串过多少门。

1979年，母亲托邻队的罗婶娘说媒，罗婶娘答应把家住天星洲的外甥女介绍给我。眼看这事有了点眉目，却又节外生枝。

那天，队里安排我到陆家台押运粮食。拖拉机行驶在砖渣路上颠簸厉害，行驶到李家台时，一麻袋谷滑落到车轮下造成了翻车事件。人们从麻袋堆里把我救出来，生命虽无大碍，但右腿失去知觉，动弹不得，诊断为粉碎性骨折。母亲听到消息，一个劲地哭："四儿的命，怎么这么苦啊！刚提及的婚姻大事，恐怕又要告吹了。"

正当我躺在病床上焦躁不安时，门前来了位推着板车的姑娘，只见她头戴一顶银草帽，亭亭玉立。她摘下草帽，向我母亲喊了一声："唐伯，是我，我来接光照到我家去休养的！"

母亲一看，是罗婶娘介绍的外甥女，激动得话都说不出来了，忙着要打几个鸡蛋招待。"唐伯，您别忙了。我是利用中午休息时间来接他的，要赶回去，队里还要收谷、扯秧哩！"姑娘说。

真是"天上掉下个林妹妹"！

突然上演的这一幕，让我始料未及，内心激动无比。眼前的这位美女，是罗婶娘的外甥女，常来走亲戚，我见过她几次，知道是天星洲的人，叫好安，只是不知道姓什么。幸福来得太突然了！我拄着拐杖，上了她拉来的板车。

从我家到她家有10多里路。她头顶烈日，拉着板车急着赶路，衣裳被汗水湿透了。

她一边拿毛巾擦汗，一边和我攀谈："没想到我会来吧？我姓顾，叫顾好安，是天星洲熊庙四队的。我可算是你们星红大队的半个青年，从小在舅妈家长大，长大后也时常到舅娘家走亲戚，对你有些了解。特别是你与表哥熊远学把大队的青年召在一起办夜校，办识字扫盲班，搞青、妇、兵活动之家，举办文艺表演活动，真让人羡慕死了。你们组织青年团员栽树，我还参加过，真是热闹得很。特别是你们带领青年团员坐手扶拖拉机到坡场胡幼松纪念馆参观学习，我羡慕不已。跟你们大队的青年在一起，真是有意思。"

"那你干脆叫父母把家搬到我们星红来。""可不是！看到你们玩得热火朝天，我有几次吵着要父母搬舅爷的面子，把家迁到星红，我自己也想把婆家说到星红。舅妈一提与你结亲，没等父母表态，我就满口答应。今天我是在队里借的板车，把你接到我家休养，就是给家里人一个铁了心的表态。"

到了她家门口，她的家人、闺蜜和邻居们都围过来看稀奇。

我拄着拐杖进屋，向两位老人问过好，随后向大家说："谢谢大家来看望好安接来的跛子姑爷。晚上请大家来，听我讲故事。"话音没落，引来满堂笑声。就这样，我在她家休养了半个月，周围的人们就听了15个晚上的故事。

## 二、志同道合

1980年5月，通海口公社团委向青年团员发出了移风易俗勤俭办婚事的倡议，并决定在星红大队主办一次集体婚礼。

为了办好这次集体婚礼，大队团支部在县委工作组、大队党支部支持下，积极开展筹备工作，通过宣传摸底，全大队下季有10对青年男女结婚，我俩就在其列。

双方父母通过算命先生排八字，已经选定好吉日，是冬月二十二。并且叮嘱，吉日不能随便改。如果改了婚期，不是死男方的老子，就是死女方的娘。集体婚礼却定在1981年元旦，这就让我们作难了。最终，我们还是决定参加集体婚礼。

为了做好双方父母的思想工作，我在家遭过父母的责骂，岳母也直言不讳地说："我第一回嫁女儿，不嫁体面会被人说闲话。看的日子选的期。你要改日期，这件婚事就告吹。"

"元旦节参加集体婚礼我赞成，结婚是我们年轻人的事，我的事我说了算。"顾好安当着父母说。星红大队团支部组织青年举行集体婚礼的消息，在全县传开了。那年12月30日，全县团代会闭幕（熊远学书记当选为县团委委员），举行联欢晚会，特邀我们十对青年夫妇参加。我们是乘坐县工作队派来的万山客车，于下午赶往沔阳宾馆参加的。

1981年元旦，我与小队同龄的"八大金刚"，各骑一辆永久牌自行车，登门将新娘、来亲一同带到星红小学广场,参加公社团委为我们举行的集体婚礼仪式和电影招待会……

生大女儿吃满月蛋放电影后,妻子与女儿到娘家过门。接母女俩回家的路上,妻子对我说:"孩子满月那天放电影,让人从内心感激,使我在人前说话有了底气。亲爱的,我真的选对了你。"

一个只读过3个月短期识字班的青年妈妈说出这样的话,真是感人肺腑,我为自己能娶一个志同道合的伴侣而自豪。

生二女儿,正逢北京申办亚运会,国家有困难。一次听收音机,听到北京市市长、亚运会筹委会主任张百发讲,如果亚运会因场馆工程误期,他就从北京最高的京广大厦跳下去。

此情此景,令人震撼。当时,全国人民憋着一股劲儿,捐款捐物,支持亚运会。

"我们能不能向北京亚运筹委会捐点款,表达我们青年人热爱祖国,支持亚运会的心意?""就把娘家给我们为小孩买营养品的100元钱捐出去吧。"就这样,一份代表通海口农村青年心愿的捐款,通过邮局寄往北京亚运筹委会。随即我又写了一份"筑起我们心中的长城"的演讲稿,参加了在通海口影剧院召开的演讲会,引发了热烈反响。

### 三、我为妻子颁证书

2013年3月8日,光照文化室灯火通明,气氛热烈。开展了一年多的"农民读书有奖"活动,将在这里进行总结、颁奖。

参加会议的领导有市文广新局副局长邱波、市人口计生委副主任孔令狄(人口文化对口单位)、通海口镇党委宣传委员王敏、通海口镇计生办主任黄华、原通海口公社党委书记吴志洪、星红村党支部书记雷本斌及受表彰的有关人员等共37人。

雷本斌介绍了一年来,农民读书有奖活动取得的收效,宣布了受表彰的人员名单。一等奖丁道兵,奖尿素一袋;二等奖熊登云、朱金善,各奖尿素40斤;三等奖黄永富、熊灯远、彭爱华,各奖尿素20斤。

到会领导为受表彰的人员颁发了奖品和证书。

农民读书有奖活动开展一年多来,广大农民朋友积极参与,形成爱读书、读好书的风气。农民们崇尚科技知识,用科学知识增加收入,改变生活。一等奖获得者丁道兵同志,借阅反季节甜瓜栽培书学习后,一亩反季节甜瓜收入5000多元;朱金善借阅辣椒高产栽培书学习后,亩产辣椒7000多斤、3800多元,创造了他种植农作物以来的最高

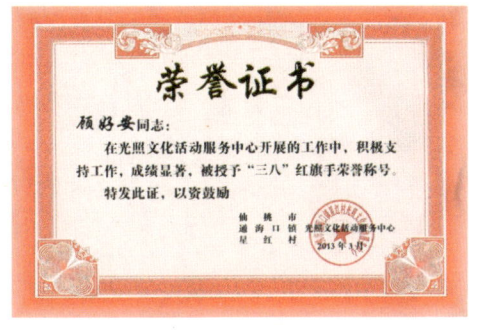

张光照为妻子顾好安颁发的荣誉证书

收入。

"今天我们在这里总结表彰，就是要通过大家去带动广大的农民朋友学科学、用科学、促增收。"讲完这句话，我接着说，"今天是三八妇女节，在此我向各位女同志表示节日祝福。为什么选这个时间？我还有自己的一点小心思，就是求得各位领导、各位同志作证，我要在今晚的会上，亲手为这个女同志颁发'三八红旗手'荣誉证书，以表达对她的无比感激之情。她就是我的妻子，顾好安同志。"

这间宽敞明亮的活动室，就是她当年到娘家借钱、赊材料，一手建起来的。没有她的支持，就不会有这个文化活动阵地。几十年来，她对我参与社会活动给予了极大的配合与支持，像汶川、玉树大地震，村里开展各类文化活动，修路、扶弱济困，在她手里捐出的钱达1万多元。

2007年，我接到参加全国首次人口文化大院院长培训会的通知，正赶上自家三亩地的蔬菜要出售，喂养的3头母猪到了产仔期，猪栏里还有20多头猪需人手喂养。正当我左右为难时，她发话了："到北京开会不仅是你个人的荣誉，更是展示地方形象的机会，你放心去吧！家里的事你别愁，交给我！"

从北京开会回来，看到她把家里的事做得井井有条，猪栏里的猪活蹦乱跳，心里感激不已，无法用语言来表达，只是给了她一个拥抱。

听了我这段颁奖词，退休老书记吴志洪情不自禁地鼓起掌来："讲得好，这样的贤内助就该表彰！"

"下面请顾好安到主席台前领荣誉证书。"

只见顾好安一边走向主席台，一边笑着对大家说："真稀奇，哪有自家奖自家人的。"会场掌声一片，笑声一片。

细想起来，我的创业史，也是一段罗曼史。感谢我的好妻子顾好安！

# 情系杨场

——记通海口知青下乡五十周年联谊活动

雷本权

作者雷本权

一

"我们的父老乡亲,我们的故乡杨场。浪迹天涯的游子,深情地把您凝望……"知识青年颜永仁一首回肠荡气的《梦回杨场》朗诵,将通海口知青纪念下乡五十周年座谈会热烈氛围推向高潮。

2019年5月24日,数十名来自全国各地的原通海口区杨场公社知识青年,欢聚在仙桃天怡大酒店举行联谊会。

由胡国卿、肖家英、徐芝珍、李家安、王菊英和齐汉青等组成的秘书组,为联谊活动做了大量细致的筹备工作。酒店大厅拉着"热烈欢迎来自全国各地的杨场知青参加五十周年联谊会"红色横幅。会议室墙上主题词非常醒目:"知青匆匆五十年梦回故里;聚会短短三两天情系杨场"。

座谈会上,主持人胡国卿发表了热情洋溢的欢迎词,分别来自北京、上海、深圳、杭州及湖北各地的知青颜永仁、何家凯、陈崇玉、徐芝珍、黄志香、袁水清、雷本权、陈绍菊、朱阳春等人纷纷发言,深情回忆难忘的知青岁月和奋斗历程。

老同学是一杯陈年酒,知青生活是一首难忘的歌。光阴似箭,隔不断当年知青情怀;岁月沧桑,抹不掉昔日奋斗场景。五十年前携手下乡,五十年里辛勤拼搏,五十年后喜迎重逢,有多少心里话要畅讲,有多少情谊要诉说!

二

"麦苗青来菜花黄,知青回到咱杨场。走村进户忙拜访,好像游子回故乡……"齐唱由知青何家楷创作的《知识青年回杨场》歌曲,将大家引向魂牵梦萦的原杨场公社。

5月25日晨,全体到会知青在天怡大酒店前厅集体合影后,即乘大巴车奔向杨场。

知青们首先到达家乡通海口镇——当年下乡杨场的出发地。同学们冒着细雨漫步在街上,朦胧中眼前浮现一幅壮阔画面——1969年3月30日,镇上隆重召开大会,热烈欢送第一批知青响应毛主席号召,到农村广阔天地接受再教育,大家披红戴花走向杨场农村。

当年，知青们是乘坐拖拉机奔赴杨场的。现在坐大巴沿原路，经星红、柳李、左桥、潘场等地驰向杨场。知青们来到原杨场公社大院——现是杨场村委办公地。五十年前，杨场公社领导在这里热烈欢迎知青到来，然后将大家分别安排到原沈湾大队、红星大队、卫东大队落户。

在原杨场公社大院留影后，即按知青群原住地拜访。

颜永仁、何家凯、雷本权等回到沈湾村，拜访了村党支部书记和几位乡亲。当年男知青全部在沈湾水乡落户，泥里水里摸爬滚打多年，留下辛勤汗水和足迹，与乡亲们结下深厚感情。大家推心置腹地回顾了当年知青往事，畅谈了水乡发展硕果。最后在沈湾文化广场合影留念。

李家安、杨宝秀、陈绍菊、曹同英、李茂香等，来到原卫东三队，拜访了原财经队长、妇女主任等人，进行了亲切交谈后合影留念。

肖家英、黄志香、王菊英、荣延珍等，拜访了原卫东九队贾队长及三位乡亲，促膝交谈后，给每位乡亲赠送了红包。

陈崇玉、李兴武等，来到原驻地红星七队，与乡亲们进行了热情洋溢的相互问候和亲切交谈。

左世英、齐汉青、朱阳春等，来到原红星五队，拜访了知青原住户曹昌帜及老伴，送去了水果等礼品。大家亲切地拉家常后，曹昌帜即兴赋诗一首表达情感："杨场故乡迎春风，知青年会喜相逢。叙新话旧时光短，合影留念笑语中。"

弹指五十年，恍恍惚惚挥手间。沧桑巨变情未变，岁月无情人有情。

杨场，知青们的第二故乡。在激情燃烧的岁月里，我们在农村献出了青春年华，我们在水乡锻炼成长。乡亲们给予了我们热情关怀，黑土地给予了我们丰富营养。

如今新农村巨变，乡亲们生活越来越美好，我们欣慰，我们祝福。我们和乡亲们相逢，虽然只短暂一霎，依依不舍离别，但父老乡亲那言那笑那情，杨场故乡那水那路那田，永远在我们心间！

## 三

"梦中美丽的仙桃，江汉平原的骄傲。游子们远方归来，多想饱览您新貌……"

原沈湾大队知青和村干部合影

在联谊会秘书组的安排下，25日夜大家住陈场镇楚苑院子酒店。知青们兴致勃勃地参与了卡拉OK、谈心叙情等活动。

当天，胡国卿、颜永仁、王菊英、陈崇玉等，代表全体知青分别看望了原杨场公社黄效仁、严新发等老领导，感谢他们当年对知青的关怀和帮助。

26日上午，知青们慕名来到仙桃名胜"梦里水乡"游览。只见水波粼粼、池杉参天、鸟语花香、风轻气爽，好一派田园风光！知青们情不自禁地在森林中翩翩起舞、豪情放歌。

离开"梦里水乡"后，大家来到仙桃重镇毛嘴午餐，美滋滋地品尝了名扬天下的沔阳三蒸、毛嘴卤鸡等美味佳肴。随后兴趣盎然地参观了仙桃现代化企业——循环经济产业园、"沔阳名人馆"等。

仙桃循环经济产业园，焚烧垃圾发电，生产有机副产品，是我国中部地区行业内顶级现代化企业。只见厂区内绿草如茵，不见烟尘，环境优美。这是解决"垃圾围城"问题的重要民生工程，经过风风雨雨而兴建，展现了仙桃现代化建设的崭新面貌。

"沔阳名人馆"里名人荟萃、星光灿烂，从元朝末年农民起义领袖陈友谅、叱咤风云的小米总裁雷军，到世界体育冠军李小双、李大双、杨威……充分展示了仙桃厚重辉煌的历史，显示了仙桃生机勃勃、开拓发展的现代气息。

联谊活动接近尾声，知青李家安以慷慨盛宴招待了全体老同学。大家举杯畅饮，亲切交谈，依依道别，承诺重逢——知青匆匆五十年，梦回故里；聚会短短三两天，情系杨场。

这是本次知青联谊会真实写照。大家衷心感谢以胡国卿为首的秘书组辛勤筹备、完善组织；衷心感谢许多老同学无私奉献；衷心感谢摄影师胡家才，特邀同学陈运珍、芮永华、徐芝珍、邓昆仑，及唐敦英、唐敦义等原杨场宣传队员的一路陪同。

待到佳期时，知青再相见。但愿人长久，千里共婵娟。

# 难忘深恩

马道富

"慈母手中线，游子身上衣。临行密密缝，意恐迟迟归。谁言寸草心，报得三春晖。"每读孟郊《游子吟》，就想起我那苦命的父母双亲，怀念我们家的大恩人——通海口镇四大村的老农民李传香老人。

### 一、患难逢知己

曾记得父亲在世时，勤劳善良，乐于奉献，遇事带头先行。

作者马道富

解放初期，父亲以赶马送货做生意为生。1956 年合作化运动，通海口镇组建驮运站，有组织有领导有秩序地驮运南来北往的物资。驮运站站长为李家训，会计为徐承汉。看我父亲工作热情，总是优先安排重活，收入也相应高些。

通海口下桥码头时有湖南大客商大船进码头卸货，生意兴隆。

当时政府拨给喂马的牲口口粮不足，养马的口粮与人的口粮时常发生矛盾。站长请示通海口镇委和通海口区委同意，驮运站到排湖边的卜家台（现陈家村一组湖边）沿湖造田种粮，解决人和马的用粮短缺。因我父亲常运货到农村，对排湖情况比较熟，所以每次都由他带三五人到卜家台和高庙子两处打撒谷。

有一天种田转来，湖中突然涨水，难得走出湖区，父亲便骑马带头探路。突然间狂风大作，一块一米多宽的蒿草排朝我父亲冲来，顿时马腿受伤，人仰马翻，父亲也掉进了湖里。

他不会游泳，大声呼救。一位打猪草的男人听到呼救，连忙放下丝草铁架子，把绞丝草的绞篙伸向湖心，让我父亲抓着绞篙，将他拖到岸边，顺手牵马上岸。父亲浑身透湿，上岸后直打哆嗦。这位男子（就是四大六队的李传香叔叔）将父亲背到家里，叫妻子胡婆烧生姜水给父亲喝，又用热水为父亲擦背，并安放在自家床上捂被逼汗。同时，将我家那匹黑花马受伤的腿用夹板绑好，喂些饲料。得亏李叔叔一家人精心照料了我父亲三天，他才脱险回到驮运站。

临走时，我父亲紧紧抱住李叔叔，泣不成声地说："老弟兄！得亏你救了我。不然的话，我和马早被湖水荡走，杳无音信了。"

从此，两家人不是亲戚胜似家人，往来频繁。驮运站站长李家训也专门到四大村六组李传香家表示感谢。

二、病床见真情

我父亲九岁时祖母去世。做牛生意的祖父再婚后，后母严厉，父亲得不到温暖，从小过着食不果腹、衣不遮体的艰苦生活，四处流浪居无定所。十八九岁成家后，就靠打长工短工自谋生路。20世纪40年代，长女长子先后夭折。到通海口苏滩村四组落户，住着一间人字型小毛棚。参加驮运站后，总是起早贪黑找生意、寻货源。休息时，不管是严寒酷暑，都自己割草，打麸皮喂牲口。

记得有一年腊月，杂草都枯萎了，一天父亲带着我到范湖（现在的武脑村一组）割蒿草喂马。在零下几度的天气里，他打赤膊穿短裤下水割蒿草。我在岸上冻得直呼叫，他则边割草边哄我。尽管我催了好几次，但直到割了两大捆蒿草，他才上岸回家。

父亲劳累成疾，于1958年2月突然病倒，高烧不退，卧床不起。母亲四处求医，也不见好转。后来求神拜佛也没有效果。

天有不测风云。到这年三月初三，突遇百年罕见的龙卷风。整天大风大雨，将我家原本破烂的茅草屋的盖草一层层卷走。正如诗人杜甫所描述的："床头屋漏无干处，雨脚如麻未断绝。"

父亲躺的房里漏湿了，转到堂屋。但堂屋也漏。母亲无法，只得撑一把纸伞挡雨。正在为难之际，李传香叔叔来了。他是听说父亲病了，来讨信看望的。他安慰我们说："不要紧。我来想办法。"

回头就找来他的二叔、幺叔，用家里刷的稻草梗和竹林刮的竹片，搬了梯子上屋铺草，用竹片夹屋檐。三个人整整忙了一天，茅草屋终于修缮一新。从屋顶下来后，满脸黑灰的李叔叔告诉父亲说："屋修好了，不会再漏雨了。"

父亲拉着李叔叔的手，叮嘱我说："李大叔是个好人。你们一生都不能忘记李叔叔的恩德呀！"

我示意地点点头，表示领情。

1958年阴历八月初九，被病魔折磨了五个多月的父亲，终于没撑住，闭上了双眼。一个不辞辛苦、善良忠实的好人，就这样离开了我们。我九个月大的弟弟，趴在他身上悲嚎，感动了所有乡邻。

父亲葬礼时，李叔叔也赶来了。在坟前见我们母子四人悲痛万分，他拉着我们几弟兄的手，泣不成声地说："马家石儿（我父亲的乳名）是个好人。他病太重了，这也是没有办法的事。孩子们别难过。有我李叔一口吃的，就有你们的。"

多么朴素的言语啊，至今难以忘怀。

### 三、荒年情更深

　　1959年起三年困难时期。那是罕见的艰难岁月，60岁以上的人都亲身体验过。那时街上每人每月十八斤粮票，一斤棉饼，二两油票。那年我刚好12岁，正是长身体的时候。粮食指标伴野菜，也只能管半个月时间。棉饼做粑粑，吃了总是卡喉咙、刺胃。有时干脆喝水。总是一碗稀粥母子互相推让，谁都不愿意先吃。还是李大叔今天送南瓜、明天送萝卜，才让我们度过了饥荒。

　　我记得清清楚楚的是，有天天麻麻亮，听到敲门声，母亲马上开门。我们起来，只见李叔放下一担芝麻梗子，气喘吁吁地从里面拉出两个鼓鼓的布袋子。李叔说："这是我积攒的两袋米糠，送来给伢们做粑粑吃。"

　　全家人如获至宝，感激不尽，连忙端水给他洗汗水。

　　李叔反复叮嘱我娘，不要把伢们饿倒了。说完就捆起芝麻梗子赶集去了。

　　望着李叔戴着斗笠、穿着打满补丁的衣服远去，我们无比感慨。他可真是救苦救难的好大叔呀！

　　现在回忆起来，我感觉到，他送的糠，真不是一般的物资。那是一颗闪亮动人的心，一颗平凡伟大纯洁的心，是一粒粒黄灿灿的金子！在那粮食贵如黄金的年代，那是人们赖以生存的救命草。李叔把救命草无私地送给我们，是多么高尚的道德情操！这份诚挚的情感，始终感动着我们的心灵。

　　每当学校放假，李叔都叫他长子李新桥到街上来接我们，去他家吃几天大米饭。并带我们到割了早谷的稻田，刷几斤稻耳子，带回磨细了吃。

　　我们弟兄二人每次都是快乐地去、高兴地回，然后向在家的母亲讲李大叔和李新桥哥哥善待我们的事。

　　李传香大叔和他一家人的恩情，我们时刻铭刻在心。

　　1990年秋，平凡而伟大的李传香大叔因病去世。我在李大叔灵前长跪不起，痛苦述说往事感恩。见我如此悲痛，有些不熟的人便问我们的关系。我大声回答说，我是李叔的亲儿子，李叔是我的亲叔叔！救命的叔叔！是我们永远不能忘怀的大恩人！

　　我永远怀念敬爱的李传香大叔！

# 碾盘行

韩训良

每个人都有自己苦乐悲欢的童年,都会留下许多终身难忘的回忆。在那些遥远的记忆中,或许是对一件事、一个人、一种情怀,甚至是对自己一段年华的追寻与怀念。

我出生"解放牌",从小生活在通海口街上,耳闻目睹在人往喧闹的街巷市井环境,对农村不甚了解,也没太多印象。当母亲说第二天带我到碾盘乡下走人家,我的心一下子就激动起来,几乎是一夜未眠。在那个缺吃少穿、物资十分匮乏的年代,亲戚家有好吃的,走人家又好玩,小孩子哪能不高兴?

作者韩训良

碾盘之行时间不长,前后三天,行程也不过十几里,却是我平生第一次远行,也是我第一次走出集镇感受外面世界的博大宽广和美好新奇,所以印象深刻,那种情怀也始终挥之不去。

那是1956年冬天一个晴朗的上午,我已七岁。我们是沿着街北边州河往东步行,经过唐家桥到碾盘的。

一路上,我都被乡间的景色陶醉。晴朗的天空水洗般明亮,阳光下洁净得有些耀眼。冬天太阳虽不及其他季节温暖,但照在大地上宛如青影。被风吹过的土地上,田野很干净,也看不到农民的身影。干净得像洗过的思绪,只有回忆,给人一种莫名的冲动。经过的小河断流见底,田边的沟渠也水干草枯,辽阔的田野一片沉寂。原野上空气清新,大片大片的油菜、麦田一望无际。那一厢厢油菜、一块块麦田,整齐的田埂、纵横交错的沟渠,伸向前方的小路。周围的油菜嫩绿,麦苗青青,绿色给寒冬带来温馨,也预示生机。远处的树木、灰色的村庄,不同深浅的色彩组合在一起,寂静而美丽。我们仿如在画中穿行。

我们走过的村子里,粮贩们忙着收购搬运,生意人在兜售推销,孩子们围着"糖人目"打转转,大姑娘精心挑选着自己喜爱的"花样子"。有的妇女坐在家门口纳鞋底赶做针线活,还有人在禾场上修整农具。从村头传来货郎鼓的阵阵叮咚,前面又响起算命先生敲打铜镜的叮当声和悠扬悦耳的胡琴声,宛转动听的乡情小曲伴随琴声鼓声铜镜声此起彼伏。这一切,都构成了祥和喜悦的乡村交响曲。

我被有趣的情景感动,心情兴奋,赶路的疲倦也逐渐消失。

快到中午，我们终于赶到了碾盘村。映入眼帘的是一座陈旧古老的村庄，"升子口"的青砖布瓦屋大小不等。相邻农舍不太紧凑，但错落有致。有的白墙黑瓦屋脊高耸，还有木橹、窗户精雕细刻但很老旧的房屋。说明这些建筑历经风雨，显得古朴沧桑，不难看出这里曾经有过繁华。有的门口晒着萝卜丝、霉豆渣，有的晒着透明的玉兰片、盒叶子，以及点缀着红、绿色的糯饭米，有的晒着白中带绿的豆皮子，有的晾着干鱼、腊肉。在一家门口，正压着一板水豆腐。可见，村民们正在置办年事货。小孩们在禾场上追逐嬉戏，玩耍正欢。到处洋溢着浓浓的年味与喜气。

突然，母亲指着一幢高大的砖瓦屋对我说，那就是你宛清大爷的家。我抬眼一瞧，只见那是一栋屋顶上飞龙走脊、屋山头有一幅黑色的八卦图、大门上方悬挂着一块圆形照妖镜、两边各有一尊石鼓的房屋。这一切，都显露着这户人家特有的气派。

堂屋里有一位老大爷低着头在打"草葽子"，见我们迈过用青石砌成的门槛，连忙起身打招呼。母亲叫我喊他姑爹。他答应完，转过头去往屋后喊："婆婆，街上来客了。"

告别他，我们往屋后走去，刚好碰到从厨房出来迎接的姑婆。她微笑着伸手摸着我的头说："是老二吧，都长这么大了。今天家里正在熬糖，我马上去做饭。"母亲问她："宛清呢？"

"啊，她有事出去了，今天回不来。"姑婆边说，边引着我们穿过院子往厨房走。我闻到了麦芽糖甜甜的香味。

趁大人说话的间隙，我返回院子到处观察，发现右边一排平房是仓库，左边是一堵高墙。我推开仓库一扇虚掩的门，见里面堆满了犁、耙、秒子等农具，其中的人力大水车吸引了我。那一个一个木床子从水槽内延伸出来，形成长长的链状环形。另一间仓库门上挂着一把条形铜锁。透过门缝，可以看到屋内"围子"里的稻谷，以及堆着的棉花和杂粮。

回到堂屋时，姑爹还在低头打葽子。我被他那熟练有趣的动作吸引，站在他面前，看他用手先将稻草捋顺，起个头使稻草在他手指梳理下，一圈一圈拧成从小到大的螺旋宝塔形，然后再用手掌压扁，一根松紧适度的草葽子就这么完成了。

门外的风景吸引我走出大门。禾场前面的那块菜园，隔着篱笆往里看，只见一棵棵卷紧的大白菜、露出地面的红萝卜、绿油油的莴笋，格外诱人。禾场边捆着个青石磙，我用尽力气去推，它却岿然不动。不远处的草垛边，有一群鸡正在觅食。尤其那只鸡冠鲜红羽毛丰满鹤立鸡群的芦花大公鸡，显得格外雄壮。本想逮住它，但刚走近，它就领着鸡群跑出去好远。

天渐渐暗下来，肚子也玩饿了，我跑回家要吃饭。桌上的饭菜虽不丰盛，但我吃得很香。

晚上，我们住进了前屋的厢房。借着那盏棉油灯的微弱光亮，但见这张大木床挂着泛黄的夏布蚊帐。再过细看，只见床正面是由几块雕有花纹的木板拼接成的床檐，床前一副宽大的木踏板，使木床显得高大结实、古色古香。床上放着一只两头绣花的方形长枕头，铺盖都是粗棉大布，虽然粗糙，但睡进去感到温和、柔软、舒服。

第二天醒来时，太阳老高了。发现屋里院内都没人，就着急地喊起来。母亲闻声，从门前的菜园进屋，告诉我这是在乡下，大人都有事，老早就出去了。临近中午，母亲的表妹宛清大爷回来了。这是我第一次见到宛清大爷。她圆脸短发大眼睛，看上去很和蔼。她亲热地叫我的名字，还给我夹菜。在这样的说笑中，我们彼此熟悉了。

饭后，宛清大爷拿出自己珍藏的嫁妆绣品，如数家珍般，一件一件地给母亲看。我也在旁边。有绣好的花鞋子、红枕头、白手绢，好多好多。这些珍贵的作品，做工精细，画面生动，光彩夺目。尤其那双花红叶绿的青帮绣花鞋十分好看，那块清香淡雅的手绢洁白高雅，那对鸳鸯戏水的绣花枕头更是寓意深刻，还有那幅湖光山色的白布门帘也让人爱不释手。从这千针万线的绣品中，我看出了宛清大爷的聪慧和心灵手巧。

绣花鞋

看完绣品，宛清大爷要去田里，我也要跟她去玩。得到母亲同意，她肩上扛着冲担草萋，带着我往村子后面走。我高兴地跟在她身后，走过一段小路，又翻过沟涧才到她家地头，便看见田埂边堆着一些枯棉梗。

她先卸下草萋，将冲担往地上一插，然后拉开一根草萋往地上一放，就动手将一抱一抱棉梗用腿压紧捆起来。

我抬头往前望去，顿时被绿色的麦苗吸引，兴奋地冲进麦田，尽情享受冬日阳光的温暖，呼吸泥土与禾苗的芳香，思绪随风飘荡。

因为得意忘形玩得太野，是宛清大爷的叫喊，把我从遥远的思绪中唤回。我爬上田埂，天真地问，热天这里是不是更好玩？她笑着讲了农村的一些事和她家的生活，还有农民的汗水与艰辛，庄稼人的期盼，使我心情顿时就沉重起来。当她讲蚂蝗和牛驼、鳝鱼与水蛇的故事时，又把我带进童话世界。

夜幕降临，我才跟在宛清大爷身后，慢慢走向村子。看她肩上挑着的那担棉梗很沉重，我感到她一定很累。

次日一大早，我看到宛清大爷提着一桶洗好的衣服，出厨房向后面的树林走去，便跟在她身后。我发现，树林外边原来是一片水塘。她把衣服往木埠头上一放，用木棒槌捶打起来，然后把捶过的衣服放进水里来回摆动，使平静的水面荡起阵阵涟漪，水波一圈一圈向外扩展，美妙极了。这使我对这清澈的水波产生兴趣，随手捡起几块碎瓦片打起水漂，瓦片急速地从水面向前窜去，跳跃几下渐渐沉入水底。

我玩得正起劲，不料听到大人喊，只好无奈回屋。

走进蒸汽弥漫的厨房，闻到糯米饭的清香。宛清大爷提起饭桶、拿着木盆，约我跟她出去打糍粑。我便跟在她身后，朝村前的小路走去。

隔着好远，我就看到前方高坡上有一棵大树，树冠挺拔像一把巨大的雨伞。走近了，才看清大树前面有个好大的石碾盘，埋在地下半圆形的石槽，一圈足有禾场大。我跳进齐腰深的石槽来回走动，发现那个青色石轮大而沉重，联结在它上方的那根方木又粗又长，乌里透红。方木向外的一端，通过石轮延伸到石槽外面一丈有余。后来我才想到，那是通过畜力拉动，驱动石轮在石槽里作圆周运动，碾压谷物加工粮食的。

因为好奇，我又沿着石碾盘转悠，跳进石槽里细摸，还爬到方木上东张西望。看着这个庞然大物，我心生疑惑："在这前不沾村后不沾店的荒村野外，是什么人建造的这项工程？"

当我转头时，发现宛清大爷在不远处忙着。喔！那边还有几个石碓，于是兴奋地跑过去，端详起来。它是由石窝和石嘴两部分

石碓

组成，石窝半头埋进土里，石嘴也是联结在一根粗大的方木上，方木中间有一个支点。冲碓就是利用杠杆原理，用脚踩起石嘴，脚一松石嘴落进石窝，用石嘴捣烂食物的。

热糯米饭捣好后，宛清大爷捞起来放进木盆压成形，冷却后就可以切成糍粑了。我问碾盘和石碓的来历。她告诉我，是官路一位商人为兴办粮食加工作坊建造的，很有历史了。石碾盘现在很少使用，但这几个石碓还被方圆十里八乡的人们所使用。听说还有人为它们做保养，自己行善积德，也为当地老百姓造福。

糍粑打好要回家了，宛清大爷看我又爬到石碾盘上依依不舍的样子，只好叮嘱说："我先走了，你少玩一会儿，中午家里等你回去吃饭。"

回村的路上我东张西望，突然间发现一片坟地。来时匆匆没注意，现在定眼一看草丛中的坟墓，心里顿时紧张起来。尤其还有一座新坟，坟头的白纸幡和坟上摆放的祭品更让我生畏。身处荒野偏僻路上，又看不到行人，加上阴森可怕的野坟，吓得我心慌意乱腿发抖。而且脑子越慌乱越疑神疑鬼，好像阴魂就在身后。

越是不敢看，越要回头看；越是不愿意想，想象力却仿佛更丰富。此刻，无常白色的影子忽长忽短，吊颈鬼披头散发青面獠牙十分狰狞，落水鬼肿头白面湿淋淋的更是恐怖，月母子鬼的凄凄惨惨……真是越想越后怕。惊恐害怕使我的脚步不由自主从走变跑，从跑到狂奔，慌不择路地一口气冲进大门。

也真是鬼使神差。"你回来了？"一个陌生面孔突然出现在我面前。他微笑着走近我，还伸出手来摸我的头。

当他那手触碰到我的一刹那，我尖叫了一声。母亲慌忙从厨房跑过来："啊！难怪，还不认识，快喊你金海叔。"

我这才清醒过来，原来是宛清大爷的哥哥王金海。记起来了，是有这么个叔叔，只是没见过面。当我说出原委，大家都笑了。

我们要回通海口了。母亲和我提着行囊走出房门，姑婆她们早在堂屋里等候，送了一布袋礼物。我想，里面肯定是一些好吃的。一家人把我们送到门外，宛清大爷一直送出村子好远，叮嘱我明年再来玩。在母亲再三催促下，她才反过身去。我跟着母亲走出好远，再回过头看她时，那头乌黑的短发，上红下蓝的衣服及远去的背影，永远定格在我童年的记忆中。

光阴似箭，岁月无情。碾盘之行转眼过去半个多世纪了，我也年过古稀。经多方打听，据说宛清大爷还健在，大概八十几岁吧！愿有生之年还有机会再相见，说说彼此，重提那段碾盘行的故事。

# 我的 "姆妈" 陈家秀

谢守鼎

一个秋日，萧瑟的秋风，卷着枯黄的落叶，挟着冰冷的雨点，打着客车的玻璃。我坐在破旧的客车上，望着窗外朦胧的雨帘，忆着往日的事情。想着我此次去探望的被我称为"姆妈"的那个可怜的女人，一种似酸似甜又似苦的滋味涌上心头。我不禁泪水长流，犹如窗外的雨帘挂满脸庞。

作者谢守鼎

儿时的记忆中，解放初期，姆妈还很年轻。圆圆的脸盘，黑黑的眼睛，高高的个子。她穿着深蓝色的洋布对襟衫，干干净净，显得十分精神。当时，她是小镇一家糟坊——胡记酒坊的老板娘。她的丈夫胡西海，我称为胡爷爷，是这家糟坊的老板。虽然不愁吃、不愁穿，生活优裕，但不尽如人意的是，他们没有小孩。因为没有小孩的缘故，姆妈一直很喜欢我，只要有好吃的，首先就过来给我。

每天早晨，姆妈总是用衣衫兜着一块热乎乎的冲担锅盔送给我。听我叫她一声姆妈，就眯着眼，甜甜地笑着看着我吃。

有一天，我睡在被窝里，等着姆妈给我送锅盔来。一等不来，两等也不来，我直叫唤。听到叫声，我的母亲来了，姆妈也来了，但没有给我送来锅盔。我看着姆妈。姆妈不像以往高兴，眼睛红红的，不时用手巾去擦。我说，"姆妈，你哭了！"姆妈擦着泪不说话。

后来听我母亲说，她的丈夫——胡爷爷到汉口去卖酒，失踪了。有的说同国民党一起跑了，有的说去了香港，有的说去了台湾。但确凿消息不得而知。从那以后，胡记糟坊就垮了，姆妈失去了老板娘尊贵的身份，过上了自食其力的贫民生活。十分讲究穿戴、讲究干净的她，也随便多了。那种深蓝色的洋布对襟衫，看上去脏脏的。脾气也变得古怪了，见了我不闻不问，更谈不上热乎乎的锅盔了。我记得，她时常对抱养的儿子发脾气，开口就骂，动手就打。骂过打过后就默默地坐着流泪。她是在怀念过去的日子，还是挂念失踪的丈夫呢？

后来我上学了，从小就受着阶级和阶级斗争的教育，知道资本家是我们的敌人，是专政的对象。跑到台湾香港去的，更是我们不共戴天的仇人。于是，我的脑子里有了阶级斗争这根弦，开始和姆妈划清界限，见面也不喊姆妈了。有时看见她走来，我老远就躲开,如同躲避瘟疫一样。

1957年,姆妈被定为四类分子,日子更不好过了。那时,居委会不时把姆妈找去,或审问或斗争,要姆妈交出胡爷爷的去向。每次从居委会回来,她就躲在那间黑暗的小房间里,无声地哭泣。有一次,居委会又把姆妈找去,他们听说胡爷爷从香港写来了信,要她交出信。姆妈不作声。逼急了,就说自己一字不识,哪里收到什么信呢?说完就哭,再不作声。居委会采取了更为"革命"的行动,带着姆妈到她的小屋里,搜家搜身,结果什么也没有搜到,只留下姆妈无声地抽泣。

在失去了尊严的岁月,姆妈艰难地度着日子,生活无着,就靠捡柴捡粮,维持着半饥半饱的生活。

大跃进那个年代,我随学校到乡下去劳动,帮助生产队割麦子。在一望无际的麦田里,我吃力地挥动镰刀。正当我伸直了腰准备擦汗时,一下子就惊呆了。原来,我旁边割完麦子的那块地里,只见几个瘦弱的老女人和几个身强力壮的社员在争抢口袋,其中就有我眼熟的那件洋布对襟衫,只是对襟衫上多了几个补丁。再一细瞧,她的身子更瘦弱了,蜡黄的脸上爬满了皱纹。

那正是靠捡柴拾粮度日子的姆妈!她苦苦地哀求着:"求求小哥们,把口袋还给我,我已经两天没吃东西了!"那个社员将口袋死劲地向姆妈掷去,吼了一声"滚!"姆妈无可奈何,流着泪弯着腰拿起空空的口袋走了。

我不由自主地向姆妈跑去。跑了几步,又停了下来。我问自己:我能上前去吗?我能与那个社员力争,要他把麦穗还给姆妈吗?我能喊一声姆妈,说些安慰的话吗?甚至,我能从麦田里割几把麦穗放到姆妈空空的口袋里吗?不能啊,不能!如果我这样做,就引火烧身了,同学老师就会批判我丧失了立场。我只能含着泪,目送可怜的姆妈,离开了我的视线⋯⋯

汽车停了下来。一声短促的喇叭声把我从混乱的思绪中唤醒,乘务员告诉我到站了。这个小站——通海口,是生我养我的地方。

提着旅行包,顶着秋风冷雨,迈着沉重的双腿,走在故乡狭窄的街道上。穿过一条小巷,一排熟悉而又陌生的破旧不堪的平房出现在眼前。我的姆妈,就住在这排平房靠北的一间极小屋子里。

望着眼前的情境,我不禁停下脚步,脑海里又浮起了一些往事。

正在迟疑间,一个婆婆迈着一双小脚,很有劲地向我走来。只见她满头白发,满脸皱纹,但身板还算硬朗。那走路的姿态,那看人的眼神,我是那么熟悉。我连忙迎上前去,喊了一声"姆妈!"

足有一分钟,她才回过神来,认出了我。她拉着我的手,一直把我拉到了她简陋的卧室与厨房合一的小房间里,要我坐到她的床上。她一时问我的儿子,一时问我的妻子。她是那么高兴,用她的话说,"儿子回来了,那能不高兴吗!"

是啊！一个没了任何亲人的婆婆，一个一年四季没人光顾的小家，突然来了个喊她姆妈的中年男人，她能不高兴吗？她苦苦留我吃饭，我不能拒绝，答应了。坐在她的床上，看她烧饭做菜，忙忙碌碌的，也有一种回家的感觉。

饭做好了，我们边吃边聊。姆妈告诉我，这几年政府待她很好，每个月给她五十元生活费，冬天还给她送来御寒的衣服和棉被，逢年过节也送来丰盛的年食。我说：这就好，这就好！

吃完饭，我要走了。姆妈依依不舍，含着泪把我送到门口，拉着我的手，叫我经常来玩。我一一答应着。我留下带给她的礼物，背着旅行袋就走了。没想到这一走，竟成了我和姆妈的诀别。

那是三年后的秋天，也是一个秋风秋雨的日子。妻子在两天前去了老家，我独自坐在家里，百无聊赖。突然，妻子被秋雨冷风裹挟着，带着寒气推门进来。我一看妻子回来，连忙给她倒了一杯开水。她颤抖着双手接过茶杯，两眼红红的，似有说不出的伤心。

果真，她告诉了一件令我震惊的噩耗——姆妈去世了。

我惊愕得一时说不出话来，好半天才问："姆妈是怎么走的？"妻子告诉我，她吞服了大量"烈鼠强"，是"烈鼠强"夺去了她可怜的生命。

六七十年代那么艰苦的日子，她都没走这条绝路，现在一切都好了，她却寻了短见。姆妈，你不该这么做啊！

妻子说，据邻居们讲，年初她好像收到了一封香港的来信，说胡爷爷去世了。于是，她绝望了……

姆妈走了，一个可怜的孤独女人走了！她走得那么凄凉。据说，她走时没有一个人在身边，送葬时没有一个花圈，也没有一个哭丧的人。在断气时，她是否想到了我这个叫她"姆妈"的儿子呢？

快到清明了，我要顶着凄风冷雨，到我的老家去，到我姆妈的坟上，给她上坟扫墓，给她烧几张冥钱，寄托我的哀思！

我可怜的姆妈，愿您在天国安息吧！

# 记忆里的小人书

蒋志红

那年我十岁。

我被父母从乡下的奶奶家接到城里,开始了一种新奇的生活。

一排排整齐的小平房坐落在朴实宁静的"碧水潭"边。其中的一间便是我的家。门前的"碧水潭"清澈见底,河水满载人们的希望与欢乐,日夜不停哗哗地流着。

夏天,我喜欢光着脚丫到河里用青竹做的洗菜篮捞小鱼小虾,把它们装在一个透明的小罐头瓶里,看它们摇头摆尾欢快地游动。那时,这便是我童趣的眼睛里最美的风景。

一个夏日的午后,我发现隔壁家的后院有一位老奶奶,脸庞清瘦,慈眉善目,一身棉麻素衣素裤洗得干净发白,三寸金莲穿着一双黑色的绣花鞋,一头白发顺溜地梳在脑后,漂亮的银发簪在阳光下耀眼地闪着白光。我时常看到她坐在一把木椅上,低头看着什么,还不时用衣袖抹着眼泪。

有一天,我怀着好奇的心,偷偷溜进她的后院,一不小心被一块小砖头绊倒了。我"哎哟"一声,跌坐在地上。老奶奶似乎吓了一跳,闻声转过头来:"你怎么进来的?"她赶紧上前扶起我,拍拍我身上的泥土,慈爱的目光迎着我:"你几岁了?你是谁家的丫头呀?"我指指我家说:"奶奶!我十岁了,住在您隔壁。您刚才在看什么呀?我看见您哭了。"我天真无邪地回答奶奶。奶奶牵着我的手,重新坐到木椅上,温和地问我:"你喜欢看小人书吗?""什么是小人书呀?"我歪着头,不解地问奶奶。"就是这个,你看看。"奶奶说完,就从怀里掏出一本小人书来。我好奇地打量着小人书,画面上写着"刘胡兰"三个字。我高兴地翻看起来,目不转睛、津津有味地盯着那黑白相间、线条简洁明快的图画,和图下那简单的故事说明。因为我识字不多,奶奶怕我看不懂,一边帮我翻页,一边给我讲解:"刘胡兰是

小人书《刘胡兰》

个女英雄，十五岁就加入了共产党，面对敌人的铡刀眼睛都不眨一下……"奶奶讲得绘声绘色，我听得如痴如醉。

这是我第一次接触小人书，并且爱上了小人书。

老奶奶姓刘，结婚刚一年就成了寡妇，独自艰辛地抚养着遗腹子，一生没有改嫁。儿子媳妇在城里工作，刚生了小孩。她进城是来照看孙子的。刘奶奶的媳妇以前生过一个女儿，可惜八岁的时候，不小心掉到河里淹死了。刘奶奶对孙女爱如珍宝，经常买小人书给孙女看。后来孙女不在了，她就常常把小人书揣在怀里，有空就会拿出来看看，书都翻烂了。翻烂的地方就用胶布粘好，刘奶奶看着看着就想起了孙女，不禁落下泪来……

刘奶奶送给我五本小人书——《鸡毛信》《平原游击队》《草原英雄小姐妹》《一块银元》……从此，我成了刘奶奶的干孙女。

每到夏天，我就睡在竹床上，听刘奶奶讲故事，什么牛郎织女呀，天仙配呀，孙悟空三打白骨精呀……我一边听，一边认真地找牛郎、织女，找北斗星，然后在故事里悄然睡去，在睡梦里寻找一个个人物和自己的梦想。

一个星期天的下午，刘奶奶要去走亲戚，我缠着要跟她去。刘奶奶很麻利地给我梳了两只羊角辫，扎上一对大红绸花，然后仔细端详着我："真像我的小可爱！"

刘奶奶挎上小竹篮，我牵着她的衣角，一路上我好动的脚不安分地踢着小石子，蹦蹦跳跳地来到了一个小胡同。

穿过狭窄潮湿的过道，刘奶奶在一个破旧的小屋前停了下来。小屋门前很宽敞，台阶的一角，有一棵梧桐树，高大挺拔，郁郁葱葱，彰显着绿色的生命。梧桐树的对面有一个小土灶，一只母鸡在上面自由自在地跳来跳去。刘奶奶站在台阶前高声叫道："哥在家吗？"

不一会儿，小屋里走出一位勾腰驼背，拄着拐杖的老爷爷。看到刘奶奶，老爷爷眼里闪出一丝光亮，浑浊的眼睛流出泪来。刘奶奶拉着我的手说："快叫周爷爷！"我乖巧地说："周爷爷好！"周爷爷高兴地应声，然后搀扶着刘奶奶进屋。我跟随着。

屋里有点昏暗，一床，一桌，一椅……简陋不堪，但还干净整洁。刘奶奶让我坐在一个小板凳上。我刚坐下，突然一阵急促的喘气声传入我的耳朵，我吓得不由自主地跳起来，躲到刘奶奶身后。

我这才看清楚，床上睡着一个只露出两只眼睛的人。

"妹子，不好意思，吓着孩子了！"周爷爷不好意思地对刘奶奶说完，转身牵过我的手说，"乖，到门口去玩吧！爷爷这里有小人书，你随便看。"然后吃力地弯下腰来，打开靠墙角的一个小木箱。

哇！里面好多小人书啊！我好像发现宝贝似的，兴奋地翻看着，不知道先看哪一本好。周爷爷帮我挑出《十五贯》《吉鸿昌》《平原枪声》放在我手中。我坐在台阶上，喜滋滋地看起来，心情激动得简直比过年都兴奋。

后来我从刘奶奶嘴里知道，周爷爷是他的哥哥（刘奶奶父亲收养的孤儿），床上睡的是周爷爷的老伴。战争年代，周爷爷新婚第二天就丢下心爱的妻子，参加了抗美援朝。在硝烟弥漫的战场上，敌人的子弹无情地打伤了他的下体，让他从此丧失了做丈夫、做父亲的资格。周爷爷的老伴患有严重的类风湿关节炎，四肢萎缩，手指僵硬得变了形，一年四季下不了床。周爷爷只有一点可怜的残疾补助，为了生存，他在街道边摆了一个小人书摊，顺便卖点凉茶。看一本小人书收三分钱，喝一杯凉茶收两分钱，艰难度日。

周爷爷家小人书多，我成了这里的常客。

勤劳的刘奶奶，在"碧水潭"边的河坡上开垦了一块小菜园，浇水、施肥，乐此不疲，一年四季的新鲜蔬菜时常接济周爷爷。看着刘奶奶的三寸金莲，我自告奋勇地跑腿，为周爷爷送菜，还主动帮周爷爷做清洁、打水，然后借来一本又一本小人书。在寂静的夜晚，在昏黄的煤油灯下，在一本本小人书中，我学到了许多知识，拥有了别的孩子无法有的乐趣。

一个阳光灿烂的夏日，周爷爷照例推着自制的手推车摆摊。夏天是个容易变脸的季节，刚才还晴空万里骄阳似火，不一会儿就电闪雷鸣暴雨倾盆。惊慌失措的周爷爷急忙收摊回家，可是羸弱的身体哪里招架得住这疯狂的大雨？他努力而又艰难地护着装着小人书的小木箱，用塑料纸盖着，如同护着怀中的婴儿。

周爷爷迎着风雨，艰难地移动脚步。路过一个上坡的小桥，他怎么使劲都过不去。身子一晃，和手推车一起翻倒，再也起不来了。

好心的路人发现了可怜的老人，把他送到家里。周爷爷病倒了，小腿骨折，还发着高烧，说着胡话。

照顾周爷爷的任务，自然落到了刘奶奶的头上。她每天换着花样炖汤，熬小米粥送到周爷爷家。刘奶奶还要照顾小孙子，整天疲惫不堪。我心疼，就主动接过了送饭的任务。每天放学后，我提着小饭篮往来周爷爷家，看到周爷爷那凄惨的模样，我再也不好意思借小人书看了。

那天，我送完晚饭，帮周爷爷打扫完清洁，正准备回家。周爷爷突然叫住我："孩子，你怎么不看小人书了？"那慈爱浑浊的目光，让我不忍直视，我低头不语。

周爷爷似乎明白了什么，笑了笑说："孩子，没事的。看爷爷家的书有什么不好意思的？你随便看。"

"谢谢周爷爷！"我感激地说。然后，像得了圣旨一样跑进屋内，急不可耐地打开小木箱。一股霉味直冲鼻腔，差点把我熏倒。我摸摸小人书，一股潮湿的感觉让我心惊不已，急忙把小木箱拖到大门口。唉，小人书全受潮了！有的小人书还粘连在一起。我失望地坐在台阶上，伤心地望着周爷爷。

周爷爷不解地望着我，拄着拐杖来到小木箱前，看见他亲密的小人书的惨状，不禁老泪纵横："都怪我呀，还是没有把你们保护好！"

"我拿回家帮您晒晒吧，还能看的。"我极力安慰周爷爷。

就这样，我带回一百多本小人书。烈日的阳光下，我在刘奶奶的后院里，和刘奶奶一起仔细地把一本本小人书，用小刀片慢慢分开，一页页地翻晒。刘奶奶一边忙活，一边心疼地叨念："这可是他的命呀，能救几本是几本吧！"

在我和刘奶奶的辛苦努力下，终于有七十多本小人书可以翻看了。但小人书的样子好像是劫后余生的落难者，让我心疼不已。我陆陆续续把整理好的小人书送到周爷爷手里，周爷爷紧紧地抱着小人书，就像抱着久别的孩子，眼里分明闪出希望的光芒。

那二十多本小人书实在没法解救了，残破不堪，我怕周爷爷看到伤心，就一直骗周爷爷说还没有整理好。刘奶奶说："丫头，别送过去了，你自己留着吧。多多少少还能看几页。"

就这样，这些伤痕累累的小人书连同刘奶奶送给我的，都留在了父亲的小书柜里。

后来，父亲被打成右派，我随下放改造的父亲到一所遥远的乡村中学读书，离开了刘奶奶、周爷爷。

再后来，父亲平反了，调到城里教书，我也高中毕业和母亲团聚。在搬家的时候，我向母亲问起我的那些小人书，母亲告诉我："你上中学以后，左邻右舍的小伙们你借一本，他借一本，说是借去，借了却不还了。虽然破旧不堪，但孩子们看得还是蛮起劲的。"最后母亲在小书柜里找到了一本《七侠五义》。看着早已发黄的小人书，我仿佛回到了童年，马上想起了刘奶奶、周爷爷。

小人书《七侠五义》

母亲告诉我，刘奶奶一年前患高血压去世了。刘奶奶的儿子单位也新分了大房子，搬走了。一种伤心和失落感立刻涌上心头，我眼角泛潮。母亲忙安慰我："周爷爷现在住在镇上的福利院里，好着呢！"听到这里，我转身向镇上的福利院飞跑。

我上气不接下气地跑到福利院，在院长的指引下，看到了无数个梦中牵挂的周爷爷。周爷爷静静地躺在靠窗的一个藤椅上，呆呆地看着前方，好像在怀念一段旧时光，又好像在思念他的亲人和战友。院长告诉我，周爷爷患了轻微的老年痴呆症。

我轻轻地走到周爷爷身边，蹲下身来，把《七侠五义》放在他的手里："周爷爷，您的小人书……"

# 六 文脉贯古今

## 与通海口文朋诗友交往记略

涂阳斌

2021年8月23日,"通海口人"公众号刊发了我的习作《家乡文事微信51则》,有朋友问我:"你长期在外地工作,怎么对家乡的文事还这么了解?"后来,我又写作了《打造文学的故乡——致我的乡亲余立功》,又有朋友问我:你提出打造文学的故乡,有什么基础没有?是不是吹牛?为了回答这两个问题,我写了这篇文章。

其实,我是用近50年的经历才写成了《家乡文事微信51则》;用我对通海口文朋诗友的了解,才大胆地提出了"打造文学的故乡"的"长远愿景"。为方便阅读,我按照文艺或者文学的分类,说说我和通海口地区文朋诗友的交往,也许可以权当通海口地区的文艺概述来读。

不过,我是想到哪里写到哪里,没有"梁山摆座次"的意思,从"文人相钦"的理念出发,再现纯粹的民间记忆,大可不必较真。

一

**通海口地区写小说的,我交往过武生智、余立功、李培刚、李清亮、周友兵、李传富**

通海口地区写小说,最先成名的是永长河村的武生智。生智高中毕业后在村小教书,我也在村小教书,寒暑假教师培训,我们得以相识。我和永长河的武生智、天星洲的王天山、石垸的李官生、共和的黄孝荣、桂花台的黄孝东等几位教语文的老师关系不错。生智考上荆州师专中文系,毕业后分回通海口公社担任宣传干事,写作了记叙张光照事迹的通讯《女儿庆》,先发表在《湖北日报》上,1983年2月17日被《人民日报》头版转发。在《人民日报》头版发表一篇文章,这在当时是件非常了不起的事。县委宣传部的尹长海同志多次来通海口,想把武生智"叼走"。武生智的女朋友在荆门广播电台工作,生智就去了荆门市文化局工作。在荆门工作期间,他主编《小说林》刊物,每期都会寄我一本。后来他又去了广东工作,我们就失去了联系。他最出名的小说,是1987年发表在《长江文艺》第7期上的中篇小说《女人好细腰》,我看到过报道,好像是拍成了电视剧或者电影,一时找不到佐证资料。我见过生智的大学毕业证,毕业证上的他穿着花褂子、蓄着一撇小胡子,我笑话他,他说:"你别笑,这是时代印记。"生智的女朋友刘女士也是通海口街上人,跟我讲过她不回沔阳工作的原因,写出来也是一篇令人唏嘘的文章。

目前,通海口地区出版长篇小说最多的是共和村的余立功。他已出版长篇小说《破格》《闯荡》《引姑》《纠结》《人生归途》5部,58万字的新作《葵花金黄色》正在走出版流程,6部小说约200万字。我在仙桃工作时,因余立功的弟弟功豹读初三时是我的学生,我和立功有点头之交。功豹现在是武汉市发改委副主任。后来,我到省委办公厅工作,与立功才有了频繁的工作交往。说来真巧,我在省委办公厅从事文字工作14年,省直机关有一大批仙桃籍的乡亲奋战在文字工作岗位上,他们给我工作以极大的帮助,如省人大的汪在祥、省政府的王润涛、省政协的余立功、省纪委的高金章和陈江龙、省委组织部的何光、省委宣传部的陈昌红、省委政法委的王秋隆、省委政研室的曾令成、省发改委的雷雨霆、省高法的许一鸣、省经委的王洪章、省统计局的舒振斌等,真是"无沔不成处"。余立功小我一岁,高中低我一级。我们上的是不同的初中和高中,他初中、高中分别上的是小河中学、通海口中学,我则分别上的是潘场中学、陈场中学。他高考时,老师为他改大名余功才为余立功,希望他立德、立功、立言。令我永远难忘的是,他知道我喜欢看省政协文史委编印的《湖北文史》后,花了一周多时间,在省政协的资料仓库里,帮我找齐了历经20多年出版的1—88期《湖北文史》。他42岁时,从湖北考入深圳,现为深圳市政协常委,一级巡视员。他的舅舅是我们柳李村的"老革命"邓书记。

李培刚是堤湾村人。我们是被一本刊物"勾联"起来的。1983—1986年,我在沔阳县团委工作。有一年,李培刚在《湖北青年》上发表了一篇诗歌、一篇散文,其中一篇是写初恋的,文字特别凄美。我找到李培刚,才发现他是通海口老乡,小我两岁。培刚做仙桃市公安局政委、天门市公安局局长、天门市人民政府副市长,一直在火线上工作。他忙里偷闲,写了长篇小说《生命回归线》,拍成了电影,上了央视电影频道。培刚长期在"武行当"工作,却是个柔情汉子。我在仙桃工作期间的宿舍与公安局隔条马路,每年过年,培刚都会过马路,来跟我母亲拜年。为这事,我没有少挨母亲的骂,母亲骂我没去回拜培刚的父母。

李清亮是石垸村人,我们是1982年自办文学刊物《春笋》时相识的。那时,清亮顶父亲的班,在县航运公司跑船。我们5个文学青年,聚集在县图书馆郭金相的办公室,捣鼓出了油印文学刊物《春笋》。1984年,经不住"文凭热"的冲击,我们都去上了"五大",《春笋》没有长成大竹。我和清亮上的是电大中文专业,上学期间,清亮在《芳草》杂志1988年第3期发表了短篇小说《今天的情侣》。水上跑船太辛苦,清亮又自学法律,考取了律师资格证书,就办起了律师事务所。几年下来,清亮财务自由了,儿子大学毕业也在北京扎了根,他又开始了"小说大说",出版了长篇小说《小官老孟》、中短篇小说集《珊瑚》。据刘祖荣先生考证,大汉陈友谅出生在通海口镇石垸村陈家湾，就是今天的石垸村六组，清亮就出生在这个村民小组。清亮的大哥李庆成告诉我，他们三兄弟名字的最后一个字，连起来就是"陈友谅"三个字，先辈是希望孩子们不要忘了乡贤陈友谅。哦，李清亮原来叫李庆谅。我为李清亮写有素描《狂徒》一文，刊在吉林《农村未来》1989年第8期上。当年牵头自办文学刊物的郭金相，后来当了仙桃市政协副主席。

柳李村的周友兵出版了长篇小说《驴娃》《得救》和教学论文集《从学生身上谈教师的教育方法》。友兵兄是丹江口人，1968年移民到柳李村。高中毕业后在柳李学校任教，后来担任校长，1978年，我接替他也做了两年校长。1987年，友兵兄电大毕业，报名到钟祥市客店山区支教，被评为全国模范教师。那年，我在北京《电视大学报》第60期上发表了报告文学《你是一棵无名的小草》，为扎根山区支教的友兵兄鼓劲。他在钟祥成家立业，从钟祥市外语学校校长岗位上退休。2016年，60岁的友兵兄还被省作家协会批准为会员，真是个坚韧不拔的老兄弟！最近，友兵兄和我通电话，没有谈文学创作，专谈他的儿子出演了《我的战鹰绕着宝岛飞》，八个飞行员，第四个是他的爱子，让我看看视频。

李传富是桂花台村人，曾任通海口镇人大主席，比我大两岁。1980年，我俩担任通海口小学初中部语文教师，曾共住一室半年。那时，他在部队工作的大哥，把3岁多的闺女送回老家，我们不上课时，就帮着带带孩子，我们去上课，就让小闺女在跳远的沙坑里玩沙。我们都有一个小木箱，装着自己心爱的书籍，交换着看完了，就花心思写一些文学作品。那年，他写了充满浪漫色彩的长诗《排湖与月亮的对话》，发表在《沔阳文艺》上，轰动一时。我则写了剧本《翰林院的文盲》，投给《河北戏剧》杂志，经《河北戏剧》编辑部推荐，我取得了直接参加北京电影学院编剧系复试的资格。我因刚刚"民转公"，正在试用期，不敢去北京参加复试，错过了与张艺谋做同学的机会。后来，我和李传富先后从政。他曾任镇人大主席团主席，正局级，镇上"高干"。可是时运不济，身衰体弱，数次死里逃生，退而作镇工商所副所长。1994年印《李传富小小说辑》一本，1999年印长篇小说《野猫湖》一本。大概是2006年前后，传富兄到武昌来，把他写作的60万字的长篇小说《分手》的手稿送给我，说："也许你创作用得上！"他退居二线后，曾一度捡起父辈的手艺，在家帮人理发，有次我们通电话，他说："回来！回来！我给你剃个标准的平头，我们边剃头边聊天。"近几年，传富兄发挥会画画的特长，在北京开了个画廊，生意不错。他的画作上经常自署李白59世孙，他的理由是"英雄岂能无后？"2017年，我在朋友圈贴出了一幅画，是传富兄1980年送给我的，没想到，传富兄很快寄我他现在画的4个条幅和一把纸扇，真是无功受禄。2000年4月，我写了《读书记趣》发表在刊物上，其中，就记叙了我与传富兄读书的趣事。

## 二

通海口地区写散文的，我交往过鄢烈山、熊泽民、曾令益、曾德雄、舒振怀、程良坤、李庆成、蒋志红、涂阳学、涂阳文

鲁迅文学奖获得者鄢烈山先生是沙岭村人，我俩老家虽然近在咫尺，但因隔着通州河，总是无缘谋面。沙岭村是江汉平原上赫赫有名的村子，我在《毛泽东与仙桃通海口》一文里有过详细介绍。1953年10月，通海口区小河乡沙岭上创办了这个地区第一个农业合作社，在农民鄢洪桢、余续汉兄弟俩的率领下，沙岭合作社办得红红火火。1955年4月，县农委干部魏光荣到沙岭合作社蹲点，不仅收获了爱情，更写出了轰动一时的经验文章：《沔阳县沙岭合作社生产队的领导方法》（署名：魏光荣、余续汉）。这篇发表在《湖北日报》《农村工作通讯》上的短文，后来被毛主席收入他主编的《中国农村的社会主义高潮》一书，从此通海口和沙岭农业合作社名扬天下。1976年，毛主席去世后，沔阳县文化馆的陈明谦先生到沙岭村采风，当时我在上高中，教音乐的徐先智老师与陈明谦先生相熟，就带着我一起，陪陈明谦先生到沙岭村采风。就是在那次采风时，我亲耳听见鄢烈山先生的父亲鄢洪桢老伯讲：1957年3月，省里组织劳动模范到北京参观，鄢洪桢也名列其中。鄢洪桢从北京回来时，带回了上级部门奖给他的一面铁铧犁、一台收音机。我和鄢烈山先生的大姐是同事，和他的小弟弟是高中同学，但就是没有机会见到过鄢烈山先生。2017年9月24日，鄢烈山先生自西藏旅行过汉，省文联老领导鄢来旭书记请鄢烈山先生便宴，把我也叫了去，我得以和鄢烈山先生第一次见面。在一个小酒馆，我们品尝正宗的沔阳三蒸和鱼丸子，用地道的家乡话聊家常，真是痛快！鄢烈山先生送给我他的4本作品集：《假辩子·真辩子》《我们这些人的幸与不幸》《烈焰与红莲》《江山如有待》。

熊泽民大哥是幼松村人，担任过仙桃日报社总编辑。他酷爱写作，出版了9本作品集，总有400万字的样子，每本都签了名送我学习。1974年起，泽民大哥担任通海口公社宣传干事，还兼任公社广播站编辑，编发了我写作的很多通讯报道稿件。记得是1975年夏天，我穿着蓑衣、冒着大雨，到公社给泽民大哥送稿，回家路过星红村李家刹附近，亲眼目睹炸雷把在田间栽秧的一位乡亲打毙了。我到仙桃城关工作后，和泽民大哥多有工作交往。2016年春节，我们互发新年祝贺短信，我发给他的不是常规的问候，而是一条写作建议："大哥，请你把发表在《人民日报》上的散文辑拢来，出版一本《熊泽民散文精选》。是的，精选！"

回忆录《岁月如歌》《岁月续歌》《岁月逸歌》的作者曾令益先生，柳李村人，生于1944年，是我从小学到高中的老师。他在80多万字的回忆录中，记录了我乡1949年以来的历史，堪称一方水土的百科全书。2017年9月12日教师节，曾老师在微信群里晒出了陈场中学当年的诗刊《新苗茁壮》，令人泪奔。当时学校还办有校

报《新陈中》。读书时，我既参与了编辑、刻印《新苗茁壮》《新陈中》，也在上面"发表"了很多习作。

曾令益老师的儿子曾德雄博士，著有时评文章集《就事论事》两本。德雄博士先学医，后转行攻读哲学，以一本《谶纬的思想与时代》获博士学位。获学位后，走出书斋，担任广州市人大代表，认真履职"曾代表"，在报刊开辟专栏，建言献策100多万字，择其52万字结集为《就事论事》两本。2017年10月5日，德雄博士过武昌，他的同学、亿童公司的老总陈先新请他吃饭，先新是陈家村人，初中是在通海口小学念的，把我这个通海口小学的老师也请去了，我当面向曾博士也建了一言，要他再来一次转型，由"建言"回归"立说"，实现学术上的境界攀升。

舒振怀，青福村人，我的初中、高中同学，也做过民办教师。他大学毕业后，先后在洪湖、宜昌当教师、做记者，后来成为企业高管。工作之余，爱好写作，发表了50多万字的文学作品。1998年他在新华出版社出版了报告文学——《幸福实业》，他的作品，深度结合他所从事的经济工作，把枯燥的经济活动，用生动的文学语言表达出来，让经济活动也灵动起来，这是很多不直接从事经济工作的作家所不及的。隔靴搔痒毕竟难得搔到痒处。《幸福实业》的作者简介，可以看出他依然如年轻时那么英俊潇洒。虽然我们都住在武昌，因为忙，我们还是电话联系多，见面机会少。

2019年9月14日，我收到了仙桃日报社记者程良坤快递来的散文集：《千秋师表》，这是我收到的他的第13本作品集。良坤是青福村人，低我一届的高中同学。他因喜欢戴望舒的诗歌《雨巷》，取笔名舒雨巷。良坤是个痴迷文学的苦吟派，喜欢写对仗工稳的骈体散文，他的散文也是诗化的。同学大陆在良坤的《诗海扬帆》一书的跋里说："任何一个热爱文学的人，任何一个不抱偏见的人，都将喜欢这本薄薄的但内容丰富的书。"我和大陆的感觉也是一样的。我和良坤是读初中时相识在公社中学生体育运动会的政宣组，我俩体育成绩不行，就整天在操场边的大喇叭里用四言八句为运动员鼓劲，往高里比，相当于央视宋世雄那样的角色。良坤大学毕业后，先后在沔阳师范和仙桃日报社工作，我们多有工作接触。

李庆成，石垸村人，前面写到过的李清亮的大哥，是仙桃市教育界的名人。庆成兄的孩子在美国发展有很好的事业，他多次去美国，写有《美西纪行》一书，曾签名送我。庆成兄的岳父是湖北省大名鼎鼎的老劳模吴志洪，曾由农民直接担任了公社党委书记、县委常委，他近水楼台先得月，写有反映岳父带领群众"向荒湖要粮"的长篇纪实散文《石家垸传奇》。他在东方出版社出版了散文集《隔离审查》，其中的长篇纪实散文《石家垸传奇》《我的舅舅》等，具有很高的史料价值，给我留下了十分深刻的印象。他与我的初中老师李传学先生，还苦心经营着仙桃市诗词学会散曲社，他也出版了诗词集《三友轩吟稿》。我与庆成兄相识于担任民办教师期间:一次是全公社老师交换监考,我到他们石垸小学当监考官,路远,先一天就徒步抵达,晚上与他们闲侃;一次是到石垸小学听李庆华老师为初中班的学生讲《白杨礼赞》的公开课。有件小事让我久久难忘,有一年,我老家的侄子打电话告诉我,庆成兄上初中的儿子李凌云,骑车到柳李村借我写的书,我当即让侄子把我送给他的几本书送给了凌云。

蒋志红,通海口街上人。中专毕业后,蒋志红在通海口供销社工作,26岁下岗后南下广东,从工厂"打工妹"一步步做起,在深圳发展起风生水起的事业,与夫君一道,成为了合格的职业经理人,她还拼搏成了深圳知名的"打工妹作家"。出版了散文集《走在深圳》《心城》《笔走红尘墨开花香》,成为湖北省作家协会会员。2021年初,蒋志红微信约我为她的散文集《笔走红尘墨香花开》写个序言,凭着都是通海口人,我十分爽快地应承下来,写了《散文要追求阳刚大美》作为书序,还发表在《仙桃日报》2021年12月3日第3版,为乡亲鼓与呼。

堂弟涂阳学,左桥村人,一边当"打工皇帝",一边业余写作,在中国戏剧出版社出版了20万字的散文随笔集《浮生六辑》,还办有个人公众号刊发习作。阳学的父亲、我的堂叔,也喜欢写诗。1975年我刚上高中,堂叔就拿了他写的一本诗歌集,要我指正,哪敢!改革开放后,堂叔传承世代"箍三圆"的手艺,在仙桃城区开了个店,业余写书法,研读《易经》。一边为物质生活忙碌着种田、打工、开店,一边为精神生活优雅地写诗、写散文、写书法、出书,生活就是这样五彩的多棱面。前年,阳学弟和九象木业的老总涂阳生老弟过武昌,我们在武昌工作的三叔侄请兄弟俩吃了个便餐,也没有机会谈谈文学。

涂阳文是我的小弟弟,我出版的4本散文小书,有3本是与他合著出版的,有人问我,是不是想通过合著出书"拉兄弟一把"。我肯定地回答:不是!4本小书共收入我们兄弟俩的文章370多篇,有70多篇是小弟弟单独执笔完成的。父亲去世早,我17岁参加工作,大弟弟高中毕业后参军,小弟弟高中毕业后在家与老母亲相依为命,耕种十多亩责任田。老实说,小弟弟是怎么长大的,我的确说不出个甲乙丙丁。小弟弟种田、在村里榨坊当榨油工、当民办老师、当村干部,1984年考取国家招聘干部,当镇里宣传干事、党办主任、天星洲管理区总支书记,后来到市委办公室从事文字工作。无论在什么岗位,他都不丢文学,长期订有10多种文学刊物,一边读书看报,一边笔耕不辍。小弟弟也快满60岁了,添了两个孙子,他一边上班,一边照顾孙子,还兼任《仙桃日报》的特约通讯员,忙得不亦乐乎。维系我们兄弟感情的,一个是信,书信、短信、微信;一个是写写画画。我们兄弟俩聊天,大多会聊看了什么好书,读了什么好文章,写了一点什么小东西。小弟弟生性内敛,淡泊名利,有人多次劝他加入什么协会、学会,他都置之不理。

## 三

通海口地区写诗的，我交往过李培刚、李传学、简希刚、周传普、余述平、张衍泽、白帆、梅雨。

于诗词，我是外行，既弄不准古典诗词的平仄，也不解现代诗歌的朦胧之美。只能说点门外之见，或者留待以后学习一些基本知识后另起炉灶再谈。

李培刚除了出版了长篇小说《生命回归线》之外，他还是个经常有新诗问世的诗人，他的诗，大气磅礴中饱含朦朦胧胧的凄清之美。

李传学老师，桂花台村人，仙桃市诗词学会散曲社负责人。我读初中时，李老师是学校的团支部书记。1974年4月24日，我在初一入团，我们班找不到入团介绍人，就是请李老师和初二的梁治山学长担任的。入团宣誓前谈话，李老师告诉我，他是在柳李村读的小学，1954年淹大水，设在涂家祠堂的柳李小学没有进水，学生没有外迁转移躲水，他就和几个同学，在小学前面的我家打地铺睡了好长一段时间。原来还有这么一段交集，我过去一点也不知道。李老师退休后，钟情于散曲创作，他的作品，有的典雅富丽，有的诙谐幽默，有的禅味十足。李老师领导仙桃市诗词学会散曲社，办有刊物，经常开展雅集，搞得有声有色，上面的散曲学会肯定仙桃散曲社的工作，要授予仙桃市散曲之乡，可有关部门不太热心。李老师找我出来帮助斡旋，我找朋友沟通，至少上面学会的领导来了，有个领导出场。朋友幽默地说：授个散曲之乡，人家以为是个白酒广告。我一时语塞，不好向李老师交代。省中华诗词学会举办了几届海峡两岸中华诗词论坛暨聂绀弩诗词奖颁奖大会，省台办是协办单位，我也参加了活动。每届活动，李老师都应省中华诗词学会之请，来参加了活动。因为没有完成李老师的托付，也不好请李老师喝杯"散曲"。

简希刚，陈闸村人，仙桃市楹联学会负责人。曾担任村民办教师，很可能是李传学老师在天星中学任教时的学生。简希刚担任《楚天都市报》特约记者期间，我曾多次向他提供新闻线索。他业余负责仙桃市楹联学会的工作，办有刊物，也把仙桃市的楹联创作搞得名声大震，经常有作品在全国楹联征集中获奖。简希刚擅长即兴随吟楹联，也经常与人即兴对对子。才思敏捷，是长期积累的结果。我们不妨引用他的几副即兴联：闲云松榻卧，明月砚池栖；秋来鱼恨水，日出树筛阴；东君扶柳袖，北郭植槐荫；青峰云绊足，碧海燕迎潮；倾国倾城侵我梦，载歌载舞宅谁心；竹岭千年无俗累，书山万仞有奇观；滴翠荷裙堪醉月，凝珠竹管可为箫；描来粉黛无人顾，做得王侯有客尊。

周传普老师，芮塆村人，20世纪70年代，是和高伐林等人齐名的诗人，在各大报刊发表诗歌数百首。后来做了《党员生活》杂志的副总编，立足本职工作，成为了报告文学作家。1975年上高中时，经政治课老师王寿义介绍，我开始与周传普老师通信联系，持续了10多年。周老师主编《党员生活》，我先后以个人或集体的名义，在《党员生活》发表过 50 多篇稿件。到武昌工作后，我们的工作单位在一个大院，住房隔壁挨隔壁，周老师给了我许多实实在在的帮助。

余述平是姚嘴人，也是陈场中学校友，现为省电影家协会驻会副主席。1985 年开始诗歌创作，陆续在《中国作家》《星星》等刊物发表诗歌作品 200 多首。1996 年开始小说创作，发表中、短篇小说 100 多篇，总计 150 多万字，其中《为什么把草帽戴在我头上》被《小说月报》选载。1997 年，我在潜江工作期间，陈场中学在潜江工作的 10 多位校友有过一次雅集，当时在江汉油田工作的余述平参加了活动，我们得以相识。

张衍泽是莫沟村人。我读高中时，就去村里拜访过写诗的张衍泽。那时，他和左昌伦、左昌佺经常在《荆州报》《沔阳文艺》上发表诗歌。恢复高考后，张衍泽考上了林校，毕业后分配到了省林业局，主编《花木盆景》杂志，办成了全国名刊。一个乡亲的孩子大学毕业后分到了张衍泽手下工作，我到张衍泽老兄的办公室去畅聊过一次，拜托他栽培乡亲的孩子。张衍泽现在办有"美篇"，我经常读到他的诗词。

白帆是姚嘴人，祖籍丹江口。20 世纪 90 年代初，他与几位文学爱好者，办有油印诗刊《蓝色帐篷》，很有影响。我在几次文学活动上见到过白帆，有山里汉子的古道热肠。

梅雨本名熊远碧，是陈场镇陈场村人，与我大弟弟是陈场中学同学，我们加有微信，经常可以读到他乡土味道实足、意象纷呈的诗歌。但我们不曾谋面。

四

**通海口地区写剧本的，我交往过郭登洲、叶家雄、刘孔炎**

1989 年 10 月 4 日，湖北省庆祝新中国成立 40 周年民间戏剧创作汇演颁奖大会在洪山礼堂举行，通海口镇有 3 个创作剧目获奖：分别是《三珍嫂开馆》《陈金狗出山》《吴三宝游春》，这在全省乡镇是独一无二。

《三珍嫂开馆》是石垸村农民郭登洲创作的。1984 年，各地专业户如雨后春笋般地冒了出来，但侵害专业户利益的事也时有发生。专业户被吃垮、拿垮的事，使郭登洲受到震动。在原沔阳县文化馆馆长周贤贵老师指导下，郭登洲创作的《三珍嫂开馆》上演了，受到观众好评。我和郭登洲是老朋友。1979 年夏天，沔阳县文化馆举办重点业余作者培训班，在全县挑了 9 个人，我和郭登洲有幸被挑中，我们一起接受了两个星期的培训。9 名业余作者当时都是农民身份，吃饭、住宿、交通全部由文化馆报销，还按天发放误工补贴。改革开放初期，百废待兴，文化馆真心实意花大本钱培养业余作者。参加完培训不久，我就考取了公办教师。

《陈金狗出山》是退休老镇长叶家雄先生创作的。叶先生出身书香门第，退休后先后创作了古装戏《诸葛亮招亲》《考棚案》《曹操断案》《鸡汤记》和现代戏《香油媒》《婆媳情》《陈金狗出山》等10多个剧本。他写的现代小戏，都取材于火热的农村生活，因而受到好评。叶先生退休后，还主持编写了《通海口镇志》，创作的对联被收入1989年出版的《沔阳县志》。1980年下半年，我在通海口小学工作时，与叶先生的爱人马老师是同事。2001年，叶先生到武昌他女儿家小住，送我一本他写作的《张难先故事集》，叶先生对我说："马老师的父亲、我的岳父与张难先是师兄弟，我有义务把我所知道的张先生的故事写下来，不能带走了，我在视网膜剥离手术失败、出现复视的情况下，完成了这本小书，请你批评指正。"叶先生还在书的扉页，写了首嵌有我姓名的七律送给我，令人感动。叶先生的外甥陈元高，也是作家，曾任荆州市文联副主席。

《吴三宝游春》的作者刘孔炎老人，是通海口镇退休老干部，我们见过几次面，没有深度交流，他的儿子和我是同事。

## 五

**通海口地区搞摄影的，我交往过曾令洪、舒元成**

左桥村的曾令洪，笔名鲁非，是哈苏杯摄影大赛大奖获得者，上海邮政局连续20多年选择他的摄影作品作明信片，出版有摄影作品集、摄影专著多部。有专家评论令洪的摄影作品："大气磅礴中富有韵味，粗犷雄浑中具备细节，抽象简洁中蕴涵情感，具有很强的艺术感染力。"令洪还是浙江省知名的书法家、金石篆刻家。我们是初中、高中同学，但不同班。1975年，初中毕业时，他送我一本鲁迅的《且介亭杂文》，他的赠言"力求进步"写得很是有模有样。1977年11月，我父亲去世后，他为我父亲作素描肖像，至今还挂在老家空荡荡的屋子里。为我父亲画像后不久，他就参军了，上过对越自卫反击战战场，服役期间先后五次立功。1989年6月，他回乡探望病重的老母亲，可惜那时是特殊时期，我每天都盯在单位值班，只跟他匆匆忙忙见了一面。2006年春节，30年前的学生来给我拜年，送给我的礼物，就是令洪的摄影作品集《西湖天下景》。2018年，我们互加了微信，他又给我刻了枚名章，快递给我。真是不好意思，我一直没有送他一件小小礼物答谢。

青福村的舒元成，中国人民大学甘惜分先生的高足，是中国最早培养的一批新闻摄影专业的硕士。毕业后，分配在中国新闻社工作。后来，他又到香港新闻媒体工作。他是中国新闻奖获得者。元成与我也是初中、高中同学，也不同班。1977年7月高中毕业后，他也做了两年半的民办教师，1980年9月回到母校陈场中学复读，1981年以高分考取大学。2016年，元成过武昌，在汉工作的几个乡亲，请他在发改委门口的一个小饭馆吃了个便饭，元成还是那样快言快语，说起话来，眼睛眯成一条缝。2015年，我到宝岛出差，看到了一张元成采访顶尖级新闻人物的照片，立马发短信告诉了他。可惜的是，2018年10月1日，57岁的舒元成同学在香港英年早逝了。

## 六

通海口地区画画的，我交往过钟孺乾、朱墨、李传富、李在时、陆家鑫、曹坤银、熊庆华

湖北知名画家钟孺乾，陈闸村人。1983年冬季，我作为县委工作队副队长，和仙桃市妇联主任徐佑环一起，到当年分洪了的天星洲赈灾放粮，我住在陈闸村，认识了钟孺乾的启蒙老师李逸鸿。李老师向我口述了《红楼三叹》等一批珍贵"口头文学"，还让我看了她教过的学生给她的签名，密密麻麻一大本，其中还有两个学生写给她70岁生日的贺诗，有一首就是知名画家钟孺乾写的。孺乾的弟弟孺坤当时是村长，妹妹是小学老师，父亲钟守清老人是我在通海口公社工作时的同事，可就是没有机会见到过钟孺乾。我到武汉工作后，和孺乾老兄有了交往，他当时担任湖北省美术院副院长。大概是2001年，钟孺乾到我工作的单位公干，我们得以相见。因着我奶奶姓钟、他又和我钟姓老表同辈，我就称他表哥，显得亲热。孺乾老兄郑重其事，请了柏健等名人作陪，餐叙畅聊，意犹未尽，他引我参观了他的画室，乘着酒兴，还画了《双鹰图》送我。不久，孺乾老兄辞去副院长职务，去中南民院做了艺术系教授。孺乾老兄20岁时以画作《归田不解甲》成名，获过许多奖，后来画风大变。我格外喜欢他的获奖作品《归田不解甲》《儿女祭》，荡气回肠，犹如家乡天星洲一样坦荡、壮阔、狂野。他还著有谈艺散文多本，他送我一本书名叫《从迹象到境界——钟孺乾的艺术世界》的书，篇首的《钟孺乾自述》，配上天门老乡彭德的点评，真是妙趣横生。孺乾老兄的妙笔之下，既栩栩如生地描述了躲水灾、过端午、看大把戏、"跳忠字舞"、龙晒衣、唱花鼓戏等故乡风情；也用工笔刻画了他的父亲钟守清以及邦先生、任三品先生、陆先植先生……同时也谈及了他是如何逃避"娃娃亲"的。真是一幅故乡的"清明上河图"！往远一点说，读一读民国时期的风云人物、陈场唐新的《我之故乡》、钟孺乾的《自述》，加上我们自己的记忆，故乡100年的民俗风情，就有了一个清晰的轮廓。读《钟孺乾自述》，自然想到黄永玉的《比我老的老头》，这两位画家的散文，比有些散文家的散文"更散文"，耐读、有趣、色彩分明、善于"留白"……这也许就是"画家"与"画匠"的区别之处。艺术同宗同源，对色彩、构图、意象等的领悟力，需要有深厚的文学功夫垫底，即便是做数理化方面的科学家，也要有文史哲的基本修养垫底。杨振宁、李政道的成功是如此，苏步青、杨叔子、李国平写出的诗文，也是明证。记得2002年11月，杨叔子先生在我的笔记本上写下了"没有科技，一打就垮；没有人文，不打自垮；崇尚科学，弘扬人文！"的赠言，说的也是这个道理。如此看来，对于为着应付高考，过早地分出文科、理科，倒是需要认真考量了！孺乾老兄的父亲钟守清老人90岁时写了本《陈年往事》，孺乾题写书名，孺乾的女儿钟雨为之设计封面并作爷爷的肖像素描于扉页，也算是一奇。2006年国庆节，我写了《在故乡的书林里散步》，其中一节

写到了我读钟孺乾大作的体会。

知名军旅书画家朱墨,武脑村人。我大弟弟的高中同学、舟桥旅战友。朱墨自学成才,字、画、印俱佳,还出版散文随笔集多本。2016年5月18日,朱墨来武汉出差,他的高中同学、武汉大学法学教授秦前红在东湖边的一个工作室为他接风,约了武汉大学哲学教授彭富春、一位姓秦的少将以及我作陪。饭后,朱墨画了一幅墨竹图,送给秦将军,彭教授题写了"清风"二字,秦前红教授签了名,我写了"秦时明月汉时关……"的唐诗于其上。我们度过了一个诗情画意的夜晚。2017年10月12日,朱墨向仙桃市捐赠书画作品100余幅,市委书记主其事并到场致辞。

前面已经谈过与小说家李传富的交往,这里就不再谈与画家李传富的交往。

李在时,又名李遨,是通海口供销社退休职工。供销社红火时期,李在时是专职"画家",专门为各门店画宣传画,做牌匾,竖广告。后来,他南下广州开画廊,名重广州城。他的山水画气势恢宏,壮阔辽远。通海口地区的很多丹青爱好者,都曾拜他为师。李在时,一个乡镇供销社的普通职工,凭实力获评国家一级美术师,实属不易。

陆家鑫,陈家村人,他也当过多年民办教师。我在通海口小学当老师时,他的孩子是我的学生。1991年,我在仙桃市文化局工作时,他在通海口文化站工作,如果没有记错的话,也是在那一年,他和其他12名文化站长一起,经过考试,转成了国家干部。2003年退休后,随子女居住在广州。没想到,他在广州挥洒丹青画出了大名堂,成为了一级美术师,2007年还被广州市委、市政府授予"广州市群众文化建设先进工作者"称号。他擅长画人物肖像,他创作的孙中山肖像,2007年被中国邮政作为"纪念辛亥革命百年华诞暨孙中山诞辰145周年"纪念封在全国发行。作为老朋友,他把首日封也寄了一套给我,真为他高兴。

曹坤银,通海口街上人。我上小学时,曹坤银先生在我们柳李小学当代课老师,教我们美术。柳李大队大队部有一幀大幅毛主席像,在我的印象里,也是曹老师画的。后来看钟孺乾的《从迹象到境界——钟孺乾的艺术世界》得到了印证,孺乾兄在该书第8页写道,1967年10月他参加了通海口区"毛主席光辉形象绘制班"学习,和曹坤银、周崇发一起绘制毛主席像。书中还附上了珍贵的黑白照片。

被称为"农民毕加索"的画家熊庆华,是永长河村人,他被凤凰卫视"风雨人生"专栏采访后,我几次转发过朋友圈,激赏他在逆境中顽强跋涉的精神。但我们不曾谋面。

## 七

通海口地区搞书法的,我交往过雷万春、金祖泉、汪祖典、杨志海、卢进汉、刘本镐、侯鸣艺

雷万春先生是通海口街上人,湖北著名书法家,曾任湖北省书法家协会副主席,尤以行书为人称道。仙桃很多单位的牌匾,就出自他的手笔。雷先生的诗词也写得

很棒，他的书法作品，大多书写自己创作的诗词，和湖北书坛吴丈蜀先生的风格比肩。他热心栽培后学，多次参加书法和诗词的义务辅导活动。我刚到武昌工作时，他在省政协副秘书长、省社会主义学院党委书记的岗位上工作，我们有过一两次工作交集。我和雷万春先生的深度交往，源于一本书。他退休以后，和湖北省文史馆、湖北省诗词学会、湖北人民出版社的一批学者，编辑了《历代诗人吟湖北》一书，洋洋洒洒70万字，收入诗词2290多首。该书出版前，编委会给省委主要领导写信，希望领导给写个序。领导批示下来后，我和同事代拟了序稿，这部大作在2009年顺利出版。雷先生很高兴，多次来我的办公室与我长谈，书印好后，还给我们处的每一位同事送了一本。2011年8月，雷先生去世，我请了一天假，全程参加了他的葬礼。他的灵骨入土时，他在华师大工作的弟弟雷万鹏教授一席感人肺腑的话语，至今想来，都令人泪下。

金祖泉，武脑村人，是我1981年在通海口公社工作时的同事。祖泉兄习书法、金石多年，作品纵横驰骋、大气磅礴，侠气与书卷气兼具。他是国家一级美术师，在朋友圈看到他的作品，如老友重逢。

汪祖典先生，是我在通海口公社工作时的同事，那时他在天星洲管理区担任总支书记，我们没有机会谈过书法。老领导退休后，书法精进，成为湖北省书法家协会会员，我多次在水果湖步行街参观全省书法作品展，都看到过汪书记的作品，只是我们有40多年没有见面了。朋友告诉我，汪老书记的作品在北京书法市场很抢手。

杨志海老师，杨场人，是我的高中数学老师，他教我们数学时，不带尺子和圆规画几何图形，你用尺子和圆规去量，不会有差错。他的业余爱好是书法。杨老师的书法作品潇洒俊逸，所写内容多为他的学生、诗人陈万斌的作品，也是一段佳话。说到底，书法就是线条的艺术，杨老师教我们数学时，线条把握得那么好，写起书法来，当然得心应手。我在朋友圈多次晒过杨老师的书法作品，一位书法家留言说："杨老师没有跟你们教书法课，真是可惜了！"

卢进汉，青福村人，是我初中、高中的师弟，曾做过姚嘴管理区总支书记，我们是仙桃市委宣传部的同事。"下海"多年后上岸，拜知名书画家彭祖华先生为师，研习书法多年，书法作品行云流水，引人注目。2021年，他的书法作品在香港展出。难能可贵的是，进汉老弟幽默、大气，热心快肠。校友刘本镐出版《刘本镐篆刻作品集·弟子规》，卢进汉义务担任责任编辑。2019年5月25日，中国首席飞行官、试飞英雄、老同学、左桥村人邓友明抵汉，陈场中学校友在机关食堂聚餐接风。老舒用饭卡买单，老曾出酒，老杨出烟，卢进汉带来了他为邓友明同学创作的书法作品："有志者事竟成破釜沉舟百二秦关终属楚，苦心人天不负卧薪尝胆三千越甲可吞吴。"2017年国庆节前，他快递给我一个"福"字；2020年2月，武汉最紧张的时刻，他快递给我一幅书法作品，为忙得焦头烂额的我解压。

刘本镐，剅台村人，也是我陈场中学的校友，出版多本篆刻作品集，其作品古朴苍劲，有汉代篆刻之风，著名书画家彭祖华先生多次为其题词和题写书名。本镐中专毕业后在铁路上工作，一方面快乐干活，一方面点石成金、刻苦追梦，方寸之上，得见大成。2017年6月15日，卢进汉给我快递来刘本镐的篆刻新书《弟子规》《心经》。陈场中学已有曾令洪、刘本镐两位校友成了知名金石篆刻家，供关注素质教育者察焉！

侯鸣艺，通海口邮局职工，听口音应该是沔城人。我1977年在柳李小学工作时，就和侯鸣艺相识了。那时，我们学校是报刊订阅大户，订有《人民文学》《诗刊》《词刊》《收获》《湖北文艺》（之后恢复原名《长江文艺》）《布谷鸟》《光明日报》《文汇报》《人民教育》《湖北教育》《写作》《语文学习》《中国语文》等刊物，我自己还订有《文学报》《散文》《无名文学》等等，和邮局的关系就比较特殊。那时我就知道侯鸣艺爱好书法。1981年我离开通海口后，就没有见到过侯鸣艺，今年看见李传富老兄在微信群里几次转发侯鸣艺的书法作品，知道他还在坚持书法"长跑"。

## 八

**通海口地区作曲的，我交往过雷建国、张定福**

知名作曲家雷建国，通海口街上人，是中国音乐家协会会员，创作了800多首声乐作品及若干器乐作品，其中110多首在国家、省市级获奖。我和老雷相识于1978年暑假。那时，我在柳李小学当校长，一天，雷建国带着一本刊有我习作的《沔阳文艺》，一张荆州地区油漆技术比赛第二名的奖状作为信物找到我，要求承接我们学校的黑板油漆活路。我和同事商量后，答应把学校10多块黑板的油漆活路给他做。我和学校大师傅守校，邀请他也在学校吃饭。10多天的交往，我们就成了朋友，他告诉我：1962年高中毕业，高考成绩优秀，因家庭成分不好，失去了上大学的机会。自学谱曲理论知识，有了一些名气，1964年，中央歌舞团的孟宇老师来沔阳农村采风，和他交上了朋友，送他一套大专音乐教材，并极力推荐他上湖北艺术学校。湖北艺术学校的负责人也多次写信给他，要他尽快到校学习，当他找有关方面出具证明时，没想到等待他的是嘲笑和挖苦。入学无门，自学有路。他谱了一首《送郎去应征》，有人说是"黄色歌曲"，又把老雷送进了"学习班"。三中全会后，雷建国把对神州大地变化的喜悦之情，汇集起来，倾注在自己创作的一首首歌曲里。1986年4月26日，他谱写的《四美歌》在湖北省"五讲四美三热爱"征歌评选中荣获三等奖，《我的祖国最美》荣获纪念奖。就在他获奖不久，我得知仙桃棉纺厂工人俱乐部正在物色一位音乐辅导老师，便向棉纺厂领导引荐了他，不久，他就到棉纺厂上班了。棉纺厂把他当人才看待，在仙桃西桥分给他一套房子，乔迁的时候，我们俩还对饮了一杯。1987年，他又有作品获奖，我写了《千磨万击仍坚劲　谱写心中爱党曲——一个农村油漆工是怎样走上征歌评选领奖台的》通讯，发表在9月

2日《江汉早报》第2版上。在棉纺厂工作了几年，雷建国又去了深圳，在那里从事专业工作。大概是2004年，雷先生到我工作的单位叙旧，他告诉我，近年创作了大型音乐风光片《三峡组歌》，但投资预算大，歌手的出场费高，正为筹资的事奔走。可惜，他壮年早逝，令人扼腕长叹。

张定福校长，通海口街上人，他几乎是文艺方面的全才，写剧本、作歌词、绘画、书法、作曲、操琴，样样在行。他创作的歌曲《镜头绕着小村转》，上了中央电视台、中央电台。我1967年上学发蒙，柳李小学的校长就是张定福先生，他是乡亲们心目中笑眯眯的"张校长"。他除了当校长、教学外，还经常组织学生唱歌、打球，很特别的是还把游泳纳入体育课，领我们到通州河学游泳。1998年，我回通海口过年，老校长在街头摆摊为乡亲们写春联，我路过向校长问好，校长写了"世事如棋局局新，前程似锦步步高"的对联送给我。贴上启蒙校长写的春联过年，过得特别温暖。和老校长多年不见，在家乡公众号上看到老校长的照片，遥祝老校长安康。

## 九

**文章的最后必须写一写我和李克银老师的交往**

李克银老师，通海口街上人，1964年毕业于华中师范学院中文系。我和李老师重要的交往有三次。我1977—1980年担任初中语文老师期间，参加了公社教育辅导组组织的四期寒暑假教师集训。在镇上集中起来，听徐自学、李克银、武思学、方志民、李传学、马明清等老师讲课，学习10天、20天不等，是一次极好的充电。李克银、武思学老师负责讲授古汉语，他们两位都强调古汉语学习"必须落实到每个字，不能大而化之"，对我们学习古汉语影响极大。1984年9月至1986年7月，我脱产上电大，教学点设在沔阳师范，辅导老师由沔师老师担任。当时李老师已在沔阳师范任教，做毕业论文时我选了《试论叶明山小说的散文美》做论题，请李老师做我的论文指导老师。李老师治学十分严谨，让我反反复复修改论文。但他为人随和，他住在沔师的小平房里，经常蹲在门口吃饭，活脱脱一个乡里老农。我多次去他家里请益，吃饭时，他对太太说："给阳斌添碗饭。"我们师生俩就蹲在门口边吃边聊。学校选了5个学生在沔阳剧场举行论文公开答辩，我被选中。剧场可坐1000多人，场面宏大，我聘了同学杨先亮做答辩助手，答辩下来浑身衣服湿透。李老师高兴，要请我去他家蹲在门口吃饭。我没去，李老师送我两本他刚出版的新书《古诗词赏析导读》（之一、之二）。1992年，我们兄弟俩准备出版散文集《憨人杆司令》，文稿编好后，我送李老师帮助把关，他教学那么忙，丝毫没有应付我，认认真真把20万字的书稿看了一遍，指出了20多处要商榷的地方，我现在还记得，我的文章里写了句家乡俗语"倒搬犟"，李老师说是"倒搬桨"，我按照李老师的要求改了过来。

李克银老师经常说："一个人来到这个世界上走一次，总要留下几个脚印。"

## 笔墨如幻，画出军人一世芳华

——我眼中的军旅书画家朱墨大哥

蒋志红

作者蒋志红

认识朱墨大哥，纯属偶然。

那是2017年10月12日，一个细雨纷飞的上午，我受邀参加一位著名书画家的艺术作品展。那天，市图书馆热闹非凡。拾级而上，一个分外醒目的展牌赫然展现："翰墨飘香，丹青溢彩。故乡情，著名军旅书画家朱墨艺术作品展。"红底白字的展牌，彰显着主办方展会的重要性和主人新奇的神秘感。

走进图书馆，果然眼前一亮。真可谓文人墨客群贤毕集啊，何况还有市委书记胡玖明正热情洋溢地发表讲话！我的思绪飞快旋转：这是一位什么样的高人啊，还引起了市领导的高度重视？我两眼下意识地往嘉宾台上搜寻，一眼便瞧见了另一位高人——仙桃籍著名杂文家、时评家、鲁迅文学奖获得者鄢烈山先生。

鄢烈山先生扬名海内外，仙桃籍作家更是将其奉为"偶像"。其中当然包括我。我按捺不住内心的激动，希望今天的主角快点闪亮登场。当主持人念到"朱墨"的名字时，一位穿着朴实，干净整洁的中年男子向大家挥手致意，用一句地地道道的家乡话问候大家："冷那们①好！"让现场的朋友哈哈大笑。

"他就是朱墨？"跟想象中的完全不一样啊！

在我的想象中，大凡成就卓越的书画家，应该是满头银发，白脸挂须的风度，鹤发童颜的相貌。而眼前的这位五十开外的书画家，却是一头浓密的黑发，一双锐利的眼睛，俊朗的脸庞，挺拔修长的身材，活脱脱一个气宇轩昂、伟岸正直的军人形象展现在大家面前。

浅白色的衬衣，深蓝色的外套，配一条浅灰色的裤子。朱墨的着装让我油然而生一种朴实的橄榄情怀，一个普通人对军人的仰慕与尊敬。

"回家了。回家的感觉真好！"朱墨满含热泪的肺腑之言，让现场的朋友感动不已，掌声绵延不绝，在展厅里回荡。离开家乡近40年，他依旧乡音未改。

展厅里，一幅幅精美绝伦的画面让朋友们惊叹不已，赞不绝口。

当我站在一幅画前，流连忘返，久久不想离去的时候，我的耳边突然传来一个娇美的声音："这幅画好有趣呀！"我的注意力在那幅画上，没有回头地说："这是我

---

①冷那们：通海口人把"你们"叫成"冷那们"。

见过的最有童趣的画。"

我的话没有任何夸张。当然,一个作家的艺术眼光肯定是肤浅的,但是眼前的这幅画却深深地打动了我:

这是一幅特别的画,有着特别的色彩,以及柔和而又飞扬的笔触,似乎在给我们讲一个真实的故事。画面是静止的,但我却看到了流动,看到了行走,看到里面的景物和人物都活了起来。那故事带着天真烂漫,带着诗意,带着时代的印记。

翻仰叉(朱墨作品 1996 年)

画面上,两个小男孩在开心地玩游戏,游戏的内容可能只有家乡人才看得懂。作者很用心地在画面上用文字叙述了游戏的内容:小时候,父亲常要我和弟弟到屋前树林里扒树叶做烧柴,有时候树叶多,一下子就扒满了一筐。这时,我们常用空余时间做一种游戏:用耙子当杠杆,一头着地,扶着像翻跟斗一样翻过去,名曰:翻仰叉。有时候失手了少不了头上添几个疙瘩。

我们一边读着上面的文字,一边抿嘴偷笑,好像和那个年代产生了共鸣。

紧挨着的,还有不少充满童趣的画。我们又看到了一幅《打陀螺》,又兴奋起来。刚好朱墨走到我们身边,我打趣地笑问他:朱墨老师,你童心未泯呀!他一改严肃的面孔,微笑地告诉我们:或许是年龄大了,或许是没出息,也或许是经历的苦涩太多,很喜欢回忆,想儿时、想故乡的一些事。尤其是想童年时的一些土游戏,很是亲切,总有一些天真、浪漫、无邪感。每每想起,心情格外愉悦。这样想来,此生也没白来,也有些值得回味的美好时光。

我们趁机拉他合影,他马上配合,中规中矩地站在我们中间,一点架子都没有。俗话说:越有成就的人,越没有架子,越有亲和力。此话一点也不假。

我看着眼前这个帅气儒雅,散发着青春气息的书画家,心想画如其人,画里渗透着作者的气质也许是非常有道理的。

有一位作家说过:文字是可以让人流泪的,我觉得看画也是可以让人流泪的。

在展厅的一个角落,一幅画真的让我流泪了。

那幅画叫《三条鱼的故事》。画面很简单,三条鱼放在一个盘子里。画的空白处,是作者用文字叙述的故事:我们兄弟仨中我排行老大。记得小时候有一次爸有事外出,事先给我们做好了三条鱼,托隔壁的曾奶奶告诉我们,吃饭时一人一条鱼。回家后听说有鱼吃,大家都非常高兴,可兴奋之余遇到了难题,那鱼有大有小,谁也不愿吃最小的。我便提议按排行大小分,谁大吃大的,谁小吃小的。老二当即表示反对，说最小的吃最大的，我却不同意。僵持了一会儿，不知是谁提议抓阄，大家一致同意。结果是我抓了最大的，老二抓了最小的，那不大不小的自然是老三的了。可老二觉得吃亏了，不同意。我说这样吧，鱼汤给你怎么样？老二才勉强同意。现在想起来真好笑。记得那年我还不到10岁，根本不知道什么是礼让。因为那个年代太穷了，吃顿好饭不容易，即便想让也抵抗不了这美味的诱惑，现在想来还有些愧疚。

看着画面上那栩栩如生、大小不一的三条鱼，我的心有些隐隐作痛，眼角泛潮。我好希望作者把那三条鱼画得一样大。我也是那个年代的人，我被父母寄养在乡下，和堂哥堂姐们一起挖野菜，拾柴火，还因为分配不均哭过鼻子，打过架，饱受了贫穷的滋味。那时候的我们也不懂得谦让，更不会掩饰自己受委屈的样子。我们迎着阳光奔跑，在贫穷中慢慢长大。

三条鱼的故事（朱墨作品2003年）

饱受了贫穷滋味的朱墨，更懂得善良和亲情的可贵。展出的一百多幅作品全部赠送给了家乡的图书馆。

作为喜欢文学创作的人来说，很多时候更喜欢去揣摩人物，见到一个有意思的人就会去打量，去揣测他所拥有的人生，和这人生里面在不同时期发生的各种故事。从朱墨的画作及谈吐中，我感觉他一定是个有故事的人。

那天，朱墨的文集《朱思墨迹》被现场的朋友疯抢一空。很遗憾，我没有得到他的签名书。朱墨看到我很失望的样子，答应回广州后亲自寄一本送给我。这样，我们彼此留下了电话，还加了微信。他的一声"家乡妹妹"，让我热泪盈眶。这是一位多么真诚朴实的大哥呀！

展会结束后，我迫不及待地找朋友借了一本他的文集翻看。

文集从童年时期写到中年，让我读来清新流畅，朴实自然。首先让我感动的是他的善良与深情，真诚与豁达，文如其人，他是那么的谦和，率真，令人放松。

让我很意外的是，朱墨和我是地地道道的老乡，我们都是仙桃市通海口镇人，他的老家——天星洲是我工作的第一个站点。他工作的城市在广州，而我谋生的城市在深圳，我们都是漂泊在外的游子。在南方的天空下，我们一起打拼，一起遥望家乡，一起让乡愁流动在异乡。

苦难是人生的一笔财富，也是一场生命的修行。人生也是一段生命的旅程，每一段路都有破茧前的痛苦，而后破茧化蝶，精彩纷呈。

从文集中了解到,他从小就对书画特别感兴趣,会拿筷子时就喜欢拿着笔四处涂抹。他家的墙上、家具上,凡是能画的地方他都画了。他不仅在上面画,还用刀刻,结果把家具弄得面目全非,惹来父亲狠狠一顿揍。在那个贫穷的年代,朱墨没有钱买纸,就常常捡水泥袋和农药袋回来,整理后在上面练习,好几次差点被农药袋上的余毒要了小命。

他小时候对书画的喜爱,和我小时候对文学的热爱几乎同出一辙。刚上小学时,我就喜欢看小人书,虽然识字不多,但我看得津津有味。为了换取心爱的小人书,我省下每天吃早餐的钱,饿得晕头转向。放学后,经常去学校的垃圾堆里寻找同学们不用的铅笔头。

从朱墨的故事里看到这样的情节,我们似乎产生了共鸣。我再一次感动于他的坚韧与执着。

每当他最开心、最痛苦的时候,他最想念的就是家乡。他将情感倾注于笔端,乡情画便是他情感的倾诉。他尤其爱画荷花,荷花是家乡的符号。他爱家乡,更爱荷花溢香的高品和亭亭玉立的雅态。

自从有了朱墨的微信,我的精神世界更加丰盈起来。更让我懂得了什么叫勤奋、什么叫执着、什么叫痴迷,让我在文学的道路上更加努力前行。

他的书画作品,在他的朋友圈里每天可以看到。他的写意画作,构图特别大胆,线条流畅灵动,用色素雅端庄,用墨点染而成,给人一种要么宁静到极致,要么奔放到天然的魅力。每幅作品都配上一首清新雅致的小诗。

我一向仰慕才情四溢的朋友,身边也收藏了一些朋友的字画。每天看到朱墨那一幅幅新作在朋友圈跳跃:晨起画鸟,暮色中写字。昨天是清香四溢的荷花,今天又是幽兰雅竹,明天又是壮硕遒劲、艳丽奔放、简约霸气的木棉……看得我心里痒痒的。恨不得立刻化身为一只蝴蝶,飞到他的画室,偷出几张来。倘若被他发现,我就耍无赖:窃画者,不为偷!

我实在按捺不住内心的渴求,终于有一天,我大胆地向他求画。他很爽快地答应了,只不过他一直很忙,他说会忙里偷闲为我写一幅字的。我开心得像个孩子似的连忙说谢谢。

半个月后,我收到了朱墨寄来的字。"琴韵书声",让我的书房更加温馨。心细如丝的朱墨还寄来了他的几本画册和文集,说可以送给我身边喜欢的朋友。他歉意地解释,现在太忙了,以后有时间再好好给我画一幅画。

文集上的扉页写着:蒋志红妹惠存。从此,他便成了我的大哥。

广州城一直享有花城之美誉。只要给他一个宁静的夜晚,他的心便会在夜色中生出一朵朵花来。木棉花总是列在大哥心中最美的地方。以木棉花为主题的"开门红"花费一周的时间完美落笔。在"向春出发,朱墨书画作品展"的拍卖会上,以

3.9万元成为拍卖会的亮点。几年前,"开门红"曾经拍出了9.6万元的惊喜。

木棉花被南国人称为英雄花,是精神气质和品德的象征。朱墨大哥笔下的木棉花,与众不同。除了木棉花的艳丽,他画的树,枝干挺拔强健,体现了南国人大气豪迈、铁骨铮铮的精神。

在"开门红"的创作过程中,每一个细节,朱墨大哥都精益求精。画累了,就坐下来喝一杯茶。一边喝茶,一边寻找画的亮点和不足之处。他说亮点会让人开心,升华出一种成就感。从不足之处寻找下一次创作的改进方法。

创作的过程虽然枯燥寂寞,但看着浸透心血的作品,会有一种常人所体会不到的快乐与自信。正所谓:苦并快乐着。

朱墨大哥每天的生活充实而忙碌,除了画画,还是画画。他的画笔在画纸上挥毫,陶醉,忘我地指点他那纸上江山,抬手间便是一幅初具雏形的良画,技艺精湛可见一斑。

他用一首幽默而又率真的小诗来形容他对书画的执着和热爱:还没有和太阳好好谈谈/就又被灯取代了/一天很短/短得来不及拥抱/就又是寒夜。

他的画笔在人生中留下了浓墨重彩的一笔,心系社会,不忘他人。他的作品经常举行拍卖会,拍卖出的资金高达几十万,甚至百万。这些资金主要用于社会公益。

古有以笔为剑,向封建王朝发起挑战。今有以笔为桥,拓展了中外邦交的沟通途径。朱墨大哥是一位集书、画、印、诗、文于一体的学者型艺术家。他是我国3D书法与书画指纹印发明者。2015年,他的事迹被载入国家大典。2017年在美国举办的"中国情,朱墨书画展",在海内外引起轰动。

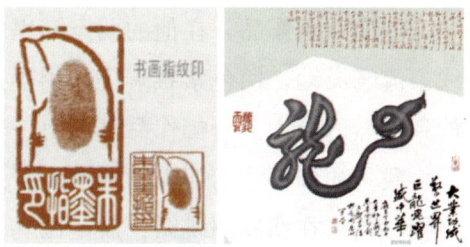

书画指纹印和3D书法(发明人朱墨)

2017年4月,他应邀在联合国总部展出其用3D书法精心创作的"和平万岁",由此成为第一个让中国书法走进联合国的艺术家。

这样的笔墨,这样的人生,我想总是香茗于古瓷,清泉于玉盏。而朱墨大哥,与军旅,与书画,两两相宜;人间烟火,寻常而极致。一如"朱墨书画室"一般,就此锁于一室清秋。

朱墨大哥的清秋世界里,用一支笔,画出了他人生的精彩。

笔墨如幻,画出了军人的一世芳华。

# 现代诗《和平万岁》与朱墨的画作（两幅）

朱 墨

【作者简介】朱墨，武脑村人，1963年10月出生，著名军旅艺术家、作家、诗人。

2004年入选《人民论坛》年度人物。

2008年被国务院扶贫委授予"公益典范"称号。

2015年被载入国家大典。

2017年4月，应邀在联合国总部展出，由此成为第一位在联合国广场展出的中国艺术家。

2019年4月，应邀在日本举办"中日永和·朱墨书画展"，由此获日本前首相村山富市颁发表彰状。

作者朱墨

2019年11月被日本东京画院授予院士称号。他的著作《我活了一千年》是一部很有高度和深度的文学著作，此书由中国作家出版社出版。

为飨读者，特登载朱墨在参观联合国广场《破碎地球》雕塑前，面对当前国际形势有感而发，即兴创作的现代诗《和平万岁》，以及两幅精品画作《满塘荷香》和《春风吹来》。

**一、现代诗《和平万岁》**

编者按：《和平万岁》是2017年4月20日，朱墨受邀在联合国举办以和平为主题画展时，在参观联合国广场《破碎地球》雕塑前，面对当前国际形势有感而发，即兴创作的一首诗。这首诗饱含激情，充满了对世界和平美好的热爱。诗作之所以能在世界上产生共鸣，是因为他写出了世界人民对和平美好的共同心声。此诗自发表以来，陆续被世界各国媒体广为传播，产生了广泛影响。

站在联合国广场
破碎的地球前
我眼前浮现出
未来人类
一幕幕美好
不同肤色的人们
手牵着手
在一起载歌载舞
无数的新人类
相拥在一起
把阳光共享
满天的和平鸽
与白云一起
快乐翱翔
尽管现今我们
所处的时空
还有一些地域
炮声隆隆

尸横战场
尽管还时刻有
初生的孩子
来到人间
就不再有爹娘
尽管美好的那一天
离我们还很遥远
但只要我们
把枪炮塞进炉膛
化为一根根铁轨钢梁
把坦克铸成
一枝枝橄榄
美好的地球
就不再是梦想
世界的美好
在和平的歌声中
就有希望

## 二、画作《满塘荷香》

满塘荷香　（2013年朱墨作）

三、画作《春风吹来》

春风吹来　（1992年朱墨作）

# 陆家鑫画作 （两幅）

陆家鑫

**【作者简介】** 陆家鑫，笔名楚墨，艺名酷艺峰。一九四三年生，湖北省仙桃市通海口镇人。系中共党员，长期从事书画、美术教学，群众文化艺术辅导培训和文化艺术事业单位领导等工作，直至 2003 年在湖北省仙桃市文化艺术战线退休。

现为中国书画家协会理事、中国当代实力派画家联合会理事、中国书画研究会艺术顾问、香港中华艺术家协会常务理事、广东省文化艺术促进会理事、湖北省仙桃市美术家协会理事、广东省、广州市和原广州军区等多所老（干部）年大学美术教师（副教授）。

作者陆家鑫

陆家鑫创作的《中国写意人物画》和《中国写意花鸟画》，多次参加全国大型书画展赛并获奖。特别是《伟人肖像国画》：2009 年，创作的《一国两制》，参加"庆祝香港回归十周年"获金奖。2007 年，创作的《开国领袖》，参加"庆祝中华人民共和国成立 60 周年"获一等奖。2011 年，创作的九幅《开国伟人肖像国画》，参加中国"军魂翰墨"书画展。2014 年，创作的《实现中国梦》，参加"中国第四届老年文化艺术节书画大赛"获特等奖。2023 年，创作的《毛主席肖像国画》十幅"专题组画"，参加"纪念毛泽东同志诞辰 130 周年"活动会展览。10 幅作品被参会者单位收藏。

为飨读者，特选登陆家鑫先生画作《年年富裕》和《金鸡报春》。

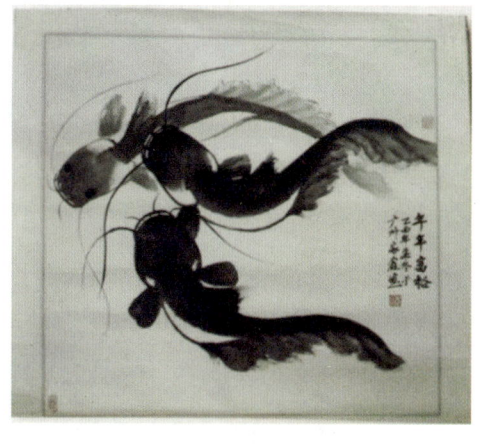

年年富裕 （陆家鑫作品）

第六章 文脉贯古今

金鸡报春　（陆家鑫作品）

# 许汉书法作品（三幅）

许 汉

**【作者简介】**许汉，男，汉族，1964年2月生。大学学历，中共党员。中华诗词学会会员，国家一级书法师，国礼书法艺术家，中国书法家杂志社特约书法家，中国艺术书法家协会理事，北京华夏邦交书画院高级院士，国家高新技术企业厦门今起电子有限公司创始人。

为飨读者，特选登许汉先生书法作品三幅。

作者许汉

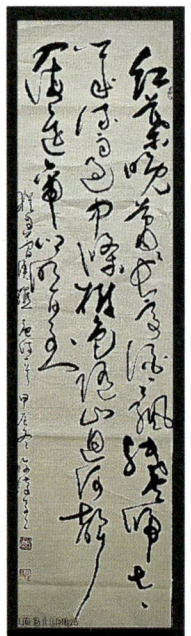
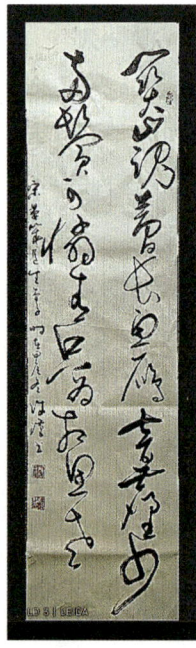

红叶晚萧萧，长亭酒一瓢。残云归太华，疏雨过中条。
树色随山迥，河声入海遥。帝乡明日到，犹自梦渔樵。

——许汉作品

关山魂梦长，鱼雁音尘少。两鬓可怜青，只为相思老。

——许汉作品

月落乌啼霜满天，江枫渔火对愁眠。
姑苏城外寒山寺，夜半钟声到客船。

# 父亲的书法情

范体军　范体明　范体新　范体国　范体芳

**【父亲简介】** 范同仁，1945年7月出生，洪湖府场镇人，后举家搬迁至通海口。曾任生产队队长，转行泥瓦匠，参与建设湘鄂西革命烈士纪念馆，任副指挥长。退休后，练书法。

我们的父亲2008年经历了一场严重车祸，一度生命垂危，仿佛在阎王殿前走了一遭。虽然侥幸脱离了生命危险，但左脚却不幸留下残疾。在那段时间里，他饱受痛苦与无助的折磨，生活于他而言变得异常艰辛和乏味。唯一让他暂时逃离痛苦阴影的方式就是打牌。

偶然间，他在一次娱乐活动中结识了一位书画爱好者，两人相见恨晚，谈得非常投机。这位朋友建议父亲尝试练字，既打发时间，又能缓解身心痛苦。从2009年开始，父亲逐步接触书法。尽管起初只是断断续续地练习，但最终他发现，书画不仅能减轻内心痛苦，还能消磨时光。随着时间推移，父亲渐渐领悟到了书法的精髓。

从那时起，父亲日夜不停地钻研和临摹书法，且专攻小楷字帖，偶尔也练习大字。2010年腊月，临近春节，父亲决定写对联，一方面为了练字，另一方面也希望能赚些收入。然而，尽管他写了100副对联，却只卖出了一两副，这让他感到失落和气馁。但父亲一向好强，从不轻言放弃。甚至，这反倒激起了他的斗志，心想第一年不行，第二年总会成功的。果然，第二年父亲卖出了二十几副对联。父亲心里想着，真是功夫不负有心人！到了第三年春节，竟然卖出了七八十副对联。无论怎么说，这都是一种进步。

接下来的几年，父亲将全部精力投入书法创作中，每年坚持完成10万字的创作任务。而通过自己孜孜不倦的坚持，父亲也逐渐领悟到，书画不仅是一种艺术，更是能够改变人的精神的强大力量。

2014年，通海口镇决定成立一个书画社，众多书友一致推选我父亲担任社长。虽然这是一份沉重的责任，但父亲深知，没有压力就没有动力。担任书画社社长后，父亲更加拼命地练习小楷，不断提升书法水平。即使夜晚休息了，只要灵感一来，父亲立刻起床开始书写。的确是废寝忘食，常常忘记了时间的流逝，不分昼夜地沉浸在书法世界里，并享受由此带来的快乐。

经过10多年的苦练，父亲累计书写了上百万字的作品，完成了《增广贤文》

《道德经》和《金刚经》等作品的书写，部分作品还亲自装订成册。在此期间，陈场镇与通海口镇联合成立书法社，父亲被推选为书法社社长。

父亲还将朱熹的《劝学诗》抄录于一幅扇面上，以此自勉。至今，这幅扇面仍挂在客厅里，时刻提醒父亲和我们："少年易老学难成，一寸光阴不可轻。未觉池塘春草梦，阶前梧叶已秋声。"

尽管年近80岁高龄，父亲依旧沉湎于自己钟爱的小楷里，每日不停地奋笔书写，仿佛不知疲倦，仿佛时光停滞。

这就是我们的父亲！老人家的名讳叫范同仁，一个值得我们骄傲的名字。父亲身上那股锲而不舍、追求卓越的精神，永远值得我们学习和敬仰，也激励和鞭策着我们在本职岗位上发光发热。

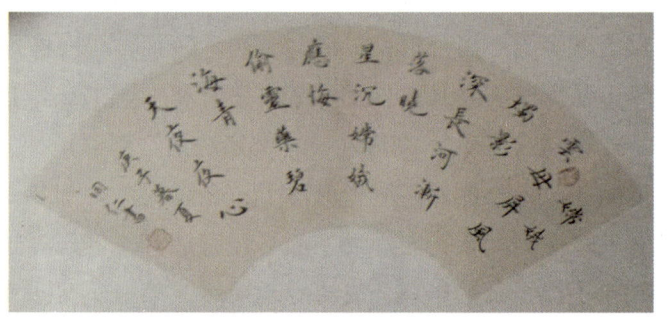

# 从沔阳花鼓戏《秋江》说开去

刘祖荣

顾绍柏先生曾给我发来一则短信:"祖荣:我年轻时在通海口剧院看过沔阳花鼓剧团演出的《秋江》,又名《陈姑赶潘》,或叫《陈妙嫦赶潘》。请你帮我联系一下仙桃市花鼓剧团,是否有这出戏的录音或录相?如果有或者别的地方有,你找到后寄给我。在外地的沔阳人都想欣赏。"

收到顾老的短信,我毫不犹豫地作了回复:"行!我立即办妥后传给您!"之所以答复如此干脆,是因为早在66年前,我在通海口看过这出戏,而且印象深刻。

作者刘祖荣

话说在宋代,古复州(沔城)城东二公里之外有一尼姑庵,唐朝始建时名为"达寺庵",北宋重修时更名为"白衣庵"。南宋时,白衣庵内有一带发修行的道姑,名叫陈妙嫦,与庵主的侄儿潘必正(潘为了参加会试,寄读在庵中)产生了恋情,结果被庵主发现。庵主逼潘赴考。潘未及与妙嫦告别,便急忙赶往临安(今杭州)参加会试。妙嫦知道后,匆匆赶到秋江(从长江沌口至泽口处的一段古汉江,因汉江改道,这段过了时的汉江当时被人们称为"秋江",又因这段古汉江处在荆州的东边,后来正式更名为"东荆河")河边,雇船去追赶。《秋江》就是表演陈妙嫦乘船追赶潘必正的。剧中人只有陈妙嫦与艄翁,妙嫦急于要追上已乘舟离去的潘必正,偏遇上一个慢郎中老艄翁。道姑急于追人,艄翁却不紧不慢,问东问西。舞台上的道具极为简单:仅有艄翁手中的一支桨和道姑手中的一把拂尘。就凭这两个道具,便能让观众感觉到舞台仿佛在上下波动,虽然舞台上没有江、没有船,但道姑与艄翁巧妙配合,让身段动人地起伏摇曳,似风吹杨柳,摆动得十分自然。虚拟的动作,使观众觉得真像有船在江上行驶。

令人遗憾的是,当我到处打听哪里有《秋江》的影碟时,回答全是"没有",而且这出戏已有很多年没有人演出了。经打探,原来早在几十年前,沔城人反对上演(《秋江》),谁演就找谁闹事。说是该戏伤风败俗,有损沔城人形象,所以在沔阳境内没人再敢演《秋江》了。

我感到实在纳闷,这明明是冲破封建礼法、越出清规戒律、打破宗教束缚的动人爱情故事,怎么就伤风败俗了?陈妙嫦到底是沔城哪家的闺女?她做了哪些有违道德的事而玷污了沔城人的形象？为此，我深入历史长河，对此事予以追索。

经查证，北宋宣和年间，有淮西和州泾阳（今安徽和州）人潘凤与河北沧州人陈士元同在开封为官，潘凤是开封府尹，陈士元是开封府丞。开封是北宋的首都，又称东京，二人一正一副，位高权重。潘、陈两家非常要好，关系十分密切。宣和二年，潘凤的夫人吴氏诞下一子，乳名潘楷；陈士元的夫人钱氏也产下一女，乳名娇莲，潘、陈两家甚为高兴，为了永固两家友谊，便给尚在襁褓的一对儿女订了娃娃亲，潘凤以玉簪为聘，陈士元也回赠了鸳鸯坠。二人本属同僚，都住在府衙后宅，潘楷与娇莲，青梅竹马，两小无猜，天真烂漫地在开封府后宅度过了几年的美好时光。

靖康元年（1126年），潘凤与陈士元因不满宋钦宗赵桓忠奸不分、软弱无能，致使佞臣当道，朝纲紊乱，便各自毅然辞官归隐故乡，潘凤回家乡安徽和州泾阳县，陈士元回河北沧州老家。临行，二人约定，待一双儿女成年后便团聚完婚。

光阴似箭，日月如梭，转眼已过十载。在这十年间，北宋已城破国亡，钦宗赵桓之弟赵构在南京即位，史称宋高宗，后辗转迁都临安，是为南宋。高宗即位后，偏安江南，不思进取，金兵屡犯中原，却不组织军民抗金，一味地向金妥协求和，政治上昏庸无能，宠信奸佞，迫害忠良，致使国势日衰，民不聊生。绍兴八年（1138年）初，退隐沧州的陈士元病故，夫人钱氏眼看女儿娇莲已经成人，想起夫君在时，曾与开封府同僚潘凤十分交好，结为儿女亲家，并以玉簪为聘。如今儿女俱已长大，却又天涯相隔，自己孤儿寡母，无依无靠，只有携娇莲前往和州潘府完婚。钱氏将想法说与娇莲听后，娇莲表示赞同，母女二人立即着手收拾盘缠行李，择日奔往和州。

娇莲母女，一路上饥餐渴饮、晓行夜宿，爬山涉水月余，方才到达湖北境内，然而风云骤变，突遇金兵南下侵犯中原。霎时间，刀光剑影、天昏地暗、尘埃滚滚，四处都是逃奔人的哭喊声。可怜钱氏母女硬生生地被逃难的人群给冲散了。娘唤女，无人答应；女寻娘，不见踪影。钱氏因与娇莲失散，遍寻不着，急往和州潘府投靠去了。

单说娇莲找不着母亲，急得直哭。她自幼未出闺门，哪知东南西北？现遭兵祸，母女失散，实在无所适从。见前面路旁有一棵大树，打算寻个自尽，以免遭受金兵凌辱。

娇莲自尽之前，面朝北方，跪在地下，遥望家乡，大喊三声爹娘，便号啕大哭起来。此时有一大娘路过，听见哭声，便上前询问情由，娇莲将自己的遭遇，向大娘哭诉了一番。大娘表示同情，劝她道："你现在不能死！你死了，你娘怎办？我姓张，人称张二娘。家住复州城东门外的二老坡，你随我去。我有丈夫和儿子，你住我家不方便。那里有一白云庵，庵主与我甚好，我去与庵主商量，你暂时借住在庵里，然后慢慢打听你娘的下落，你看如何？"娇莲听从了张二娘的劝告，随同去了二老坡。

到了二老坡，随即便去白云庵，张二娘向庵主诉说了娇莲的不幸遭遇，庵主深表同情。庵主又详细询问娇莲的家庭情况，娇莲回答道："家住河北沧州，家父陈士元曾任开封府丞，与府尹潘夙老爷私交甚好，自幼与潘府公子潘楷订了娃娃亲。今年初，家父病故，母亲携小女欲投奔和州泾阳县潘府完婚，不幸途中被金兵冲散，寻母不着，孤身一人，为免遭金兵凌辱，正欲自尽，被张二娘所救，万望庵主慈悲为怀，容小女子暂且借住庵中，待找到我娘后，即刻前往和州。"

庵主听罢，心中大喜，天下竟有这等巧事！原来庵主叫潘法成，是和州泾阳县潘夙老爷的胞妹，潘楷的亲姑妈！庵主觉得这是老天爷的有意安排，也不道破真情，便对张二娘言道："二娘，我们是近邻，你今乐于助人，我当鼎力相助！娇莲借住庵中多有不便，倘若有人问起，叫老尼如何应答？老尼观娇莲乃是福相之人，眼下虽然身处困境，日后定能大富大贵！老尼建议，为了掩人耳目，避免招惹不必要的麻烦，娇莲暂且做老尼的俗家弟子，带发修行，暗中打探她娘的下落。对外声称是白云庵的尼姑，法名就叫陈妙嫦。"自此白云庵多了一个年轻漂亮的尼姑——陈妙嫦。

妙嫦原本是官宦人家的闺秀，不仅有沉鱼落雁之美、避月羞花之貌，且诗词歌赋、琴棋书画，样样皆能。眼下寄居庵中，暗中派人打探母亲下落，可一直没有音信，心中闷闷不乐，时刻思念着走失的亲娘，此事暂且不表。

话说淮西和州泾阳县有一秀才，姓张，名孝祥，字安谷，号于湖，人称张于湖。此人腹中背记五车书，胸内包藏千古史。因恋新婚，不赴科第，其父作诗以诫之，诗云："西风飒飒逼槐黄，文士纷纷赴科场；休恋凤衾鸳被暖，桂花香似麝兰香。"

于湖见诗，遂上京应举，幸喜高登，被授江西临江县令，三年任满，乃升复州通判。"通判"是宋太祖赵匡胤所创设，由皇帝直接委派辅佐州政，可视为知州副职，有直接向皇帝报告的权力。知州下发命令、文书，必须要通判一起署名方能生效。有监督和控制地方官员的权力。凡兵民、钱谷、户口、赋役、狱讼听断之事，皆可裁决，是兼行政与监察于一身的中央官吏。

接到任命文书，张于湖便带领仆从王安，雇船前去上任。船行到长江中游的沌口，便进入长江支流东荆河，驶到了复州城附近，弃船上岸。时值八月，天气尚且炎热，于湖吩咐王安前去寻个临时住处，烧汤洗浴，休息一晚，明早进城。

王安走了不远，见一道观，上书"白云庵"三字，转身报知于湖。主仆二人来到白云庵，告知门房求见庵主。待到庵主出来，于湖一见，心中大喜，原来他乡遇故知。张于湖与潘楷（学名潘必正）是同乡，于湖虽比必正年长几岁，但二人十分要好，昔日于湖经常出入潘府，与庵主潘法成乃是熟人。真是老乡见老乡，两眼泪汪汪；一口家乡话，句句诉衷肠。于湖将自己前时在江西临江任县令，现跃升湖广复州通判，今日前来上任之事，一五一十告知庵主，庵主立即表示祝贺！

二人正谈之间，见一道姑进来奉茶。道姑头戴七星冠，身披紫霞服，丰姿绰约，犹如九天玉女临凡世。于湖一见，荡去三魂，散了七魄，暗道好个佳人，可惜做了道姑。道姑奉茶完毕作揖告退。

于湖忙问适间来者何人？庵主言道："说来话长，请随老尼进庵房详谈。"

进入庵房后，庵主对于湖言道："道姑原名娇莲，其父陈士元，与潘楷的父亲过去同朝为官，自小二人便订了娃娃亲。十年前一起退隐山林，年初陈父病故，娇莲与母投奔泾阳潘府完婚，途中不幸被金兵冲散，寻母不着，恐遭金兵凌辱，正欲自尽，被庵邻张二娘所救，眼下暂时借住庵中，待找着陈母后便前往潘府完婚。为避免惹上不必要的麻烦，暂时称为本庵道姑，法名陈妙嫦。老尼是潘楷姑妈之事，还没有告诉她。"

于湖听后大喜，忙对庵主说："娇莲实乃国色天香，潘楷有福了。我与潘楷情同手足，娇莲便是弟妹，待我修书一封，让他来此迎接娇莲。"

闲话少叙，张于湖主仆二人，在白云庵休息了一夜后，第二天上午便进复州城上任去了。

时间过得真快，不觉到了十月初一日，白云庵设斋，众道姑会集齐。斋毕，庵主正与道姑谈话之间，有门房前来报曰："启禀庵主，外有一秀才，言称和州泾阳县人，姓潘，要见庵主。"庵主答道："请他进来。"

门房出去后，引秀才来到鹤轩，秀才见到庵主忙跪下道："侄儿给姑妈请安！"庵主忙对众道姑介绍说："这是我侄儿潘必正。"随后带侄儿进入庵房，忙问家里情况，几时动身前来。

潘必正回答道："家里一切平安。旧岁十二月离家，正月到京应举，二月初九、初十两场都已考了，无奈十一日突然患病，不能参加第三场考试，未得终场，只好回家调养身体，等待下次会试。月前接于湖兄书信，得知娇莲在姑妈处，故此特来相见，不知娇莲现在何处？"

庵主言道："娇莲父亲已病故，在随母去泾阳途中被金兵冲散，现借住庵中打听其母下落，为免遭惹麻烦，在此带发修行，法名陈妙嫦。我是你姑妈之事，还没有告知她。"

潘必正言道："岳母已在我们家中，现在离来年科考已不足三个月，侄儿欲在此温习，不知姑妈是否同意？"庵主答道："如此甚好，我儿安心在此住下，专心攻习诗书，待来年春闱赴考，等金榜题名后再前来迎娶妙嫦。"姑侄二人商议已定，让门房将必正的行李搬至庵中，命女童去洒扫东首的白云楼让必正安歇。

次日早上，必正欲见妙嫦，问门房："妙嫦住哪个房间？为人如何？"门房已知必正是庵主的亲侄儿，连忙回答："妙嫦住在东廊尽头那个房间，平易近人，吟诗作赋，抚琴诵经，无有不能。"

必正曰："带我前去。"门房带必正来到了妙嫦的住处，见妙嫦言道："潘官人前来相访。"妙嫦微笑说："官人快快请进。"

必正进房后，与妙嫦施礼毕，女童前来奉茶。茶罢，必正自我介绍道："白云庵主是我姑妈。我乃和州泾阳县人，姓潘名必正。家父潘凤，曾任开封府尹，后因不满朝政，辞官归隐……"

必正话未说完，妙嫦立即打断问道："你是潘楷？"必正故作惊讶言道："潘楷是我乳名，你怎知道？"妙嫦惊喜道："我就是你的娇莲！"言毕，立即起身与必正相拥而泣，互诉十年来的离别之情与相思之苦。

自此，潘必正住在庵中专心温习功课准备来年科考，不知不觉已过两月。

一日，潘必正来到陈妙嫦的房中，未见妙嫦，忙问女童。女童答道："师父去不远处的长春观拜访观主，未回。"

潘必正见房中书橱未锁，随手拿出一部《通鉴》来看，看着看着，忽见内有一帖，帖子里写有一首词，词曰："松舍青灯闪闪，云堂钟鼓沉沉，黄昏独自展孤衾，欲睡先愁不稳……强将津唾咽凡心，争奈凡心转盛。"细观此诗，妙嫦芳心尽露。必正随即写了一首《西江月》："玉貌何须傅粉，仙花岂类凡花，终朝只去恋黄芽，不顾星前月下。冠上星簪北斗，案头经诵《南华》，未知何日到仙家，曾许彩鸾同跨。"

潘必正刚刚写毕，适逢陈妙嫦回来，见了两人词，满面通红。潘必正见状，忙将陈妙嫦搂住，如此这般，毋庸细表。

单说庵主见二人"青春佳丽，意气相投，每每星前月下，事事东遮西掩"。不免产生狐疑。唯恐事露人知，败坏山门，有玷清白，便将侄儿叫来言道："楷儿，你父只生你一人，指望功成名就，虽赴前考，未登金殿，终是你一生遗憾。如今春闱将至，赶紧收拾行囊去临安赴试，待金榜题名后回来迎娶娇莲。"潘必正答道："谨依姑妈严命，待侄儿作谢各位道姑后就出发。"庵主道："不消，抓紧收拾，即刻去秋江雇船前往临安。"必正只好领命恋恋不舍而去。

单说陈妙嫦早上陪庵主做完功课，四处闲逛时未见潘必正踪影，去问门房，门房言道："庵主命潘相公去临安赴考，此时大概已到了秋江。"妙嫦闻言大吃一惊，潘郎不辞而别，其中定有隐情，于是急忙追赶……

下面选取一段对白，以飨读者：

妙嫦："瞒着师父出庵堂忙朝前跨，为的是赶潘郎恩爱冤家。恨不得生翅膀腾空驾马，怪缺少飞毛腿土遁之法。急忙忙来到了秋江河下，见船舱坐一位老年白发。顾不得羞和丑上前问话，尊一声老公公细听根芽。清早起一相公来到河下，年纪轻不过是十六七八。望公公对奴家讲述实话，我与他是兄妹同父共妈。"

艄翁："老汉我坐船舱抬头观看，但只见一道姑站立沙滩。有道是杨贵妃沉鱼落雁，论容貌赛过了三国貂蝉。说什么是兄妹同父共妈，分明是动凡心不愿出家。你问的那相公愁眉不展，清早起雇小舟下了临安。"

妙嫦："听说是潘郎哥愁眉不展，不由得妙嫦女喜在心间。转面来见公公再把礼见，尊一声老公公细听奴言。我心想借宝舟去把哥赶，赶上了我的哥多付船钱。"

艄翁："老汉我在河下广行方便，赶上了那相公我不要船钱。"

沔阳花鼓戏《陈妙常赶潘》剧照

这一老一少，一问一答，且歌且舞，充分表现出陈妙嫦对爱情的大胆炽烈追求，从而征服了沔阳县一辈又一辈观众，《秋江》一度成为沔阳县花鼓剧团的保留节目。

至于后来潘必正考中状元，到白云庵接陈妙嫦回和州泾阳县潘府，陈妙嫦与母亲会面团聚，二人在张于湖的主持下举行完婚大典，就不为沔阳人所知了。由此可见，陈妙嫦与沔城人是八竿子都打不着的关系，何来的伤风败俗、丑化了沔城人的形象呢？

书生潘必正与道姑陈妙嫦的恋爱故事，在民间已传千年。最早见于文字的有《古今女史》《张于湖传》《张于湖误宿女贞观》，这类小说戏剧，大都立意不高，仅把潘、陈二人的结合作为一件文人才女的风流韵事来描写。到了明代万历年间，才有作家高濂，创作出了传奇戏剧《玉簪记》，"秋江"便是其中的一出折子戏。该剧情节简单而生动，语言朴实而优美。基本情节沿自小说《张于湖传》和杂剧《张于湖误宿女贞观》。

《玉簪记》以陈、潘的爱情故事为线索，通过"尼姑思凡"这一题材，敢于冲破封建礼教和宗教清规戒律的越轨行为，使这个形象脱离了色情描绘的庸俗趣味，蕴含着争取个性解放的思想，像漫漫长夜的流星闪电，迅速划破长空，给黑暗社会注入强光，给青年男女莫大的激励。尼姑尚且不满空门禁锢，何况世俗青年男女？他们不满封建礼教的束缚，大胆追求爱情的行为就更加无可指责了。

《玉簪记》刊发后不久，全国各地的京剧、昆剧、粤剧、川剧、越剧、豫剧、评剧、晋剧、淮剧、沪剧、秦腔、汉剧、坠子戏、梆子戏、黄梅戏、湘剧、湖南花鼓戏等剧种，纷纷改编为各自的剧本进行演出，深受全国观众的喜爱。

# 荆楚放歌
## ——通海口区毛泽东思想文艺宣传队简忆
### 李庆成

作者李庆成

1969年农历三月，沔西古镇通海口迎来了一批复退军人，其中不乏营部、团部、师部的文艺骨干，包括擅长编导的李光长、板胡京胡手风琴演奏造诣很深的蒋业振、嗓音浑厚表演自然的张行祥、得花鼓名丑余时喜嫡传的丑角演员罗绍乾、笛子演奏技巧娴熟的陈忠元，还有周彦喜、王礼香、张继新等。他们一路谈笑风生，来到绿树荫翳的通海口区委会武装部报到。

一周后，武装部长万家金同志高兴地告诉李光长：经区革委会研究，区委书记胡礼庭同志拍板，决定成立通海口区毛泽东思想文艺宣传队，由镇工会主席殷维寿同志任临时党支部书记，负责组建工作；你任队长，负责业务指导；张行祥同志任指导员，负责做思想工作；蒋业振同志任团支部书记，雷本金同志负责总务。要求尽快组建队伍，开展排练，争取一个月左右排出一套高质量的节目来。

光长同志没有犹豫，愉快地接受了任务。随后，从文卫战线抽调了张定福、金德林、苗成喜、齐汉珍、张祖才、闵新月等，从工交商业战线抽调了雷本金、唐秀龙、曾庆元、缪常珍、杨二枝等，从下乡和回乡知识青年中选调了童廷安、王延龄、魏文忠、盛先红、肖兴富、余功祥、刘英、刘俊、谭运安、王爱珍、徐萍、胡传英等。

不几天，一支以复员军人为骨干，男演员十人、女演员十人、器乐队八人、领队和剧务各一人的建制为三十人的宣传队迅速组建起来，并开赴距集镇三公里的夏家湾区鸭场，进行封闭式排练。

**一、水乡沸腾了**

不久，一台围绕庆"九大"、抓革命、促生产为主要内容，以歌舞曲艺为主要表演形式的节目排就。彩排那天，区委胡书记、杨区长、万部长等主要领导亲临审查观看，并给予充分肯定，要求迅速下到各公社去演出。

那时通海口区下辖姚嘴、杨场、潘场、小河、天星、官路、红庙、城关八个公社，是负责管理沔西十三万人口的大区。

按照区委指示，大家打起背包下乡巡演，每个公社两场。所到之处，人们奔走相告，从四面八方云集在露天舞台前，欢笑声、掌声此起彼伏。每场演出结束，乡亲们都围着舞台久久不肯离去。队员们吃住在乡下，而且一天换一个地方，很紧张，也很辛苦，但能给老百姓带来精神上的快乐与鼓舞，一切都无所谓了！

让人记忆犹新的是钱家潭的那场慰问演出。1970年端阳节前夕，五七油田818钻井队在石垸、双丰、永河三个大队交界的钱家潭野外钻井已三月有余，区委通知宣传队前去慰问石油工人。农历五月十四日傍晚，井队派来一辆大卡车，把宣传队接到演出现场。

映入眼帘的场景，给人以特殊的感觉。舞台搭建在钱家潭对面绿色的大草坪上，地势前低后高，可站可坐，是绝佳的野外演出场地，可见井队领导选择场地的良苦用心。舞台是用钻井的钢管做骨架搭建而成，上面铺了厚实木板，且用一张硕大的油布平铺其上，既大又高，既平整又坚固，即使观众掀起汹涌澎湃的"摇桩"人潮，也会稳如泰山。照明也非一般乡村演出可比，灯光特强，把整个场地照得如同白昼。可见工人兄弟对这场演出的高度重视与精心设计！

由于是端午节前夜，社员们都放假了，所以十里八乡、四面八方的男女老少都涌了过来。演出还没开始，便已是人头攒动，黑压压一大片，少说也有近万人，真可谓盛况空前，大有中央电视台心连心艺术团到革命老区慰问演出的那种气场！此情此景，让全队上下心花怒放，铆足了劲，拿出看家本领，用精彩的表演回报工人兄弟和社员群众的厚爱与期待！

主持人齐汉珍用甜美的微笑，深情的祝辞，拉开了演出帷幕。伴随着激越的鼓点、高亢的歌声、奔放的劲舞、明快的节奏和欢乐的场面，开场歌伴舞《喜庆丰收》一下子就吸引了观众眼球，千万张笑脸仰望着舞台，没有议论，没有晃动，人们忘情地沉浸在歌舞所酝酿的热烈气氛之中……手持彩扇的一群仙女如云霞般飘上舞台，一曲《敬爱的毛主席》，那悠扬的旋律、轻盈的舞姿、甜润的歌声、灿烂的笑脸，把人们带到对领袖无比崇敬的深情之中，引起全场强烈共鸣！

群口词《枪杆诗：我们一定要解放台湾》登场了。十名解放军战士头戴柏枝编成的伪装圈，整齐划一地舞动着手中钢枪，朝气蓬勃飒爽英姿，铿锵有力激情呐喊让观众凝神屏气，内心掀起无名的冲动！紧接着，陈忠元的笛子独奏《我是一个兵》、蒋业振的板胡独奏《公社春来早》、具有地方风味的女声歌伴碟子舞《我的家乡好地方》、具有他乡韵味的山东快板《水乡到处有英雄》等节目相继登场，都给观众耳目一新的感觉。

尤其是罗绍乾的湖北大鼓《张老爹赶集》，让人看得乐不可支。剧情说的是张老爹带着婆婆和小孙女赶集买年货，边走边看边议论，一路是新桥，一路是新村，一路是井架，一路是河网……看不完的稀奇景，说不完的新鲜事。罗绍乾敲板击鼓，说唱结合，时而扮老爹，时而扮老太，时而扮少女，惟妙惟肖，滑稽幽默，让人们笑得前俯后仰，热泪盈眶。最后在一曲《咱们工人有力量》的热舞中结束。

整场演出衔接紧凑，有张有弛，观众席上动静有致。演出结束后，观众如痴如醉，久久不愿离去。

两天后，钻井队精制了两面锦旗，一面赠给区委会，写着"工农联盟，共塑成功"，一面赠给区宣队，写着"友谊使者，文艺精英"。这无疑是对这场成功的慰问演出最好的激励与奖赏！

那段时间，水乡真的沸腾了，人们不论是田间劳作，还是茶余饭后，都在谈论区宣队，期盼区宣队。

**二、荆州喝彩了**

1970年建军节后，宣传队放了两天假。队员们都回家休息，队长李光长可犯愁了——

建军节前夕，应县群艺馆和人武部邀请，区武装部长万家金带领宣传队，为人武部官兵汇报及慰问演出。县委书记、县人武部政委王昶熙，县武装部长张仁胜、副政委戴明月及群艺馆领导接见了全体人员。王书记肯定演出非常成功，并拍板由他们代表沔阳县，参加国庆前的全地区业余文艺汇演。

县委书记亲自点名，既是信任，更是压力，作为编导的李光长队长能轻松吗？尤其让他忧虑的是宣传队的基本素质，演歌舞曲艺还凑合，而演戏剧、演京剧样板戏，可是一点底都没有，弄不好会在荆州丢人现眼。另外，服装道具灯光布景都有全新要求，加上时间不到两个月。

通过两天思考，一套实施方案初步形成：一是选定剧目《沙家浜》；二是选定主演，邀请沔阳花鼓剧团著名花旦演员、下放到陈家大队劳动锻炼的王菊芝主演阿庆嫂，王爱珍作为B角学习；三是请县群艺馆联系松滋京剧团前往学习；四是组建专班购置道具设备；五是全力以赴集中封闭排练。

1970年8月8日，由十五人组成的团队前往松滋县京剧团拜师求艺，著名京剧演员杨至芳带领《沙家浜》剧组的主要演员一对一、手把手地教，然后又一场一场地排练指导。紧张的十天培训学习，大家基本掌握了《沙家浜》表演的艺术要领，信心满满地回到通海口剧场，进行了一个月的昼夜排练。

排练中遇到了一个棘手的问题：没有鼓师（通常所说的夹手师傅）。那可是文武场乐队的总指挥！请来好几位热心人士，都不能胜任。无奈，只有由李光长、张行祥兼任。他俩一个饰演胡传魁，一个饰演郭建光，好在不同时上场。

殷维寿主席四处奔波，请来美工师、服装师、木匠师、电工师制作服装道具、灯光布景。

9月22—24日，在通海口剧场试演三场，场场爆满，得到街坊民众的热情鼓励和一致好评。9月25日，在县人民大礼堂演出，接受县领导和赵东汉、杨莲仙等专业人士的检视与点拨。9月26日，由人武部戴明月副政委和周馆长带队，赴荆州地区参加汇演。

参加全地区"普及样板戏"文艺汇演的，有全地区十二个县，荆襄磷矿、松宜煤矿、五七油田等大型国有企业。但开弓没有回头箭，而且观摩了前面四个兄弟县代表队的演出，心中也稍微有了点把握。他们要么演员乐队阵容不怎么强，要么灯光舞美跟不上。

9月28日上午的第五场，轮到我们演出了。大家摩拳擦掌，早早地化妆，早早地布台。

还不到八点，偌大的荆州剧场已是座无虚席。

一阵急促的电铃响过，伴随"紧急风"的锣鼓点，大幕徐徐拉开。茫茫的阳澄湖，碧波荡漾；青青的芦苇荡，随风起伏；岸边垂杨翠柳，路旁芳草萋萋……清新的舞台美术创意紧贴剧情，大气养眼，顿时吸引了人们的注意力，情不自禁地响起了热烈的掌声。

紧接阿庆嫂（王菊芝扮演）踩着轻盈的碎步，神色警惕地登场亮相，悠扬悦耳婉转动听的京腔京韵顿时在剧场里回荡："陈书记派人来送信，伤员今夜到我村……"静静的观众席又一次响起热烈掌声！

开局还不错，基本抓住了观众。幕后的大家稍稍舒了一口气。

随着剧情发展，可谓高潮迭起。《转移》一场，郭建光（张行祥扮演）与沙奶奶（谭运安扮演）对唱"你待同志亲如一家"；《智斗》一场，阿庆嫂、胡传魁（李光长扮演）、刁德一（金德元扮演）三人对唱；《坚持》《奔袭》两场，郭建光与新四军战士群体的边唱边舞；《斥敌》一场，沙奶奶充满激愤之情的唱段"八一三日寇在上海打了仗"等精彩表演，不仅赢得暴风雨般的掌声，更是博得接连不断的喝彩！

整场演出如行云流水，一气呵成。观众的反应让领队笑容满面，不住地点头赞许，大家也抑制不住内心的激动与兴奋。

下午接到组委会通知：安排我们晚上在荆州人民剧院公演，29日晚上在江陵剧场公演，30日晚上再在荆州剧场举行以歌舞曲艺为主的专场演出。消息传来，宣传队上下兴奋不已。

当时的汇演并没评什么大奖、发什么奖品，不图名，不图利，更不能搞物质刺激。十几支代表队，能脱颖而出获得一次公演的机会，就是最好的肯定，最大的奖励！好多代表队演出一结束，就卷铺盖打道回府了。行署群艺馆能给你三场公演的机会，那是多高的评价，又是多大的荣耀！

两场《沙家浜》、一场歌舞曲艺的公演，在一票难得、一位难求的盛况下，圆满收官！

10月1日早上8点左右，队员们正在荆州师范的教室里兴致勃勃打点行装（汇演没有旅馆可住，都是自带行李，在教室打地铺住宿，在学生食堂凭票进餐），准备回沔阳。不想戴政委和周馆长又宣布了一条好消息：军分区和地区总工会的领导看了节目很满意，决定由我们代表行署，到一些大型工厂企业慰问演出！

后来几天，由行署总工会和群艺馆领导带队，宣传队深入荆州国棉总厂、荆州机械厂、大修厂、沙市化工厂、荆沙热水瓶厂等大型国企开展慰问演出。所到之处，无不受到热烈欢迎和热情接待！

尤其让人难忘的是演出结束，工人兄弟们全体起立，热烈鼓掌，大声吼着"好！好！好……"几次谢幕也不离去，继续喝彩。每场都是如此！他们似乎在用充满激情的喝彩，来表达内心的感激和对表演艺术水准的赞美！

在荆州古城的十一天里，沔阳文艺代表队不仅给荆州人民送去了一缕缕文化艺术的精神慰藉，演绎了青春的烂漫风采，也收获了信任，收获了友谊，更收获了荆州人民激情的喝彩！

### 三、"三线"轰动了

从荆州载誉归来，万部长看望大家时，宣布了区委的决定：做好到各公社巡回演出的准备。

然而，问题一个接一个地找上了门：先是卫生院X光检查医师、沙四龙的扮演者苗成喜同志递交书面辞呈，原因是医院缺乏专业人才，院领导已征得区委领导同意，让他回医院上班；接着是阿庆嫂的扮演者王菊芝夫妇说，一家人下放农村，老公黄宏志先生（原县花鼓剧团主琴师）要出工，两个小孩没有妈妈照顾真的不行；再就是张定福、雷本金、曾庆元、张祖材等同志的单位领导，提出要他们回去担当大任，且态度坚定。

从情理上讲，这些同志都是所在单位的骨干，借调到区宣传队一年多，单位也受不了。再者，宣传队毕竟是业余性质，也不能让这些同志的专业发展受影响。

正在李光长心烦意闷之际，通海口中学音乐教师、刁德一的扮演者金德林先生和夫人也找上门来，说两个老人、两个小孩要照顾，问能不能找人顶，他包教包会。话说到这个地步，李队长还能说什么？

一个业余宣传队，根本没有专业剧团那种A角B角的准备，一下子走了那么多主演，怎么受得了？况且演出任务在即！就在李队长束手无策时，在县人武部开会的万部长让人送来通知：县委决定通海口区宣传队带上《沙家浜》剧目，十月下旬由戴政委带队，代表县委赴"三线"建设工地慰问民工。

记得去年（1969年）10月前往"三线"建设的焦枝铁路工地慰问演出，受到了四万民工热烈欢迎。后来师长张人胜（时任沔阳县人武部部长）、副师长姜作强（原沔阳县委第一书记）出面做工作，把宣传队留下来，作为"沔阳民兵师毛泽东思想文艺宣传队"，和师部一起常驻钟祥县的胡集镇。不久又被荆州军分区指挥部整建制调过去，命名为"荆州军分区指挥部毛泽东思想文艺宣传队"，并从松滋京剧团抽调周永翠、袁本堂、罗雪勤、沈志文，从京山县剧团抽调何成平、周德友、李莉，在荆州军分区政治部副主任朱殿成带领下到各师及各地区慰问演出，足迹遍及襄樊、荆门、钟祥、京山、枝城、宜昌等地，轰动了整个湖北"三线"建设工地，还受到省指挥部指挥长、省军区副司令员孔庆德首长的接见与高度评价。那可真是为通海口区人民争了光！这次重赴三线，起点那么高，期待那么大，如果演出没一定水准，岂不是让人看笑话？又如何回见江东父老？

李光长迅速找来殷维寿、张行祥、蒋业振等研究应对办法，决定：1. 由王爱珍顶阿庆嫂一角，陈忠元顶刁德一一角，陈立本顶沙四龙一角，徐萍顶小凌一角；通知在省城演出的罗绍乾归队，顶刘副官一角。2. 由殷维寿主席在全区选拔演员补充队伍。3. 原来扮演者负责顶替演员的培训，包教包会，否则不许离队。4. 全体队员集中在区修造厂食宿，封闭排练半个月。

不几天，李明晰、李长文、严泽云、任启松、严泽君、彭菊英、鄢小明、陈少菊、曹同英、刘长秀、吴道智、王启斌、邓德茂等相继补充进来，随后开展紧张的重排工作。

各公社全部巡演已不可能，仅在姚嘴公社的金明大队、小河公社的柳李大队演了两场，便匆匆赶往枝柳铁路建设工地。

焦柳铁路，北起河南焦作南至广西柳州，是"三线"建设的重点工程。枝柳铁路是其中一段，北起湖北枝城，南至广西柳州，整条路线穿行于大山丘壑之中。沔阳民兵师下辖十一个民兵团，三万多民工，负责松滋境内王家桥—刘家场—西斋段的路基工程，都是高山深沟。戴政委带着我们，一个团一个团地演出。

每天上午赶到演出地点，下午布台，晚上演出。结束后马上收台装车，回到临时住地，打开铺盖往地上一放，十多人挤在一起，不一会儿便鼾声此起彼伏了。

天气晴好犹还可，遇上雨天就麻烦了。山高坡陡，汽车轮子打滑，极其危险，大家只能踏着泥泞翻山越岭。虽然苦点累点，甚至疲惫不堪，但想到每场演出，民工们都争先恐后，达五六千观众，想到下一个民兵团的乡亲们急切期盼的心情，一切都无所谓了！

那天我们在胡场团演出完，下了一场大雨。下一场是彭场团了，虽然要走近二十里山路，但吃罢早餐，装上道具行李，大卡车就喘着粗气，载着我们扭扭歪歪地向前爬行。

中间戴明月政委让车停下，从驾驶室里下来，含着微笑向我们招手，说车轮子打滑，很危险，叫我们下来一起走。又笑眯眯地问，"没有不高兴吧？"大家都说"没有！"殷主席和大家都劝戴政委上车，因为他年纪大了。但戴政委没同意，和年轻人有说有笑地踩着泥泞上路。

赶到彭场团部，已是下午一点。草草填饱肚子，大家迅速换下沾满泥水的衣服，洗净，晾上，做好晚上演出的准备。

舞台搭建在大山之间干涸的河床上，仿佛置于风口，凛冽的西北风直往这边灌，把六根粗壮的台柱子吹得呼呼作响，给布台带来不小的麻烦。三道幕布、两盏聚光灯、两个高音喇叭等，都是高空作业，特别危险。平时是唐秀龙、盛先红、邓德茂、殷波涛等同志协助安装。今天李队长担心安全问题，亲自登梯爬竿操作。安装右边柱子上的聚光灯时，突然卷来一阵狂风，梯子从立柱上滑开，李光长队长敏捷地抓住了舞台前面的横梁，整个人悬在空中。大伙骇出一身冷汗。最后，人安全着陆了，但崭新的蓝色凡立丁裤筒扯开了一尺多长的口子。

晚上天公作美，风停云散，星星露出了笑脸，演出也圆满成功。

离开"三线"前夜，师部举行欢送宴会，易文礼师长致辞说："你们的慰问演出受到了全师上下的热烈欢迎，整个建设工地都轰动了，工程进度也加快了不少。这几天，各团的领导纷纷打来电话，要求把宣传队留下来，经常到各团巡回演出，鼓舞士气。我觉得这个建议很好，但我不能表态，这要县委研究决定。不过，大家如果能留在师部和我们一起为'三线'建设作贡献，我是举双手赞成的！欢迎大家回来！也坚信大家一定会回来的！"

师长的话，是对十八天辛勤付出的最大褒奖，也给我们留下来极大的想象空间。

果然不出所料，刚回古镇才两天，戴部长就赶到通海口，征得区委胡书记同意，与万部长一起来宣传队驻地——区修造厂宿舍通知：宣传队更名为"沔阳县民兵独立团毛泽东思想宣传队"，整建制开赴"三线"建设工地，进驻直属县人武部管辖的独立团部，同时受沔阳民兵师部指挥调遣，三日后出发。

三天后，宣传队便开赴位于松滋县王家桥区的独立团指挥部。政委李家林开会说，师部要求迅速排练出一台反映"三线"建设工地的节目，尤其要有反映"军民鱼水情"的内容。节目排好了，先到松滋县各区镇进行答谢慰问演出，然后再到各团巡演。所以，创作时两方面的内容都要兼顾。

不到半个月，节目排定。这期间，负责编剧与导演的李光长和音乐创作的蒋业振可谓日夜兼程，绞尽脑汁！一套节目，紧密结合"三线"建设实际，有歌有舞，又说又唱，还有小歌剧，政治性、现实性、艺术性有机结合。团部和师部领导非常满意。随后便到松滋县的王家桥区、刘家场区、新江口区、陈店区、西斋区等地进行答谢慰问演出，接下来再到各团巡演。所到之处，万人空巷，观众云集，喝彩声不绝于耳，掌声回荡山乡。

1971年元旦过后的第四天，团部李政委通知我们到师部简易会议室演出。原来是地区指挥部来检查工作，指挥长、军分区李副司令员早就听说节目广受"三线"军民欢迎，特意提出要看看。

用芦席搭建的"小礼堂"里，在易师长陪同下，李副司令带来的工程检查组落座后，师部部分工作人员以及来师部办事的民工也悄悄跟进来捧场。只几十个人，就把"小礼堂"塞满了，看上去"黑压压一大片"似的，给演出创造了良好的氛围。

节目在热烈的掌声中开场，歌舞、曲艺、京剧联唱……"小礼堂"不断响起阵阵掌声。李副司令一脸微笑，有时在膝盖上轻轻打着拍节，有时和易师长小声交流，时不时点头赞许。

最后，小歌剧《送蛋》登场了。歌剧演的是，在"三线"建设工地，某连的陈指导员（张行祥饰演）遇到房东张大爷（李光长饰演）半夜患病，高烧腹泻，便带几位民兵抬着老人上医院就诊，还利用休息时间帮助房东王大娘（谭运安饰演）担水、打场。元旦快到了，为表达感激之情，老两口准备了一小篮鸡蛋慰问指战员。不巧路遇陈指导员，两位老人说明来意，递上一篮鸡蛋。陈指导员坚持不收，无奈掏出三十元钱塞给老人，二老又坚决不要。相持不下，指导员谎称收下并说要去营部开会。走了不远，指导员把鸡蛋和钱放在路边，朝两位老人挥挥手，高声喊着："蛋和钱放在这儿了，您老拿回去吧！"剧情在两位老人失望而又感动的笑声中结束，生动形象地表现了"三线"建设工地"军民鱼水情"这一重大主题。

三位演员丝丝入扣、出神入化的表演，吸引了所有观众。特别王老太婆深情地唱"指导员呀好同志，你们比亲人还要亲！你们日夜修路忙，送几个鸡蛋是我们的心"时，那优美的旋律，伴着动情的演唱，让李副司令和所有观众情不自禁有节奏地轻轻拍起了手掌，台上台下形成了热烈互动，演出达到了高潮。

"太精彩，太精彩了！难怪整个'三线'都轰动了！"李副司令拉着易师长的手，一边连连赞叹，一边走上舞台，和全体队员一一握手，并不停地鼓励："非常精彩！谢谢你们！"

听了李副司令的这番话，大家美美地笑了！

宣传队和其他团体一样，其实也有矛盾，每个人也有苦衷。成年累月抛家离舍，数九寒冬单衣登场，大山深沟钻来转去，能没矛盾和抱怨吗？然而一旦自我价值得到认可，得到肯定，就一切都抛到九霄云外，烟消云散了。且还能为身处其中，而产生一种莫名的成功感！

枝柳工程接近尾声，春节也越来越近了。队员们期盼和家人团聚的心情，也越来越迫切。盼啊，盼啊！盼到腊月十六，却盼来了一个令人失望的消息——宣传队归建师部直接管辖，改名为"沔阳民兵师毛泽东思想文艺宣传队"，受师部政治处领导。春节不放假，腊月十八随师部转战宜昌县鸦岭雀区，投入焦柳铁路鸦官段的建设。

腊月十八上午九点多，一辆"罗马"大卡车来接我们了。前不久下了一场不大不小的雪，气温很低，地上还结着冰。

司机老秦四十多岁，也是个"老转"，在部队开了八九年车，转到地方后安排在汽车总公司，经验很丰富。他笑着告诉我们："易师长亲自交代过，你们都是师部的宝贝疙瘩，要确保安全。今天翻越大山，路上不太好走，所以我把轮子都绑上了防滑链。路上我会慢慢开，大家放心好了。"大家都开心地笑了。

"罗马"驶过王家桥，穿过刘家场。扑入我们视野的，是与天相接的茫茫群山。连绵的山势，奇峰突兀，直插九霄；高耸的山峰，云遮雾绕；漫山遍野，银装素裹，简直是一幅气势恢宏的壮丽图画……车厢内不时发出惊叹。

不知是谁轻声哼起了"朔风吹，林涛吼，峡谷震荡……"大家不约而同地跟着和了起来，放开歌喉尽情地吼，优美的旋律在天空回荡。

大卡车一头钻进高山深壑，在盘山公路上谨慎爬行。遇到会车或急转弯时，车厢内便发出阵阵惊叫，仿佛心都提到嗓子眼儿。

在雪山中，"罗马"紧贴着右边的峭壁转。坐在车厢内，不经意地俯瞰山下，不看不知道，一看吓一跳！盘山公路一圈一圈仿佛叠加在一起，似乎让人悬在半空，着实有点头晕目眩，心惊胆战。有人好奇，数起了盘山道，"一、二、三……哇，已经走过十六盘了！"可往上一望，还高不可测。此情此景，让人真实感受到毛主席"跃上葱茏四百旋"所蕴含的那种惊险奇美的深远意境！

"呜——呜——"罗马大卡车吼了两声，快达山顶时突然停下了。正在大家诧异时，殷维寿书记从驾驶室里下来，从容地说："车子出了点小毛病。大家从车厢右前方慢慢下来，不要慌。"

下得车来一看，倒吸几口凉气。只见车子扭着头，车身歪斜着滑向了公路左边，左后边半个车轮已悬空。下面可是万丈深渊！

秦师傅使劲蹬着刹车，神态自若地吩咐男同志把住车身，然后发出指令，大家同时使力，只听"轰"的一声，车子稳稳地推到了公路右侧的峭壁下。

要不是秦师傅技术老道，沉着应对，我们这些"宝贝疙瘩"，还不都交待了？幸哉！幸哉！

大家没有马上上车。秦师傅站在车头前不远处抽着香烟，和殷书记聊着什么。队员们伸展四肢活动筋骨，紧张的心也放松下来。

站在山顶纵目远眺，但见起伏群山尽收眼底，大有"会当凌绝顶，一览众山小"的感慨。于是，都情不自禁地高声朗诵毛主席光辉诗篇《沁园春·雪》："北国风光，千里冰封，万里雪飘……"心里充满了无以名状的幸运与自豪！

汽车终于安全翻越了松宜大雪山，下午四点多缓缓驶进了宜昌县鸦雀岭中学。沔阳民兵师指挥部就设在这里。

师部后勤处为宣传队准备了三间教室，男生两间、女生一间。每间教室靠北墙的地上铺了厚厚的稻草，周边还用木板拦着，方方正正，看上去蛮养眼。被子往上面一铺，便成为了我们的寝室。工地上能有这条件，就很不错了！

宣传队刚刚安顿，1971年春节前后，师部领导就带着我们到宜昌县各区镇及各民兵团进行答谢慰问演出，一场接着一场。此外，师部政工处、工程处、后勤处等部门忙不过来，就到宣传队抽人帮忙，因为白天基本没有演出任务。比如政工处要抽人写标语，就交给李明晰、任启松、严泽云和我等几个二十岁左右的小青年。

写标语的活儿，可不轻松。地点都选在野外工地醒目处的石壁或山坡上。每个字都如芦席般大，两米见方，白石灰浆写字，黑墨汁勾边，美观醒目，大老远都能看得见。标语的条目都是政工处拟好的，一般是"三线建设要抓紧""备战备荒为人民！""军民携手，共建鸦官！""百年大计，质量第一！"等等。我们分成两个小组。

每天早晨,便背着石灰包,提着小铁桶,扛着竹制梯,带着大排笔赶往目的地。天气再冷,也不能迟于八点出发。有演出任务,下午四点收班;没有演出任务,收班就更迟了。北风飕飕,天寒地冻,手僵脚麻,一天下来的确很辛苦。而且一干就是近二十天,大家毫无怨言。

春节过后,我和李明晰还领了另一项任务,到政工组帮忙,誊材料、刻钢板、办战报……有时通宵达旦。虽然辛苦,但心里乐意,甚至还有一种自豪感。

现在想来,古人讲"苦其心志,劳其筋骨,饿其体肤,空乏其身……曾益其所不能",实在是至理名言!这段磨炼,对我人生的发展有着至关重要的作用。经历,尤其是艰难的经历,是人生最宝贵的财富!

1971年5月初,鸦官铁路段路基工程完成,宣传队也随师部回了沔阳。离开了历时八个月热火朝天的"三线",结束了两年多近乎专业文艺宣传工作,我们又满怀激情加入各条战线,投入新的生活。

其后,通海口区毛泽东思想文艺宣传队时有聚散。直至1974年冬撤区并社后,才彻底结束历史使命,成为古镇永久的记忆。

1999年冬,笔者在《致通海口区毛泽东思想文艺宣传队历届队友书》中,曾写下了这样一段文字:

"……忆往昔,焉能忘其激情燃烧之岁月!……余等以青春之年华,满腔之热情,豪迈之气概,高雅之艺术,为其引吭以高歌,奔走而呼号,弘扬润之之思想,颂扬时代之精神。庆九大,余等走村串乡,风姿长留排湖之滨;赴荆州,余等名噪江汉,喝彩声动古都郢城;修焦枝,余等翻山越岭,绰影永驻楚天之野;建枝柳,余等横跨松宜,韶乐永奏高山流水!襄樊重镇留下余等之足迹,葛筑大坝洒下余等之汗水,江城武汉尚存余等朗朗之笑语,荆沙松宜犹荡余等悠悠之颂歌……"

现在重温这段文字,不禁感慨不已——

尽责尽情,荆楚绽精彩,

无私无畏,三线竞风骚!

荆楚放歌,往事如烟!

让我们走近燃烧的岁月,和着时代的强音,

用记忆温存过去,用希望拥抱未来吧!

# 七律·大雪节前一日喜闻通海口诗社成立感吟兼以贺之（外一首）

许 明

**【作者简介】**许明，笔名闲云野鹤。中国楹联学会会员，中华诗词学会会员，深圳市作家协会会员，深圳市宝安区诗词学会副会长，东莞市诗词楹联学会楹联评论委员会副主任。荣获全国性诗联赛大奖百余次，曾担纲全国楹联大赛评委，参与编校《中国对联作品集》、编纂《梧桐山志》等典籍。有楹联作品在国内多地著名景区镌刻悬挂。

为飨读者，特收录许明先生《七律·大雪节前一日喜闻通海口诗社成立感吟兼以贺之》及《巫山一段云·端午》诗两首，以供欣赏。

作者许明

七律·大雪节前一日喜闻通海口诗社成立感吟兼以贺之

节将大雪未寒噤，为有群贤暖我心。
翰染唐风摘凤藻，弦飞宋韵起龙吟。
文峰已积三千仞，诗海犹追八万寻。
小镇从兹无俗客，盈门珠履叩金音。

巫山一段云·端午

雨洗排湖外，云横汉水滨。风烟不见旧波痕，天地了无尘。
伞下依依侣，肩头跃跃孙。往来俱是看舟人，兴尽到黄昏。

# 逐渐消亡的通海口民谣情歌

雷本海　韩训政

悠久的历史人文积淀，孕育了通海口地区的特有文化。丰富多彩的民间歌谣，就是通海口地区先民们勤劳智慧的文化结晶。

民间歌谣和情歌，通海口地区的男女老少都能哼出几句。这都是凭着记忆，口口相传的。虽不能登大雅之堂，但生命力极强。民国时期和刚解放那几年，文化生活极其匮乏，但总会听到人们口中传出的民间歌谣。特别是盲人（算命先生），能唱很多很多歌谣。有时在乡间、街角，用自制的胡琴伴奏，唱几段民间歌谣和情歌，收几个小钱。后来文化事业发展了，盲人们便不怎么唱了，众多的民间歌谣和情歌也逐渐被人们淡忘了。作者通过采访几个老盲人，现选录几则如下：

## 一、儿童歌谣

（一）猜中子

猜中子，打十五，癞儿蛤蟆跳金鼓。跳的跳，鼓的鼓，拿篾来，穿老鼠，拿钱来，端豆腐。老鼠穿得吱吱叫，养的儿子戴纱帽。纱帽戴了几十年，没还老子油盐钱。

（二）摇摆手

摇摆手，摇摆手，家家①接我她家走。家家屋里倒香油，滴了两点抹抹头。

搬来板凳给我坐，拿出冰糖叫我嗦。两把豌豆叫我剥，麻糖炒米一柳簸。

家家留我跟她过，我要回家睡摇窝。家家留我玩一玩，我要回家呷盐蛋。

家家留我睡一会，我要回家背背驼。家家留我吃醪糟，端起广钵往家跑。

（三）三岁伢

三岁的伢，会栽葱，一栽栽到路当中。

走路的，莫伸手，等它开花结石榴。

石榴结得圆溜溜，挑担白米下扬州。

扬州爱我好白米，我爱扬州好丫头。

（四）三岁伢儿穿红鞋

三岁伢儿穿红鞋，摇摇摆摆学里来。绣花兜兜胸前挂，鼻涕流齐口丫丫。刚写

---

①家家：通海口方言。指外婆。

三个字，鼻涕掉下来。先生先生莫打我，让我吃了妈再来。

（五）插秧谣

头戴斗笠似乌纱，身穿蓑衣如铠甲。
栽秧无巧少伸腰，右手跟到左手跑。

（六）农夫谣

一年四十五天忙，一天能办九天粮。
家里架上蚕儿老，地里秧青麦子黄。
夏至以前麦收尽，芒种搭伙抢插秧。
农人自有农人乐，半年辛苦半年闲。

（七）打硪歌

清早起来把硪开，十二硪夫站拢来。八字步子齐张开，两臂夹紧往上抬。
方对方来角对角，高高举起重重落。硪儿打得紧又紧，压花套打往前挪。
小小石硪百把斤，轻轻抬起过头顶。硪歌唱了千万代，石硪代代传下来。

（八）打硪号子

海棠花嗬嗬儿嗨，快快打起石硪来。上打雪花来盖顶，下打枯树来盘苑。
左边打的龙摆尾，右边打的虎翻身。只有中间不好打，打个秦王乱点兵。
一块石硪四只角，高高举起重重落。打硪汉子莫打野，各人招呼自个脚。
一人唱歌众人和，八人用力打石硪。打硪要打四方正，莫打偏硪反翻身。

## 二、情歌

（一）五更望郎

樵楼鼓打初更起，高挂明灯在屋里。
耳听窗外脚步响，惹得奴家心情急。
情姐窗前绣衣裳，抛头露面望情郎。
一阵凉风吹粉面，等到何时得成双。
三更鼓打三更初，情哥不来是何故。
葵花有心向太阳，谁知花谢月已落。
四更望郎四月天，望郎不来独自眠。
好似风筝断了线，纵有思念是枉然。
五更望郎金鸡鸣，曾记当年许多情。
唯有人亲水无情，青松比花胜几分。

（二）十想

一想情哥门外站，眼雨流哒千千万，掉到地上捡不起，滴滴都为我情郎，情哥为何不来看？

二想情哥是花朝，绣个红娘把信捎，一怕路上遭强盗，二怕深山遇虎豹，最怕音信带不到。

三想情哥你好憨，无情无义无心肝，先前无事天天走，今日有情不来玩，烂板搭桥齐头断。

四想情哥你好呆，奴绣荷包与香袋，荷包绣起你不挂，香袋绣起你不拿，你把奴家害苦哒。

五想情哥是端阳，龙船下水闹长江，看船君子千千万，单独不见我情郎，哪有心思看船忙。

六想情哥三伏热，红罗帐子关不得，左边翻身无郎影，右边翻身无郎说，抱起枕头哭情哥。

七想情哥七月半，神仙有情也下凡，天上织女寂寞苦，来到人间找牛郎，我怪情哥黑心肠。

八想情哥是中秋，奴家想得双泪流，人家团圆吃月饼，我想情哥心内愁，月圆人缺何时休？

九想情哥是重阳，想起情哥泪汪汪，自从那夜分手后，音信全无在哪方，身伴孤灯守空房。

十想情哥进绣房，双膝跪在踏板上，回想挽手上牙床，怀抱枕头哭一场，奴想与郎结成双。

(三) 四季歌

春季到，百花开。百花开来嘛哟哟，奴把相思害。有人知情嗨嗨哟，快快与奴解。说开怀就开怀，白面书生嘛哟哟，对奴来。抱在怀中嗨嗨哟，叫乖乖。

夏季到，是炎天。奴家无事嘛哟哟，走到江边来。眼目四望嗨嗨哟，观四下哟！抬头走抬头望，前面飞来嘛哟哟，一孤雁。大叫三声嗨嗨哟，奴情郎。

秋风到，秋风凉。蚊子咬来嘛哟哟，奴无郎来陪。枉在世上嗨嗨哟，走一场啦！哭我爹哭我妈，蚊子咬来嘛哟哟，奴无郎。蚊成对来嗨嗨哟，飞成双。

冬季到，雪花飘。雪花飘来嘛哟哟，万丈高来么。飞到空中嗨嗨哟，不见了喔！放长线断了弦，天涯飘零嘛哟哟，无影踪。独立寒风嗨嗨哟，无人问。

(四) 望郎来

正月那个里来哟，望我的郎回来耶，是新年。我的郎出门去，望了他半年，妹要等到哪一天？情郎我的哥哥哟！等到的哪一天，站在奴面前哎哟！

二月那个里来哟，望我的郎回来耶，百花开。我的郎出门去，有了个别人爱，他就把奴来丢开。情郎我的哥哥哟！有了别人的爱，就把奴丢开哎哟！

三月那个里来哟，望我的郎回来耶，是清明。我的郎出门去，写了的一封信，话儿的呀说得明。情郎我的哥哥哟！话儿说得明，凉水点得灯哎哟！

四月那个里来哟，望我的郎回来耶，四月八。小妹子在家中，每天的贪玩耍，又只怕的我爹妈。情郎我的哥哥哟！又怕的亲丈夫，晓得过刀杀哎哟！

　　五月那个里来哟，望我的郎回来耶，是端阳。羊角粽拌砂糖，只等的郎来尝，望穿双眼郎不来。情郎我的哥哥哟！望郎的不来哒，两眼泪汪汪哎哟！

　　六月那个里来哟，望我的郎回来耶，三伏天。小妹子在家中，做衣两三件，挂在情哥床面前。情郎我的哥哥哟！挂在的床面前，随郎穿不穿哎哟！

　　七月那个里来哟，望我的郎回来耶，七月七。小妹子在家中，摆了一盘棋，可惜无人来下棋。情郎我的哥哥哟！无人的来下棋，劝郎莫着急哎哟！

　　八月那个里来哟，望我的郎回来耶，是中秋。我的郎出门去，上了个白沙洲，交了个好朋友。情郎我的哥哥哟！交了个好朋友，怎么舍得丢哎哟！

　　九月那个里来哟，望我的郎回来耶，九月九。我的郎出门去，拉了一下郎的手，难舍的呀又难丢。情郎我的哥哥哟！二人的美夫妻，怎么舍得离哎哟！

　　十月那个里来哟，望我的郎回来耶，小阳春。小妹子在家中，搭了个望星台，站在的台上望啦。情郎我的哥哥哟！望郎的那方来，小妹挂心怀哎哟！

　　冬月那个里来哟，望我的郎回来耶，冬月冬。北风呼呼的叫，乌云黑又的黑，就要的呀下大雪。情郎我的哥哥哟！就要的下大雪，留郎过一夜哎呦！

　　腊月那个里来哟，望我的郎回来耶，腊月腊。家家哟的户户，只等的年来哒，就把那年猪来杀。情郎我的哥哥哟！望郎的不来哒，年也不过它哎哟！

（五）十月怀胎

正月怀胎正月正，儿上娘的身。怀儿犹如害大病，茶饭不思进。
二月怀胎龙抬头，只想杏子熟。吃一口来吐一口，呕得眼泪流。
三月怀胎是清明，怀儿发头疼。脚酸手软少精神，下不了踏凳。
四月怀胎四月零，人样变了形。走起路来脚打摆，风筝飘起来。
五月怀胎是端阳，包子撒洋糖。口吃百味不想尝，粒米渡三桑。
六月怀胎六个月，炎天又暑热。儿在肚中喝娘血，乱打又乱跌。
七月怀胎七月半，脸色真难看。三餐茶饭不想沾，身都不能翻。
八月怀胎八月八，腹中儿长大。长起眉毛和头发，躁得人眼花。
九月怀胎是重阳，儿在娘肚长。只等十月临盆降，男女分阴阳。
十月怀胎十月尽，娇儿已临盆。日出辰时降了生，星宿下凡尘。

（六）十二月探郎

正月探郎陌上游，春风拂面半含羞；窈窕女，君子述，才子佳人两相投；郎在哪里卖风流，全不把奴挂心头。好模样，实难丢，一种情义又温柔；奴想见面不得够，细雨柴门生远愁。

二月杏花十里红，郎在西来奴在东；鸳鸯枕，绣多工，郎今不来半头空；曾记当年两和衷，红罗帐里恩情重。知今日，信不通，似隔云山几万重；欲写相思托远鸿，又怕今春不再逢。

三月清明节又来，红粉佳人上坟台；我为郎，心不快，香烛纸马懒安排；桃红柳绿奴不爱，只有情人系心怀。春光好，燕子来，比翼双飞真自在；月移花影栏杆外，几度相思丢不开。

四月清和雨乍晴，栽秧割麦不留停；我的郎，心肠狠，抛奴抛得冷清清；郎今抛奴不打紧，失却光阴哪里寻。请先生，算子平，说他月里有信音，闻听此言喜不尽，坐向松窗弹玉琴。

五月江城落梅花，河下龙舟闹喧哗；移金莲，转窗纱，许多男女贪玩耍；奴想郎来把楼下，双双携手过邻家。低下头，乱如麻，含情不语压心下，本当抛面去寻他，乌衣巷口夕阳斜。

六月荷花采莲歌，奴比莲心苦得多；我为郎，不快活，花儿懒戴头懒梳；开口不怨情哥哥，只怨奴的命运薄。想当初，奴也错，不该与郎结丝罗；郎今抛奴不打紧，叫人无奈别离何。

七月织女会牛郎，想奴无缘好悲伤；架鹊桥，银河上，神仙也想配成双；奴在窗前偷眼望，哪有心思绣鸳鸯。对菱花，懒梳妆，等候情人诉衷肠；一轮明日转西山，珠帘不卷露进窗。

八月中秋桂花香，秋风瑟瑟十分凉；对明月，痴心想，望郎不来碎断肠；虽然与奴同罗帐，颠鸾倒凤在牙床。醒来时，梦一场，汗湿罗巾泪满裳；残灯无油影朦胧，秋宵只为一人长。

九月重阳百感生，菊花酿酒为情人；莫说奴，心不真，为郎相思病上身；公婆也曾将奴问，为何得下这病根。幸喜奴，巧计生，侥幸瞒下丑名声；强欲登高消愁闷，遍插茱萸少一人。

十月却是小阳春，凤凰山上许多人；张公子，李翰林，未见我郎哪方存；本当上前将他问，又怕遇着戏谑人。无奈何，转回程，珠帘不卷夜黄昏；独有一人伴孤灯，金屋无人见泪痕。

冬月霜雪苦相连，情郎何曾到枕边；这正是，寒冷天，何人与奴共枕眠；莫非另有女眷恋，忘却当年枕边言。我只得，去游玩，独上江楼思悄然；斜倚栏杆问苍天，西楼望月几回圆。

## 通海口童谣 58 首

涂阳斌等收集整理

【作者按】这些童谣大部分收入 1990 年出版的《中国歌谣集成湖北分卷仙桃市歌谣分册》；多家刊物刊发；不少读友引用或收藏。

1980 年，我在通海口小学初中部教初三语文，读《鲁迅全集》，发现鲁迅先生以及五四时期的先哲们对民谣兴趣很浓，在作品中多有记载，并在自己的创作中多有借鉴，以刘半农先生的"教我如何不想她"为最。教学之余，我收集了一些民间童谣。

有些童谣，经过破译，还译出了许多有趣的东西。童谣说："乌龟辫，打红线，开茶馆，卖汤圆。汤圆蚀了本，回来打连（niàn）滚。"这歌谣起于何时，无从查考，但正好应了民国初年的事。袁世凯要做皇帝，改国号为洪宪。蔡锷在云南起义，把袁世凯打倒。《论语·公冶长》说"臧文仲居蔡"，注释说蔡就是国君的守龟，"乌龟辫"本是说小姑娘扎在头上的小鬏鬏辫，可以把"乌龟辫"解作"蔡锷变"了，"打红线"则成了"打洪宪"，"汤圆蚀了本，""圆"似乎可以作"袁世凯"解了。袁世凯复辟，短短不过百日，蚀了大本，且屁滚尿流。应验家乡童谣，怪哉！奇哉！

2015 年，我在武昌接待了一个 30 多位台湾乡亲组成的参访团。宾客自我介绍环节，有位女士自我介绍："我今年 54 岁，退休后正在念文学博士，主要研究民间童谣。"当天，我把家乡 45 首童谣转换成繁体字后，送给了台湾博士，博士当时写了首童谣给我作留念："小老鼠，上灯台；偷油吃，下不来。"博士回台湾后记叙了我送她 45 首童谣这件事，连同这 45 首童谣，刊布在了台湾媒体上。

2022 年 3 月 21 日，"通海口人"公众号刊发了我整理的《通海口童谣 45 首》，在乡亲中引起较大反响，一些乡亲在留言区跟帖中又提供了 13 首童谣，我整理接龙于后，成为《通海口童谣 58 首》，也算一段通海口地区文艺趣话。

### 一、上学

三岁的伢，穿红鞋，
摇摇摆摆上学来，
"先生先生不打我，
我回家吃口妈（奶）了来。"

## 二、乘凉

扇子扇凉风，

骑马到广东，

有人来问我，

我是×家大（女）相公。

（点评：说者姓什么，X则是什么；是女孩则说"我是×家的女相公。)

## 三、月亮哥

月亮哥，跟我走，

走到南山卖笆篓，

笆篓笆，卖琵琶；

琵琶软，卖竹片；

竹片高，打把刀；

刀又快，好切菜；

菜又甜，好过年；

菜又苦，好过十五；

菜又辣，好过十八。

## 四、牛来了

牛来了，马来了，

张家（gà）大姐回来了。

张家大姐好抽（huǒ）烟，

屁股烧了大半边。

（点评：这大概是最早的戒烟公益广告。）

## 五、踩高跷

踩高跷，过江河，

江河的门口是哪一个？

（答）是我一个。

## 六、小麻雀

麻雀儿，地里滚，

叫你的哥哥不买粉；

买了粉，奈不何①擦，

叫你的哥哥去买麻；

买了麻，奈不何搓，

叫你的哥哥去买锅；

---

①奈不何：方言。意思是不会。

买了锅，奈不何烧，

叫你的哥哥去买刀；

买了刀，奈不何切，

叫你的哥哥去买篾；

买了篾，奈不何打，

叫你的哥哥去买马；

买了马，奈不何骑，

叫你的哥哥去买犁；

买了犁，奈不何耕，

叫你的哥哥去买针；

买了针，奈不何做，

看你的哥哥怄不过。

（点评：不学无术的小麻雀，赶快去学点东西吧！）

### 七、麻子

从前有个人，

麻子笑死人。

大的像菠萝，

小的像秤砣，

最小最小的像绿豆颗。

哎呀，真是吓（hè）死我。

（点评：从儿歌中可以看出天花对人类的危害之烈。）

### 八、"热疱头"②

热疱额上稀，热疱过江西。

江西翻了船，热疱到湖南。

湖南失了火，热疱往夜壶里躲。

夜壶一歪，热疱上街。

街上打铳，热疱钻洞。

洞里放鞭，热疱上天。

天上打雷，把热疱锤几锤。

### 九、五个年级

一年级的死，

二年级的埋，

三年级的挖坑，

---

② 热疱头：方言。即癞痢头。

四年级的抬,

五年级的哭着喊乖乖。

(点评:和"一个和尚挑水吃,两个和尚抬水吃"异曲同工。)

### 十、宴会

猪捡柴,狗烧火,

猫子端饭笑死我,

驴子端菜跑不彻(cě),

牛马羊儿都上桌。

(点评:似乎是讽刺吃喝歪风。)

### 十一、颠倒歌

一个黄昏的早晨,

一个年轻的老人,

骑着一匹飞快的跛马,

拿着一把闪亮的锈刀,

杀了一个亲爱的仇人,

被瞎子看见了,

被跛子追上了,

被哑巴告密了,

被聋子听见了。

(点评:教孩子学会改不合逻辑的错句。)

### 十二、一二三四五

一二三四五,

上山打老虎;

老虎不吃人,

山上有敌人;

敌人不说话,

个个装哑巴。

机关枪一响,

敌人投了降。

### 十三、三岁的伢会放牛

三岁的伢,

会放牛?

么牛?水牛;

么水?糖水;

么糖？麻糖；

么麻？苋麻；

么苋？鞋子线；

么鞋？缎子鞋；

么缎？鸡蛋；

么鸡？雄鸡；

么雄？狗熊；

么狗？豺狗；

么豺？劈材；

么劈？斧头劈；

么斧？豆腐；

么豆？黄豆；

么黄？蚂蝗；

么蚂？蝌蚂；

么蝌？一条花蛇。

（点评：采用"回环"的手法，一口气教给孩子18种动物、植物名称。）

### 十四、穿梭罗

筒孔筒孔穿梭罗，

伢儿大小一窝坨。

脚也大，手也大，

爹爹看了笑哈哈，

奶奶看了一嘴巴。

（点评：男孩、女孩一起玩游戏，裹小脚的奶奶思想封建，当然不高兴，因而给女孩一"嘴巴"。）

### 十五、击掌歌

打我的手，

黄瓜妞，

鸡子的屁眼射你的口，

看你的姑娘丑不丑？

### 十六、前排后排

前排——

后排——

大家一起站起来，

王母娘娘不敢来。

来了大家站起来，

一起把她拦起来。

## 十七、雁

雁——雁——，

排个八字我看一看。

今年接你吃剩饭，

明年接你吃白米饭，

后年接你吃红鸡蛋。

## 十八、粘米坨

粘米坨，

糯米坨，

不知粘到哪一个？

（点评：游戏，类似击鼓传花。）

## 十九、跑麻城

天上雾雾沉，

地上跑麻城。

要得麻城开，

请把××调过来？

（点评：游戏歌，唱"请把××调过来"时，临时唱一个人的名字，被唱到名字的人要迅速反应过来，奔向对方。"跑麻城"，似乎与明末清初湖广填四川的湖北出发地麻城孝感乡有关。）

## 二十、狮子蹲在大门口

前三杨，

后五柳，

狮子蹲在大门口。

## 二十一、三岁的伢会栽葱

三岁的伢，

会栽葱，

一栽栽到路当中。

## 二十二、打铳

三岁的伢，会打铳。

一打打个野鸡公，

拿回来，敬祖宗，

祖宗不吃，

费了伢儿的力。

### 二十三、背背驼

背背驼，换酒喝。

酒冷了，我不喝，

还是要我的背背驼。

### 二十四、牵羊儿

牵羊儿，卖枣枣。

哪家园里有枣枣，

把个我的伢儿吃。

今年还你一箩筐，

明年还你一秋箱③。

### 二十五、拉锯、扯锯

拉锯，

扯锯！

羊毛出在陕西。

### 二十六、打豆腐

——哪边高？

——这边高！

——哪边低？

——这边低！

——一升豆子打几块？

——打×块？

（点评：儿童拿丝线或者青草做游戏时，边做边唱这个歌。）

### 二十七、打铁

张打铁，李打铁，

打把剪刀送姐姐。

姐姐留我歇一歇，

我不歇，

我要回去学打铁。

张打铁，李打铁，

打把剪刀送姐姐，

姐姐留我半个月。

（点评：通海口地区一般在姐姐出嫁的第二天派兄或弟给姐姐送些日常用品，其

---

③秋箱：方言。指旧式三八台。

中有剪刀一把，意思可能是要姐姐和娘家"剪断"，在婆家好好开始新的生活。）

### 二十八、天螺螺

天螺螺，地螺螺，

你伸角我看，

我打鼓你看。

你要不伸角，

来生还是螺。

（点评：游戏歌，唱此歌逗引蜗牛伸出双角。）

### 二十九、推磨

三岁的伢，会推磨，

推个磨，给个磨，

推的粉子白不过，

做的粑粑甜不过。

爹爹吃了十三个，

留两个，给婆婆，

婆婆吃了心里磨不过，

半夜起来摸茶喝，

门闩撞了后脑壳，

哎哟哎哟疼不过。

### 三十、唱歌

三岁的伢，尾（yǐ）巴拖。

三岁的伢，会唱歌。

不是爷娘告诉我，

是我聪明伶俐会唱歌。

### 三十一、月亮

初一一条线，

初二看得见，

初三初四像娥眉，

十五十六圆又圆。

### 三十二、请七姐

正月正，麦草青，

请七姐，问年成。

一问年成真和假，

二问年成假和真。

正月十五闹花灯,
花灯闹得箩箩转。
去也箩,来也箩,
箩得七姐笑呵呵;
去也耍(suǎ),来也耍,
耍得七姐骑白马。
七姐要来早早来,
不许深更半夜来;
深更半夜桥难过,
五更半夜口难开。
大门里走,穿花鞋;
后门里走,穿草鞋。

### 三十三、虫虫飞

虫虫飞,虫虫飞,
飞到屋上一大堆。
"嘘——"
虫虫走,虫虫走,
虫虫不咬伢的手。
"嘘——"

### 三十四、采荷花

采荷花,
摘牡丹,
越采越摘越好看。

### 三十五、摇摆手

摇摆手,
家家④的走,
搭轮船,下汉口,
买个粑粑接朋友。

### 三十六、萤火虫

萤火虫,
打灯笼。
夜夜来,
搭高台。

---

④家家(gāgā):方言。指外婆。

### 三十七、马上干

铜匠打，铁匠焊。

有了钱，马上干。

### 三十八、花生

麻壳子，

红帐子，

里面睡个白胖子。

### 三十九、豆芽菜

金斧头，

斗银把，

猜出来是个大笑话。

### 四十、夜哭郎

天皇皇，地皇皇，

我家有个夜哭郎。

过路的君子念一念，

一觉睡到大天光。

### 四十一、猫子来了起瓦屋

猪来穷，

狗来富，

猫子来了起瓦屋。

### 四十二、冬九腊月下大雪

高粱梗，十二节，

年年都有十二个月。

五黄六月下大雨，

冬九腊月下大雪。

### 四十三、人有脸

人有脸，

树有皮，

狗子没脸舔簸箕。

### 四十四、沙湖沔阳州

沙湖沔阳州，

十年九不收。

要是一年收，

狗子不吃糯米粥。

**四十五、南瓜花授粉歌**

斗公花，

斗母花，

一斗斗出个大南瓜。

（以上第 1-45 共 45 首由涂阳斌收集、整理）

**四十六、猜中指**

猜中指，打十五，

拿篾来，穿老鼠。

老鼠穿得哇哇叫，

养个儿子戴毡帽。

毡帽戴了几十年，

还不还我的油盐钱。

**四十七、点子点**

点子点，曲子选，

杨梅花，女回家，

不点你，就点他。

**四十八、脚点斑斑**

脚点斑斑，手点南山，

南山大斗，一担二斗。

猪吃马吃，火烧哪里？

火烧乌龟背的。

**四十九、劈金篾**

劈金篾，

劈黄篾，

不知不觉劈到哪一节？

**五十、穿梭罗**

筒孔筒孔穿梭罗，

娃儿大人一窝坨。

河里流来了鸡脑壳。

**五十一、细米菜**

细米菜，蒸蒸菜。

好吃婆娘拿碗来，

一嘴巴，打转来。

**五十二、绊根子草**

绊根子草，结巴多，
爷娘养我姊妹多。
嫁三个，留两个，
留在屋的背坨螺。

（以上第46—52共7首由曾令益先生收集、整理）

### 五十三、十姐妹

大姐大不同，

二姐做裁缝，

三姐麻麻怪，

四姐有人爱，

五姐打花鼓，

六姐卖屁股，

七姐生打伢，

八姐喝糖茶，

九姐起打病，

十姐来讨信。

### 五十四、十打铁

打铁一，柑子皮。

打铁二，吹笛儿。

打铁三，三月荷花出藕簪。

打铁四，四个铜匠四个字。

打铁五，五月龙船发响鼓。

打铁六，六盘果子六盘肉。

打铁七，七月鲜桃最好吃。

打铁八，八个老子搬刀杀。

打铁九，九个猴儿一路走。

打铁十，十字街地扯黄旗。

### 五十五、十怕

害病的怕噎（一），

皇帝怕二（二），

卖豆腐的怕酸（三），

胆小的怕事（四），

讲狠的怕武（五），

卖肉的怕绿（六），

做小生意的怕吃（七），

姓王的怕八（八），

卖甘蔗的怕酒（九），

说假话的怕实（十）。

（以上第53—55共3首由樊启红先生收集、整理）

### 五十六、新姑娘

新姑娘，咚咚锵，

落到茅池里喝米汤。

米汤喝足哒，

养的儿子胖笃哒。

### 五十七、热疱

热疱热成槽，

抱倒（着）花树摇，

心地想花戴，

脑壳上没得毛。

（以上第56—57共2首由张礼明先生收集、整理）

### 五十八、问老郑

您郎姓么事？

——我姓郑。

您郎住在哪里呢？

——住在通海口镇。

您郎在做么生意呢？

——在刷秤。

那您郎的生意像么样？

——还好，慢慢地混。

那您郎吃饭么样呢？

——我们俩爷儿两米一炖。

那您郎哈的么菜⑤呢？

——盐菜和鲊辣子一拌（bèn）。

那您郎睡觉枪哪搞⑥呢？

——灶门口一困。

（以上第58共1首由罗绍华先生收集、整理）

---

⑤哈的么菜：方言。意思是吃的什么菜。

⑥枪哪搞：方言。意思是怎么做。

# 鼎盛时期通海口教育之小考

金祖友

> 教师应是一条奔流的河。
> ——沔城中学退休特级教师徐自学

## 一、早期通海口行政区域辖区范围

说到鼎盛时期通海口学校教育,首先要说到通海口行政区域辖区范围。尽管通海口行政区域辖区几经变更而缩小了许多(先后将通海口易名为通海口区、通海口人民公社、通海口镇;尔后又将通海口区域辖区一分为四,即划分为通海口镇、陈场镇、沔城回族镇,还有一部分划归郭河镇)。但通海口学校教育文脉基因之传承,至今仍深蕴、融透在它的这片深情热土上。

作者金祖友

通海口素有"沔西重镇"之称,行政区域辖区为原沔阳县三大区(局)行政单位之一,但学校教育的行政管辖却涵盖延伸至原沔阳县"五区二场",即通海口区、张沟区、胡场区、毛嘴区、剅河区和国营九合垸农场、排湖原种场。尤其是原通海口区辖管的"八个人民公社"(姚嘴、杨场、潘场、小河、天星洲、官路、红庙、沔城),外加排湖原种场,更是独得于地利天时,学校教育乃近水楼台,教育资源"独占尽"。

今天的沔城中学,原为沔阳县第二中学,始建于1957年秋,是由当年的原沔阳县委、县政府迁至仙桃后,上级将其县府大院改建而成。从当年的县二中到沔城中学,校园绿草茵茵、花团锦簇、碧树掩楼、葡萄架荫、石雕间道,一尊伟人神像,八栋标准教室(现已改建为教学大楼),宽敞运动场地,齐全体育设施,窗明几净,一览无尘。

原通海口中学,现为通海口小学(陈青 摄)

教师倜傥潇洒,侃侃讲学,步履匆匆,沉着稳健,春风满面,一派积极的学习氛围,一派繁忙的教学景象!

原通海口中学(现改为通海口小学),建校于1959年秋。原通海口中学搬迁至通海口镇人民政府背后，现为通海口镇第一初级中学。70年代的通海口，为普及高中教育"立竿见影"，将通海口中学扩建成只设高中教学。因此，当时办学创业，环境十分艰苦。尽管只有两大排长长的校舍，但四大排白杨树群剑指苍穹，迎风婆娑，大有"不弯腰，不低头，挺拔昂首之势"之气概。这正是当年通海口中学全体教师员工艰苦创业、勤俭办校的可贵精神面貌写照。

## 二、党和政府高度重视

沔城中学原属区（局）单位，时任校长是通海口区委（公社、镇）委员，像饶书俭、田兆丰、陆声扬等。每届时任区（公社、镇）委书记谢崇华、赵以森、张谦，都在春、秋两季莅临检查、指导，听取学校工作汇报。

通海口中学历任校长冯振元、叶家雄、徐对，通海口小学校长魏光海、雷培珍，每学年定期被通海口区（人民公社、镇）党委特邀参加关于学校教育工作的专题例会。

原沔阳县委常委、通海口人民公社党委书记吴志洪，原通海口人民公社（镇）党委书记冯家林、曾定邦、朱传新等，都要到通海口中学调查研究，听取汇报，指导办学。譬如，为了普及高中教育，部署天星洲中学增设高中部、石垸学校附设高中班。通海口人民公社（镇）党委宣委谢守政，文教助理员定光元、李德树，文教辅导员邓友庚等经常深入教学一线，走进教室坐堂听课，一时传为佳话。

通海口中学冯振元校长、徐对校长与文教辅导组邓友庚等老师的合影　（金祖友　供图）

## 三、文体活动居全市前茅

通海口中学教员张定福、沔城中学教员蒋业振参加全市中小学文艺会演，两校年年获优胜奖，给通海口地区培育了一批批一类类文艺人才，极大地活跃了基层文化生活。沔城中学蒋业振编排的《石垸姑娘运粮忙》节目，在当时的沔阳县人民广播站连播一个星期。

## 四、定期举办示范公开课

通海口中学教师马明清讲授初二《灯》的公开课，从灯的时代形态变化，即从棉油灯、蓖麻油灯、洋油灯、煤油灯、马灯、气灯、电灯之变化讲起，从教师备课、黑板板书设计、普通话讲课、师生课堂互动等深挖课文主题，给听者留下了深刻印象，对当时大规模扩大初中教育的老师起到了一定的推动作用。

沔城中学特级中学教师徐自学老师，讲授鲁迅先生的《记念刘和珍君》的公开示范课，从沔城中学一直讲到全市集中高、初中教师的现场观摩，开创了中学语文教学串讲课文的先例,师生互动紧扣中心警言,深化主题思想……深受启发。仙桃中学特级教师张良山深有体会地说:"这就是我们高中语文老师努力的方向!"

我们还定期举办初、高中数理化的示范课和实验课。像沔城中学的付骧远老师的平面几何课,赵复超老师的解析几何课、三角课,赵咸武老师的代数课,都给初中教师的教学能力提升了一个台阶。

通海口小学特级教师吴乃华关于小学数学中的12典型应用题的总结讲解,对小学教师们深入学习、研究、探索教材,起到了极大的推动作用。

### 五、开办"函授学校"

在函授学习中,主要立足统编教材重要篇目,助在职教师过好"教材关"。语文重点学习《岳阳楼记》《醉翁亭记》《出师表》《滕王阁序》《劝学》《师说》等,注重作者作品评析、作品要点分析、作品译注精析、作品习题解析、作品考点例析、作品阅读赏析。

在文言文教学中,对古诗文译文以直译为主,并辅以意译。注解时尽量做到难字有注音、实词有注释、虚词有说明、句式有分析,力求准确简明。在理解全文基础上,对诗文的精彩段落、脍炙人口警句和字句进行精当的分析评点,培养其审美鉴赏能力和分析判断能力。

在初中平面几何证明两线段相等的命题,是最常见的类型。这是平面几何的一个重点,主要抓住几种证题途径:一是应用全等三角形对应边的关系,二是应用同一个三角形中等角对等边的关系,三是利用第三线"搭桥",四是应用过三角形一边中点和另一边平行的直线的性质,五是应用平行四边形的性质(对边相等或对角线互相平分),六是利用同圆(或等圆)中相等的圆周角(或圆心角)、相等的弦心距证弦相等,七是利用比例线段关系,八是应用面积关系,九是利用特殊定理直接推证(包括中垂线性质定理),十是应用三角法。

据统计,先后在函授学校语、数班学习的63人,考入大学、师专、中专的学员39人,转为公办教师近20人。

### 六、做好"传、帮、带"

通海口小学特级教师吴乃华,对小学数学有着丰富的教学经验和系统专业的专题总结。围绕小学数学常见的典型应用题,请吴乃华老师进行专题讲座,包括平均数问题、行程问题(相遇、追击、过桥)、盈亏问题、植树问题、工程问题、鸡兔同笼问题、平面几何(周长、面积、侧面积、表面积、体积、容积)等等。这些专题知识的系统讲座,面对"把公办小学下放到大队来办"的现实,无疑对小学数学教师提高业务能力和适应教学,起到"及时雨"的效果。

沔城中学教师赵咸武,多年从事初等代数的教学实践和研究,总结初中代数十大解题技巧,受到师生好评。十大技巧包括:一是化简二次根式,二是代数式恒等变形，三是巧用配方法解题，四是求不定方程的正整数解，五是特殊三角形的判定，六是运用算术平方根定义法解题，七是利用非负数性质解题，八是求某些无理数的整数及小数部分，九是应用判别式 $\Delta=0$ 解题，十是求二次函数的条件极值。

**七、探索教学、科研和基地三结合**

沔城中学范同尧学农团队把学校的农技课，直接同国家海南三系杂交水稻的科研基地对接，进行实地教学，受到了省教育局、省农科院好评。他团队的学生被华农大直录深造，不少被县（市）、镇农技部门直聘，为基层农技部门培育了不少农技人才。

通海口中学武思学农技团队，直接把农技课搬到原通海口人民公社（镇）农科所，实行校、场结合实地教学，受到县教育局、教研室的充分肯定，并在全县中学推广。请记住这些恩师的鼎鼎大名：

徐自学、兰毓荃、胡常德、赵复超、赵咸武、付骧远、钱林申、钟开智、罗时忠、罗福群、肖运川、李传森、方志民、李克银、金祖绪、雷培坤、李传学、武思学、张定福、武思新、沙培其、王中秋、李春元、吴乃华、闵新悦、乐韶午、韩训政……

**作者后记**：一梦几十年，回眸映象流年。一切源于梦想，一切源于对恩师的敬爱，一切从求学拜师的心愿开始。这一梦，就是几十年。那是一段激情燃烧的岁月，那是几代人的歌样芳华，那是师生间的集体回忆。岁月留痕，我们曾一起走过。让我们打开时光隧道，让时光倒流。回到浩瀚时光星河中的旧时光，采撷和回望那些难忘的瞬间。总有一些片断，饱含漫长时光里的用心、操心和始终如一的陪伴，惊艳了时光，温暖了岁月。相信这段过去，于你而言，不只是回忆。现在，让时间慢下来，回眸我们那段共同的映象流年。

# 五六十年代的人民教师

韩训政

解放后，人民政府大力发展教育事业，普及小学教育，开展全民扫盲运动，尊老师为"人民教师"，不断提高教师地位，尊师重教的传统得到发扬光大。就我们通海口地区五六十年代的教育事业，说说我的感受。

刚解放时，通海口是个大区。1958年成立人民公社，区域范围就更大了。当时的小学有很多，公办的就有：坡场小学、杨场小学、潘场小学、柳李小学、姚咀小学、金岭小学、富友垸小学、曹场小学、天星小学、通海口小学、胡口弦小学、官路小学、沔城回民小学、二羊小学、红庙小学、印场小学、埠湾小学。

校长、教导主任属行政干部，由县委组织部发红头文件任免，工资比同级教师多五角钱。教师是公务员，由各区教育行政管理部门调动。

学校的老师配备是有规定的。以教学班计算，每个班配备1.32名老师（包括烧火的工友），即一所从一年级到六年级6个班的学校，包括校长、主任和教师共配备8人。像通海口小学这样的中心小学，编制要宽点，按1.5的比例配备教师。也就是一个班，配一个半老师。学校的班级越多，配备的老师越多。

校舍多半是祠堂庙宇或有钱人家的大房子，教师一般不在本地教学，都要调往外地。当然是在通海口区范围内。夫妻都是教师的，也不能在同一所学校，主要怕影响教学。如本人是通海口集镇上的人，刚参加工作就到潘场小学，后又到天星小学、印场小学、沔城回民小学和天星中学任教，80年代才调到家乡的通海口小学。

天星中学旧址　（武修枣　摄于2020年）

学校的教学工作，教师最主要，工作量都比较大。

每学期开学，要制定教学和工作计划。校长写学校工作计划，教导主任写教学工作计划，班主任、少先队辅导员、工会主席都要写工作计划，各科教师要写授课计划。这些都要交由领导检查。

教育局规定，除每天的朝读和课外活动外，小学每周授课28节课（即五天半，上午3节课、下午2节课，星期六上午半天3节课）。所以，乡村小学的教师都要教两门主课。语文教师除了任班主任外，还要带其他班级的数学课，以及一两节副课。几乎整天都在上课。

早上的朝读和下午的课外活动，由班主任负责组织。有的学校中午还安排20分钟的写字课，也是班主任负责。所以，班主任更辛苦。

校长若带一个班的数学课，教导主任则只带语文课兼班主任。校长、教导主任如还带一二节副课，其他老师每周则有一二节空堂课。这两节空堂课由教师自己支配，可听其他教师的课，也可以备课改作业，但不能外出。

放晚学后，如果不搞学校的农田劳动，教师才可以自由活动。班主任每学期必须对本班学生家访一次，教师可以利用这个时间出去家访。

每天晚上两个小时集中办公，是雷打不动的。有的老师有时还要加班。

按照教学计划，教师要互相听课，互相学习。所以都要准备一堂公开课，意在提高教学方法和教学能力。

教学工作是比较繁重的。首先是备课。要写好教案，找准每篇课文的教学目的和要求、教学重点和难点。从字到词、课文的分析和讲解、提问到设置、板书设计、作业安排等等，都得提前备好。

从三年级起，学生每学期要写八篇作文，老师要全收全改；语文练习要一课一练，也要全收全改；数学老师同样要备好课，学生一课一练，全收全改。

老师的备课和学生的作业，教导处组织教研组长随时检查，每学期都进行展览。所以老师们总是兢兢业业，不敢马虎。

期末是最忙的时候，要搞期末考试、计算学生的各科分数、给学生填写成绩单、写好评语。有的学校规定，每份评语不得少于300字，要多写优点，写得像那个学生。写好的评语，除学校领导抽查外，班主任们也互相学习，交流经验。学生的各科作业本，都要交由学校领导检查，看是否按计划完成了教学任务。最后退还学生，连同成绩单带回去交给家长。

放假后，教师的负担才算轻松点。

每学期末，都要在学校教工会主席主持下，利用一个晚上办公时间召开教师民主生活会。首先是自我检查工作情况，然后互相帮助，最后评选先进工作者。那时的老师思想比较单纯，互相提了意见，根本不记仇。也没有人恶意攻击，都是善意帮助，心平气和。

教师两周休息一天，可以回家。星期六下午学生不到校，老师在校搞政治学习或函授学习（多数老师参加中师函授）。学习两个小时后可以回家。那时没有交通工具，只能步行，有的来回只几里路，有的却要走60多里。不管多远，第二天必须赶到学校参加晚办公。

教师的寒假，一般是农历腊月二十四后才放，来年正月初五到校。中间还有每人守校两天。

暑假一般在七月初放，学生离校后，教师由区教育辅导组安排半月支农。如果学校有建校任务，可以不支农，在校搞建校劳动。

记得我在沔城回小，有一年到石垸三组支农割早插晚。女老师安排在白田（旱地）劳动，17个男老师不会搞其他农活，只有出憨力——挑谷。

这是农村最忙的时候，口号是"不插八一秧"，就是在8月1号前

石垸大队早稻开镰场景　（《沔阳县志》1988年）

把早谷收起，把晚秧插完。石垸三组有早谷田300多亩，割下的早稻，就由我们17个男老师挑到禾场上打晒。天气热，劳动强度大，但老师们干劲足，饭吃得香，觉睡得好，半个月一晃就过去了。石垸三组的群众非常感激，给学校送去了一面锦旗。

那几年除了支农，就是集中教师到仙桃搞政治学习或业务培训。

当时从仙桃到通海口的班车，只有早上一趟。没有车，我们通海口的100多位老师，只有在规定的时间内结伴步行去仙桃。

记得有一年，我们十几个老师背着行李，早上从通海口出发，经官路到红庙，到郭河，走郭河背后的河坝村，走张场，再到老里仁口，天快黑了，才走完70多里路到仙桃。我们住在老沔师有地板的教室里，学习了20多天，又结伴走回来。

除去支农或开会学习，老师们暑假只有十天的休息假期。8月25号准时到校，保证9月1日正式开学。

学校领导有时还不能休息，要到县里集中学习5~8天。寒假往往是快过年了才回家，暑假则只休息两天。

这就是五六十年代老师的工作，虽然辛苦，但心情舒畅。工资不高，但每学期都有补助，有公费医疗。每学年都评选一批先进工作者到外地参观旅游。有的加入了中国共产党，有的当选县人民代表或政协委员。人人都争取进步。

每个教师都知道，我们是"人民教师"。

## 通海口小学，我永远的根

雷本权

大凡世界，万物有根。

20世纪初以来，在通海口出生、走出的人，通海口小学都是他们的摇篮、永远的根。

那年秋天，贪玩的我，被父亲押到通海口小学报名。此时一年级已上课，老师要我背一篇课文《秋天》（家长说我上过半年私学），我就背了"秋天来了，大雁飞来了，一会儿摆成人字，一会儿摆成一字……"背完就通过，当即"收编"。

那时，通海口小学在通州河南畔。美丽清澈的通州河有三座木桥，俗称上桥、中桥、下桥。通海口小学在上桥南端。

通海口小学建于1905年清朝光绪年间，至今有一百一十余年。我读小学是20世纪60年代，通海口小学已初具规模，从她的摇篮里，已培养出成千上万人才。

我读小学时懵懵懂懂，几十年过去，许多事已记忆不清。但有些片断，却深深烙在脑海里。

通海口小学是一色平房，教室还算宽敞，操场比较宽阔。当年国家比较贫穷，但老师们穿戴整洁，举止文明，能歌善舞，算得上通海口小镇上的绅士和偶像。

在我印象中，老师们很敬业，备课充分，讲课易懂，坚持家访。那时，由班主任老师安排，我和李水清、熊志森、蒋三等组成一个家庭学习小组，放学后在一起做家庭作业，第二天一早交老师批改。

老师来家访，是我们最喜欢也最担心的事。老师表扬我们在校好，那是家长和我们高兴的事；如说到缺点，我们可能要受家长责骂。但老师们主要是鼓励家长克服经济困难，支持我们学习，我们感到很亲切。

学校老师很多，留下深刻印象的有几位。首先是颜光华教导主任。他瘦高身材，慈爱和蔼，满腹学识，深受老师学生爱戴。他的家在通州河上桥北端附近，与小学对望。颜主任为通海口小学奉献了毕生精力，是通海口小学的杰出人士。

老师当中，现能记住姓名的只有周国栋和雷小菊。周老师英俊潇洒，篮球技术精湛，在校内和镇上举办的篮球赛上是一道风景线，常常引得观众潮涌，热闹非凡，为推动通海口群众性篮球运动，作出了积极贡献。

给我印象最深刻的，是六甲班语文老师兼班主任邓老师。他原是部队文化教员，知识渊博,声音洪亮,讲课易懂,对学生要求严格。

我那时课外喜爱看小说,《西游记》《钢铁是怎样炼成的》《野火春风斗古城》等都是一气看完。我喜爱乱写些文字,邓老师给予鼓励,经常在作文课堂上作范文讲评。有一次作文,是观看天星洲洪堤后写感想。我仿李白《望庐山瀑布》,在作文里写了四句诗:"葱绿芦苇铺天边,遥看洪堤曲漫延。飞流直下两千丈,疑是银河落九天。"

过后不久,邓老师上课讲评作文。提到我名字时,我以为又要表扬了,哪知是一通批评:洪堤是沿地平行,哪能"飞流直下两千丈,疑是银河落九天"?强调不能照搬古诗。好一顿训斥,说得我面红脸赤,恨不得将头藏在课桌下。

邓老师的这次教训,深深印在我脑海里,对我今后作文水平提高,有很大促进作用。

1963年小学毕业,参加中学语文考试,我记得有一题是写篇《通知》。说来也巧,我们备考时,邓老师就专门教了写"通知"一课,所以这次考试手到擒拿。我记得我的作文,是写通海口镇上一位英模,奋不顾身救火,保护了集体财产而牺牲的故事。自我感觉良好。

不久,沔城中学通知书来了,从此我离开了亲爱的母校——通海口小学。

在母校六年,辛勤的老师用乳汁哺育了我们,让我们在摇篮中站立起来,从一个懵懵懂懂的儿童,成长为聪明活跃的少年。每年从母校毕业走出的学生,分赴各中学,逐步成长为祖国有用人才。

通海口小学是摇篮,是通海口人的根。从"根"上源源不断地输送营养,才长出了繁茂的枝叶、花朵和果实。通海口人不论走到哪里,都不会忘掉通海口小学——永远的根!

## 情系通海口中学

张德荣

【题记】通州河水向东流，两岸歌声永不休。一心跟着共产党，人民生活乐悠悠！

建于1959年秋的通海口中学，坐落在通州河北岸，是当时镇东头的标志性建筑，也是沔西地区培育人才的圣地。

两排砖瓦平房，分教室、宿舍前后组建，坐北朝南，东西延伸，宏伟协调。前排是教师办公室，后排是教室和学生宿舍，白墙灰瓦整洁明亮；东南边是师生食堂，东北角是公共厕所，食堂和厕所之间地段是一个小礼堂。教室、宿舍、办公室、食堂、小礼堂等建筑中间是一开阔的操场，场上双杠、单杠、沙坑、露天乒乓球台、跑道、篮球场（篮球架）等体育设施齐全。

作者张德荣

整体布局错落有致，美观大方。校园内绿树成荫，学习环境优雅，不时传出嘹亮的歌声，体现了同学们团结紧张、严肃活泼的学习气氛。这里哺育了通海口集镇以及通海口地区无数有志青年，引导他们奔向未来！

她就是通海口镇的育才摇篮，我的母校通海口中学。

1962年秋，我由通海口小学考入通海口中学学习。我们班最初有学生38人。后来，一位叫易从梅的同学读到二年级上学期就退学了；还有一名叫秦前远的同学，中考前照完毕业照就病故了。因此，毕业参加中考是36人（男生28人，女生8人），包括一名插班生操贤州。同学都来自通海口镇周边，有通海口小学、潘场小学、柳李小学、曹场小学、姚咀小学、星红小学、红庙小学等。

班主任许法金老师，班长李兴友同学，学习委员朱同炳同学，生活委员王万生同学，文体委员齐汉珍同学（女）。

任课老师分别是：语文老师许法金，代数老师谭天珍（女）、鄢运清，几何老师周宗熙，历史老师余家瑞和任三品，地理老师叶海涛和胡相元，音乐老师陶维权（女），体育老师程义振。

老师们不辞辛劳，废寝忘食，把我们引入知识的殿堂。他们就像蜡烛一样，燃烧自己，照亮我们这帮莘莘学子，把我们的人生点亮。

校长是冯振源。他牢牢把握教育方向，让我们德、智、体、美、劳全面发展，好好学习，天天向上。

我在校学习十分努力，刻苦钻研，成绩优异。每学期的成绩单上，总写有"品学兼优""学习扎实""刻苦努力"等评语。初中阶段，我除了刻苦学习必修课外，还有一些业余爱好。特别是在文艺、体育方面积极参加，是学校乐队成员，负责二胡、小提琴、笛子的演奏。有时也参加舞蹈剧演出，如音乐舞蹈剧《回娘家》和小话剧《要古巴不要美国佬》等节目。最难忘的是，由我们下一届同学肖述清（女）和徐知尧二人演出的表演唱《逛新城》节目，当时在通海口镇轰动一时，赞美声络绎不绝，我参与了音乐伴奏。

我虽然个子不高，但特别爱好篮球，也是通海口中学校队的主力队员，打前锋（左）。校内举办的篮球赛，我们班多次获得冠军称号。其他项目比赛也是集体总分第一名，夺得锦旗。有时，校内各班级篮球比赛或者是外来团队参加的友谊赛，经常邀请我担任裁判，我公平、公正，得心应手，运动员们也非常支持，服判。

1963年8月，通海口中学参加了沔阳县首届中学生篮球比赛，获得第三名的好成绩。

1963年8月，通海口中学参加沔阳县首届中学生篮球赛运动会开幕式　（张德荣　供图）

更难忘的一件事，是初二那年，由学校选拔、推荐参加了滑翔机飞行员体检。当时以为滑翔机不过是模型机，不用飞行员。后来才知道，滑翔机也是分类型的，模型机自然用不着飞行员，但大型滑翔机还是需要飞行员的。滑翔机虽然没有自身动力，但飞行员可以操纵拉杆和方向舵，来掌控飞行的高度和方向，至少要能平稳地降落在指定的目标位置。

虽说不是选正规的飞行员，但同学们都跃跃欲试。毕竟飞行员这个行当，是很值得我们这帮半大小子向往的。倘若将来能当上战斗机的飞行员，那岂不是一件很威风、很荣耀的事吗？虽然这个梦想距离现实很遥远，但那毕竟还是一个梦想，是很让年轻人心动的梦想。

学校推荐了三名学生参加体检，我是其中一个。

虽说是滑翔机飞行员选拔，体检还是很严格的，是在沔阳县人民医院进行的，和我们以往经历的体检都不一样。

以前参与的体检，都不是那么严格，也没那么多科目。而这次体检，印象最深的是在进行体表检查时,要求身上所有的衣服都脱下来,连里面的裤衩也要脱掉。

虽然都是男生,查体的也是男医生,但毕竟要在那么多人面前脱掉全身衣服,一丝不挂,实在有点难为情。可既然是死命令,就得遵守。否则,放弃体检机会。最要命的,体表检查是由女医生来做的。大家面面相觑,说什么也不愿意脱下内衣内裤。

后来医院想了个办法,换成一帮男医生。这就没什么话可说了,脱就脱呗!没想到,等大家脱光,有人把衣服也收走了,结果男医生很快撤退,那帮女医生又理直气壮,得意洋洋地进来进行体检了。

我们一看这个阵势,藏没处藏,躲没处躲,捂也捂不住,直往墙角钻(靠),那也无济于事。再往下,该让干吗就干吗,什么废话也别说了。

体表检查要看脊柱是不是有变形,下蹲再起立会不会有什么问题,有没有罗圈腿。甚至对生殖器,这些女医生也要很仔细观察,实在让我们不好意思,也不懂得到底是为什么。

还有个检查科目,是检查身体的平衡系统。坐在一张旋转的椅子上,旋转好多圈。然后椅子停下来,让被检查者走几步看看,能保持平衡的,就算合格。如果直打晃,走不成一条直线,可能在这一关就被淘汰了。当时的体检是,走到哪一站,如果有问题,立即淘汰。所以很多人只检查了几个科室就被淘汰,直接出局了。

我可能是由于以下两项检查出局的:一是五官科出的问题,检查医生说我的鼻子有问题。具体什么问题,医生没详说。二是我小时候左脚踝内侧生过疮,留有较大疤痕。听说如果一旦上天,天上气压低,人体压力就会增大,会有可能把伤疤弄破,十分危险。当时的战斗机(歼击机)座舱条件差,会出现这样的问题。因此,我体检没有过关,当时觉得很懊丧,可也没办法。人家就这规矩,谁也没辙。

参加体检的同学,最后好像只有仙桃中学有一个符合条件。有的人似乎还查出了一些奇怪病症。如彭场中学有个学生,胳膊上有红线痣,而且还在往上长,检查的医生说,如果长到心脏部位,生命就危险了。就在体检后没多久,听说这个学生已经不在人世了。

那种严格的体检,一辈子也只经历过这一次。当时的体检设备,也不像现在这样完备,但有的是专门用来检查飞行员身体的。

在这次滑翔机飞行员体检中,我结识了沔城中学的胡兆沛同学。后来,我俩结拜为兄弟,至今情同手足,来往密切。他在陕西咸阳,我在湖北十堰。虽说远隔千山万水,我们也时常往来相聚。现在,我俩也都早已年过古稀了。

正是因为这一次滑翔机飞行员体检,坚定了我光荣服役、保家卫国的决心。后来,我如愿以偿地应征入伍,参加了中国人民解放军。

初中三年,是最难忘的寒窗苦读,也使我的人生变得刚毅坚强,让我不断进步,茁壮成长。

我们这个班级的学生，除了完成初中学业，进行正常的文艺、体育活动外，还在老师带领下，在校内外进行了一系列的勤工俭学和支农劳动。通海口镇周边的柳李、星红、碾盘、苏滩和天星洲等乡村，都留下了我们勤工俭学、帮忙耕作农田、抢收农作物的足迹。

我们班 36 名同学，如同兄弟姐妹，在各科老师的辛勤教诲下，相互学习，相互帮助，取长补短，你追我赶，勤奋好学，团结一心，刻苦努力，完成了学业。任课老师都兢兢业业，苦口婆心，辛勤施教，极力为学生们创造良好的学习环境和学习氛围。

1965 年 7 月，我们 1962 届 36 名同学全部毕业，并参加中考，取得了优秀成绩，达到令人满意的升学效果：被沔阳高中录取的有李兴友、朱同炳、王万生 3 人，被彭场高中录取的有罗功镐、肖宏礼、谢兰秀（女）3 人，被沔城农业技术学校录取的有李光英（女）、张洋秀（女）、马道云（不知什么原因没有去上学）3 人，被沔阳工业技术学校录取的有张德荣、赵守香、李忠旭、武修文、马祥祖、刘绪清 6 人；被沔阳卫生学校录取的有刘士桂（女）、张珍英（女）2 人；被沔阳师范学校录取的有陈汉平、丁志远、余志忠 3 人。共 20 名同学被不同的学校录取，升学率为 55.5%。

通海口中学 1962 届学生毕业照（拍摄于 1965 年 4 月）　（张德荣　供图）

斗转星移、沧海桑田，弹指一挥间。这个始建于 20 世纪 50 年代、培育出了通海口集镇和通海口地区无数优秀人才的通海口中学，现已不复存在，改建成了通海口第一小学。

"旧教室，旧宿舍，旧礼堂，旧食堂都拆除没有了。新建了三层楼的办公楼和四层楼的教学楼。"这是仍居住在通海口镇的老同学微信里告诉我的。

让人欣慰的是，在原址上建起了一所更加气派的通海口第一小学。感谢上苍，继续在这块土地上，发挥着教育通海口儿童的作用！

我离开通海口中学 57 年了。在这 50 多年里，通海口中学历经沧桑，曾被改名为"通海口二中"。最后，新建的"通海口一中"和"通海口二中"合并，变成了现在的"通海口镇初级中学"，校址在镇政府后面。

我对原来通海口中学的校容、校貌还记忆犹新，在通海口中学的学习、生活情景也犹如昨天，时时出现在梦境。往事历历在目，难以忘怀！

世俗在变，环境在变，万物在变，人也在变，我们亦都慢慢地老去。这些就是历史，不可抗拒！也不能不说是"时过境迁"吧。

我的母校、我心中永远的通海口中学！

（2022 年 1 月 28 日写于十堰）

## 进入母校的长廊
——1979年某星期天写于通海口中学

张礼成

我进入母校的长廊,
这长廊还如当年一样狭长。
不过消失了那些熟悉的身影,
孩子们的脸庞依旧写满阳光。
我进入母校的长廊,
扒着窗棂向教室凝望。
桌椅还是那般摆放,
琅琅书声却盖过当年少年郎。
旭日曾映照这雪白的教室,
教室曾孕育过天真的幻想。
操场承受过矫健的跳跃,
歌声依旧回响于眼前的长廊。
我走在母校的长廊,
热泪汪汪心潮激荡。
多少次梦回少年,
不正在这平凡的地方?
我伫立于母校的长廊,
却不能走进我少年的时光。
我迈着沉重的脚步,
空自回味少年的梦想……

作者张礼成

## 我的中学永存

余立功

**作者按**：2010年，一帮热心同学组织小河中学1976届同学会。触景生情，特撰此文，深切怀念我的母校。作品发表于《仙桃日报》2010年4月15日。

走出高校26载，参加大学同学聚会无数，每次都将我带回学生时代，勾起美好的回忆。而今年清明时节在老家仙桃举办的首次小河中学1976届同学会，阔别了34年的恩师和四面八方的同学100多人应召而至，场面热闹非凡，尤令我激动万分，感慨不已！

作者余立功

我作为在外工作的代表，在同学会上作了"小河中学永存"的发言。有同学问我：小河中学早已不复存在，何谓"永存"？这句话，使我想起了一位朋友曾经的调侃：我是一个没有中学校的中学生。

的确，我曾经上过两年初中的小河中学，随着行政区划调整和时代变迁，早在20世纪80年代就荡然无存。不仅那两排简陋但还算整齐的教舍不见了踪影，且一砖一瓦不剩，就连"小河中学"4个字的牌匾也不知所终。我心有不甘，曾在网上试图找到一些信息。搜索到的"小河中学"倒是有几所，但全然陌生，我所熟知的"小河中学"竟没有留下只言片语。

曾经传出琅琅读书声的教舍旧址、少男靓女们追逐嬉戏的操场，如今已成为整片农田的一部分，蔚为壮观。如果没有当时的所历所见，你不可能想象，这里曾经是小河公社"最高学府"之所在。

现在的这里，春天，长满盛开着金黄色花朵、芳香四溢的油菜；夏天，绿油油一片，是正在生长的、茂密的棉花；秋天，绿丛中透出一朵朵洁白的棉花，有几位老农正在忙乱地采摘；冬天，这里难得地露出土地的本色，但已被棋盘式地、整齐地栽上了油菜苗。

年复一年，岁岁如此。

我曾经上过两年高中的通海口中学，遭遇虽然好了许多，仍然在为教育事业作贡献，但也面目全非！虽然那块地还在、操场还在，教舍和墙院得到了翻新，却早已"新桃换旧符"，门口的牌匾由"通海口中学"变成了"通海口小学"。一字之差，于我而言何止万里！

尽管如此，我仍要说，我的中学永存！

说我的中学永存，是因为我的中学确实存在过，也创造了属于自己的辉煌，她的功绩应该得到颂扬，她的历史应该被书写。

小河中学尚在的岁月，政治运动接踵不断。然总体而言，当时的政治运动对小河中学虽有波及，但影响有限。老师们多是晚上搞"运动"，白天坚持教学，正常的教学活动和教学秩序没完全打乱。周围农村9个大队（现在叫村）、方圆几十平方公里的农家子女，每年有100多人作为新生来到这里，学文化，学技术，学做人的道理。

一批批的学生送走了，一批批的学生又来了。走的，带着学到的知识和本领投身各项建设事业；来的，带着对知识的渴求一头扎进教室、扎进书本，间或也走进田间地头。

这年复一年的"走"和"来"，不仅演绎出一幕幕动人的活剧，而且正如毛泽东主席评价长征一样，"是宣传队""是播种机"。他们把知识带到广阔农村，把文明播向广大农民，形成了一个由小河中学这个点，向周边农村传播知识和文明的无形网络。

而且，在1977年恢复高考后，从这里走出的学生，成批量地考入高等学府深造。30多年过去了，他们或旅居海外，正追逐世界的精彩；或功成名就，成为运筹帷幄的政界精英；或学富五车，成为闻名遐迩的学界泰斗；或搏击商海，成为富甲一方的业界翘楚。当然，更多的同学留在了家乡，但都成为勤劳致富的带头人，成为造福乡里和繁荣农村的中坚。

说我的中学永存，是因为她已经融入我们的血液里，镌刻在我们的记忆里，深烙在我们的脑海里，是我们生命的一部分，成为我们挥之不去的人生情结。

我的中学是历史的产物，也必须遵循历史发展的一般规律。现在，她完成了自己的历史使命，所以她自动地、默默地走下了历史舞台。但是，学校的面貌依旧在梦里清晰，老师的音容时常在脑海里再现，同学的欢声笑语也不断在耳畔回响。

而且，按照现代物理学的观点，能量是可以转换的、物质是不灭的，所以我确信，我的中学是以另外的形式存在着，她并没有消失得无影无踪！这另外的形式，首先存在于她所孵化出的一只只凤凰、一群群天鹅的生命里，幻变为我们的知识积累和宝贵精神财富，成为我们继续学习、努力工作、成就事业的原动力，同时仙化出一股神奇的力量，在暗中呵护、引领着我们。其次，她还存在于每一位同学影响所及的范围,包括我们的家人、亲戚、朋友、同事以及他们的家人、亲戚、朋友、同事的心坎里。通过我们的宣扬,他们认知了我的中学、接纳了我的中学,包括老师、同学,包括教舍、操场,也包括教育理念和治学风格。

特别重要的是,我的中学,永远存在于我的履历表里。每次填写履历表时,我的初中、高中都毫不例外地居于"学习经历"栏目的第二、第三位,永远伴随着我的人生旅途。

因此,虽然我的中学实体不存在了,但精神是永存的!所以,每次返乡,只要有机会,我都要到曾经非常熟悉、现在已经长满油菜或棉花的小河中学操场上驻足,都要到现在的"通海口小学"操场上流连。只有这样,我的心才踏实,才有一种回归和回家的感觉!

说我的中学永存,是因为师生们在短短两年的时间里结下了终生情谊,这情谊因为我们的中学而存在,而且会一直延续给我们的后人,代代相传、生生不息。

在中国,自古就有同门之情、同窗之谊的传统。这个传统不会因为历史的年轮而模糊,只会越来越清晰、越来越牢固。1974年9月,当150多位来自周边农村的懵懂少年汇聚小河中学,时代和命运就把我们紧紧地拴在了一起。自此以后,不管走到天涯海角,彼此就有了一份牵挂、就多了一份思念。

当我们工作碰到困难、人生遭受挫折时,就会想起中学,想起在那里学习的种种情形;就会想起中学的老师和同窗,想起老师们在课堂上的谆谆教诲和在煤油灯下批改作业的身影,想起同学们"到中流击水,浪遏飞舟"的相互勉励。

当工作中取得成绩、事业有所成就时,也会想起中学,想起中学的老师和同学,有一股向他们报告、让他们分享的冲动,因为其中也有他们的一份功劳和骄傲。

一条短信、一句问候,足以表达一切、涵盖一切;见到同学中的一位,自然会打听其他同学的境况。

那天,当我出现在聚会会场,听到"班长回来了""书记回来了"的问候时,刹那间眼睛湿润、行动迟缓。面对一大群围过来的同学,这些儿时的伙伴,甚至有一些记得名字但见了面又叫不出姓名的昔日同窗,我如同孩提时代一般,难掩激动之情。

毕竟,有的同学一别34年,彼此天各一方,其间竟再也没有谋面。激动兴奋之情,可以想象。

小河中学1976届初中、1978届高中同学联谊会　(余立功　供图)

啊,我的中学,您永存于我的心田!

# 难忘天中

陈 青

在我的履历表里，有一段求学经历是这样填写的：1984年9月至1987年6月，在通海口天星中学就读。

1984年9月，那是个金风送爽的秋天。

一群面孔稚嫩的孩子，从十里八村汇聚到坐落在武脑村的天星中学。这群青春年少、风华正茂的孩子，心中充满对美好未来的无限憧憬和向往，开始了年少追梦的3年初中生活。

初到天中，一切都很新鲜。红砖碧瓦、宽敞明亮的教室，让人耳目一新。

作者陈青

印象较深的是食堂。那时的饭菜应该算是最"菜"的了。早上的稀饭，清澈得能看到用勺子舀稀饭的同学的汗毛。有同学为此编了顺口溜（用通海口话来读）：天中的粥，能照人头，两口一 huō（喝）见了 dóu（底）。洗碗不 ga（用）手，涮两哈算数。

中午和晚上的菜，一般是煮南瓜、炒土豆、水煮白菜、水煮冬瓜……用蒸汽炉子蒸的一盆一盆的米饭，是每天固定的主食，半斤的米饭根本吃不饱。

不过，好心的食堂师傅会经常给我们附赠一些"高蛋白"食物。菜里面有臭虫苍蝇就不算了，那是每天必须的。更惊喜的，是稀饭里面竟然时有熬熟的老鼠。看到它们，我们瞬间就饱了，饱得胃汁都直往外溢。

虽然天中食堂的饭菜难以下咽（这是"十年寒窗"的真实写照），但那些苦中作乐的记忆，却深深地烙在了我的心中。

天中地处东荆河防洪大堤边，坐落在武脑4组，是整个天星洲的中心。我们这些来自潘坝、陈闸、东堤、新街等偏远农村的孩子，远离学校，只能住读。只有武脑、向阳和王家渡（部分村组）的学生，离天中近，是走读生。

住读生每个周三和周六是回家补充给养的时间，星期天一般放假休息。由于星期天晚上有晚自习，所以下午就要返回天中。

返校的时候，会带足3天的菜和米。菜是腌菜，多用罐头瓶装，有咸菜、腌豆角、鲊（zhǎ）胡椒、臭豆腐之类。

只有家庭条件好的同学不用带菜，用现金在学校食堂直接购买新鲜的炒菜。也有和老师是亲戚关系的，可以在学校搭伙，享受和老师一样的待遇。

背起用蛇皮袋装好的米，从仙监公路一直走到潘坝十队的十字路，右拐上防洪大堤，朝北直奔天中。别看只有10来斤米，一路上时间久了，背在背上却像座山，沉得很。到学校后，在管后勤的李兴山老师处把米称重，换成饭票，一斤米交1毛钱的加工费。

住宿条件一般。一个班的男生全部挤在一个大寝室里，一排排的高低铺，窄小的过道。晚上洗澡洗衣都在寝室，所以地上总是湿漉漉的，导致有的同学得疥疮。疥疮是一种传染性极强的皮肤病，特适宜在温暖潮湿人多的环境中繁殖。

印象中得疥疮是从严千祥同学开始，然后我们班全体住宿男生没一个幸免。得了疥疮，瘙痒难忍，破皮流脓，手指缝隙间水泡一个接一个冒出来，不抓破不舒服。有同学的垫单上血迹斑斑，晚上痒得睡不着。对付疥疮的良药是硫磺软膏。那些日子一到晚上，那浓浓的硫磺软膏气味熏得人睁不开眼。现在我的腿上还有几个硬币大小浅浅的疤痕，就是疥疮愈合后留下的"纪念"。

我和同村的李中海睡一张床，硬板床，上铺。下晚自习后，同学们永远有聊不完的话题。

李中海特迷恋功夫，隋唐英雄、梁山一百单八将，他都崇拜。在他的影响下，我也喜欢上了。晚上在床上，我们会练习"鲤鱼打挺"。别说，经过一段时间练习，我还真成功了，只不过床板也因此断了几根。

当年会轻松"鲤鱼打挺"的少年，如今变成了140多斤的胖球。别说"鲤鱼打挺"了，就是仰卧起坐都弄不来几个。真是"岁月如飞刀，刀刀催人老"啊！

初一班主任黄理卫老师。很帅气的一位长腿欧巴，一表人才，是刚刚从华中师范毕业分配到天中，还担任我们的语文老师。我最喜欢上语文课。

黄理卫老师讲课，深入浅出，语言风趣幽默，常常笑声朗朗，对待我们这些住读生更是和蔼可亲。

初一英语老师是我同村同组的肖佩兰老师。人到中年，一头短发，笑起来如沐春风。遗憾的是肖老师因病，前几年永远地离开了我们。我们都是历史的过客，生命本无常，在病魔面前是如此的脆弱和渺小。所以，要珍惜我们所拥有的，过好当下，过好每一天。

初一数学老师胡家炎，潘坝村的，真正的为人师表。我是小升初，胡老师也是"小升初"。那一年，胡家炎老师顺利通过考核，荣幸地"民转公"，调到天星中学上班。

那时的冬天是真冷！教室后的池塘结着厚厚的冰，食堂门口长长的一排水龙头下挂

站在洪堤上拍摄的天星中学旧址
（武修枣摄于2020年）

满了冰凌。我御寒的衣裳是一件破旧的"滚绳子"（棉袄，捡我哥的落），脚上穿的是通海口农村特有的"蒙鞋"（自制棉鞋），脚指头都露出来了。

寒冽的清晨，天蒙蒙亮，在池塘边用雪水擦把脸直奔教室，开始一天的学习。清苦的生活条件并不影响我们的学习热情。在教室里冷得实在坐不住，我们几个男生就靠在墙边，挤一挤、蹦一蹦，身体稍微暖和了再继续学习。

初二语文老师肖新华。沙埂坝的，德才兼备。经常在黑板上抄励志的文章或心灵鸡汤，让我们增长见识，激励我们好好学习。我们很工整地将这些文章抄在笔记本上，有空就拿出来读读。不知《人生的急转弯》还有哪位同学记得？

物理老师谢守龙。教导有方，上课一绝，从不带课本，擅长从生活中常见的现象入手讲解枯燥的物理知识，随手就写出一黑板的定义和公式。穿着有点不修边幅，特立独行，喜好和女生打成一片，对男生要求特严格。我一直心存敬畏。

英语老师范德枝。刻苦努力，通过"民转非"，从村小调到天中。是位美女教师，年轻活泼，循循善诱，与同学们亦师亦友。

习惯了天朦胧起床，习惯了带着惺忪的睡眼洗脸、刷牙，习惯了边走边计算距离星期天的时间，习惯了老师查过人后匆匆忙忙去趟厕所，再趴在桌子上睡回笼觉。喜欢在笔记本上写满青春誓言，喜欢在墙上写下自己的无奈，喜欢在下课铃声响起的那一刻欢呼雀跃，喜欢晚自习前去操场投两把篮球，喜欢午睡时偷看琼瑶的《窗外》和金庸的《射雕英雄传》……

这就是我的初二。

初三班主任是正当壮年的数学老师罗功好，也是从潘坝村走出来的。诲人不倦，教导有方，兢兢业业。罗老师写得一手好字，学校附近的村民办好事要写对联啥的，都是带着香烟来求罗老师的墨宝。

化学老师为人严肃，教学严谨。刚开始听他的课，我总是似懂非懂，不甚明白。但老师一遍又一遍地讲，不厌其烦，直到多数同学听懂了再讲下一章。

语文老师余启发。向阳人，个子不高肤色黝黑的中年大叔，对我们和颜悦色，呕心沥血。

初三时，班长叶道清经常帮老师在黑板上抄写作业题，那一手粉笔楷体，美观大方，看着就很养眼。搞得我现在也特中意楷体，电脑、手机上都安装楷体版本，百看不厌。这应该是班长给我留下的第一印象起了作用。

3年的时间很短，3年的收获很大，令我终身受益！天中勤奋、朴素、向上的学风，不知不觉成了我为人处世的风格。

黄理卫、肖新华、周泽荣、罗功好、余启发、陈汉平、范德枝、肖佩兰、胡家炎、丁贤云、罗功强、刘祖炎、武修树等当年教过或没教过我的老师们，淡泊名利，坚守讲台，无私奉献，鞠躬尽瘁，是我永远学习的榜样。

这3年的知识累积，为我走上社会打下了坚实基础，成为我打工岁月的好帮手，也带给我无限的美好回忆。

有人说，回忆是"泪眼问花花不语，乱红飞过秋千去"的怅然泪落；也有人说，回忆是"今宵酒醒何处？杨柳岸，晓风残月"的凄然醉歌；还有人说，回忆是"伤心桥下春波绿，曾是惊鸿照影来"的恍然幽梦；更有人说，回忆是"过尽千帆皆不是，斜晖脉脉水悠悠"的黯然肠断。但是，天中对我来说，所有的回忆，都是美好的；所有美好的，都是难忘的：

——难忘初一开学时缴砖渣、草渣，和老爸推着板车上洪堤上气不接下气；

——难忘谢守龙老师端着大饭盆蹲在教室的椅子上吃饭的画面；

——难忘和同学们自办校报《芳草》，首期出刊时散发的油墨清香；

——难忘毕业晚会上武修桃、武思锋的搞笑小品《济公传》引得同学们欢笑；

——难忘王时宏、陈红珍同学惊天动地的校园恋情终成良缘永结同心的传奇爱情；

——难忘晚自习逃课翻墙去看《白发魔女传》后在寒风中罚站的簌簌发抖；

——难忘晴朗的夏夜和同学们坐在王家渡堤边看池塘上空漫天飞舞的萤火虫；

——难忘晚自习后半夜三更肚子太饿在高学军家炒油盐饭宵夜时的烟熏火燎；

——难忘陈烈文同学从家里带来的油炸刺泥鳅的可口美味；

——难忘偷拔老师菜地的青菜蒜苗在武修桃家改善伙食的狼吞虎咽；

——难忘每个星期三和星期六老师们加餐时飘满校园的肉菜香味；

——难忘在食堂帮工的那个哑巴大叔朴实的笑脸和笨拙的手势；

——难忘校门旁开小炒店的瘦弱老妈和拖着鼻涕常在校园晃荡的福成；

难忘天中一切难忘的。

如今，就像美术家金祖泉老师诗中写的那样，只能梦忆天中了："东荆河北大堤旁，校舍依稀映柳杨。琅琅书声犹在耳，师生情谊梦中藏。"

感谢所有授业恩师，感谢陪伴三年的同学们！正是有了老师们的教育和同学们的关心，我才能一路风雨一路兼程一路歌。

致敬我的天中岁月！致敬我无悔的青葱年华！致敬我正努力拼搏的美好时代！

# 七 师生情谊长

## 贵人不难遇

余立功

老听人嗟叹时运不济，是贵人难遇。总是眼巴巴期盼贵人现身。我的感受却是：贵人不难遇！

作者余立功

我的老家在仙桃市通海口镇共和村，一个极小极普通也很贫穷的村子，一两千人口，一般的地图上都找不到。从小学到中学，我受教过三位邓老师，分别是邓有信、邓有其、邓有才（邓毓才）三位同辈老人。他们既是我的恩师，也是我的贵人。

照亲戚关系，我该叫他们"家爹①"。母亲姓邓，德字辈，比他们矮一辈。但母亲的娘家不在我们共和大队，在通州河斜对岸的柳李六队，单门独户。舅父邓德清，原是国家干部，在荆州工作。三年困难时期响应国家号召，自愿放弃干部身份和商品粮户口，带着全家老小回乡，长期担任柳李大队党支部副书记。尽管不是很亲的亲戚，但都姓邓，又同一个辈序，兴许五百年前是一家，自然也有些亲近感。

共和大队由几个自然村合建，所以没有绝对的大姓。邓姓也不是。但邓家地位还是很显赫的，我记忆中，除了梁治龙书记，后面的几任书记都姓邓。这个显赫，也含有三位邓老师的功劳与奉献。

邓有信老师是大队最早的民办老师，20世纪40年代到60年代生的共和大队男人，没几个不是他的学生。当然，也不乏女学生。真正的桃李满天下。邓毓才老师原是部队的文化教员，50年代打成右派，全家遣返原籍，平反后在通海口中学当语言和历史老师。邓有其老师是抗美援朝老兵，也有一段光荣历史。所以在共和大队，三位老师都德高望重。

1970年我上小学时，邓有信和邓有其老师都在共和学校任教。为示区分，分别称"大邓老师"和"小邓老师"，也有把邓有信老师称"邓老师"，而把邓有其老师称"其老师"的。

在我人生的起步阶段，他们都给予了无私帮助，是名副其实的贵人。

---

＊原载《人民政协报》2022年3月19日，发表时略有删改。

①家爹：方言。即外公。

一、大邓老师

　　大邓老师是五队的，我是六队，两队隔得不远，又因其公子夏先进与我大哥功龙不仅是同学，还是好友，所以算是熟悉。总体感觉，老先生没脾气，不管对大人，还是对学生，都慢声细语说话，走路也慢腾腾的，一副温文尔雅的样子。在我印象中，老先生就没发过火。

　　小学一年级，大邓老师教我们语文。那时的语文课很简单，第一课"毛主席万岁"，第二课"中国共产党万岁"。

　　大哥的课本我都读过，甚至能倒背如流，所以一年级的语文和算术，都不在话下。那时候的课，除了语文和算术，再就是唱歌和体育，不过也就每周各两节课。唱歌我不行，体育还可以。不行可以不唱，体育就是疯玩。所以于我而言，一年级基本无所事事。

　　这个时候的我，也正是拐②的时候。不是一般的拐，比一般的孩子都拐。照大人的话说，叫"拐得出奇"。

　　刚上学没几天，我的拐就名扬全校，甚至整个大队都闹轰了③。

　　那天，几个人高马大的高年级学生，取笑我的名字，说"余功凤"是个女伢。当时也是闭塞，以为"龙"代表雄性，"凤"代表雌性。我吃牛屎不看堆头④，当即跟人打了一架。这一架，当然以我的落败收场。没想到放学时，梁治畲校长却把我单独留下，要进行批评教育。我觉得委屈，背起书包要出门。梁校长堵在教室门口，我拼命地扒，希望把门扒开。可想而知，门是扒不开的。

　　随后，梁校长想拉住我，我却满教室跑，以至于把所有课桌都掀翻了。那时的课桌，是钉四根木桩，上面搁一块拼接的杨树或者柳树板子。或许从未碰到如此顽劣的学生，梁校长恼怒之下，扇了我一巴掌。我一看鼻子出血，顿时急了，抓住他的手，也咬得他出血（我不该咬老师手的，向梁校长致歉）。

　　教室外面围满了老师和学生，透过挂在窗户上的破烂塑料纸往里瞅，议论纷纭。眼看着批评教育进行不下去了，梁校长只得放我离开。

　　我把挂在胸前的书包往身后一甩，揩了把鼻子的血，揩得满脸都是，然后端起自己的板凳（那时是自己带板凳上学的），就头也没回地走出了教室。我发誓：再不来上学了！

　　此后三天，我真的没去。任父亲把狠⑤，任母亲絮叨，也坚持不去。每天寻猪草，给家里人做饭，变得像乖乖儿，再没一点拐的样子。

---

　　②拐：方言。即调皮。
　　③闹轰了：方言。意思是闹得沸沸扬扬了。
　　④吃牛屎不看堆头：俗语。比喻自不量力。
　　⑤把狠：方言。意思是讲狠话、威胁。

第四天晚上，已经吃过夜饭了，鬓发斑斑的大邓老师突然家访。父母当然是一百个赔不是，说尽了好话。大邓老师没批评我，但轻言细语地讲了一通道理，要我理解梁校长的苦心。不说别的，就冲半百老人摸黑走了这段路，我也没理由当作没发生。于是，第二天端了板凳，乖乖去学校。

不过，我给自己改了个名字，叫"余功才"，不再叫"余功凤"。这个名字，一直用到考上大学。

大邓老师给我印象最深的，还不是这次家访，而是我在大队当民办老师的时候。

1979年参加高考，过了中专起分线，却落榜了，便彻底死心，准备当一辈子民办老师。但通海口中学的邓毓才老师不死心，三番五次找到学校，要我去复读。鉴于当时家庭条件，我没去复读，但答应边教书边复习。然而，在职备考，谈何容易！

当时我教七年级物理、六年级化学、五年级数学，还教二年级体育，每天排得满满当当。那时的小学是五年，初中和高中都是两年。就是说，七年级和五年级都是毕业班，责任不小。而公社时不时搞统考排名次，压力更大。一天下来，差不多就累趴下了，根本没精力再搞复习。

这还不是最难的，最难的是缺乏照明条件。白天被课占满了，复习便只能在晚上。但那时没电灯，煤油是定量供应，周一和周四，才能端着煤油灯去大邓老师那里添煤油，却也只够备课和批改作业的。

六十几岁的大邓老师教不动课了，何况老师也多了，且都是他的学生，便改做行政后勤。

既然答应了毓才老师，我也不能敷衍，但煤油的确不够用。所以有月光的晚上，我便在户外复习，做题、背题。这天是周三，月光不是很好，有些昏暗，我也一如既往。这时大邓老师缓步来到我身边，叫我去添煤油。我疑惑地问，周三也能添吗？他说别人不行，你例外，因为你是求上进。我喜出望外，屁颠屁颠地随他去添煤油。

大邓老师的关照，一直持续到1980年5月我去通海口中学复读，从未间断。可以说，我能有幸通过高考，大邓老师厥功至伟！

感谢大邓老师的关照！也感谢当时的同事体恤！倘若没有他们的体恤，大邓老师也没法给我"开小灶"。因为学校的煤油，也是定量的。就是说，我多用了，他们就得少用。

当然，我也没因大邓老师关照和同事们宽容，而肆无忌惮。总把灯罩擦得干干净净，灯捻子调到刚刚看得清字的程度，尽量节省煤油。

## 二、小邓老师

跟大邓老师的温柔性格不同，邓有其老师脾气比较暴躁，或许跟他军人出身有关。我们那时不理解，背地里叫他"其猴子老师"。给老师起诨名，实属大不敬。不过，小邓老师也的确是瘦。

二年级，小邓老师教我们语文，其实也是班主任。只是那时候，没班主任这个说法。

给我印象最深刻的，是两件事。

一个是惩罚严厉。二年级开始学写毛笔字了，照着影本描。小邓老师要求每天描一张。描得好不怎么表扬，也很少在作业本上画红圈（表示描得好），大多只签个日子，表示看过了。但描得不好，甚至乱七八糟瞎描，则伸出手板挨戒尺。

惩罚最严厉的，是打鼓泅⑥，逮一次打一次。是拿竹扫帚条子抽的那种打，抽得腿上身上一条条红痕，像蚯蚓在爬。

打鼓泅是我们的最爱。再说了，水乡的孩子，有几个不会打鼓泅的？但却是小邓老师的最恨。

学校跟大队部、医务室、裁缝铺、剃头室一起，孤零零在四队的前面，旁边只有黄姓同学的家。

从学校回家，要经过长长的三超沟（一条排灌渠），再沿通州河堤走一段，然后才进到六队（下王家台）的村子。六队的房子，是沿通州河一字排成的长条，背后就是在我们眼里，宽阔无边的通州河。就是说，想打鼓泅，太方便了，随时随地都能下水。我们也常常是这么做的。

放学或者上学的当口，小邓老师有时会沿着三超沟漫步，其实是抓打鼓泅的人。因为他背在身后的手里，就握着竹扫帚条子。但也并非天天去转。不过，要是让他抓到一回，那顿皮肉苦，是万万免不了的。照他的话说，躲得过初一躲不过十五，除非你下学⑦。所以还不如乖乖给他抽几条子，先消气。

虽然并不经常去三超沟转悠，但只要被他怀疑了，就会叫到讲台边，拿指甲在你腿上轻轻一划，倘若呈现一条白色，他就知道在水里浸泡过，也是一顿抽。这种检查的方式，一查一个准。好几个同学，都被他这样查出来，也无一例外地挨一顿抽。

他的"暴行"，虽然学生痛恨，却深得家长欢迎。长大了回想起来，他其实是为我们好，是对家长负责。不说通州河，就是三超沟，也是凶险得很，水深流急。淹死了怎么办？而他之所以使用"暴力"，也是缘于我们的顽劣，缘于我们的屡教不改。属于不得已而为之。

因为畏惧小邓老师的竹扫帚条子，我们只能把打鼓泅的渴望，深深地埋在心里。走在堤上，甚至都不敢瞟一眼三超沟，生怕一个没忍住，跳进沟里去了。

小邓老师一回都没打过我。不过话又说回来，经常挨打的，也就那几个不长记

---

⑥打鼓泅：方言。即下水游泳。

⑦下学：方言。意思是辍学。

性的人。

小邓老师的另一个特点,是讲课不照本宣科。他当过志愿军,到过大城市,算是见多识广了。所以语文课他常常讲故事,讲他的所见所闻,讲黄继光、邱少云,也结合电影《奇袭白虎团》讲打美国鬼子。这是我们最喜欢上的课,就仿佛他带着我们,出去开了回眼界。

记忆最深刻的,是他讲上海的楼房之高,用了个比喻,说是仰起头来,颈子都快折断了,帽子也掉地上了,却还没看到屋顶。

我们这些乡下的孩子,对大城市没什么概念,那时也没网络,电影都少得可怜,资讯极不发达,对外面的世界一无所知。听到这里,顿时都仰起头,嘴里发出一声拉长了的"啊——",纷纷说我的个乖乖!通海口的三层楼房就够高了,那上海的屋,岂不是伸进天空了?小邓老师及时肯定,说:"对!那屋顶,就插进云里去了!"

可惜,小邓老师只教了我们二年级。当然,有同学觉得真是解放了。

### 三、邓毓才老师

当年的六队,仿佛落单一般,跟其他队不在一条直线上。六队紧靠通州河,其他队都离通州河有一里多的距离,且两队基本紧邻。即便去通海口上街,我们都不经过其他队,而是出了村子,经五队的窑,过了三超沟闸,沿其他队后面的通州河堤走很长一段寡路⑧,快到菜园队了,才能见到几户一队的人家。

所以,尽管晓得六队有这么一户人家,他爱人杨老师也在共和学校任教,但跟邓毓才老师基本没接触。认识邓毓才老师,进而深度接触,是在镇上的牛棚上补习班。

1978年高中毕业,一帮怀揣高考梦的青年男女,又不够资格进通海口中学复读,就挤在汽车桥头东北边四壁透风的牛棚里,嗅着仍透着牛屎味的空气,悬头刺股。在牛棚,邓毓才老师教我们历史。

毓才老师知识渊博,语文、历史、政治都讲得很好。人也很和蔼,性格阳刚,高门大嗓,充满了男人的磁性。他的课往往娓娓而谈,听半天不觉得累。

毓才老师给我的最大帮助,是树立了自信,并取得高考成功。可以说,是毓才老师,改变了我的人生。

1979年高考,应该说不算失利,因为过中专录取线近10分,离大专录取线也差不太遥远。但仍然没录取,这个打击,其实挺大的。据说那年报沔师的,全县600多人,我不幸是其中之一。又据说当年沔师的招生人数,只有300名,我也不幸成为被挡在门外的300名之一。

之所以用了两个"据说",因为的确是据别人说。我们没任何渠道了解丁点情况,只能事后据别人说。

---

⑧寡路:方言。指两旁没人家的路。

说实话，我没太大的粑粑心⑨，也就想读个沔师，然后当一辈子老师。因此，也只报了沔师。

连续两年高考失利，家里也是承受不起，尽管父母咬紧牙关，鼓励我复读。但我知道家里的经济状况，坚决不去了，而是回大队当民办老师。当民办老师，不用下地，不用日晒雨淋，却工分照记，还有每个月的6元津贴，蛮好的。

但是，毓才老师不这么认为。依老人家的说法，我是一定能上大学的。为此，不厌其烦地晚上到共和学校来找我，动员我去复读。他甚至说，复读费都能帮我减免。后来老人家在红瓦仓库后面过菜园队的一条小涧，不慎把腿摔骨折了。然而等伤刚刚好，还是心不死，又一瘸一拐地找来劝导。

权衡来权衡去，我还是没动心。"命里只有八角米，走遍天下不满升，就当一辈子民办老师吧！"我说。

换个人，估计会气得一巴掌呼死我。但邓老师脾气好，尽管看得出来失望，却没发火。当然，我的心也是肉长的，何况邓老师真心为我好，于是答应边教书边复习。

心里的一块石头终于落地，邓老师呼出一口长气，建议我理科改文科。他说，以你语文和数学的底子，应付文科考试还是可以的，那么就只需背政史地（政治、历史和地理）。但如果继续考理科，以越来越深的数理化考试难度，自学很难达到。于是，我听从老人家的建议，改复习文科。

既然作了决定，也为邓老师的诚心感动，我买了全套复习资料，在紧张的教学之余，全力以赴备考。这也就有了大邓老师"开小灶"供给煤油，以及同事们宽容的故事。

此后，毓才老师常常往共和学校跑，送来通海口中学的复习资料，以及模拟考试卷。我心里十分过意不去，毕竟邓老师这大年纪了，何况摔了一跤腿不好，便说我每周去学校取。这个提议，当即被邓老师否决，他说："我反正是回家，大不了多走几步路。如果你把时间都浪费在路上，那就太得不偿失了。"

邓老师都说到了这个份上，我除了更加努力备考，还能做什么？

皇天不负有心人。1980年5月预考，我真的入围，成为通海口为数不多的获得高考资格的社会青年之一。

为我高兴之余，邓老师坚决要我脱产补习，并说已经说服学校，免收复读费（乡友蒋云林先生近日告诉我，其实并未免收。是怕我交不起学费而耽误前程，邓老师代交了20元，直到去世也没告诉我实情。此时此刻，所有感谢感激的语言，都是苍白的。但我还是要说，万分感谢感激大爱无疆的邓毓才老师！）。经过近两个月不舍昼夜的拼搏，我如愿以偿地跨过了高考录取起分线。

---

⑨太大的粑粑心：方言。意思是好高骛远。

我的大学录取通知书，也是邓老师冒着酷暑，从通海口步行四五华里，满头大汗又兴高采烈地送到正在队禾场打谷的我手上的。

以上，只是三位邓老师关心我帮助我的沧海一粟。类似的例子，还有很多很多。

或许有人说，你这家伙真是幸运，小学到中学短短10年间，就遇到了三位贵人！其实细数，仅那10年间，我哪里只遇到了三位贵人呢？真要讲起这个，也不怕人骂我吹牛：我所遇到的，都是贵人——

譬如梁治畲校长，一直很关照，并未因我把他手咬出血了，而对我怎么样。梁校长后来对我一直很好，四年级下学期，让我当了学校红小兵大队长，后来又安排我在小河公社文教系统会议上，作为小学生代表上台发言。还有共和学校的同事，我占了他们的煤油指标，却一直宽容对待。

譬如通海口中学的刘吉汉老师，高一时一道题一道题地耐心讲解，才让我摸到些门道，进而对数学产生兴趣。提起来也是悲催，天天"开门办学"，以至于初中毕业了，却连一元一次方程都不怎么会解。

譬如小河中学的李和风老师、通海口中学的陶孝烈老师，表面严厉得很，语文课却教得特别仔细，引导我们夯实根基，并让我爱上写作，一辈子从事文字工作。

譬如雷培坤老师，我很想学他那个柔柔的圆圆的钢笔字体，他爽快地连教案都借给我照着练……

说起来也是叫人不信，从小学、中学到大学，还没哪位老师对我不好过。他们都以自己的方式，帮扶着我一步步前进，一点点成长。囿于篇幅，恕不能一一列举。贵人们的帮扶，我无以为报，但都内化于心，外化于行，努力将他们的精神传承。

回望一步步走来的人生脚印，我的感悟是：我们和遇到的所有人，都有一种缘分在冥冥中牵连。从父母起，一位一位，都是老师，都是贵人，都在我们的成长中或多或少地发挥了某些作用，至少是充实了我们的人生阅历。包括不怀好意甚至恶意的，也教我们认识了人性的另外一面，见识了另类的人。这于我们的成长，也是一种帮助。

人生旅途，何其短暂。与其盲人摸象般在芸芸众生里寻找贵人，或者心存幻想等待贵人降临，莫若塌下心来以诚心待人，同时把身边的人都当贵人。诚如是，则我们的人生路，必定越走越宽敞。

# 人生的航标
## ——献给我的几位小学老师
### 李庆成

**一、慈爱滋润稚嫩的心灵**

冬去春来，一晃就到了我上学的年龄，丙申年（1956年）春节，父母亲总在嘀咕择师教子的事情。到官学（公办学校）吧，好是好，可官路小学离家十多华里，曹场小学也有七八华里，且隔河渡水，极不放心。不得已，选择了石家台的私塾学馆，不到三华里，而且远房姑妈就住学馆隔壁。

正月十六一大早，母亲做好美味早点，父亲将我精心打扮一番——头发抹上凡士林，亮亮的；三七开，梳得顺顺的。身着黑色哔叽大襟长棉袄，再罩一件崭新的阴蓝色长衫，加一条深红色小围巾挂在脖子上。在父母亲看来，那真是帅气极了，时髦极了！

吃罢早点，我便背着母亲用红色土布缝制的大口小书包，由父亲牵着手，前往石家台学馆拜师开蒙。

学馆设在石从举家的堂屋。规模不算大，大大小小二十来个学生，高高低低七八张桌子，长长短短十几条板凳……看到又来了新学生，同学们叽叽喳喳，指指点点。我怯生生地往父亲身后躲，两眼直愣愣地瞪着他们。

"李伯伯，欢迎您老把孩子送到这里来念书！"一位年轻的阿姨迎出门来，笑盈盈地和父亲打招呼。

这就是我的老师，还是一位女老师！听大人们说，女孩子一般不让读书的，教书先生都是有大学问的男士。这位女老师不仅识文断字，还能做先生，这在乡下就更稀奇古怪了。

卢老师二十四五岁年纪，身材不高不矮，不胖不瘦。短发披头，乌黑而又整齐。明亮的眼睛，洁白的牙齿。微笑时，脸上挂着两个小小的酒窝，讲话带着脆脆的喉音，特别好听。米黄色对襟青年短衫，配上深蓝色的直筒裤和圆口平底鞋，看上去显得干练而富有风度……我悄悄喜欢上了卢老师。

"卢老师，孩子太小，不懂事，今后就麻烦了！"

"没事，没事！应该的！"

"拜托拜托！"父亲把我交给老师，不厌其烦地表达感激之情。

"李伯伯，放心吧，我会尽心的！"卢老师热情地把父亲送出学馆外好远。

老师把我带到一个小桌旁,让我与一个叫陈昌贵的小朋友同桌,并发给我两本书,一本语文,一本数学。就这样,我开始了小学的第一天。

几天下来,我对学馆的情况有了大致了解。共二十六个学生,分五个年级。班长是五年级的,叫唐良贵。老师分时段,不停地给每个年级同学上课。班长和两个大点的同学,经常帮老师检查低年级同学的学业完成情况。看样子,老师和班长都挺忙的。

初入学堂,一切都很新鲜。学习内容很简单,日子也过得比较快,转眼便到了五月份。

我和陈昌贵中午描红写大字,无意中发生了一个小矛盾。

陈昌贵大我两岁,但个头并不比我高,那乱蓬蓬的头发底下嵌着两只圆溜溜的眼睛,鬼机灵的。小小的鼻孔底下总挂着两条"绿虫",有时挂不住了,就用袖头一擦,因而两只袖头和胸前都贴着厚厚的放光的鼻涕壳子。这天中午描红,他时不时用肘子拐我一下,我恼了,使劲推了他一把。他突地站立起来,端起砚盘,毫不犹豫地把墨水泼在我的描红本上,两只眼睛圆圆地瞪着我,可怕极了。我吓得大哭。卢老师赶紧跑过来,帮我把弄脏了的描红本拿走,找来一块抹布把桌上擦得干干净净,随后掏出手帕,轻轻地抹去我脸上的泪痕,边抹边安慰我"没事,没事"。问明情况后,批评陈昌贵不能这样对待同学。

下午倒也相安无事,只是谁也没有理谁。但放晚学,我刚走到村西头的瓦子台,陈昌贵就拼命追了上来,一把抓住我的头发,不顾一切地厮打起来。他毕竟比我大两岁,我自然不是对手,于是脸上、脖子上被他抓得到处是血痕。幸亏卢老师及时赶到。

卢老师见了我脸上的伤痕,心疼不已,牵着我的手,亲自送至家中。没等卢老师把话说完,父亲便气得面红耳赤,根本不听卢老师和母亲的劝告,直奔陈家问理。

昌贵的父亲久江叔是个老实人,一边连连赔礼,一边叫人找昌贵,声言要把他交给父亲打还原,好好教训这个不肖子。久江叔的态度,倒让父亲过意不去,经卢老师和乡亲们劝说,两家大人握手言和。

转眼到了秋季学期,父亲怕我再受昌贵的欺负,决定转学。卢老师亲自上门来接我,父亲道出了自己的想法,卢老师自责地说:"都是我不好,不过到哪儿也是读书。"接着轻轻地抚摸着我的头,微微地笑着说:"小家伙挺聪明的,是棵好苗子,只要好好学习,今后一定有出息!"

老师笑得那样勉强,那样恋恋不舍,我不好意思地低下了头,眼里含着盈盈的热泪。就这样,我和卢老师分手了。打那以后,再没见到卢老师。后来听大人们经常谈起卢老师,便渐渐有了一些了解。

卢老师也真够不幸的!老师出生大家闺秀,来自沔阳县城,哥哥和父亲随国民党逃到了台湾,丈夫也多次被严格的政治审查和内管,老师带着孩子投亲靠友,来到了曹家河。一个文弱女子,什么农活都不会,怎么生存?乡中长者动了恻隐之心,办了这么个学馆,让卢老师总算有了栖身之所。可后来社会运动一波接一波,就再也没有卢老师的信息了。

成年后,我也做了老师。不知怎么的,时不时想起卢老师,想起那微微的笑容,想起那浅浅的酒窝,想起那脆脆的声音,想起那轻轻地抚摸……在我的心里,她像一位谦谦君子,更像一位慈祥妈妈!

古人说:"老吾老以及人之老,幼吾幼以及人之幼。"卢老师不就是这样的人吗?天下的老师都像她那样,那该多好啊!

## 二、严格开启记忆的心门

秋季学期,我转学至湖西岸的周家私塾学馆。

在我的印象里,先前的石家学馆离家近多了,路也好走,那是通往老县城的路,宽敞平整。去湖西岸应该有四里多路,弯弯曲曲、高低不平,两边满是高粱、黄豆和棉花,高高的青纱帐遮蔽了远望的视线。行走在小道上,如穿越在没有尽头的绿色隧道里,偶尔有黄鼠狼、黑野猫什么的蹿出来,吓人一身冷汗。

周家私塾学馆设在村子中间地段,摆设和规模与石家学堂差不多,只是房子高大一些,堂屋宽敞一点。

先生戴着瓜皮帽,长马脸上架着一副老花镜,满脸褶皱,下巴上一绺花白的胡须不时随着嘴唇微微颤动,身着深蓝色的长衫,活脱脱一个老夫子。

刚见面,老先生就一脸严肃地跟父亲约法三章:"我叫陈地垓。孩子到我这里读书没问题,但我得把丑话说在前头。学生引进门,就要守我这里的规矩,愿打愿罚,家长不能告头[①]。否则,您就把孩子领回去。同意吗?"

父亲连忙表态没问题,又连连拱手说:"拜托拜托!"

望着父亲远去的身影,我有些不寒而栗,而又无可奈何。

经过几天学习,我对这里有了一些新奇的感觉:

——不发课本,也没有语文课、数学课。课本是学生用白纸裁好后订成本子,老师用毛笔工整写上去的。学完一段,再写一段,每个学生都是如此。

——上午两大节课。第一节上书,内容是《三字经》十句,《千家诗》一首。先生把学生分别叫到身边,用红毛笔一句一句在旁边打着小圈圈,领着读,有些生字还在旁边注上同音字,直到会读了才让你上位。第二节点书兼默书。有学生会背诵了,就点到身边背给他听。结结巴巴是要退回去的,熟练成诵才算过关。会背还不算,还要会写。掉一字、错一字都得重来。

——中午描红两篇。先生打影本,都是上书的内容,每个大字还要写十个小字。

---

[①] 告头:方言。意思是跟老师讲道理、替孩子打抱不平。

交上去后，先生用红毛笔打圈圈，圈圈越多，说明你的字写得越好。

——下午也是两大节课。第一节上书《幼学琼林》四到六句，第二节点书兼默书，背诵及默写全天上书的内容。

完不成学习任务，先生是要处罚的，而且手段够辣。一是打手板，二是晚学留堂，三是奉陪左右。

一般课程都还应付得了，最紧张的是每周一次总点书。当天上书当天点书，内容少，一般不成问题。但一周、一月……都要连前累计属于点书的范围，那就难了。先生随意点出上句，你得接着往下背，先生不叫停，就不能停。

先生时时告诫我们："圣人云，'学而时习之'。又曰，'温故而知新'。只上书，不温书，那不是过水丘（水流过的田地）吗？"因而特别强调，回到家里要自觉温书至少一个时辰。

一个时辰可是两个小时！否则，就让你知道知道戒尺的厉害。那种滋味我领教过一次，到现在还记忆犹新。

那是1956年冬月十九日下午，先生要逐一点书，我心里顿时就怦怦乱跳。远房哥哥冬月十八大登科，小孩子玩兴大，都想去凑热闹，说不定还能在新娘的床上抓到几粒糖果、红枣、瓜子、花生什么的呢？就放任自己潇洒，玩了仨晚上没有温书。

终于点到我了。我忐忑不安地来到先生的书桌前，两眼愣愣地盯着先生手中的戒尺，虽是薄薄的小竹片，长不过六七寸，宽不过四五分，但此刻的威力不亚于一把寒光闪闪的青锋剑悬在我的头上，恐怖极了。还好，《三字经》过了，《千家诗》也过了，可《幼学琼林》就没那么幸运了。

"披星戴月……"先生提示，"往下背，往下背，听到了吗？"

我应该接着后面内容背出："谓早夜之奔驰；沐雨栉风，谓风尘之劳苦；事非有意，譬如云出无心；恩可遍施，乃曰阳春有脚……"可先生一催促，我便脸发烧、心急跳，大脑一片空白，怎么也记不起来了，感觉整个房子都在晃动。终于急得情不自禁地哽咽起来。

"别哭，别哭！哭也没用！耍赖是不成的！"先生用戒尺连敲了几下书桌，又威严地催促，"把手伸过来，听到了吗？"

我战战兢兢地伸出右手，自觉将手掌向上，放在了书桌上，胆怯地闭上了眼睛。

"把眼睛睁开，看着我。"先生没有马上让我受戒，而是手握戒尺，两眼瞪着我不停地教训，"想要滑头，是不是？告诉你，读书是不能耍滑头的。一分耕耘一分收获！我要让你长长记性。"

我两眼泪汪汪地点了点头。于是，先生举起戒尺，我不敢直视，把脸扭向另一边，等待着痛苦时刻的来临。

三下手签抽过了，并没有想象的那么疼。原来，先生的样子挺吓人——眼睛瞪得大大的，戒尺举得高高的，气力使得足足的，那是做给其他学生看的。戒尺落到手掌上，却是轻轻的。

放晚学时，我被留下来，《三字经》《千家诗》《幼学琼林》上凡是先生上过的书，就不是点背了，而是从头到尾一本一本一字不漏背给先生听。先生始终陪着，哪儿也不去，时而闭目侧耳，时而摇头晃脑，小声和你一起哼唧哼唧。

掌灯时分，父亲来到学馆，但没有进去，只是站在廊檐下，透过花格窗和我做了一个怪相，好像是说："活该，不听话呢！"

先生也知道父亲来了，但他继续着点书督查工作。接近晚九点，才让父亲把我领回去。

这次责罚，先生也陪了我近四个小时。打那以后，再不敢得意忘形，每天晚上老老实实温书，也再没发生与戒尺"握手"的尴尬事了。

一年的私塾生活终于熬过来了，我再也不想去叨扰老先生。那老头儿太厉害，太可怕了！吵着闹着要转学，可父亲总不松口。也许父亲早已明白"人生得一良师者足矣"的道理，更知道童蒙养正，"惟少时之岁月犹可惜也"的重要性，所以不断重复那句话："地垓先生是天下难找的好老师！"

父亲奈何不了我的死缠乱磨，告诫我："官学那么远，你走得了？"

我果断回答走得了！又问刮风下雨、打霜飞雪怎么办？我说不怕！湾子里那么多小孩能去，我就能去。又问不逃学？我说不逃学！再问不后悔？我说不后悔！看我态度那么坚定，就依了我，转到公办的曹场小学，终于摆脱了那该死的私塾学馆。

我常为先生想不明白，一大把年纪了，还背井离乡，每个学生一个月四个鸡蛋两升米的微薄酬劳，还自己生火做饭，何苦来哉？对学生那么严，让孩子们心里都恨恨的，图个什么呢？这下可好了，学生都转走了，看您还找谁严去！

后来，我做了中学语文教师，每当在课堂上信手拈来《三字经》《千家诗》《幼学琼林》的经典名言旁征博引时，学生们就会投来钦佩的目光，甚至报以热烈掌声，我就特满足，特有成就感，就从心底油然想起地垓先生，而且是时不时地想起！

先生一生"焚膏油以继晷，恒兀兀以穷年"，从事启蒙教育，他用行动告诉后人"教不严，师之惰"，人生奠基工程何其重要！

先生的严格奠定了我的国学基础，进而我对古典文学孜孜不倦的研习，也让我真切理解了庸师易找、严师难求的深刻内涵！难得的地垓先生！

**三、包容点亮希望的心灯**

我如愿以偿地转入曹场小学，心情特别舒畅，就像春天里的小燕子在白云蓝天下自由翻飞，开心极了！

可没几天，那轻松劲便消失得没影没踪了。路远不说，还太难走，要翻两道堤坝，爬三座危桥，穿两里路的青纱帐，蹒跚半里路的月堤埂。晴天还好，遇到雨雪天，那就可怕了，一路狂风，一路泥泞。稍不小心，就掉到河里，滚到水里，摔到泥里。但是再怎么艰难，也得坚持下去。曾在父亲面前信誓旦旦，岂能说翻悔就翻悔？

日子过得也快，转眼到了1961年秋季学期，我走进了四年级的教室。同学们"久别重逢"，叽叽喳喳，追追打打，把教室闹了个翻天覆地！

"请同学们都上位吧。"一位老师微笑着招呼大家。

咦！换老师了，不是庞老师了？庞老师是个女青年，刚参加工作没经验，管不住我们。我低着头，心说要是庞老师，那该多好玩啦？换了个男老师，没劲！

新老师姓孔，叫孔令培，今年十七岁，沔城人。老师边自我介绍，边随手在黑板上写下了"孔令培"三个字。

这个老师有点意思！别的老师生怕孩子们知道名字，总是神神秘秘的。他可好，公然写在黑板上，不怕同学们今后叫他的名字？我不禁认真打量起新老师来。只见他个头不高，乌黑的头发很自然地搭在额前，白白净净的脸颊上居然缀着两个漂亮的小酒窝，特娃娃气！白衬衫，黑色裤，腰扎黄皮带，瘦瘦精精的，显得很干练，很结实！

"我刚参加工作，没经验，今后我们就互相学习吧。"

呵，挺直率！教室里稀稀拉拉响起了掌声。

老师说他大不了我们几岁，大家都是他的小兄弟，赢得一片掌声。又说和大家一样爱玩，爱打乒乓球，爱下象棋，爱唱歌吹口琴，还爱游泳。今后有时间，我们一起玩。同学们开心地大叫，掌声经久不息。

放晚学前二十分钟是小结课，老师会总结一天的情况，表扬好的批评差的，提出要求。可孔老师微笑着走进教室，手里拿着一个亮晃晃的小玩意儿问大家"想不想听歌？"同学们开心地高声叫"想！"又问他先演奏一曲如何，大家又说好，还情不自禁鼓起掌来。老师把那亮晃晃的东西堵在嘴巴上，摇头晃脑地吹了一曲。

"这是啥玩意？""老师吹的什么歌？""老师教给我们唱唱吧？"大家七嘴八舌嚷开了。乡下的孩子见到稀奇事，就爱打破砂锅问到底。

"这叫口琴，这首歌是电影《早春二月》里的插曲，叫《二月里来》，大家想学吗？"

"想，想，想……"同学们兴奋地拼命鼓掌。

"二月里来好风光，家家户户种田忙……"老师教一句，我们跟着学一句，优美的旋律在教室里回荡，在校园上空回荡。

放晚学了，孔老师是我们这个路队的辅导员，护送我们走过曹家湾，爬过小木桥，穿过青纱帐，一路说一路笑，一路吹着口琴，就像大哥哥似的。

开学的第一天太开心了，孔老师在我们心里留下了特美好的印象！

充满乐趣的学习生活在甜美中流淌,可是几个月后,我们几位小朋友无意中做了件大坏事,给孔老师带来不小麻烦,也让我们懊恼不已,紧张了好一阵子!

那是深冬的一天,雪后初晴,干冷无比。放晚学后,一群小朋友你追我赶,经过河堤上的张家台,这里原来住着七八户人家,两个月前搬走了,不过还有些笨重的杂物落在台上,比如石碓石磨。我们见了一个石碓嘴、石碓臼,周围还有七八个石礅(那是专门把屋架的柱头立在上面,用来隔潮,保护木柱头不腐蚀的)。不知谁心血来潮,提议向它们进攻。当时正好学了篇课文《向艾森豪威尔开炮》,于是有人提议,谁先砸碎了它的狗头,就是大将军!大家找来小石礅,狠劲地向碓嘴、碓臼砸去,并大声吼着:"向艾森豪威尔开炮!"

可怜的碓嘴、碓臼、石礅,全都粉身碎骨。

第二天中午,同学们正在操场上玩得开心,耳边突然传来吼叫:"我要找校长赔我的东西!我要找老师算账!看你们是怎么教育学生的。"

那不是张家墨胡子老爹吗?不知怎么的,我心里莫名地紧张。

张老爹年轻的时候就留胡须,到了四五十岁,长髯飘飘,乌青乌青的,再配上一米八九的壮硕身材,颇有关云长美髯公的气度,十里八乡的村民都敬称他"墨胡子爹"。而今老人家虽年逾古稀,但背不驼,腰不弯,声如洪钟,为人正直,一把银须飘在胸前,刚口十足!

姚校长接待了老人家,又很严肃地交给孔老师,叮嘱一定把问题妥善处理好。孔老师恭敬地扶张老爹来到办公室,让座、奉茶,连连安抚:"别急,别急!把事情慢慢告诉我,别气坏了身子!"

我们也跟过来,趴在办公室窗前探听究竟。

"能不生气吗?好端端的一副碓嘴、碓窝,让你们学校的小东西们结果了。您说躁不躁?"

完了,我们捅大娄子了!我心里怦怦乱跳。

原来,这是张老爹四年前托人从应城买回的家什,他说钱倒不说,关键是没用的了。接着懊恼地说:"都怪我,怎么不及时搬过去呢?"

孔老师微笑着,不断赔礼道歉,又劝张老爹别自责,然后用商量的语气说,这个损失我们认,不过也要调查清楚。明天中午给您老一个明确的处理意见如何?墨胡子老爹是明事理的人,不好再说什么。

把老人家送走后,孔老师着手调查。我们老老实实交代经过,承认错误,然后站成一排,低着头,静等老师训斥。

"都知道闯祸了吧!"过了一会儿,孔老师语气平和地教导我们,"老人家置点家当不容易,这下可好,让你们几个报销了。好在你们不知道这东西还有用,这叫无意之中犯了错误。你们也别怕,明天诚恳地向张爹道歉,承认错误,后面的事情我来处理。听到了吗？"

"听到了！"我们向老师鞠了一躬，回到教室，互相做着鬼脸，感到很庆幸，满以为大祸临头的，却这样平和地过去了。

第二天中午，张老爹如约而至。孔老师把情况向老人家做了汇报，把我们叫到办公室，声音里透着严厉："还不赶快向张老爹承认错误！"

我们赶紧承认错误，有的说怎么惩罚都接受，有的说让爸爸妈妈赔偿，有的说您打我们几下，我们错了，该打！一个个愁眉苦脸、态度诚恳，倒让张老爹不知说什么好了，紧绷的脸松开，眼里忽闪着几丝慈祥的目光。

其实，这都是孔老师事先安排好的。他说："只要你们真诚地认错，老人家会原谅的。至于后面的事怎么处理，你们就别管了，都由我来！"

此时孔老师接过话茬，说孩子们太小，不懂事，也怨不得他们。要是知道这东西有用，也不会砸。再说，孩子们就是因为不听话，才到学校来受教育的呀！教育的责任就是孩子们不断犯错误，老师不断给他们纠正错误的过程。因此，这个责任由我这个老师来承担。

张老爹说："理是这个理，可是……"

"没什么可是的！"孔老师拦住张老爹的话头，从兜兜里掏出一沓钞票，"这点钱，算是补偿您老的一点损失，别见外！"

"别、别、别这样！"张老爹连连拒绝说，"您把我看成什么人了？教育孩子是大家的责任，事情出现了，不能不了了之。现在，孩子们认了错，老师也尽了责，我也认了这个理！钱我决不要，同学们要听话，这事就了结了，给老师添麻烦了！"说罢起身告辞。

我们激动得不知说什么好。孔老师和张老爹真是天下最好的人！

两年后的春天（1963年），我们进入小学毕业复习阶段。全区八个公社十四所小学，仅有两所初中，还要招收剅河和张沟两个区的毕业生，招生名额极其有限，乡下的小学能考取一两个，不剃光头就很是幸运了！

孔老师带我们数学课。有一天，他把我们几个离校较远的学生找去，问能不能搬到学校住段时间，早晚也可以帮我们复习。大家高兴地拍手赞成。没睡的地方，孔老师说"把课桌并拢，不就可以睡了吗？"甚至吃饭，他也跟肖工友说好了，让我们只带一床被子，一些腌菜。

打这以后的一个多月，孔老师每天早晚给我们补课，讲繁分化简，讲比和比例，讲圆的面积公式，讲圆柱体积的计算方法。特别是晚上，我们做完练习，老师办完公，就躺在床上给我们讲故事，《红岩》《林海雪原》《三国演义》《水浒传》……一直把我们送入甜蜜梦乡。

我们这一届十八个学生，竟有八个考入中学，在全区放了颗大大的卫星！

时光飞逝，转瞬步入古稀。回首过往，不禁感慨些许。职业的选择是多样的，而且多次改变者屡见不鲜。可我偏偏选择了教育，并且排除许多诱惑而始终不渝坚守。这也许与我小学的几位老师有着无形的联系。一路走来，他们的身影甚至一颦一笑、举手投足都不时在脑海中浮现。如果不是卢老师的慈爱呵护我稚嫩的心灵，如果不是地垓先生的严格推开我记忆的心门，如果不是孔老师的包容点亮我希望的心灯，也许我的人生是另外一种境况！

　　可以这么说，他们就是我人生的航标，一路指引我在杏坛走过坎坷不平而又芳香四溢的四十五个春秋。

# 我的知青老师

王庆炎

作者王庆炎

20世纪70年代，正是我们这代人上小学的时候。虽说那时候的学校教育苍白一片，但值得庆幸的是我们遇到了一批知青老师。

那时候，乡下有文化的青年人稀少，初中就是高学历了，农村小学师资严重不足，不少知青就很自然填补了这个空缺。对于我们这些出生在穷乡僻壤的少年，这不啻是上天的眷顾，后来恢复高考后一批人能够跳出农门和之后创业有成与他们的教育带领是分不开的。

我小学一二年级的启蒙老师叫陆冰，是一名武汉女知青。在那个特殊时期，知青可以说是乡下真正的知识青年，他们有的是来自省城武汉（大多是红钢城的），后来又有的来自沔阳县城仙桃，有的则是邻近通海口或是老沔城镇上街道的。有些合适的知识青年，就被贫下中农推荐到村里的学校任教。

我上小学一年级是在村小的一座叫"玉皇阁"小阁楼里，地方狭窄，光线很暗，老师的办公室就挤在教室隔壁。没见过世面的我们，初到学校自是躲躲闪闪，对老师有种天生的畏惧感，更何况是来自远方大城市的老师。

虽然过去了五十多年，但陆老师的形象依旧清晰：一张方方正正的脸，普普通通；两只大大的眼睛，澄澈清明；两条黑黑的辫子，乌亮粗壮；一口普通话，轻柔亲切，只有在和知青们讲话时才听得到她纯正地道的汉腔。

开始学拼音时，我的卷舌音老说不好，念书总是小声嗡嗡，她把我叫到隔壁的办公室里，一句话一句话，一个字一个字地反复教我跟着念，有时还把她的宝贝收音机拿到教室里让我们听广播，感受普通话之美，学说普通话。有时候我们也喜欢打打闹闹，她却从不呵斥，只一句，"来，我给你们讲个故事"，小伙伴们便立刻安静下来。但每每讲到精彩处她便停下来，像讲古典章回小说一样，且听下回分解，条件是我们必须听话才会有后续。那些薄薄的课本上没有的神话故事、童话故事让我们眼界大开，思绪飞扬，觉得这个世界真的好奇妙。听得多了，我们也会讲给其他没有听过的伙伴听，后来我胆子就慢慢大起来，还经常被选为故事讲述者，以至到后来成为了小公社（管理区）图展活动的最小讲解员。

她还绘得一手好画，就凭一支粉笔，简单几下就可以将课文中的人物形象勾勒出来。特别是说到武汉长江大桥时，她那个自豪真劲爆了。我们都把眼睛睁得大大的，仿佛是在等天外来物，她却成竹在胸一般，不到三分钟，"一桥飞架南北"就出现在黑板上。那个桥头堡还特意用彩色粉笔标出了轮廓线，又在桥两头分别简笔勾画出了龟山和黄鹤楼，接着便给我们讲武汉长江大桥的历史。这种时刻，往往是我们最安静的时候，连眼睛都不眨一下，觉得她的手太神奇了！

那时候乡下会识谱的人很少，上音乐课时她竟然会教唱"哆来米发梭拉西"，声音特别甜美。有时候还吹口琴给我们伴奏，头一摆一摇的。那个陶醉的样子，我们至今都

一桥飞架南北，天堑变通途

历历在目，也带给我们这帮淘气鬼从没有体验过的幸福快乐的感觉。她的"忠"字舞跳得也特别美，不像其他人跳得生硬别扭。

后来才听说她出生在一个高级知识分子家庭，难怪这么牛！

从家里走到学校约有四里地，每个孩子都是自己往返，大人是没有工夫照顾我们的。冬天里风雪大，地滑，我们总是一路逗闹着奔向学校，她则会帮我们一个个掸去身上的雪花，又用温暖的双手焐一焐我们冻红的手，把我们拉进教室里。

有一次我踩破了冰面，鞋子全湿了，她把自己的一双大棉靴拿过来让我穿上，又把湿鞋子拿到伙房烤着。现在想起来，我心里都是温暖的。

同班的堂弟因为穿着他哥哥的旧棉裤，有次带子系成死结了，上厕所时居然弄脏了裤子。她让我们不要取笑，并耐心耐烦把他引到宿舍里，用温水帮他擦洗干净，还叮嘱我不要跟我大伯讲，怕堂弟回家背家伙（挨揍）。

小学二年级我变得顽皮了，特别喜欢游泳。陆老师担心我们出意外，午饭后隔三差五就摸到我们常嬉闹的河滩巡查。有一次我一个猛子扎下去，头刚钻出水面，却发现陆老师金刚怒目盯着我。我还想往对岸游，她扬了扬手上的短裤说："这裤衩你还要不要的？"我只好乖乖地上岸跟着她到了学校。她满脸愠怒高高地举起一根竹条，我赶紧缩着脖子闭上眼咬紧牙准备迎接一顿好揍。没想她竟轻轻放下，用手指在我手臂上轻轻一划说："你只要下水游泳了，我这轻轻一划就会有白色的印痕，以后可千万别私下玩水，水鬼会捉不听话偷偷游泳的孩子的。"后来有一次我本想说谎的，自己在手臂和身子上试划了一下，还真的是会留下白色的划痕，从此便不再偷

偷游水了。

　　春节里农村孩子们最盼望的是家里熬糖切麻叶子,那可是一年里最美味的副食。我家二奶奶总是会给陆老师留下一小袋炒米和一小袋麻叶子,并且一定要把最珍贵的焦切(用芝麻拌糖切的小麻叶子)装上三五十片,以感谢她对娃儿们的关心。陆老师每次从城里回来,也一定会给二奶奶带上些诸如糖果围巾之类的回礼。以至于二奶奶临终前,都不忘念叨着陆老师带给孩子们的好。

　　算起来,返城的陆老师应该早已年过古稀了。我去武汉的次数也比较多了,常常想会不会在某条街道某座公园或者是东湖边,抑或是楚河汉街邂逅呢?就算是相遇了,老师定然认不得童年时代的我,我也难以认出五十年前风华正茂的老师。

　　岁月的风霜最是无情,但白发覆盖下的记忆却永不会衰老!在四十多年的杏坛生涯里,陆老师传递给我的爱心与耐心永远镌刻在灵魂上。

# 我的老师林进荣

曾德雄

林老师居然去世了！这让我很惊讶。

印象中林老师年纪并不算大，顶多也就70出头。可为什么突然就走了？当然，这几年也间或听母亲提起过，说林老师状态不太好，似乎都是精神意识方面，不闻身体体质有什么问题。跟在广州的老乡们聚会，打听一些情况，竟然都不知道林老师已经去世。

作者曾德雄

村落熟人社会，零散凋零至此。

林老师最大的特点，就是"跩"。按照奶奶的说法，叫"吊过零当"（吊儿郎当）。林老师是奶奶的本家侄子，所以奶奶说这话的时候，不见丝毫揶揄鄙视，反而满是怜爱。林老师的"跩"，一个是写字，比如写横折，折的那个角总要弯曲一下，多一笔出来；写捺，则总是加重笔力，拖得很长，一笔一画无不透着"跩"。再就是讲课，现在还记得他说"或者"两个字的时候，"者"字总要宛转悠扬一下，加重了很多语气。走路倒是四平八稳，没有那种扛起胳膊打横走，恨不得充塞霸占一切空间的丑样。

细细品味，林老师的"跩"，可能是满身才气的表现：琴棋书画无所不能，乒乓球篮球样样在行，还会唱戏扮角。生活于那样的年代，也不知他是怎么学会的，何况还是在农村。父亲的回忆录提到，他当小学校长，第一件事就是向大队建议林老师来当老师，确实是人尽其才。

林老师教我，应该是初二。那个时候兴小学办初中，我的初一初二都是在村里的小学读的。也不叫初一初二，叫六年级七年级。林老师教数学，教我们做证明题时，推导就用箭头表示。真是简便直观，暗自佩服。再就是极少称呼我们的学名，总是叫小名，主要是本乡本土，几乎人人都沾亲带故。在那个特殊年代，很多人的名字，都有个"红"字，红秀、红云、红宇……林老师都是这样直呼其名，一片红。当时并不觉得有何特别。后来在外打拼，见识了太多陌生人社会的冷漠淡薄之后，回过头来想起，就觉得这种称谓，的确体现了浓浓的乡土温情。以至偶尔有人叫我小名，总会回味良久，甚至于物我两忘，恍惚不知今夕是何夕。

在学校，林老师以"拐"（严厉的意思）著称。他有一句口头禅，"不罚多的，罚（抄）50遍"，意思是罚抄作业50遍。还有一句口头禅，叫"碗里的肥肉"。这是他的独创，说的是上两届有几个学生成绩特别好，一定能考取大学（后来果然都考取了大学）。有一次课间，两个同学在讲桌上打乒乓球，球滚到教室门口，正好林老师推门进来，抬脚就将球踩扁了。有一次忘了为什么，林老师用课本打了一下我的头，我竟然落泪。过后，林老师说我自尊心太强了。

初二下学期，我转到镇上的小学（也是小学办的初中），就跟林老师再没什么接触了。初中毕业到武汉读中专，我给林老师写过一封信。当实，林老师通过民转公考试，已经成为公办老师，也到了镇上的这所小学教书。只是没教数学，改教初一还是初二的语文了。信的大意，主要是劝林老师别太认真了。因为他现在教的学生都是"街上"的，不像我们乡下孩子，天生对父母和老师有很深的"惧怕"。以前就发生过学生打老师的事。所以我很担心，林老师的"拐"会招来麻烦。没想到，林老师把我的这封信念给全班学生听了。估计是以此为契机，来一场道德教育吧。

后来世事纷繁，一切渐成过往。这两三年，居然接到过林老师的几次电话，好像是叫我帮忙写个什么东西。最后一次大约是前年，说出了本书，叫我写几句话，语焉不详。我也听不太明白，就在手机上编了几句"桃李满天下"之类的话发过去。后来没有下文。林老师的这些"成就"，我偶尔听母亲提起过。有时都夜晚10点了，林老师还兴冲冲地跑到父母家"报喜"，说入选了什么当代名人之类。我只是暗祷，千万不要被骗钱了。

林老师的这种"追求"，我是非常理解的。中国自古有所谓"三不朽"。但"立德"太过虚无缥缈。"立功"又遥不可及，江湖庙堂，悬若霄壤。惟有"立言"似可行一二。从古至今，但凡识文断字之人，无不着意于此。稍有笔墨，即视为珍宝，以俟后世。想必，林老师也是如此。我甚至疑心，他越往后越严重了。

但林老师依然会不朽，在我这里。

## 怀念我的启蒙老师

姜耀雄

农历己亥年（2009年），我正是花甲又六的年龄，小孙子建泽如期降世。喜气充盈我们全家，我倒是想起做点公益事业以此来感恩上苍赐福于我们全家，那续修族谱是可以做的呀！谁知一做便历时数月，其中的甘苦，几位知情者略知一二。由此，我想起了我的启蒙老师——姜德祥，也是我叔，1989年续谱。先生虽没出入前台，但校稿撰文，给后生答疑解难，就没消停过，乐此不疲。虽名不见经传，也没吱声，功不见谱牒，也不图名利。每当想起这些，我就长了点精神。

作者姜耀雄

说先生是启蒙老师，其实不是，我刚进学堂的老师是马、程两位；说不是，其实的确也是。念完小学却无法升学，参加劳动又挣不着工分，成天瞎混，茫然不知所措，生活陷入窘境。普及基础教育那阵，公办老师下放到农村学校任教，先生见我无所事事，但学习基础尚好，觉得孺子可教，便收了我这个学生。于是，先生成了我人生旅途之初思想和学业上的启蒙老师，更确切点说应是导师。说实在话，如果没有那段读书经历，恐怕我就不会有现在这般光景。

其实，我们念完小学的学生，进复式班读书，竟引起了一点"轰动"，家长们不相信我们还能读得好书，同班的小同学眼见班里突然多了几位大同学，感到莫名诧异，当时没有课本，就学毛泽东诗词，数学就练习珠算。失了学的人又能读书，的确难得，感恩先生，感恩父母。因此，学得很认真，一学期下来，学完了一本《毛泽东诗词选》，且全部背熟。至今，我还能记得。那时学生们都怕写作文，在老师的引导下，我却能写，并且试着填词。记得我学写过一首《浣溪沙》，其上片是"金色锤镰映党旗，工农齐奋大山移，神州长夜见晨曦"，多亏先生批改，于是增加了我的写作兴趣，写作能力得到了提高。后来我又念了中学，先生给我创造了读书的机会，农民的孩子，只有读书才有出路啊！那时，我不仅受到知识的熏陶，更得到人生的启迪。因此，说先生是我人生的启蒙老师，是实至名归毫不为过的。

先生为人处世，极能"隐忍"。20世纪六七十年代，人们信奉"阶级成分"论，在公办小学做校长的他，便成了冲击对象，面对不公的歧视与无端的指责，先生三缄其口，不曾声辩，勤勉如常，若无其事，不卑不亢，矜持不苟，始终如一，竟赢得了师生们的信赖与尊敬，并没因他是富农子弟而受歧视。他平素鲜言寡语，深悟沉默是金。

对待家人，先生堪称典范，对长辈从不怒目以对，更无恶语相加。对晚辈慈祥和蔼，宽以待人，曾留有"妯娌争吵，弟兄喝酒，家庭琐碎，不予插手"的美传。先生胸怀宽广犹如海纳百川，有容乃大！与同事相处，只是默无声息地做好本职工作，与人为善，不曾留人龃龉。

先生学识渊博，严谨治学，为我之表率。1975年我中学毕业后，在生产队里先后做过农工、技术员、宣讲员，在村小奇缺教师的情况下，才得以充任民师。那时的我，虽然在同辈人中好像是高人一等，其实是徒有虚名。仅凭在课堂上学到的一点书本知识，是根本不能胜任教学工作的。先生利用担任培训民师的工作之便，鼓励我积极参加中师函授培训。走上讲台，我才知道自己才疏学浅，于是像先生那样潜心学习，从语文基础知识、语法、修辞、形式逻辑到写作；从备课积累到课堂教学，先生给我提供资料，指导我练书法、写对联，掌握民间礼仪，甚至为我额外出题阅卷，如此诲人不倦，感人至深。

培训期间，每当先生辅导授课，"学员"们全神贯注，认真聆听，仔细强记，作业中出现的问题，先生及时解析答疑，一丝不苟，娴熟自如，这些均来于先生的严谨治学，知识渊博的功底。先生曾告诫我：为师者，要见多识广，基本功要扎实，切忌疏忽马虎，出现纰漏。不然贻害学生，误人子弟。谆谆教诲，让我终身受益！

先生的同仁诙谐地誉他像"八万"，看似笑谈，实则是称道他在学员中受到好评，能驾轻就熟，左右逢源，颇为风光！

先生深谙书法，隶楷行草，样样在行，字体端庄，柔中有刚，字如其人，闻名四乡。前些年，春节将至，时兴即书作联，每至岁末除夕，求写者云集，门庭若市，曾令侍墨者手忙脚乱，应接不暇。先生不骄不躁，一丝不苟，紧张有序，稍勿懈怠，必致来者满意而归。

先生名德祥，笔名江南。毕生供职于教育，德识兼备，可谓贤达之人，名录《通海口教育志·谢世人物传》。先生卒于2004年，享年70岁，龄虽古稀，但未至耄耋，令人遗憾！先生之德泽被后世遗风永存。可誉、可叹、可法、可效！却令后生望之莫及！

（2019年5月谨撰于通海口中学）

# 八 地灵人亦杰

# 陈友谅出世

韩训政

天灰朦朦的，呼啸了几天的北风渐渐减弱，大朵大朵的雪花开始飘落。又一场大雪降临到陈家湾。

沔阳府玉沙县宝成乡石板里排湖西南岸的百石垸陈家湾（现通海口镇石垸村六组），是排湖岸边的一个小渔村。这个村建在一个很大的蒿草排上。有十多户人家，多数姓陈，所以叫作陈家湾。

说起陈家湾下的这块蒿草排，真是怪：排湖十年淹九水，但不管水大水小，这块蒿排从来没有淹没过。有一年，陈家湾头两丈多高的柳树都淹过了头，这块蒿排也依然没被淹。水大，蒿排长高；水退了，蒿排就落下来了。人走在蒿草排上，软绵绵的。建在蒿草排上的多是人字形的茅草棚，冬暖夏凉。特别是夏天，人们从不挂蚊帐，因为根本没有蚊子。

陈千一带着三个儿子，就在这块蒿草排上建了两个棚屋居住，有两条渔船在排湖捕鱼为生。陈千一对长子陈普才颇为器重，几度择师学文习武，督其所成。陈普才因对官府不满，虽学得满腹经纶文韬武略，却甘愿困守排湖，跟着父亲，带着妻子吴氏捕鱼度日。

这天风大天冷不能下湖捕鱼，陈普才准备冒着风雪到岸边挖点藕回来。吴氏身怀六甲，这几天感到身体不适，估计要分娩了，便跟丈夫商量："我有点不舒服，挖藕就不去了。你是不是把彭家陡坡的郭婆婆接过来，好有个准备。"

陈普才放下锹，到隔壁把母亲叫过来照看妻子。这才冒着风雪，撑船去接郭婆婆。彭家陡坡离陈家湾不远，只有四五里地。郭婆婆是排湖岸边有名的接生婆，热心快肠。听陈普才说吴氏快要生产了，急忙收拾东西，坐船来到陈家湾。普才把撑船的竹竿插在岸边，把船系在竹竿上，领着郭婆婆进屋。

风停了，雪越下越大，满天飞舞苍天弥漫，路上不见一个行人。草棚内豆粒大的棉油灯花在暗夜里随风摇曳。

吴氏肚痛得不时呻吟，母亲和郭婆婆守候在旁，说些闲话。夜深了，甚至远处的鸡也叫了，吴氏却只是时而肚痛，并无分娩的动静。普才显得焦急，坐也不好，站也不好，在屋内来回走动。母亲孙氏说道："普才，鸡都叫了，你还是上床躺一会儿吧！"

陈普才刚想上床，妻子吴氏就喊肚子疼得厉害，额上的汗珠直往下淌，不住呻吟。郭婆婆叫陈普才赶紧烧热水。

正在这时，屋外似乎响起了一阵急促的马蹄声，以及佩环碰击的响声。同时响起的，还有由远及近的悠扬笙箫和车轮滚动声，随后围着草棚转了一圈。一会儿声音全消了。

屋内的人们正诧异间，吴氏的疼痛猛地更加剧烈。郭婆婆连忙拿出早已准备的东西，趋步来到吴氏身边。霎时，"哇、哇、哇"三声婴儿的哭叫，就划破了排湖寂静的夜空。随着婴儿的降生，满屋突然红光闪耀、异香无比。

一阵慌乱之后，郭婆婆高兴地说："普才，恭喜你，又是个大胖小子。"说完，把包好的婴儿放进了吴氏的怀里。婆婆孙氏忙着料理一切。

陈普才这才打开门，想看看外面到底发生了什么。然而，外面万籁俱寂。大雪早已停止，东边现出片片朝霞。天晴了，天亮了！陈普才越发感到奇怪，到隔壁给父亲陈千一报喜，并打听刚才的情况。

"我也是一夜没有睡着。外面静悄悄的，什么声响也没有，只是听到鸡叫了几遍，迷迷糊糊地做了个梦。梦见和你母亲驾船到排湖中心捕鱼，忽然乌云滚滚狂风大作。风浪把小船打到蒿排边，一条大鲤鱼迎着风浪跳到船舱里，落在我的身边，我刚好把他按住。鲤鱼这时开口讲话了：'活葬出草寇，死葬出帝王。'说完一犟，我连忙用手去抓，却没抓牢。鲤鱼跳到湖里，我也醒了。才知道是个梦，想了半天也没弄明白鲤鱼说的话，什么死葬活葬的，多不吉利。"陈千一正好开门，听普才说后，也感到奇怪。随后又问普才："今天是什么日子？"

陈普才想了想，说："今天是腊月十九。这孩子出生时，天快亮了。"

"天快亮了，应该是卯时。今年是辛酉年，这孩子应该是辛酉年亥月十九日卯时生。"陈千一掐着指头，望着天空自言自语，然后转身对普才说："你想一想，该给这孩子起个什么名字？"

"您是爷爷，还是您给起个名字吧。"陈普才推托着。

"这个孩子是卯时生。人常说一卯二卯，京中阁老。这孩子长大后会不会到京城做大官，跟随皇帝左右？如果能这样，那是我们陈家的福分……不想这些了，还是给他取名吧。大孙子叫友富，二孙子叫友财，三孙子叫友直，这个老四我看叫友谅吧！我想他今后长大，进京随王伴驾，给皇上出谋划策，荣耀门庭。"

普才听父亲说给这孩子取名友谅，也感到高兴。

天已大亮，金色的阳光照在茫茫的雪野上，银光四射，耀人眼睛。陈普才神清气爽，迎着阳光，突然看见昨晚插在船边的竹竿上冒出几片绿叶，在银装素裹的雪地上特别夺目。他急忙把父亲叫过来看个究竟。但见枯竹确实发芽长叶了，绿叶在早晨的微风中轻轻地摆动。陈千一父子倍感奇怪，也万分高兴。枯竹活了、长叶了，这和刚出世的孩子肯定有关系！管他呢，总归是件大好事吧！

正当父子俩高兴之际，只见一位僧人踏着积雪，远远地走来，边走边张望。陈千一急忙上前，向老和尚施一礼道："师傅，哪道而来？这么早来到排湖，有何贵干？"

和尚问："请问施主，这里可有喜事？"

"没有别的喜事，只是拙荆吴氏天快亮时生一犬子。"陈普才急忙应道。

"啊！这就对了。"老和尚转身对陈千一说，"老衲是玉沙县城普佛寺的和尚。昨夜做了个梦，梦见条金龙从东方腾云驾雾而来，飞落在排湖边。所以今天起了个大早，见大雪停了，天气又好，特来此寻觅。"

陈普才爷俩对望一眼，心中暗喜。陈千一急忙打一躬说："请老师傅草棚内待茶。"

"阿弥陀佛！多谢了！草棚内血腥气太重，老衲不便进去。就在外边雪地上站一会儿吧。"和尚向草棚望了一下，接着问道，"请问施主，你家小孩什么时候降生？"

"东方已经发白，天快亮了。"陈普才抢着回答。

"啊！"老和尚闭目，自言自语道，"日落酉时，燃灯戌时，人静亥时，半夜子时……快天亮应该是卯时，今是辛酉年亥月十九日。老施主，这孩子排行……"

陈千一急忙应道："老四。"

老和尚似有所悟，说道："我给令郎算了一下，按金、木、水、火、土五行来算，这个小孩金盈将来大富，衣食不愁；木多、水满、火旺，只是土无。这孩子生在蒿草排上，可惜。我又看见你家门前插在水中的枯竹竿发芽长叶，是个好兆头。只是突然发芽长叶，恐怕无根基，看来你们要在土上下功夫。多培些土。"

陈千一急忙问道："请师傅指点，应该怎样下功夫？"

"这个……"老和尚摇了摇头，"天机不可泄露，还是老施主自悟吧！阿弥陀佛！"说完转身，踏雪即去，口中不断地念叨"可惜，可惜！"

陈千一父子望着老和尚远去的背影和雪地上留下的脚印，不知在想些什么。

十多年后，陈千一和孙氏在长江黄蓬山水域捕鱼时，因风大浪急，双双淹死在长江，成了预言中的活葬之人。

陈友谅出世后，陈家上下忘记了老和尚"要在土上下功夫，多培些土"的嘱托，他的事业好像枯竹竿长叶一样没有土的根基。这是后话。

# 杨金凤与沔阳三蒸

韩训政

杨金凤的父母很早就去世了,她与哥哥杨从政被叔父杨子元收留。杨子元无妻室,对两个侄儿很好,视如己出。金凤兄妹对叔父也很孝顺。

杨子元在排湖岸边的杨家台开了个学馆,教几个孩童学文习武。陈友谅、杨从政、张定边、丁普郎、康茂才、陈英杰、胡廷瑞等都在馆内学习。杨金凤也和这些男孩一起学些拳脚功夫,但她更多的时间是烧火做饭。

金凤姑娘从小心灵手巧,人又勤快,每顿饭菜都是翻新花样,让大家吃好。自家菜园的菜老是炒着吃,时间长了会感觉乏味,她就拌些米粉蒸着吃。有几次拌米粉的菜蒸不熟,还浪费倒掉了。有时候,习武的孩子们下湖摸些鱼、挖些藕、弄些螺蚌,金凤就煎、炸、炖,变着法儿做。藕丸子、鱼丸子都吃过。一次两次尚觉好吃,但天天吃就又感到腻味了,腥味熏鼻,难以下咽。叔叔和哥哥不好直接说不好吃,只是把端上桌的菜尝尝就不吃了。金凤看在眼里,心里干着急,也不好说什么。住在隔壁的三婶也很着急,有一天安慰杨金凤:"不要着急,这不是你个人的事。看几时有机会,我们帮你想办法。"

有一天,陈友谅和杨从政练完武,坐在门前休息。杨金凤对杨从政说:"哥,过几天是叔父的五十大寿,你是不是和友谅哥到排湖多摸些鱼,挖些藕,去通海口街上换些油盐和猪肉回来,为叔叔庆祝一下?"陈友谅一听,高兴地说:"好啊!这是好事。"又扭头对杨从政说:"从政哥,明天我们约张定边一起去排湖摸鱼挖藕怎么样?"杨从政也愉快地答应了。

第二天,他们就从通海口小镇上换回了油盐,还有两斤猪肉和一瓶白酒。一到家,陈友谅就高喊:"金凤妹,东西我们都换回来了,屋里还有几根藕和几条鲤鱼,剩下就看你的了。"金凤笑着说:"没问题,你们等着喝酒吧!"

当天下午,杨金凤叫来三婶帮忙。陈友谅、杨从政等在外面练功,厨房里热气腾腾,还飘出阵阵肉香。

酉时,太阳快落山了,捕鱼的船陆续靠岸,村里炊烟四起,金凤来喊杨从政:"哥,我们烧熟了,叫叔叔吃饭吧!"

"好啊,我去叫。"杨从政也很高兴,对杨金凤说:"叫你友谅哥也留下来,今天有酒,我们爷仨喝个痛快!"

一会儿，桌上的菜就摆好了，有蒸鱼、蒸肉、蒸藕、蒸菜、藕汤等。杨从政给叔父斟了碗酒，说："今天是叔父五十大寿，愿叔叔健康长寿。"

陈友谅也举起酒碗，说："祝师傅寿比南山！"

杨子元看到子女们这么孝顺，非常高兴。酒过三巡，笑着问道："凤儿，今天这蒸菜怎么这么好吃？特别是蒸鱼一点腥味都没有？"

杨金凤笑着说："平时煎的、炸的、炖的你们都吃腻了，三婶告诉我用细米粉分别把鱼、肉、藕、菜拌好，放少许的盐，在木蒸笼里蒸熟，又加些大蒜、生姜等佐料，还真的是很好吃呢！"

杨从政接过话头问："这蒸鱼、蒸肉、蒸菜叫什么菜？"

陈友谅呷了口酒，夹过一块肉送到嘴里，边吃边说："叫三蒸么！是金凤妹妹发明的，就叫金凤三蒸。"

杨金凤抢着说："不是我一个人的，还有三婶呢！怎么能用我的名字给起名呢？鱼、藕、菜都是我们本地的，就叫排湖三蒸吧！"

杨子元喝了口酒，也抢过话头说："排湖地方小了点，它属沔阳管，我看就叫它沔阳三蒸吧！"

大家异口同声地说："好，就叫它沔阳三蒸！"

因为高兴，这餐饭师徒几人一直吃到半夜。以后逢年过节，杨金凤都要做"沔阳三蒸"给叔叔和哥哥们吃。而且一次比一次做得好吃。

三年后，陈友谅与杨金凤在父亲陈晋才和师傅杨子元的主持下，拜堂成亲，结为夫妇。

陈友谅举旗反元，军队最多时达到八十万人，储备粮食是头等大事。生产发展了，粮食丰收了，军队给养才有保障。故而将士必屯田，且耕且战。为了多储备粮食，陈友谅多次令皇后杨金凤亲自下厨。

一望无际的排湖岸边，陈友谅的屯田将士挥锄拉犁，一片繁忙，不时响起欢声笑语。陈友谅也和将士们一样拉犁，挥汗如雨。他边拉犁，边擦如雨的汗水，高声说："将士们！咱们这么多兵，全靠老百姓养活，百姓们也受不了。我们屯田，平时多流汗，战时不愁粮，兵精粮足，才能打胜仗，才能早点把鞑子赶跑，兴复汉室。大家多加一把劲，一会儿我叫金凤娘娘给你们做好吃的，犒劳大家怎么样？"将士们齐声说："好哇！好哇！"田野一片欢笑声。

营房旁，杨金凤带着一班宫女，忙着给将士们准备午饭。这时，派到排湖捕鱼的将士满载而归，挖藕的将士们也大获丰收。

陈英杰满头大汗地从湖边跑来，高兴地喊道："杨娘娘！杨娘娘！"

听到喊声，杨金凤从营房出来，问："英杰！看把你高兴的，有什么喜事？"

"娘娘，我们到湖边挖藕，好大一头野猪掉到我们挖过的藕坑里，被我们打死抬回来了。"

杨金凤高兴地说:"好啊!我们的将士们有猪肉吃了。这头野猪见我们打了胜仗,是自动跑来犒劳军队的。"将士们一阵哄笑。

杨金凤面带笑容,指挥若定。宫女们有的拾柴,有的司灶,有的淘米,有的切肉,有的杀鱼,有的理菜。

休息了一会儿,杨金凤对几个宫女高声说:"今天,我主要教你们做沔阳三蒸,你们把灶火烧旺。锅里的水热了后,把木蒸笼放到锅里,盖上盖子空蒸。蒸笼里有了热气,先把半熟的米饭倒进去蒸。等米饭蒸熟了,再把米粉拌好的菜放到蒸笼里,用长竹筷插好气眼。记住一定要先放菜!等菜蒸熟了,再放用米粉拌好的鱼块和肉块,同时灶内加大火烧。"

有个宫女急切地问:"娘娘,为什么先放菜,不能先放肉鱼?"

"苕东西,这都不懂?鱼肉放在菜上面,鱼肉的油就可以渗透到菜里去,菜不是更好吃么?"

"娘娘说的对!"宫女们纷纷点头,并按杨金凤的指导各司其职。

过了一会儿,有个宫女高叫:"娘娘,您来看看,这锅里的水怎么在蒸笼脚底一直咕咚咕咚地响?"

杨金凤看了一眼,想起三婶告诉她的办法,充满自信地说:"没关系!你把蒸笼车动一下,换个方向不就行了?"

不一会儿,一个宫女又在叫:"娘娘,您来看,蒸笼里的鱼肉大多熟了,怎么还有一小块地方没有烂,还是生的?"

"傻丫头!这是你放鱼肉后,插的气眼不均匀,不熟的地方没有蒸气上来。你把没熟的地方再多插几个气眼,一会儿就熟了"。杨金凤又转过身对大家说:"蒸鱼、蒸肉、蒸菜蒸熟后,暂时还不好吃。你们先把蒸好的鱼肉分装在碗里,我再告诉你们怎么下糊②。"

宫女们忙完了,杨金凤又吩咐一个宫女:"你在锅里放点水。等水烧开了,再把葱、蒜、生姜、自制的陈醋和酱油,以及少许盐等佐料都放进去。搅拌均匀之后,舀上一勺浇到鱼肉上,就算好了。"

这时,满头大汗的陈友谅跑来问:"金凤,你的拿手好菜'沔阳三蒸'怎么样了?"

"好了,开饭吧!"杨金凤大手一挥。

陈友谅对着门外高声叫道:"开饭啦!"

将士们放下锄犁,蜂拥而至,十个人一圈围在一起。宫女们按秩序一圈一圈地

---

①下糊:通海口人把打卤叫"下糊"。

上菜。空中飘散着阵阵香气。

一个战士笑着问："这热腾腾香喷喷的都是些什么菜呀?"

陈英杰边吃边答："是娘娘亲手为大家做的拿手好菜'沔阳三蒸'。"

张定边吃边略显神秘地说："杨娘娘首创的'沔阳三蒸',菜柔软、味醇,鱼不腥不膻,肉油而不腻,真是好吃,是我们沔阳所有菜之上品。大家说是不是?"

众将士齐声叫道："是的,谢谢娘娘!好吃,真好吃!"

陈友谅高声提议："金凤!我建议,你把宫女们派到各个营队,教各队的伙头军都学会做'沔阳三蒸',让我们的几十万将士都吃上'沔阳三蒸',怎么样?"

"好!我马上把宫女们派出去教徒弟。"杨金凤爽声应道。

将士们边吃边叫好。有个战士拿出随身带的渔鼓,情不自禁地唱道："大铁锅,圆又光,金凤娘娘下厨房。撒米粉,拌葱姜,蒸鱼蒸肉蒸菜香。就地取材原料广,有荤有素有营养。味道鲜又美,十里也闻香。将士们吃了精神壮,杀敌打胜仗。名菜本是娘娘创,'沔阳三蒸'世无双。赛过那蒸熊掌,留个美名天下扬。"

# 通海口抗倭名将王麟*

王庆耀

由一段位于仙桃市通海口镇碾盘村救王世家的家谱，牵出了一个保家卫国、抵御倭寇的武秩世家。七世祖王麟乃抗倭先驱，南征北战、威镇海疆。戚继光、俞大猷等尚步其后尘，堪称一代抗倭名将！

谱记救王世家始祖，是鄱阳湖之战中仿纪信替主死，明主登基建忠臣庙祭之，位列江西余干忠臣庙三十六阵亡英勋之首的大明开国功臣忠壮侯韩成。自二世王兴从贵州五开卫入沔为官由韩改王姓起，世祖武、钺、柱等历任沔阳卫指挥使，王恺、王麟、王柱、王辄为征夷抗倭立下赫赫之功。

谱中有一段清同治年八世王辄征倭平叛的史料记叙，弥足珍贵。载录如下：

《敬录辄公供状》

同治庚午岁端月上旬吉日，十六世孙世爽、世读沐手同录

供状人王辄，年六十岁，系兴都留守司，沔阳卫前所世袭试百户职事，供状原籍直隶凤阳府临淮县。本卫舍人。

嘉靖二十三年，奉总督湖广以贵军务万都御史明文调赴麻阳军前杀贼，蒙发统领游兵周守备部，下往来策应爆本高崖二峭，本年二月二十一日，与司茅江上下大刺士兵，攻破乌簰糯塘山寨，斩首级一颗。二十八日后，攻糯塘山寨，斩首级一颗。四月初八日攻蜡尔檠朵寨，斩首级一颗，俱解纪录讫。

嘉靖二十六年，奉巡抚姜都御史调发，孙都司部下杀贼。本年十二月初九日，攻蜡尔山寨，斩首级一颗。初十日，攻彪山寨，斩首级一颗。二十四日攻董其寨，生擒恶苗一名。龙得洛俱解记录，蒙给朱票执照。

嘉靖三十三年，奉总督直浙张都御史调取，征剿海防倭寇，蒙发镇守王江泾等处。

嘉靖三十四年四月二十九日，随军追至吴江县，地名平望镇，与贼对敌，本日巳时，斩杀真倭首级一颗，五月初一日，攻平望亭，斩获真倭首级一颗。俱解赴纪，胡御史纪录。

奏报外嘉靖三十六年十月内，奉前军都督府承字一百二十七号勘合内开，拟升

---

*作者注：资料来源于嘉靖《沔阳州志》，康熙《沔阳州志》《闽书》，1988年版《福清市志》，康熙《山东威海志》，清道光《晋江县志》，康熙《湖广通志》。

官沔阳卫舍人，王辄斩获真倭首级三颗，升本卫前所世袭百户职事，遵依赴司领剳于本年十一月初三日，同卫任事。

嘉靖三十八年，奉总督直浙军务胡御史钧牌为军务，查得沔阳卫百户王辄，骁勇艺略，调发直浙掘港，随营杀贼。

嘉靖四十年七月，内陡患伤寒痰湿等症，请医调治不痊，至本月二十二日病故。告行扬州卫委官，验明收棺，取结付卷外，上生嫡长亲男王启宗，于万历元年二月内起文，赴部袭授祖职指挥使，见今任事，今蒙取供，所供是宝。

上述谱中内容，记录了明朝抗倭第一大捷（王江泾之战）中，七世祖王麟由闽入浙任参将指挥战斗的经过，以及八世祖王辄以兴都留守司沔阳卫前所百户参战，不久因征倭死于战的情况。

晋江市委党史和地方志研究室整理出版的清道光《晋江县志》记：指挥使王恺孙王辄（沔阳人，今仙桃市），征倭死于战。

王江泾之战，是嘉靖三十四年（1555年）二月至五月，由明总督张经指挥大军在王江泾（今浙江嘉兴）围歼倭寇的经典战例，史称"抗倭第一大捷"。

嘉靖中期，盘踞在柘林（今上海奉贤东南）、普陀（今浙江）等地的倭寇，不时攻掠乍浦、海宁、德清、杭州等地。嘉靖三十四年四月，张经判断倭寇企图入侵王江泾，遂制定分进合击的作战方略，命令闽水陆军参将卢镗、王麟、黎鹏举迫倭进入王江泾地域，防敌向杭州方向窜逃；参将汤克宽领水师由乍浦向嘉兴运动，寻敌进攻；张经亲督副总兵俞大猷领广西狼兵赴苏州，南下平望进行阻击。

下旬，倭4000余人由柘林避开明军防线，分路袭扰李塔汇、张庄、小昆山等地，遇参将卢镗、王麟、黎鹏举的闽水陆军。受阻后收兵南下，突袭嘉兴，进入预先设计的伏击圈。闽水陆军尾追不舍，汤克宽率水师直插其中，合力奋战，大败倭寇，斩首级1980颗，焚溺死无数，余部300人逃回柘林后匆匆登舟东遁。

清道光《晋江县志》本邑明清武勋传共10人，即明俞大猷、邓城、黎鹏举、王麟、邓钟、清施琅、吴英、万正色、张天福、施世骠。细细品读10位功勋的传记内容，王麟将军在抗倭历史上的地位功勋窥斑而知。抄功勋王麟传如下（《晋江县志》下卷1972页）：

王麟，字君仁，指挥使恺子，袭父职。嘉靖甲午、丁酉两魁武科，署镇海卫篆，历掌南日、小埕、铜山总司事。擒海寇吴元谦等二百二十余人，又击贼吴老、唐子容等，前后擒倭贼三百七十人。捷闻，诏赐白金，擢广东泷水守备，晋都指挥佥书。斩叛瑶李公本、覃善元等二十二人。征平兴宁、清远、英德等贼，又擢杭嘉湖参将，寻改福、兴、泉参将，后改漳、泉水陆参将。值倭寇发，以水陆军击贼于安平、祥芝，擒山老，余党各毁巢遁。击马达、法正等二千余人。倭寇突至海壇，王麟与把总朱光等夹击，大破之。又讨贼于镇海山，生得哑哩国王孙（印度尼西亚苏门答腊岛国王孙上键），新获首甲二百余。诏赐金，以参将领南路水军（福建当时的中路水军参将俞大猷，北路水军参将黎鹏举）。大剿月港，斩林云、张连、林叔济、李体宽等数十贼，诛其党，贼相戎引避，呼日"髯将军"。未几，以疾卒于军中。王麟状貌魁梧，瞠目修髯，臂力过人，阔达多智。抚士兵有恩，所立功多分与麾下。吏有过，许以功赎，士卒乐效死力。临敌冒矢石，身先士卒，先计后战，故军无败衄。推诚爱人，铜山人立祠以祀之！

明初，由于国力强盛，同时又重视海防设置，即便有零星倭寇在沿海袭扰，尚没酿成大患。正统年以后，随着朝廷腐败，海卫松弛，倭寇气焰日益嚣张。正统年间，倭寇于1439年侵扰浙江台州的桃渚村，杀人放火，掘坟挖墓，甚至把婴儿束在杆子上用开水浇，看着婴儿啼哭拍手取乐。明嘉靖二十年（1541年），大股倭寇袭击福建同安县莲河、霞语、珩厝、东园沿海乡村，因无官兵抵抗，倭寇深入鸿渐山一带，将藏于一山洞里的1000多避难村民用浓烟活活熏死。后人为记住倭寇的罪行，称该山洞为"千人洞"。

倭寇侵我海疆，烧杀抢掠无恶不作，丧尽天良，犯下的滔天罪行罄竹难书！

民族危难关键时刻，中华儿女依靠不屈不挠的精神，陆续组织开展了抵抗倭寇保家卫国的英勇斗争。

如今在福建，依然流传着众多与抗倭有关的故事，主角大多与戚继光有关。福州沿海各区县许多地方，还纷纷争夺戚家军平倭故址。传统闽剧戏目，都以歌颂戚继光英雄事迹为主线。连福州的小吃光饼、鼎边糊，也都烙上"戚继光"品牌。这也反映了戚继光英勇顽强抗击倭寇的崇高功绩。

但民间传说或奇闻逸事，并不一定与真实史料相符。实际上戚继光初出茅庐之前，抗倭斗争陆续经历了几十年。特别是嘉靖年间，在戚继光崭露头角之前，已经进行了十几年的征倭战斗。

救王世家七世王麟，就是当时的一位民族英雄。他组织闽浙人民顽强抵御外来侵略，令倭寇闻风丧胆，是威震海疆的抗倭先驱者和领头人，名将称谓盖莫能尽！

铜山水寨为福建南部海疆门户和闽粤陆路交通要塞，总督周德兴（救王世家六世王恺为其嫡系，先后任泉州卫、山东威海卫指挥使）建塞之初，其防御范围北自金石以接浯屿，南自梅岭以达广东。纵横交错，险厄所系。况倭船自浙闽必由之地，严遏其冲，有以控八闽上游之势，地理位置的重要性显而易见。

镇海卫位于龙海市隆教乡镇海村，乃明代四大卫之一。始建于洪武二十年（1387年），比漳浦赵家堡早180余年，规模也大一倍多。其周长873丈，城脊宽1丈3尺，宽2丈2尺，有女墙1660个、窝铺20个、垛720个。门各有楼，城下陡绝，以海为壕。内外城门错落有致，便于藏兵纳将，坐山面海，易守难攻。

同安卫（今厦门）共修造16城门和4个巡检司（包括金门、鼓浪屿），依厦门海防图设计建设。从地形、潮汛、民风、驻军、给养、防御等方面来说，厦门海防图都具极高的军事、民用价值。

王麟将军为兴修这些卫所和沿海军事基地，倾注了大量精力，可谓呕心沥血、劳苦功高。略举几个王麟将军参与和指挥的威震闽海的实战案例：

——嘉靖三十四年（1555年）上旬，倭寇从莆田入侵上迳、海口等地，杀人越货，奸淫烧杀，百姓遭殃。13日起倭寇围攻镇东卫城，大洗劫达7次之多，还进行了惨无人道的大屠杀。明军在参将王麟、把总朱光、佥事万民英带领下，组织大规模清剿行动，歼倭1400多人，活捉通倭大汉奸严山虎。

——嘉靖三十七年（1558年）庚申，倭犯广东潮州驼浦，攻蓬州千户所。

三月甲子，提督福建军务右副御史阮鹗勾结朝廷严嵩集团，污蔑闽浙一线参战官兵，窃取抗倭胜利荣誉，贪污腐化，纵容倭患，朝廷力排众议，诏锦衣卫遣校逮京问罪。

丙申，倭寇分犯福建兴、漳、泉诸府，攻福清、南安二县。

闰七月，铜山水寨由福建南路参将王麟直接驻守，统一调度漳州、泉州地区陆海防御。后期的水寨信地进行了重新划分，铜山水寨信地调整为"自井尾以南至诏安、洪淡巡检司约三百里"。自洪淡以南至广东柘林寨约100里，以玄钟寨辖之。参将王麟领漳泉为一路，驻诏安。海上防卫自南日至浯屿、铜山、玄钟、走马溪、安达馆。

十一月，一批倭船屯泊厦门港外浯屿岛，劫同安、南安、惠安等县，盘踞浙江柯梅（舟山北部）倭寇在海盗谢策、洪迪诊引导下移巢福建厦门浯屿。浯屿的倭寇和新来的倭寇南掠龙溪、漳浦、诏安、长泰等县，北围泉州府城。时值"久雨城圮"，同知李时芳、县学教官吴金率军民死守终不敌。参将王麟率舟师从祥芝、石湖、乌浔地迎头痛击倭寇，倭寇死伤无数，残寇丢盔卸甲落荒而逃。

——嘉靖三十九年（1560年）五月，参将王麟与把总邓一贵追击倭寇于鼓浪屿及刺屿尾，击沉倭船数十只，击毙倭寇数百，哑哩国王孙上键、倭首徐老就擒，倭众大部分坠海溺死，屯驻浯屿残倭逃往南澳。

在后来的抗倭斗争中，涌现出以戚继光（初时接王麟职升为南路水军参将）、俞大猷、邓城、邓钟等为代表的爱国抗倭将领，依靠人民的力量，在抗倭斗争中屡立战功，最终取得了抗倭斗争的胜利。

通海口与天、洪、监、潜接壤，引襄荆通州河贯南北，瞰江汉旷阔雄踞云泽，拥沔西沃土滋养英豪。通湖达海，灵秀丰腴，在大明史上不断书写传奇，先后涌现了抗元大汉王陈友谅、威镇闽浙沿海的抗倭英雄王麟。

# 喋血通海口

## ——王怀之抗日传奇

王克松

作者王克松

在中华民族面临亡国灭种的危难关头，古镇仙桃及襄河下游，活跃着一支由普通老百姓自发组织的抗日游击队。

初始，他们仅以麻袋作武器，摸敌哨所，徒手夺枪。有了枪后，他们在襄河、东荆河、通顺河一带截寇船，拦敌车，袭宪警，抢洋行，炸碉堡，拆电线，毁公路，剿匪顽，捉汉奸。所到之处，日寇龟缩，匪伪潜踪，缴获的武器弹药、日钞等源源不断地送往新四军十五旅及国军128师，谱写了一个又一个惊天地泣鬼神的传奇故事。

由于汉奸、叛徒苏振东及陈烈光的出卖，被日寇称为"小老虎"的队长王怀之，以及14名骨干队员在通海口镇坡子场被日军捕获。面对鬼子的严刑拷打，人人坚贞不屈，在"誓死不当亡国奴"的呐喊声中悲壮殉国。

这支游击队抗日的故事，当时在沔阳县及襄河下游家喻户晓。2008年，笔者用了8个月时间，深入天门、汉川、仙桃、洪湖等县市，反复调查采访了100多名80岁以上的老人。现将这支游击队的抗日事迹简介如下。

### 一、麻袋背敌显神奇

1939年10月29日，侵华日军300余人在飞机掩护下，水陆并进，击溃驻守仙桃的国军128师一部，占领仙桃镇，大肆奸掳烧杀，抢劫民财。入夜，烈焰映红天空，直烧到次日中午，2000多人无家可归，外逃避难。第二天，日军将镇上龙华山巷至油榨湾中场一华里内的400余家民房拆除，将该地段划为日化区，设立了日武汉西区警备司令部、宪兵队、维持会、警察局、保安队等。

青年搬运工人王怀之目睹了日寇的种种暴行，义愤填膺，在爱人金子先的支持下，迅速发动14名码头搬运工人，赤手空拳同日寇展开了生死搏斗。

357

为了打击日寇的嚣张气焰,他们弄来一些麻袋,撒上干石灰,以此作为武器,摸敌哨所。在一个漆黑的夜晚,他和杨金龙等4人,躲过日军的探照灯,爬行至日化区西二号门,迅速起身一跃,用麻袋将站岗的鬼子连人带枪一套,再用绳子兜着屁股系牢,背上肩就跑。不料被探照灯发现,顿时枪声大作,鬼子追来了。第一次赤手空拳干这样的大事,未免紧张,于是将鬼子丢在地上,踹上几脚,鬼子就呜呼哀哉了。他们解开麻袋,取枪撤离。

哨兵被人弄死,枪支被夺走,给了日军当头一棒。接着几天,王怀之们用同样的方法,将日寇设在镇上另5个哨所摸了个遍,造成轰动。得知仅靠装粮食的麻袋摸敌哨所,无不敬佩。普通麻袋也被传诵成了神秘武器,王怀之也被越传越神,家喻户晓。

多次摸哨得手,他们胆量越来越大,夜晚摸,白天也摸;在仙桃镇上摸,也在沔阳县境内所有日军据点,包括今属洪湖市的峰口、白庙、新滩口,今属汉川的脉望镇、分水嘴等地摸。

一天中午,王怀之等来到镇西一小学堂门前的岗哨附近,此时学校放学,街上人来人往,4人趁一名鬼子去吃午饭之机迅速动手,夺了另一哨兵的枪,将鬼子装进麻袋,背着就跑。一直跑到了10里之外的袁家口,才将鬼子弄死后抛进通顺河。对于同伴的失踪,吃完午饭的哨兵不明就里,又到处找不着,挨了上司一顿揍。

又一天上午9时许,王怀之和李玉海、王大羊等4人来到脉旺日化区摸哨。铁丝栅栏内不时有鬼子来往,他们却无所畏惧,决定将大门站岗哨兵活捉背走,带回仙桃。王怀之安排二人去襄河边租民船,另一人在河堤旁接应。然后穿着长袍大褂,戴着墨镜,将麻袋掖在衣内,缓缓地向岗哨走去。正在岗哨外坐着画画的哨兵听到脚步声,警惕地站了起来。王怀之未等其开口,竖起大拇指赞扬道:太君的画大大的好,我的良民的。边说边掏出良民证。就在鬼子接过良民证的一刹那,王怀之用麻袋将鬼子从头往下一套,背起就向襄河堤上跑。王大羊接力背下河坡,上了租用的民船。日化区鬼子发觉赶到河边时,船已过河,只得胡乱放了一阵枪。

王怀之们不仅摸哨,大白天在街上碰到单个鬼子,也用麻袋背走,并戏称为捉"孤雁"。有时碰到几名鬼子,也敢下手。

一日,6名鬼子去油榨湾张家桃园摘桃,王怀之看到后立即找来近10名游击队员,2名队员放哨,其余人泅水(桃园四面环水)至桃园岸边潜伏在灌木草丛里,伺机跃进园内。一队员迅速将鬼子斜倚在屋墙边的6杆长枪搂抱在手,6名鬼子乖乖就擒,被装进了麻袋。他们背着鬼子过了襄河,在堤上解开麻袋时,鬼子都奄奄一息了。原来是袋内的干石灰呛得鬼子口鼻流血眼流泪。休息了一会儿,将鬼子押送到刁汊湖,交给了新四军十五旅旅部。旅部优待俘虏,放了1名,令其回仙桃报信,拿钱取人。

第二天,日军武汉西区警备司令部派了2名鬼子,将钱送到约定地点,换回了另5名鬼子。至此,日军才明白游击队是用麻袋作武器。

据说后来调到武汉任职的原日军仙桃警备司令古贺,不相信麻袋有这么神奇,让参谋找来一只麻袋,研究来研究去,弄不出所以然。参谋于是弄来一把干石灰,撒在袋内,古贺再往头上一扣,立即呛得打了几个喷嚏,哇哇乱叫,气也喘不过来。鬼子这才知道麻袋的厉害。

后来,新四军十三旅、十五旅所属各游击队推广麻袋背敌的办法,在川汉沔神出鬼没捉日寇,称之为"背西瓜",弄得鬼子大白天也不敢单个在大街上行走。有鬼子在乡村或在街上作恶,老百姓只要喊一声"王怀之来了",鬼子就会吓得失魂落魄,狼奔豕突跑回日化区。

### 二、拆围除栅逼小日化区

日寇占领仙桃后,立即利用拆毁的民房椽角、檩木等,将日化区东南北三面圈起了木栅栏,西面砌了砖墙。整个日化区东西长约1000米,南北宽约300米,占了镇上40%的面积。

王怀之多次摸哨,迫使日寇拆除了日化区东端的哨所。就在当晚半夜,王怀之带领10多名勇士将日化区东面的木栅栏拆除,抛入襄河。第二天,日宪兵队在油榨湾抓了几十个老百姓,众人异口同声,不知道。宪兵队纵火烧了几家民房后,将人放了。日警备司令部只得将日化区向西收缩了100米,重做了木栅栏,并砌了近百米的砖围墙。油榨湾的老百姓没有被鬼子的气焰吓倒,他们积极支持王怀之,不几天又将东面新做的栅栏及围墙拆毁。

此时,日寇在仙桃建立"沔阳县治安维治总会",日警司要维持会配合宪兵队再次到油榨湾抓人。老百姓按照王怀之的叮嘱,都说半夜里来了几十人,可能是一二八师的游击队。宪兵队长川岛将信将疑,询问维持会长王国栋。王国栋是镇上颇有声望的教书先生,被众商家推举才出任的维持会长。他正直爱国,又是王怀之的幺叔,心知肚明,干此事非王怀之莫属,于是附和百姓的话,劝川岛不要抓老百姓,鬼子只得再次将日化区西缩了100米。

王怀之们趁热打铁,又将日化区南面近千米的木栅栏拆毁,北面的木栅栏也拆了一部分。日警备大队、宪兵大队同刚建立的维持会保安大队一同到钱家沟村查看。但是,钱家沟民房早被日寇拆除,村民都逃难在外,到哪里抓人?抓谁?鬼子和保安队无法,只得悻悻离去。不几天,日警司只得将钱家沟退出日化区。

至此,日化区面积缩小了一半。后来,日寇从武汉运来了水泥杆和铁丝,做了牢固的铁丝网,并征用民夫,修了几座碉堡。

王怀之3次迫使日军缩小日化区,极大地激发了百姓的抗日热情,很快又有21人加入了他们的队伍。由于每摸一个哨,就能缴获一条枪,因此有了10多支日式步枪，于是于1940年农历二月初一晚上，在离日化区不到2公里的黄荆口村召开大会，正式成立"襄河抗日游击大队"，老百姓称为"王怀之抗日游击大队"，公开树起了抗日大旗。

王怀之公开树旗抗日后，声威日震，新四军十五旅、国军128师争相邀请他参军抗日。王怀之婉言谢绝了128师的邀请，于1940年4月20日率部100多人到汉川刁汊湖杨叶陂，加入新四军十五旅，被编为旅部直属特务营，亦称游击支队。王怀之任营长（支队长）。

旅首长看到他们背着崭新的清一色日本造三八大盖，很是羡慕，王怀之便动员战士，将长枪全部交给了旅部。

部队经过半个月整训，根据旅首长指示，王怀之将特务营70多名战士编入其他团，自己只带了20多人返回沔阳。主要任务是两项：一是为十五旅筹集经费；二是从日军那里搞枪支弹药、粮食棉花、食盐等。新四军虽归属国民政府军队的统一建制，但蒋介石采取限制政策，给的经费与物资有限（后期还分文不给），因此军费、枪支弹药等军用物资十分匮乏，战士们生活十分困难。

### 三、勇闯洋行捉经理

在仙桃镇及通顺河畔的沙湖镇、东荆河出口（入长江）的新滩口镇，日本商人开设有三井洋行。日寇占领沔阳后，三井洋行成为日军的战时银行和军火存储处，被称为"六六六部队"。

王怀之派搬运工人出身的战士冯刚洪，打入仙桃三井洋行搬运队，并佯装积极，获得鬼子经理的信任，当上了搬运队长。一日，冯刚洪得知傍晚将有一艘日军运输船到港，部分货物将存放在三井洋行内，连忙通过递步哨将信息告诉了王怀之。

王怀之挑选肖腊苟、严大中、刘七斤、李玉海、詹端阳、杨百才等10余名战士，打扮成搬运工人，在夜幕掩护下来到码头，加入了冯刚洪的搬运队。王怀之原本只打算混进洋行捉经理的，结果发现货物中有许多长方形的木箱，里面装着枪支，于是决定劫人劫枪同时进行。

10多名战士扛着木箱进洋行后，冯刚洪使了个眼色，王怀之便带了4名战士闯进经理卧室，将其捉住，并将一包假炸药绑在腰间，假引爆线在其面前扬了扬，若无其事地和鬼子经理并肩经过日宪兵队大门。扛木箱的战士紧随其后，顺利撤离了仙桃镇，又弄到了30多支步枪。

三井洋行经理被捉，轰动了整个仙桃镇，经理老婆号啕大哭，却一筹莫展。第二天，王怀之通过仙桃商会转告经理助理，拿钱取人。但必须是日钞（只有日钞才能买到食盐等），5元一张的票面，按经理的体重计算钱的重量。在经理老婆的哭闹之下，经理助理只得用50余公斤日钞将人换了回来。

三井洋行经理被捉并按体重拿钱赎人之事，迅速传遍了大半个沔阳及天门、汉川沿襄河一带的村湾，儿童编排游戏，个个争当王怀之。日警备司令古贺认为丢尽了帝国的面子，把宪兵队长川岛和保安队长叫去，狠狠地抽了两人的耳光。

同年秋，王怀之接到递步哨报告，该经理在何李村察看棉花长势，落实下一年植棉面积，便再次将其活捉，又换取了大笔日钞。

两笔日钞全部交给了十五旅，受到了旅部奖励。

第二年秋，川汉沔游击支队告诉王怀之，新滩口三井洋行到了一大笔军款，用来抢购秋粮。新四军十五旅、十三旅和中共川汉沔地工委早已料到，故安排两个特务团（王怀之特务营已扩编为团）在汉南一带保护群众秋收，阻止日寇抢粮。王怀之安排分队长傅文华率15名战士，在地方游击队的配合下，偷袭新滩口，打了日军50多名守军一个措手不及，活捉了2名鬼子和2名伪军（伪军经教育后释放），缴获了两大箱日钞和三麻袋香烟、肥皂、食盐等，连夜返回根据地芦林湖余鸡台。第二天，连同此前缴获的千余斤食盐、活捉的7名鬼子等，一并送到杨叶陂，9名鬼子都成了挑夫。

一月后，王怀之又干了件轰动仙桃的大事。

原来，仙桃一个叫赵云龙的人，在日本留过学，并娶了个日本老婆。赵投靠日寇，表现得十分卖力，日军于是让他当了沔阳县维持总会会长，王国栋降为警察局长。赵一面筹备成立沔北县（洪湖为沔南县），做着当傀儡县长的美梦，一面带领日军四处抓捕新四军。

就在赵云龙派人带领鬼子抓他们那天，王怀之针锋相对，派李玉海等10名战士，身着日军军服，闯进维持会抓赵云龙，可惜赵去日警司开会，李玉海于是将赵的老婆活捉。不久，王怀之又在襄河截住了赵的儿子——保安队长赵某。王怀之不仅要保安队拿钱赎人，而且要维持会秘密为数十名特务团战士办理"良民证"。

为保老婆和儿子的狗命，赵云龙只得背着日寇，将两件事办成，并在良民证上偷盖了日寇驻维持会代表小铃的私章。游击队员们有了"良民证"，更是如虎添翼，在日寇据点活动更便利了。

**四、截船拦车筹物资**

筹集粮棉等军用物资，也是十五旅交给王怀之的一项重要任务。王怀之同样不向农民征派，而是找鬼子"要"。

日军占领沔阳后，立即在襄河边的集木场、东荆河边的白庙与新滩口、通顺河畔的彭场与沙湖修军用码头，控制了三条水上运输线，并在仙桃镇郊修了两个飞机场（其中一个起降直升机）。王怀之游击队除常在机场、码头骚扰袭击，伺机劫夺日军各种物资外，还常在三条河巡视，截击日寇运输船只。

1940年农历八月中旬的一天，情报员冯刚洪、叶明得悉日寇第二天上午将有一梆子船（两条大木船并连），走襄河运棉花包到武汉。王怀之和副大队长傅协成各带一长枪队，在仅离仙桃镇2公里的杜公河村南北设伏，以迅雷不及掩耳之势，几分钟就将护送的鬼子击毙。2个船老板是日军征用的中国人，迅即将船靠坡，搭上跳板。早已组织来的当地老百姓，迅速将1万多斤棉花运到刁汊湖边，再用船运到了杨叶陂。王怀之将在船上缴获的日钞全部给了船老板，叮嘱他们弃船逃走，免遭日军毒手。半小时后，住仙桃的鬼子赶来，扑了个空，到处追寻船老板，也未找着。

没过几天，王怀之又在襄河旁之鄢家湾南北夹击，又截获了万余斤棉花，运到了杨叶陂。

鬼子两次遭截击，于是增加警力护送，后来用快艇运输。王怀之多次设伏夹击未果，就转到通顺河与东荆河截击。但在东荆河截击缴获的粮食棉花等，不方便运往刁汊湖之杨叶陂，只得送给友军128师。

王怀之时而襄河，时而东荆河，时而通顺河，不断变换设伏地点，而且炸毁了集木场码头及趸船，弄得鬼子顾此失彼，叫苦不迭，于是在沔阳（沔北）修建了5条军用公路，加强公路运输。

王怀之以变应变，一面加强三条河流的巡视侦探，一面把重点转到拦截日寇军车，多次在窑湾、杜家台、杜家湖等地设伏，将公路挖断，断口处铺上高粱秆，上面薄薄地掩一层土，日运粮棉的军车前轮常陷进断口。他们用此法截获了大量粮食、棉花和其他军用物资，也截获了不少枪支弹药。

一次在杜家台，游击队武术教练尹银海和一名战士意外发现日寇的一辆运输车，满载棉花包向仙桃镇方向行驶。尹施展少林功夫，飞身抓住花包上的绳子上了车，将花包掀下车。另一战士也随后上车，两眼盯着车头，当坐在副驾驶位上的鬼子伸出头来张望时，他一枪打得鬼子连忙缩了进去。二人只用了几分钟，就将20多个花包全部掀下了车。当地老百姓迅速将花包运到了刁汊湖。

第二天，鬼子100多步兵同30多名骑兵复仇，在腰河口、杜家台纵火烧毁了数十栋民房，又前往游击队根据地西湾、昌家湾"围剿"。

王怀之先天晚上已得到情报，连夜在鬼子必经的昌家湾村头路上，密密麻麻地挖了一锹深、洗脸盆大小的窟窿，上面浅浅地盖了点稻草。鬼子骑兵马失前蹄，纷纷栽倒，被埋伏的20多名游击队员打了个措手不及。

为给十五旅弄枪支弹药，游击队还通过内线，复制了日军军火仓库的钥匙，多次深夜进入日化区，入库偷窃枪支弹药、手雷、手榴弹等，其中一次就有轻重机枪、手榴弹15担，连夜挑往刁汊湖，运到了十五旅。

王怀之游击队从1940年3月正式树旗到1943年2月王怀之牺牲，三年中除配合新四军十五旅及友军128师进行过多次战斗外，还直接与日寇进行小规模战斗数十次，给日寇与伪军以沉重打击，仅用麻袋活捉鬼子就有100多名。还摧毁了2个日军据点，炸毁了2座鬼子碉堡；在老百姓的协助下，无数次地将鬼子的公路挖断、电话线拆毁、桥梁炸毁，弄得鬼子交通失畅、通讯失灵。在完成旅部布置的两项任务的同时，为十五旅输送了近百名新战士。他们还大力清剿匪顽，将川汉沔一带的土匪基本肃清，将伪军赶出了沔阳县境，有力地保护了人民群众。

1942年下半年，鬼子加强了对这支游击队的围剿。封锁襄河，断绝了他们与十五旅的联系；在城乡各地张贴布告，悬赏捉拿王怀之及其骨干成员；通过飞机散发传单，将王劲哉画为一只大老虎，关在一大铁笼子里，王怀之画为一只小老虎，关在一小铁笼子里。

这支只有20余人的游击队，陷入了孤立无助的境地，于是去了友军128师那里。

**五、英名永在浩气长存**

去128师后，王怀之被王劲哉任命为第五游击支队长。至此，他有了新四军特务团副团长和128师游击支队长双重身份，在监沔汉活动如鱼得水。

这年腊月二十六日夜晚，他带领游击队偷袭张家沟日军据点未果。从活捉的敌哨兵口供得知，日白庙驻军司令犹木野坂带领大部分鬼子来到了张家沟，于是避实就虚，改打白庙。连夜摧毁了白庙据点，活捉了4名鬼子，缴获了一麻袋日钞，受到王劲哉通令嘉奖。

未料，驻守通海口的128师某旅旅长苏振东已暗降日寇。他以祝贺王怀之白庙大捷获奖之名义，勾结日寇，在其驻地通海口坡子场摆下鸿门宴，将王怀之等15名战士捕捉，游击队员当场牺牲了10人，王怀之、陈汉青等5人被捕。5人先被押到通海口，苏振东亲自审问。

王怀之大义凛然，无情揭露了苏振东土匪起家、投降日寇甘当汉奸的丑恶面目。苏振东心虚，本想用刑，但上峰要他毫发无损地将王怀之送往仙桃。苏振东无可奈何，只得给日仙桃警备司令部写了亲笔信，指控王怀之是新四军十五旅游击支队长、特务团副团长。

被押往仙桃后，王怀之关进了日宪兵队牢房。先由宪兵队长川岛审讯。川岛客气地为他松绑，大讲了一通"中日亲善，东亚共荣""先进的大日本帝国帮助落后的中国建设发展"的"大道理"，极力称赞王怀之是大英雄，并希望他与日军合作。

王怀之义正词严地揭露了日寇在仙桃犯下的种种罪行，揭露了日军在"中日亲善，东亚共荣"假面具掩饰下的侵略本质，反复高喊"誓死不当亡国奴！"川岛叫来叛徒张兴旺劝降，王怀之将其批驳臭骂一顿，弄得张哑口无言，川岛于是下令动刑。刽子手施以皮鞭抽、竹签钉手指、用烧红的铁钎烫身等，仍未能使王怀之屈服。川岛无计可施。

已提拔到武汉任职的警备司令古贺专程赶来仙桃，许以定国军军长一职，王怀之严词拒绝。古贺劝降不成，示意再次用刑。刽子手提来一壶辣椒盐水，往王怀之口里灌，身上淋；累累伤痕被辣椒盐水渗透，使得他浑身抽搐，痛彻心脾。

王怀之昏死多次，醒来时斩钉截铁地对川岛说："别枉费心机了，就是上刀山，下火海，入油锅，老子也不怕。堂堂中华男儿，岂能向你小倭奴投降！"不断高呼"誓死不当亡国奴！"直到喊不出声来。

川岛黔驴技穷，请示古贺怎么办。古贺良心发现，说念他对其国家一片忠诚，赏他个全尸，用电触死。

王怀之牺牲后，日寇将尸体站立式绑在卡车上，在仙桃和汉川脉旺等集镇游街示众后抛入襄河。不知出于什么动机，日仙桃驻军为他举行了军祭，祭前张贴布告，欢迎市民参加追悼；祭后又在坡子场、白庙、张家沟、新里仁口等地做了坟墓，并在新里仁口之通顺河桥南头坟墓旁竖了一块大木牌，写着"支那英雄王怀之"。并设有临时岗哨，过往行人包括日军官佐，都要向木牌行鞠躬礼。

王怀之的几个战友也惨遭酷刑，个个视死如归，在"誓死不当亡国奴！"的呐喊声中，被鬼子用刺刀杀死，悲壮殉国。

王怀之牺牲前几个月，由于叛徒出卖，他的2个战友肖腊苟、王祥林相继被捕，二人拒不投降。肖腊苟被鬼子押到襄河堤矶头上，用刀杀死后分尸八块，抛入襄河；王祥林被鬼子押着到油榨湾挨家逐户指认新四军家属，王拒不指认，被鬼子绑在日化区一电线杆上，让10多名鬼子打靶，英勇就义，年仅19岁。还有些战士家属也死得十分悲壮，本文不一一列举了。

# 忆跛爹二三事

王志华

马套村的男女老少，都称王庆汉老先生"跛爹爹"。王姓众多平辈及后昆，也通称老先生"跛爹"。这种称谓听起来，似乎不敬不雅，但实际不带任何讥讽贬义，相反是颇怀尊敬的亲热昵呼。听到这一呼唤，他总是面带微笑地满口应承。

说起他跛腿的68年历史，官路地区四里八乡至今还传诵着一个已逾百年的略带神话色彩的离奇老故事。

远在清朝时的王应鳌是朝廷命官，死后一直安茔在百石垸二号垸子的二号堤边（现协伟村5、6组境内）。他的重孙王冕南（谱名晋绰）在清同治二年（1863年）考中进士之后，于同治三年（1864年）被朝廷放官福建。10年后冕南公返梓探亲祭祖。众亲相聚一堂，谈及感恩先祖庇佑，决定雇请一班异姓百姓，将祖坟转移到另一风水宝地安葬，以表深情缅怀之意。

开坟起棺时，突然从棺侧泥土中飞出一只白色小鹤。众人甚觉奇异无比，纷纷抢起扁担拿起铁锹呼拥而上追打小鹤。其中一人用扁担打中白鹤的一只小腿和脚爪。鹤一声惊叫，急忙展开双翅飞离坟地，向空中腾腾地上蹿飞走。

事毕之后，雇员们把这一奇怪所历所见告之王府主人。

王家主人也觉事出怪异，随后请来赵家垸（现通海口镇大合村）颇有名气的阴阳先生推演此事。这位先生喝完茶，一本正经地讲："你们感恩祖宗再次重葬先祖，初衷虽好，但伤了"祖脉"。只怕贵府今后要出三代腿患跛疾之人。重选的祖墓也是风水好地不假，但恐尔后贵府在鸿运途中，会有些麻烦不期而至。"

30余年后，冕南公远在福建上任海防厅巡抚，因多年与海水、洪水打交道，阴冷湿气浸蚀过久，致使右腿患肿疾而致残。两载之后，他常感出巡办事大有不便，不得不向当朝呈报"致仕表章"，归里隐居养病。而后冕南公三子宝珦（谱名王体惠，曾在山东设馆教书）也是跛腿而终。到了庆汉这一代，他在沔州州衙供职期间也跛了腿。碰巧的是庆汉公与其曾祖冕南祖一样，也是右腿跛损。

此种现象，是不是如风水先生之神算，与"白仙鹤脚骨被伤"有关，还是与遗传基因有关，不得而知。反正老二房出现三代跛脚跛腿却是事实。

庆汉老先生1911年阴历腊月初四，出生在老沔阳官路乡百石垸王家台上。2007年元月中旬因病老逝，享年97岁。跛爹不仅是旧沔阳政府财税局税务二科主任，还是台北市"沔阳同乡会"常务理事,更是新中国沔阳县第五届政协委员,仙桃市第一、二、三届政协委员。在政协二、三届任常委6年有余,先后被仙桃市政协、湖北省政协通报表彰(有多份获奖荣誉证书为证)。

　　腿跛人不歪,身残心不残。跛爹大半生与手杖为伴,走南跑北,艰辛倍之。他是一个仁慈宽厚、心怀壮志、心胸如宇,举孝兴业、爱家爱国,智商高、人缘广的老辈长者。年少时在私学学馆里天性聪颖,《千字文》《诗经》还有四书经传皆通晓。他在往来于武汉、沔阳向家州(他岳父家乡,现属新里仁口镇)期间,耳濡目染到不少辛亥革命人士,尤其是张难先的革命故事(张曾任浙江省主席、湖北省财政厅厅长)。还在抗日护国时期,结识了不少国民党爱国志士和军界将士。

　　这里就几件从不史传的真实旧事,分叙如下。

### 一、这笔巨税我王某绝不能私吞

　　跛爹1927年由姨夫朱树烈县长选拔为国民党沔阳县政府第二科任科员,两年后提拔为科长。因工作踏实,"功绩斐然",历受县府褒奖、重用,直到1937年沔阳沦陷,还对国民党政府痴心不改,走南闯北地热心工作。1943年出任沔阳仙桃镇税务稽查征缴处主任。

　　在沔阳深受日本鬼子侵略欺凌下,他随县府官员不顾行动不便,到处辗转。走彭场、跑杨林、奔沙湖,渡汉水赴仙北,出差艰难无所不尝。抗战胜利后,手上所经税款,笔笔均能如数上交省政府财税厅。1946年底至1947年底,手中已积有大几万税款待上缴国家,因国内斗争甚激,不能即时派人前往武汉上缴民国省府。

　　此时,沔阳县府已有好多公务人员,害怕革命人士追打清算逃之夭夭,顺水秘走武汉,潜赴上海。就连广州、香港也有人离乡远行。而跛爹还继续尽责守职,不停地催收私企、私商应缴的税款。

　　一日,亲姨夫肖济生(军界人士,新里仁口人)来到跛爹住处,急不可待地说:"兄台哥仔,你真是个痴心汉子。现在形势很不妙,共产党解放军在河南鸡公山一带闹得厉害无比,快要打到湖北了。他们的地方武装也在沔阳县内奋力打击国民党多个联保处,好多人都跑了,连朱县长也在准备闪身出逃。你这个文弱呆生,该不是憨死鬼吧?你我还留在此处能无生命之忧?快快想方设法逃走吧。"

　　"不行!我还是主任,手中有大几万税款尚未上交,该咋办?"跛爹先生说。

　　"你真是个愚忠无遗的文人,还管这些做甚?带钱跑人呗!"济生姨夫苦劝不已。

　　"万万不可!手中这笔巨税,我王某绝不能私吞。我得立即写信报告聂省长,请示如何处理。尤其是税款中还有一两万现洋,这些硬通货很不便运输。"

　　"我王某绝不能私吞"税款之言,是一种对国家、对民族赤心坦诚的最高思想境界,也是作为王氏世代以"忠孝传家"祖训的身行力践,更是一个政府公务人员为政洁身清廉,当官为民、为政忠国的标准示范。这种明礼、知义、践廉、惧耻的品德何其高尚，何其美伟！

后来一周，跛爹亲往武汉，请省部派人帮他把巨税钱款连同账簿移交聂国清省长处理。随后，聂省长亲开出境路条。从此，他与济生一同，离开了难舍难弃的沔阳。

## 二、向行政院长连战面呈"进言书"

庆汉先生入住台北复兴路，交结了不少在台党政军各界有名贤达志士。原128师王劲哉师长麾下第三团团长侯若愚（先逃台，后移居美国）是他的好友，连蒋介石父子都不敢轻易得罪的辛亥革命元老于佑任老先生，也与他有忘年交之情。于佑任老先生亲自送给庆汉爹一帧条幅"圣人处事宜三省，君子立身有九思"，还邀请他参加在台的80寿诞祝寿盛会。还有国民党第三十集团军总司令部少将主任、曾是戴笠手下的情报处长唐新（字良雄，沔西唐家场人），国民党"行政院"院长连战先生，等等。

连战先生当选台湾地区"行政院"院长之后，因两人私交情深谊笃，他可以直接进入其办公大厅，而不受军警保卫人员挡驾。有一次经电话联系，他把沔阳同乡联谊会会员反映的某些涉及民生重大诉求，写成"进言书"，面交连战院长。

洋洋5000字的进言文章，除了反映台北民众的民生要求，还有不少于2000多字的针砭时弊的进言。与其说是进言，倒不如直截了当说它是一篇"谏言呈情表"。

连院长很友好地接见了跛爹，还设便宴与他共进午餐。

任仙桃市政协常委时，他津津乐道地向同事谈起这个故事：那时，我不怕行政院长批我办我。我大胆提出某些重大个人看法，但没掺合本人的私心私利。其结果是他不但不吼我，还斟茶给我喝，请我吃完午饭再走。

一份"进言书"，是一个有血性男人直率性格的充分显现，更是坦诚挚友一杯茶，谋面四脸两言欢的卓越展现。

文人也有武士气，斯文并非只媚言。庆汉先生一生就是敢怒、敢笑、敢言、敢为的"教书人"。这一鲜明直露性格的形成，深受张难先先生革命活动的故事影响。因他常听岳父向怀之讲"沔阳怪人张难先"的不少旧闻轶事，以及向本人在向家祠堂义救难先的往事。

## 三、提案只为万民福祉书

跛爹一生，总是心怀中华大家庭，凡有关民族团结、国家统一、家业兴旺，人民安居乐业、民生福祉的鸿运中天的事总爱宣讲，总爱以身践行。对那些口惠实不至、高调空谈的人嗤之以鼻，并当面指陈其错，不留情面。

自1982年11月进入沔阳县政协工作后，天天按时上班。不是伏案疾书信函内容，就是与领导们谈论一些事关祖国统一的大政方针及可行办法。他常说："祖国统一，华夏复兴，匹夫有责。海峡两岸历来同祖共源，我怎能不尽绵薄之力、拙智之献？"

他做统战工作极负责。心里对"家书抵万金"有切肤感受，从不忘"在水一方"的台北故旧好友。他常通过各种渠道，以各种方式为他们传书寄简、沟通亲情，呼唤他们回大陆探亲，力争落根桑梓，再为家乡建设尽心出力。

1983秋天，已有40年没与父亲谋面的新里仁口人肖立中能到香港与父相会，全仗跛爹精细策划安排。

跛爹还为很多年未与海外亲人通信的危文伟、沈昌璟、向思云、祁某（宗汉之子）等上十人代捎书信及带回汇款。他私人花费很多邮资，却从没接受任何回报，全以沟通海内外通信为快，充分体现出老人心系人民、热心统一、替民解忧、为国尽忠的博大胸怀和忘我无私奉献精神、高尚人品。

1985年，为纪念抗战胜利40周年，跛爹主动请缨，封封书信远涉重洋飞到美国加州。几番寻觅，找到旧时128师763团团长侯若愚及唐良雄的住址，请他们撰写有关128师在沔之抗日史料。这一举动反响颇大，有力推动了我县人民抗日史料的征集活动。

跛爹任县、市政协常委达7年之久，与他有通信往来的海内外人士多达70人左右。所涉地域除本市之外，还有武汉市、黄石市、天门市、洪湖市、监利县、汉川县、黄陂县等。回归之后，他对前来打听海外亲人消息者，总本着知无不言、言必无余的原则，不厌其烦尽情回答。他现身说法，劝他们消除隐忧、大胆联系。据统计，经他手转信传的汇款总和突破5万元，包裹物件达40余件，回陆探亲者20人次。

因工作"成绩斐然"，庆汉先生被省政协评为先进工作者2次，县、市政协先进工作者四五次，受到颁发荣誉证书、新闻通报表彰等。他还应邀参加了几次省、市年度团拜会、茶话会等活动。

跛爹在县、市政协工作期间，不顾年高、腿残行动不便，在下沉乡镇到村垴搞调研时，总是亲力亲为。听民诉，察现场，详细记录；田头道旁看实景，问实情，恭谦于民，倾情思考。然后汇总，向政协重要会议勇献提案、建议、谏言，时刻不忘为民谋福祉之初衷。

县、市提案办的资料柜中，有他很多提案，有的是他一个人提出的，有的是与好几名委员联名的。现略举两例。

一是1982年12月提出的"关于目前农村有些荒田"的提案，就是他经过一周时间下沉到几个不同地点，在生产大队、小队、田间地头察看后写出的。他觉得，此种现象虽一时不带普遍性，却有很大隐忧性。这是他的第一件提案。

二是1981年7月提出的"新里仁口排湖闸水泥桥桥面太窄、急弯过度"的提案，立即引起市政府的高度重视和市交通局的积极回复。现在，新里仁口这段公路已被改道镇东，建设了几公里长的宽广、优雅具有近代气息，沿路照明现代化、路面整洁水泥化、道旁花圃绿色化的美丽四车道大公路。

综上所述，跂爹看事物、想问题、抓苗头、剖要害，是多么具有高度责任性、远见前瞻性、事物全局性和问题透彻性。他不仅是一个博学睿智的老学究，更是一个心怀祖国统一、心系万民福祉的"老官爷爷"！

他当县、市政协常委，无愧于天地。他被王氏后昆呼"老官爷爷"，更是理所当然。

# 不忘初心的老共产党员

李庆成

在通海口镇近 20 年来,总看到一位老者骑着一辆老旧的永久牌自行车,穿行在大街小巷、村野湖乡。他就是年已 88 岁高龄的吴志洪老人。吴老参加革命 71 年,党龄 63 年,退休 20 多年也没闲着,一直为党和老百姓的事不懈地奔忙着。人们称他是仁者,赞他是不忘初心的老共产党员!

吴老出身贫苦农民家庭,1951 年 3 月参加革命工作,担任乡人民代表、乡农税征收员、粮食三定统购统销核算组组长,高级社会计。1958 年 1 月选调为国家干部,任官路公社总支秘书。1960 年 10 月,正是国家三年困难时期,吴老奉党组织之命,下派回石垸大队任党支部书记。本来任满两年后,可再回机关工作,可他一干就是 15 年。其间还兼任沔阳县委常委、沔阳县贫协会主席、荆州地区贫协会副主席、湖北省贫协会常委。1974-1976 年任通海口公社党委书记兼石垸大队总支第一书记。1977 年后相继任沔阳县委驻下查埠公社高峰大队工作组长、国营排湖原种场场长、通海口镇种子站站长、兽医站站长等职,直至退休。

纵观吴老一生,为了党的事业,为了人民的利益,不论职务大小高低,他都能初心不改,行仁行善,服务社会。他就像一颗闪亮的珍珠,在那里发光发亮!他就像一枚永不生锈的螺丝钉,牢牢地铆在那里,使劲使力!

## 一、领导赞他是革命事业的大功臣

1960 年 10 月,吴老下派回家乡石垸大队担任支部书记,放弃国家干部身份,去当农村干部,他没半点怨言。他向饥荒宣战,向荒湖要粮。那时的石垸湖,一湖恶水,满眼荒凉;干柴芦苇,遮天蔽日;蛇潜蜂藏,獾走狐奔;遍野坑塘,散落其间;高处如山,低处如潭;千年淤泥,四处沼泽……

要把这亘古荒湖变成粮田,谈何容易!可吴老何惧这些?带领干群兴建埋闸,输出恶流,开挖网渠,滤清湖水。正月初四冰天雪地,吴老带头破冰下湖,除柴山、平藕坑,开沟渠、筑田埂,战淤泥、斗风雪,60 多天不畏春寒,披星戴月,终使荒湖变样,粮田初成。当年秋天,满湖金浪翻滚,粮食喜获丰收。

这一壮举,成功解除了全大队饥饿之苦,还向国家贡献余粮 126 万斤,暂解了县委的燃眉之急,有效地缓解了全县百姓的饥荒之苦,从而受到了时任省委副书记兼荆州地委第一书记王玉珍及县委书记马杰的表彰与嘉奖。他们亲赴通海口,设宴犒赏石垸大队有功干群!

其后15年,吴老勇于改革创新,大力发展双季稻,连续亩产超双纲,每户奉献万斤粮。吴老带领石垸人民创造的奇迹风靡江汉平原,荆州地委号召"南学石垸,北学周岗"。

1971年,省委书记姜一亲临石垸考察,称其为"江汉平原农业战线的一面红旗",赞吴老是"我们党的一名优秀的共产党员"。其后,石垸大队被评为全省十七面红旗之一,吴老也被评为全省劳动模范。

主人公吴志洪

1973年4月,吴老作为湖北省农业战线的劳模代表,国务院选派他参加中国友好访问团代表国家出访苏联、南斯拉夫、阿尔巴尼亚等东欧国家。1974年10月破格调任通海口公社党委书记。

2010年金秋10月,时任湖北省政协主席的王生铁到通海口调研,在镇政府专门设宴招待吴老和石垸三组人称"铁人"的李明清队长两位农民朋友。当着省市陪同的领导,王主席说:"吴老和明清两位老同志是我党的大功臣,为社会主义建设事业作出了巨大贡献。我们的党和政府不能忘记他们,一定要善待他们。"

**二、乡亲们称他是亲民爱民好干部**

吴老一生,心里总装着人民。吴老常说:"当干部就是要心为人民想,利为人民谋,事为人民做,困为人民解。如能这样万难可克,万事可成。"

吴老在石垸任职15年,年前年后及节假日,总看到他在看望孤寡老人,军工烈属和贫困群众。

1960年腊月二十四,过小年,绝大部分群众都放假了。可新建在永长河底的埋闸还需回填土方,加固护坡,筑高两岸的拦水河堤,以防突发春水,冲毁埋闸。于是,他组织一班突击队,加班加点,奋战在埋闸工地,并把官路公社机关分给他有限的粮食和猪肉等年关物资带到工地,为突击队改善生活,从而大大激发他们奋战严寒、义务奉献的革命斗志。

赵福林、田贤枝两口子是外来户,一家人以烧窑为生。1962年他俩手提两个包袱,带着两个孩子,落户石垸,可谓贫困之极。吴书记为他们排忧解难,关照有加。后来田贤枝成了种棉能手,全县劳模,一儿一女读了高中,念了中专,成了国家干部。

1972年8月,那会儿是大集体核算,每年年终才分一次红。紧张的"双抢"过后,很多社员家里连买油盐的钱都没有。吴老为民着想,冒着受处分的风险,让每个生产队用1000元办了一次秋收小分配,以解决社员们的生活之急需。区、县的部分领导认为私分积累,挖了集体经济的墙脚,严重违反了当时的政策,必须严肃查处。后经荆州地委李海忠书记肯定,才没被追究责任,并在以后几年里形成惯例,每年各小队都给社员办一次秋收小分配。

家住通海口镇民政街四巷的黄三才、肖登秀1998年双双下岗，两个孩子辍学在家，借住财政所的三间平房欠了两年租金。吴老了解情况后，帮他们想点子，找房子，筹资金，找学徒，办起了简易缝纫厂。几年下来境况大变，又南下广州发展，一跃成了小老板，还竖起了两间三层的楼房，两个儿子也成家立业，过上了前所没有的幸福生活。

2018年5月，石垸村五组老农邓念财年过八旬，因年龄登记时少报了6岁，高龄补助迟迟与他无缘。多次奔走无果后，找到吴老诉说委屈。吴老随即五访派出所，三访公安局，最后高龄补助终于得到了落实。

吴老亲民爱民的许多大事小情，至今都是人们茶余饭后的美谈。

### 三、街坊们夸他是不忘初心的好代表

1994年退休后，吴老也没闲着，总是自觉地为党为民办实事、做善事，于是街坊们连续四届选他当镇人民代表。他乐此不疲，一干就是20年。吴老当代表不为名，不图利，只为义，努力尽到一名人民代表的义务与责任。

有很长一段时间，通海口镇民政一巷污水横流，杂草丛生，蚊虫乱飞，居住环境十分恶劣。1999年正月初二，他和李光贵、熊良伦、王香远几位老党员商量，制定了改造方案，随着找领导、跑部门、进民户、做工作、抓集资、请师傅、进材料、扒台坡、除巷障、修暗沟、打路面，几个月忙下来，一条宽6米、长128米水泥路形成了，整个民政一巷居民的居住环境焕然一新。

由于种种原因，昔日的红旗大队石垸村电不通、水不通、路不通，村民意见大。2006年6月，通海口镇委领导想到了吴老，请他学黄忠老将再次出山，特聘为石垸村党支部第一书记。吴老不辱使命，跑省城、进市府、找科局，动员村民、发动游子，有人出人、有力出力、有钱出钱。两年下来，木电杆换成了水泥杆，电通了；泥巴路变成了水泥路，村组的路通了；沟渠的坝子挖了，杂草除了，水通了。政府领导和村民皆大欢喜。

永长河村地理条件特殊，12里长的一条永长河，村民沿河而居。门前的一条主公路车水马龙，修了坏、坏了修，好长时间车不能走、人难以行，6300多亩田的农副产品出不去。新任的年轻村长刘培新感到力不从心，求助于镇委镇政府。2009年8月，通海口镇领导依然想到了老书记，把这个艰巨的任务交给了吴老。吴老不负众望，驻村之后，马上成立指挥部，组建领导小组，不分昼夜，走村入户，发动群众，广筹资金，向上争取，向内集资，向外求援，一辆破旧的自行车陪伴吴老奔波了123天，终于将一条长6.2千米、宽5米、厚度达20厘米的高标准水泥路呈现在世人面前。

毗邻排湖南岸而居的陈家、五七、石垸、采桑4个村12000多亩粮田和鱼池，

每年都受干旱煎熬。由于地势很低，从通州河经柳石灌渠引入的河水得不到节制，直接注入排湖，急需在五七村建一个排灌两用的节制闸。但苦于没有资金与规划，困扰了四村乡民30多年，却迟迟没能得到解决。2017年元月，在镇委领导支持下，吴老找到市长，呈上报告并将实际情况做了详细汇报，力请市长和水利局局长实地调研，现场拍板，拨付专款修建五一闸，解决了困扰老百姓几十年的难题。

吴老还协助镇委镇政府，破解了一个又一个难题。古镇扩容街道南移、官路大桥扩宽改建等工程，在建设用地、房屋拆迁等方面遇到了较大阻力。吴老临危受命，深入钉子户、抓住关键人，讲政策、摆道理、算细账，以心换心，以情换情，终于排除了工程建设中的一个又一个拦路虎。由于吴老辛勤付出，既为国家节约了一笔可观的资金，又保证了工程进度如期竣工。

吴老做这些工作，都是义务奉献，没有一文钱报酬，也从不见他开口要利。大家交口称赞他是人民的好代表。但在吴老看来，这是作为一名老党员、老干部、人民代表应尽的义务与责任！

行文至此，不禁想到《论语》里的一则经典名言："仁远乎哉？我欲仁，斯仁至矣！"吴老的一生，不就是在自始至终自觉不自觉地行仁践义吗？

"智者不惑，勇者无惧，诚者有信，仁者无敌。"吴老就是这样的一位智者、勇者、诚者、仁者！一位真正不忘初心的老共产党员！

（2021年10月8日）

## 爱我所爱无怨无悔
——我把人生献给共和国粮食事业

罗绍华

**编者按**：罗绍华，教授级高级工程师。一生钟情粮食技术研究，获国家专利18项，发表学术论文近300篇，多次在全国粮食技术学术会上演讲。先后发明了"环流熏蒸"露天储粮通风、"低温冷负压通风"及"多功能变频仓储制冷机"等新技术和新装备在全国推广。特别是历时7年发明的"粮仓粮食出入库专用物理杀虫技术及方法"，颠覆了传统的化学药剂对储粮的防治，推动了新的储粮技术革命，为实现绿色储粮写下了浓墨重彩的一笔。

### 一、圆梦

2002年4月27日，人民大会堂热闹非凡，第二届中华名家对话论坛暨新时期全国

作者罗绍华

优秀学术成果文献评选暨出版座谈会在这里隆重举行。来自全国各条战线的400名代表及专家学者欢聚一堂，进行学术交流对话。全国人大副委员周光召、原电子工业部部长钱敏、中国科学院院长路甬祥、国务院发展研究中心副主任谢伏瞻、中国科协秘书长于有先、中科院两院院士许老，还有一些部、委、局的领导参加大会。人民日报、中央电视台、科技日报等媒体记者到会，并进行了报道。

会上对近400名学术工作者进行了表彰和颁奖。代表中，我是唯一来自最基层、唯一的下岗职工、唯一的自费、唯一的原粮食系统职工、唯一的全国10名一等奖获得者。在领奖台上，由全国人大常委会副委员长周光召先生颁奖，并授予我"新时期全国优秀学术工作者"称号。我宣读的论文，赢来热烈掌声。

男儿有泪不轻弹，情到深处泪自流。领奖台上的我，流下了期盼多年的泪水。经过多年的艰苦跋涉，我终于圆了在首都人民大会堂的领奖梦。

### 二、求索

我出生在粮食世家。

从我牙牙学语开始，在粮食系统工作的父亲，总喜欢带我到粮仓去玩，教我认识什么是大米、什么是小麦，更教我"锄禾日当午，汗滴禾下土"的诗句。调皮的我有时趁着大人们不注意，还抓几把黄豆、粟米什么的，放进荷包带回家去。幼小的心灵，与粮食结下了不解之缘。

读完初中的我，在家待业了几年，终于有幸被招到了父亲的单位，成了一名正式的粮食员工。那时每月18元的工资，除了基本生活开支，我还可以剩点钱来买书。

生性喜欢读书的我，连衣服也舍不得买，总是喜欢去新华书店，买些专业书籍充实自己。也是从那时起，写写画画成了我的一大爱好。

那时，有固定工作，有个班上就不错了。没有后台背景的我，总是干一些脏活、累活、别人不愿干的苦活。看着同事有一个干净、舒适、令人羡慕的好工种，心里不是个滋味。有个同事半开玩笑地对我说：分配好工种有两条路可走，一是有后台，走关系，二是有硬功夫凭真本事。我掂量这句笑话，觉得前一条路走不通，那么走后一条吧，于是聊发了求索狂。

从那时开始，我省吃俭用，虚心讨教，开始了系统的专业知识学习。多少个寒冬酷暑，多少个日日夜夜，就差头悬梁锥刺股了。

那时兴文凭热，我一个初中生，底子薄、基础差，想去考专业对口的院校等于痴人说梦。但我凭着一股不达目的不回头的牛劲，以顽强的毅力如愿考上了成人中专，毕业后又考上了全国粮食系统的最高学府——郑州粮食学院。

在郑州学习的四年，面对有机化学、无机化学、生化课程，如同读天书一般，最终以蚂蚁啃骨头的毅力学成归来。在郑州学习的同时，又报考了北京社会函授大学商业企业经营管理专业函授学习，以较好的成绩获得毕业证书。

学成归来的我，工作得心应手，一篇篇粮食理论、研究实验、学术文章频频在各类报刊发表，受邀参加的全国性粮食学术研讨会、鉴定会一个接一个，市、地区、省级、部级的荣誉表彰也接踵而至。此刻的我，可谓名声大噪，事业如日中天。

为了向更深层次的方向发展，我开始潜心研究粮食问题。

但说起来容易，做起来难。虽然是"双师"牌子（工程师、经营师），工资却只有300余元，有时还扣这扣那，到手所剩无几。没有额外收入的我，面对人情世故，一家老小生活、孩子上学吃穿住等可想而知，只好把消费降低到最低限度。专业书必买，学术会必去，讨教必往，信件必发，圈内朋友来了必招待，咬紧牙关，在艰苦的环境中撑过了一次又一次。

记得有一次，1991年8月到山东青岛，参加由商业部、国家药监局、农业部等联合召开的粮食药剂鉴定会，在会上穿的是一套朋友送的旧军装，休息中被宾馆人员赶出来了。如果不是叫服务员去会务组核实，恐怕要被人当成小偷关起来。

1991年12月去成都开个全国性学术会议，要在会上发言。临去时才发现只有一件旧中山装，很是担心人瞧不起。虽然很想买一套像样的西装风光一把，可囊中确实羞涩。到会务组报到时一看，专家学者都是西装领带，皮鞋锃亮，头上闪光，于是咬了咬牙，到附近旧货市场讨价还价，花30元买了件"像样"的洋风衣披在身上，把丑遮到了里面。

"穷书生"的俗话，在我身上得到了真切体现。

### 三、清苦

大凡学者，都有些相似之处。一是希望文章变成铅字，二是期盼有点稿费弥补生活开支。毕竟，我们不是生活在世外桃源。

我和别人一样，要面对生活，面对人情世故，所以踮起脚来做长子，苦苦支撑。多年来，我养成了自尊、自重、自强、自爱，没有一点恶习，甘愿忍受寂寞，忍受压力的坚强个性。

工作这么多年，最对不起的是我的家人：为人子，没有尽到一点孝心，回也匆匆，出也匆匆；为人父，两个子女和我没有"感情"，从不为他们买点什么；为人兄，不能为弟妹们遮风避雨；为人夫，从未给妻子买点什么衣服。可我在求知的苦舟上，从来不手软，该出手时就出手，甚至借债出手。

2001年7月，我遭遇到人生最寒冷的冬天。由于交不起3.5万元的返聘金，被粮所无情下岗，含泪离开了钟爱的粮食事业。工作没了，意味着饭碗丢了。面对此情此景，我无言以对，眼在流泪，心在流血，多少委屈只好咬着牙往肚子里吞。

我曾后悔，世界上的路有千万条，为什么非把自己逼进死胡同？下岗后，多次躺在床上不吃不喝，消极、苦闷、痛苦到了极点。

在一个伸手不见五指的夜晚，我沮丧地把几百本发表过的论文、荣誉证书等等准备付之一炬，将这些不值一文的东西统统抹去。一边烧着一边流泪，闻到焦糊味的妻子和小儿子赶紧起床，又赶紧扑火抢救，说："你留着，留着，今后会有用的！这是你多年的心血，你是有知识的人，一定会有用的。"那天晚上，我们一家三口默默无语地坐了很久很久。

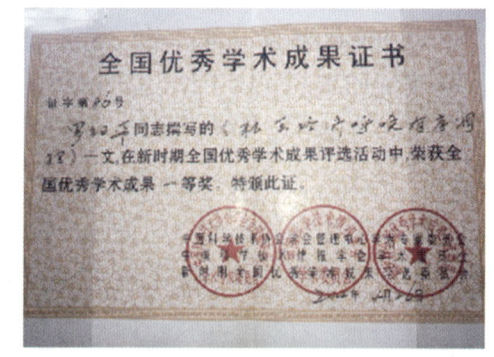

罗绍华的论文《粮食经济呼唤有序调控》获全国优秀学术成果一等奖

一年多来，失去工作的我，无数次跑武汉各人才市场推销自己，均无功而返。不是嫌专业不对口，就是嫌年纪大，或者是嫌一个"书呆子"而拒我于门外。钱未少用，路未少跑，眼看日子一天比一天难熬，心情也痛苦到了极点。

2002年4月18日，是个吉利的日子。这天，我收到了来自中国科技协会学术专家委员会的挂号通知，我的论文在全国优秀学术成果文献中获得一等奖，通知我赴北京领奖。接到通知，我亦喜亦忧。喜的是，这是我梦寐以求的大奖，是我有生以来的最高奖项，并在人民大会堂领奖。忧的是，去北京的费用怎么办？家无分文，难以成行。况且，我最怕向别人借钱。

大舅知道了我的心思，打电话说："这是天大的好事，你应该去。钱你不用操心，我全包了！"

### 四、精神

2002年4月26日在会务组报到后，我在下榻的北京友谊宾馆里，一气呵成地写下了下面这首诗：

打击我吧！让暴风雨都来吧！

伤害我吧！让我付出代价吧！

折磨我吧！让我心态归零吧！

侮辱我吧！求索使我充实！

冤枉我吧！成功使我斗志昂扬！

迫害我吧！灾难使我咬牙切齿！

磨难使我百折不挠！

反省使我脱胎换骨！

信心使我变得更坚强！

拼搏使我成为一个真正的人！

往事是我幸福的回忆！

助我的朋友是我终生感激的恩人！

我不是人！我要重塑人的尊严！

我觉得，一个人活在世上，应该有一种精神。人的精神各有不同，我不愿我的精神是一种物质精神。我认为我是一名清苦的学者，一个艰苦的跋涉者，更是一个凡人。凡人的精神世界里自有一番绝美的风景。精神给我带来了常人所不具备的坚毅，精神给我带来一种崇高的品质，我把人生献给共和国的粮食事业，爱我所爱，无怨无悔，值得！

# 记 "沔阳三蒸" 第四代传承人——李和鸣

张道兰

提到"沔阳三蒸",凡是仙桃人甚至荆州地区的人,无人不知,无人不晓,无人不爱。

"沔阳三蒸"这道菜,已有600多年历史,是原沔阳地区具有代表性的美味佳肴。顾名思义,"三蒸"即蒸鱼、蒸肉、蒸蔬菜(包括莲藕、土豆、芋头等)。可以说是人人爱吃,老少皆宜。颇有地方的雅俗之风味。

说它雅,是人们宴请宾客或逢年过节才上甑(专门用来蒸食物的用具)。在物资匮乏的年代,不请客、不过年过节,一般不会动甑。"俗"是指选材普通、制作简易。从明朝延续到20世纪末,也没人改变三蒸的做法,只是作为一道菜肴延续了下来。

在这里,我要说的是一个人,他不仅将三蒸传承了下来,而且随着时代进步与发展,为满足人们对物质生活水平提高的需求,与时俱进大胆创新,把三蒸饮食做成了三蒸饮食文化,提升到了物质文化领域的高水平。他就是第四代"沔阳三蒸"传承人——李和鸣大师。

李和鸣是湖北省仙桃市通海口镇人,出生于50年代,中共党员。聪明好学是他的长处。高中毕业就响应党的号召,进入上山下乡队伍,到广阔天地接受贫下中农再教育。几年的劳动锻炼,使他变得成熟坚强,学会了吃苦耐劳,养成了认真做事、本分做人的好品格。

回城后,被分配到仙桃餐饮行业当厨师。当时从农村招上来的同学,有的进了事业单位,有的进了大型企业,还有的上了大学。那时候的年轻人多数有虚荣心,只看好上层单位,根本瞧不起餐饮行业,认为是伺候别人的,又没什么技术含量,更有人觉得低人一等。

李和鸣可不是这么想的。他认为"工作没有贵贱之分,也没有高低之说,只有分工不同。俗话说得好,三百六十行,行行出状元。既然组织把我分到了餐饮行业,我就要脚踏实地地干下去。要干出一番事业,干出成绩,干出名堂!"

人有理想和志气,按说就能成功,可现实总与愿望相反。现实情况是,每天穿上围裙、戴上袖套,只有围着灶台转。老师傅也不教年轻人技术和厨艺,只能给老师傅打下手。

他开始学白案,就是做包子、馒头等面食,跟面粉打交道。一天下来,整个人都被灰面扬得看不清鼻子嘴脸,根本学不到技术。他想,不能这样虚度时光,于是找领导要求改行学红案,得到批准。

为了更好地掌握红案技术,他拜了楚菜名家喻承汉为师。常言道,师傅引进门,修行在各人。除了跟师傅学习技术,他还博览群书,加强烹饪理论学习;博采众长,潜心研究菜肴制作方法,并写了10多万字的读书笔记。

由于勤奋好学,他的烹饪技艺和理论素养都得到极大提高,先后创新制作了清蒸除骨甲鱼、香煎青鱼唇、清炖白鲢、粉蒸松鼠鱼、粉蒸清鱼甩水、干炕刁鱼等菜肴,挖掘整理了老"沔阳三道茶"等风味名宴。他用南瓜与茼蒿两样食材创新制作的太极图蒸菜,看之抢眼,食之勾胃,沁人脾胃。此外,还有100多道深受食客青睐的菜肴。他创新制作的菜肴、名宴,多次获得国家级、省级嘉奖。

近年来,他多次受邀在北京、江苏、江西、湖南、武汉、宜昌等地讲学、交流"沔阳三蒸"技艺,并担任全国烹饪技能比赛活动评委。还应邀参加中央电视台《中国味道》、财经频道《消费主张》《远方的家》,湖南卫视《天天向上》栏目,内蒙古电视台,台湾东森电视台和湖北卫视《经视频道》等关于"沔阳三蒸"节目的录制与制作;在《当代旅游》《东方美食》《荆楚美食》等报纸志发表文章,宣传"沔阳三蒸"。

主人公李和鸣

传承工作矢志不渝。为了更好地弘扬"沔阳三蒸"文化,在李和鸣的努力及不断推动下,2012年"沔阳三蒸"被省文化厅授予"湖北省首批饮食文化知名食品",2014年仙桃市成功申报"中国沔阳三蒸之乡",仙桃沔街成功申报"湖北省饮食文化名街",沔城镇成功申报"湖北省饮食文化名镇",等等。

主人公李和鸣

在平凡的岗位上,李和鸣留下了不平凡的事迹,享誉省内外。他是高级烹饪技师、资深级注册中国烹饪大师。他身兼多职:湖北省职业技能高级考评员、武汉商学院客座教授、仙桃市第八届政协委员、湖北省烹饪酒店行业协会特邀副会长、仙桃市烹饪酒店协会和仙桃市沔阳三蒸协会会长、仙桃市李和鸣大师工作室董事长等等。然而,这些头衔并没让他骄傲和满足,而是当成了弘扬"沔阳三蒸"的动力。

作为传承人,他觉得有责任把"沔阳三蒸"发扬光大。他重视对年轻厨师的培养，倾其所能培养"沔阳三蒸"接班人；把厨德修行和技艺传承作为重点，甘为人梯，还把仙桃餐饮行业的精英及自己的弟子，毫不保留地推荐给楚菜名家卢永良、孙昌弼、余明社、涂建国等人。这种为青年厨师牵线搭桥拜师学技的举动，在业内传为佳话。

李和鸣对年轻人的培养，总是呕心沥血毫无保留。年轻厨师参加各类烹饪比赛，他都要亲自指导，提出建议。仙桃厨师在各种赛场上争金夺银，取得良好成绩，与李和鸣大师的重视和培养，是密不可分的。

李和鸣持之以恒的毅力是惊人的。坚持走创新之路，几十年如一日地提高自己的技术能力及创新水平，在平凡的餐饮行业取得了骄人业绩，并获得了国家和省内的多个奖项：

1995年10月，获湖北省第三届烹饪技能大赛金奖；

2010年4月，被中国饭店协会授予"推动中部地区餐饮业发展"成就奖；

2010年12月，被湖北省商务厅、湖北省烹饪酒店行业协会授予"湖北省十大鄂菜大师"称号；

2012年9月，被湖北省文化厅评定为"沔阳三蒸"非物质文化遗产传承人；

2012年10月，被中国烹饪协会授予"中华金厨"奖；

2014年11月，被仙桃市人民政府授予"行业领军人才"荣誉称号；

2015年3月，被湖北省人民政府授予"湖北省首席技师"荣誉称号；

2015年6月，被武汉商学院聘请为客座教授；

2015年9月，被中国烹饪协会授予"资深级中国烹饪大师"称号；

2017年5月，被中国烹饪协会授予"中国餐饮30年杰出人物"奖；

2017年12月，省人社厅批准建立"李和鸣大师餐饮工作室"；

2019年12月，主编《沔阳三蒸》《中国沔阳三蒸研究》等书籍；

2019年12月，被湖北省烹饪酒店行业协会授予"终身成就突出贡献人物"称号……

这些成绩和光环，都是李和鸣大师一天天一年年闯出来的，一点点干出来的，是他用青春和汗水拼搏得来的。

他的秘诀就是理想加毅力。有毅力，再苦再累也能坚持不懈；有理想，才能排除万难成就事业和人生。他成功了，是名副其实的传承人，没有辜负领导和师傅的培养，更没有辜负自己几十年的辛苦付出。

经历的是沧桑，成就的是尊严！当年都不看好的餐饮行业，如今被他做得风生水起红红火火。他名下弟子遍布荆楚大地，有相当部分也成为餐饮行业的精英人才。他用志气和汗水谱写了时代新篇章。

今天，他是当代青年人的榜样，是新时代的领军人物，也是我们这代人的骄傲！

我在佩服他的同时,更要祝福他,愿他永远健康幸福!愿"沔阳三蒸"的名声享誉海内外,越走越好,走得更远!因为它是深受人们喜爱的既美味又营养的佳肴。

最后,赋顺口溜一首:

《赞"沔阳三蒸"》
粉蒸各种大鱼块,
端上餐桌人人爱,
好吃营养又补钙!
粉蒸五花最解馋,
肥瘦相间又好看,
吃了还想来一盘!
粉蒸排骨味道好,
香气扑鼻质更高,
不亏蒸菜美佳肴!
粉蒸蔬菜胜糕点,
茼蒿蒸菜是首选,
稀滚烂淡是标准!
粉蒸萝卜性味甘,
消食化积保平安,
食疗免得开药单!
芋头虽小是个宝,
粉蒸软糯营养高,
多吃芋头身体好!
莲藕土豆虽常见,
粉蒸出来特粉面,
吃后回味总想念!

## 九 往事不如烟

## 少年识得愁滋味

熊志军　雷玉琼

我们夫妇俩都是在通海口镇出生长大的，真正的青梅竹马，两小无猜。通海口是我们人生的第一站，回忆起来有说不尽的话题。

志军1952年出生，1970年12月入伍。在这18个春秋中，有16年在通海口度过。玉琼在通海口的时间，恰好也是16个年头。因此，我俩的青葱岁月都留在了通海口。

作者熊志军、雷玉琼

我俩都经历过五六十年代，这让我们从小就体验到家庭生活的窘迫和柴米油盐的不易。回忆往事，我俩深深感到，我们既是不幸的一代，又是幸运的一代。不幸是我们在最美好的花样年华过早受到了贫困生活的折磨，并在最宝贵的时光失去了学习的机会；幸运是我们赶上了改革开放的历史机遇，耳濡目染了国家经济从崩溃边缘走向欣欣向荣，个人也充分享受到了时代的红利。时代的悲喜剧，在我们这一代身上得到了完美演绎。

回忆儿时恍如隔世，因为变化太大了，但那"几多风雨几多愁"的日子，却历历在目。我们俩都出生在多子女的大家庭，正所谓家大口阔。志军是家中长子，玉琼是长女。在通海口镇上，两家的经济条件具有一定代表性，既不算最差也不是最好，同大多数家庭一样过得艰难。我俩从小的共同感受，就是日常生活的拮据，愁吃愁穿愁米愁柴，还愁学费……父母微薄的收入，经常入不敷出、捉襟见肘。

志军记得直到上小学，一家六口还租住在别人的房子里，真是上无片瓦，下无立锥之地。后来在父亲朋友的热心帮助下，用竹子和稻草、秸秆搭建了一个茅草棚。没有墙，只是用秸秆和黄泥巴糊的壁，屋顶是油毡和稻草。虽然冬冷夏热，却总算有了个安身之处。但一遇刮风下雨下雪，就要与天斗了。印象最深的是晚上下大雨，外面大下屋里小下，所有能盛水的器皿，包括澡盆、水桶、菜钵子都用来接屋漏水，一家人只好蹲在床上等天明。有一年冬天下了一夜大雪，不仅屋里到处飘着雪花，门也被积雪封住了；还有一次刮龙卷风，屋顶上盖的稻草瞬间被刮走，一家人四处追着把稻草抢回来。

玉琼常常回忆肖姥爹（姥姥）当家不易。她父亲是镇上的干部，根本顾不了家，母亲在服装社没日没夜赶工，当家主事的重担，全落在肖姥爹身上。那时最难的，是"巧妇要为无米之炊"。为了填饱一大家人的肚子，肖姥爹想尽了办法。除了安排一家人的生活，还想方设法养鸡养鸭养猪，每天迈着一双小脚四处为它们找饲料。每到月底，就发愁没米下锅了。定量供应的粮食实在有限，尽管平时用瓜菜代替，半饥半饱，也还是经常陷入断顿困境，只好找四邻告借，借米下锅。

志军父母更是小心翼翼，一分钱一分钱、一斤粮一斤粮掰着指头过，稍微算计不周，生活就会难以为继。看到父母的愁容，常常担心不知哪天会揭不开锅。好在有母亲的精心安排，才避免了断顿的窘况。

穷人的孩子早当家。家境的贫寒，不仅使我们从小就懂得生活艰辛，而且早早分担家庭重担，比如做家务、到外面谋柴谋米，帮助父母养家糊口。

玉琼是家中长女，家务活自然大部分落到她身上。每天放学回家，都有干不完的家务活等着，光是一家八九口人的衣服清洗晾晒就够她忙的，还要打猪草喂猪、挖蚯蚓喂鸭子，经常忙到作业顾不上做，学校的午睡时间也被占用，为此还受到老师批评。作为四个女孩中的老大，照顾三个妹妹也成了一项繁重任务：每天督促她们起床上学、为她们梳头洗脸换洗衣服……五妹至今还深情地回忆说："我们那时幼小，只能看到父母劳碌奔波的背影，常常陪伴我们的是大姐；长姐如母，是几个妹妹的主心骨，我们大小事情都是找大姐。"

父母微薄的薪水无法保证我们的基本生活，但凡想办法能解决的就尽量不花钱。比如烧柴买不起，一到星期天和节假日、寒暑假，只要不是下雨天，便很少在家休息，都去镇子周边拾柴禾，枯草树叶庄稼秆皆是搜寻对象。后来捡柴的人越来越多，近处的柴禾越来越少，只好去更远的地方。两根麻绳一条扁担，走在乡间小路上四顾茫然，十分忐忑，因为没有固定的目的地，只能盲人摸象碰运气，走到哪算哪。农地里捡不到，就割路边田间的野草。捡完了还要挑回家，人却早已筋疲力尽又饥又渴，尤其夏天暑热难耐，挑着几十斤的担子只能几十米几十米地往前挪，咬紧牙关坚持到家。

母亲不上班的时候，会带着志军出去，他心里就踏实许多。志军印象很深的是有一年春节，三天年假都没休息，母亲领着他和弟弟去捡柴禾，春节过成了劳动节。玉琼常与哥哥弟弟一起去拾柴，包粽子的手艺，就是在拾柴回家的路上学会的。她年幼个头小，那回实在挑不动了，就坐下来歇肩，学着用苇叶和沙子包粽子，也算是苦中作乐了。玉琼的弟弟不到10岁就出去拾柴，饱尝了野外奔波的艰辛，烧柴做饭总是格外珍惜自己的劳动成果（柴禾），恨不得一根根数着烧。

粮食收割的季节，我们就到收割后的地里去捡粮食，捡多捡少全凭运气。最倒霉的是遇到"管湖佬"，把我们辛辛苦苦几个小时的成果全部没收。那种沮丧的心情，至今记忆犹新。

儿时生活的艰难体现在方方面面。玉琼清楚地记得，每到雨雪天气没有雨具和雨鞋上学的困境。夏天还可以光着脚丫子，但冬天走到学校鞋子全湿了，坐在教室双脚冰凉，只得忍受寒冷的折磨。她当时的最大梦想，是有一双雨鞋，却也只是一种奢望。

当年停课闹"革命"，十四五岁的我们便想办法挣钱补贴家用：一是寻找各种零工短工的机会，给人挑水、在砖厂挖土、在建筑工地搬砖等等，什么活都干，都是重体力劳动。苦和累我们不在乎，只要有活干，每天可以挣到一块多钱，对家里就是很重要的收入补充。二是实在没零工短工可做，就到乡下水塘河沟去钓鱼，运气好能钓上三五斤，到集市卖一两块钱，那便是最快乐的时候。总之为了生存，从家长到孩子都必须全力以赴，想尽各种办法。

尽管如此，还是难以填饱肚子。特别是三年困难时期，"饥饿"成为我们少年时代最深刻的记忆。

那时志军家没早餐，每天空着肚子上学，挨到中午回家，早已饥肠辘辘，饿得前胸贴着后脊梁。每天的主食都是胡萝卜、青菜、南瓜、红薯等，锅里的大米就像散落在天上的星星。除了"瓜菜代"，还吃榨过油的渣饼，即把渣饼碾碎之后去掉杂质，做成粑粑充饥。有一年春节，母亲居然用它做出了很好看的点心，放点糖精有股甜甜的味道。志军还记得，邻家小孩要用漂亮的玻璃珠交换他的点心，他也没舍得。

志军的二弟出生在1959年。母亲工作繁忙又缺乏营养，根本没办法喂养，结果造成深度营养不良，差点送命。看到二弟的模样，志军才真正知道什么叫"皮包骨"，全身没一点肌肉，抢救输液时，干瘪的皮下立即撑起一个大鼓包。在那样恶劣的条件下，他居然生存了下来，可见其生命力之顽强。不过二弟晚年非常幸福，算是上苍对他的弥补吧。

随着国家经济状况逐步好转，饥饿也一步步远离。不过在粮油定量供应的时代，填饱全家人的肚子，还是需要想尽各种办法。比如不买整米买碎米，同样的粮票可以多买一点。另一个补充渠道，就是向农民高价买粮。当然这是非法的，只能偷偷摸摸进行。一般在半夜鸡叫的时候，买卖双方到镇乡接合部交易，如同当年做地下工作。正是依靠这类地下经济活动，才缓解了定量供应不足的困难。

真正摆脱衣食之忧，还是改革开放取消各种定量供应之后。

在我俩童年的回忆中，还有一愁——就是每学期开学时愁学费、愁没钱买学习用品。虽然每学期的学杂费只有一块五毛钱，但几个小孩上学就得好几块钱，这对收入极其微薄的父母，也是难以承受的负担。因不能按时交学费而受到老师批评，只得回家向父母催要，催得他们一脸愁容，我们既羞愧又十分无助。有时拿一毛钱买练习本和铅笔都无能为力，真是穷得叮当响。

但即使在物资奇缺的年代，我们的父母依然想尽办法，让我们的童年和少年多一些快乐，给我们留下很多美好回忆。

艰难的日子里，过年过节是孩子们最大的期盼。越是贫困的日子，这种期盼便越强烈。因为只有逢年过节，才能改善生活吃上肉鱼，有时还能穿上新衣服。孩子们的期盼和家长的重视，使得贫困时期的节日，更具浓浓的喜庆气氛。

一年中印象比较深刻的节日，一个是端午节，吃粽子、咸鸭蛋，看龙舟比赛；一个是中秋节，除了最困难的那几年，月饼还是不可少的，家乡食品厂的酥皮冰糖月饼，里面夹着漂亮的红绿丝，至今还是记忆中的美味。

最隆重的当然还是农历春节。这是小孩们一年中最快乐的时光，父母和长辈也早早谋划全力以赴。一进入腊月，家家户户就忙碌起来，准备年货。物资短缺的日子里，就得比拼谁家的办法多，家家户户八仙过海各显其能。从腌制腊货到蒸米饭、炒米花、熬糖做麻叶子（米花糖），从磨豆腐到塌（烙）豆饼、炸油货，各种年货花样繁多，要凑齐这些物资可不是一件容易的事。

腊月是最忙的一个月，大人们白天要上班，所以年货的准备只能在夜晚进行，有时会通宵达旦，而且越忙越高兴。只有物资相对丰富才有得忙，否则无米之炊也忙不起来。我们小孩子也常常陪着大人熬到半夜，兴奋得睡不着，因为这是一年中最丰盛、最充满欲望的时候，可不能错过。

大年三十晚上，吃过一年中最美味的团年饭，洗完澡换上新衣服（实在没有就改旧为新，把衣服里子翻到外面，也聊胜于无），孩子们提上灯笼，在黑暗中嬉闹。那时没有

麻叶子

不绝于耳的爆竹声，只有零零星星的冲天炮偶尔响起，伴随着孩子们的欢歌笑语，装点着除夕之夜的节日气氛。

大年初一到初三，是年味最浓的时候，不仅可以吃到平时没有的美味，还有自己家里做的种种点心，传统的节庆活动也丰富多彩。随着铿锵的锣鼓声，舞龙灯、玩狮子、彩龙船等各种年俗表演陆续来到镇上，一时热闹非凡。春节期间，镇上的文化中心——大戏院还常常请来戏剧团演出古装戏。买不起戏票的小孩们，就围在戏院门口，等待最后五分钟敞开大门。

短暂而热闹的过年期间，平时生活的种种烦恼，都被浓浓的年味一扫而光。

过年对大人来说是一个歇脚站，于我们小孩则是最快乐的时光。此后，随着物质生活的日益丰富，传统的年味日益淡去，无复当年的味道——"此情可待成追忆"。

度过最宝贵的童年和少年，我俩相继离开了生养我们的通海口。但关于通海口的记忆，却没有像通州河水逐渐干涸，而是始终舒缓地流淌在我们的记忆里，出现在我们共同的话题中。

关于通海口的童（少）年回忆有苦涩，也有欢乐和温馨。那种大家庭多子女、三代甚至四代同堂的传统生活，常常让我们感慨留恋；那些艰辛生活的磨砺，锤炼了我们的意志，提高了我们的生存能力，为日后成长打下了坚实基础，成为我们一生的宝贵财富。

每当回忆这段难忘的岁月，我俩都自我解嘲地感叹：不经历风雨，怎么见彩虹！

## 通海口老家的街坊

张德荣

1953年8月，我们家在通海口镇有了自己的住房（此前都是租房子住）。新房子就坐落在堤街北侧的东头。

1958年，通海口镇实施地址、门牌改革，堤街被命名为"生产堤街"，我们家门牌号为"生产堤街6号"，家门口挂上了蓝底白字的铝合金门牌子。

生产堤街是沿通州河东西走向。向东是下桥，一座木制小桥，1955年拆除。这样的木制小桥在通州河通海口段有两座，另一座就是通海口人所称的上桥，在现在九家桥西约20米。这座木桥什么时候拆除的，我就不知道了，因为我离开了通海口镇。再向东就是现在的水泥桥，我们叫它"公路桥"，或者"汽车桥"。

生产堤街往西，就是"好吃街"。

当时，我父亲张良臣在黄家榨坊（人工作业榨取食用油作坊）做工，是炒籽、主榨师傅。母亲李近平是家庭主妇，照料我和弟弟张德华。适时季节，她有时出去拾粮食（农民收割时洒落在地里的粮食，如稻穗、麦穗、高粱穗），有时割马草（喂养骡马牲口的饲料），有时捡柴禾（过去做饭没有煤气、液化气，煤都很少见，都是烧柴禾）来贴补家庭生活。我的父亲母亲为人处世和善，勤劳节俭，平凡伟大。

黄家榨坊地处通州河北、堤街南，即现建清真寺的地方。

我们家的左邻右舍、屋前屋后十分热闹：有勤行（卖早点的）、磨坊（磨面粉，压面条）、轧花铺（将籽棉加工成皮棉）、小酒馆（只卖酒和花生米等下酒小菜）、牛行（做耕牛生意的）、豆腐铺、酱油铺、手工织袜子的小作坊、箩行（搬运工），还有阉猪佬、杀猪屠夫⋯⋯

从我们家出门，过堤街往前（南）穿过不到30米的小巷，就是李家牛行。是李家老大老二两兄弟开的，我称呼他们大爹、二爹，回族人。大爹个头不高，人爽快实在，有两儿两女。大儿子李家雁、二儿子李家友、大女儿李家运、二女儿李家示。二爹是个盲人，个头比较高，力大无比，再顽犟的牛到了他手里，都老老实实。二爹的儿子叫李家林，也是个壮实的"大力士"，再调皮捣蛋的牛，在他手里都服服贴贴。特别是宰牛时，他两手把牛的两只角一掰，猛地将牛摔倒在地，然后用膝盖压着牛的脖子，又将一块黑抹布盖在牛的眼睛上。据说是不能让它看天，也有人说是屠夫看到牛掉眼泪，就心软下不了手。于是，干脆蒙上就啥也看不到了。他左手捂住牛的眼睛，右手紧握宰牛刀，猛地朝牛脖子下插刀，直刺而入。不一会儿，那牛就蹬蹬四腿，一命呜呼。

这里我要解释一下，为什么叫"宰牛"不说"杀牛"？回族宰牛时有个讲究，事先还要请阿訇念念经，图个吉利。

牛行的牛棚就坐落在通州河旁边一块空地上，每天的生意很红火。来自通海口周边和远方的牛贩子们，不等天亮就把要交易的牛牵到牛棚拴好，等着牛行老板看牙口（就是看牛的年龄，有几岁）、抹肉标（长得肥瘦），定价交易，时而也相互讨价还价。每天一大早，牛行就沸腾起来了。牛的嘶叫声、人的喧闹声，有的牛不老实，偶尔还打打架，十分热闹。整个牛行交易场所充满了生机！

李家林师傅的爱人金婶娘，烹饪牛娲（回族人不说牛肉，说牛娲）是一把好手。只要宰完牛，很快就会从她家厨房飘散出烹调牛娲的香喷喷味道，实在诱人垂涎三尺。特别是她家的孩子李和庆、李和清、李贵芝端着香喷喷牛娲的饭碗，在房子外面吃或拿着香喷喷的牛骨头啃的时候，看得我们馋死了，口水在喉咙里转圈，有痒痒的感觉。

牛娲香味现在再也闻不到了，即使能闻到一点，也不是过去的那种感觉。这让我情不自禁地想起来，现在不管吃什么，都吃不出儿时的那种味道了。

牛行旁边是陈顺章师傅的轧花铺，他们有个儿子叫陈家松。轧花铺正好和我们家面对面，中间隔一块空地。每天早上，顺章师傅的轧花机就开始工作。白花花的棉花随轧花镐子（轧棉花的机器）的"嘎嘎"声，很快就脱掉棉籽，绵绵不断地落在棉花架子上，成为棉花成品。

顺着牛棚往前一点，就是通州河边上唯一的青石码头（1959年发生百年难遇的大旱，开河清淤时拆除）。码头的早晨十分繁华，也是我们自豪地称通海口为"小汉口"的典型代表，显现出那个时代的繁荣昌盛。东来西往满载货物的帆船，都得在这里停靠、卸货、上货、做生意，热闹非凡。船只有的来自上游泽口、襄阳、潜江，有的来自

热闹的河埠头

下游彭场、仙桃、汉口，还有篾行（做竹器生意）和条子铺（做木材生意）从湖南甚至更远处放过来的竹排和木排。我记忆中最难忘的，是来自湖南两头尖翘的苕船，上面载满新鲜的红苕和制成的苕粉、苕果子。特别是苕果子，香甜可口，入口即化，十分美味诱人。

我家右边斜对面，是马家磨坊。老板叫马松儿，个儿不高，身上总围着一条围裙，成天忙忙碌碌的，说起话来声亮嗓大。他爱好很多。除了对麦子的优劣一眼入

骨外，面条的劲道更是了如指掌；时不时哼哼小曲儿；特别对斗蛐蛐儿感兴趣，五花八门的蛐蛐儿他都能说出个子丑寅卯。他们家有两个儿子和一个女儿。大儿子马洋林，本分老实话语不多，踏实能干，以前是磨坊的一把好手，后来转行进了箩行；二儿子邱定远，说话有点结巴（口吃）；女儿马芳英长得很靓丽。

每天一早，只要听到驴叫，就是马家磨坊开始磨面了。紧接着就会听到箩柜（用脚蹬的筛面粉的筛子）"哐当哐啷"的声音。这声音响个不停，有时伴随着驴叫和干活人的喧哗，仿佛形成了美妙交响曲。因此，时常能听到有些调皮的小孩自编自唱的顺口溜："柜柜，打箩柜，先卖驴子后卖柜。卖了驴子卖了柜，回家好好睡一睡。"可能是厌恶磨坊噪声吧。

马家磨坊磨面粉、压切面一条龙生产，门前顾客络绎不绝，生意很火爆。

我家左边斜对面，是斌胡子老头的小酒馆。斌胡子老头是个孤单老人，说起话来笑眯眯的，人很随和，成天叼着雪茄。为谋生，自己开了家小酒馆。南来北往的酒客，就着花生米喝酒聊天，其乐融融，天天如此。

我家左边邻居，是乔家勤行。为什么叫"勤行"？就是说做这门手艺的人要勤快，起床比人家早，顾客没来之前做好一切准备，有些食品须事先做熟；睡得比人家晚，做好第二天早上卖食品的准备，一样一样面面俱到。"勤行"，就是一个起早贪黑赚点辛苦钱的生意。

勤行老板乔洋儿个头不高，说话爽朗，人很勤快，每天起早贪黑，不辞劳苦。他们家有兄弟三人，大弟乔凤洋，有残疾；二弟长期有病，无业，人称"三猴子"。乔老板和左婶娘育有五个孩子：大女儿乔登芳，是个靓女，能歌善舞；二女儿乔香儿，聪慧，能干；大儿子乔登宝，从小患眼疾双目失明；二儿子乔乐新一表人才；小女儿乔玉珍，天真活泼。

乔家勤行的早点很丰盛，有米酒、豆浆、油条、面窝，还有锅盔、馄饨、欢喜坨等，每天顾客盈门，生意兴隆。

紧挨乔家勤行的是张大婶。她老伴徐先银是建筑工人，通海口有名的"徐瓦匠"。两个人无儿无女，倒十分乐观，特别对我们这两家的小孩很好、很热情。

沔阳特色早点面窝

再往左边，就是高家棉花铺了。老板高广庭，老板娘魏婶。他们有六个孩子。大儿子高大友，勤奋努力，写得一手好字；二儿子高大洪，学习成绩优异；大女儿高大凤，美颜好学，是20世纪恢复高考后的华中师范大学高材生；二女儿高大萍聪颖靓丽。还有两个孩子，一个叫高大鹏，另一个叫高大明。因为我离开通海口镇比较早，对他俩的印象不深。

高家棉花铺的轧花工艺，和陈顺章老板有所差别。他们采用的是牛拉镐子（弹棉花机器），省力一些，但棉尘多得多。有时高老板或魏婶娘从工作间出来，浑身上下都裹着棉尘，鼻子眼睛都看不清楚，确实辛苦。棉花生意倒是蒸蒸日上，十分红火。

高家棉花铺是生产堤街1号，紧临耙头街（现为镇海寺街）。

王家豆腐铺就在耙头街西侧第一家，老板叫王小汉。他们家的后门和我家后门延线相对（我家菜园子后面很宽阔，只有菜园大队建的一个厕所。20世纪60年代改建为篮球场，成为集镇上除中学和小学外唯一一个篮球场），在我家菜园子里就可以看到王家豆腐铺作业时的忙碌场景。

王家豆腐铺的豆腐品种非常多，有火烧老豆腐、嫩豆腐、酱油干子、千张（豆皮）、豆筋（腐竹）、霉千张、霉豆渣等。他们家的豆糕一层一层的，而且夹有葱花等香料，表面酱色，切开端面雪白，还有葱绿、葱白。真可谓是"一清二白"，十分饱眼，吃起来也特别美味爽口，回味无穷。儿时以后，我再也没有吃过那样的味道了。他们家的霉豆渣切成小薄片，晒干后，和白菜、粉丝加上腊肉翻炒、加汤，架在煤油炉子上吃火锅（那个时代只有用煤油炉子加热），香味无以言表。

耙头街再往北，就是唐家整米铺（将稻谷加工成大米）和张家磨坊（专门加工面粉）。在我家后面的菜园子，也能看到这两家的后门。

紧挨着这两家后面住的，就是卖糯米胡子酒（米酒）、溜粑（米软饼）的魏柏儿老人家。他有两个儿子和三个女儿。大儿子叫魏尚炎，二儿子叫魏尚典，一个女儿叫魏尚凤，其他两个女儿名字忘了。他们家虽说做点小生意，仍食不果腹。而且家里还有多病的老母亲和身体不好的妻子。每天不等天亮，这老头就走街串巷，竭力叫卖，一天下来也只能养家糊口，非常贫困。

紧挨着魏家住的，就是阉猪佬（阉割猪仔性器官）胡登林师傅家。胡登林师傅的家正对着我们家的后门，相距几十米。他为人性格开朗，阉割技术娴熟。

阉猪时，小猪在他手里就像一个宠物玩具：只见他一手紧握小猪的腿，胳膊肘顶住猪脖子，一手持小小阉刀，瞬间在猪的后腿跨侧切开一个小口子，中指和食指迅速伸进小猪体内旋转一周。说时迟那时快，阉割手术就干净利落地完事了。然后，将小猪伤口附近的鬃毛用大拇指和食指揪着一捻，伤口就好像马上愈合了，也不流血；当他刚刚放开，小猪就一溜烟跑进猪圈了。

他做生意是走街串乡，乐观自在。五六十年代，他的这门独特手艺在通海口可说是独一无二。

我家的右边邻居，是笋行的几家挑脚（搬运工人）。依次是米大顺、颜叔叔、王爹和肖爹。

米大顺有三个女儿：大女儿米开秀，二女儿米颖珍，三女儿米颖娣。颜叔叔有一个儿子，名叫颜永贵，和我是发小，我俩一起参军入伍，又同时复转退役。王爷和肖爷都无儿无女，同老伴相依为命。

笋行干活十分劳累辛苦。每天起早贪黑，赶着马车搬运货物。或到码头卸货，或到粮食仓库卸粮、运粮、堆垛、码包，或长途跋涉远程拉货，或肩挑马驮，或用手推车拉货送货。艰辛劳累挣钱，都是为了养家糊口。

光阴似箭。转眼，我离开通海口已经56年了。回忆起五六十年代初，我家左邻右舍的那些街坊邻居，往事历历在目，记忆犹新。我想念我的故乡通海口镇，思念我左邻右舍的父老乡亲，更怀念那些已经仙逝的老人。

## 通海口老街旧事和旧物件

张礼成

### 一、老街旧事

又做了一个梦,梦见走在儿时通海口的正街上。走过庞顺昌和金吉成的广货铺,走过严鑫记,走过朱三房,走过夏家药铺……走过这样那样的商铺,一直走到印家糟坊和黄家染坊。醒来后怅惘不已。

不过,最怀念的还是我出生和成长的好吃街。虽然零星地写了一点,总难尽意。好吃街铺满青石,但是不如正街的石板整齐。我怀念老正街,可是对好吃街更有一种说不清道不明的怀旧情结。

每天清晨,男的提着夜壶,女的提着围桶到茅室里去,接着那些老式大门陆续打开。当年的一般人家,多少养了几只鸡,它们欢快地飞到街上。此时已有挑柴火和赶街的人在来往。不一会儿,街上就响起"洋糖发糕""冲担锅盔"等小吃的吆喝。高低起伏的叫卖声越来越密,人越来越多。如果是夏季的晴天或节日,真可谓摩肩接踵。

一般是有屋檐的老房子,里面光线暗淡,好在那门面由多副木门组成,白天门都搬开,屋内的商品尽收眼底。太阳出来了,屋里显得格外明亮。这时如果买东西的人不太多,女人们便将洗过的衣服放在小木桶里,带一个棒头,提到街头的州河去捶打和摆洗。

烧早火的时候到了,街上的人渐渐稀少。挑水的肖老头正在给人家挑水,那裤脚挽在古铜色的腿肚上面,他的赤脚在石板街上映出一个一个脚印。那些赶街的乡下人,挑的挑,背的背,正在陆续地回去。

午后的好吃街是宁静的,时而有卖小吃的在吆喝。远远传来正街打铁的声音。小老板坐在柜房里打瞌睡,女人们总有做不完的家务活。那街不过五六米宽吧,街两边的女人各坐在自家门口,一边纳鞋底,一边有一句没一句地拉家常。

这时,一个穿红缎子上衣的少妇从街上走过,大家认得这是张老四或王老五家里的新媳妇。几个孩子则紧跟在少妇的身后唱起来:"新姑娘,咚咚锵,嫁到婆家喝米汤,米汤喝足哒,养的儿子胖嘟哒……"唱得那新娘子羞红了脸,低着头匆匆逃去。有时走过一个头缠手袱子,穿着新浆洗的阴蓝外衫的女人,街上的人也认得这是某家的,刚生过孩子还没满月。老规矩,生了孩子必须头缠袱子,未满月就不能到别人家里去。

　　街头午后的寂静，难免使人寂寞。忽听人大叫："老鼠老鼠……"于是男女老少大呼小叫，有的拿顶篙，有的抢鸡毛掸子，看似将它围住了，这小东西竟从腿缝中蹿到店子里去了。偶尔有被称为"山蛮"的外地人牵一只猴子，或者衣着破烂的叫花子，手里盘一条蟒蛇，挨家挨户讨米、讨钱，孩子们围着，跟着，可以得到好半天快乐。

　　夏季日子长，一家一家的老小，便围着长板凳或小桌子，在各自的大门口吃晚饭。碗筷声、谈笑声、孩子的哭闹声，响声一片。洗澡后，大家将竹床搬到街上，大人小孩挤睡在竹床上。人们拍打着芭扇说家常，或者提起那些遥远的往事。映着晚霞，有蝙蝠和蜻蜓在头上无声地飞舞。在石板街上玩耍的儿童，还能感到石板的余温。

　　冬季日子短，各商铺陆续关门后，开始吃燃灯饭。一家大小围着桌子。孩子们则跪在板凳上，有的要汤，有的要水，你争我夺，吵闹不已。争夺中一个碗掉到地上摔破了，孩子张口哭起来。大人拾起破碗合了一下，接着对那脑壳就是一筷子。孩子被鱼刺卡在喉咙，大人便说："快去求司命爹拔刺吧。"于是将火剪立在灶门口，再祷告几句，同时叫小孩吞一口盐菜，那刺便俨然消失了。

　　那时老街的屋角常见这样的字条："天黄黄、地黄黄，我家有个小儿郎，过路的君子念一念，保我的小儿一觉睡到大天亮。"家里有夜晚哭闹的婴儿，大人在各处贴上这样的字条，几天后小儿俨然睡安稳了。这是一个古老的风俗。

　　老街的夜只有星星和月亮照明，夜晚屋檐下显得更加黑暗。大约是因为孩子发烧吧，常有女人跪在门口烧钱纸来求祖先或菩萨保佑。那火红的光一时照亮了街上的屋檐和大门。

　　那是真正的夜，间或传来街上开门或关门的声音，寂静中不知哪家的婴儿在哭。街头的狗叫了，也许正走过提马灯或灯笼的夜行人。时而传来谁家女人哄小儿安睡的歌谣。夜深了，百年老屋只听见老鼠在窸窸窣窣跑动。从深巷里，又传来野狗凄厉的嚎叫。

　　天亮时，街坊们惴惴地谈起，那狗仿佛就在王老二的后门口叫，一定是看见王老二的生魂了。因为王老二的病已经不能治了。人们按照古老的方式，各自度着自己的人生。

　　老街上的人不晓得天气预报为何物，但是他们背得"清明断雪，谷雨断霜"，背得"二月二十八，冻死鸡和鸭"等天气谚语。知道白龙暴，正当雨横风暴惊雷震天的三月；知道某月某日寒婆婆过江，又要添寒衣了。每一个典故，都是一个动人的神话。中秋过后的深夜，夜空传来飞雁的哀鸣，他们说"雁儿头上带霜来"，又到深秋了。

老更夫的梆子在我的记忆深处回响,但是人们自有判断时间的方法。太阳和月亮是古老的时钟。每家离不开雄鸡定时的啼鸣,当年磨坊的驴子凌晨的吼叫,更能使早起的人惊醒。岁月裹挟着往事,在老街上流逝。

有人娶媳妇了,有花轿热热闹闹抬过老街,于是一个新的家庭在这里兴起;有人过世了,白衣白帽的人们将棺材拥过老街,一个生命又在这里结束。儿时的我仰望的那些大人都不在了,我却一直怀念那些消失了的人和事。

## 二、旧物件

### (一)纺车和碾子

从前说乡村女子能干,常用"一颗棉籽滚上身"来形容。

就是从棉籽种下土,到生根发芽,再开花结果,直到将棉花采摘进屋,再弹棉纺纱织布。然后,做成衣服穿在身上。这一个漫长复杂的辛劳过程,该女子都能胜任。这样能干的女子毕竟不多。

但是在我的童年时代,那种古老的纺车几乎每家都有。一个坚固的"工"字形的纺车座子,右手装上竹片绷起的空心轮,上面有一个竹筒摇把,随着手握摇把的转动,左手棉条抽出的纱线便缠绕在下面转动的如筷子粗的亭子上。纺出的纱就可以织布了。织出的布叫土棉布,这是相对匹头店卖的"洋布"而言。

这样的纺车,我的家里就有一辆。纺车是祖母的伴。她白天纺,夜深了睡醒,还看见老祖母坐在那老得发黑的矮板凳上,在昏黄的灯光下,佝偻着背在纺纱。还听见时高时低的慢悠悠的呜呀呜呀的纺车声。当年土棉布有相当大的市场,那时还没有内衣卖,用土棉布做的内衣内裤是相当保暖的。女孩子们出嫁,用土棉布染成枣红色的内衣内裤是绝不能少的。

说了纺车,再说碾子。

当年吃的米都是碾子碾的。童年时代的乡村是宁静的。走在乡村小路上,常听到的声音有两种:一种是脚踏水车的声音,再就是碾子悠长的吱呀吱呀声。

石头凿成的槽围成圆形,那场地大约四五平方米吧。碾架下一前一后两个石轮置于槽内。槽内是谷子。人坐在碾架上,将一个长把铲子放在槽内,一边赶前面的牛,一边将碾到边沿的谷翻过来。这样周而复始地转,好半天才可以将谷子碾成米。

碾子一般离人家不远,我随母亲到外婆家去,如果听到前方有吱呀吱呀的碾子声,就可以断定又将经过一个村庄。

有一年的秋天,我家买了谷,就借用街西边刘湾的碾子。我觉得新奇好玩,不肯回去睡,陪大人坐在碾架上。只是打瞌睡,幸亏及时被大人抓住了胳膊,不然就跌到碾架下面去了。从傍晚一直碾到黎明。记得那是一个月夜,我亲眼看见明月的升起和落月的余辉。大约是人和碾子都没有空,只能利用晚上的时间吧。

（二）古老的灯

我能记事的时候，大约五六岁吧，家里还在用食油灯。一个几寸高的粗陶灯柱上，放着粗陶碟子——就是灯盏。盏内一般放清油，两根灯草芯放在碟子里。点燃灯草头，是一点颤动的昏黄的火苗。就凭着这盏灯，母亲夜晚纳鞋底，祖母纺纱，我们在灯下玩耍。

棉油点灯不如清油。如果换成白桐油点灯，那光线还要微弱。至今形容某人做事不主动灵活，还保留着当年"你是个桐油灯草，拨一下亮一下"的俗语。

除了有月亮的夜晚，即使繁星满天，那夜色也是幽暗的。晚上石板街两边的木结构砖瓦房关了门，那屋檐下更是一片漆黑。即使近邻串门，起身回家时，主人免不了说一句："天太黑了，我送你几步吧！"稍微远一点的，免不了点一个灯笼，将客人送回家。

街上的夜行人不多，那狗总是在暗夜里咬。昏黄的烛光，单调的脚步声，更显得夜的寂静和恐怖。

童年时代，我听了很多"鬼"的故事，再加上生性胆小，想象力丰富。有一回大人叫我借一把筛子，大约几十米远吧。我拿了筛子打着灯笼走，总疑心"鬼"跟在后面，越想越怕，不由得跑起来。一到门口就扑着大门，差一点把灯笼都弄熄了。

经常走夜路的人，家里免不了有一盏马灯。比如夜晚赶戏场卖小吃的，到外地赶早市的，还有更夫、屠夫、鱼贩子等。至于手电筒，竟是当年的时髦货。六七寸长那么个玩意，装在口袋里。碰到黑巷子，掏出来将开关一按，一道光将黑暗照得雪亮。如果不小心照在对方行人的脸上，他定会歪头眯眼用手遮着脸。

马灯

大约是1952年吧，那时的私营经济还比较繁荣，我记得正街的几家广货铺夜晚点着汽灯。这种灯只有个别师傅能开，那师傅也因灯的新奇而受到人们的崇敬。汽灯的光亮不过两三百瓦吧，不过在四周都黑魆魆的夜晚，它就是我们心中的太阳。至今在我的记忆中，仍保留着那夜的惊异和欢欣！

当年的州河南岸有一个戏园子，但是每到下季或过年过节，人们都热心去看敞台戏。那戏台的两边各吊一个夜壶灯，夜壶翻口上的灯火，在晚风中飘忽。多亏有人想出这个妙法，解决了在郊外看戏的照明困难。

（三）当年的雨具

通海口的皮匠铺，当年都集中在好吃街。陈旧的本色木柜台上，摆满了木屐、牛皮靴子。

虽然广货店里已经有了新式的橡胶雨鞋，但是大多数人还是习惯穿木屐和牛皮靴。

牛皮靴只有男式的，女式的只有在家里用布做。做得比鞋子结实，然后再用桐油多油几遍，过一段时间桐油干了，就可以过泥水而不透了。牛皮木屐和牛皮靴子当然也要刷几遍桐油，直到坚硬而泥水不透才告成功。

当年的乡村道路，大多是"天晴硬如刀、下雨一团糟"的土路。一双橡胶雨鞋在乱泥中是经不起几回拉扯的。而这种牛皮靴子，在冷天塞上谷草，再穿上厚棉袜，既坚固又暖和。一双牛皮靴可以穿好多年。至于木屐，更是人们喜爱的雨具。特别是天冷的日子，不用脱鞋，直接一套就出门了。当年的路都是原始土路，只要天气不冷，大人小孩都习惯赤脚走路。

当时的雨伞，一般为红色骨架的油纸伞。到亲朋家作客，除了穿着整洁，还象征性地夹一把油纸伞，这似乎是来客身份的标志。因为一般人的雨具是斗笠，比伞便宜。集镇的居民雨天不用下地劳动，用伞的人要多一些。总是忘不了儿时雨天的早晨，躺在床上听街上木屐敲击石板的叮咚声，听雨打油纸伞的笃笃声，它们引发了我多少乡愁！

一般乡下人的雨具是蓑衣和斗笠。唐朝人张志和就有"青箬笠，绿蓑衣，斜风细雨不须归"的诗句，可见这类雨具历史的悠久。直到20世纪70年代，蓑衣和斗笠在农村仍在普遍使用。蓑衣的价钱高一点，但是暖和实用。不像后来普遍应用的塑料布，虽

秧田里穿蓑衣戴斗笠的老农

然好看，可是在风雨中翻卷，既不挡风，也难遮雨。城里人穿的雨衣好，不过一般农民买不起。

买回的新斗笠要用桐油刷几回，直到油干不漏雨才好。斗笠的功能很多，晴天遮日，雨天挡雨。累了，往地上一丢可以坐；热了，端着圈可以扇风。在野外劳动，口渴了还能到沟里端水喝。女孩子们的斗笠，比一般人讲究，买回来油得如玻璃一般光滑。她们节假日上街，戴上斗笠穿上好一点的衣服，别有一种风韵。

如今，农村的年轻人大多进城打工了。留在乡村的，一般雨天也不用下地劳作。大家早已用轻便时髦的太阳帽取代了斗笠。女孩子撑着花伞走在街上，秀发一甩仪态万千，谁肯再戴斗笠而坏了发型？可是，作为岁月的见证，斗笠却鲜活地留在她们上辈人的记忆里。

# 不常见的自然景观和野生动物

雷震山

整个通海口，不信问问三十岁左右的年轻人，也可上升到四五十岁的中年人，有几个有这种眼福，见过如下的自然景观或者野生动物？更不要说儿童了。我幸运早出生几年，才有这个眼福目睹。

作者雷震山

——龙搅水，挂溜子。所谓"龙搅水"，就是从天上掉下来一条像龙的乌云（黑色），且不断搅动。就像龙尾巴在搅水，故而得名"龙搅水"。又因为形状像个溜斗①，故取名"挂溜子"。这种气象，大多出现在西南角的天边。我记得有一年同时出现七条这样的"溜子"，引得大人小孩争相观看。

——"蚂蚁"彩云。官话叫"彩虹"，通海口人叫"蚂蚁"。由红、黄、蓝、白、黑、绿、紫七色组成，如半圆形的拱门挂在天边。民谚有云："蚂蚁拦东，有雨一场空；蚂蚁拦西，骑马穿蓑衣。"意思是彩虹出现在东边，就不会下雨；彩虹出现在西边，必有大雨将至。还有一种叫"霞"的云，全由红色云团组成，且鲜红鲜红。这种云通海口人没有叫错，还是叫"露霞"。民谚说："早上发霞，等水烧茶；晚上（下午）发霞，干死喀蚂（青蛙）。"意思是早晨东边有霞光，就要下雨了；晚上西边出现霞光，天气会晴。这都是农民观测天气的谚语，非常准确的。

然而，不管是"龙搅水"也好，"挂溜子"也罢，现在都看不到了。

——魔术云。也叫"会变云""鬼云"。不管叫什么云，总之是会变的云，变成牛、变成马、变成人、变成山水、变成树木……变出各种各样你能想象到的东西来。夏秋两季日落的时候，随处可见这种云，由红、白、兰、乌云团组成。我儿时常跑到桥上去看，好多大人也欣赏，的确使你陶醉，像演"洋戏"（洋戏是河南人在我们这里谋生的一种游戏。那时还有一种"被褥戏"，就是用一块布围个大圆圈，一圈都有小洞，人就通过这个洞里观看里面的变化）。现在人们叫它"火烧云"。然而，"火烧云"也好，"鬼云"也罢，反正你现在也很难看到了。

——大雁。立秋后，成群结队地由北向南飞到排湖、天星洲、九合垸、沙湖、洪湖、洞庭湖。雁飞行的时候整齐划一，或摆"人"字形，或"一"字形排列，蔚

---

①溜斗：方言。卖油卖酒的一种工具。卖油的叫油溜子，卖酒的叫酒溜子。

为壮观。几十上百只雁,"雁呀,雁呀"边飞边叫。小时候一见雁群飞过,好多小孩就边蹦边拍手边叫:"雁雁,排个一字我看一看;雁雁,排个人字我看一看。"晚上来了飞雁,也会"雁呀,雁呀"地把人从睡梦中叫醒。真乃是"人过留名,雁过留声"。大雁还是一种"贞节"鸟类,公、母成对。如果被打死一只,不管是公是母,另一只绝不再"婚"。这样的雁叫"孤雁"。飞行的时候孤雁不排队,总是离队群远一点。宿营后,它的任务就是"放哨"。一有风吹草动,便鸣叫以示警告。

——羊獾(瞪羚)。这种动物,以前天星洲、九合垸多的是。还有野猪,现在也只能在电视上面看得见。我外公是天星洲王家渡的人,我和母亲常去外公家,所以看到羊獾的机会就多。羊獾头上无角,很硬的灰黄色毛。顺着毛打枪,是不能伤害到它的。羊獾跑起来非常快,一跃可达四五米。羊獾是草食动物,不伤人。野猪就不同了,獠牙很厉害,能把人肚皮刺穿。虽说厉害,也还是怕人的。

——"马郎"鱼。这种鱼现在很少很少了。此鱼呈圆筒形,最大的也不过尺许(一市斤左右),眼是红色,游得很快,常和"刁子"鱼争食。"马郎"鱼和"刁子"鱼都是水面鱼。"刁子"成群,"马郎"单独行动。有淘米、洗菜的人来,"刁子"就成群地在周围抢食,而"马郎"一来,"刁子"则赶快游开。"马郎"非常聪明,没听说谁钓起过"马郎"鱼。那时的州河清澈见底,可以看到鱼在水草里悠闲地游来游去的情景。现在就没有这种眼福了。

有一首歌叫《故乡的云》,里面有几句唱词:"归来吧,归来哟!浪迹天涯的游子。归来吧,归来哟!别再四处飘泊。"那我就用"归来吧,归来哟!自然美景"来结束这篇记事吧!

## 老戏院里的趣闻轶事

张定福

抗日战争时期，通海口成了日军的占领区，而通州河南岸的整个街道成了日军的驻防之地。原有的大量房屋，有的被烧毁，有的被强行拆迁，除了几栋高大楼房还保存原有模样外，其他的便是日军新起的低矮平房了。

1945年8月15日，日本宣布投降。同全国各地一样，通海口迎来了自己的新生。人民沉浸在胜利的喜悦之中，州河南岸也回到了人民的怀抱，但是百废待兴。

河南岸靠近刘家湾，有一栋较大的房子，曾经是沔西有名的德懋恒杂货店。日军占领期间，这里成了日军的首脑机关。日军投降后，人们迫不及待地进行了整修，在屋内的东头还搭了个舞台，其他地方全部用木板钉成一排排简易的茶桌和看戏的座位。一个可容纳三四百人的像样小剧院，就这样出现了。虽说座位不多，但还区分为三个等级。一等票的座位，一般人很难买到，大多被街上有头有脸的人买去。他们坐好后，还有人送上茶和瓜子，显得很有派头。

为了庆祝抗日战争胜利，1946年春从监利周老咀请来了一个由二十多人组成的戏班子，演员大多是二十岁左右的年轻人。被日本人压制了多年的老百姓，挣脱了精神上的枷锁，人人心情舒畅，迫切要求有自己的文化生活。听说通海口有了剧院，又请来外地的剧团，那种喜悦心情不用言表，就可想而知了，连周围数十里的老少群众都不分日夜地赶来看戏。当时分日场和夜场，场场都爆满。

那时的通海口街上热闹极了，充满生机。街头巷尾，随时聚集着谈看戏感受的人群，大家喜形于色。

这里我向大家介绍一点趣闻。通海口有两位绅士派头的大爷，一位是魏大爷，一位是印三爷。

魏大爷家在堤街东头，半农半商，算得上是殷实人家。家里有些农田，还在堤街高小海家开了一个旧式的轧花作坊（当时的人称为"洋镐子"），既有农田收入，又有轧花的收入，很是让人羡慕。因为家境不错，有一年夏夜惹来了麻烦，一小股土匪摸到他家敲竹杠，半夜里让他坐老虎凳，还使用了其他刑具。被折磨得死去活来，无可奈何的魏大爷给了土匪一笔不小的钱财。日本投降后，地方上逐渐太平，魏大爷的生意也越做越红火，家境越来越富裕。所以看戏的时间，也越来越多。

且说从周老咀请来的戏班子，一是人人年轻，二是个个长得帅气漂亮。其中一个旦角演员,名叫杨丫头,年方一十七岁,中等个头,圆圆的脸,妆扮起来特别逗人爱。加上声音圆润甜美,只要一登场,就会赢得满院喝彩,经常还有粉丝买来鞭炮为他捧场。魏大爷虽然有儿有女,可自从看了杨丫头的戏,就被他迷上了。只要有杨丫头的戏,他非到不可,献花、买鞭放炮为小杨捧场,也成了家常便饭。

有一天戏还没有开锣,杨丫头在后台化妆,按捺不住的魏大爷便进后台,笑笑嘻嘻地坐到小杨旁边,一边看他化妆,一边与他聊天。正在化妆的师兄师妹们,不经心地开玩笑说:"丫头,你看你多有福气,魏爷多喜欢你呀!"有的说:"丫头,魏爷这么喜欢你,好让人羡慕啊!"还有的说:"丫头,魏爷这么喜欢你,你怎么不拜结他郎呢,快喊干爹呀!"小杨也是怪机灵的,笑笑嘻嘻地望着魏爷,连声喊道:"干爹,干爹……"魏大爷高兴得合不拢嘴,连声回应:"好啊!我今天就当大家伙的面,收下丫头这个儿子,以后有困难找我,谁欺负你找我,干爹与你作主。"

不几天,魏爷亲自下汉口,为干儿子买了头上戴的凤冠和身上穿的"行头"。回家后选了个吉祥日子,在家里备了几桌酒,来客自然是丫头和他的师兄师妹们了。

酒席宴上,魏爷高兴地起身宣布:"今天,我当着诸位的面,收了丫头为义子,并送他艺名'杨金花'。"满屋的人顿时齐声叫好,热烈鼓掌。杨丫头,不!应该叫杨金花了,已是热泪盈眶,连连说道:"谢谢干爹爹,谢谢干爹爹!"随后举起酒杯向干爹敬酒,向所有来客敬酒。

这之后,逢年过节相互往来,距离越拉越近。人们都说,他们缘分不浅呢!

再说那印三爷,家业也不小。他家开了一个通海口地区最大的糟坊,放酒工人都请了好几个,还在正街东头开了家酒店,也是请人打点。跟魏大爷一样,印三爷没有别的嗜好,除了偶尔打麻将,大部分时间就泡在戏院里。每次他一进戏院,就有人大声吆喝:"印三爷来了,前面请!"随后,茶和瓜子什么的都会迅速送上来。

说也奇怪,绝大多数观众喜欢看旦角和生角的戏,印三爷却偏偏喜欢看丑行的戏,很多时候都被丑角的道白和一些怪动作搞得捧腹大笑。尤其一位叫"小五丑"的丑角,虽然年仅一十七岁,却聪明绝顶,有时灵机一动,能根据剧情发展自编一些话,且含有一定的笑料和"包袱",惹得不少观众捧腹大笑,前俯后仰。

都不知道小五丑姓什么叫什么,因为他演丑角,所以就喊成"小五丑"。其实他并不丑,肌肤白嫩,圆圆的脸上嵌着一对特别传神的大眼,还有一对酒窝,真的很俊美。用现在时髦的话来说,绝对算得上"帅哥"一枚!

印三爷膝下无儿,为了找点乐趣和安慰,就盯上了"小五丑"。每次看到"挖台脚"[①],然后约小五丑上街宵夜,很舍得在他身上花钱。

小五丑特别机灵,根本不需要人告诉他什么,很自然地就"三爷"前"三爷"后地喊,亲热极了。印三爷看到时机成熟,学习魏大爷的办法,在家里办了几桌酒

---

①挖台脚:方言。意思是看到散场。

席，请了"丑儿"的师傅及师兄妹，当众收了小五丑为义子，给了个大红包，第二天又亲自带着他下汉口买衣物，很是投缘。

从此，魏大爷和印三爷对他们的干儿子不断地表示，不断地付出。有时像比赛似的，谁也不甘落后。

就在这时，有趣的事情发生了。

这天戏院里悬牌演出"玉堂春"，是杨金花扮演玉堂春，小五丑扮演起解差人崇公道。

这一天园子里爆满，街上的不少名流绅士都来了，负责供应茶水和瓜子的自然比往日繁忙，不时大声喊叫"X先生的茶来啦""XX先生的瓜子来啦"……

在一阵热烈掌声中，"玉堂春"开演了。当杨金花，不，应该是玉堂春，叫道"天啦，天啦……"之后，从出相处刚一上场亮相，台下的鞭炮声、掌声、喝彩声顿时就响成一片，红红火火，热闹非凡。尤其引人注目的是，魏大爷站起来，双手使劲地拍，不断地大声喝彩，还把一个大红包抛到了小杨面前。杨金花得到这样的捧场，心里像灌了蜜，高兴极了，再也控制不了自己的喜悦，动作做得动情，唱得更加动听，台上台下互动，过瘾得很。

不一会儿，小五丑扮演的崇公道即崇老伯登场了。他一上场，也有几句说白："什么公道不公道，我本崇公道……"可他万万没有想到，干爹印三爷没有露面，更谈不上表示了，显得有点冷清，顿时觉得很尴尬。尤其跟杨金花登场的那种极为热烈的场面一比，相形见绌，不免潸然泪下，背转身，像受了委屈的孩子，默默地向后台走去。

这时通海口地区爱管闲事又热心快肠的李志华先生，急急忙忙去找印三爷报信。找呀，找呀，好不容易在李家洪茶馆的麻将桌上找到了印三爷，并将情况做了介绍。印三爷连忙将麻将一推，迅速买了一架大鞭，准备了一个礼包，还在严鑫记绸缎铺撕了一套衣料，急急忙忙向河南岸剧院跑去。一进剧院，先把鞭一放，随之走上台，将红包和衣料塞到小五丑手上。

小五丑还真是个小孩，情不自禁地笑了。于是在一阵阵热烈的掌声和锣鼓声中，"玉堂春"又开始了演出。

光阴荏苒。转眼间时空跨越了六七十年，旧社会变成了新社会，真是"人生易老天不老"。魏大爷、印三爷相继离我们远去，杨金花也好、小五丑也好，都回了老籍监利周老咀，也不知还在否？然而他们与干爹的缘分，他们的故事还在通海口人们茶余饭后的闲聊中流传，甚至越传越玄乎。收干儿子、干女儿的事也并未结束，而是像接力棒，很自然地传到了一些人手中，并发展到拜干姐、干妹。

一些人认为，干爹干妈舍得为干儿子付出，无非是摆摆阔气，炫耀门庭而已。然而说来也怪，有的家庭条件一般，却也乐意为干儿干女们付出。前不久，我就碰到一位九旬老太婆，要我带信给他的干儿子任XX、胡XX。平日里她省吃俭用，把积攒的钱心甘情愿地用到干儿干女身上。你能告诉我，这是为什么？

朋友，如果你觉得这类事情不可思议，你也可以到通海口来，亲耳听一听，亲自感受一番。或许，你会得到一点什么启示。因为，这也是一种"人际关系"，也是一种缘分，它能给人带来安慰，带来快乐。

# 君自故乡来

王恒璧

整整 30 年了，还是未能忘了这件事。事不大，也不大重要，只是觉得它是一次特殊经历，所以至今还时常想起。

那是 1992 年，按照单位的外事安排，我带领山东、陕西、福建、海南等地的十几名乡镇企业家赴美短期培训，地点在休斯敦。培训教学的具体事宜，由一家华商公司承办。鉴于学员外语水平不高，培训班所聘教师均为有大学教师背景的华人。他们中有一位祖籍在江苏武进，而他夫人的籍贯是湖北沔阳，故事便因他而起。

作者王恒璧

这位老师姓杨，手头有一份培训学员名单，带回家被年过九旬的老岳父看见了。老人见到名单中有一位湖北仙桃人，很激动，希望女婿出面联系，见见我这位老乡。于是杨老师通过承办单位老总找到我，希望我能同意。我那时还是头次来美，不意有一位身处异国的高龄老乡约见，自然很兴奋，便表示同意。

约见地点在培训承办公司附近的一家饭店，时间定在一个星期天的中午。

记得那天是杨老师带我步行去的，老人和陪同他的两位女儿先于我们到达。见面寒暄之后，我端详老人，他个头不高，一米六左右，但很健旺，声音洪亮，讲话还带有仙桃口音，看上去像七十来岁。其外表既不大像知识分子，也不很像军人，倒有些农民气质。他的两位女儿，是已退休的大姐，一口地道武汉腔。他们的热情，令我很快有了老乡的亲近感。

记得老人先问我，"你家是仙桃哪里？"杨老师告诉过我，老人知道沔阳县已更名为仙桃市，我便径直回答："通海口。"

想不到他说："哦！通海口，我去过，街上卖孵出的鸡娃子，我还有点印象。"

我说："我小的时候也见过卖鸡娃的，现在看不到了，这么多年下来，变化太大！"

老先生点点头，然后说："我是仙桃杜家台人，仙桃镇的杜家台，这你应该晓得吧？"

我说："我初中是在县城仙桃镇念的，杜家台我听说过，只是未去过。"老先生也点点头。

交谈就这么开始了。

老人似乎并不在意我和他在年龄阅历上的差距，很快就主动谈起了自己的过往。记得他说的如下这段话，给我印象极深。他说："我过去在戴笠手下工作，负责弄机、船、车票。我在武汉、上海、南京和广州都待过。国共两党交战时，国民党节节败退，我很惶恐。如果共产党打过长江，我是留在大陆还是往外跑？拿不定主意。那时张国焘先生也和我是同事。他过去是共产党，晓得共产党的规矩，我就去请教他。他说能走就走。我就跑到广州看看形势，结果广州一片混乱，看来广州也不一定保得住，还得跑。那时我儿子在高雄海军吃粮（当兵），来信说那里也是吃大米，生活上容易习惯，希望我能过去。于是我就带着家人去了台湾。现在我领台湾的退休金，和孩子们一起定居美国。我已九十多岁了，多年未能回去，时常想念家乡，这大概是人之常情吧。都说叶落要归根，我也想归根，但要实际做到还很不容易。年纪越大，越巴不得见到老乡，听听家乡事。这一点，想你能理解。在美国很难遇到一位仙桃老乡，今天见到你，我格外高兴，也算是一段缘分……"

老先生讲述自己的过往时，语调平和，不显激动，既不后悔，也不炫耀，只有对故乡的怀念让人感到真诚。

讲实在话，我当年出国，对可能会遇到不同政治观点、不同身份的人，多少都有点思想准备，无论学者、专家和公务人员，都有与之接触的预想，唯独未曾想到会直面有情治身份的人。

我重新审视这位老乡，他仍是一脸坦诚。我暗想，从未在新中国生活过的国民党情治人员，能这样坦率谈自己的历史，也还算正常吧。刚接受约见邀请时，我就想到了王维的诗："君自故乡来，应知故乡事。来日绮窗前，寒梅著花未？"

我从家乡来，当然应该谈家乡事。杜家台的寒梅开了没有，我说不上来，那就拣我知道的说吧。

为引起老人对家乡过去的回忆，我从家乡老少皆知的民谣谈起："沙湖沔阳州，十年九不收。若有一年收，狗子不吃糯米粥。"由此说到50年代荆江分洪与汉江分洪两大水利工程，从此根除了荆楚大地危害多年的水患，使家乡人民得以安家乐业；从当年初中学生眼中的仙桃，对比90年代的仙桃，来谈家乡的历史变化；从农民企业家来美国培训，讲到改革开放后中国（包括家乡湖北）农村的新气象。我只谈自己的亲身经历。我明白湖北与沿海诸省、中国与发达国家的差距，所以侧重讲家乡和中国自身的发展变化，我相信了解过去的杜老先生是听得懂的。

我琢磨，杜老先生应对改革开放后的台海动向有所关心，所以我主动讲了出国前出差浙江，在奉化溪口的一段见闻。我讲，当我亲眼看到我们中国政府出资修缮一新的蒋氏故居时，我有点不相信自己的眼睛，连介石先生母亲王老夫人和经国先生母亲毛夫人的坟墓都修复了。台湾已有不少人去参观过。"你们如果身体允许，何不回中国看看？"

老人仔细听着，略带犹豫地发问："我知道军统在大陆的声誉不好，像我这样的人，你看回去会不会遇到麻烦？"

他的女儿紧接着插问："会不会抓起来枪毙？"

逗得大家都笑了起来。

我见老人终于将自己的疑虑说了出来，很高兴，于是随口笑答：

"如果在解放初期被抓到，先关起来审查是肯定的。但现在不同了。时势和政策都有了极大变化，假如认可您以爱国人士身份回去，就是'少小离家老大回'的客人了。大姐刚才问的那种待遇您定是享受不到的了。"

大家又一阵哄笑。

我接着说："我的工作单位属科技管理部门，对台政策及有关事务，我是门外汉。但参与在贵州的科技扶贫，与中国国民党革命委员会（民革）等民主党派的朋友们有过工作交往，故对台海事务略有所闻。听他们说，现在对国民党内的爱国人士，采取的是友好团结的政策。不管他们过去干过什么，只要现在真心爱国，衷心拥护和支持祖国统一，就都是团结的对象。不是有'渡尽劫波兄弟在，相逢一笑泯恩仇'两句诗吗？据说现在不少在台湾和国外的年老国民党要人都想回大陆看看。我觉得，您不妨向有关方面申请，和家人一起回大陆走走看看，尽早实现自己的心愿。"

老先生微微颔首，笑而不语。

饭毕，我向老先生表示感谢，并以出国所带小礼品相赠。那时尚无手机，越洋电话非一般人所能用，便没有要他家的电话，只留给他一张我出国时使用的名片。

此后，几次赴美，均未能再去休斯敦，也就同老人一家失去了联系。

仔细想来，我对这位老乡并不真正熟识，也无从知道他在历史上具体做过什么。我之所以忘不了这件事，主要是因为能在他身上看到，中国老者怀念家乡思念故土的乡愁竟是那样的真诚和浓烈。

相对于海外游子，我只能算是国内游子。我越来越认为，乡愁就体现在对国家的向心力和民族的凝聚力。只要乡愁在，国家就能统一，民族定能振兴。

## 1969 年的旗杆

涂阳斌

1969 年春天的柳湾,似乎有些怪异。起先是我的堂兄涂阳成在婚前几天,被阑尾炎夺去了生命,湾子里很是有些肃杀的气氛,狗经常低低地、呜呜地、哭似的叫。接着是新婚不久的修文哥被旗杆打死了,肃杀的气氛就更浓了,孩子们、女人们几乎都不敢走夜路了。

九岁的我,目睹了修文哥惨死的一幕。

应该是三月底的一个星期天。那天早上,湾子里的几个壮汉"嘿嘿嗬嗬"从通州河里抬起一根长杉树,那是通过放排从湖南运回来的,乡亲们把它叫"皮篙子"。皮篙子有八米长左右。壮汉中就有修文哥。

"买皮篙子做么事?"有人问。

"栽旗杆!"民兵排长修文哥答。

"栽旗杆做么事?"

"栽旗杆挂红旗!"

"挂红旗做么事?"

"让乡亲们听红旗的指挥!"

壮汉们把皮篙子抬到了队屋门前的高台上。队屋是一排平房,有八间:三间是生产小队的农忙食堂,一间是农民夜校,两间是生产队队长、副队长、会计、记工员的办公室,一间是六岁左右孩子们的"耕读班"(相当于幼儿园)。队屋门口挂着一个用铁片做成的钟,社员们听钟声按时上工、按时收工。

事情往往有些特殊性。湾子里有好些田在老虎垴后面两三里的钟家垴,钟声就到达不了。听不到钟声,就会误事。前几天上面传达"最高指示",照例是要按照支部的要求,全湾人打着红旗、敲锣打鼓、呼喊口号,游行到大队部,听支书讲一番话,然后再游行回家。可那天大家在钟家垴忙活,没有听到集合的钟声,柳湾里参加游行的人就很少,去了几个老头、老太,衣服也穿得不蛮齐整光鲜。队长老张就挨了支书的一顿狠批。

队长找大家合计,开"诸葛亮会"。会议一致通过:栽根旗杆——挂旗,旗帜一升,四面八方的人必须火速赶到队屋门口,免得误了庆"九大"游行等诸多大事。

壮汉们在高台歇息一会儿,就开始挖栽旗杆的洞。我们这些八九岁的鼻涕佬们过节日似的高兴，在周围串来串去。我发现队屋大门也发生了些许变化，用柏树枝、大红纸扎了彩门，上面贴着："欢歌笑语庆胜利，豪情满怀迎九大"的对联。看样子，那对联应该是我祥龙舅舅写的，他是湾里第一个初中肄业生、秀才。

大家议论着，洞太浅的话，八米高的皮篙子栽不住，稳不了，于是，便把洞打了大约一米五深。有人还建议，把洞的口径打得大一点，方便塞点砖头，把皮篙子死死卡紧。

旗杆上面的"铁葫芦"（滑轮）很快装好了，一根长约三十米的苎麻绳子也穿在了滑轮上。

壮汉们又找来四根长约三米的竹篙，齐腰固定在皮篙子上，打上活扣。

"一、二、三，起！"四根竹篙着力，抬的抬、举的举，旗杆就立在了队屋门口的高台上。修文哥和另外两个人往洞里塞土、塞半头砖，旗杆似乎稳稳的。

大家打开活扣，取下四根竹篙，旗杆也还是稳稳的。

"升旗！升旗！"修文哥指挥着大家。

一个人从队屋里取出一面崭新的旗帜，拴在崭新的苎麻绳上，旗就晃晃悠悠升到了旗杆顶端。

悲剧是在顷刻间发生的。但见狂风一吹，丈二的旗帜猛地一飘，"哗啦"一响，旗杆就应声倒下，不偏不倚，正砸在修文哥头上，修文哥也应声倒地。

壮汉们惊慌失措。两个人飞奔到队屋旁边张队长家里，抬来竹凉床，把修文哥从旗杆下弄出来，抬上凉床，抬到了张队长家正房后面的小房里，让他平躺在床上。修文哥脸色煞白，已处于昏迷状态。

大约半个小时，修文哥的亲人们从四面八方赶来了。修文哥的母亲赶来时，修文哥睁开了眼，说："姆妈，我饿！我要吃！"

一时半刻到哪里去找吃的呢？不知是谁，从荷包里搜出了一颗糖，修文哥的母亲就慢慢塞到了他嘴里……

张队长决定，立马送修文哥到公社医院去。壮汉们用竹凉床抬着修文哥，绕过湾子，来到柳李闸，把修文哥抬上停在闸前的木船上。家乡的木船，都是农用木船，没有大舱，大家迅速拖来几捆谷草，把几个舱口塞平，垫上棉絮，修文哥就平躺在船上。我发现，修文哥的脸似乎白纸般的惨白了。

不巧得很！这时天空突然下起了雨来，找伞又耽误了一会儿工夫。一把帆布伞，为修文哥遮雨。船便沿着通州河，箭一般地奔向公社医院……

第二天天黑之前，木船又装着修文哥回来了。船行得很慢，船上哭声很大。修文哥因脑干出血，年轻的生命提前结束了……

乡亲们把修文哥埋在通州河边高堤上，隔壁就是我不久前去世的堂兄涂阳成。

修文哥死时，结婚刚刚三个月。到了初秋里，修文哥的妻子生了个儿子，大伙给他取名青松。湾子里那年出生了好几个孩子,男孩有叫九迎的,女孩有叫九英的。我父母那年也为我们生了个妹妹,叫红英,可惜七岁时下河洗衣,不幸被河水吞没了。那年出生的孩子,今年也该四十一岁了。

1969年的旗杆,在我心中挥之不去!

# 难忘逸事

张光照

光阴似箭，日月如梭。人生一晃，就两鬓斑白了。蓦然回首，发现很多事、很多相识的人被淡忘，唯独那么几段经历铭刻在脑海里，挥之不去、难以忘怀。

## 一、童年的记忆

新中国刚刚迎来十年华诞的1959年，我刚满三岁就享受到了新中国、新社会的幼儿园幸福生活。

据老一辈人讲，那时正是国家掀起大跃进、成立人民公社时期。开办幼儿园的地方，就在傅家剅沟闸下边教书的雷培高先生家里，就是星红村三组雷本虎现在住的地方。

那时的幼儿园，大队管吃管住。放夜学的时候，有的还可由家人接回家。记得我与大自己三岁多、一只手有残疾的聋哑人陈菊香（星红村一组陈安秀的哥哥）同睡一张床。

幼儿园有两位启蒙老师，我深深铭刻在记忆里，每当忆及童年，就无比深情地缅怀她们。

一位叫喻中桂，星红村二组雷玉凤、雷玉春的母亲。喻老师一米七左右的身材，一对油黑发亮的大眼睛，乌黑发光的披肩短发，走起路来十分精神，讲起话来脸上两个酒窝是那么慈祥可敬。她教唱的第一首歌，是"共产党好、共产党好，共产党是人民的好领导……"就是这首歌，在孩提时的心灵烙印上了这个好人的名字"共产党"。直到长知识后，才知晓共产党是一个组织，是领导中国人民翻身求解放，给中国人民带来光明幸福，让人崇拜信仰的组织。

另一位叫肖中秀，是星红村四组张月金的母亲，家姓中自己叫她老妈。肖老师一米五以上的身材，长得精干玲珑。她不仅是幼儿园的老师，还是大队唯一一位接生员医生。

一天中午，我坐着嗑焙的棉籽，突然听到三哥喊了我一声。我立即丢掉衣兜里的棉籽朝他跑去，哪知三哥丢下送来的高粱，就串巷子跑了。于是，我在老师们面前哭着吵着要回家。

放夜学的时候，天突然下起雨来，肖老师将吵闹了大半天的我背回家。到了家门口，只见母亲正用桶、盆等盛器在茅草屋里忙着接雨漏子。原以为母亲见到自己，一定会亲切无比。哪知从肖老师身上接下，就痛打了我一顿。嘴里还不断地说："幼儿园那么好，家里烟火没进灶，回来饿死你……"

当天晚上，我气得哭了大半夜才入睡。第二天一大早，母亲将我送到肖老师手上，带回了幼儿园。

母亲为什么打我？为什么家里吃菜糊糊，而幼儿园吃白米饭？直到上初中了，有一次问母亲，她才深情地说："那时家里家大口阔，九口人挤在两间茅草房里生活，遇着下雨连烧火的干柴都没有，困难得每年靠吃国家照顾过日子。旧社会饿死、病死了你两个姐姐，不是新社会，哪有你们几弟兄？不是毛主席办幼儿园，哪有你吃白米饭的福？哪有你上的学比几个哥哥都高？像我们这家人，得亏了新社会，得亏了毛主席。"

母亲这番话，深深地铭刻在我心里，成为走好自己人生路的根本导向。

**二、县委工作组过问外号"单泡"的由来**

1977-1983年，县委书记薛宏模、副书记王生铁率领县委工作组到星红大队蹲点。在工作组领导关怀下，星红大队制订了五年振兴规划。平整土地、开沟挖渠、建泵搭桥、筑埂修路、埋管引水、植树造林、兴办教育和企业，面貌发生了巨大变化，成为当时农业战线的一面旗帜，成为星红人民世代传唱的赞歌。

一天，县委工作组全体成员和大队党支部全体成员，在工作组办公地四队老党员雷培相家中召开工作会议。会前，县委副书记王生铁同志与大队党支部张若林书记半开玩笑地说："老张！团支部里的张光照，你要好好培养，将来可以接你的班。"

"嗯！光照表现还不错。"张若林书记应道。

支部成员、四队队长听了，哼了一声，不屑地说："一个单泡么！"

他这句话，使整个会场陷入短暂的寂静，随即会议正式开始。

晚上接县委工作组组长彭胜元书记（县团委书记）通知，有事约见。彭组长住星红一队但召武家，一进房间他就笑着说："今晚叫你来，是想听听你'单泡'外号的由来。"

"彭组长，怎么突然问起这个与工作不沾边的事儿呢？"我有些尴尬。

"今晚只听你讲这个'单泡'的由来。"

彭组长话说得那么认真，于是我坐下，讲起外号"单泡"的由来。

真正的"单泡"故事，来自《隋唐演义》。相传隋末唐初，江湖上有三十六好汉在贾家楼结拜为兄弟。其中有五位被称为"五虎上将"：一位是膀阔腰圆、高大无比的单老二（在家兄中排行老二）单雄信，人称"单二哥"，另外四位分别是程咬金、尉迟恭、徐茂功、罗成。程咬金人称混世魔王，外号"冲担鬼"。

有一次三十六好汉相聚，程咬金背开二哥单雄信，对个子长得小、人长得俊的罗成说："罗成你武艺并不比二哥差，可二哥就是看你个子小，从不把你放在眼里，说与你交手像玩花棍一样玩。"

罗成一听，觉得在众兄弟面前遭羞辱，于是来到单雄信面前直呼其名，并要与之摔跤比高低。单雄信不知是程咬金挑逗起来的，看到罗成无理搅闹，火从心头起，摆开架式与罗成比起摔跤来。

罗成个小机灵，避开单雄信力大无比的锋芒空隙，使出一个野鸡拱窜的动作，将二哥单雄信扳倒在地。众兄弟一片喝彩，一旁在座的程咬金笑得前仰后翻，取笑道："二哥呀，二哥！你五大三粗，被一个小个子罗成兄弟扳倒。你再不叫单雄信了，干脆叫'单泡'算了。"

从此，单雄信叫"单泡"的外号，就这样被世人流传开来。

我被小队队长取外号"单泡"，是莫须有的事，是对人格的侮辱。

事情是1975年初秋，我刚毕业回家，随强劳力到三十里外的排湖割谷，劳动中饮了不卫生的水得了痢疾，向小队队长请假回家看病。队长一听，当着乘凉的大伙取笑道："你呀，你！个子长得不比别人小，一来干事就得病，好比隋朝末年的单雄信。个子大是白大了，你也叫'单泡'算了。"

队长这番话，引来一片笑声。当时只想早点回家治病，就没与队长辩个不是。况且自己刚回家劳动，报酬只有四分半工（当时一个工价一天只有六角左右），倘若与队长为名声争不是，尔后很可能造成"与干部打斗，重活该你做"的下场。

哪知那次的忍让，让"单泡"这一外号先在小队群众中叫开，最后蔓延至社会。其含义，也被人们纵深领会为干事不行、做事不实、说大话空话的人。

"单泡"这一外号，确实使自己的人格遭受损害。为正名声，曾与喊外号的人"通娘骂过老子"，甚至出现打架流血事件。更有甚者，连区委会通知上农科学校学习、参军服兵役，审核都没过关。

后来是母亲的一席话，才使我走出了人生阴霾："让人去喊、让人去说，守本分干好自己的事，走自己想走的路。"

彭组长听完，只说了两句话："时间不早了。今后与熊远学书记（村团支部书记）一道，把共青团的工作搞得更好。"

### 三、难忘的1979年春

1979年2月17日，是我国对越自卫反击开始的时间。

那年2月5日刚过完春节，我们武装持枪基干民兵（手中持有枪支管理的人称为持枪民兵，我当时持有一挺机关枪），就接到参加军事培训的通知。

农村武装基干民兵，每年都有半月以上的军事培训时间，这是国防部的规定。培训都在3-4月或者9-10月间。作为参加过多年军事培训的人，对这次异常时间的培训，我深感使命之重大。

当时星红大队民兵连是全公社军事素质和武器配备一流的连队。六个排的排长，持有的枪支是"五六式"自动冲锋枪，持枪民兵为"五六式"自动步枪及我的一挺机关枪。民兵连长李华钰是荆州军分区教导大队退役军人，也是全公社武装基干民兵军事培训的教导员。

那次培训驻地，在黄金大队与熊庙大队交界处。培训科目比以往有所不同，除了队列训练，还有白天对刺杀、防左刺、防右刺、防后刺、低姿匍匐、侧身匍匐等动作训练，特别要求严格规范。原先一般是上午上以上科目，下午训练瞄靶。这次是全天训练以上科目。吃了晚饭后六点至十一点，为一百米有依托夜间瞄靶。

2月15日，为武装部检验各连队训练成果的日期。星红大队民兵连三十多人出场，从队列到出枪动作、刺杀动作等各个科目的演练，获得各连队鼓掌，县武装部领导对公社武装部邓念海部长说："星红大队民兵连堪称公社的仪仗队，训练的确是好。"

第一大科目结束，各连队训练民兵如释重负。晚上，公社武装部在黄金大队一个大禾场放电影《英雄儿女》。正当人们沉浸在影片的战火中时，广播里突然发出紧急通知："凡是培训的持枪民兵，立即到防洪大堤下集合。"

天色漆黑，持枪民兵在连长带领下向大堤行进。有的民兵私下说："真要上战场，也得跟家人说一声吧。"

电影《英雄儿女》剧照

到了大堤下，几辆汽车在那停着。走在前面的民兵刚上去，车就开走了。星红连队走在最后，没搭上车。上级指令我们立即赶往熊庙堤管段。到了堤管站，又指令我们就地睡在空地上，等待下一个指令。

我想，难道是前线真的吃紧吗？反过来又想，领导我们的是公社分管农业的副主任，莫不是要我们搬东西、卸东西？就这样模模糊糊地睡着了。

到了深夜，一声哨响集合，连长李华钰才宣布："今夜全公社组织抓赌博，我们连的巡查范围为熊庙、武垴、向阳。"

一场演练，就这样给人一场虚惊，确实锻炼了人。

第二天，星红连队又接公社武装部通知，做好迎接荆州军分区领导、县领导现场军事演习检验的准备。演习地点，在防洪堤下的树林里。不一会儿，军分区领导在县委王生铁书记陪同下，与星红大队全体受检验的民兵见面。

随着连长一声令下，各排成攻击梯队形迅速散开。机枪手是攻击队里的前锋，左右三人为一号副手，分别负责递弹夹、装弹夹、扛子弹。连长突然一声"卧倒"，我面前是一个牛困水的水坑，但命令如山倒，我毫不犹豫扑倒在牛坑里，立即将机枪架在坑边上，除了两只眼睛没被泥浆糊住，就是个泥人。副手胡才金虽私下抱怨，也同样成了泥人。"继续前进"，连长又命令。我们持枪前行。

演习结束后，王生铁书记来到我们机枪班前说，"表现不错"。一位领导看机枪没染一点泥浆，有意问这是为什么。我立即回答："战场上枪就是生命。保护好枪，就是保护战友的生命。"

晚上进行夜间实弹射击，这是检验我们十多天练习的成果。

一百米有依托实弹射击，射击靶为七分钱的电灯泡。这是我们多年军训中，从未有过的科目。

晚上十点多钟，轮到我们连队上场。打靶场上鸦雀无声。一声"卧姿装子弹"令下，每人五发子弹，只听得咔嚓一声，子弹同时上膛。

"射击！"砰、砰、砰……随着五发子弹打完，报靶员喊出："优秀""优秀""良好""良好""及格"……四批队员射击完毕，星红连队二十七名优秀、八名良好、一名及格。听到这些，我们一片欢呼。

第二天各连队自行评比总结。抓住这一空隙，我约了雷本华、雷玉银、周友合、熊运才、胡才金、雷玉发、丁道军一共八人，谈了向武装部递交上前线参战的"请战书"意愿。大家一致赞同，个个在请战书下签名，随即我们将请战书递交到武装部邓念海部长手中。

3月16日，公社武装部召开军训总结表彰大会，星红民兵连被授予优秀民兵连队，张大姑（张友华大姐）被授予"女子神枪手"荣誉称号。那一天，国家向世界宣布对越自卫反击战结束。

训练回家，母亲见着我，一个劲地说："回来好，回来好！"

母亲的话，让我丈二和尚摸不着头脑。妹妹说："前些日大队书记到我们家动员你准备上前线，母亲背着我们哭了好几回。"

我笑着说："如果有这一机会就好了。"

后来了解到，国家准备从荆州抽出一个民兵连，上前线锻炼锻炼。那时我才醒悟，今春这么早的军事训练和夜间调动，以及军分区领导实地检验表演，是有一定目的的。

**四、情系小河桥**

小河桥，是通州河上的一座木桥，连接柳李村与沙岭村。沙岭村有一条古老的街，叫小河街。小河桥的名字，由此而来。

我的童年，有段生活是在小河街上度过的。

母亲是小河街上的人，外婆家就在小河街上做杂粮生意，小有名气。舅父唐良山、唐良棋为人处世受人尊敬。唐孝海、唐木清是我与街上的杨成林、杨木林开仗的战斗伙伴。小河街上几条青石板的光亮，有我们"灰蜈蚣战斗队"滚擦的功绩。

母亲送我到外婆家，是走李家到堤下坡的柳李村与富有垸（光明村）之间的一座木桥，过了桥就上一条通向小河街的荒野无际的堤，除了坟墓就是一片田野，独行确实让人胆寒。小学五年级（1970年），我独自去外婆家，柳李与富有垸的州河桥成了朽木的独木桥，只好改走柳李堤过小河桥。

随着小河街上的生意兴起，小河桥上过往人增多，年久失修的小河桥也变成了"人走桥上颤悠悠"。我曾问外婆舅父，这座桥几时修？

"会来修的。"他们答道。

1987年，我被推荐为仙桃市第二届政协委员。参加市政协会议，专门有委员写提案的时间。拿着提案稿纸，心里第一个想到修建小河桥，于是到陈场镇政协委员住处找程义振主席说明想法，获得充分赞同。就这样，一份由两镇委员所写的修建小河桥的提案，就上交到了政协提案委员会。

到了年底，我在荒滩上承包种植果蔬的小屋里，进来了几位客人，原来是镇政协主席印大德，陪同市政协提案委员会严主任一行。

寒暄过后，严主任说："你们共同提交的修建小河桥的提案，得到市政府有关部门的高度重视。"

省政协副秘书长雷万春同志还亲临小河桥址视察过。

两年后，一座水泥钢筋混凝土结构桥飞架南北，通州河上原先的小河木桥，再也不复存在。

## 小院　槐树　老人

蒋志红

小院其实可以称为"古"，和着槐树，见证过我的成长。

一别故乡的小院数年，重温旧时光，满眼沧桑。远远望去，小院淹没在一片枯草中，只有门前两棵老槐树伛偻着身躯，似乎在迎接我的到来。

荒草萋萋，像是儿时我蓬乱的头发。放眼望去，满院的荒草在寒风中抖动。远处一棵历尽沧桑的老槐树，已经奄奄一息了。干裂的树皮宛若一件破旧的棉袄脱落下来，泛黄的肌肤裸露在外面，一道道张裂的口子不断有寒风侵入。

寒风吹过枝头，传来老槐树的呻吟，一声声都透着凄婉和悲凉。坍塌了一半的颓墙裸露在夕阳下，墙角躺着一具铁犁，上面爬满了斑斑点点的铁锈。可能是岁月的泪痕吧！

当年用它耕地的人也早已两鬓斑白。前面栏杆上爬满了爬山虎，橘黄的叶子有的掉落在地面，有的半卷着，那干瘪的藤蔓仿佛老人手背上暴跳的青筋，慢慢爬过了墙。颓秃的墙根有秋蝉的躯壳向上蹲伏着，那风干的躯体里不知藏着多少梦，只是此刻都化着了一具噤默的干尸。

小院的门窗也已破败不堪，仿佛年老的妇人蜡黄枯瘦的脸庞。门前立着的大水缸，一圈一圈的纹路愈加清晰，像是村口吧唧吧唧抽着闷烟的大爷脸上一层一层的褶皱。时过境迁，光阴不再，我仿佛又看到曾祖母踮着三寸金莲在院子里走动。只是，她早已驾鹤仙游了。

小院真的很老很老了，记不清它有多少年历史，只记得曾祖母在这里住过，她从一位妙龄女子变成了满头银丝的老妇。

小院是我出生并度过快乐童年的地方。它坐落在村子里的最里头，直到现在都没有铺水泥路。然而对于儿时的我来说，却觉得交通甚是方便。院子左右和前面各有一条斑驳的石子小路通向远方。

小院是旧式结构，青色的瓦房，白色的墙，整齐的瓦片在木梁上井然有序地排列着，既不单调，也不乏味，一种简单明了的特色美。小院有三间厢房和两个小厅堂，还有一个天井。三平米的天井成为整幢房子光线的主要来源，也是雨天我们兄弟姐妹们淋雨玩耍的主战场。

小院没有任何现代化设施，小院住着曾祖母、三叔、四叔还有我这个跟屁虫。

我爸和二叔都在城里工作。我们最大的幸福，就是在小院的天井里听四叔讲故事。哥哥姐姐们是不喜欢听故事的，他们每天晚上都是呼朋唤友地疯玩。尤其是哥哥，顶着个"胡司令"的头衔，带着他的弟兄们闯东家进西家，常常惊得鸡飞狗跳，却乐在其中。我们年纪小的晚上不敢出去，只有求着四叔讲故事。

四叔讲故事时，喜欢坐在他那把破旧的竹椅上。每当讲到悲恸之时，一把鼻涕一把泪地痛哭，捶胸顿足，犹如亲身经历一般，常常搞得我们也跟着动容，喜怒哀乐盈满了整个小院。四叔头脑里蕴藏着我们永远听不完的故事，曹操、海瑞、毛尚书、诸葛亮、秦叔宝、李逵、岳飞、姜太公……这些名字伴随着我们度过了饥饿而快乐的童年。

而今的小院，斑驳的墙面，留下一年又一年的印记，檐角向上轻轻翘起，似乎是个绝美的笑容。褪色后的红砖青瓦也倍显沧桑。

小院的大槐树下，一位古稀老人静静地坐着，目视前方，似在等待、盼望着什么。他是小院隔壁的魏大爷，老伴去世多年，儿孙都去外地打工了。坡洼底，步履蹒跚的老者背着一捆柴火艰难地走着，沉重的柴捆压弯了他本来就佝偻的脊背。他似一头老牛深埋着头一步一步向前挪动，我似乎听到了那急促的喘息声。

小院破旧，老人留守，陪伴他们的只有和他们一样瘦骨嶙峋的老槐树，温暖他们的只是老树墙根晌午的阳光，娱乐他们的只是三五成群关于儿孙在外的闲话家常。三间土房，四壁泥墙，他们一生守着自己的家园，守着这一方故土，守着一生的操劳。

寒风萧瑟，狠狠地撞击着路旁的枯木老槐树，耳边传来它们不断的呻吟。夕阳西下，我望着那一个个佝偻的背影一步一摇渐渐消失在小院里，那浑浊的眼神久久停留在我的脑海中……

小院很旧，却依然屹立在风雨中。只是随着生活的改善，每家每户都在村子外面建造了新房。随着四叔的最后离世，小院似乎也完成了它的使命。犹如一位垂垂老矣的老者，孤零零地坚守在原地。紧闭的大门、斑驳的墙壁、零落的屋顶、飘逝的炊烟，使小院渐渐地淡出了人们的视野。

每每想起小院，我仿佛真切地望见那庭前院后的欢快，真切地听见那藏匿于墙角门后的喧闹。我知道，这是定格在心底的美丽，是温暖而璀璨的存在。

也许过不了多久，小院终将拆去。但它将永远流淌在我的心中，就像枯藤老树衰败在故里，后会无期。

# 到外婆家去

张礼成

小时候喜欢家里来客人。最喜欢的客人是外婆，家乡叫家（音 ga）老妈。当时已是六十多岁的老人。

外婆家在横堤头，离通海口镇二十多里路。步行而来，得半天日子。当年交通不便，凭一双小脚，外婆是难行的，只得租马而来。现在还记得舅爷将外婆扶下枣红马的情景：家里人全站在门口迎接，街坊也出来看热闹；喜鹊在对门的屋檐上喳喳叫，真应了"喜鹊当门叫，必有贵客到"的老话。外婆带来的除冰糖、麻花外（这是当时一般客人给孩子的礼物），还有母鸡、腌菜、红枣——这是横堤头的特产。

那时我家在朱家大伯屋里开广货铺。我们姊妹都小，母亲屋前屋后地忙。外婆与其说来做客，不如说充当母亲家务劳动的帮手。老人洗衣、烧火、照护我们，也是忙得很。俗话说："痴家母疼外孙。"也许是出于人性的本能，我们对外婆也有如同对母亲的依恋。

其实，外婆家里也是很忙的。舅爷的子女都小，家境贫寒。但是母亲几年难得回娘家一次，外婆牵挂母亲和我们，只好抽空来镇上过些日子。有一年暑假，外婆想来而不能来，舅母便来接我。

大约是1952年吧，我八岁。这是我首次去外婆家，也是首次离开生我养我之地。

走荒路，过险桥。不好走的地方，舅母牵着我；好走的地方，我一路蹦蹦跳跳。碰到一朵花，我要摘；看见蝴蝶飞，我要赶。舅母只好站住等我。上午起身，黄昏才到。外婆、舅爷和表兄们早等候在后门门口。他们像对天外来客般把我拥进屋里。左邻右舍听说我来，都赶到外婆家里，一面对我上下打量，一面说："同仁口的小客稀客！"

相隔二十多里，那不同的乡音竟然那么浓重。当年的人们多把通海口叫作"同仁口"。

那时的横堤头有一条短街，二三十户人家，杂货铺、药铺、铁铺、饮食店都有。和小街上其他居民一样，外婆家以种田为主要生活来源，但早晨卖米糕和甜酒。早市散场了，只有那铁铺的叮当声打破白昼的宁静。外婆的屋旁有一条巷子，向后越走地势越低。这条小巷正对着小桥。那木桥厚实坚固，小河水清澈碧绿。走过小桥，地势渐高，然后便是一道堤。堤旁的高台上有几间瓦房——近六十年前的记忆，至今仍是如此清晰。

横堤头周围是一个与镇上截然不同的世界。广阔的原野，陌生的村落。我整天赤膊短裤，和那里的小伙伴们在烈日下跑来跑去。当年乡里人做好事，有在后门口施茶的风俗。口渴了，说不定在人家屋后的木槿花丛中，忽然发现一缸茶。缸盖上一只蓝花粗瓷碗，舀一碗黄亮亮的凉茶，"咕咕"地灌下肚，顿觉浑身痛快。

热天数不清的生物是多么活跃！蚱蜢在草中跳跃，知了在树上长鸣，纸灰一般的黑色"洋婆婆"（一种蝴蝶）在风中飘舞。等到蜻蜓歇在篱笆上，蹑手蹑脚走拢去，用拇指和食指一捏，便捉住了它的尾巴。只是它立即将嘴躬向尾巴，咬得你怪疼。红色的蜻蜓是难以捉到的。等你拢去一捏，它早已飞走，歇在另一根篱笆桩上，惹得你拢去又捏，它又飞。如此反复，搞得你满身大汗。不过在草地上用竹扫帚扑蜻蜓，就容易多了，一次可以扑好几只。

外婆时刻担心我的安危。乡村没有车辆通行，也就不担心出交通事故。但老人再三告诫，千万不要到水边玩耍，说："牛脚板大的水窝都可以淹死人的。"

可是她老人家万万没想到，往北离街五百米，有一个绝好的所在。那是一个废弃的空屋，瓦全卸了，只有屋架。四周浓荫覆盖。表兄和一伙大孩子，常常壮胆在那木方子上走来走去，如走独木桥。我没有那么大的胆子，只学会了双腿缠着柱子，以手配合，爬到楼方子上坐着，然后眼睁睁地看他们在上面走来走去。虽然是夏天，那凉风还是吹得浑身爽快。

骑在水牛背上的小孩

还有一件可以对镇上的小伙伴炫耀的事，那就是我能骑牛了。表兄将我托上牛背，我伏在那粗糙的牛背上，真有一种无法形容的自豪感。牛是舅爷与别人合伙喂养的，犄角呈镰刀形，每天早晨在那块草地上吃草。孩子们就坐在那棵老树的浓荫下，静静地看着。

横堤头虽然没有多少卖零食的，但大自然给孩子们提供的水果却别具风味。和小伙伴牵扯苦瓜藤，一下子就可以摘那么多大大小小的苦瓜。顶着火辣辣的日头，将一般人认为不能吃的苦瓜塞进嘴里，竟然嚼得有滋有味。

记得有一户姓张的人家，屋后有一棵郁郁葱葱的大枣树，树下一大片草地被树荫覆盖。拨开草，常发现一颗红透了的大枣子。这是被雀鸟啄下的。另有一户人家，屋后除桃树枣树外，还有一棵香橼树。那香橼黄绿色，异香扑鼻。我想那也是橙子的一种。可是当地人只玩赏而不吃，大约那肉质颇酸吧。

记忆中的乡村生活是迷人的。夕阳照在枝头,秋娘①(蝉的别称)一声一声叫唤。乡亲们将后门口的土禾场泼湿,搬出小桌子,一家人共进晚餐。总是将丝瓜、冬瓜等现摘现炒。还有各类农家小菜别具风味。比如那酱烧瓜、酱刀豆略带酸味,听别人嚼得脆响,就要流口水。还有那腌酱,在烈日下晒成红色(当年绝不会加什么色素),凑近鼻子,似乎有阳光的香味。老南瓜兼米粑煮,算得上热天的家常便饭。碗筷声加谈笑声,还有外婆的大芭扇扑打在我赤膊上的声音,合成一支农家晚餐交响曲。如今老了,有时面对满桌高蛋白、高脂肪的美味佳肴,耳听歌手们千篇一律的演唱,那种欲食还休、欲听又烦的困窘,令我更加怀念逝去的岁月和淳朴。

乡村的黄昏格外宁静。外婆将竹床搬到后门口乘凉。她摇着大芭扇,凉风不断拂过我的赤膊,夜蚊子是歇不了脚的。可惜外婆不会讲故事。她只会讲从前家境贫寒,外公早逝,母亲小时候受过多少苦,絮絮叨叨。我却只看那桥头,闪亮的萤火虫飞成一团,朦朦胧胧睡去。恍惚中又躺在外婆怀里,她在黑屋中磨蹭——她抱我到房里去睡。此时旷野中传来几声野狗的叫声,大约夜已经很深了。

如此日复一日,我在外婆家过了两个月。母亲将我接回镇上上学时,家里人都说我变成了横堤头的口音。后来,我虽然还去过外婆家,但再也没过这么长的时间。家里的日子日益困顿,母亲更难得回横堤头一次。只是舅爷或表兄有时来,说外婆的身体日渐不好,再来通海口怕是难上加难了。

1955年的冬天,一个雪后的中午。横堤头忽有人传信,说外婆病危,要母亲立即赶去。去迟了只怕难见最后一面。平时母亲出门临行三回头,叮咛再叮咛。那一回母亲拉着我默默就出了门。二十多里荒路,路上还有雪,母亲一双小脚,一路跟跟跄跄。

母亲和我到外婆家已是傍晚。在门外就听见外婆在唤母亲的乳名:"世——桂——"那拉长的声音含糊不清。母亲扑到外婆床前,叫一声"老妈!"接着就泣不成声。其时外婆已经昏迷得认不清人了,只是过一会儿就叫一声母亲的乳名。听人说,人在弥留之际,如果牵挂的亲人未见最后一面,是难以断气的。外婆是当晚咽的气。

舅母对母亲说,外婆平时总站在后门口,望着镇上的方向,一站就是好半天。舅母问:"您老总站在这里为么事呢?"老人说:"我看我的世桂来没来……"当时年幼,不知道这话的深意。如今想来,当时母亲听到这话,该有多少悔恨,多少无奈,多少辛酸啊!而可怜的母亲,也已去世三十多年了。

外婆下葬时,我见道士手抓大米,在墓坑底部撒成四个大字:荣华富贵。外婆

---

① 秋娘:通海口方言。一种体形较小的蝉,俗称"秋娘"。夏末和秋天的傍晚啼叫,啼声急促。

一生辛劳贫苦，这也许是对她在另一个世界的祝愿吧！随后，人们将那简陋的灵柩压在这四个字上，而黄土又将灵柩掩埋得严严实实。

外婆去世两年之后，舅母又不幸去世。这不仅是对舅父一家人的打击，也使母亲悲伤不已。后来，舅父一直独身支撑家庭，将老表们抚养成人，使他们成家立业。这也令母亲减轻了一分挂念。

再后来，分别居住在通海口镇上与横堤头的两家老亲戚，各自为生活而奔波。舅爷偶尔到镇上来，而母亲日益年迈，再也难回横堤头了。毕竟外婆不在了，再也没有那份刻骨铭心的思念。

1982年母亲去世。在之后的年月里，出于对舅爷的牵挂，对外婆和母亲的怀念，还有，总想追寻那段童年生活的遗迹，每到春节，我都要到横堤头去。舅爷垂垂老矣！而横堤头的老街，已不复存在；街后的小河，早已填平。环顾四周净是冬日的田野。旧日的小伙伴何在？满眼都是陌生而年轻的面孔。我在斜阳下徘徊，那份失落感真无从说起。

1999年腊月，也是一个雪后的日子。我站在那条乡村公路上，目送灵车载着舅爷往殡仪馆的方向远去。横堤头最后一位长辈也走了。幼时依偎在外婆怀中的我，分明也成了一个老人。我立在那里环顾，雪后的荒野空旷寂然。

附：

### 外婆乡的黄昏

夕阳将回那神秘的闺房，
天上地下一片霞光。
空旷的原野只有晚归的牧童，
黄昏的宁静笼罩着村庄。
少女们在老树下窃窃私语，
几只秋娘在急促地晚唱。
儿时的夏季黄昏多么美好，
我曾在那黄昏游荡……

# 在评工记分的日子里

李炎高

新中国成立后，经过土地改革，农民虽然分得了土地，但由于旧中国长期受兵燹（xiǎn）水患的危害，使得河道淤塞，田地荒芜，劳动力缺乏，生产关系满足不了农业生产的需要。特别一到农忙季节，矛盾更为突出。于是，农民们自发地实行生产互助，缓解了劳力不足的问题。但是，却产生了新的矛盾，就是谁先谁后？这就需有一个人，根据各农户农活的情况作具体安排。因此，互助组作为一种组织形式应运而生。经过一段时间的实践，发现这种组织形式仍然满足不了农民的要求。

作者李炎高

1953年10月，通海口区小河乡沙岭村，在共产党员鄢洪桢的倡导下，创建了沔阳县通海口区沙岭农业生产合作社。党支部书记由鄢洪桢担任，社长由余续汉担任，办得热火朝天。它不仅是通海口区第一个农业生产合作社，也是全国七个农业合作社之一，并且受到了开国领袖毛泽东主席的关注。从此，通海口区和沙岭农业合作社誉满湖北，名扬天下。鄢洪桢1956年被评为湖北省劳动模范，1957年被省里派往北京参观，并从北京带回有关部门奖给他的一张双铧犁和一台收音机。

在沙岭农业合作社的带动下，通海口地区的农业合作社像雨后春笋，发展迅猛异常。

农业合作社的诞生，彻底告别了几千年来中国农村的个体经济，逐步向社会主义集体经济迈进。起初的农业合作社，是将各户的土地收归集体所有，接着将各自的五大农具折价归公。各户成员就成了社员。农活由队里统一安排，劳动收获的现金、粮食、棉花、油料等都归合作社所有，社员的劳动只能记工分。因此，一个生产小队除了五职干部（正、副队长，会计、民兵排长、妇女队长）外，还要配齐记工员和保管员。

别看记工员和保管员不属队委会干部，但在生产和生活中起着举足轻重的作用。记工员要与队委会研究，制定定额（即各项农活的工分值）表，还要早发晚收社员每日完成的劳动任务，晚收包括检查劳动质量。然后，对照定额记好每个社员的工分。月尾还要将每个社员劳动的工分制成表格交给小队会计，以便进行年终分配。

保管员的责任也相当重要，除了严格守护好仓库，每天都要理清当天的现金收入、各种农副产品的入库，夜晚还要守护仓库。

这个时期规模较小的农业合作社，人们叫初级农业社。随着形势的发展，把几个初级农业合作社合并起来，组成了高级农业生产合作社。

无论是初级农业合作社，还是高级农业合作社，经济体制都是：三级所有，队为基础。分配原则仍然是：各尽所能，按劳分配。

大约1968年后，全国掀起"农业学大寨"的高潮，通海口地区也开展了轰轰烈烈的"农业学大寨"运动。学大寨人的精神、决心、干劲，连社员劳动的工分都要仿照大寨评工记分。那时讲究政治挂帅，所以学大寨的评工记分，也要纳入政治思想体系。

评工记分，也就是人们常说的"大寨工分"。它仍然需要记工员，但比定额记工已经发生了质的变化，再不需要记工员对照各项农活的定额到田头地里去检查记工。它是在政治挂帅的前提下，社员们首先自我介绍，陈述自己活学活用毛主席著作，坚持早请示晚汇报，饭前还有举着右手在毛主席像前宣读"吃饭想念毛主席，我们永远忠于您，千言万语一句话，万岁万岁毛主席"等情况。接着举例说明在劳动中的表现，最后根据底分，评定自己每天应记多少工分。这个过程叫"自报"。接着其他社员发言，肯定这个社员的优缺点，举例证明劳动中的表现，评论应该得的工分。全体通过后，记工员才记上工分。

曾经有这样一个姓黄的副队长，在社员评定时，有个插队下放的杨姓女知青说："黄队长派工认真负责，做事慢慢吞吞，不声不响，应该记上满分十分。"听得众人啼笑皆非。人们把这个过程叫"公议"，这种形式称为评工记分。所得到的工分称为"大寨工"。

无论定额记工也好，"大寨工分"也罢，它作为劳动人民劳动后得到的一种报酬，在中国农村存在了三十余年。随着联产计酬的实施和改革春风的到来，以挣工分多少决定一家一户收入的报酬形式已不复存在。但是作为一种曾经发生在中国农村的真实史事，值得我们的子孙思考、品味。

# 那一座小桥

肖海林

在通州河上有一座小桥，她叫小河桥。桥南是小河口，当时是小河公社治所，辖八个大队，有供销社、粮店、食品、医院和一些勤行铺、渔行等。有一所中学，叫小河中学，是标准的政治、经济、文化中心。

作者肖海林

桥北是我的家乡——柳李村。

桥南的种地，戴笠荷锄，负犁赶牛经过小桥到桥北。桥北的赶街、上学、就医，都要走这座小桥。那时，我每天从这桥上走两个来回，去小河中学上学。

桥不宽，全木结构，上铺桥板，有护栏。桥下水很大也深，不能说"其浩汤汤"，起码也"水何澹澹"。夏季丰水时，常有拖鼓船从桥下走过。所谓拖鼓船，其实是一艘带动力的木船绑上八至十艘装货的木船。船过之时，两岸卷起一米多远浪花，桥身也颤颤巍巍好久。

每到夏日黄昏，桥南的人们便用竹床、草席、床单把整个桥面铺得满满的，无从插足的那样。桥上凉快，有河风，无蚊子，打发夏夜的溽热。

那时，小桥桥板是完整的，每天上学，都会踏着桥板，看着桥下绿波漾漾的河水，天晴时多是打着赤脚踏着桥板，天雨天雪，穿上木屐叮咚叮咚走过。后来不知什么原因，桥北的桥板缺了很多，再后来，一块桥板也没了。我们要过这桥，只能匍匐着从桥的肋骨上（桥梁）过去，桥有一个不小的弧，对老年人难度可想而知。

我有一亲戚就住在桥南桥头。直至现在，每读到"鸡声茅店月，人迹板桥霜"或"小桥流水人家"时，自然想到那小桥，那小桥边的人家。

我亲戚是两位双目失明的算命先生，为了生计，经常到桥北串乡，替人算命排八字。每到我家，老人都会坐下歇歇脚。一日，我见天快黑了，就好心地提醒：爹爹，天黑了，桥不好走。哪知爹爹说："你这伢，天黑天亮还不一样？"哦哦，我错了。

后来，我离开了家，再后来，我听说瞎奶奶在桥上晒被子时不幸掉到桥下罹难了……

过了几年，我又来到了这小桥边，昔日的木桥变成了水泥桥，桥依然不宽，但很平坦，只是桥下的水少了，污浊了。

这么多年过去了，一个当年的垂髫少年现已两鬓秋霜。然而，那一座木桥仍然在眼前，梦里常常浮现。这小桥连接着过去与未来，承载着厚重的记忆与难以割舍的情怀。

# 十 最忆儿时事

# 七十年代通海口伢趣事集锦

文昌荣

作者文昌荣

小时候，孩子们玩的游戏很多，有些也很有趣。如今想来，还有些怀念。其中，男女都可以玩的游戏有：野外躲猫蒙，禾场请羊儿，踢毽子，前行（háng）子，吃（qī）子等；儿子伢玩的游戏有：打鼓泗，抠雀窝，扳撇撇（piá piá），打珠（jū），打扑克，打陀螺，等等。下面，简单介绍几种玩法和趣事。

**一、游戏**

（一）塌黄鼠狼

六七十年代，通海口人是不吃鸡爪子的。嫌它脏。

虽然不吃鸡爪子，但冬天杀了鸡，剁下来的鸡爪子还是有用场的：用三根木棍绑成一个三脚架，草蒌子串花充实成平面，在田沟口用一根支架撑起，中心点下挂上鸡爪子，设好机关，塌体上堆几块十多斤的土坷子[①]。我们称之为"下塌"。黄鼠狼就好鸡爪子这一口。轻轻触碰，支架倒下，塌体沉闷地将偷食者压住，就是孙猴子也休想逃脱。

次日清晨打扫战场，剃刀磨得锋利，小心翼翼，一袋烟的工夫，一张完整的黄鼠狼毛皮剥下，稻草充实，阴干。黄鼠狼都是精肉，但骚气大，一般不吃。也有喜食的，将黄鼠狼肉埋在土里一个礼拜，据说骚气全无。供销社土产门市部大量收购黄鼠狼毛皮。收购人员先对着亮光正反两面仔细看，主要是看有没有窟窿。然后逆着毛皮吹气，看有没有掉毛。如果没有掉毛，就是一级品，4.75元一只交易成功；假如掉了毛，便只能二级、三级地便宜卖了。一个冬天，运气好的话，可以搞几十元，这在当时可是一笔不菲的收入。

课余时间，学生诙谐闹腾。若是哪个男生头发梳得顺溜，我们就会挠挠他的头，模仿对着黄鼠狼皮的神情，吹上一口气："四块七毛五！"逗得小伙伴们前仰后合地笑。

现在的孩子都玩电子游戏。我觉得，除了坏眼睛，还有耗钱，竟找不出一条好处。我们小时候，好玩的多了去了。

---

[①] 土坷子：通海口方言。即土块。

## （二）打鼓泅

六月三伏天，酷热难耐，儿子伢都要去打鼓泅，半头裤子一脱，扑通跳下河，整条河沟被像鸭子闹了似的，混浊不堪。

穿着干裤子回到家里，虽装作若无其事，但大人伸手一抠，腿巴子有白印子，便扫帚条子上身，打得青汪鬼叫。过后又忘了，还是往水里跑，上得坡来，一路小跑，微微出汗，就再也抠不出印子了。

## （三）扳撇撇

都是大人吸烟剩下的外包装盒子，叠成三角形，约上三五个小伙伴，就开扳。若是有几个打版，别人就死翘翘的了。

## （四）打珠

早先是砖渣磨成的，后来看见别人有钢珠，就心里痒痒的。

为了得到钢珠，我们想了个办法，就是有钢珠的先开球。只要那球进了洞，就是我们的了。因为我们事先用竹竿插深了洞，洞口抹上稀泥，钢珠沉，只要进洞，绝对落到半米深的洞底。丢了球的祖宗哭喊着回家拿锹，我们却拿出藏好的铲子，三下五除二弄出钢珠，然后扬长而去。得来的钢珠，今天你玩，明天我玩。

## （五）打扑克

小时候，小伙伴们经常围在一起打扑克。玩法很多，包括：五对一成、升级、俩打一、三打一、卡十一、算24、歪五块等等。

"工欲善其事，必先利其器"。物资匮乏的年代，拥有一副扑克是件很骄傲的事。那时候的扑克纸质不错，但又没有布纹，拿蛋清均匀涂抹阴干后，扑克的使用周期可达两三年。

比如说"卡十一"。A（组句A23）、J（组句JQK）两张是经，值4胡，自起三张为一kǎng，值3胡，11胡起胡。庄家起11张，口喊："十一，不动手！"然后拆、吃、碰，句子圆了算胡。牌型有：两经一kǎng，百事百想；经kǎng两碰；夹卡。这都是翻倍的牌型。

益智的玩法要数算24，随机四张牌，四则运算得出24，看谁算得快，对提高心算大有裨益。

打扑克偶尔也带彩，赢了钱的人，上街买娃娃书，大家轮流看。

## （六）雪天赶兔

俗话说："钓鱼穷三代，养鸟毁一生，若是恋上狗撵兔，从此踏上不归路。"这话说的是京油子，与我等无干。

话说20世纪六七十年代，冬天一到，就进入了农闲。小伢们上学戴个狗钻洞（帽子）、穿着滚绳子（棉袄）、脚穿双蒙鞋（棉鞋），捧个火钵子，还嫌冷，下课在操场上斗鸡。其实，人在学校心在兔。

野兔肉好吃，无须多言。鲁迅笔下的少年闰土只看见怎样捕麻雀，却没看见雪天赶兔子。

赶野兔是个集体活，讲究天时地利人和。天时，需下雪封冻三天以上；地利，旱田；人和，主力是青壮年，少年机溜，不可或缺，还有"阿黄"（狗）；工具有铁叉，注意，杨叉不行，有句话叫作"杨叉打兔子，都在空里过"。

经常看CCTV-12《天网》栏目，频率最高的词汇就是：蛛丝马迹，视线。赶野兔就是先发现蛛丝马迹，"阿黄"当先锋。因为，人鼻子不如狗鼻子灵。一旦目标进入视线，人成了狗，狗成了人，打了鸡血似的，恶（ó）死的向前赶。

雪地一望无垠，反光强烈，摩擦力小，兔子四肢短小，目光直视，适合场地跑，开始还腾挪有度，急疾不乱，可能是小心脏受不了，速度明显慢了下来，但也不会束手就擒。

有时人的步幅过大，兔子在后面闻屁；有时狗的嘴巴嫌短，空咬一口兔毛；有时铁叉抡起，又怕伤及老小。湿土粘鞋，似戴脚镣，汗裹棉袄，如着战袍。终其一役，"阿黄"建功。

客套话还是有的："等哈到屋滴喝两盅。"十人赶兔一人吃肉，总强于"一将功成万骨枯"！

**二、趣事**

（一）鸭子淹死了

鸭子喜水，春江水暖鸭先知，鸭子怎么会淹死呢？

话说我家春上孵了一窝鸡鸭。"鸡，鸡，二十一，鸭，鸭，二十八"，这是从蛋孵出小鸡小鸭的时间。鸡先出窝，鸭迟一个星期。一天，一只鸭落茅缸了，我赶紧用粪瓢舀起来，丢肥皂水里洗刷刷，然后放进池塘里漂洗。但是，眨眼的功夫，鸭子两脚朝上，死翘翘了。

挨了一顿打，心里特委屈。后来才弄明白了，鸭子羽毛表面有一层油脂，可以保护羽毛干燥。经肥皂水一洗，油脂脱落，羽毛全湿，鸭子自然成了"落汤鸭"。

（二）结巴误事

还是与茅厕有关。

本湾子有个小伙伴，因为学结巴说话，久而久之，也变成了结巴。一天，他发现幺婶娘家的小猪掉进了茅缸，急忙去把信，却又急又结巴："幺…幺…幺……"

幺婶娘见他五官挤成一堆，也说不出话，便道："伢儿，你说不出来就唱啊！"一句话点醒结巴人，唱道："幺呀么幺婶娘，猪á子落茅缸。"

幺婶娘一听，急忙去救猪，可惜迟了一步。

（三）过年走亲戚

小伢盼过年。给长辈拜年，口甜牙也甜，还得压岁钱。

记得过年走家家（外婆家），几弟兄提溜两盒茶、一瓶酒，顶寒风、踏稀泥，鼻涕流成两条龙，裤管搓就泥巴桩。

饥肠辘辘之际，打起了副食的主意，就是不愿先开口。总有馋嘴猴忍不住的，你敢吃第一口，我就多吃两口，那叫一个风卷残云。

眼看要到了，田里捡几块砖头瓦块充数。盒子朝舅舅递去，舅舅不接，反倒一人一块钱："看你们几个，嘴上糊的像鼬子，盒子甩到灰塘滴克！"眼里充满无限爱怜。

娘亲有舅，这话内涵！

# 我在通海口度过少儿时代

李恬（田化军）

我是在通海口镇上出生的，但因家庭成分"不好"，1970年春不到一岁就随全家下放到天星片向阳三队，直到1979年落实政策才重新回到镇上。

## 一、在向阳的日子

我母亲李光英，娘家是杨场印嘴。我有两个姐姐、一个妹妹，当时都很年幼。我的祖母王代英，镇上的人们称为田家四奶奶。我父亲田光和教书。因此，在向阳时，家里只有母亲一个人能干农活。但母亲特别吃苦耐劳，到年底的时候，不仅能挣回全家七口人的口粮，还略有分红。母亲个性很强，事事不

作者李恬

愿居人后，最累的时候是每年的"双抢"。繁重的体力劳动，给她落下了满身病痛，后来时常感叹，说自己"差点把命丢在向阳了"。

向阳经常遭受东荆河洪水的威胁，淹过几次我记不清了，但肯定不止一次。洪水来时，我记得向阳的人们把自己的大小家当搬过防洪大堤，在大堤的北面搭起临时窝棚安家，离大堤不远就是监沔公路。

有一年发大水，母亲想多抢出几件家当，夜里往大堤跑时，听到洪水哗哗地在后面追，好像要打到她的脚后跟，感觉惊心动魄。还有一次，洪水将我们家的大水缸从屋里冲了出来，被乡亲们发现挽沉在水中。后来水退了，发现水缸停在村前的公路上，我和姐姐们又将它滚着推了回来。水退后家里地面光滑如镜，但非常稀软，于是我们又动手用砖头将地面夯实。

我们家的成分是资本家兼地主。其实所谓资本家早已破落，地也就是后来做了祖父坟地的8亩薄地。祖父在解放前就去世了。祖母的身份既然是地主婆，因此上面只要有风吹草动，就要和其他的"地富反坏右"一起，去大队部受训。祖母忠厚老实，又不识字，也不懂这些，带了小板凳，我二姐桃云陪她去。二姐还是个小孩，但也知道讲面子了，就从村子的后面，经过树林往返，不想让别人看见。

我妹妹小时候经常晕厥，拿当地话来说，叫"被呛"，不知道是由于体质弱还是营养缺乏，经常好好地玩着，一声不吭就瘫倒在地。我记得晚上在大队部的诊所里，煤油灯照着，妹妹躺在医生的办公桌上，有人掐她的人中，想让她醒过来。还有一

次，有月光的夜晚，母亲背了妹妹，翻过防洪大堤，去沙埠坝那边的高桥给妹妹看病，我一路小跑跟着。

家里曾经有一条大黄狗，经常抢我和妹妹的饭吃，我们就要把饭碗高高地举过头顶。黄狗很聪明，有一次跟着母亲走了很远的路去监利的北口，过轮渡的时候，它却没有上船，停在河边。我母亲对它挥挥手说"回去吧"，它果然就平安回家了。黄狗看家意识太强，好多次咬伤了过路的陌生人。母亲决定把它卖给天星的食品门市部。一进门，黄狗就被人套住吊了起来，母亲没想到看到这一幕，过后很心痛。

在向阳最快活的记忆，当属晚上在户外玩游戏。躲猫蒙（捉迷藏）是经常玩的。我现在还能背出另外两种游戏的伴唱儿歌。一种叫"铜果铜果穿梭罗"。两个人牵手搭起拱门，一队孩子手牵手在下面循环穿梭，一边唱："铜果铜果穿梭罗，伢儿大小一窝坨；脚也大，手也大，三间瓦屋装不下。"另一种游戏叫"踩凌冰过江河"。一个小孩蒙着眼站在中央，一群孩子围着他转着圈走，嘴里唱道："踩凌冰，过江河，江河的门口是哪一个？是我一个！钉子钉了我的脚，哎哟哎哟疼不过，买张膏药贴我的脚！"歌声一停，就让蒙眼的孩子猜，站在他面前的是谁。

## 二、向阳小学

我们下放安家的时候，母亲特意将家安在了向阳小学旁边，就为了四个孩子上学方便。

向阳小学有两排平房，两排房子之间是菜园。另有一间厨房、一间厕所。学校前面是操场，操场上有两座东西相对的篮球架，后面是一片竹林。学校有一到五年级，似乎还有过初一。有段时间，学校更名叫天星五分校。向阳一队到五队的适龄儿童都在向阳小学就读。

我还记得一年级报名入学的情景。二姐带着我去报名，班主任何老师躺在一张课桌上午睡，头下枕着书。何老师起来，笑眯眯地问我叫什么？一年级教室的黑板上方贴着毛主席像，两边分别写着"听毛主席话""跟共产党走"。

学校的珠算课让我印象深刻，有一架硕大的算盘能挂在黑板上当教具。我们在下面人手一架算盘，有一项基础练习是练加法，一加二加三一直加到算盘上出现666为止。

我记得语文课文有毛主席语录："要团结，不要分裂；要光明正大，不要搞阴谋诡计。"长大后我才知道，这是针对"四人帮"说的。

有一回，我因为课间打闹，被罚写检讨，我用了倒叙开头，讲事情原委。结果高年级的语文老师把检讨拿去当范文，跟学生讲什么是倒叙手法。这是高年级的二姐告诉我的。

学校曾经请来大队的妇女主任作报告，忆苦思甜。她拿出一件破破烂烂的上衣展示，说是旧社会穿过的。会后，在学校后面的树林里，我们吃忆苦思甜饭，是野菜粥。我用带的小铝碗吃了一碗，觉得很好吃，吃了还想吃，可是每个人只有一碗。

学校有一口铁钟，挂在老师办公室门口，能"当当"敲响做上下课铃声。学校还有一张乒乓球桌，每当下课大家就跑出教室哄抢，手里拿着自己的球拍高喊一耙二耙三耙……跟挂号一样确定打球的顺序。

教过我的老师有何地光、刘良栋、向德才、蒋必成等，校长是曾凡昌。

很遗憾向阳小学今已不存。我 2019 年 7 月返乡看过一次。我家以前在向阳的邻居向华子，利用小学的原址建了一座养猪场。向阳的所有居民，移民建镇，已经整体搬迁到通海口镇上。向阳的土地作为蓄洪区，未行洪时，以前的村民可以自种自收，也不用纳税。房子大多扒掉了，只留下部分作看田的歇脚处。

### 三、我印象里的武汉知青

向阳小学的老师中，曾有两位武汉女知青，霍丽君（音）、景志萍（音）。她们俩合住在向阳小学后面那排平房最西边的宿舍里。

在我儿时的印象中，霍丽君老师很漂亮，肤色很白。她好像很爱美，我记得她上音乐课的时候，舞动着戴白手套的手，给我们打拍子。

有一次学校排练节目，一边唱《白毛女》选段"北风那个吹，雪花那个飘……"，一边跳舞。我是被选中参与的两个男生之一。但是我很难为情，跳着跳着我就不想跳了，最后干脆不动了。霍丽君老师一摸我的额头，觉得发烫，以为我发烧了。我二姐带我去大队部的诊所，半路上我说我好了，就又回来了。这事成为我在家里的一个笑柄。

景志萍老师脸很圆润，个性温和，声音很好听。父亲给我们订了《人民文学》，有一次景老师借了去看。我去索回的时候，景老师推荐我看其中一篇小说，说写得很好。那是一篇一个男人"文革"中蒙冤入狱的小说，让我印象很深。那时"文革"刚刚结束，伤痕文学开始流行。

景老师走的那个夏天，正是暑假，知青落实政策，她要回武汉了。我记得她走之前，有一天晚上，我和二姐在学校操场上乘凉，竹床上放着好多我们自家桃树上摘下的桃子。景老师坐在竹床上，跟我们话别，她问我是不是对她有什么意见？其实我只是有时候故意捣乱气她而已。遗憾她没有留下在武汉的地址，而我连她的名字究竟是哪三个字也搞不清楚。

油画《女知青》　（王亚卿　画）

在向阳三队，还有一位武汉女知青，样子娇小，但我不知道她的名字。有一次，在村子后面一片树林里，村上的几个青年男女坐在伐倒的树干上，她在教他们唱歌。

女知青一边低头钩着毛线,一边教他们唱电影《上甘岭》的主题曲"一条大河波浪宽,风吹稻花香两岸……"。座中有队上的记工员,一位小伙子,队里难得的文化人。他认真地看着她,学唱得很投入。而她呢,低头钩毛线,基本上不抬头。懵懵懂懂的我还是个小孩,只觉得这一幕很有趣。后来才明白,这是当时青年男女难得的社交活动,是生活枯燥的乡村里小小的文化盛宴。

对队上的武汉男知青,我基本没有印象。只记得他们骂起人来倒是蛮有味道,开口就是"个板妈养的",浓浓的武汉腔。

### 四、我在向阳经历的大事

我上小学一年级的时候,有一天,队上的有线广播里突然传出沉痛的声音,大罗老师在学校操场上拍着大腿悲声道:"毛主席去世了!"向阳大队召开追悼会,在大队部礼堂里,大人们密密麻麻地站着,很快哭声一片。我们小孩扒着窗户往里看。

很快又传来打倒"四人帮"的消息。学校音乐课上,老师教孩子们唱"十月的天空阳光灿烂,十月的大地五彩缤纷,粉碎了'四人帮'篡党夺权……万众载歌载舞,举国一片欢欣……"空气里确实弥漫着欢快的气氛。

我有一个小伙伴叫罗勋强,不知道他从哪里弄来一本书,连封皮都没了,被人翻得很旧。这是一本讲"四人帮"罪行的书,里边有王洪文准备夺权的标准照、"四人帮"准备在上海发动叛乱的武器装备的照片等。我看得津津有味,觉得这本书很特别,这应该是我对时政感兴趣的开始。

高考也开始恢复了,我随父亲走在路上,经常会碰到他认识的学生。父亲会问他们:"你考的是大专还是中专啊?"

很快传来了落实政策的消息,我们家要搬回通海口镇上了。因为我们家在镇上的老房子已经被拆,政府将会补偿给我们一笔款子。我记得有一个傍晚,母亲带着我,从镇上回向阳,对我讲了这件事。我能感觉到她很高兴,对未来的生活充满了期待。

### 五、小镇风情

1979年春天,十岁的时候,我从"乡下的娃"又变回了"街上的娃"。不过小孩的适应能力很强,我并没有感受到什么"文化冲击",很快就熟悉了小镇生活。

在我眼里,镇上最气派的建筑,是横跨通州河的混凝土汽车桥,它是小镇的交通要道。还有好多临河小巷,岁月打磨的青石板无比光滑,充满了古意,通向河边。每天黄昏,有一个人穿行在街道上,一边敲着一面锣一面拖着长腔喊:"机关团体——街道居民——防止火灾——注意安全——",别有韵味。

街上有家综合门市部,是镇上最大的商店(在小孩的眼里确实大得可以),卖文具、布匹等等。那时候买布还要布票。书店的玻璃柜台摆满了小人书,日杂商店售卖从瓷碗到桐油的各种东西。我经常去废品收购站卖废书、牙膏皮等,换零花钱。

茶馆里永远人声鼎沸，说评书的拍着醒木，下面的人围着一张张桌子坐着嗑瓜子喝茶，满屋子雾气缭绕。我在杨场的外祖父生前的愿望，就是老了可以在通海口茶馆里喝茶听书，可惜他后来半身不遂，未能如愿。

我们家回到镇上的时候，老戏园子因为年久失修已经停用。但我依稀记得更小的时候，父亲带我去老戏园子看过电影和红卫兵演出。红卫兵穿着绿军装，扎着武装带，在台上载歌载舞。一个红卫兵从舞台上下来的时候，我看到她脸上化了红扑扑的妆。

后来镇上又先后建了露天电影院和通海口电影院。春节的时候，电影院前人山人海，还有好多摆摊卖瓜子茶水甘蔗的。镇上还开办了文化站，我记得有皮影戏演出。文化站有台电视机，有一阵子日剧《排球女将》热播，好多人挤在那里看。那时候我以为剧中小鹿纯子、夏川由加的"晴空霹雳""流星火球"是真实的排球招式。在汽车桥北端交管站的门口，有两家个体经营的铁皮书屋，几分钱就可以看一本小人书，还可以租小说。我是那里的常客。

我们家的老屋位于通海口正街，解放前是镇上有名的田福源绸缎匹头店，1976年被政府拆掉了，所以我从没有见过。在父母的讲述中，它是无比的精致气派，有风火墙、天井和阁楼，水磨石的地面，还有避难的暗

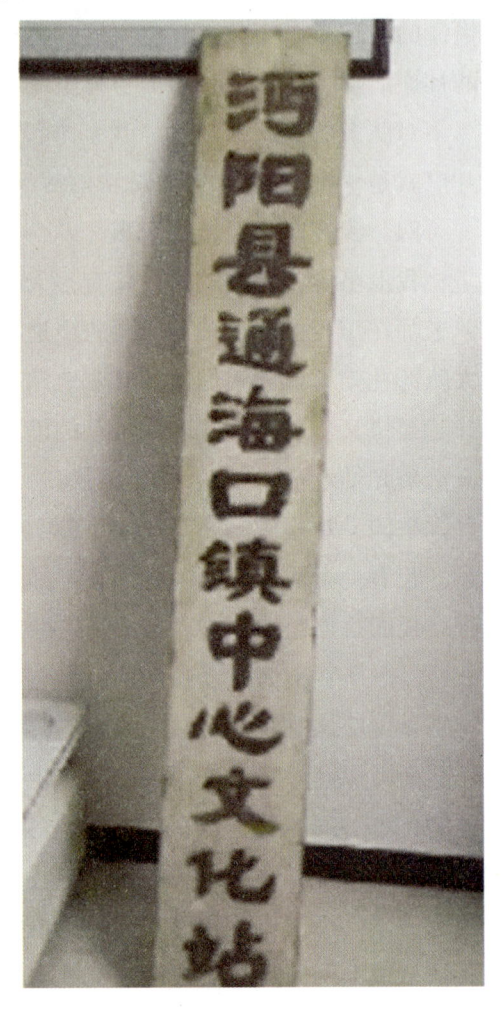

沔阳县通海口镇中心文化站牌　（庞刚 摄）

室等等。建于20世纪30年代，房子建好后我祖父结婚。如果房子不拆，应该是典型的民国乡绅民居吧！镇上的理发店里，有几只上釉的细长石鼓状的瓷凳，是我们家老屋流落出去的。后来施工的时候，又挖出了一只石鼓子，被镇上的居民黄毛子从施工的工人那里买走了。

我们家回到镇上的时候，老屋拆下来的砖还堆在那里，上面都有烧制的"田"字。有一天学校下了晚自习，我妹妹红玉用书包背了老屋的两块砖回来。那两块砖被带到了北京，是仅存的老屋的纪念了。

通海口最有特色的小吃，是菱形的锅盔——冲担锅盔（因两头尖尖形似扎草垛担在肩上的农具冲担而得名）。方形的面饼夹了辣酱、葱花，拉扯成菱形后，伸手贴

到烧的通红得炉膛壁上，烤好了再用火钳夹出来，吃起来又脆又香。一年四季，贴锅盔的师傅手和胳膊总是浸湿的状态，汗毛早被炉火燎光了。还有一种食品叫"洋糖酥"，形状像鞋垫，油炸过，裹了一层白白的糯米粉，甜甜的，很好吃。镇上的魏大爷，经常在街上支起铁锅，卖他做的盐饼子。一整张饼铺在那锅里，你买多少就切多少给你。魏大爷的一只耳朵当年被残暴的侵华日军用刀劈掉了，看上去让小孩子有点怕怕，但他的盐饼子确实好吃。

### 六、通海口小学

小学四年级的第二学期，我从向阳小学转到了通海口小学。班主任是教语文的汪老师。我记得语文的第一课是《清平乐·六盘山》："天高云淡，望断南飞雁，不到长城非好汉……"。

通海口小学有一至五年级和初中的三个年级。放学的时候，同学们按照居住的街道排队回家，比如生产街的、民政街的等等。我记得就在四年级，红小兵恢复成了少先队，我胳膊上挂了"一道杠"的小队长臂章，神气活现地走来走去。

有一次应该是开学典礼，在操场上，初中部的学姐代武燕，一个很漂亮的女孩，做演讲，题目是《展望金色的八十年代》。那确实是一个让人感觉充满希望的年代。

我印象最深的是，初一的班主任兼语文老师魏光顺。他是全校唯一坚持讲普通话的人。他很注重学生的全面培养，比如组织跳绳比赛、平整教室地面等。晚自习之前，有时候他吹笛子，为我们唱歌伴奏。为了写好说明文这种体裁，他特意带我们去参观镇上的小水电站，请工作人员讲解，让我们仔细观察聆听。他还鼓励我们投稿，正是在他的鼓励下，我的处女作诗歌《彩虹》在县里的《采风报》上发表，当时在班上很轰动。

还有五年级的吴乃发老师，教数学很有一套，经常在放学的时候出一道难题考我们，谁先做出来谁先回家。教初一英语的庞生桂老师温文尔雅非常和气，不过读英文有些音不太准，比如 children（孩子们），庞老师读成类似"秋准"的音。到了初二尹述文老师教我们英文时，我们大吃一惊，原来读错了。教过我的老师还有郑长玉、王自松、王自理、曹良茂等。

初三的那一年读得很辛苦，因为有升学的压力。我记得经常下晚自习后，教室里已经停电了，数学卷子还没有做完，大家就着手电或者蜡烛光彼此对着答案，问着不会的题。有一天下了晚自习我困得不行，回家路上就快睡着了，要同伴使劲掐我的手指头我才能保持清醒正常地走路。政治早读的时候，我也经常打瞌睡，教政治的雷校长拿课本敲我的头，说我是"瞌睡大王"。那时我肯定是严重缺觉。

填中考志愿的时候，我也没什么概念，填了"中专"，被在同一所学校教书的伯父发现，帮我把中考志愿改成了"高中"。中考结束的那天下午，全班同学在教室里兴高采烈地敲桌子庆祝，此情此景历历在目。同一届的同学有肖敏、刘宏、李明武、田静、肖小伏、黄红艳、周晓明、韩斌、魏建国、朱家群等。

1983年8月，初三的暑假结束，父亲帮我挑了行李，去运输队搭了一辆顺风的拖拉机，送我去县城仙桃的沔阳中学读高一。

至此，14岁的通海口少年，开始了自己人生离乡的旅程。

# 那年十岁

雷宏伟

人生的经历就像味觉的记忆。不管你后来的变化有多大,影响你最大最深刻的,还是那个原点。那就是你人生成长的根!

记得20世纪60年代末70年代初,哥哥当兵姐姐下乡,十岁的我突然间成了六姊妹在家的老大。除了挑水、洗菜、扫地、拾粪外,最主要的任务是捡柴火。

眼看着灶门口的柴火烧不了几天,阁楼上的柴火也剩不了几捆了,我便下决心,一定要在这个暑假再把灶门口堆满,把阁楼上的柴火补齐,保证整个冬春天都不用愁没柴烧。甚至暗暗地想,任务完成了再去县城仙桃玩几天,那里有姥妈(祖母),有三叔食堂里的肉包子,有很宽的襄河,还有襄河里

作者雷宏伟

跑的很大的轮船,特别是有好朋友黑黑舅舅。一想到可以与黑黑舅舅到建小校园的树上摘黑桃,心里就充满了惬意!

这天早上,吃了肖老妈(外婆)给我炒的一碗腌菜油盐饭,穿上背心,把绳子在腰间缠了两圈,就趁太阳还不辣,抓紧赶到天星洲去捡柴,想着在太阳当头时便赶回来。

我一路快步,很快就走到了向阳村洪堤下,在防护林里捡起掉在地上的树枝子来。捡柴的人多,树上掉下来的枝条少,所以也学有些人,有时偷偷地到人家的篱笆上摇几根桩,有时在农家柴火堆里抽几根树枝,偶尔也捞几根人家丢在池塘让鱼躲荫的散枝。不然,一上午很难凑一捆柴火。

哇,我的个娘啊!在一片白杨树苗田里,我竟然发现了个惊天大"财喜":只见树苗田里,有许多间下来的小树,我连忙捡出来放到一起,不一会儿就捡了一堆。生怕别人也来捡,连忙从腰间解下绳子,心想一定能把绳子捆满,留下够背的一节短绳头就行了。今天发财了,明天再来捡一捆,回去也能比往日早一两个小时。

正在我使劲勒绳子,力求多捆一些时,突然从小树里飞出一只黄蜂,撞了一下我的眼睛。顿时就不好了,感觉右眼像针刺火烧一样疼。原来,是被那可恶的黄蜂蛰了一下。听人说涎水可以消毒止痛,我连忙用涎水擦。可是,擦了几遍,却更疼了,眼睛也睁不开了。伸手一摸,竟然肿了个大包。我赶紧把柴火挪到树荫下,然后靠在柴火上,想着休息一下,就会好的。没想到……

我醒来时,太阳已经偏西。以往这个时候,早就到家了。也不知是累得睡着了,还是中毒昏迷了。十岁的我,哪知道那么多啊!只知道又痛又饿又渴,想的是怎么能把柴火背回家。

我硬撑着起来,把柴火背到了身后。要回家,就得先翻过洪堤,可腿像灌了铅一样,迈了一步,第二步就迈不动了。二十多米高的洪堤,就像一座泰山,自己都不知道是怎么到了洪堤顶上的。实在背不动了,就放下柴火,往堤下面拖。拖到堤下,是熊庙小学门口的一个鱼池,趴下去喝了几口水,又有点劲了,再慢慢地把柴火挪到了小学教室的走廊上,便的确走不动了。

虽然隔家不到五里路,可我实在是背不动柴火回家了,丢下吧又实在舍不得!于是,靠在走廊里,望着教室旁边的大路,多么希望有个熟人帮我带个信,告诉家人我在熊庙小学这里……

太阳快落山时,祖父突然出现了,他郎在熊庙小学找到了我。

回到家里,家人又是找奶水帮我擦眼睛,又是做鸡蛋汤给我喝。一下子,我成了家里的娇娇宝贝。这让我感到,虽然受伤了,但很值得,心说明天一定要赶早去向阳村那片苗圃地里,把没捡完的树枝抓紧捡回来。

童年!十岁!虽然没有留下童话般的生活故事,但在我们骨子里刻下了吃苦、勤劳、节俭的品格。

有位哲人说过:不幸是人生的大学,磨难是奋进的向导。童年的磨难,赋予了我们不向命运屈服的拼搏精神,更让我们担负起了让自己、让家人,特别是后代过上美好生活的责任与使命!

这就是我的十岁,我的童年!

# 童年散记

张礼成

### 一、小时贪玩

儿时的小镇，常见外地来卖玩具的，扛一个草把，上面插满红红绿绿的鸡毛哨子。这哨子由黄泥、鸡毛、竹哨做成。买一个可以呜呜地吹几天。后来看电视，也见卖哨子的在古代的集市穿行。可见这类玩具古已有之。

幼年时我爱动，有时拿一根竹棍子，跨在上面当马跑。成年后读李白的"郎骑竹马来，绕床弄青梅"，方知这类玩法也是古时就有。可见历史前进的步履蹒跚。

近几十年科技迅猛发展，人们生活的变化翻天覆地。如今的儿童，在平坦光洁的场所玩各类电动玩具，玩遥控飞机。可是我怀念我的童年。

当时我七八岁，离我们的屋两三家，有一条巷子。我常常一出门，就在石板街上翻起跟斗，一直翻到巷子口。然后又几个跟斗翻过巷子，就到了一个祠堂前的广场。祠堂的大门外有一个石砌的台阶，那厚实的两开大门终年开着。屋里也铺满石板。夏天睡在石板上，说不出的舒服凉快。我在篾匠铺捡来竹片做成剑弓，再用麻秆做箭，箭头插一根针。我仰面朝天射去，箭离弓飞天，以至消失。直到箭影显现，飞落在地，直直地插在泥巴场子上。我玩一根棍子，学着戏台上的孙悟空上下挥舞。至于小伙伴在空场上的追逐打闹，更有说不出的快乐。

难忘那些儿时的夜，满天是灿烂的星斗。商铺都关了门，从家家门缝里挤出道道灯光。石板街成了儿童的世界。虽然看不清对方的脸，但是并不影响我们捉迷藏、抢羊儿，我们同样能够追逐打闹。直到家长站在门口扯起嗓门叫，孩子们才不情不愿地回去。接着陆续响起闩门的声音，好吃街才归于宁静。有一个月夜，本街的孩子都回去了，我却玩兴未减，又跑到正街和那些不大熟的孩子们在月光下穿街过巷。直到一个大一点的孩子说怕影响早晨起床上学，大家才分散。

至于婚事频繁的下半年，更是我们看热闹的好日子。好几回的夜晚，已经不早了，但黑暗中仍见那办喜事人家的门前还挂着大红灯笼。我和小伙伴跑去，但看热闹的人都走了。洞房紧闭，开过酒席的方桌刚刚擦过，房子里散发酒席的残味。只有房东在屋前屋后收拾。我们只得退出。但是我们不想回家睡呵，贪玩确是儿童的天性。

平时，小街上玩猴把戏的，敲锣卖糖金梗的，敲梆子卖挺糕的，生孩子的，办丧事的，只要哪里有响动，哪里敲锣打鼓，哪里放鞭放炮，我们就往哪里跑。当年的娱乐简单原始，可是并不影响儿童好奇贪玩的天性。

## 二、也做点事

小时候，我也帮大人做一点能做的事情。当年各家各户的家具不如现在完备，互相借用司空见惯。有时到东家或西家借家具，母亲便教我如何敬称别人；还东西给别人，又如何道谢等。她常说，叫人不要本，只要舌头滚一滚。幼年时我也确实做得不错。只可惜到了成年，反而拨开嘴巴也吐不出甜蜜的话来。

母亲有头痛的老毛病，有一回叫我去药铺买"活济公头痛粉"。我接过钱就跑。可是到了药铺，却说不出名字来，只得回来又问。这次一边念药名一边跑，一跤仆倒在地，差一点又忘了。一直念到药铺，才把药买回来。

有时家里做了小麦粉或细米粉粑粑，母亲就叫我往街坊家里送。当然，街坊们有时也送好吃的来。记得腊月，隔壁街坊找我们家借刀切麻叶子。人家几个人忙了一夜，第二天早晨用升子端来刚切的麻叶子，还是热的，别提我多么兴奋。

记得那年的月夜，几个伯娘和婶娘在我们家闲坐。街头突然响起了悠扬的四胡声，一会儿又响起竹棍敲打石板和小铜锣的声音。"看是不是陈八，是陈八就把他牵来。"有人吩咐我。

陈八家在卸甲州，位于西边街头上，都说他算命是蛮灵验的。我跑去一看，果然是陈八，就把他牵进屋坐下。几个人依次算起命来。陈八算命，念几句拉一下四胡。念得抑扬顿挫。如今算命的连胡琴也不要了，就那么白说几句。

当年女人生了孩子，要在头上扎一条手帕，既为了防风寒，又是做月母子的标志。按照老规矩，月母子未满月，是不能跨到别人屋里去的。有一回母亲叫我送蛋给一个刚生孩子的女人。出于好奇，我拨开门帘朝里看了一眼，就闻到房内散发出那种刚生过孩子的气味。月母子端给我一碗红糖水。这是对送礼者的常规款待，出于礼仪我应该喝下去，可是却难以下咽。如果不向房内看，没闻到那个气味，喝一碗红糖水我并不嫌多。

## 三、去坐酒席

下半年办婚事的多，有时大人忙，就叫我随别人去喝喜酒。

夹在陌生的大人中间，一切要守规矩，真可谓不能"乱说乱动"了。比如要一齐夹菜，一齐放筷，不许到未动头的碗里去夹菜。我个子小，只有蹲在板凳上。有时未等我的筷子伸出去，邻座的大人已将菜夹到我的碗里。也许竟是我不喜欢吃的一类，又不好说出口，只得硬着头皮吃下去。

吃酒席的屋里闹哄哄的，人来人往，不时有人从背后擦来擦去。吹鼓手在门前的喜棚里鼓着腮子帮吹，喇叭声把耳朵都吵麻。

更要命的是，下一巡酒席的客人就在门口等着。我一看，别人碗里的饭不多了，大人告诫过，坐席是不能丢碗兜子（剩饭）的，我只得拼命将碗里的饭三两下塞进嘴里，争取和别人一齐放碗。满口饭把腮都胀得鼓起来，我扎着头逃出去，找一个角落吐出来，才松了一口气。

另一件难堪之事，是到办丧事的人家去坐席。家乡俗称"吃硬米饭"。遗体总是穿戴齐整地躺在堂屋的榻上。早就听说过这样的故事：曾经有一家老了人，遗体放在堂屋的榻上。旁边四个人打牌守灵，牌一轮一轮地打。忽然，面对死者的人见他手动了一下，便对另外三人说："我要去小便。"过了一会儿，三人中的一个冷眼见死者的脚又动起来，于是说："我要大便了。"两人等了一会儿，一个看见那死者企图欠身起来，忙说："我去追他们两个快来。"背朝死者的那人感到蹊跷，正想起身时，猛地一双手搭上了他的肩膀———原来死者已从榻上爬起来了。

这故事实在让幼小的我觉得恐怖。据说，出现这种怪事，是因为有通身黑的猫，于某年某月某时碰巧从死者身边经过。这类事虽属偶然，也许只是传说，但在我幼小的心灵留下了阴影。以至每见到通身黑的猫，就感到阴森可怕。

办丧事的酒席往往开在堂屋。有一回，遗体恰恰就在我身后。虽然是闹哄哄的大白天，我仍不时望一眼背后的僵尸，生怕他爬起来了。更懊恼的是，我打量那旧筷子头，像用了多年的磨损样子，总疑心死者生前用过。如此疑疑惑惑，那一桌美食便味同嚼蜡了。

# 童年记忆

李炎高

1943年冬月，我出生在距通海口镇八里远的一个自然村，小地名叫王家剅。当我有感知的时候，只知道周围都是湖泊，常年都是水，只有一条羊肠小道从我家后面穿过，它把四周的许多村庄串连在一起，也是人们到通海口赶集的唯一通道。一遇暴雨，四周一片汪洋，我们也只得住进水阁。因此，这里流传着一首民谣：养女不嫁王家剅，出门就把裤管搂；长期住在水窝里，外出无船路难走。

1950年春，我上了塆子里的一所私塾。私塾先生是几位前辈从监利新沟请来的，生活由学东轮流供给。

过去的私塾，不像现在的学校，有宽敞明亮的教室，有统一的课桌凳，有按学生文化程度编成的班级，还有按部颁教学计划开齐的各种课程。我儿时所念的私塾，是用一个学东的堂屋作的教室，课桌凳是学生从家里带来的，五花八门，连先生的讲桌也是学东吃饭用的方桌。学生只有十几个，年龄大小很悬殊，文化程度更是参差不齐。

我们几个刚刚启蒙的学生，读的课本是《三字经》。年纪大些的，有的已在别的学堂念了几年书，甚至四书五经都读完了。先生教书是不讲解的，只负责一个一个地范读，学生则跟着先生念，然后死记硬背。第二天到校时，先生一个一个地检查背诵，能够背诵的，先生再领读一段新内容。不能背诵的，先生要体罚，轻者训诫，稍重者罚站罚跪，严重者还用戒尺打手或者屁股。

由于渍水的原因，学堂不到一年就停办了。私塾也随着新中国公办学校的兴起彻底退出了历史舞台。

小时候上一趟街的确不容易。因为附近没有集镇，要买点日用品或是生活物资，必须到通海口街上去。我第一次上通海口街还是父亲带我去的，是因为读私塾时需要笔墨纸砚等学习用品。

我和父亲沿着小陈河旁的小道向东缓缓而行，经历了一个多小时，才来到通海口正街云霞印刷厂门前。我到此处时已大汗淋漓，气喘吁吁，精疲力竭了。

印刷厂老板姓黄，因与父亲有旧，急忙请进他家，赐座、倒茶、寒暄。当父亲提及要为我买点学习用品时，黄老板忙从柜台上拿了一支毛笔、一块墨、几个本子、一个"一去二三里，烟村四五家，楼台七八座，八九十枝花"的影本，并且一而再、再而三地不肯接受工本费，还随口说了一句：祝小学生三元及第。我即兴把父亲曾经教我说过的"愿大老板四季发财"作了答谢。

离开黄老板印刷厂，我们踏着青石铺成的街道，向通海口的上桥徐徐而行。在距离上桥不到十米的地方，遇到了李地光先生。李地光先生的祖父——李日赢原住在乡下。离我家住地不到一里的一个塆子里，后迁居通海口。起初在通海口一家花行打杂，心想做点棉花生意，于是在工作之余，特地购进一袋优质棉花，并用笔纸写了一张纸条：择选净花；落款：李日赢。运到武汉花行后，老板发现了这张纸条。揣摩此人必定想做棉花生意，因而与他联系并资助资金帮助组建。经过几年努力，终在通海口通州河南北两岸兴起了花、布两行。直至地光先生的父亲——李大璨当家，终成为通海口花、布两行的大老板。后因日本侵略军强占通海口后，将通州河南街付之一炬，才走向没落。

过去的乡下人，要想上趟街，简直比现在上京城还难。特别是妇女，有些终生都没到过通海口。有钱人则不同，他们无所事事，百日百街，在离我家不远的金家潭，住着二十来户人家，其中有一户祁姓人家，家有四个弟兄。老二有钱有势，常年横草不拾，直草不拿，几乎每天都要上街逛逛。其他三兄都是老实巴交的庄户人，有时也到街上卖点鱼、虾、烧柴……

一日，老大担着一担劈柴到通海口柴行去卖。柴行经理忙问："大伯，二爹怎么没上街？"老大窝着一肚子火，气冲冲回答："他病了。"经理接着说："昨天还好好的，今天怎么就病了？"老大接着说："卵子肿了。"经理莫名其妙，接着又说："是什么原因肿的？"老大说："被那些势利小人呵卵捧球呵肿的。我们同是弟兄，我还是老大，都是大伯，他是老二，比我小却是二爹，不仅是有钱能大三十岁，还成了哥哥我的前辈！"一席话，说得柴农们捧腹大笑。

尔后，我曾和父亲去过几趟通海口，它那古朴典雅的街道，错落有致的商店，车水马龙的人流，此起彼伏不绝于耳的叫卖声，还有那通州河上碧空帆影，充斥河道的竹排木排，尤为奇特的河边的吊楼早晚腾起的炊烟，给通州河畔披上了一层紫色的雾霭，给我的童心打上了深深的烙印，让人挥之不去。

随着时光的流逝，不知不觉地度过了我天真无邪的童年步入了少年。1958年我被沔阳招办录取为新兴的通海口中学学生，彻彻底底地拥入了通海口镇的怀抱，在这里整整学习、生活了三年。直到1961年7月才离开了我深深热爱的通海口，进入了沔阳师范。

# 端阳节趣事

熊自强

小时候望过年。过年以后,接着盼望的就是端阳节。

过年天气寒冷,穿着棉衣,时常有雨雪,外出活动多有不便。虽然欢乐,但有许多传统规矩。而端阳节正当五月,还不太热,正是玩船和休闲的日子。春节的欢乐中有几分庄严,端阳的欢乐则更加热烈。

农历的五月初五,是真正纪念屈原的端阳节,通海口称"小端阳"。可是农村正当栽秧割麦,只有小镇过这个传统节日。到了农历的五月十五,栽秧割麦已经忙完,人们将这一天叫"大端阳",是城乡同欢的日子。

作者熊自强

大端阳正当栀子花盛开。女人们早晨从菜场回来,头发上、衣襟上都戴着这种洁白而清香的花。小孩子将花串成一圈戴在脖子上。端阳节的早晨,每家每户的大门两边,都靠着一束野艾。野艾之香浓郁,据说有驱蚊辟邪之功。这是一个古老的风俗。

老式蚊烟圈在地上香烟袅袅,虽然天气还不热。新收割的小麦磨成粉,用老面发酵做的粑粑,装了一大筲箕。比馒头更好吃的是粑粑的底壳,在老式锅灶里烤得黄亮亮的,又香又脆又甜。可是在端阳节,粽子、盐蛋、腌蒜头,还有刚上市的各种瓜果,要吃的真是太多了。

与端阳有关的花鼓戏《白蛇传》也要开锣了。那白蛇娘子不就是在端阳节喝了雄黄酒而现了原形吗?这都是法海搞的鬼,因此见到街上化缘的胖和尚,也觉得阴阳怪气。戏台总是搭在郊外,黑压压的人,挤进去一阵汗湿气冲鼻。

几天来,州河和郊外都传来龙船的锣鼓声。那是人们在练习,准备龙船会上大显身手。划船的和看船的都期盼端阳不下雨,毕竟正当雨季呀!

好在盼来了一个晴朗的日子。

乡下孩子们穿得花花绿绿来看龙船,手牵手拉成一串跑在街上,不时挡住了对面的行人。乡村姑娘特别显眼,头发梳得油光,大红大绿的绸套装,飘飘然来来往往。壮年男子有的戴着礼帽,多穿白竹布便衣套装,系一根丝裤带,彩穗从腰间垂下来,走路一摆一摆的,神气得很。老人们拄着拐棍也来了,那么多人,怎么挤得进去呢？不过在端阳节走亲访友，看看街上的热闹也是好的。

我赤脚踏着五月的大地奔跑，多么凉快舒服。这不是菱角上市的八月，不用担心将菱角壳踩得吊在脚板上。我穿人群，过街巷，哪里人多就往哪里跑。那颗幼小而狂欢的心怎么也定不下来。当我终于想起要看龙船时，州河南北已是人山人海。那弓形的木桥上也挤满了看船之人。我便钻进人缝里，站到水里看。当两只龙舟箭一般飞来时，激起的巨浪逼得我们直往后退。两岸的欢呼此起彼伏。船过桥下时，桥上的人随船转到另一边。可是，后面又飞来另一对龙舟。

可惜天公常开玩笑，兴致正高时，往往一阵暴雨。雨淋湿了衣服，头发贴在额上滴水，不过那些脸上还是在笑……

七十多年过去了，在这几十年中，我有二十年的军旅生活，不管是在青藏高原，还是在天府之国，但只要一想起儿时通海口的端阳节心里就甜滋滋的，就像一幅画浮现在我的眼前，清澈的通州河穿城而过，河上有座木桥，河边杨柳成行。

如今的通海口镇，楼房林立，公路四通八达，水泥桥贯穿而过，人来人往，车辆如梭，好一个乡村小镇。

## 古人端午很文艺

棕子香，香厨房。
艾叶香，香满堂。
桃枝插在大门上，
出门一望麦儿黄。

这儿端阳，那儿端阳，处处都端阳。

农历五月初五是我国传统的端午节。端者，初也，五为阳数，故又称"端阳节"。古人端午很文艺，撷取几例：

### 一、射粉团

【射粉团，唐宫中造粉团角黍饤盘中，以小弓射之，中者得食。】

射粉团是一种唐代都城和宫廷盛行的游戏。《开元天宝遗事》记载："宫中每到端午节，造粉团、角黍，贮于金盘中（角黍就是粽子，而粉团则是类似麻团的一种点心，用糯米制成，外裹芝麻，置油中炸熟）。以小角造弓子，纤妙可爱（游戏参与者多为女性或者儿童），架箭射盘中粉团，中者得食。盖粉团滑腻而难射也。都中盛行此戏。"

### 二、赐枭羹

【汉令郡国贡枭为羹赐百官，以恶鸟，故食之。】

最早出现的端午时食，应属西汉的"枭羹"。所谓枭羹，即以枭肉制作的羹汤。主料是枭（猫头鹰），古代认为是不孝的鸟，从汉代开始，人们就有五月做枭羹、送枭羹、吃枭羹的习俗。而"赐"更是将习俗官方和制度化，广为传播。皇帝制作枭羹以赐臣下，意在警示臣子不要像枭不忠不孝，其中也包含了除绝邪恶的用意。意图虽然是好的，但手段终归过于残忍，而且也达不到扫除邪恶的目的，因此这一习俗并未流传下来。

### 三、采药草

【五日午时蓄采众药治病，最效验。】

端午在古人心目中是毒日、恶日。这个时间段天气燥热，人容易生病，蛇虫繁殖也容易把人咬伤，所以采很多草药治病防病。而此时草药茎叶正好成熟，药性也最好。久而久之，甚至相传此日天医星临门。明清时，大城市的药铺常在端午日施药，居民可到药店索取消毒药品，如雄黄、芷术等。于是形成了端午采药、施药的习俗。

### 四、养鸲鹆

【取鸲鹆儿毛羽新成者去舌尖，养之皆善语。】

鸲鹆，俗称"八哥儿"，别名有鹦鸲、寒皋、华华、鹤鸲等。八哥的声音比较杂噪且毫无韵律，却很聪明，极善效鸣其他鸟类的声音，甚至有模仿人语的能力。于是，人们捕来调教驯化。而调教的最好时间，据说就在每年的端午。

### 五、悬艾人

【荆楚风俗以艾为人悬门户上，以禳毒气。】

在古人心中，端午是个恶日，便常设备各种驱邪避邪的物件。其中，当以艾草最早、最常见，也最著名。艾是一种重要的药用植物，既可治病又可驱虫。农历五月正值艾草生长旺期，功效最好。端午这天，人们采摘艾草，编成人形，悬挂在自家门口，祈祷消除毒灾。《荆楚岁时记》汪文云："今人以艾为虎形，或剪彩为小虎，沾艾叶以戴之。"另外，明清的端午时节，妇女都会头簪艾花，小孩子身贴艾虎，成为一道风景。

### 六、系采丝

【系采丝，以五色丝系臂，谓之长命缕。】

端午所系的彩丝，是代表吉祥的饰物，又称为"长命缕""续命缕""无色缕"等。古代以五月为恶月，便用红、黄、蓝、白、黑五色丝线，分别代表五行，也象征五色龙。"五月五日，以五彩丝系臂者，辟兵及鬼，令人不病瘟"，使人健康长寿。

### 七、裹角黍

【以菰叶裹粘米为角黍，取阴阳包裹之义，以赞时也。】

端午节最著名的节俗，当属包粽子和吃粽子。粽子又称角黍、筒、水团、白团等，名品甚多，形制不一，有角粽、锥粽、筒粽等。粽子馅荤素兼具，做法花样百出，充分体现了各地的地方特色。

### 八、观竞渡

【观竞渡，聚众临流称为龙舟胜会。】

端午节最著名的体育活动，当属赛龙舟。其起源有很多说法，不同的地方有不同的解释。流传最广的说法，是追悼屈原。在屈原投江的湖南汨罗县，龙舟竞渡前必定先往屈子祠朝庙，披红布于龙舟之龙头，将龙头供于祠中祭拜，之后再安回船上。在屈原的家乡秭归，也同样有赛龙舟前祭拜屈原的仪式。划船过程，人们喊的口号是"何在！"可以解释为寻找投江而死的屈原。

## 有段情感，搁浅在通海口

怀万静

穿过岁月的大街小巷，有一个地方陌生着，亲切着，深沉着，也无挂无碍着。

没有磅礴的海，却名为通海口，这个名字在我不经事的时候就让我产生了疑惑。

小时候，我觉得"通海口"这个名儿，有点儿不可思议，内陆之地，周围并没有海，为何会起这个地名？而且很特别，比周围的乡镇名，更容易勾起人的联想，尽管其他的地名同样

作者怀万静

会让我很疑惑。或许这里与海有着某种关联吧。于是，虽然我不是在通海口土生土长的人，但通海口这个名儿的由来，一直在我的脑海里留有一个问号。或许所有关于这片土地的情感，都是从这个问号开始的吧。

上学时期，语文成绩不好。即使有疑惑也不会想着换个思维来寻找答案。所以疑惑一直停留在疑惑的地方。时间证明，很多答案都有水到渠成的一天，即使这些答案带有我自己的认知，还有几分感性。

比如古文里的"知者乐水，仁者乐山"，第一次接触这句古语是在上初中的时候。这个句子对于当时的我来说，很有调调，毕竟当时课本上的很多古文都略显枯燥生硬。同时，也觉得很玄乎，毕竟年龄和阅历有所局限。

我已经不记得是多少年后的某一天，我突然想明白了这个玄乎深奥的问题。但我记得那是在进入了社会之后，我还记得是在通海口的那个老房子里。当时的情景已经很模糊了，只是那灵光一现的领悟还很清晰。

"横看成岭侧成峰，远近高低各不同。不识庐山真面目，只缘身在此山中"，以及"会当凌绝顶，一览众山小"……这么有智慧的话语不都是在山中领悟的吗？或许山的地势特点，山中的环境，还有氛围容易让人的智慧顿开吧。试想一个人在某个有山的地方，突然产生了某种哲思，我想这个地方一定在这个人心中有着不容小觑的分量。所以"知者乐水"。至于"仁者乐山"，就更容易理解了。仁厚之人，一定有着慈悲之心，良善之心，上善若水，仁厚之人的品行定是与水相似。"仁者乐山"自然不言而喻了。

自打有了这层领悟之后，就不再觉得"知者乐水，仁者乐山"这句古语有多玄

妙了，反而觉得很是精辟，很是精妙，很有情趣。古人的智慧还有总结真是包罗万象啊！

我还记得也是在那段时间那个地点，对"通海口"这个名儿，我有了自己的理解。虽然通海口没有海，但"通海口"仨字可以理解为通往海口的路上，意味着这里的百姓勤劳勇敢，越过坎坷，过上幸福的日子。这个理解有点主观，但也有几分意韵。

好奇心的力量是巨大的，有一天竟在度娘上搜到了这个地名的一些起源。虽是传说，但真正的由来也并没有那么重要了，好奇心并不一定要以真实作为答案，有时候有可信的观点也能满足。

通海口还有一个地方让我觉得其与众不同。那就是进入镇口的那块石头。毕竟通海口立这块石头的时候，临近的乡镇都没有以石头来雕刻镇名。我本身对石头就有一种痴迷。这种痴迷有种说不出的情缘之外，还有文学作品赋予了石头神秘的色彩。石头在文学作品里大都是吸收天地之灵气，日月之精华的灵性之物。齐天大圣孙悟空是石头缝里蹦出来的，《红楼梦》里的贾宝玉前身是女娲补天遗留下来的一块灵石，这些极富浪漫色彩的故事都与石头有关。虽然并不了解通海口这块石头的材料，但这并不妨碍我对它的欣赏。朴实的石头上刻着红色的"通海口"，如此地厚重醒目。这是让我觉得通海口特有文化的第一个线索。毕竟用石头来雕刻地名是一种很有古典气息的方式。

我觉着通海口很有文化，主要还是由于这儿的人。

汽车桥桥头总有一位老先生坐在那儿看书，当然，老先生的主要目的是卖书。因为他的玻璃柜里放满了书本，而且远远看去，那些书籍有着陈旧的封面。我记得小时候每次路过通海口，都可以看见这位老先生。这一晃儿，也不知过去了多少年，这位老先生似乎并没有在年轮的风霜里改变容颜，尽管我至今都不知道这位老先生的名姓，也从未在老先生那儿买过书籍。但我想，这位先生肯定很有学问，而且是一个很踏实的人。毕竟，一如既往地坚持一件事情这么多年，不是一般人能做到的。

通海口的这位老先生传递给我的文化气息是朦胧的，但老房子隔壁的郑先生，可以说对我的思想有着开慧的启发和深远的影响。

我身患抑郁症的第七年，病情又一次加重复发，妈妈在没有办法的情况下，找了隔壁的郑伯伯。郑伯伯是一个道士，人们都爱称呼他为郑先生。自从郑先生到我家里给我办事之后，我的身体一天天好起来。也许人们认为这是迷信，但我的身体一天天好起来这是事实。

我见过郑先生写的字,那字很工整,却不呆板,稳重也轻盈。常言道,字如其人。这句话用在郑先生身上一点儿也没错。可想而知,干道士这一行,如若人不正派,这条路也走不长远。郑先生和妻子大珍伯生活很节俭,大珍伯把家里收拾得井井有条。

像郑先生和大珍伯这样几十年如一日的和谐真是难得,也让人羡慕。因为我的生活环境从未有过这样的和谐。那段时间,我有很多的疑惑都在这儿有了解答。我也比以前更通人情,更懂世故。

郑先生真的很有学问,称为先生是低看了,称呼为高人也当之无愧。比我十八年读书生涯的每个老师都有学问。

通海口人与附近地方的百姓给人的感觉类似。他们有着乡野气息,有点儿偏见,也有着自己的矛盾,但总的来说都很淳朴勤劳,大部分的人都很良善。

我虽然在通海口生活了将近十年。说实话,我对通海口这个地方其实是陌生的。可能是因为疾病的原因吧,还有自己不长心,走在通海口虽然不至于迷路,但我说不出那是哪条街、哪条巷。我觉得通海口有一个独特点,这儿有好多桥。红桥、九家桥、汽车桥、信合桥、苏堤桥,怎么这一路上有这么多桥哩!

特别是夏天,屋子里的空气特别闷。在房间里待久了,我会骑着老旧的电驴子出门转一转。我最爱走的一条路是通往南城的新公路,人烟少,视野开阔,夏天,公路边的荷塘长满了荷叶。散心是最好不过的选择了。

虽然通海口于我有些陌生,但毕竟生活了十年,对这儿也是有情感的。寡淡也好,浓烈也罢,藏在心里,也从未提及。多少辛酸的故事,还有无言的心事,以及那些深沉似海的疼痛,如今以无挂无碍的姿态存在着。

可是,我知道,人生没有真正的无挂无碍。在一个地方无可奈何之后,希望就会被转移到其他的地方。最绝望的事,其实不是离开,而是走不掉。能去一个新地方,也算是一种慰藉。不管这个新地方能否浇灌我们的希望,总有东西将我们牵绊。新地方也好,老地方也罢,就让所有的情感在境遇里自由地来去吧!

# 通海口伢

许 翠

### 一、农村生活乐无穷

我对小时候发生的事情,印象还是很深刻的。另外一些,有从长辈口中听来的。我不记得确切的年纪,只记得大概发生过这些事。我给文中的自己取了个名字,叫"小玩子"(这让我联想到吃的小丸子),因为从小就有些贪玩,这个名字也还贴切。现在尝试把它们串起来,有些还要加工一下,各位看官就当小说来读吧。

有一个不靠谱的奶奶,又有一个不务正业的老爸,我和妈妈的处境想想也是艰难的。不过那时候家家的日子都不好过,

作者许翠

也没有比较。妈妈说我小时候特别乖,吃饱就睡,睡醒再吃,不哭也不闹,一个人也能玩很久,特别省心。也许潜意识知道如果我太折腾,吃亏的还是自己。

老妈的厂和我们家直线距离一千米左右,忙的时候,老妈会把我也带上。我对厂里的陈设布局记得还挺清楚。

厂里有一个大的生产车间,很多工人夜以继日地忙碌,好像永远都不知道疲倦。他们看到我会问:"小玩,你怎么到这来了?"我睁着一双怯生生的眼睛望他们,也不说话。

时间久了,我和他们就很熟了。厂里有两个女工和妈妈是同乡,叫M姐和S姐。M姐个子高高的,脸上经常是一副温柔而和善的表情。S姐皮肤很白皙,一笑就露出两个酒窝,显得有点可爱的样子。厂里还有一个L会计,戴着一副眼镜,斯斯文文的,脸上经常带着一种若有若无的笑容,我也很喜欢她。

车间的前面有一排矮平房,是厂里的食堂。一到下班时间,工人们如放出笼的鸟儿争先恐后地朝食堂涌去,小小的窗口被挤得水泄不通。有一次我和弟弟都在厂里面,妈妈打了一份饭不够我们三个人吃。M姐和S姐就把自己的饭匀一些给我们,我吃得可香了。现在不记得是什么味道,只知道饭缸里面一颗米粒也不剩,吃完还意犹未尽。那时物资短缺,吃什么都觉得香。但这一顿比其他的都香,它掺杂了幸福的味道。

我喜欢去老妈厂里玩的另外一个原因,是厂里面修葺了一些小花坛,花坛里面

种了一些花花草草。L会计的办公室外面就有这么一个。妈妈无暇照顾我的时候，会和L会计打声招呼，让她帮忙带一下我。刚开始我是不愿意的，想到要和妈妈分开，有点不情愿的样子，瘪起嘴巴想哭。妈妈和L会计哄我，我抬眼看L会计，看到她和善的笑容，不像个坏人，就勉强同意了。

花坛里种了很多花。我印象最深的是凤仙花，我们从小叫"指甲花"，据说因花瓣的汁液能给指甲上色而得名。

凤仙花开的时候，整个花坛姹紫嫣红，处处充满勃勃生机，红的似天边的火烧云，流光溢彩；粉的似娃娃的小脸蛋，看着就想亲一口；紫的像茄瓜，仿佛轻轻一碰能沁出水来。

还有一种鸡冠花，开的花似碗一样大，近看不像花，远看又别有风味。我从小对花花草草特别感兴趣，可能是天性使然。有时候我会绕着花坛转圈圈，一个人自得其乐。我从先前不愿意去L会计那里到盼望妈妈带走我，此刻却有些乐不思蜀了。

在农村，很多人房前屋后会留一片空地，种点应季的蔬菜瓜果。我家前后也有这么一块空地，屋后的面积比屋前稍大一些。那时候的人没有环保概念，也没有垃圾桶，生活垃圾就扔在房前屋后。

我最喜欢在这些偏僻的角落玩耍，有时可以捡到一只别人穿过的鞋，有时可以找到一些奇形怪状的瓶瓶罐罐，有时是一个漏气的球。每次翻到稀奇古怪的东西如获至宝，赶紧拿回家藏起来，没事的时候偷偷把玩。

一天，邻居家出了一件蹊跷的鸡命案，不只一只，是好几只！

隔壁瞎子奶奶家养的鸡集中在一个时间段挂了。鸡既不会说话，也没有思想，更没有人圈禁它们的自由，肯定不是"集体自杀"。究竟是什么原因导致命案发生呢？

最先发现异常的是隔壁邻居，他们发现自家的鸡不约而同在短时间内相继出现了同样症状：先扑腾挣扎几下，叫了几声，脖子一歪就挂了。

那时农村的家禽都是宝贝，平时舍不得杀，逢年过节才杀几只解解馋或者招待贵客，下了蛋也要攒起来拿到集市卖钱补贴家用。现在一下子死了好几只，着急上火是肯定的。

人们沿着鸡的死亡路径寻找线索，发现有一只鸡死在我们家屋后的空地上。依据鸡的死亡症状，他们初步判断像食物中毒，并在垃圾堆陆续发现了一些可疑的稻谷粒，呈散射状抛洒在地面。不远处，一个写着"毒鼠强"三个大字的空塑料袋在风中瑟瑟发抖。

原来，鸡是吃这些拌了毒鼠强的稻米才发作的。他们一边痛骂扔毒鼠强的人，一边一脸沉痛地替死去的鸡感到惋惜。鸡命不可复，死了也活不过来。

人们想,一般人即使扔了这种剧毒的药,也不会撒出来,除非是存心害人。不知谁提到我经常在这里玩,问我有没有看到是谁扔的。大人们谈论这事,都一脸严肃的样子,我很害怕,只说没看到。

面对奶奶的再三追问,最后我想起来,我好像碰过这个袋子,当时不知道是什么,也不识字,看了一眼觉得很脏赶紧扔了。

奶奶吓了一跳,问我有没有洗手?我说没有。她捉住我去洗手,还把我痛骂一顿。当时有没有哭我不记得了,只记得看到那些鸡挣扎着死去的时候,我心里是很难过的。

是哪个缺德鬼把这种剧毒鼠药随便扔呢?这个人实在是可恶。

我再也不敢随便捡东西。如果我把手伸进嘴巴,后果不堪设想。

仙桃人夏天会做一种豆瓣酱,土话叫 wó(念二声)酱。把红彤彤的大辣椒剁得稀巴烂,再掺一些蒸熟的豌豆,用盐腌了放进酱缸,在三伏天的大太阳下曝晒。晒到颜色偏深褐色,用坛子装起来,炒菜的时候当调料,别有一番风味。

我最喜欢看大人剁辣椒。

奶奶从园子里摘下红艳艳的大辣椒,洗净晾干,放在盆子里一通乱剁。我蹲在旁边看得津津有味。我说我也想试一下,奶奶说我太小,让我去一边玩,以免辣椒溅到身上。我偏不走,看着一个个红辣椒在盆子里又蹦又跳,像在跳舞,最后都变成细末子,还有红红的汁液流出来,我的心痒痒的。只要哪个辣椒没在刀口,滚到旁边去了,我趁奶奶不留神连忙伸手把辣椒丢到砧板上,对准刀口的位置。

我玩得兴高采烈,奶奶却皱着眉头絮絮叨叨,说剁辣椒是一件苦差事,辣椒的汁液呛得人眼睛睁不开,眼泪直流,四处飞溅。一不留神还会溅到衣服上,把衣服弄脏,像下了一阵红雨。我才不怕,我觉得没有比剁辣椒更有趣的事情,好像在看一场精彩的表演。

看完剁辣椒,我跑去玩了。一阵风吹来,我的眼睛进了灰,我忍不住伸手去揉,揉完发觉眼睛不痒了,变成了火辣辣的疼。我实在忍不住了,哇哇大哭,边哭边揉。我忘了我的手先前碰过辣椒,没洗干净就直接揉眼睛了。

奶奶闻声过来,拉着我去洗手,边骂边说:"让你不要碰辣椒,你偏不听。叫你到一边去玩,你也不去。这下好了,辣死活该。"我哭得更厉害了,什么话也听不进去,只知道火辣辣的感觉实在难受。辣劲好一会儿才过去,这次我可哭惨了。

这次的教训是,以后我不敢睁大眼睛看别人剁辣椒,也知道碰了辣椒一定要洗手!

### 二、命中注定的缘分

中国人自古就非常重视寻根,无论身在何方都不会忘记故乡。追根溯源,可归结为两个问题,即我从哪儿来,将要去哪儿。

每个人终其一生其实都在寻找这两个问题。

我们家搬到通海口之前,住在通海口相邻的小镇——C镇一个名叫S村的地方。妈妈的娘家在M镇,当时工作的地方在S村。后来经人介绍和老爸相识结为夫妻,这些都是听老妈讲的。

心理学有一个定义叫互补性,指两个性格正好相反的人在一起,这种婚姻往往更长久。可能我爸和我妈是互补型的吧。无意中听我家亲戚说,我爸以前在S村是出了"名"的人物。具体表现如下:

1. 身为农村人,不爱干农活,也不怎么会干农活。奶奶让他到田里扯草,他就拿上小人书躺到树上看,诸如此类的事情不胜枚举。

2. 不爱干农活也就罢了,好歹会点别的手艺。可惜别的也没有拿得出手的,可能老爸一直停留在青春期吧。

3. 什么都不干那也认了,他还喜欢若事生非。这个举例省略,不然我爸看到这篇文章,估计得抽我。

什么是缘分?缘分其实就是当你出生时,世界上已经有另外一个人等着你了。不管你如何兜兜转转,你也会遇见他,老天爷都安排好了。我爸的缘分就是我妈。

亲戚说,老爸那时候上天入地,像飞蜈蚣,成天难觅踪影。可惜老爸不是古代人,如果在古代,这种人练就一身绝世武功,会迷倒一大片。他自从和我妈认识后,立马"改邪归正",从此步入正途。

当我从亲戚嘴里听到这些后,我惊得下巴都要掉了,一脸好奇想听更多细节。我爸那时凑巧就在现场,还有点不好意思的样子。亲戚边讲边用眼角的余光瞅我爸的脸色,故事自然没讲完,精彩的故事总是有下回分解的。

我终于明白为什么我就是个不按正常路线出牌的人,原来是我爸的基因太强大了,这可真怨不得我,我总算找到一个名正言顺的理由了。

有几次,我死缠烂打问我妈当初他们是如何看上对方的,老妈一个字不肯透露。我打破砂锅问到底,老妈不吃我这一套,要打我,说:"你这个丫头呀!"

在老爸老妈身上,我还明白了一个道理,那就是公平定律。世上几乎没有完美的父母,我有一个疼爱我的妈,也有一个重男轻女的爸,这为我的命运埋下伏笔。

以前我经常听到大人们说一句话,人的命都是天定的。我常对此嗤之以鼻,还大言不惭地说,谁说的?我的命掌握在我自己手里。如今已过而立之年,我却时常惊叹于命运的奇妙。我发现很多事情,看似自己在掌握命运,冥冥中却有一股力量推着人往前,我们对这股力量一无所知。

很多人的恋爱经历就可以说明这一点。

举个例子,你当初看中A,甚至已经到了谈婚论嫁的地步,结果A家里不同意你们交往。A举棋不定,在家里人的撺掇下,A外出打工了。A让你和他一起外出,你同意了。按理说,你和A在一起,天高皇帝远,父母也没办法再妨碍你们。可是你发觉,和A在一起却找不到当初那种感觉了。你和A分开后碰到了B,你觉得B很适合你。不凑巧B对你没有感觉,他把C介绍给你。你不是很喜欢C,考虑到蹉跎了这些年,年纪也不小了,C对你一直不错,你同意和C结婚。你和C结婚后,日子平平淡淡很安稳。

从A到B到C,你遇到的这三个人没有一个是你可控的,你和A在一起的时候,不知道会遇见B,遇到B之后,你不知道会遇到C。和C在一起你没想到会和他结婚,这一切就是这么顺其自然。

你遇见谁,在哪遇见,遇见了会发生些什么,这些都是我们不可控的。

这扯得有点远了,言归正传。

我出生后,老妈有得忙了。她既要照顾嗷嗷待哺的我,还要上班,还有干不完的家务。每天回家第一件事是给我喂奶,喂完奶就要做饭,匆忙吃几口就赶着去上班。我曾经就这个问题问妈妈,奶奶怎么不帮忙带小孩呢?妈妈说奶奶做事非常磨蹭,一天到晚不知道在忙什么,经常不见人影。原来老爸的磨蹭是遗传奶奶的。那爸爸那时候在做什么,我像好奇宝宝一样接着问妈妈。

"爸爸那时候开始学着做生意了",妈妈回答。

在这种家庭环境下,我一路摸爬滚打着长大,吃了很多苦头。听老妈讲过这么几件事情。

一次,妈妈刚下班回家,看到我在地上睡着了,我哭了多久,没有人知道。妈妈是看到我的眼角还挂着泪花才知道我哭的。妈妈有点气奶奶没有照顾好我,可是气也没用,奶奶就是这样的人呀。

奶奶回家后,说我的一串小项链不见了,找了一天也没找到。第二天,妈妈从我的排泄物里找到了项链的踪影,已经被我咬成一颗一颗吃进肚子里了。真不敢想象,小小的我牙齿那么厉害,还没有被噎着或呛着,我真是太幸运了。还有一次奶奶抱着我去地里栽棉花,她把我放在抱裙上坐着。奶奶栽了一路,一回头,我不知道什么时候把她栽的棉花苗全扯掉了。我发觉我从小也有捣蛋的天赋,既然有人栽,肯定也得有人扯呀。

据说我出生的时候，医生说是个女孩，爷爷、奶奶和爸爸都有些失望。只有妈妈不管是男孩还是女孩，她都爱，因为是她十月怀胎生的呀！爸爸虽说有些重男轻女，可比起很多人生了女儿就把女儿送给别人的家庭来说，他对我和弟弟也尽到了养育之恩。

爸爸的性格比较急躁，说话声音很大。每当他训斥我的时候，我会感到非常委屈。我最讨厌爸妈说的一句话是"弟弟小，你要让着他"。这让我时常感觉到不公平，难道就因为我比弟弟大，什么都是我不对，什么都要让着弟弟，这是什么道理呢？

### 三、童年趣事

作为一个土生土长在通海口的"80后"，这里留下了太多让我难以忘怀的人和事。虽然如今已在一线城市SZ市定居，但对故乡的情那是一辈子都割舍不掉的，我心里始终有一个位置是属于她的。

在我三岁时，爸爸妈妈把家搬到了镇上，从此我便开始在这块土地上生活。妈妈把我送到了镇上的幼儿园。那时候，能读幼儿园应该是很少的。妈妈的决定无疑是英明的，也是从那时候起，我开始慢慢记事。

幼儿园的老师和蔼可亲，能歌善舞。我学会了跳舞、唱歌，还有一些儿歌。我不记得上幼儿园有没有哭，印象中没听妈妈提过，大概我是没有哭的。

我的很多能力都来自妈妈的言传身教，从记事起，妈妈经常利用空闲时间教我唱歌。特别是载着我骑自行车的时候，有《十五的月亮》《洪湖水浪打浪》……还有很多不记得歌名了。妈妈唱一句，我就唱一句，跟着唱几遍，我就会唱了。妈妈的嗓音清脆而嘹亮，这些弥足珍贵的回忆永远刻在我的脑子里。

直到现在，我仍然记得那些歌词和音调。妈妈教给我的并不是一首歌，而是一个普通的妈妈对子女深切的爱，每一句歌词都浸透了妈妈对我无私的爱，我又怎么会忘记呢？

有时候大人们围坐在一起讲闲话时，妈妈会向别人夸奖我会唱歌、跳舞。别人就起哄说："来，跳个舞我们看看。"我刚开始是有点害羞的，望向妈妈的眼睛充满了不确定。妈妈鼓励我说："跳吧，跳一个试试。"我便开始翩翩起舞，我像一只蝴蝶一样，一会儿两只手不停地起伏，一会儿模仿蝴蝶的翅膀扇动，慢慢地我感觉自己真的像蝴蝶一样轻盈而灵动。那时，我就体会到了美，那是内心流淌的一种美好的感觉。跳完后，我就站在一旁，听着大人们的各种赞美，妈妈的眼神里充满了骄傲与自豪，我也觉得特别开心。

慢慢地我长大了，长大的我不再喜欢在众人面前跳舞了，我懂得了害羞，也会试着去看懂别人的眼神，我不再那么渴望表现自己，我渐渐喜欢上看书。

幼儿园的老师我早已不记得样貌和名字。印象中最深刻的，是教我舞蹈的老师，长得很漂亮，我经常看着她跳舞的时候就忘记了自己，也许还流着口水吧，我的样子一定特别呆特别萌。幼儿园的老师在我们小朋友眼里都是天使，那时候的老师也没听说虐待儿童什么的，我的运气真好，遇见的都是充满爱的老师。

在幼儿园有一件事情让我印象深刻。

那天我们排队吃饭，老师负责打饭。老师给我打了一份饭，我可能肚子实在饿了，三下五除二地吃完了，感觉肚子还空荡荡的。

看到饭盆里还有剩余的饭菜，我犹豫了一会儿，还是鼓起勇气让老师再加一点。不知道那天老师是不是心情不好，她特别凶地问我"不是给你打了吗？"我当时一下子傻了，想哭，最后憋住了，说："我没有吃饱"。老师这才不情不愿又给我加了一点点。

手里端着老师加的饭菜，我却感觉肚子饱了，吃得也没有那么香了。那是我第一次感受到成人的世界并不总是友好的，即使那个人是我平时喜欢的老师，我感受到一种被拒绝而受伤的失落。也许我们每个人都是这样慢慢学会长大的吧！

王朔写过一篇小说《看上去很美》，说的是一个名叫方枪枪的小孩被送到幼儿园后被成人各种改造的故事，后来被翻拍成电影。即使过去这么多年，这些艺术作品背后所反映的现象仍然令人深思。

一个人出生时对世界本是充满好奇和求知欲，这是人的天性使然。当他在社会这个大熔炉里，无时无刻不在受着环境的影响。

我时时也会思考这些问题，作为一个人，我们究竟要如何才能保持自己独立的思想和意识。

我欣喜地看到越来越多的新生代已经开始觉醒，他们在社会中越来越有自己的话语权，并不会人云亦云，且常常语出惊人。

## 最忆儿时 "火钵子"

蒋志红

转眼间，又到了寒冬。我倏地想起儿时提着"火钵子"上学的情景。

孩提时候，故乡的雪比现在的大。说是"鹅毛大雪"，一点儿也不夸张。奶奶甚至说：那岂止是"鹅毛"？那下的简直是朵朵棉花。那吹断树枝的大北风呼呼地刮，飘落的雪花有一巴掌大，天气也冷得出奇。清晨起床后，冻得我们缩着脖子不敢出门。

可我们是孩子，是一群要上学的孩子。因此，一到冬天，我们就忙着做简易的燃炭火的"火钵子"。做"火钵子"的方法很简单：就是找一个陈旧的大铁皮洋碗，用作盛火的器皿；洋碗两边各钻两个对称的窟窿，穿上铁丝作为手柄；再在洋碗底层装一些稻壳或锯末，用作燃料；最后夹一些熊熊燃烧的炭火，放在稻壳或锯末的上面，"火钵子"就成了。临上学的时候，还带一些木柴烧成的炭，以便到学校再添加。

我们提着"火钵子"结伴去上学，可爱的脸庞包裹在高耸的棉衣领里，一串串卷曲的白气从衣领里哈出。

为了不让"火钵子"的火熄灭，我们沿路使劲地挥舞着手中的"火钵子"。有调皮的男同学，甩出的力度把握得不好，"火钵子"甩到头顶时，突然停止了用力，"火钵子"里的火不偏不倚，正好掉到自己的头上，烧得他"妈呀娘"地嚎叫。我们幸灾乐祸地朝他头上扔雪块，还挤眉弄眼嘲笑他那散发着焦糊味的头发。

眼看上课铃声就要响了，贪玩的我们踩着积雪，提着"火钵子"飞快地向学校跑去，身后留下一缕缕袅袅青烟随风飘飞，就好似天空中飞机飞过一般。弯弯曲曲的小路上，留下一串串歪歪斜斜的脚印，同时也留下了我们孩提时的欢笑。

上课时，我们把"火钵子"挂在课桌前的钉子上，一边上课一边烤火。两只手冻僵了就伸到"火钵子"上烤一烤，或者捧起"火钵子"焐一焐。为防止"火钵子"里的火熄灭，有的同学瞄准老师在黑板上写字的空隙，把写过字的纸丢进"火钵子"里。一会儿，纸就浓烟滚滚地燃烧起来，整个教室犹如充满硝烟的战场。老师发现后，会毫不客气地把他的"火钵子"拎起来，狠狠地抛到教室外面去。"哐当"一声，一阵烟雾弥散开来。

下课铃声一响，我们提着"火钵子"，欢呼雀跃地跑到教室外面去添加炭火。操场上，我们猫着腰，几个小脑袋挤地一起，围着"火钵子"，腮帮子鼓着满满的气，用吃奶的力气吹炭火。烟迷了眼，就用双手使劲地揉，眼泪都揉了出来。上课铃声一响，我们得意忘形地回到自己的座位上，打开课本时，才瞧见手上黑乎乎一片。老师看见我们脸上像个大花猫，是又好气又好笑。

中午放学了，我们常常跑到教室后面玩。不知为什么，那个时候我们也不怕冷了。我们喜欢看屋檐下那一排排长长的冰凌，它们似在守望，形状长短不一，各不相同。我们用长木棍敲下那晶莹剔透的冰凌，然后你抢我夺，就当现在的老冰棒一样吃。虽然吃到嘴里什么味道也没有，却是我们那个年代里无穷无尽的童趣。

冰凌填不饱肚子，我们就在"火钵子"里烤上一两个红薯或土豆，也不管烤熟没有，拿起来就吃。更有同学，把从家里带来的玉米粒掩埋在"火钵子"里，瞬间"噼啪噼啪"声此起彼伏。一粒粒爆米花争先恐后地从炭灰里钻出来，我们一个个像灰老鼠，吃得没心没肺。小嘴巴边烤火边流着口水。

晚上放学，我们在雪地上无所顾忌地追逐嬉闹，一个个白绒团似的雪球像炸弹一样飞来飞去。我们唱呀，跳呀，撒下一串串清脆的笑声，欢腾得像寒风中的雪花。我们和早晨的游戏一样，将"火钵子"在空中挥舞360度，留下一路的烟雾跑回家。

那时候的我们不懂得掩饰自己，在寒风中奔跑，迎着雪花长大。

# 彩票情牵上学路

蒋志红

时光清浅，流年婉转，走过一程光阴，相伴一份美好。感恩生命中每一段与自己相遇的记忆，哪怕只是一个很奇妙的小故事，也许多年后，这一故事足够你用一辈子去回忆。而我与彩票的故事，让我结下了一段奇妙的情缘。

三十多年前，我的父亲是一位乡村代课教师。那年我十一岁。跟着父亲到乡村中学去读书。乡村中学离镇上的家大约五公里，那时候最方便的交通工具就是自行车。20世纪七八十年代，自行车可是宝贝，是多少人梦寐以求的奢侈品。那时，拥有一辆自行车的自豪和荣耀，绝不亚于现在拥有一辆豪车。

我们家没有自行车，我只好和父亲每天步行去学校。

每天天刚蒙蒙亮，父亲打着手电筒，牵着我行走在寂静无人的乡村小路上。父亲虽长得高高大大，但腿脚有点毛病，走路时重心不怎么稳当，一瘸一拐的。而我呢，瘦弱娇小，总是走得气喘吁吁。有时，我和父亲不得不坐在路边的树下喘息片刻。在父亲的再三催促下，我极不情愿地被父亲一路拖拽着继续行走。

父亲常常感叹："要是有一辆自行车该多好啊！"

我知道，买一辆自行车几乎要花掉父亲一年的代课费。母亲要照顾两个年幼的弟弟，身体也不好，基本上不能工作，更谈不上收入，家里全靠父亲一年的代课费过活。拥有一辆自行车成为我和父亲最美好、最奢侈的愿望。

冬天到了，体弱多病的我，被凛冽的寒风吹得经常感冒发烧、流鼻涕。父亲看在眼里，疼在心里。父亲更加迫切地想拥有一辆自行车。为了实现这一愿望，父亲放寒假后就开始书写春联，准备拿到集市上去卖。

我自告奋勇地做起父亲的小帮手，帮父亲裁剪红纸、牵拉、铺展、摆放对联，墨迹干了，再小心叠放好对联。我陪着父亲写春联，经常熬到半夜才睡觉。

临近春节的前半个月，我和父亲就开始到集市上卖春联。天色微明，父亲就搬起一张桌子，在菜市场占领一个角落，然后把写好的春联分类摆摊放在桌子上，等待赶集的人们前来购买。热闹非凡的集市让父亲的春联发挥了用武之地。父亲热情地吆喝着，介绍各种春联的讲究和贴法，不大一会儿，春联陆陆续续卖出不少。父亲数着一毛、两角、五角的人民币，脸上露出了难得的微笑，疲惫的眼里焕发出一丝希望的光芒。

那年腊月十八的清晨，我正帮父亲忙活着卖春联，突然一阵锣鼓喧天的吆喝声在集市的上空回旋："走过，路过，不要错过啊，快来买彩票啦！小小一张彩票寄托一份爱心，或许还有一份惊喜呀！一等奖电视机，二等奖自行车，三等奖缝纫机，一块钱就有机会拿走了！"

"二等奖自行车?!"我的心咯噔一下，拔腿就朝卖彩票的地方飞奔，我奋力挤进人潮涌动的活动地点。

"哇"！几辆自行车、几台缝纫机、电视机整整齐齐地摆放着，在阳光的照射下，熠熠生辉。我的两眼放光，贪婪地吞咽着口水，真想推起一辆自行车就走，但我不敢。卖彩票的工作人员手中挥舞着一张张五颜六色的彩票，兴奋地讲解着中奖的规则。彩票是即开型彩票，一张张小卡片上印刷着精美的图案，卡片上有刮奖区，刮开后有不同的图案，不同的图案对应不同的奖项。人群中时不时有人上前掏出一元钱试试手气。在购买、期待、刮奖的过程中，失望与惊喜的交织让活动现场的气氛高潮迭起。

我兴冲冲地跑回父亲身边，告诉他彩票活动的事，鼓动他去买彩票。他不屑一顾："天上没有掉馅饼的事，别瞎跑，老老实实地卖春联！"我的心拔凉拔凉的，用眼睛偷偷地瞪了父亲一眼，然后心不在焉地卖着春联，时不时忍不住向彩票的活动地点张望。

彩票活动的第二天上午，一个重大的喜讯在喇叭里反复不停地播报着："好消息，好消息，今天的一等奖被一位幸运的大爷刮到了！"然后，一阵鞭炮声噼里啪啦地直冲我的耳门。一位卖菜的大爷拉着一辆半新不旧的板车，在大家的簇拥下，喜气洋洋地从我和父亲的春联摊经过，一台黑白电视机骄傲地躺在板车上。我灵机一动，把一张写春联多余的红纸盖在了电视机上，我也想沾沾喜气，给自己带来一点红运。中奖的大爷连声说："多谢，多谢！"还向我竖起了大拇指。

我心猿意马，坐立不安，生怕那几辆锃亮锃亮的自行车被别人中奖推走。我在彩票活动地点和春联摊之间跑来跑去，惹得父亲大怒："你再瞎跑，看我不打断你的腿！"

我暗下决心，不管中不中奖，我一定要花一元钱买一张彩票试试手气。我趁父亲不注意，偷偷地拿了几角钱塞在布鞋里，我不敢多拿，怕父亲发现。晚上，我把钱从鞋子里拿出来，压在枕头底下睡觉。

半夜，我做了一个梦，梦见自己喜滋滋地买了一张彩票，但没有中奖，我站在彩票活动地点放声大哭，父亲还骂我是个败家子。我从梦中哭醒过来，不停地安慰自己：梦都是相反的。

一大早，我直奔彩票活动地点，嗨！几辆自行车还在！我松了一口气。

到了离彩票活动结束的最后一天，我终于攒足了一元钱，趁父亲不注意，我偷偷地跑到彩票活动现场。看到还有两辆自行车静静地排列在那里，我欣喜万分。它们似乎在等待着我这个主人的到来！一张张五颜六色的彩票在我眼前跳跃，像五彩斑斓的梦。我手心冒汗，把皱皱巴巴的几张毛角纸币交给彩票工作人员，然后心慌意乱地随便从工作人员手中抽了一张彩票。我的手有些发抖，不敢刮开那个刮奖区。

"丫头，快刮奖呀，看看中奖没？"在大家的起哄下，我的心更加慌乱，彩票一下子掉到了地上。

"别怕，中不了奖就当我们献了一份爱心，帮助那些需要帮助的人。"父亲的声音突然在我身后响起，我吓了一跳。原来父亲卖完春联，收摊回家，发现我不见了，就知道我跑到彩票活动地点来了。父亲拍拍我的头，捡起掉在地上的彩票，小心翼翼地刮开那个刮奖区。父亲把刮开的图案给工作人员看，满怀期待地看着工作人员。

"哇，二等奖自行车！"工作人员的一声惊呼，让我简直不敢相信自己的耳朵。

父亲直愣愣地看着我，又看看排列着的自行车，突然直拍大腿："还是永久牌自行车！"

彩票的工作人员把一辆心仪已久的永久牌自行车推到我和父亲的面前，微笑着说："大哥，你女儿的手气好啊，将来的运气也不会差，一定有大出息！"

我和父亲兴高采烈地推着自行车回家，一路上引来人们惊羡的目光。到了家门口，我故意不停地拨弄自行车的铃铛。清脆悦耳的铃声招惹的左邻右舍前来围观。乡亲们宝贝似的这里看看，那里摸摸。父亲那个笑容，自豪中带着神气："永久牌自行车呀，全国第一的名牌。你们看这钢圈多粗呀，这轮胎多结实！还有这车架多实沉，这铃铛多响亮！"乡亲们不停地发出"啧啧"之声："哎呀，好气派的自行车呀！""大哥，能不能借我去相相亲呀？""唉，我怎么就没有这么好的手气呢？"……

妈妈的眼睛笑得眯成一条缝，跑出跑进，不停地冲红糖水给乡亲们喝。两个弟弟好奇地围着自行车转，一会摸摸小铃铛，一会转动自行车的脚踏板，父亲用毛巾把自行车擦了一遍又一遍，我生气地跺脚："别擦了，小心把油漆擦坏了！"我掩饰不住内心的喜悦与兴奋，用写春联的大红纸扎了一朵大红花，挂在自行车的铃铛前。

父亲在春节期间学会了骑自行车。那年的春节，特别温馨，特别有意义。

从此，上学路上多了一道美丽的风景：父亲驮着我在羊肠小道上飞奔，我搂着父亲的腰，扎着红绸子的马尾辫在风中飘呀飘，任凭风吹雨打都不怕。

后来，我上了城里的高中，父亲把自行车送给了我。骑上自行车，满载着父亲的爱，我顺利地考上了大学。参加工作后，无论在何时何地，我每月都会花上几十元购买彩票，不为中奖，只为那段美好的记忆。

如今，那辆中奖的自行车早已褪去了一身铅华，锈迹斑斑，但它的灵魂依然永存。

时光，我们在无尽地回眸、远眺，也在悄悄地编织着五彩斑斓的梦。

彩票，还在继续上演很多美好的故事……

# 赶街二则

陈 超

小时候的"街（gāi）"，就是离我家约七里地的通海口街。"街"对于我这个地道农村孩子来说，是陌生，是好奇，是敬畏！是向往！一年到头可能就赶一两回街。

20世纪七八十年代，我们的村子，农民到通海口街上办事，叫"赶街"。大多是交粮食任务或棉花任务……每当听到父母亲说："走，去赶街！"心里就兴奋、陌生、好奇！

作者陈超

## 一、卖猪

小时候，不多的几次随父母赶街卖猪，很深刻的记忆就是长长的一条砖混结构、黑色水泥覆面的"猪"走廊。

走廊约一米宽半人高，底部是潮湿的，地下是一层工作人员打扫后留下的水夹杂着少许猪粪的混合体。猪嚎叫着被塞进去，再被工作人员打得嚎叫着沿走廊进入粗壮的螺纹钢筋铁笼里。铁笼下面是平板秤。过完秤，再被野蛮地打着从铁笼的对面一扇钢筋门里出来，赶进一堆刚刚收购不久的猪群里。猪一直惊恐地叫唤着。

猪堆里，我看我家的猪个头好小。工作人员目测猪食量的大小、猪身上干净与否要扣除"毛重"。工作人员的话是说一不二的，确定了扣除的斤两数就不会改变，碰上好说话的工作人员，会高兴好几天，逢人就开心地讲运气好。父母紧张地等待工作人员扣除"毛重"。

当扣除的重量超出了父母心里预期时，看母亲央求着的神态变为失望，父亲不作声满脸无奈，我真的好心疼！母亲说那些扣"毛重"不合理且讲话态度恶劣的人，"枪（像）吃了生人食的！"我理解她那话的意思，可能就是茹毛饮血的可怕野人吧？

按惯例，猪是要到通海口街上去卖的。可是有一次，父母却带着我，去路程差不多的小河街上卖。我想，可能是小河街上的猪价高点，收猪的工作人员"好讲话"点，扣除"毛重"少点吧。

出发前给猪吃上了人吃的白米饭，猪会吃得多些，多吃一斤重量就多一斤，相当于一斤米饭换一斤生猪的价钱。但往往事与愿违，猪好像知道末日到了，平时吃得欢的白米饭，这回却偏偏吃的不多。

路途相对遥远，条件好点的家庭将猪用人力板车拉到收购点。我家没有板车，卖猪是用绳子拽着，一步三颠地步行赶过去。途中每当猪拉屎拉尿，父母就心疼得不行，因为会少斤两。母亲急忙用细竹条抽猪的屁股，猪一受疼，屎硬生生给"缩"回去了。此时的屎尿，就是生猪的价值！年幼不懂事的我不觉得，每当猪停下来拉屎屙尿，走累了的我也可以趁机停下来休息，于是幸灾乐祸地偷笑。

猪卖了，总共一百多元钱。工作人员先递出面值一元的码得整整齐齐差不多两厘米厚用白纸条捆扎的一百张钱，另外再递出少许零头，零头钱有一元的、几角的、几分的。父亲紧握着那一扎约两厘米厚的一百张一元的钱，母亲和我的目光齐聚在那个"两厘米"上，随父亲手的移动好久。父亲在零头钱里抽出两角买糖，记忆中的糖是一分钱一颗。

回家路上，父母和我一路嘴里含着甜蜜，他们偶尔讨论一下刚才卖猪工作人员的态度，说比通海口的好。偶尔抱怨一下，猪最后一餐吃的不多，或者一路屎尿太多的问题。

## 二、美食

小时候，村子里经常有一位穿着黑灰色半长衫、腰间捆根布腰带的高大而瘦削的老人，挑着一担竹箩筐吆喝：冲担锅盔、糖饼子……

见我们七八个小屁孩围拢过来，老人便从肩上卸下担子。家里条件好点的孩子，叫着要吃"粑粑"。爸妈拗不过，说看看"粑粑"的品相成色。老人颤巍巍掀开箩筐上厚厚的保温小棉被，我们一帮小家伙便趁机凑近箩筐，深深吸着箩筐里散发出的"粑粑"的热气香气。

看到个别小伙伴香甜地啃着糖饼子或冲担锅盔，我们的嘴里不断地咽着唾沫。有时候实在馋得不行，斗着胆子向母亲提出要吃"粑粑"。贫穷的家庭是吃不起的，大多招来责骂："还只吧七（吃）巴掌哦！"对父亲更是不敢提，可能就直接是"巴掌"了。

在村小学读四年级时，一天和比我小一岁的同年级本家兄弟以及我的亲弟弟一起玩耍，兄弟的妈妈要去通海口街上办事，叫着孩子一起去赶街。我们对"街"是向往的，征得母亲同意，也一起跟着去了。

冲担锅盔

兄弟的妈妈办完事，便一行四人打道回府。路过好吃佬街时，家族兄弟站在一家卖冲担锅盔的铁油桶碳火炉前不走了,缠着要吃"冲担锅盔"。妈妈看看儿子,又看看我们兄弟俩,有些为难!只买给自己的儿子吃,让我们两兄弟看着,于心不忍;不买吧,又拗不过自己的孩子。

　　我是知趣的,见到这个情形,我尽量离那个美味摊点远一些,不要让人家大人为难(心里虽然渴望吃)!最后兄弟的妈妈买了两个"冲担锅盔",一个给了自己的孩子,一个给了我们兄弟俩,叫我们俩分着吃。

　　感激之余,我也好难为情,觉得不应该白吃人家的美食,但还是羞涩地吃了一小半(大多弟弟吃了),一路上不敢直视家族兄弟的妈妈。

　　至今还可以回忆到那个心里羞涩着,嘴里品尝着美味的情景(记忆中,之前"赶街"没有这样奢侈过)。刚出炉的新鲜"锅盔"散着热气,夹层里夹着少许辣酱,表面零星揉嵌着烤蔫了的葱花。香!味蕾是无比的享受,心里是无比的羞涩。

　　在通海口街上读初二时,有一天上完早自习,不知何因学校里临时放假。我在学校门口买了一个油炸饺子,觉得太好吃了。想到在村里上小学三年级的弟弟可能还没吃过这个,于是再花一角钱买一个,找摊主讨了半张报纸,将手掌大的油饺子严严实实地包好,稳稳地夹在自行车后衣架(货架)上带回家。

　　"看我从街上带回来什么?"弟弟放学回家吃中饭时,我便急切地对弟弟说。同时将包着油饺子的报纸一层层打开,又忍不住撕下一小点塞到自己嘴里,其余递给了好奇期盼的弟弟。

　　饺子里面包着不多的粉条掺少许猪油渣子。弟弟吃了两口,就兴奋得不得了,真像是平生第一次吃油炸饺子。他边吃边笑呵呵的,边吃边说"好好七(吃)啊!"脸上洋溢着还想再吃它十个八个的表情。

　　这个时候,我的心里美滋滋的,有一种当哥哥的成就感!

# 十一 难忘味蕾香

# 通海口酒席 12 大碗

帅的困惑（网名）

通海口农村凡办红白喜事，酒席桌上都少不了 12 大碗。这既是一种民情风俗，又显示出通海口人好面子，谁家办事都不想别人背地里说闲话。因此酒席办得越丰盛越好，每碗菜的分量也相当足。就其碗里面的内容，基本上大同小异。

上菜的顺序也很有讲究：

第 1 碗：笋衣炒肉或千张炒肉，属称"贺菜"，即恭贺新禧。

第 2 碗：油炸花生米，这是下酒的好菜。通海口喜欢喝酒的人，对花生米情有独钟。用通海口的一句歇后语形容，就是"哄鼻子过喜事——好得哼（很）！"

第 3 碗：鱼丸（通海口土话读 yǎn）子。其制作方法很有讲究：选一条肥鱼（多是胖头、草鱼），剖开洗净分成两半，用刀顺着鱼肉刮。刮下来的"鱼泥"加鸡蛋清和微量淀粉拌匀揉成小圆子状，放在水盆浸泡（以能浮在水面为标准）。然后将丸子捞起，放进锅里煮至水沸，加上调料，特别要加醋，其味鲜嫩酸香爽口，也是一道解酒的好菜。但鱼丸子是有数的，每人只能吃 3 个。故通海口有"瞎子吃鱼丸，心中有数"的谚语。

第 4 碗：蛋糕。将新鲜鸡蛋（一般每碗八个）打泡①，加上葱蒜等佐料，放到锅里调成厚约 2 厘米的干块，捞上来切成方形条状，装入碗中淋上热汤即成。这样做的蛋糕营养丰富，味道鲜美。

蒸蛋糕　（陈青　摄）

第 5、6、7 碗：沔阳三蒸。分大三蒸和小三蒸。大三蒸是蒸肉、蒸鱼、蒸菜的统称，小三蒸是蒸猪肉（一般用五花肉）、蒸鲶鱼、蒸茼蒿。但鲶鱼很少，没哪家请客买得了那么多，通常用其他鱼替代。蒸菜也可以是土豆，或者蒸藕。这三道是绝对的主菜。没有三蒸，在通海口不能称之为"席"。

三蒸最大的特点，就是三种食材要和生米同锅蒸。一般是米在下面，蔬菜均匀地铺在米饭上，鱼块、肉片置于最上面。通过蒸的过程，鱼、肉、蔬菜所含水分可

---

① 打泡【pāo】：通海口方言。就是通过筷子快速搅动，让其膨胀。

以被米粉吸收，使米粉膨润。而肉、鱼所含脂肪也可以被蔬菜吸收，使蔬菜具有油润感和脂香味，同时减少肉的肥腻感。另外，米的香气也被上面的蒸菜和鱼肉所吸收。这样，饭香、鱼香、肉香、菜香交融，饭中有鱼肉香、菜香，鱼肉中有菜香饭香，菜中又有鱼肉香。咬一口，肉肥而不腻，鱼鲜而不腥，菜淡而不薄，一辈子都忘不了。

三蒸食材普通，做法也很简单。从小就看老妈做，也就会了。三蒸么，顾名思义是蒸熟的。用来蒸的工具，家乡叫"甑"，用木头围圈，底部用竹篾，与现在蒸包子馒头的东西长得挺像。

现在也有用电饭煲之类蒸的，但味道差很多。将洗净的鲜鱼鲜肉切成中块模样，肉

沔阳三蒸之蒸肉　　（陈青　摄）

不要切得太厚，用五香粉等调味品拌匀，腌渍 10 分钟，然后拌上米粉。米粉不能太粗，否则口感差，也不容易熟；但也不能过细，否则鱼肉的脂味进不去。蔬菜则是洗净切细后拌上调味品和米粉。将生米和调好的菜、鱼、肉按顺序放进甑里，盖紧，旺火加热 40 分钟左右就成了。

记忆中蒸的时候还是用柴火烧的土灶，蒸熟了，便将甑抬出来。把肉、鱼、菜分别夹出来，堆满整碗，然后浇上加了酱油、醋、葱花、姜末等的肉汁，便可以吃了。

瓜子钱。酒宴出到第六碗菜时有个小插曲，即端菜的人会端来一小碟瓜子。接菜的人分发完瓜子，宾客都要丢点小钱到碟子里头，叫"瓜子钱"。坐上席的客人要多丢，但没要求非丢不可。"瓜子钱"是给大师傅（即厨师）的，表示对厨师的感谢。如果哪张酒席桌上丢的"瓜子钱"多，厨师还特意加一碗菜以表回谢。

滑鱼

第 8 碗：滑鱼。其实就是油炸鱼块。将鱼块拌面粉用油炸过之后，再和着汤和调料煮一会即成。

第 9 碗：粉丝鸡汤。一般是家养土鸡，营养丰富，故通海口有"吃粉鸡子"的说法。现在有的人家也换成胡萝卜烧鸡，味道也不错。

第 10 碗：发鱼头。将鱼头掏干净，拌灰面用油炸，再勾兑一点汤汁和调料，也是一碗美味佳肴。据说，多吃鱼头可使人变得聪明。

第 11 碗：肉坨子。也叫肉丸子。即将鲜猪肉剁成肉泥，加上适量食盐、葱花、

生姜、味精等佐料和少量面粉拌匀，捏成肉丸入油锅走一下捞起，然后随着三蒸一起入甑，因而比纯粹油炸的要好吃些，毕竟有三蒸的味道在里面。

第 12 碗："下饭菜"。内容不等，因为办事的季节不同，有的会上青椒炒肉，有的会上榨菜肉丝，等等。但一般来说，这道菜都要带点辣，便于下饭。

12 大碗上完，最后再加一两碟酱菜，比如腌萝卜丝、腌韭菜或者乳豆腐之类。这有利于开胃，使人酒足饭饱。对喝酒的人来说，好比雪中送炭，锦上添花。

通海口酒席 12 大碗，虽比不上山珍海味，但却具有浓郁的地方风味，有的菜系在全国风味饮食文化中还占有一席之地。

# 家乡美味

夏甸清

老家通海口，家乡的美味一辈子都记得。常常想起，那是乡愁。

## 一、沔阳三蒸

"沔阳三蒸"一般指蒸鱼、蒸肉、蒸菜，鲶鱼、猪肉、茼蒿是代表。在武汉很难吃到正宗的沔阳三蒸，曾在太子酒店吃过，但是，菜品的口味比较重，没有家乡的蒸菜好吃。

作者夏甸清

小时候，逢年过节家家都做蒸菜，凡是食材几乎都可以蒸。蒸茼蒿、蒸莲藕、蒸萝卜丝、蒸鲶鱼、蒸草鱼、蒸猪肉、蒸牛肉，蒸排骨……过年的气氛很浓，烹饪方法简单。

茼蒿切末，莲藕切丁，萝卜切丝，鱼、肉和排骨切块，腌十几分钟，拌上粗米粉，入甑（木材制作的桶装容器）从下往上依次摆放米、菜、鱼、肉，架在大锅上大火蒸四五十分钟。然后，再依次一层层取出装碗，七八碗蒸菜摆上桌，淋上调好的卤汁就可以了。肉的脂肪融化后往下渗入到鱼和菜里，肉不腻，菜清香，还有淡淡的木甑的香味，清淡可口，味美又容易消化。一家人围坐在一起，一桌热腾腾的菜肴齐刷刷地端上来，一口木甑就烹调了一桌饭菜，太聪明了！

曾试着做过蒸菜，可惜没有木甑，只得用不锈钢蒸锅替代，没有了木甑的香味，难以还原家乡蒸菜的味道。

## 二、鳝糊细粉

好吃街有家做米粉的小店，门面不大，生意火爆，每天早上都排着长长的队伍，去晚了还吃不上。他们家的米粉特别细，细如花线，汤是用猪骨、鳝鱼刺熬制的，呈乳白色。米粉烫熟后，加入浓汤，最后加上鳝鱼丝，撒上葱花，香醇味美，配以两根油条，就是绝美的早餐了。有位姜姓同学在那里掌勺，他每次都要多给点汤。一晃几十年过去了，不知敢甫兄可安好？之后，再也没有见过那么细的米粉和那么鲜美的汤汁了。这家店不知道还在不在？好的美食应该永远流传下去。

## 三、小煎丸（读 yuán）

家乡的肉丸特别好吃，名叫"小煎丸"。肖师傅做的特别好，他曾经说过制作的诀窍：将瘦肉和去刺的鱼肉剁碎成泥，肥肉切丁，加入盐、生姜末，手朝一个方向用力搅拌，边搅拌边添加清水，直到上劲费力为止。这时肉茸的体积，比先前几乎增加了一倍。入锅油炸，色金黄捞出，摔在地上可以弹起几尺高。可烧可蒸，松软弹牙。如今餐馆里的肉丸口感往往比较硬、结板，虽然是真材实料，味道却不好。

### 四、熏干子炒肉

将老豆腐吊在农村的柴火灶前，日日烟熏火燎，数月之后，豆腐体积缩小，就变成硬硬的熏干子了。豆腐表面全是黑黑的烟，取下洗净，外表呈黑褐色，切开干子，里边雪白。切薄片再改切成丝，和肉片韭菜同炒，熏干子炒肉的特殊的烟火香味令人难忘。

### 五、醉肉和醉鱼汤

将肉切成片，盐少许拌上粗米粉加白酒入坛子密封，十来天左右即可取出在锅中油煎，少油中火。片刻肉中油脂析出，改微火，煎至外裹的米粉微黄，肥肉透亮，醉肉香气袭人，食欲大开。

将鱼切块，盐少许拌上粗米粉加白酒入坛子密封，十来天左右即可取出做汤。鲤暗红色，鱼汤酸酸的，是一款很开胃的汤菜。

### 六、油炸米粑粑

米磨碎，加盐、生姜末和水调和做成扁圆形粑粑，蒸熟冷却后入油锅炸成两面金黄，外脆里嫩，生姜香味扑鼻。

米粑粑

这么简单的美食，曾勾起一位台湾老人的感慨。那是80年代初，美国哥伦布市筹备展览，有位台湾老人来参观，说起他小时候在湖北生活的年月，特别喜欢油炸米粑粑，想起来就很馋。说着说着，竟然流出了口水。美味食物也是游子乡愁啊！

### 七、螺丝转

有位老奶奶专做螺丝转，特别香脆，吃过后就忘不了。闲聊中披露了她的独门诀窍：用油和鸡蛋和面，将面擀成薄片，层层卷起，塑形，入锅油炸，色金黄捞出，再入油锅煎炸，两次煎炸方能使螺丝转松脆。

### 八、鱼子香肠

将鱼子，不论是青鱼、鲩鱼、鲢鱼子，还是混合的各类鱼子都可以，加三分之一的肥肉丁，再加入佐料和少许白酒拌匀，灌入肠衣，风干蒸熟切片，营养丰富，风味独特。

### 九、鱼皮冻

取鱼皮切碎，加佐料入锅煮熟，连汤汁一起放入盘中，置冰箱冷却成型，切丁装盘。鱼皮冻较之肉皮冻，更加鲜美。

### 十、卤品

家乡卤菜种类繁多，卤肉、卤蛋、卤藕……细分则更多，几乎所有菜品都可以卤。

孩子问妈妈："这个肉很好吃，是什么肉啊？"妈妈笑道："这是顺风，吃了好听话。"小孩又问："这个肉也很好吃，是什么肉啊？"妈妈答道："这是口条，吃了会说话。"

孩子后来才知道，顺风就是猪耳朵，口条就是猪舌头。还有猪肠、猪肚、猪腰子、猪头都可以卤。牛肉当然是肉的上好材料。家乡的卤品作为凉菜，是沔阳三蒸的绝配，丰俭由人，上得了正席。

沙县小吃经过几十年的经营，成了大品牌，在全国各地生长发展，地方政府的组织领导功不可没。

沔阳三蒸这么好的地方菜品，也可以推向全国，走向世界。事在人为！

# 难忘通海口老早点

雷本权

日月如梭,光阴似箭。一转眼,我离开家乡通海口就有五十余年了。家乡哺育了我,通海口时刻在我心中。有时静下来,很多画面便浮在眼前。特别是时而想起家乡的早点,总感觉依依不舍。

儿时,通海口就十分繁荣。通州河、小陈河、永湘河从镇中穿过。街是三纵一横,民政街为一纵主街,青石板铺就,显示了她的沧桑古老。另两纵是河堤北街、南街。一横是连结民政街和河堤北街的好吃佬街。

依稀记得,较熟悉的同学中,李水清、朱存汉住民政街,黄志香、王菊英、肖家英住好吃佬街,袁水清、陈崇玉、颜永仁住北堤街附近。

那时,每天清晨,街上叫卖早点的声音就响起来了。我们背着小书包上学去,北堤街、好吃佬街早铺点一个接一个,炊具上白雾在空中飘舞,阵阵香气扑鼻而来,小孩子们馋得流口水。

北堤街周家水煮米团特别香。大米磨粉炒熟后,和水做成汤圆大小的米团,水煮熟后盛在碗里,撒上香油和葱花,热滚滚香喷喷,真是美哉!现在想起来还流口水!

北堤街还有猪油饼、炕锅盔。这两样早点也特别好吃。猪油饼是面粉和上猪油后,一个个在平锅炕成,焦黄喷香,吃在口里酥脆满嘴留香!炕锅盔是发面后,筛子大的面块撒上芝麻,烘烤而成。用刀割成块卖,厚厚的皮脆肉松,吃在嘴里,舒坦在心里!

坐落在好吃佬街和北堤街十字路口的粉丝馆,早点更是好吃。细细的大米粉里绿豆粉不少,有劲道。开水捞起后,浇上鳝鱼丝、香葱麻油,吃口爽爽的粉、喝口浓滑的汤,胜似神仙……

时局变迁,几十年过后,家乡这些特色早点失传了。有时回通海口转遍早点铺,也找不到这些特色早点了!但现在的财鱼片面、小盘卤菜还是较美味的特色早点。然而,我还是口馋,想吃一口香喷喷的米团子、猪油饼、炕锅盔、鳝鱼粉丝!

梦牵魂绕的乡情、乡味,时刻在心中!

## 儿时的小吃

张礼成

解放初期，通海口镇的私营经济比较繁荣。

我家面临好吃街。大约六七岁的时候，我每天早晨总喜欢站在门口，看来来往往赶集的人们。最吸引眼球的，莫过于那些卖小吃的。有的顶着筐子，有的背着箱子，有的挑着担子。什么油炸泡面锅盔、糖果、洋糖发糕、米饺子等，其歌唱似的吆喝，你起我应，五花八门。

作者张礼成

印象最深的，是一个苏老头。据说是陕西人，先在 128 师当兵，后来孤身一人在通海口落籍。他的绝活是焦锅盔。一个锅形的锅盔，撒满芝麻，烤得黄灿灿香喷喷的。他长得高瘦，声音高亢，且带外地口音，拖长调子吆喝："焦——锅——盔——"因其音色独特，隔几个巷子也能听到。他用一个镰刀似的弯刀子，一块一块地割卖。那味口酥焦香脆，越嚼越香。孩子们见到他，总喜欢叫："苏老头，卖焦馍……"。可惜，这门手艺已经失传了。

中午，好吃街的行人渐渐稀少。常见几个馆子里有人喝酒。而卖小吃的则是另外一番花样，有卖印粑的、卖挺糕的、卖糖金梗的等等。街头"开桶豆腐"的叫卖声，常常将打瞌睡的人惊醒。记得有个姓刘的老头，一只手总伸不长，他挽着篮子，专卖五香花生米。他不用秤，凭手抓，当时的两百钱（现在的二分），就给你抓一大把。

我们家西南方的堤街，每到中午，小吃摊更热闹。街上放几张小桌，锅灶就在旁边。闲人们一边谈论，一边小酌。煮包子、油炸虾饼等都是热做热卖。包食物用的是干荷叶，再热的东西也不烫手。有一个远房叔子是常客，他将荷叶包的小半个虾饼给我，竟让我快活了小半天。其实当时的虾饼，每个仅两百钱。我奇怪自己，怎么一直没有吃一个完整的油炸虾饼，以至于令我感念了这位叔父几十年。

儿时的夜是漆黑的，孩子总是早大人先睡。下季的夜晚，卖汤圆的梆子声于寂静中格外吸引人。记得有一回，我摸黑起床，拖着大人的鞋子，要母亲去买汤圆。挑担上挂着马灯，汤锅中腾腾的热气，形成一团黄色的光晕。汤圆比家里做的大，黏滑溜圆。一口咬去，烫得你流泪。但那份香甜和黏腻，也令你终生难忘。

集镇地处湖区。莲蓬、菱角上市的日子，女人们早晨在菜场买菜，顺便用几分钱买回来。把莲蓬掰开，便是白亮甜润的莲子米。买回的菱角多是煮熟的。有两只角的，有四只角的，还有瓶形的。两只角的放在口中咬成两半，再将菱角米咬到口中。那新鲜好吃的滋味，只有生于水乡的人有福气消受。我实在无法把那份享受描写出来，只能让外地人去想象。面对四只角的菱角，小孩们无可奈何，只得由祖母或大孩子用刀砍出米来。

难忘那秋雨淅沥的清晨，冷落的街上响几声菱角的叫卖声。披蓑衣、戴斗笠的乡下人，守着满篮满袋的菱角在屋檐下躲雨。菱角褪尽了黑色的外皮，经雨一淋，更显得黄亮可爱。街坊们随手拿一个品尝，便叫起来："哎！新鲜，好吃……"于是，左邻右舍争先购买。雨天的好吃街卖小吃的少，大家就用菱角过早。

菱角

菱角上市的日子，大人小孩一边走一边吃菱角是常见的景观。石板街上满是带刺的菱角壳。我是喜欢赤脚满街跑的，难免常将菱角踩得吊在脚板上。

如今，野生的菱角已经绝迹，只有人工栽培的大菱角，在菜市场偶尔可见。但是那滋味远不及儿时的菱角，不及记忆中的无穷韵味。

还有一种外地小吃，也和我的童年连在一起。阴历八九月，湖南的红苕从州河运来了，光滑的木跳板从大帆船一直搭到河坡上。我尾随母亲，到那宽大的船舱里去买红苕。这真是我儿时的一大乐事。

夜火烧完了，我把苕埋在火灰里。夜饭后，母亲在灯下纳鞋底，我却不时跑到灶门口翻苕，越急它越难得熟。直到我在灯下等得睡意朦胧，母亲把我摇醒，才发觉递到我手里的烧红苕香气扑鼻。

如今，红苕已在本地广泛栽种。也许是地理和气候等原因吧，当然也不排除怀旧的心理因素，我总觉得还是赶不上湖南苕好吃。

当年湖南人卖的烧烤红苕片，甜脆可口，我们叫"苕角子"。那些小贩不是随船而来的，似乎常年能见到他们的身影。他们一般又黑又瘦，缠着头巾，挑着两篓苕角子，用浓重悠长的湘音吆喝，惹得我们跟着跑。看着那夕阳下摇曳的影子，真不知他卖到哪里去过夜。

可惜有一种小吃，与我失之交臂。农历五月，是彩色春茧上市的日子。殷姓等几家连日煮蛹取丝。母亲常在晚饭前，去线铺买一碗蚕蛹。其价低得和小菜一样。炸熟的蚕蛹油光黄亮，父亲用之下酒。我总联想到它们生前的爬虫样子，放在口中疑疑惑惑，嚼了几口终将其吐出。唉……后来听说，蚕蛹为优质蛋白。如今，即便是豪宴，恐怕也难得品尝了。

儿时的小吃说不完。初夏的莲藕放下不说，单说春末夏初的日子，约几个小伙伴到郊外一转，随处可见的桑树，挂满紫红的桑枣。树不高，三两下爬上去，就可以吃够。各人将嘴也染成紫红。还有十月的红萝卜，当时没有农药化肥，从菜场买回来，拿起就吃，清甜多汁，一点儿不亚于梨子。尤其以沙田萝卜为佳。

　　时间流逝了五十多年，如今在豪华超市，可以提回各式各样食品。然而，无论哪一种，再也吃不出儿时的那种风味。

# 记忆中的排湖味道

刘松青

每次回仙桃老家,都会路过排湖风景区。我生于斯长于斯,这里有我许多记忆。

仙桃市地处江汉平原腹地,北依汉水,南望长江。排湖是仙桃的母亲湖,原有水面110平方公里,素称"百里排湖",为仙桃境内最大的淡水湖泊。沧海桑田,在后来的"农业学大寨""围湖造田"中逐渐变成现在的模样。现在的排湖,水面只有13.5平方公里,核心保护区更小,其他已经变成阡陌纵横的精养鱼塘了。

我家祖上来自于江西鄱阳湖周边,打鱼摸虾、采菱挖藕……临湖而居,靠湖为生。在湖里讨生活,爷爷叫"讨业事",非常艰辛。后来随先祖举家迁于沔阳(仙桃),自然选择了排湖为家族的谋生之所,世代繁衍500多年。到我这辈,已经是第20代了。

对于"讨业事"的艰辛,大姑妈不止一次跟我讲一个故事,说得是20世纪50年代的排湖,水草茂盛,鱼虾无数。天晴时烟波浩渺,碧波万顷;狂风骤雨时乌云盖顶,巨浪翻滚,"龙吸水"的景象经常可见。

有一次,瘦小的奶奶带着10多岁的大姑妈和我父亲在湖里打鱼,突遇这种极端天气。一时间,小船在湖心飘摇,失去控制,瘦弱的奶奶急得大哭。大姑急中生智,在小船靠近一棵小树边时,奋力抓住小树,把船用绳子固定在小树上,用她那弱小的双手,拯救了这个家的未来。后来爷爷带着家族兄弟赶过来施救,才安全上岸。

也就是说,如果那次出事,也就没我现在啥事了,好几个家庭历史要重写。

后来有了我,虽然穷家百姓,家无余粮,但有一大家子勤劳的长辈宠着我,好玩的一定带着我,好吃的一定留给我。

几个姑妈下田劳作,会带回水稻田野生的黑色荸荠,湖里绿色的四角菱角、嫩嫩的还带着水珠的莲蓬,小溪边红色的浆果,桑树上紫色的桑葚……一股脑塞我嘴里,甜甜的、酸酸的,充满甜蜜的味道,幸福的回忆。

春天,她们在田里采摘野菜,比如开满粉红色小花的"苔子梗",野生茼蒿;夏天更是各种瓜果飘香的季节;秋天走在湖埂上都能捡到满口袋晒干的莲子,回家在青石板找个小窝,把莲子竖放窝里,用石头一敲,一颗完整的莲子米就出来了,放嘴里咬得嘣嘣响;冬天爬上树可以找到长成种子的蛾眉豆,在火堆中一烤,噼噼啪啪炸开口子,脆香脆香。

排湖很大，有县渔场、公社渔场和大队渔场。爷爷当时在公社渔场劳动，织网、编篾篓子等抓鱼工具，都十分熟练，用起来更是得心应手。我小小年纪就耳濡目染，学到了不少抓鱼技巧。这种技巧，似乎是融在血液中传给下一代的。

我最喜欢跟他撑船下湖。一把带铁叉的长竹篙，轻松穿行在茂盛的水草和荷叶丛中。运气好，还可以在某个浅滩草丛中捡到大大小小的鸟蛋。奶奶总笑话我脸上的几颗雀斑，是因为鸟蛋吃多了。

爷爷是湖里的老把式，有时看见鱼，轻易就可以用鱼叉逮到，动作迅速，我都还没反应过来。渴了，摘一片荷叶直接在湖里舀一捧水解渴；饿了，扯出几根藕带，洗洗就直接入口，路边的瓜果也管够；馋了，抓一点鱼虾，拌着清澈的湖水，一勺豆瓣酱，简单烹饪就足以让味蕾激活。

年纪再大点，我就学着爷爷的样子，自己抓鱼了。

夏天下大雨后，沟渠雨水爆满，水流湍急。这时候的鱼虾，就会迎着水逆向游动。把篾篓子往沟渠一放，拦在鱼虾游动的必经之路上，两侧用泥巴堵住，不出一个时辰，你就可以有满篓子收获。不下雨也有办法抓到鱼。如把小沟渠的两头堵住，和小伙伴光屁股下水，用家里的搪瓷盆舀水，只需一个时辰，水干鱼出，用脚一踹，满载而归。

以前常见的野生鱼虾品种，如今好多不见了，极为稀有。最让我想起就流口水的，是土憨巴、刺泥鳅、屎光皮、麻古愣子、憨子肉……排湖味道的精髓，也就在此了。

——土憨巴。顾名思义，因憨而得名。喜欢趴在泥巴上一动不动，人去捉时也懒得动。尽管憨，肉质却细嫩鲜美。除了脊背上有点刺外，全身都是肉。土憨巴真正的名字叫沙塘鳢，是一种淡水小型食肉鱼。近些年这家伙很少见到了，野生的更是少得可怜，可见其珍贵。

土憨巴

酱烧是本地最常用的烹饪手法。这样高端新鲜食材，做咸了下饭，做淡了喝汤，与各种食材混搭只会增色，水平再差的厨师都能做出至尊美味。

——刺泥鳅，又名刀鳅。比普通泥鳅细长，因背部有排刺而得名。底栖性鱼类，生活于多水草的浅水区，以水生昆虫及其他小鱼为食。

以前农村小溪多、水质好，刀鳅经常见，现在想吃都难买了。

刀鳅肉质没那么细嫩，再加上有传言说它不能吃，因此并不招人待见。奶奶总是把它打理干净后，略微用盐腌制半天，再在大太阳下晒个半天。半干的刀鳅刚刚好，鱼肉油黄透亮，用菜油小火煎香，端桌上下酒，咸香味美，唇齿留香，很远都可以闻到，口水直流。

有时候因为太少，还不等上桌，直接就被我打扫干净，连鱼骨都不剩。姑妈们回家吃饭，看我沾满菜油的小手和小嘴，一边帮我擦拭干净，一边嗔骂我馋猫、好吃佬。

——屎光皮。过去的排湖水域环境好、水质好，水中生物、鱼类众多，鱼的肉质也相当好，没有一点土腥味。钓鱼的时候，最讨厌的小杂鱼，莫过于碰到如麦穗鱼、小白条和一种叫作"屎光皮"的小鱼捣蛋。这种鱼往往成群结队，使用铁丝配上纱窗制作成网兜，不一会儿就能捉到很多这样的小鱼。这种鱼的味道有点苦，再加上个头小，很多时候被拿来喂鸭。现在的这种鱼，却因稀少成了香饽饽，很多食客都冲着这口过来，品尝美味，回忆过去。

——麻古愣子，也称为"花姑娘鱼"。个体长不大但很肥，只有以往水质优良的排湖才有。

这样的小杂鱼，仙桃不管大酒店、大排档，还是普通百姓家，都有一道同样做法，叫作"混杂鱼"。小杂鱼打理干净，下锅油炸半熟，佐以大蒜、豆瓣酱、青辣椒丝，更重要的是配本地的红皮萝卜丝，加水煮半小时出锅，一道带着妈妈味道的菜肴便诞生了。鱼汤拌饭，热吃开胃；冷吃鱼冻配一碗油盐饭，更是别有一番风味。我老婆每次回老家，这道菜是必须吃的。为了减肥，一直不吃米饭的"天条"直接开戒，一碗米饭打底，此时的青椒、萝卜丝浸泡在鱼汤中，立马乌鸡变凤凰。

老家还有道小众的下饭菜——霉豆渣煮河蚌肉。冬天干鱼塘时，选择肥美的河蚌（叫作"捡湖脚"）做主要食材，配上晒干的霉豆渣和地里现挖的大蒜、红皮萝卜等，用少许五花肉提香，做起来很费工夫，最考验厨师水平。做出的汤水浓稠，吃起来胃口大开，滋味鲜美，回味无穷，是寒冬一道暖身的地道菜肴。

说起排湖味道，各种珍贵食材当然重要，但味道的核心，非"蚕豆辣椒酱"莫属。小时候几乎家家都做。制作辣椒酱必须在盛夏，当年蚕豆剥皮，晒干发酵，配夏季红辣椒剁碎，用颗粒盐拌和均匀，放入大口的搪瓷盆，白天烈日下高温暴晒，晚上用斗笠盖住在夜露中回凉。第二天上下搅拌均匀后再次循环。以五谷为本，吸天地精华，一切交给大自然和时间，一个月后最醇厚、最浓郁酱香的美味才算完成。

老沔阳几乎所有的烹饪，都离不开这种调味神品。有了它，立马就变得有滋有味。小时候，盛几勺子蚕豆辣椒酱，滴几滴芝麻油，普通一碗饭就变得香气四溢，瞬间下肚。

一个人的童年是天注定的，一个人的成年是通过努力换来的。然而即便你换来的再多，童年的点滴却是最珍贵最难忘的。排湖味道究竟有多少，我说不清楚，但吃到这些菜肴，就会记起许多渗入血液的少时回忆，就会产生浓浓的眷念，看到它我是如此亲切,离开它却是依依难舍。

排湖如今被列为湿地保护区,建起了漂亮的旅游设施——水上游乐场、高尔夫俱乐部、独具特色的沔阳小镇等等。这里除了品尝排湖味道,更成为游客休闲的旅游目的地。

愿我的家乡越来越美!

## 通海口的白米粽

陈 青

离端午还有那么几天,东台超市粽子专柜的促销员已经开始忙活了。他们将各式各样的粽子摆到超市显眼的位置,唯恐耽误了端午节粽子的销量和自己的提成。这浓浓的节前气氛,也让我想起在老家通海口过端午的情景。

"十里不同风,百里不同俗。"通海口把过端午,称为过端阳。五月初五称为小端阳,五月十五为大端阳。通海口人过的是大端阳。

通海口风俗,端午节这天,新女婿要给老丈人家送节日礼,孝敬长辈,俗称"送端阳"。送的礼物一般是猪肉2斤,包子、哈散①以及烟酒若干。当然,女婿头年送端阳,老丈人是要打发②的。

光头家在农村,端午正是农忙季节,家里的人忙着收小麦、抢插中谷秧。然而,却并从不因为农忙而忘了庆贺传统节日。

小时候的印象,每年粽叶飘香都在农忙期间。收豌豆,收菜籽,收麦子,插中谷秧,抢收抢种,没时间做饭,大多数人饿了就吃个现成的粽子。

粽叶,通海口的土话叫"缭(liáo)叶"。通海口是水乡,缭叶遍地都是。当然,也有上街买的。自己采的或者买回来的粽叶,先用清水洗干净,再放到大锅里煮,杀菌消毒,然后放到大盆里晾着。冷透了,就开始包粽子。

通海口的粽子和浙江嘉兴的粽子包在内容和形状上相差很大:嘉兴粽子有名的是"五芳斋",个头大,除了糯米,还包蛋黄、豆沙、卤肉等,拆开粽叶,糯米颜色显深色。通海口的粽子小巧,菱形,纯糯米晶莹洁白,我们叫它"白米粽"。

光头总觉得通海口的粽子外形是最美的。大点的粽叶只要1片,小点的用2片或3片,用手一圈,做成漏斗状,放入糯米,裹上剩余叶子,围绕着方才的形状圈一圈,再用棉线扎好,就大功告成了。

白米粽一提10个,一摞一摞,放进架在烧木柴的土灶上的大锅里煮。煮到灶里成了小火,一直焖到次日早晨。一锅粽子,糯糯的,满屋子香味。吃的时候,筷子夹起,蘸点白糖,一口一个。缭叶清香合着糯米的香,软糯甜,爽!

我一直觉得吃粽子、收麦子的时候,也是农村最热闹亲情最浓烈的时节。亲戚

---

① 哈散:通海口地区的一种油炸面粉食品。
② 打发:通海口地区民俗,即回礼。

邻居互相帮忙割麦子、收麦子，拖拉机按先后顺序挨家挨户脱粒，从不发生矛盾。不过，随着科技进步，如今收割小麦都用联合收割机，再不像以前用镰刀割麦那么辛苦了。

白米粽

我们一众小孩，在队禾场③跳来跳去，且特别喜欢在刚脱粒的麦秸秆上打滚，盖上柔软的秸秆捉迷藏。直到大人呵斥，我们才依依不舍地离开。当然，被麦芒弄得浑身发痒起疹子的苦，就不敢向父母提了。

几年前，端午被列为国家法定节日，假期3天，称为"小长假"。但远隔千里的光头回不了家，时间太紧，行程太匆忙，一来一回在路上就要耽误2天。

愿如光头一样在外漂泊的亲们，条件允许时，还是趁这个假日回老家看看。观赏家乡一年一度的赛龙舟盛会，探望日夜盼望你归家的慈祥双亲，尝尝他们纯手工的白米粽。

"少年佳节倍多情，老去谁知感慨生。"又是一年端午节，又是一段回忆！回味起通海口的白米粽那熟悉的味道，让人迷恋迷茫惊喜。

老家的端午节，是一曲意味悠长的歌谣！老家的白米粽，是在外游子舌尖上的思念……

③禾场：过去生产队的打谷场兼晒场。

# 麻叶子

许 汉

**编者按：**"麻叶子"是老沔阳（今湖北省仙桃市）的一种传统年节小吃，由麦芽糖和炒米混合在一起制作而成，是一种纯天然绿色食品。

小时候我印象最深的是常常吃不饱。每每放学回到家，早已饥肠辘辘。特别是夏季昼长夜短，放学的时候太阳还挂得老高，大人们正在田间劳作，要等到一顿晚餐着实不易。而家里实在是没有可以充饥的食物，我便经常去菜园子寻找一些可以吃的东西果腹。只要是能吃的，我都不会放过，包括篱笆上刚刚结出来的还很涩口的嫩"豆光子"。

不过，到了春季，食物略微多了一些，这得益于上一年的腊月家里做的几坛"麻叶子"。

制作"麻叶子"，俗称熬糖，是江汉平原过春节固有的习俗。其实，所谓的熬糖，是一种粮食加工技术，即把粮食转换成非常可口的食品。麻叶子方便储存，食用便捷，也是待客的上品。无论家境好坏，每家每户都会做，似乎不熬上一锅糖，春节就过不去一样。

小时候，特别期待家里熬糖的那一天早点到来。因为熬糖的时候就像过节，既有好吃的，也有好玩的，特别的开心。

要熬制一锅成功的糖，也不是一件容易的事情。

熬糖

一方面，熬糖是个技术活。在江汉平原，有专门熬糖的师傅，人们称之为"糖匠"。熬出来的糖甜不甜、切出来的"麻叶子"香不香，关键看糖匠师傅的手艺了。一般熬糖需要几斗米，熬不成功的案例也时有发生。在粮食匮乏的年代，浪费几斗米可是个不小的损失，所以有名望的糖匠师傅彼时就成了香饽饽。而要请到一个好的糖匠，排上个十天半月甚至更长时间的队也实属正常了。

另一方面，熬糖工序复杂繁多，通常需要提前两到三个月的时间开始准备。每一个环节都很重要，拿捏好不好都会对最终结果产生很大影响。当然，时至今日我也不懂得如何熬糖，但熬糖过程中的有些事情，我记忆深刻。

### 一、蒸饭米

做麻叶子需要爆米花，"蒸饭米"是做爆米花的第一道工序。在我的记忆中，我们家蒸饭米一般都选择在晚上，因为妈妈只有在生产队收工以后才有充裕的时间来完成这道工序。每遇蒸饭米，也是我们一家人打牙祭的好机会。在农村，不办大事是不会动用木蒸的，所以蒸饭米也算是农家的一件大事了。

父亲一大早去赶街，割上两斤肉回来，母亲到自留地摘一些新鲜的蔬菜，做成最地道的"沔阳三蒸"，和饭米一道蒸熟。虽然"沔阳三蒸"中只有蒸肉和蒸菜而缺少了蒸鱼，可这"二蒸"对我们来说，已经足够奢华了。

父亲赶街前，母亲会特别交代，选择肥一点的肉割回来。因为肥肉油气多，肉皮炸出来的油可以炒菜。其实，母亲不是为了炒出来的菜色香味美，而是为了节省那一点点植物油。

母亲一贯勤俭持家。我今天的清淡口味，多亏了母亲当年的"吝啬"。为了节省，母亲炒菜时尽量少放盐，家里一包盐要吃上很久。

不过，在我们家，像这样吃上肉的机会少之又少。可那时，家无分文是常有的事。

蒸饭米的时候，没有肉吃我们也觉得很满足。家里人口多，劳力少，能分到的口粮十分有限，青菜稀粥、萝卜腌菜是我们的主粮。能吃上干米饭，不要菜也能吃上个两三碗。

### 二、焙炒米

饭米蒸好以后，要倒在晒垫上摊开，让它保持独立的颗粒并充分晒干。当饭米晒到晶莹剔透的时候，说明已经晒干了。饭米晒干一般需要十几个太阳天。大人们需要时刻关注天气的变化。那个时候，家里有台收音机算是大户人家。一般人判断天气的晴雨都依赖于观测经验。

特别是遇到阴天，是否晒饭米难倒很多人。如果是在附近的田间劳作，遇到下雨还可以跑回家"抢雨"，若是出远工就不敢下那么大的赌注了。

快要熬糖了，"焙炒米"也要登场了。"焙炒米"也叫"炒辣锅"或叫"焙沙锅",通俗来说就是把晒干的饭米制作成爆米花。

所谓"炒辣锅",顾名思义即在"辣"字上做文章。我不仅看到过母亲炒辣锅,还亲自动手为辣锅添加过柴火。母亲先用猛火把锅烧辣,然后把事先准备好的沙子放入辣锅中翻炒,直到沙子也达到铁锅的温度。

为什么要加入沙子呢?因为在如此高温下,如果饭米直接接触到铁锅,瞬间就被烧焦了。饭米通过沙子的温度传递同样也可以形成漂亮的爆米花。

但是,"焙炒米"对很多人来说,是一种煎熬。因为长时间在剧烈的高温下作业,事后会发生头痛、牙痛、口腔溃疡等不适的病症。而"焙炒米"这样的工序,一般都是由母亲来完成,由此可见,母爱的疆域是多么地浩瀚。

### 三、磨糖米

这是一桩十分辛苦活路。熬糖要用大米做原料,下锅时需把几斗大米磨成米浆。说的是大米,实际上是半头米,也称为"细米子",都是从平时食用的大米中筛出来的。现在的半头米都被人拿去用作喂养家禽的饲料了。

当时,磨糖米只有手推的人工石磨,一般的家庭都添置有这种器具。不过如今石磨不多见了,现代化的研磨机早已取代了它的位置。

我平时懒散惯了,不喜欢做家务,除非父母亲"讲点狠",否则我是不会动手的。但是家里熬糖,我就特别来劲。一大江盆的"糖米",妹妹负责喂,我和哥哥换起来推,一般两三个多小时就把它磨完了。

推磨是有技巧的。首先推磨是一个团队合作项目,推磨的人和喂磨的人要配合好;其次推磨讲究平衡,即磨单子在推动磨盘旋转的时间要在同一个水平线,否则容易把磨子掀翻造成伤人事故。

那时候我就十来岁,力气尚小经验为零,还不会掌握磨子的平衡,时不时就把磨单子推出来了,这是推磨的一大忌讳。发生这样的情况,不仅自己容易受伤,而且还有可能伤到喂磨的人。在哥哥的耐心教导下,通过自己在实践中反复琢磨体验,后来我就慢慢地掌握了平衡的诀窍。

想到以后有麻叶子充饥,我推起磨来特别卖力。一贯对我声色严厉的父亲破天荒地表扬了我一通。父亲叮嘱我合理分配体能,不要把衣服汗湿了,累了就休息一下。至今,我都对父亲的这次关怀还刻骨铭心。因为我的淘气,父亲难得给我一张笑脸,揍我的屁股是他的家常便饭。

### 四、喝糖水

当"糖米"下了熬锅,那么"熬糖"的最后战役就打响了。经过大概三四个小时的猛火熬制,糖匠师傅判断快要出糖了,开始"榨糖水",即把糖米与糖米汁分离,然后再把糖米汁放入锅中进一步熬制。这个时候,离"喝糖水"就不远了。

其实,大人们"喝糖水"不是为了享受,而是对含糖量的一种检验手段,通过这时糖水的甜香程度即可窥见未来"麻叶子"的品级了。而我们这些小孩子"喝糖水",则完全是为了满足享乐与好奇心。因为那个年代,能吃上一颗糖可算得上高级享受了。所以,自家的糖水是必须要喝的。

有时候,喝到糖水可能要等半夜三更。虽然儿时瞌睡很多,但有了"糖水"的诱惑,瞌睡虫也不知溜到哪里去了。

### 五、切麻叶子

当糖水煮到一定的黏稠度后,就要快速地出锅。否则,糖水煮太老了会出现三大弊端。一是不利于整形,二是不利于切片,三是做出来的麻叶子吃的时候费力气甚至是粘牙齿。什么时候糖出锅,完全由糖匠师傅通过糖水挂鳌的黏稠度来判断。

把爆米花掺入刚刚出锅的糖稀子里面以后,要迅速完成整形。负责整形的人要有经验,最好还是个大力士。最为壮观的场面就是切片了,俗称"切麻叶子"。

所谓"麻叶子",其实是一种形象化的叫法。一颗颗金黄色的爆米花就像是一颗颗金黄色的宝石,通过麦芽糖这个黏稠剂,密密麻麻排列在一起,组成色彩斑斓的图案,让人眼花缭乱、目不暇接,这是"麻";把它们切成大小和形状一致的片,就像金色的树叶一样灿烂美丽,这是"叶";"子"即"仔",是修饰词,这就是"麻叶子"的由来。

什么时间点切麻叶子,糖匠师傅会给东家一个预测的时间,方便东家事先找好切麻叶子的人手。

假如切麻叶子遇到正常的生产时间,只要跟生产队长打个招呼,被邀请过来的人是不会被扣除工分的。因为,熬糖对农家来说,是一年之中的大事,生产队长自己家也不例外。被邀请到的切手们也十分乐意帮忙,从某种程度上来说,这也是一种互助活动。

当整形好的糖板放在案板上,切手们个个精神抖擞,他们手起刀落,切出来的麻叶子,就像出自于一台装有模具的机器的作品,厚薄出奇地一致。

我记得,为我们切麻叶子的,有好几次都是生产队俊俏美丽的年轻姑娘。她们不仅人长的漂亮,而且个个都是生产队里的劳动能手,人们称她们为"铁姑娘"。

她们一字排开,动作麻利,谈笑风生,切刀声、谈笑声把小小的作坊变成了一座欢乐的海洋。

我喜欢站在她们的身边,抢最新鲜的"麻叶子"吃。若是被父母看到了,会遭到大声训斥,这个危险动作很容易被切手们伤到手。

其实,麻叶子也是有分品级的。用普通的米做出来的,没有用糯米做的好吃,但最

切麻叶子

好吃的是"小麻叶子",吃到嘴里清脆香甜、回味绵长,被称为麻氏家族之上品。它比普通的麻叶子个头小,除了糖和爆米花以外,还添加了一些炒熟的芝麻,所以又叫"芝麻麻叶子"。还有一种叫法称为"焦切"。我想,也许"小麻叶子"是最后制作的,那时的糖比之前更老熟更糊焦的缘故。

切麻叶子有一个不成文的规矩,只能吃不能带。或许是因为粮食紧张,熬糖量有限的缘故吧,所以没有人随便带走东家的麻叶子。

我的母亲似乎很大方。每次请姑娘们来切麻叶子后,母亲都会强塞一把麻叶子到姑娘们的衣兜里。

我家有个邻居,姊妹众多,很早就失去了母亲。他们母亲过世时,他们像瓜藤上刚刚结出来的一串瓜飚葫芦那样弱不禁风。一群孩子,早早地失去了母亲的疼爱与呵护,那是多么凄苦与辛酸!每年熬好了糖,母亲总是不声不响地给他们家送上一些。

我记得小时候,母亲还让我用葫芦瓢为队里的孤寡老人送过麻叶子。如果我们在邻里之前熬了糖,母亲还会为没有熬糖的邻里分发一些麻叶子。不过,邻里们也很讲究礼尚往来,如果他们做好了麻叶子,也会送一些给我们家品尝。

那个时候过年,家里来客人了,端上一盘麻叶子招待亲朋,算是很大的礼数。沧海桑田,时世变迁,如今,琳琅满目的美食占据着人们的餐桌,麻叶子早已退居幕后,甚至有很多年轻人根本不认识麻叶子。至于熬糖,更是难得一见的稀罕事了。

不过,让人庆幸的是,在如今的超市里,偶尔还有麻叶子上架。逛超市的时候,我不时会买上一些带回家细细地品尝。因为,麻叶子里,有着我童年的记忆,我喜欢在咀嚼它的过程中,寻觅那些已经遥远了的时代踪迹。更何况,我们不能因为今天的富足与美好,而忘却曾经的贫穷与苦难!

# 十二 话说老行当

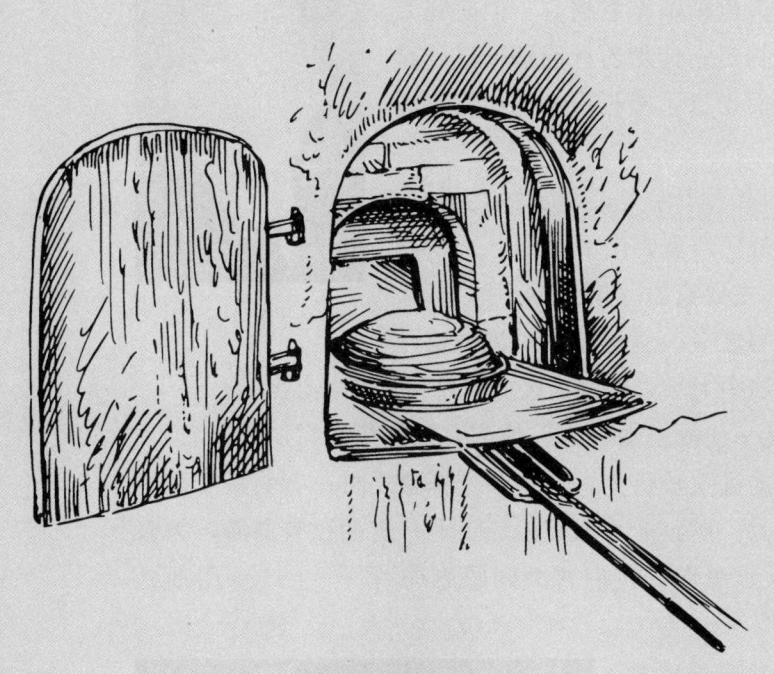

# 斗转星移话榨坊

李培新

作者李培新

榨坊，生产食用油的传统手工作坊，现在绝大多数中青年人对它完全陌生，大部分古稀老人也渐渐把它遗忘。但是我要说，它是特定的历史条件下的产物，它伴随着社会的变迁，科技的进步，人类文明的快速发展而走过了漫长艰难的历程，应该被永远铭记。

俗话云："春雨贵如油。"寥寥五个字，凸显了油之稀有，油之珍贵，油对人民生活之不可替代的重要作用。

此处所谓"油"，即食用油，主要有香（麻）油、清（菜）油、棉油三种。麻油香气扑鼻，闻之令人垂涎三尺；清油清澈透明，食之沁人心脾；棉油虽是油中下品，然是人民群众每天三餐之必需品。

正是"三油"，养育了一代又一代的通海口人。他们有的扎根乡村，建设家园；有的走进军营，保家卫国；有的走进党政机关，成为国家栋梁之材；有的跻身科研院所，致力于民族复兴；有的迈入厂矿企业，振兴民族工业；有的投身商海，为繁荣市场经济不断作出新贡献。饮水思源，我们要共同感恩榨坊——生产食用油之母体。

榨坊是我儿时的记忆，几十年来魂牵梦萦。打记事起，我就知道解放初通海口有三家榨坊：黄家榨坊和袁家榨坊在通海口集镇，冯家榨坊在唐家桥（今堤湾村九组）。

经常排队兑换食油的场景，至今历历在目。

听一些成年人讲，榨坊办得好坏，取决于两个人。一个称作"头师傅"，就是主持榨油的师傅。一个是"炒籽师傅"。炒籽的工作看似简单，其实对火候的把控很有诀窍。炒油籽火候不足不出油，时间超过了出油率也不高，而且油的颜色也不好看。

黄家榨坊的老板娘既能吃苦又能干，能

传统榨坊

炒籽，又能当头师傅，因此黄家榨坊的油远近闻名，登门兑换交易的人络绎不绝。曾经听人讲，黄家榨坊老板娘菩萨心肠，多次送油接济当地贫困潦倒的农户和外地难民，并给寺庙送灯油。这种善念、善心、善举，在我幼小的心灵打下了深深的烙印。我也曾幻想，长大成人有生活能力了做一个大善人，用实际行动回报社会。

我所目睹的榨油操作方式是木榨时代，那时没有机械，全靠人力牛力。原料要碾成粉子，靠牛拉着碾子把芝麻、菜籽、棉籽这些原料碾出来，然后上灶蒸好，做成草饼，再放入榨枕下。榨油时由两个工人操作，一人拿着杠杆，一人拿着铁钎，一次次地通过杠杆把大石头压下去，把油榨出来。同时有节奏的"起哟——落哟——"地吆喝，周而复始。那有节奏感的吆喝十分悦耳动听，至今记忆犹新。

榨出来的油要经过几天沉淀，方可取出来出售和兑换。特别是棉油，不能即时食用，需要脱酸，即将榨出来的棉油倒入铁桶，用大火烧，直烧至100多度，然后将火灭了，加入定量的碱水，通过木棍用力搅拌，拌匀后让它冷却，把最上面的油倒出来去掉油渣，这样的油才可以放心食用。

回顾这段漫长而令人难忘的历史，我主要有三点感受和体会：

一是榨坊在新陈代谢中前行。从解放前至20世纪70年代末是木榨时代，操作方式虽然原始、古老，但在生产力相对落后的时期，发挥了其他手工作坊不可替代的作用，也是劳动人民智慧的结晶。70年代末至90年代中期是液压榨时代，主要靠铁器和电力榨油，省工省力，操作便捷，经济效益和社会效益也明显提高，这也是社会进步的又一佐证。90年代中叶至今进入螺旋榨时代，标准的电气化生产，更是高科技的产物，也客观反映了我们伟大祖国更加繁荣昌盛，我们的人民更加福寿安康。

二是榨坊在村办企业中发展。通海口是粮棉插花地区，盛产棉花、油菜和芝麻，资源丰富，村办企业办榨坊（后称油厂和油脂加工厂）是首选。从50年代后期至今，各村办油厂应运而生，先后有堤湾村、苏滩村、柳李村、潘坝村、桂花台村等九个村办起了村办油厂，优势是投入小、原料多、销路广、效益高。大部分油厂是集体经营，多年后转入个人承包。这些油厂对壮大集体经济，繁荣农贸市场，增加农民收入，改善百姓生活发挥了不可替代的历史性作用，永远载入通海口地方史册。

三是榨坊在规模效益中生存。没有规模就没有效益，现在尚存的多家油厂就是靠规模效益，把油厂做大做强，增强市场的竞争能力。实践证明，榨坊（油厂）是乡镇不可缺少的生产加工行业，有其旺盛的生命力和发展前景。

我难忘榨坊，是因为榨坊各个时期生产加工的食油养育了我们。

我难忘榨坊，是因为它见证了通海口各个历史阶段的发展历程。

我难忘榨坊，是因为我也是村办榨坊后壮大集体经济的受益者。

我难忘榨坊，是因为它伴随我从童年走向迟暮，丰富了人生阅历。

榨坊，你虽名不见经传，但我们老一辈的通海口人会永远记住您！

# 记忆中的草鞋

王志华

## 一

头戴竹斗笠，身披毛蓑衣，脚穿泥草鞋；朝踏晓露出，午沐霖雨行，晚荷禾锄归。这就是成千上万老沔阳人月月如此，岁岁依旧的一种生产、生活的乡土人文情景，也是一道湖区水乡独特风景线。

草鞋、斗笠、蓑衣三件物，在广袤江汉平原上是不是"同生三胞胎"，现在已无法费时查证。反正，今日是撇下斗笠、蓑衣不提，单单说草鞋。

"陶家垱，打草鞋。儿子打，老子卖。换个钱，把米买。吃煮粑，夸儿乖，几百钱，攒起来。天天搔，月月打；手出泡，腰发烧……"这首三字经式的民间歌谣，在百石垸境内不知传诵了多少年代。

草鞋，无疑是老沔阳湖区水乡的一个非遗物资品牌中异常出名的产品之一。

草鞋是老沔阳人的钟爱，已过古稀的人们一提起这话，就有一种说不清道不白、依依不舍、念念不忘的情怀。

草鞋是一种日用代步用品。从事田间劳作或打鱼谋生或贩买贩卖的人群中，随时随处可以见到它的身影。它价廉物美、金色配银耳，阳光一照，光圆闪亮；它在双脚之下，使人感到松软自在、人清气爽，还给人以出入方便、随身可带，更换轻捷之感。

## 二

草鞋的制作过程、生产程序、所用器具，大凡老辈人都还记得明明白白。他们之中，或见过精美草鞋的样式，或还遗留有足蹬草鞋的感觉，或更有甚者，亲自编打过草鞋的艰辛经历！

谁都知道，草鞋制作的基本材料是稻草、麻绳。但鲜知制作一双好草鞋的工作程序竟多达15道，所用器具也多达11件！而且要求颇多。

先说说原料及所用器件。

草鞋机

1. 草鞋机。它有单爪（地方用语念爪的阳声）机和双爪机两种。单爪机只能供一个人使用。双爪机可供父子、夫妻、姊妹、爷孙双人使用。每排机爪都有7个爪子。整机所用木料，大都用桑树打造。机头上的爪子更是非桑槐树料不可。7个爪子中除牛鼻中"爪"外，其余6个为单爪，它们分两排横于中爪之左右，列阵一排。机头之下为机盒。用以存放小器件。与机盒平行而设的是空位机架。

2. 齐稻草。通常称齐草，用早谷稻草最佳。早谷齐草是人们在收割稻谷后用绞棍板谷特意留下备用的稻草。早谷稻草软绵节疏，稍带甘甜，是牛食佳品及编打草鞋的上品原料。

3. 土麻。它是采割粗壮高大鲜土麻，浸泡而剥出其表皮，经洗净晒干的雪白银丝。每皮麻绵软净洁，打绞收藏备用。

4. 腰绊子。它由绊勒（布料）和绊扣（带爪木料）构成。绊勒为两头尖、中间宽，呈椭扁纺锤形。两端有经带与绊扣连结。它扎实软绵。绊扣略带弯形、中间有自身扎绳爪一个。腰绊子用时，绊扣在人在肚脐之前，绊勒在人后下腰之处。

5. 磨子。它是给草鞋板子、蜻蜓颈边缘进行抛光所用的楝树木质棒子。有长磨和短磨之分。短磨长约尺许，长磨长约一尺五六寸。每种磨子均有磨牙及磨柄。

6. 油片子。手掌大小，类似手帕。用双层棉旧布浸上食用棉油而成，存于草鞋机盒备用。

7. 剪刀。用以修理草鞋底草茬、麻绳粗绒、稻草梢头硬杂物的妇用剪刀。通常置于机盒备用。

8. 榔头。打草鞋所用的木质榔头一般为中小型，专作捶草之用。

9. 麻梗把子或芝麻把子，用来烧草鞋之绒草、绒毛。

10. 长条凳或木扁担。用来供上机者坐用。

11. 火柴。它是引燃之源，用以点燃把子。

三

下面说说草鞋的制作流程。

1. 搓备好绱（念尚字第三仄声）子。绱子是每只草鞋中的钢筋。它长约丈许。搓时用双手一庹双股土麻。麻头麻梢互为倒置套在机爪上。然后用双手搓动，将两股土麻搓扭成麻花状绳。搓时不能让搓股太密或太疏。搓完后用油片子梳勒一遍，然后待用。

2. 齐草喷水。把早早备好的齐草扎成小捆均匀平铺在平地或平面石头上，舀碗水，用口将水成雾化状喷在齐草上（从头至尾），然后翻过来再喷一遍，即可。

3. 扎箍捶草。把已湿水之齐草束齐用草扎上两道箍，然后用榔头在石板上捶打。约20分钟左右，齐草就被会从头到尾捶软。然后置于布口袋内，竖立于草鞋机内侧旁备用。

4. 上机打板子。人进机，坐于长条凳或木扁担上，围好腰绊子，抽一根绳子，在离两根绳头尺许之处扣系于扣爪上，将其余麻绳双成四股，挂于机爪上。最初是满爪。四股绳分左右挂连在 1~3、5~7 六个小平爪上，中爪空着。抽草（3~4 根）搓编约 5 小编后，打掌板。10 余编后开始逼筋绳，一边逼，一边织，并收去 1、7 两爪，最后草鞋腰板织成直形，再继续编打。每块草鞋板子约 55 编。在编织中凡遇添草时，草数不超过 4 根。草头必须夹参在编草中下尾之间，并将齐草头齐刷地置于板底中间下方。打板子时，腰绊子使劲要适度。

5. 磨板子。用长磨棒子。一只手紧握磨棒，让磨牙卡住板子两边缘，上下往复地着劲磨打，直到边股紧凑边股光滑为止，至少要让编者感到自我满意才行。

6. 再打第二块板子。第二块板子的编打匝数、要求、宽窄、长度与第一板子一样。打好后照样要磨好。

7. 告（安装）耳子。在告耳之前，用短磨将两块板子两边缘必须再磨它几分钟。然后推编留空告耳子。告耳之麻，可用较短细麻。先告脚趾耳，由短渐长告完 7 根耳即可。再告（脚）腰耳。耳数仍为 7 根，但长度、粗细一样。后告（脚）根耳。耳数为 4，长度约 1.5 寸。根耳粗细长短一致。掌耳、腰耳是拗开的告在两边的，且中间有空编（5~7 编）。根耳是两边齐平的告在板子两旁。

8. 编圆鞋根跟。告完鞋耳之后，就添草编织鞋跟板。四根筋绳收于中爪之上，缓慢收圆编打，若 7 编左右告毕。

9. 打缠蜻蜓脑壳。这时将四股鞋内筋收至中爪最上端小爪上，用稻草细缠蜻蜓头，用细窄布片包草做好蜻蜓头。四股板筋，每两股需留有 3 寸余长露出。

10. 短磨抛光再摩。当每只草鞋缠完根鼻后，一定用短磨将鞋两边缘，鞋鼻多磨几遍，直到稻草发亮，编股紧凑滑圆为止。

11. 解绊穿耳。两只鞋编织完毕后，编者解绊下机对草鞋进行穿耳。用油片擦拭鞋头鞋尾之绳及所有耳子。然后用手捻动耳子，将两绳穿于耳子之中，不同的是后根绳是两股同穿一耳孔。

12. 修理鞋面及鞋底。这一工序统称修理。用剪刀把鞋面粗大枯叶、草谷梢子去净；把鞋底、草茬剪裁平齐、美观，并留露草茬半寸许。

13. 上螃蟹爪子。这一工序是针对特殊草鞋的。一般是为客户定做或自身专用的。

14. 套双扭绳结。

15. 火燂草鞋绒。把事先备好的干麻梗把子或干芝麻把子用火柴引燃。用微火在火之上方将草鞋上的细小草绒、麻耳子绒燂去。这一过程中，切记：勿用大火、急火、近火燂烧草鞋，否则麻烦会很多，甚至会报销一双草鞋！

## 四

过去的经历、故事，今成历史。

草鞋的制作、生产也有创新之举。有不少人编织出了"布草鞋"，苎麻草鞋。这两款"草鞋"的耳子数也有所改革，掌、腰耳各为9根，后根耳为5根，耳料是银麻兼花布或丝绸布混合搓告。这一造型做法，使"草鞋"更具艺术观赏性、造型精美华丽性，大多为"公子哥儿们"在干净路面上壮壮人气、秀秀人风，晒晒风度而已！在农田干活之平民，在路上辛勤劳奔的渔民是不会穿它的。广大民众穿的是均是实用的泥草鞋。

## 李家五爷罐头场

张德荣

提起李家（音 gā，下同）五爷罐头场，通海口上了岁数的老人无人不知无人不晓。而在通海口周边地区，五爷的罐头场也是小有名气。

说起罐头、壁耳，现在的年轻人知道的不多，甚至见都没有见过，也没听说过。这里我先简单介绍一下。过去农民耕地，都是用木制犁铧。木犁头上有两件铁器，就是罐头和壁耳。罐头在下，壁耳在上。罐头紧贴地面，耕地时扎进泥土里。壁耳架在罐头之上牢牢固定，用来把握泥土翻转的方向，同时免得翻起的泥土糊在犁上，减少摩擦力。

李家五爷罐头场主要是生产罐头、壁耳，偶尔也生产一些生活用品，如铁锅、铁火盆、中药用铁碾子、铳枪子、铁响钟等。

李家五爷，真实名字叫李大权，由于排行第五，人们习惯叫他"李家五爷"。

沿通海口镇南街（建设街）的小陈河河堤（小陈河堤自从改道修了通海口到监利的公路后，小陈河堤就没有了），往西南走一里多路，就到了李家五爷罐头场。也是李家五爷的家。房子后面就是州河。

李家五爷罐头场就坐落在刘家湾（现在的刘湾一队）东头的河堤旁边，河堤从门前通过。过去，到监利、姚咀、潘坝……南来北往的人都走河堤，从李家五爷门前经过。

李家五爷的家是三进三拖的大瓦房（坐北朝南），瓦房的门面镶着鼓皮（木质板墙）和雕窗。房子西边建有一间工房（制作罐头、壁耳造型的工作间），工作间后面置有炼铁水的冲天炉。

房子的三面（前、后、西面）栽有高大的柳树（北方人称杨树），这一切在当地都十分显目，生态环境优雅。

李家五爷和莫姆妈育有五个女儿，分别叫桂兰、光英、光玉、光珍、光霞，个个花容月貌，才华横溢，当地人誉称李家五爷的"五朵金花"。

20世纪三四十年代，李家五爷罐头场是家族式作业，由族人、亲戚（表亲）、徒弟和乡邻帮工打理。像侄子李炎光、李光恒、李光堂、李光灿，侄孙子李兴街、李兴成、李兴仁，表亲戚刘烈禄、刘烈松、刘烈福、刘烈新、刘实银，邻居蒋贞林、侯必科、蒋祥兴、金祖荣，徒弟李光长、李和庆、郑学龙、印毛子、吴禄松、汪记福、周从德、李克雄，同行有左师傅等。只要一开炉，大家自觉来到这里。日常的造型工作，用工人员不多，主要由李家五爷自己和侄子、侄孙、族人们操作完成。

造型做好了，就整整齐齐地摆放在工作间等待开工浇注。

倒（铸造）罐头、壁耳工艺很复杂。首先得有模子（模板或模型，就是前面提到的"造型"），要根据图纸制造出模子。李家五爷他们那个时代，哪来的什么图纸？完全凭经验和手感来做。这也是这行手艺在那个时代的奥妙之处。

罐头和壁耳的壁厚都很薄，4～5毫米，而且不同部位的厚度还不一样，边缘的厚度要薄很多，仅仅1～2个毫米，这样犁地才锋利。这就给模子制作，带来了极大的难度和麻烦。完全要凭经验、意想和手感。

李家五爷（后排右三）和莫姆妈（后排左三）家人照（摄于1978年，张德荣提供）

特别是罐头，这个铸件是空心壳体铸件。制作模子的工艺十分复杂。首先要选择好分盒面（分型面）。罐头模子的分盒面采用的是曲面分盒（曲面分型），精度要求十分严格。当时一没图纸，二没相关资料，完全凭手感和意想，要达到这么高的精准度，谈何容易！

铸造罐头铸件，还必须有形成铸件的芯子。这就要制作出芯子模，最后把外模模子和芯子模子组合到一起，两个模子完美配合。可想而知，当时铸造罐头铸件到底有多难。

李家五爷全凭着一双手和经验，能铸造出罐头来，可见实在不容易，不得不让人佩服。

倒（铸造）罐头、壁耳，是采用耐火材料制作的成型壳模，技术要求高，难度大，工序复杂。模子做好了，还得刷烟脂（上涂料，主要成分是石墨粉），利于铁水流动，方便脱模。刷完烟脂的模子，浇口处都得用东西盖着，以免杂物掉入。一旦掉入杂物，倒出来的罐头、壁耳就会有缺陷，可能报废。因此，护理好成品模子的浇口十分重要，浇注铁水前一定要注意。

李家五爷的老伴叫莫士英，虽说不识字，却知书达礼，为人和善，待人接物彬彬有礼。因封建社会及男尊女卑的影响裹过脚，但走路还挺健步。年轻时人很撩将[①]，计算能力很强，里里外外一把好手，生意上的账、物都是她打理，人称"活算盘"。有时生意忙了，有些原材料如焦炭、生铁还亲自采买。她还做得一手好菜，对南来北往的顾客、乡邻招待都很热情，舍得给人家好酒好菜热情款待，凡是与她

---

① 撩将：通海口方言。意思是能干、脑子灵活、办事利索。

接触过的人都很喜欢她。对来家做工的师傅、徒弟、侄子、侄孙和表亲邻居们，那就更不用说了，一日三餐有鱼有肉有鸡蛋，招待颇佳。

20世纪三四十年代，通海口没有公路，更甭说通汽车了。道路狭窄，只能走毛驴车，一旦下雨就变成了"水泥路"。

原材料要从通海口上船，途径彭场、沙湖、汉阳沌口，然后到汉口买。来回一趟，顺利的话也得十天半月。

1939年农历辛卯年新年前，为了不影响第二年春耕罐头、壁耳的生意，罐头场需要储备足够的生铁、焦炭等原材料。莫老妈和一个族人带上盘缠、银两，雇佣船老板祝大海、祝小海家的船只下汉口。十二天后，才满载着采购的原材料，在自家后面的州河边靠岸卸货。

开炉（熔化铁水，准备浇注罐头、壁耳），是最令人期待和兴奋的时刻。

一切准备工作做好，李家五爷罐头场就要开炉了。

一大早，就在房屋的后院扎起工棚，置起冲天炉（熔炉）和大风箱（那时没电，更没有鼓风机，助燃完全靠人工推拉风箱）。炉火点燃，四个小伙子两个人一组，轮流推、拉着风箱。只见炉火纯青冉冉升起，两个人都已汗流满面。

李家五爷身穿一件半长蓝色衣衫，头戴草帽，脖子上套一条毛巾，腰间围着裙，手持一根两米多长的钢火扦（熔化铁水时用来捅实焦炭和扒除铁水浮渣），威严而精神抖擞地站在冲天炉旁，边指挥，边观察着炉内情况。

三四个身强体壮的熔化工友，已经依次把焦炭、生铁等原材料加入炉内。另有七八个负责造型壳模的造型工友，已经把刷好烟脂的模子（模具），小心翼翼地从制作间抬到了离冲天炉不远的空地上，整整齐齐地摆放着，等待铁水熔炼合格后出炉浇注。

李家五爷忙忙碌碌，嘴里不停地吆喝，也不时伴随着指手画脚的动作。由于炉火的呼呼声、风箱的来回磨叽声，还有师傅们的沟通声交汇一起，也不知道李家五爷在吆喝些什么。这也是他平时严格要求所致，是他对工友们言传身教的一贯做法。工友们也都习惯了。

铁水熔炼是个技术活。铁水对化学成分碳、硅、锰、磷、硫的要求非常严格，必须精细控制。铁水的温度要达到1535℃，才可以出炉浇注。

铁水是液态铁的俗称，成分是单质铁，为纯净物。好的铁水，状态是表面呈黄色，明亮且辉光，最初是细小圆球花样，在铁水表面扩展来回滚动。随着熔炼时间的延续，圆球长大，运动缓慢。这种花纹是适合浇注的状态。

那时，没有化验室，没有测温仪器，李家五爷全凭经验和一双眼睛来观察把关，熟练地掌握火候，实在令人佩服得五体投地。

经过几个时辰的熔炼，李家五爷一声令下："铁水好了，可以浇注了！"

工友们闻声而动，穿戴整理防护，把防护脚面烫伤的帆布护盖绑定在脚面上，以免溅落的铁水烫伤。然后两两一组，抬着坩埚（浇注包）在冲天炉前等待铁水出炉。

在李家五爷的精心控制和指挥下，铁水缓缓流入浇注包。待浇注包铁水灌满，工友们迅速把它抬到模子旁边。负责模子的工友，则马上揭开模子浇口上盖着的东西。这时，浇注工友便稳稳当当地将铁水浇注进模子里。整个过程一气呵成，井井有条，既紧张又沉稳。

几个时辰的紧张忙碌，工友们都汗流浃背了，有的到离冲天炉远一点的地方稍息，有的光着膀子，手里端茶杯喝个不停。然后，再投入紧张劳动。直到一排排整齐的罐头、壁耳模子全部浇注完毕。紧张的忙碌过后，工友们终于松了一口气，李家五爷也不再吆喝。也许，他也累了吧。

罐头、壁耳浇注完成，但炉子里的剩余铁水也不能浪费。

远处的篱笆旁边，早准备了一口直径约一米五的大江盆，里面盛满了水，中间还立了根带尖的铁柱子。这是一个专门的工具。工友抱来几个青皮南瓜，将南瓜一分为二，把南瓜的一半扣在了铁柱子上。

原来，这是要倒铳枪子啦！

一个工友端着盛满铁水的单柄坩埚，熟练地将铁水浇在南瓜皮上。瞬间就溅射起晶亮的铁水花，十分耀眼华丽，犹如烟花爆竹，源源不断地掉进浆盆里，并发出"叭叭叭叭"的响声。然后捞出来晾干、筛选，成为了铳枪子成品。

"五爷，五爷，恭喜，恭喜啊！今天又开炉了。我们来取铳子啦。"不一会儿，箩行（搬运工）的丁柏林和游民曹德纯两个人背着鸟枪，也来到李家五爷家门前。原来，他们早就知道今天要开炉。

又过了几个时辰，浇了铁水的模子全部冷却，可以开箱取出铸件（罐头、壁耳）了。开炉的工友们齐心协力，把模子一个一个地扒开，取出罐头、壁耳半成品，整齐地码放在街檐（屋檐）下，等待打磨清理和合格品检查。

随后，工友们手里拿着锤子、扁铲等清理工具，对铸造出来的罐头、壁耳细心清理，挑选出废品。最后，由李家五爷把关，将成品铸件分类，逐件清点入库。

李家五爷罐头场，在20世纪四五十年代是生意兴隆、财源广进。李家五爷生产的罐头、壁耳，远销本地区和周边洪湖、监利、潜江、天门、汉川许多地方，有着良好的信誉和广泛的市场。

## 彭家钩铺

但召旭

民国时期，通海口街上有一家专门经营鱼钩的商号，名叫"彭新华鱼钩"。这就是远近闻名的"彭家钩铺"。

彭家钩铺出售的鱼钩质量好，信誉高，在沔阳、汉川、天门、监利、洪湖等县市独具盛名。

彭家祖屋在通海口中桥（现在的采购站桥）的北岸桥头，钩铺生意的始创者名叫彭作茂（彭爹）。清朝末年，15岁的彭爹到沔阳城单家钩铺当学徒，制作各种鱼钩。小伙子精明勤快，又肯吃苦，深得师傅喜爱，手艺在众学徒中脱颖而出。彭爹学成出师，回通海口结婚成家，在自己家里开了个小钩铺谋生。没想到彭家的钩逐渐得到渔民的认可，销量逐年上升，沔城单家钩铺的市场占有率越来越小，后来不得不忍痛离开沔阳城，举家迁到了洪湖新堤。

到彭家第二代彭德元（彭伯）当家理事时，嫌房子铺面小，彭伯花大价钱在堤街（现永湘闸附近），买下严家的台，建起三间大瓦屋，前店后厂，鱼钩生意进入鼎盛期。

湖北自古是"千湖之省"，江汉平原更是河网密布，湖泊众多。在那艰苦的年月里，堤防失修，十年九水。洪水一来，田园庄稼一片汪洋，湖区的茅草屋顷刻没顶，千家万户只得寄身于小小的渔船，捕鱼捉虾，艰难度日。洪湖、排湖、范湖、鲁家湖……长江、汉江、东荆河、通州河……多少底层百姓靠水吃水，以捕鱼为生，彭家钩铺的各类鱼钩随着他们的渔船，流向四面八方。

1938年，日军占领通海口，王劲哉的128师经常从小河口、潘场方向过来偷袭日军，战火将通海口堤街西头（今星红村一组永湘闸到帅家巷子）的牛马行、轧花行、槽坊等商铺和民居焚烧殆尽，唯独彭家钩铺幸存下来。日军继而在今永湘闸东边李巧林房子所在地，修起一座碉堡，加强戒备。他们嫌彭家钩铺妨碍了视线，勒令搬迁。彭家拆掉房子，搬到重阳树下搭棚栖身，抗战胜利后才搬回原址重建。从永湘闸到毛范垸闸之间，抗战时期是日军挖的一段一人深的战壕。1958年沿日军所挖壕沟开挖沟渠，连通永长河和通州河，建起了永湘闸，形成了现在的格局。彭家钩铺就在永湘闸的西侧。

解放后，特别是实行合作化以后，大规模围湖造田，渔民纷纷弃船上岸，鱼钩没了销路，彭家钩铺从此衰落。制作鱼钩的炉子、模子和全套工具，在"文革"中被"造反派"悉数抢走，不知所终。第三代彭必金（彭哥）现已78岁，谈起这段家史，彭哥感叹，是时代造就了"彭家钩铺"，后来也是时代淘汰了"彭家钩铺"。

我小时候（70年代初）喜欢钓鱼，在彭家钩铺买过刁子钩，记得刁子钩不是亮色的，而是呈黑色，有点软。那时候彭伯还在，基本没有什么鱼钩生意，市场上只有鲫鱼钩和刁子钩出售，也根本不是彭家钩铺独家经营。彭伯去世后，彭家就和鱼钩没有任何直接的关系了。

彭家第三代必金哥、必银哥、必龙哥，都是老实厚道之人，口碑极好，在村里从没与人发生纠纷，可惜老二和老三不到60岁就相继离世。如今看来，当年彭家虽说是本地知名的商号，属于有钱人家，但是其家教、家风是严谨朴实、勤劳本分的。

彭家钩铺的所有鱼钩都是自己加工生产的。彭爹从通海口上船，走彭场、经沙湖、过沌口，最后到汉口采购原材料，来回一趟得一个星期。彭伯则在家里带领老老小小制作销售鱼钩。

彭家钩铺的鱼钩种类繁多，能满足各类渔民的需求：

彭必金（彭家钩铺第三代）在建于80年代的彭家老屋前　（但召旭　供图）

——地钩。这种钩比较小，渔民用尼龙线将一颗颗地钩系好，成为一串，钩上放好鱼饵，乘船将地钩下到河里、湖里（也叫下卡子），第二天收钩，专门捕获鲫鱼。这种钩一般沉在水底，所以称作"地钩"。

——亮钩。这种钩大一些，专钓草鱼、鲤鱼、青鱼。渔民将亮钩下到河里、湖里，再插上竹竿，将串钩的尼龙绳系到竹竿上，以免大鱼咬钩后将钩线带走。

——摆钩（也叫滚钩）。这种钩更大一些，专门用于在长江、汉江钓大鱼。

——耙子钩。渔民将这种钩绑在一个特制的竹耙上，形成"排钩"，捕获藏在淤泥中的黑鱼、甲鱼、鲫鱼。

此外，还有黑鱼钩、鲫鱼钩、刁子钩。这三种钩与前面几种钩不同，都是人们用竹竿垂钓用的，销量比前面几种钩要少得多。

看上去一枚简单的鱼钩，制作工序却相当复杂。第一步，剪丝，将铁丝剪成一截一截的；第二步，锉尖，用钢锉将一头锉尖；第三步，赶直，用小锤子将其敲打，赶直；第四步，打须，用刀具切出鱼钩的倒挂须；第五步，扳钩，将鱼钩弯曲成形；

第六步，锤把子，将鱼钩系线穿绳的一头打弯，锤好；第七步，见火，将做好的鱼钩放到火炉里加热，烧红；第八步，硬化，将烧红的鱼钩放到水中，使其硬化；第九步，退火，将硬化后的鱼钩放到锅里，用粗壳翻炒，增强鱼钩的韧性，避免太脆，易断。

工序这么复杂，却从不请学徒和帮工。彭伯坐镇指挥，亲自动手，父母、妻子、儿女、姑妹，七八个人齐上阵，白天做，晚上也熬夜加班。

小作坊是开放式的，一家人各尽其责，邻居们来串门聊天，朋友们来喝茶说事，彭家钩铺里里外外热气腾腾，生意兴隆。通海口本地的渔民每次购货少，来得却勤。时常有从洪湖、天门、汉川等地来的大客户，一次就买几大包鱼钩，数量以千计、万计，出手都是白花花的银元。

生意这么好，外人难道不想学这手艺从事这一行当吗？当然有人想做这一行。郭河就有人开了一家钩铺，当地渔民起初也就近买他的鱼钩，可是鱼钩要么太软，容易拉直，要么太脆，容易折断，很难捕到鱼。不久，这家钩铺就自然倒闭了。

决定鱼钩质量的关键环节是"见火"，彭伯集几十年的经验，将火候拿捏得准，这一招是谁也学不去的。这就是彭家钩铺在江汉平原长盛不衰达半个多世纪的"秘籍"！

彭家钩铺赚了不少钱，不过，都是彭伯带领一家老小勤扒苦做换来的。彭伯是个热心人，资助本家的几个兄弟，接济贫困的乡亲，庙会捐款，修路搭桥，他都出手大方。旧社会不太平，常有恶霸、土匪给商家下条子，敲诈勒索，那时叫作"轧腿子"，一番周旋下来，免不了舍财免灾，息事宁人。彭家大部分钱都购置了田产，通海口镇机关的西侧有一条通往田野的路，名叫"彭家界"，路边是一条水渠，名叫"彭家到沟"，都是当年彭伯买地后出钱请人修的。好在彭家田多人口也多，土改划成分时划成了中农。

70年代，星红大队在彭家钩铺后面修建缝纫车间，清挖彭家的老厕所，挖出许多银元，被现场做事的村民和围观者哄抢一空。这些银元的背后，也许记录的是老彭家一段惊心动魄的往事吧！

彭家第五代大都大学毕业后在杭州、重庆等地工作，都到了结婚成家的年龄。

沧海桑田。如今，通海口堤街繁华依旧，通州河水仍在静静地流淌，彭家钩铺的身影却已离我们越来越远……

## 十三 未来不是梦

## 追梦，永远在路上
——记一专多能型人才黄斌

莫茂修

每个人都有梦想，因为它是我们前进的方向，人的一生，不就是为实现自己的梦想而奋斗吗？家住通海口镇永湘社区的黄斌用他的奋斗经历，谱写了筑梦、追梦、圆梦的人生三部曲。

2019年12月下旬的一天，笔者怀着仰慕的心情特意去采访这位一专多能型人才。当走过菜园桥进入永湘小区时，耳际传来一阵阵悦耳动听的二胡独奏声，时而如天上的白云，地上的小桥流水；时而如波浪澎湃，万马奔腾。走进小区东二巷往西约50米，映入眼帘的是一栋四间三层砖混结构楼房。只见黄斌坐在客厅一侧，身子随着乐曲节奏摆动，可见他二胡拉得正在兴头。见到笔者，黄斌停止演奏，起身相迎，一声问候，几多热情。得知笔者来意，黄斌欣然应许，讲述了他40余年的奋斗历程。

黄斌1959年10月出生于通海口镇一个民乐世家，自幼受父亲熏陶，耳濡目染，爱上了民族弦乐，对二胡尤为痴迷。7岁学拉二胡，8岁登台演出，不论区里、镇上，还是学校举行文艺汇演，都少不了他出场。

1969年，不满10岁的黄斌，随同父母自愿到以知青身份插队的大哥黄运武所在地——陈场沈湾大队落户。也许是生活环境的改变，也许是天性使然，黄斌的好奇心和求知欲越来越强烈。

一天，淅淅沥沥的小雨下个不停，他站在所住的生产队队屋门前，看见禾场上的积水慢慢流向四周的边沟，继而汇入前面的小河，顿时悟出一个道理：知识犹如雨水，是积淀起来的，科学成就也是一点一点积累起来的。惟有长期积累，才能由点滴汇成大海。人生要成大事，必先有伟大梦想。由此，他暗下决心，一定努力学习，刻苦用功，掌握多种知识和技能，长大后为社会多作贡献。

那时，黄斌的舅父柳景权在仙桃钟表工艺社工作，精湛的技术，良好的信誉，赢得方圆百里顾客的口碑。有时，他也到通海口镇上蹲点（俗称跑码头）。那年头，学生课外作业少，不像现在负担重，放学后还要补课，甚至连星期天也不能休息。得知舅父来通海口后，如果碰上星期天，黄斌便跑回镇上看舅父修理钟表。渐渐地，他对修理钟表产生了浓厚兴趣，每逢寒暑假，干脆住到舅父那里，成天陪着舅父，有时也帮助做点杂活。

一天，黄斌将想学习修理钟表的心愿告诉母亲，竟然得到认同与支持。母亲说："俗话说，百艺好藏身。有了修理钟表手艺，就是把一生的饭碗端在手里了。但要以学业为主，不能因学修理钟表耽误了学习。"

从此，黄斌的信心更足了。开始，他用省下的零花钱买来钟表，放学后拆了装、装了拆，反复研究构造原理。由于他刻苦用功，加之名师指点，初中毕业时，黄斌就基本掌握了钟表的修理技术。

一天晚上，黄斌拿出从学校捡来的报纸，欣然用毛笔写上"坚持数年，必有好处"8个大字，挂在房间的蚊帐里，作为励志的人生座右铭。

1977年，黄斌高中三年期满，以优异成绩顺利毕业。这年，他们全家也返回集镇生活。1978年，黄斌被安排到通海口供销社供销商场百货柜组当钟表保修工。1982年，供销社又安排他参加上海市钟表工业公司举办的第三届电子表、机械表维修技术学习班学习。半年后学成归来，似龙得水高翱翔，如虎添翼猛腾飞，黄斌不仅拓宽了视野，而且修表技能得到了极大提升，成为沔阳县行业内的佼佼者。

1982年，黄斌借调到仙桃供销大厦做商品表保修工。三年后的1985年，通海口供销商场业务发展，单独设立钟表柜组，黄斌只得回到原单位上班，继续做商品表保修工。

这里要提到的是，黄斌早在高中学习期间，经过多年的业余演艺实践，就发现传统二胡因制作工艺粗糙，部分构件不合理，而存在多方面的缺陷，多次望着心爱的二胡，试图对它进行改动，但为了圆满结业，只得忍心搁置。参加工作后，黄斌心想，何不利用业余时间对传统二胡进行改革，再造一把新型实用的二胡呢？从此，凭着过人胆识和坚韧不拔的意志，开启了追梦之旅，走上了漫长的二胡改革之路。

凭只会拉胡琴的黄斌当时的水平，要想攻克民乐制造专家们都不能解决的难题，在一般人看来，简直是异想天开！且二胡各个部件的生产涉及力学、声学、几何学、化学、高等数学等多学科知识，按工种分为车、铣、刨、钻、磨等多种工艺方法。

世上无难事，只要肯登攀。起初几年里，黄斌画出构思图样，讲给工匠听，希望他们拿出样品来。然而，结果都达不到理想要求。他终于明白过来，求人不如求己，任何一项发明创造，光有热情和幻想是远远不够的。于是买来有关专业书籍研读，那些枯燥无味的讲义、公式，在他看来魅力无穷，使他着迷。为少走弯路，他数十次赴上海、天津、北京、武汉、广州等地向专家讨教。

摆在他面前首要的问题，是要有一套专用设备。于是，黄斌拿出3万元积蓄，从镇上的家具厂和废品回收站购买废旧机械，自己动手配套完善，成了一个集木工、电焊工、机械工于一体的杂家。有时为攻克某个难题，通宵达旦地泡在简陋的车间里。有时梦中出现灵感，便迅速起床，付诸实施。

有趣的是，实验之初，他在不知道铣床为何物的情况下，居然制造出形状怪异、令行家刮目相看的实用型铣床,并在后来的实际操作中不断改进和完善。

黄斌的想象力和创造力令人折服。正是这些他亲手研制的30多台(套)设备,保证了改革传统二胡和生产二胡、京胡每一个部件的机械化生产和部分自动化作业。

生产工艺决定产品质量。为攻克胡琴的油漆施工工艺和蟒蛇皮的加工工艺难题,黄斌先后赴武汉、监利的新沟等化工厂向专家讨教,结果是核心工艺不得而知。只要功夫深,铁杵磨成针。黄斌从研究产品的结构和性能入手,经过反复实验,难关终于被攻破,完全掌握了先进的油漆施工工艺和蟒蛇皮加工工艺。

1991年,黄斌又萌发了寻找替代品对二胡蒙皮进行改革试验的念头。在同胞兄弟们的协助下,组成了"四龙人造蟒皮研究所"。

起初,他们对来源广泛的猪皮、狗皮、羊皮、牛皮等动物皮分别进行试验,其结论是:所有动物皮都能发音,但是始终难以达到野生蟒皮胡琴的品质,更谈不上弥补野生蟒皮的缺陷。于是,他们着手研究人造蟒皮。在分析蟒皮的结构特点和性能的基础上,运用现代化高科技技术,研制和配制了1000多种新材料,反复试验上万次。

功夫不负有心人。1997年7月,第一把造型优美、光亮照人、结构精巧别致的新型二胡诞生了,大小改革达25处之多。与传统二胡相比,达到了琴杆不弯曲、千斤不易松动、调弦方便、琴筒不裂缝的理想标准。当年9月,黄斌改革的传统二胡,获得国家专利局颁发的实用新型专利证书。他改革传统二胡的事迹,被以《千年古乐发新声——记传统二胡改革者黄斌》为题,在湖北文化

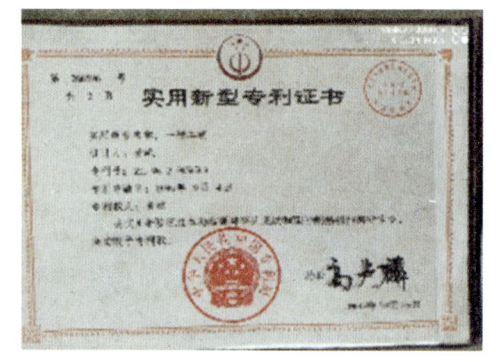

黄斌获得的二胡专利证书　(黄斌　供图)

刊物1999年第一期发表,同时被传上国际互联网。

2000年,正当黄斌和兄弟们的研制如火如荼时,仙桃市基层供销社进行全面改制。2001年1月,黄斌与通海口供销社改革领导小组签订协议,解除了劳务关系。黄斌不仅没有气馁颓废,反而以此为契机,重拾信心,专心致志地投入到传统二胡再次改革和人造蟒蛇皮的研制中。

2002年4月,一种复合化学皮膜——四龙牌人造蟒皮终于研制成功。这年5月和8月,他们把研制的人造蟒皮分别背到北京、上海等地,找有关专家和演奏家鉴定。中国音乐家协会二胡学会会长、著名二胡演奏家、国家一级演员蒋巽风,中国音乐家协会二胡学会副理事长、中央音乐学院教授赵寒阳等近20名专家,都将自己使用的二胡上的天然蟒蛇皮换成这种人造蟒蛇皮试用,有的演奏家还在国内外演出中使用。

2003年10月,中国二胡学会在北京召开人造蟒蛇皮鉴定会,专门对他们研制的新产品的质量、性能进行鉴定。一致认为,该皮蒙制的乐器具有不怕潮湿、不受气温影响,声音稳定、音质纯净、音量宏大,同时上下把均匀,反应灵敏、演奏省力等优点,是目前国内外所研制的各种人造皮膜中声音最好、最接近野生蟒蛇皮声音的制品。而且这种人造蟒皮费用又大大低于天然蟒皮,物美价廉,经久耐用。他们说这是胡琴和其他皮弦乐器改革史上的一大创举,也是民乐界的福音。这年的11月18日,《中国二胡通讯》第三期对鉴定会予以了报道。

2013年11月,黄斌又向国家知识产权局申请改革传统二胡的第二个专利。2014年5月21日,黄斌获得该局颁发的实用新型专利证书。改革后的实用新型二胡,包括月弯头、琴角、琴托等方面都进行了改进,较原来改革的传统二胡演奏声音更清晰,共鸣效果更出色。

黄斌先后两次获得专利的信息被传上国际互联网后,全国各地的二胡爱好者纷至沓来。有的甚至不惜重金,愿意出两万元高价购得一把心仪已久的二胡。同时,先后收到全国各地寻求转让、合资、合作的信件近500封。香港全威国际集团、广东茂名华威企业有限公司愿出巨资购买专利。

面对这一切,黄斌一脸坦然。他说:"虽然把科研成果转化为生产力,让自己的产品走上市场是我的夙愿,但通海口镇党委政府在我改造传统二胡的过程中给予了莫大关注和支持,我只想把这项专利奉献给生我养我的家乡!"

2008年春,由于社区工作需要,黄斌接受永湘社区的聘请,担任第一居民小组组长。一个从事技术研究的人,一下子转型去做社区工作,难免有些"水土不服"。但黄斌以他坚定的信念和意志,很快就适应了社区工作。

上任伊始,他跑遍了辖区所有街巷,了解社情民意,不仅建立健全了居民信息档案,而且将居民的大小诉求都记在笔记本上。小区统一安装路灯时,黄斌搬着梯子,手拿工具亲自动手,布线装灯。推行新型农村合作医疗和居民医疗保险制度后,黄斌服务上门,为居民代缴医保费用。他积极配合社区,动员居民集资,使辖区的永湘路和永湘东二巷的路面得以硬化,并埋设了东二巷的排水管,解决了社区多年想解决难以解决的问题。

2010年7月1日,黄斌光荣加入了伟大的中国共产党。这天,他向时任永湘社区党支部书记的笔者坦露心迹:"几年的社区工作,使我更加懂得了人生的意义,在实现人生价值最大化的道路上又迈出了新的一步。"

2019年秋季,为了全部喝上干净卫生的汉江水,通海口城镇实行给水管网改造。面对有些居民的不理解不配合,黄斌坚持做耐心的思想工作,反复宣传水改的重要性,最终成为全社区水改费用收缴最早到位、改造行动最快、结束时间最早的小组。

鼠年新春来临之际，新冠疫情暴发。在这场没有硝烟的战斗中，黄斌和社区工作人员一道，冒着被感染的风险走街串户，登记返乡人员，动员居民戴口罩、勤洗手、不聚集、少出门、多通风。从做好小区封闭管理，加强疫情监测，到测体温、做消杀，为居民代购生活物资，无假期、无休息地连续战斗，尽职尽责，尽心尽力，用自己的辛劳和坚守、奉献和汗水，为居民织就了抵御疫情的严密防线。直到3月10日，疫情防控取得阶段性胜利转入常态化防控后，才松了一口气。

主人公黄斌　（黄斌　供图）

现在，年逾花甲的黄斌，每月能领到一笔可观的退休金。笔者问及他今后的打算，他说："我能有今天，应该感谢党，感谢通海口供销社，帮助我实现了少年时的梦想，无论在精神和物质上，我都非常满足了。但圆梦之时，正是扬帆起航之日。只有更好，没有最好。我们不能沉浸在过去的成就中固步不前，唯有放下过去，才能负梦前行。追梦，永远在路上！"

## 不同的房子相同的梦

涂正立

2015年,姑妈拆掉居住了30多年的老房子,在原址上修起了新楼房。村里的乡亲,近年也大多盖起了楼房。

**楼房——我把它称之为村里的第四代房**

村子里,还有一间老房子,是我未曾谋面的爷爷苦心经营的家。爷爷1945年初参军抗日"打鬼子",打跑鬼子后,紧接着又参加了解放战争,1952年回乡,却没有房子住。他的同村战友王汉龙在县城工作,就把自己分家所得的2副房子列架赠与我爷爷盖房,可盖房需要3副列架。1954年,爷爷徒步到汉口集家嘴买了15根湘杉树,从江汉平原的母亲河——东荆河放排,逆流而上,到达数百里外我家门前的通州河,将15根湘杉树泡在水塘里,"煞水"灭虫。一个月黑风高的晚上,15根湘杉树被黑心人偷走了,

涂阳斌和涂正立(右)

他疯了般地四处找寻,终于在邻湾的一户人家里找到了,可人家死活只肯还他8根。1956年,我姑妈出生后的第二年,爷爷用2副列架和8根湘杉树,盖起了两间茅草屋,就是杜甫笔下的"卷我屋上三重茅"的那种茅草屋。

**茅草屋——我把它称之为村里的第一代房**

可惜现在在村里找不到了,就留下一些遗憾。

可是,茅草屋漏风漏雨,外面下大雨,屋里下小雨。爷爷的梦想就是修一间不漏风、不漏雨的房子。渐渐地,我父亲三兄弟都长大成人了,爷爷想将茅草屋换成砖瓦房的愿望更加强烈起来。1972年,爷爷终于盖起了三间小瓦房,就是您现在看到的这间并不起眼的小平房。

**小平房——我把它称之为第二代房**

爷爷建的小平房，还不是完整的房子。房子西面的山墙砌好以后，钱不够，东面的山墙就没有用砖头砌起来，爷爷用芦苇杆和着泥巴糊了东面的山墙。我父亲三兄弟就住在东面的房间里。不久，东面的泥壁墙就被猪给拱坏了，猪啊、牛啊、猫啊、狗啊、鸡啊……可以随随便便在房间出入，父亲三兄弟便不用养"宠物"了。1977年，爷爷壮年早逝，可他的小平房却还是残缺的。1992年，我父亲自己动手搬砖，又与爷爷同村的战友周常武爷爷打商量，在他烧窑时搭伙烧了2400多块青砖，总算把小平房的东墙砌了起来。2003年，奶奶80岁生日时，父亲又出资5000元，请村里的表叔帮助整修了小平房。2007年，年深月久，家里原来用泥砖坯砌的神堂倒了，父亲又花900元请小表叔用红砖重砌。小平房，承载着这么多故事，难怪人家出多少钱，父亲三兄弟都不肯卖掉它。

老屋　（涂正立　供图）

姑妈拆掉的老房子，是1985年修建的。外表看起来像楼房，其实楼上不能住人，是假楼房。

**假楼房——我把它称之为第三代房**

当时建房用木料还需要计划指标。父亲在县上工作，他找朋友要了买木料的指标，给姑妈买了一车树，又帮姑妈搬砖烧窑一个星期，姑妈的假楼房就建起来了。可惜，我迟来了些时日，假楼房也拆掉了。姑妈现在的新楼房，是她和姑父辛辛苦苦养鱼20年换来的，一共花了11万多元。

村子里，第四代楼房"最土豪"的，莫过于我小叔祖父涂凡的别墅了。恢复高考后，小叔祖父涂凡考上了淮南化工学校的工民建专业，中专毕业后，没几年，他就成了县里某工厂的工程师。1996年工厂倒闭，他便下海到广东闯世界，利用自己所学的专业当起了老板，现在资产已经过了千万级，他还当起慈善"达人"。近几年，他为村民小组铺设了水泥路，修建了下水道，帮每家每户接上了自来水。他还在村里搞了个5亩地的小园林，做起了名副其实的庄园主。

——四代不同的房子，承载的是我家几代人相同的梦。

哦，忘了告诉您，我的老家在仙桃市通海口镇，老地名叫毛范院柳李村柳湾。

# 我的未来不是梦

武海英

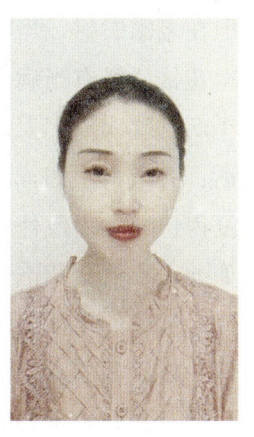

作者武海英

十一过后,天气转凉,但深秋的阳光依旧灿烂。蔚蓝色的天空,洁白的云朵,在阳光下在大地上在我的心里,家乡的美景已经实实在在走进了秋的画廊里。一望无际的江汉平原上,树叶渐黄的白杨仍在生长,洪堤脚下的水杉依旧挺拔秀丽,无垠的草地上间或有点缀着的野花绚烂地绽放,让这家乡风景更显多姿多彩的是家家户户门前晒谷场上金黄的稻子。

打工的城市是不断繁华不断喧闹,老家通海口是坚守一份平实一份希望。我从20岁开始浪迹天涯,从东走到西再从南走到北。我生在农村,长在农村,那时候我的梦想就是走出农村。为了生存和梦想,离乡背井在城里打工,也曾被人看不起过。但是,我从不认为我是农村人而看不起我自己,因为我心中依然有梦。

梦想是什么?梦想就是我们心中既定的目标,然后为了这个目标去努力去拼搏,不管最终结果怎样。实现了就是固然可喜,没有实现也不必悲伤,拼搏过、努力过,足矣。我们心里只要有希望,就会有无尽的力量,去追梦,去实现自己的价值和抵抗红尘中的风雨。

家乡,是我逐梦开始的地方,一切的繁华一切的梦想在这里生根发芽,也在这里我那么坚定地迈出了第一步的勇敢。

聚集着人群的城市喧哗热闹也让人觉得烦躁不安,而家乡的一草一木却在安静地诠释着人们对于未来从不熄灭的希望。这里有醉翁之意不在酒,在乎山水之间的境地;有采菊东篱下,悠然见南山的高远;也有未经雕琢的自然风景和被岁月沉淀下来的真情实意。

我想起年少时候的自己,总是幻想着突然长出一双梦想的翅膀,在蓝天里在白云下,自由地飞翔,那样一双翅膀,在蓝天下画下优美的弧线,掠过风掠过云掠过千山万水。天空不曾留下我的痕迹,但我已经悄然飞过。

我看过许多异乡美丽的风景,走过许多异乡陌生的路,听过许多异乡新奇的故事,尝过许多异乡传统的美食,写过许多身在异乡的文字,却只有家乡让我魂牵梦绕,心念念之。

秋日无声无息，时光不留痕迹。河水缓缓地流淌，小树慢慢地长大，小花依旧在年年岁岁里开了又谢谢了又开。我却从少年，又过了青年，不觉得走在中年的时光上。我不怕衰老，我接受老去，但我希望尽可能地去延缓我的衰老，我最初的梦想在这里起航也最终将在这里沉淀。

如今41岁的我，依然在追求我的梦想，我想做一个真正的健康管理者，真心关注他人健康，把自己所学知识，学以致用，这是我以后最值得去实现的梦想。

当人们财务自由后，就开始注重养生，定期体检或是坚持锻炼或是养生保健。但在老家农村，当身体出现状况了，由于经济条件的限制，都是习惯性忍着，舍不得花钱，只有当病痛让身体实在是忍不了，才去医院查看，往往这个时候，当初的小病已耽误成了大病。辛辛苦苦几十年，一病回到解放前。所以，在老家流传一句话：穷人不生病，就是走大运。因生病，我动过三次手术，头两次人年轻，身体恢复得快，觉得没什么。2015年的那次手术，我的身体迟迟不能恢复，感觉体质大不如前，不仅让我饱受折磨，也让我失去了家庭，这让我明白了健康的重要性。

健康的生活离不开生活的健康、身体的健康和身心的健康，可是人生从来都不是一帆风顺的。生活的压力、工作的压力，让亚健康的人越来越多，2016年经朋友介绍，我开始试着服用一款红参口服液，来调理身体，调理亚健康，服用一段时间后效果还不错。

当年少稚嫩的心在漂泊的岁月风尘里多了几分沧桑之后，当悠悠岁月和时光冲淡了不经世事的轻狂，我才明白，年少追逐的梦越来越遥不可及。历经岁月的磨砺后成年的自己，悄然修正了心中的那个梦，那就是帮助更多的人远离疾病，延缓衰老。

家乡终于在漂泊的岁月风尘里变成了心里最后的港湾，但我时时刻刻没敢忘却老家的一草一木和乡里乡亲。虽然我知道自己也许在奋斗路上会有更多挫折，也许最后在繁华里一身疲惫，可是家乡依旧还有停泊在心底最后的船，依旧能渡那些不肯安稳的梦想。

在今后的许多日子里，我终将平平淡淡地走过。在这个时候，在家乡流光溢彩的秋景里，光阴流过后的痕迹清凌而灼深，我的心船泊在静静的期待里。在水一方的风景辉煌着我的梦想，我希望尽自己的努力留住这段无悔的岁月。

我坚信，我的未来不是梦！

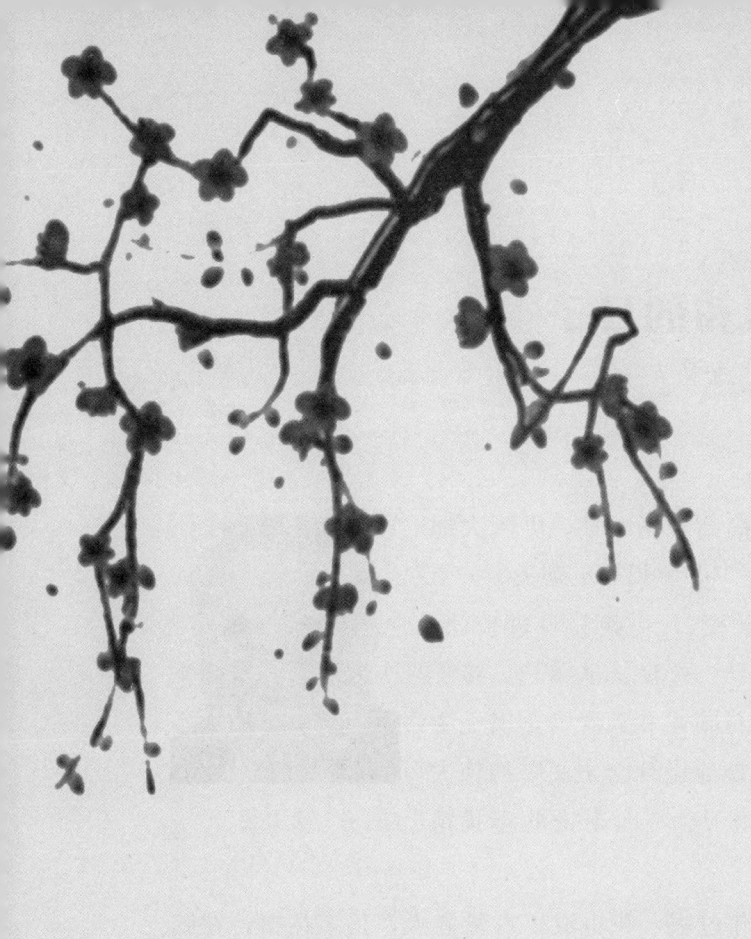

# 十四 第三只眼睛

# 在永和的日子

文必宏

20世纪70年代，正是三面红旗高高飘扬时期。中国大地风起云涌，"工业学大庆、农业学大寨"开展得热火朝天。

彼时，组织上安排我上"五七干校"，可我并没进校门，而是被通知到通海区官路公社永和大队二小队插队落户，接受贫下中农再教育。有机会亲身经历和目睹永和人民为落实毛主席"鼓足干劲、力争上游、多快好省地建设社会主义"的伟大号召，战天斗地、发愤图强、吃苦耐劳、不屈不挠的忘我精神，令人羡慕或敬仰。

作者文必宏

光阴似箭，日月如梭。一晃几十年过去，我也成了古稀老人，很多往事，在脑子里模糊不清。可在永和经历的一桩桩一件件往事，历历在目，难以忘怀，时时魂牵梦萦于心间。因为，我早把那段浓浓乡情和对流年往事的眷恋，深深地植入了自己的生命中。

## 一、初到新家

1970年4月，我们全家四口乘一辆带棚卡车，从县城来到了通海口镇。正好是中午时分，在一个小餐厅订了几样家常小菜充饥。我食不甘味，两个儿子（大的不过四岁，小的两岁多）却懵懵懂懂地吃得有滋有味。

饭后不久，接我们的小船到了。驾船的是一位六十开外、憨厚本分、老实巴交的大爷，话语不多，满脸堆笑，慈爱友善。自我介绍是二队的贫协组长，叫熊运虎。

那时从通海口到永和大队没有公路，只有一条弯弯曲曲、坑洼不平，天晴一把刀、雨天一团糟的羊肠小道。紧靠这条道的，是一条"之"字形的小河，名曰"永长河"。我们就是通过这条河，乘船到达新家熊家岭的。

老熊说起队里的事，滔滔不绝，如数家珍。多少户、多少人，男女劳力、旱地水田几何，似小葱拌豆腐，一清二楚。讲起张家媳妇贤淑尊老，王家姑嫂和睦相处，李家妯娌亲密无间，都能道出个子丑寅卯。他讲得精彩，我们听得入神。不知不觉，船就到了二队队屋门前码头。

站在岸边迎接我们的，是二队队长熊永华。这是一位体魄健壮的年轻人，戴一顶旧斗笠，白色衬衣扣子未扣，露出发达胸肌，穿一条灰不灰、白不白的短裤，赤着的脚上满是泥巴。也许因为风里来、雨里去日照太多，脸被太阳晒成酱红色，眉棱、颧骨、下巴轮廓分明，显得坚强自信，成熟老练。

船一靠岸，他就主动打招呼。话没说完，右脚就踏上船闷头，抱一个、挟一个，麻利地将两个小家伙送上岸。接着，三下五除二地帮我们把简单的衣被背进了新家。他笑着说："你们暂时先住在队屋里，秋后盖了新房，再搬过去。"

队长用心良苦，用砖把队屋砌出一单间，供我们居住。里面放着一张木床、一张木桌、两条木长凳，虽然有点陈旧，但显得古色古香，收拾得也很干净。临走时，小熊说道："晚上我来看你们。"

我以为是句客气话，因为正是赶插早秧季节，全队忙得不可开交。哪知他一言九鼎，晚上果真来了，还带来一大包莴笋、菠菜等。

我很感动，鼻子有点酸，谢谢的话也忘了说。还是熊队长先开口："你来之前，就听说你有文化，队里很需要，我打心眼欢迎你及全家，全队社员也高兴你安心留下。今后的工作嘛，就是当好队里的宣传员，为抓革命、促生产鼓劲加油吧！"

我很欣慰在这广阔天地里，真有用武之地。迷茫的心，也终于是吃了颗定心丸。

之后，每天都有爷爷奶奶、大叔大婶送蔬菜。送得多了，全家吃不完。乡亲们的真情厚意，我看在眼里，记在心中。人非草木，孰能无情？决心安下心来好好磨炼，与他们甘苦与共，成为他们中间的一员。

## 二、同舟共济

我琢磨着，不能辜负乡亲们的希望，一定当好宣传员。

我用石灰水把队屋靠路边的一面墙刷得雪白雪白，搭梯子在最高处用红油漆写出党的总路线，并办出一个宣传栏，查资料、翻报纸，介绍防暑降温知识，表扬队里的好人好事。还用水调好红土，带上自己做的毛刷，在老乡们的墙上写了不少鼓动人心、时代特色鲜明的标语："要吹冲锋号，不打退堂鼓""事在人为，人定胜天""双手创造奇迹，一心夺取丰收""劳动致富，生产发家"，等等。

日子过得真快。一眨眼，就到了一年中最繁忙、最紧张、最辛苦的"双抢"季节。永和大队党支部召开动员大会，提出的战斗口号是：争分夺秒抢时间，千方百计赶季节，尽心竭力保质量。

二队队长熊永华脑子活、点子多，在社员会上说："谁是英雄谁好汉，劳动之中看一看；不听吹牛休夸口，双抢比拼显身手。"他把队里能出工的人员编成几个组，什么巾帼先锋组、青年突击组、壮士加油组等，每个组既能单独作业、开展竞赛，又可合力打歼灭战。

七月高温酷暑，烈日炎炎。为配合"双抢"宣传，我背着一个黄挎包，带着笔和本，拿一个铁皮做的土喇叭，整天地头、田间、田埂上穿行，摸进度、抓典型、鼓干劲。有好素材，就现场编、现场播，心里轻松，劲头十足。

队长熊永华有次约我在各作业点上转。二队水田多、旱地少，他在窄小的田埂上健步如飞，我连跑带跳才能跟上。来到巾帼先锋组，姑娘们正割稻谷，只见个个手脚利索，恰似风卷残云。小熊心血来潮，要我编几句鼓励鼓励。我默默想了想，就编出了几句顺口溜：

> 姑娘个个顶呱呱，敢与劳力比高下。
> 能吃苦来干劲大，脏活累活也不怕。
> 队长见了笑哈哈，全队社员齐声夸。
> 光荣榜上留美名，碗大红花挂胸前。

姑娘们听了拍手叫好，干得更加风声水起。

收割回来的成熟稻谷，怕生芽子，要迅速脱粒；而结板开裂留有茬子的稻田，又得迅速灌水耕整插秧。两者齐头并进，不能顾此失彼。

为了挤出更多时间，脱粒都是放在晚上。只要脱粒机启动，供料、脱粒、清场、收谷就得各就各位，并做到眼尖、手快、腿勤，一环套一环，环环相扣。然后通宵达旦到天亮，毫无喘息之机。

我不止一次参加脱粒。夜深四更，大家唇干口燥，饥渴难忍，只想喝一碗凉水、吃一条油瓜就此生足矣！可是，这一微不足道的要求，也难办到。劳动强度之大，可想而知，然而人人都硬撑着，毫无怨言。

天蒙蒙亮，脱粒结束。一夜未合眼、疲惫不堪的乡亲们，还得要十足劲头地参加另一场战斗。

插秧也是门苦活累活。我尝过那样的滋味。不亲身经历，是体会不到其中的酸甜苦辣的。

清晨三点左右，队长就拍门打户把大家叫起来，下秧脚田扯秧。扯完秧回家，粗茶淡饭扒上几口，又得赶快下地，把扯好扎成把的秧苗抛到秧田里均匀撒开。随后，人们就摆开阵势，开始了你追我赶、争先恐后的插秧竞赛。比速度、比质量，间距行距都得一丝不苟，精准到位。一块地插完，大家陆续上岸，只见水田变成翠绿。

"小暑大暑，上蒸下煮。"人们头顶骄阳、脚蹚热水，口朝黄土背朝天，个个汗流浃背，人人腰酸背疼。一天下来，全身会出密密麻麻的小红点——痱子。

那时物资匮乏，生活条件差，日子过得紧紧巴巴。乡亲们却自甘清贫、不求补偿，热血沸腾、心潮澎湃，一心只为国家建设出力出汗。自己生产粮食，并不能天天吃上大米干饭，还得"瓜菜代""副食补"。尽管这样，都心甘情愿，无怨无悔。他们是那个火红年代名副其实的真正英雄，是最可敬可佩的人！

### 三、人间真情

和永和大队党支部书记曹坤林相识，是我到永和二队一个星期之后。那天我和贫协组长熊运虎在地头研究如何抓典型，曹书记来了，主动要与我聊聊。

曹书记三十岁左右，中等身材，有点清瘦，人很精干。一顶被雨水淋过出现黑点的旧草帽戴在头上，上身穿一件土布衬衣，下身的裤筒高高卷起，打着赤脚的小腿上留有黄泥。给我的第一印象，这是一位典型的农村基层好干部。

坐在田头的草地上，他说了不少关心我的话。离开前，又语重心长、推心置腹地说："我们农村人虽然文化不高，但知情达理，待人真诚，正直、诚实、善良、厚道、豁达。只要你真心实意融入，与他们同呼吸、共命运，你给他们十分情，他们会给你百分的爱。"

曹书记的一席话，等于在大热天里，突然吹来一股清凉的风，我全身舒坦极了。

我在永和近两年，与曹书记经常见面，成了要好的朋友，也得到不少帮助。他家有两位温柔敦厚、热情好客的老人，因年事已高不能下地干活，可把家打理得有条不紊，免除了儿子媳妇们的后顾之忧。老奶奶烹调手艺精湛，能做一手好饭菜，因此曹书记隔三差五接我们全家去吃饭，说是打牙祭。

每次去总搞得杯盘狼藉，桌上地下满是残汤剩饭，多亏两位老人不厌其烦地忙前忙后收捡洗涤。我和家人过意不去，抢着要干，两位老人总是慈祥笑笑，说："你们出工太累，还是歇歇吧，我们干得了。"

两个小家伙嘴馋，知道去爷爷奶奶家有好吃的，总吵着要去玩。有次我不在家，孩子的妈妈有事也要出去。临走之前，反复叮咛兄弟俩只能在家待着，不能乱跑。可等妈妈一走，兄弟俩找出两条旧棉裤穿上，上身赤裸，晃晃悠悠，一前一后去找爷爷奶奶。

路过一片正在开社员大会的树林，一位眼尖的妇女见了，笑问身旁的社员："你们说，这大热天里有没有人穿棉裤？"对方说："你这是大白天说梦话，鬼嚼！"当她看到两个像小丑的孩子时，也忍不住哈哈大笑，并引得会场笑声一片。曹书记爱人刘凤兰看见了，把两个小家伙牵回家，脱下棉裤，换上自家孩子的单裤，洗干净脏兮兮的小脸蛋，又叫老人把做好的饭菜给兄弟俩吃，还在自家菜园摘了两个香瓜带上，才送他俩回自己的家。

2018年10月,在曹书记的陪同下,我去了趟永和的家。乡亲们热情欢迎,像迎接久别重逢的亲人,让我万分激动。岁月呀!周而复始,斗转星移。快五十年了,乡亲们还记得我这个老永和人。

可惜的是,有些志同道合、共同奋斗、关心帮助过我的亲人朋友,已驾鹤西去,阴阳两隔。我忍不住潸然泪下,泣不成声,留下难以医治的伤痛。

永和村支部书记周厚龙陪我和老书记曹坤林吃了顿正宗的家乡饭,又和乡亲们一道,带我边走、边聊、边看永和翻天覆地的变化。的确是今非昔比!原来零星点点、杂乱无章的村寨,变成宽敞明亮的楼房,"一"字形展开,既气派又好看;那时的羊肠小道,早已变成平坦的水泥马路,各种车辆自由来往;两岸绿树成荫、花草飘香的"之"字形永长河,河水清澈,鱼儿嬉戏,好比是一条被风舞动的银丝带,在永和村前舒缓流过,成为人们纳凉、娱乐、休闲、观赏的好去处。

永和村的变化看不完、道不尽,真让人流连忘返。当然,这一切的变化,得益于改革开放,得益于党的富民政策,得益于习近平总书记的英明领导和各级政府的共同努力。

## 通海口记忆

杨柳（天门籍人士）

通海口不是河，是街，是集镇。

通海口有河，不宽却深。并非指水深，水深与否我没涉及无从得知。其深乃是地面与水面之深，十米有余，自河岸及水面有石阶而下，也有居民沿阶下行，至河岸埠头石板上杵衣，木棒头举起高高，落下重重，衣便在石上棒下任凭摆弄。河面有舟几叶，载三五鹭鸶于船头或尾。那鸟扎下水叼起一条小鱼，而后跳上船，由船主摘了鱼，顺手再给一条更小的与它，让它吃了再下水去。有时也空着嘴巴上船，那时主人则一竹竿扬去，并非真的敲打只是唬它。它便极不情愿地又下水去。没看到运货的船，也许有，我没亲睹而已。

作者杨柳

通海口在而今仙桃市西南边，与邻县龚场镇隔东荆河一水相隔。

既为镇且不小，通海口一条长通街一字而呈，另有一街从这线段上取一点垂直延伸，记得好像是条丁字街，是不是而今已似是而非了。事隔多年已记不住了。而且它是否通向大海如其名，也不甚了了。想当然应该是通海的，曲里拐弯而通海也非难事。这么说天下的水都通海，但它却是直叫通海口。未知是夸海口还是自信，抑或兼而有之。

我这辈子去过通海口只是一次，且是青春年少时光，印象却是特别地好。吃过了通海口最难忘的早餐，还吃过了通海口至今仍可回味的晚餐。

那是1976年11月中下旬，也就是20号左右。那时江汉油田在江汉盆地及其外沿到处勘探找石油。我在南方石油地质勘探研

究所宣传部门任职，仙桃一带我们有一个地震大队在，下辖五个地震队，通海口驻有两个队。去时不是我一个人，而是我们报道组长张某林带着我。我们坐车先到仙桃，再从仙桃转车去通海口。从油田出发去仙桃用三个多小时，再往通海口又坐了四个小时。那路上也有柏油，但多处被碾得坑坑洼洼，以至于我们到通海口时已是下午，太阳打烊了。冬天的下午短。

本想去地震队住，可组长说："地震队一人一床铺盖，你去了住哪里？这不比夏天找床席子就成的。"于是我们就住在了镇上招待所。住下后找饭吃的当口儿，我打量这小镇还真不错，快天黑了街上还人来人往。满街都是饭馆和商店，尤其那条横街。

可吃的东西太多，在我印象中那时候的我还没有遇到过那么多好吃的东西。一阵阵香味在街面弥漫，肚子是越发地饿了。组长个子小耐饥，他这家馆子走走那家餐店逛逛。在一家小包子店里我看有人吃一碟油炸的小鱼，金黄金黄的一看就诱人，便实在不想走了。组长没法只好坐下来。

坐下来等的时光里组长悄声说："你看那个服务员真漂亮！"

顺着他的眼神看去，果然有一个十七八岁大姑娘，满面桃花袅袅婷婷，穿行在餐桌间给客人们送菜。正看着，又出来一少女更靓，最多20岁，面若丹霞，体如飞鸿。正待着，她向我们走来了，原来是我们要的油炸小炸鱼好了。

我给组长要了一小瓶壮阳酒，150毫升。他喝我不喝。尝罢一口小鱼简直妙不可言。通海口怎么有这么好吃的小鱼？怎么有这么好看的姑娘！

我和组长工资都不高，组长的老婆还只是在家带孩子。我俩点了三个菜，油炸小鱼不用说了，还点了一盘回锅肉，再加一盘红菜薹。那回锅肉也是天生美味，才品了一口，不由如进仙品。组长边吃边看那个好看的女孩，我也是。

这时我想出了一个新词：秀色可餐。美啊，吃饭也能创个新词。正美着，组长也得意起来："秀色可餐啊！"

"你也会说这词？"

见我有疑，组长眼一瞪："是个成语，我怎么不会说？"

我噗嗤而笑，笑自己的孤陋寡闻。这是成语！竟然不是我的原创，好多年前就有了。难道古人也来通海口吃过小鱼吗？

这时服务员姑娘见我有笑便走来："同志，还要什么吗？"

我便莞尔一笑，不过我没法证明自己是否莞尔一笑，也后悔当时没有问一问姑娘：我有否莞尔一笑啊？

她见我笑而未答就忙自己的去了。

组长便学舌："同志，还要什么吗？"

我一笑了之。

"我要是晚点结婚就好了。"组长几口烧酒下去便一脸红晕地说。

"那遇到更好的你怎么办？"我打趣他。

他瞪我一眼："这就是最好的！"

我就差笑破了肚子。那天仙似的姑娘看着我笑她也笑了。

第二天我们要去工地，并要赶在人们出工之前到达他们驻地。地震勘探队工人们为了早日完成任务，每天出工很早，因为一到春天地里庄稼长出来，就不能勘探施工了，所以我们起得很早。为了不给勘探队添麻烦，我们决定吃了早餐去。

没想到通海口的早场是人山人海，比之昨日所见场面更非一般。街上摆满菜摊日杂，应有尽有。我俩只得跟着人流流动，寻找早餐店。组长皱了皱鼻子，"什么这么香！"他的话被旁边一姑娘听到，那人捂着鼻子笑着说："前面是家粉馆。"

抬头一瞧，万家粉馆！

由此我想起汪伦给李白写信的传说来。汪伦在信中说，自己的家乡有万家酒店，十里桃花，邀请李白来做客。李白好游便去了，一看哪有什么万家酒店，更无十里桃花。汪伦却说，你看那村头人家门前酒旗上大写一个"万"字，岂无万家酒店？出村十里，便有桃花潭。原来那万家酒店不过是姓万人家所开的店罢了，与太白先生所想的千家万家酒店差了十万八千里。不过这么一说李白也乐，高兴地住下了。

彼万家与此万家有无关联？

粉是米粉，我家乡也有且是名牌，百度可查：黄潭米粉。那是上品天成，自然美不可状。只是未知这通海口是不是要夸海口了。

坐下等没10分钟，那香味便扑面而来。试品之，哇，别是仙家美肴！粉丝似雪非雪，粉汤如霜无霜，香葱鲜绿而带露，香油煸出的鳝鱼梢子金黄闪亮，叫人食欲大开，我一下子干了三碗。旁边一女孩叫道："饿牢里赶出来的吧？"

年轻耳好，我又是莞尔一笑："你们的粉好啊！"

那女孩竟然羞红了脸："我什么也没说呀？"

"美味天降！美味天降！"我的组长把碗底都吸了个一干二净。

老家的黄潭米粉自然吃过多回，却未知为什么把通海口的米粉记忆得这么深沉。

饭后我们一同走往勘探队。现在已经记不起那个队名了，好像是266地震队又似乎265地震队，是不是应该无关紧要了。

赶往队上，人们正吃早餐，队指导员让食堂赶紧给我们弄早餐，我们说吃过了他还不信。说明来意后，他说今天可不行，昨晚已安排好了，今天全队除炊事员外所有人员都要上工地。我们组长说："我们正想去工地感受一下大家伙的工作热情。"

工地离通海口镇不远，就在老乡的麦地里。麦子刚播下不久，地里黑褐褐一片，正好方便我们打井放炮。我们有时与队干部们聊天说话，有时也参与打井放炮，直干到晚上8点钟才收工。

第二天阴天，早晨有几点小雨，队上便没有出工，这便于我们采访。座谈完后队上开饭，也给我们准备了中餐。可我们还惦念着昨天的油炸小鱼，便说了个不打扰，就回了招待所。情况都了解后，天仍有雨，我们只好歇着。组长说："你不是亲戚住在附近吗，趁着没事正好去。"我原本打算把材料写毕再去，但组长体恤，说他自己先拿初稿，这便遂了我的愿。这亲戚还近，是孩子外婆的老家，也就是说是妻子的外婆家。此时妻子的外婆已经不在了，但外公健在，几个舅舅还年轻。

先问路，有人指着街头一条路说趁直走，出了街是一片棉花地，地中间有路，路的尽头有村庄，叫小河村。小河村正好是我的目的地。

向组长告别我便依路而行，出了街果然一大片棉花地，只是路很小而且不像是路。依理村子的出路应该是比较宽大，而眼前这路刚好一跨，两边还有未拔的棉花秆，也没有路沟，应该是条便道。

幸好是早晨的雨，江汉平原有谚语：雨起早饭后，行人来问路。意即早晨的雨下不大下不久。只是路面多少有些泥泞，泥沾上鞋底后便不肯脱落，我走一段便折一枝棉花秆刮泥。

走了不到一小时，前面果然有村。问了村头人家，这就是小河村。问起妻子几个舅的名字，人家就告诉我，往前走几家就是三舅的家了。三舅他们姐弟六人，大姐即妻子母亲嫁入天门，大哥回天门顶了同宗门户。原来这家人是从天门逃荒去的沔阳，也就是而今的仙桃。三舅与妻子联系多，我自然先去他家，且妻子的外公也住在三舅家。

三舅舅三舅妈都在，外公也在。他们都十分热情，端茶倒水问长问短。外公卧床，我去问候他时，他却言语不清。三舅告诉我外公90多岁了，耳不好脑子也糊了。听说来了外甥女婿，除了不在世的二舅，几个舅都来了。二舅不在，二舅妈与她的女儿也来了。

趁三舅他们做饭的时光，我在村子前后走走，一条小河在村子后面，河水清净微波荡漾，很美。一条大道沿河岸直往通海口方向而去。这才真正是出村大路，我刚才走的是村里人贪近而踩出来了。本来没有路，走的人多了便有了路。

那天我吃罢晚饭才回，组长还很不高兴："你一去就不管我了。"真逗，我们组长还跟小孩子一样好像我是他的领导。

又过了两天，我们采访写作任务俱已完毕，准备先将稿给队干部看看后就打道回府。谁知当日下午，我接到前线指挥所电话说：速回，妻子要生产了，人已经在医院。如何速回？那时候车船不便，中午动身下午只是赶到了前线指挥所，也就是我们单位在仙桃镇的东面一座河堤上搭建的几间活动板房。而因指挥所里值班车回单位去了也没有车，我只好在指挥所住了一晚。那晚其实没睡，总是担心妻子及孩子。于是第二天没见天光我便早早起床，步行约三公里赶往仙桃长途车站乘坐早班车，中午12点才赶到妻子身边。

## 立意高远　打造精品

萧仁沛

以铜为镜，可以正衣冠；以古为镜，可以知兴替；以人为镜，可以明得失。《通海口风情》这部书，即将付梓发行，编委会的副主任韩训政校长与我联系几次，要我为《通海口风情》写一篇评论，我为韩校长一班人的精神所感动，在老朋友的面前，我乐意接受了，也只能献丑了。

书中乾坤大，笔底日月阔。通海口历史悠久，文化底蕴深厚。这里地势平坦，土地肥沃，气候适宜，雨量充沛，夏热冬寒，四季分明。

春夏分明排湖碧，一条州河两岸连。通海口地处仙桃市西南部，是一个物华天宝、人杰地灵的地方。中华人民共和国成立后，通海口是沔阳县最大的区公所，有十个小公社，尔后分出两个小公社，还有八个小公社，即姚嘴、杨场、潘场、小河、天星、官路、红庙、沔城。人口十多万，土地面积三十多万亩，长期是省委、县委（市委）的联系点，是镶嵌在仙桃大地上一颗璀璨的明珠。

地灵山川秀，海口日月新。这里没有高山，每天都有攀登的人；这里没有大海，每天都有弄潮的人。

在这片热土上，曾经出过一位风云人物陈友谅。元代末年，湖北第一个农民起义的领袖，陈友谅就出生在排湖南岸，现在陈家村。当时统兵六十万人马，威震华夏，为推翻元朝的血腥统治立下了汗马功劳。

山不在高，有仙则名；水不在深，有龙则灵。在这片热土上，出过不少文臣武将，志士仁人，诗家墨客，工匠艺人，专家学者，教育名流，企业精英。一代又一代通海口优秀儿女，在当今社会主义建设中奋力拼搏，敢为人先，乐于奉献，功勋卓著，他们值得歌颂，值得记载。因此，用文字的形式把通海口人民的奋斗历程和辉煌成就记录下来，传承下去，是一件光前裕后，意义深远的大事。通海口编委会的精英们，从 2005 年以来，共编纂三部书，编委会的人员起早贪黑，四处奔波，吃苦耐劳，无私奉献，值得点赞。

精英团队，品位高雅。从 2005 年开始，通海口镇以民协为基础，成立了编委会，可以说这个团队是藏龙卧虎，人才济济。这些人曾经是仙桃市各战线、各单位的领军人物。他们对通海口的过去和现在了如指掌，共搜集、编辑三部书，他们是一个战斗的团队，精英的团队。

2005 年第一部《通镇往事》与读者见面，主编顾绍柏；第二部《通海口记忆》，主编熊镜川；第三部《通海口风情》即将出版，主编余立功。意乃书之灵魂，立意是否奇特、高远，是决定一部书、一篇文章的关键。立意高远，"登山则情满于山，观海则意溢于海"，可以写出常人见到听到而未想到、想到而表达不出来的新意。

温故而知新。"往事"就是从前的、过去的、以往的事情。宋代文学家苏轼《和子由蚕市》："诗来使我感旧事，不悲去国悲流年。"意思是收到了你的诗，使我感慨往事，不是悲伤远离的故乡，而是悲伤时光易逝。

"记忆"，顾名思义，记忆是人对经过的事物的记忆、保持，再现或再认，它是进行思维、想象等高级心理活动的基础，是人们学习、工作和生活的基本机能。把抽象无序转变为有序的过程，就是记忆的关键。运用那些经过实验后能有效提高记忆力的方法、技巧，可以更好地服务于工作、生活和学习。

"风情"有多种解释：一是指风采、神情。才华丰艳，风情潇洒。二是指怀抱、志趣。唐代白居易诗云："一篇长恨有风情，十首秦吟近正声。"阳兆鲲有"贱骨便教埋海畔，穷途未减是风情"的诗句。三是指风情的情趣、韵味。唐代元稹有"常欲得思深语近，韵律调新，属对无差，而风情宛然，而病未能也。"宋代陆游《雪晴》诗："老来莫道风情减，忆向烟芜信马行。"杨朔《万古青春》："远处有个人头上戴满了红的黄的白的野花，用唱歌的调子大声吆着牛翻地。到底是青年人，喜欢风情。"四是指男女相爱之情。南唐李煜《柳枝》词："风情渐老见春羞，到处芳魂感旧游。"宋代柳永《雨霖铃》词："便纵有千种风情，更与何人说。"《二刻拍案惊奇》卷十四："听说世上男欢女爱，谓之风情。"五是指风土人情。

自古以来，好的命题必须出自文人高尚的情操和广阔的胸怀，《通海口风情》这个命题，可谓立意高远，气势磅礴。

紧扣主弦，平中见奇。通海口编委会与各位作者，乘天时，领地利，创人和。是一件上合天意，下合民情的善举。解放后，通海口历代官员，带领人民，胸怀大志，敢于奋斗，辛勤耕耘，创造一个又一个奇迹，谱写了一曲又一曲壮丽凯歌。如第三部《通海口风情》，有《实现最美乡村的梦想》《"鱼米之乡"散记》《"小汉口"散记》《流淌在心中的河》等散文，真实地记载了通海口镇委、镇政府、通海口人民开拓进取，敢为人先，在新农村建设中干出了惊天动地的事业，谱写了改革开放以来最美的篇章。如《实现最美乡村的梦想》中，有一首《新农村建设感怀》："城乡一体化春芳，告别贫穷奔小康。破旧陋房更旧貌，荒坡颓岭换新装。高楼大厦连环宇，村部广场歌声扬。精准扶贫新举措，共同富裕万年长。"真实地记录了通海口改革开放后，村民收入翻了十几番，居住环境起了翻天覆地的变化。进入春天，这里杨柳依依，樟桂成行，河水清悠，鲜花耀眼。时届夏天，莲荷映日，碧叶接天，鱼藕满塘，鸡鸭成群，绿树成荫。金秋时节，稻田铺金，棉花吐银，瓜果飘香，人喜神欢。进入冬天，寒菊绽放，红梅吐艳，腰鼓震天，舞步轻盈，好一派新农村美丽画卷。

《通海口风情》编委会的一班人，不辞辛劳，呕心沥血，赢得众人称赞，笔者赋诗一首，以表对编委会一班人的中肯评价：

青丝化雪不痴聋，经历沧桑气势雄。
泼墨挥毫追李杜，宝刀不老赛黄忠。
倾情热血书豪志，玉磊秋澄立伟功。
家国康宁常远虑，容颜焕发夕阳红。

不落俗套，刻意求新。《通海口风情》，没有停留在乱扣帽子、乱打棍子的时代，真实地记载了通海口往事和现状，如《追昔抚今话采桑》《水乡五七村》《我心中神圣的铁塔》《救王垱缘何而来》《湘字号河的传说》《男婚女嫁讲究多》《颂家风戏剧词》《妈妈，您最珍贵》《人生的航标》《陈友谅出世》《杨金凤与沔阳三蒸》《记忆中的草鞋》《1969的旗杆》《难忘通海口的早点》《老戏院里的趣闻轶事》《通海口小学，我永远的根》《在评工记分的日子里》《在永和的日子》《通海口记忆》，等等，由于篇幅限制，不能一一列举，但作者紧扣主弦，立意高远，写出的文章平中见奇，淡中有味，值得点赞。

以景结情，塑造形象。明代诗人谢榛云："景乃诗之媒，情乃文之胚。"鲁迅先生曾说过："诗人感物，发为歌吟。"景生情，情生景，互藏其宅。以景结情，是历代文人常用的一种手法，它的作用在于制造一种气氛，使作者想要抒发情感显得更加韵味深长。如《喋血通海口——王怀之抗日传奇》《小院 槐树 老人》《远逝的打硙声》《谈柴说灶》《消失了的自然景观和野生动物》《爱我所爱无怨无悔》《秉承家风 繁花不落》《笔墨如幻，画出军人一世芳华》《通海口老家的街坊》《端阳节趣事》《童年散记》《家乡美味》《通海口酒席12大碗》《彩票情牵上学路》《儿时的小吃》《通海口的白米粽》《春节习俗的变迁》《斗转星移话榨坊》《李家五爷罐头场》《彭家钩铺》《不同的房子相同的梦》《我的未来不是梦》《通海口记忆》，等等。《通海口风情》从不同的角度，不同的年代，用高远的志向，远大的胸怀，饱含的深情，细腻的笔墨，刻画了一幅通海口美丽画卷，歌颂了中国共产党的英明，赞美了通海口历届党委和政府真抓实干，开拓创新的领导风范，歌颂了通海口人民战天斗地，不畏艰辛的豪情壮志。

清代诗人尚熔曰："天下好山水，必有楼台收。山水与楼台，又须文字留。"纵观历史，滕王阁有王勃的华章增秀，岳阳楼因有范仲淹的美文千古，黄鹤楼因崔颢的七言诗名扬天下，通海口因有《往事》《记忆》《风情》而永载史册。总之，第三部《通海口风情》构思奇特，脉络清晰，主次分明，语言优美，如行云流水自然贴切，给人以高雅的情趣，优美的享受。

翠竹千竿，情系历代文人；丹管一枝，写尽人间春色。《通海口风情》是一首无字的诗，是一曲奇妙的歌，《风情》在通海口这块热土上写下了光辉的一页。

千淘万漉虽辛苦，吹尽狂沙始到金。情出心扉，笔走龙蛇。写到这里，我深受感动，无以回报，欣然命笔，赋诗一首，略表心意：

历史传承正是时，风敲战鼓雨填诗。
乘时号角催人进，骏马奔驰圆梦痴。
笔底流云龙滚滚，书中闪电虎嘶嘶。
甘霖遍洒苍松茂，巧引凤凰栖满枝。

（作者系中国作家杂志社签约作家、中华诗词学会会员、湖北省作家协会会员，湖北省诗词学会、民间艺术家协会、楹联学会会员）

# 跋

顾绍柏

承蒙乡曲错爱，我有幸近水楼台先得月，能提前拜读韩训政老友传给我的《通海口风情》电子稿，欣喜的同时，浓浓乡愁陡然升腾，诚如太白所言，"何人不起故园情"！尽管书中作者大多缘悭一面，但他们所描述的风土人情，我却了然于胸：金麦，稻浪，草露，绿杨，大堤，小河，方言，土腔……这一切的一切，让我仿佛又回到了久违的故土。当然，本书远不止此，从地域来说，其笔触由小镇伸向了所属广大农村。从题材来说，它既写平民百姓的悲欢故事，也写英雄俊杰的奋斗历程；既写新旧社会的强烈对比，也写改革开放的日新月异。总之，我从中受教良多，在此谨申谢悃！

我这里还要特别提到本书总纂余立功先生。其实我与他素无一面之雅，不仅不知其创作颇丰，甚至连其大名也蒙然无知，其孤陋寡闻若此，实在汗颜！及至读了他那篇活泼跳荡，文采灿然的前言，我才对他有所了解。他在前言中提到自己新近创作的长篇小说《葵花金黄色》（作家出版社出版），有意识地融进了通海口的风情，这更引起了我的兴趣，一俟稍有闲暇，我会网购一部拜读。我这里只想说，有这样一位作家任本书总纂，实乃本书幸事！

我不知道传给我的这份电子稿是第几稿，但我想肯定不会是最后的定稿，因为上面还保留着余立功先生借助编辑软件批注修改的文字，从字里行间不难看出，先生不仅驾驭语言文字的功夫十分了得，而且有着认真严谨的学风，令人啧啧称赞！我深信，有余先生把关和全体作者的共同努力，它定会是又一部经得起读者检验的力作。

至于对本书全面中肯的评价，还是留给广大读者去做吧。我想利用作跋尾的机会，"加塞"谈点别的。

事情还得从2021年说起。这年的暮春，突接刘祖荣先生微信，说是有天星洲王家渡的文必发先生急于要同我联系，他准备为《通海口风情》写一篇天星洲名人传记，其中就包括我，他急于要找我了解生平。其实我与文必发素昧平生，其令尊大人的名字我小时候倒是听家父多次提起过，也许还见过面，只是至今已毫无印象。他家同我家只隔一条小河，人们把它叫作"洪"，它是东荆河的一条小支流。"洪"虽小，它可是我们的母亲河，吃水全靠它。旧社会和新中国成立之初，每年七八月间，洪水暴涨，"洪"与天星洲连成一片，变为泽国，依堤而建的南北两家均浸泡在水中，浑水用明矾澄清后方能饮用；但冬、春、夏季，"洪"里的水变浅，清澈见底，游鱼可数，此时饮用，清甜无比。可以说，两家苦乐相当。

文必发后来终于同我用微信联系上了，他重申要为我"立传"，虽盛意可感，但我万难接受。其理由有二：一是我当年策划、编纂《通镇往事》时，就明确提出此书尽管不是方志，但也要学习方志"生不立传"的原则；二是我非名人，况且一向为人低调，愈老愈把名利看得很淡。因此，我才强烈建议他好好写一写三位军人——曾宪琪、顾德新、唐良才。这三位代表了三个不同时期：土地革命战争，解放战争，抗美援朝。这三场战争（还有抗日战争），通海口都没有缺席，而且值得旌表的还不仅仅是此三人（必发后来还请人提供了老战士文必怀的材料）。他们为建立新中国和保卫新中国都曾经出生入死，甚至献出了宝贵生命，他们是通海口的骄傲，我们不能忘记他们，应该为他们树碑立传。人们常说："之所以岁月静好，是因为不断有人在负重前行。"尽管这三人不是我的至亲，但还有些瓜葛：曾宪琪是我隔壁堂叔的姑父，顾德新、唐良才（曾使用胞弟顾德山的名字参军）是我远房叔叔，年轻时在家乡听过他们一鳞半爪的战斗故事。我一直希望家乡有人为他们传神写照。我编纂《通镇往事》时，也很想托付一位资深记者对这三人的事迹进行调查采访，然而始终未能如愿，错过了一次重要机会，殊为可惜！这次文必发突然提出要为天星洲名人作传，我首先想到的便是这三人，他们过去离必发家都不远，其中曾宪琪还属同一村。

我的提议得到了必发的积极响应。他行动迅速，陆陆续续收集了一些有关这三人以及我完全不熟悉的另几位军人的材料传给了我（包括全面提到的文必怀的材料）。我看后觉得多数人材料比较单薄，不足以敷设成一篇文学传记，建议他进一步收集发掘，并向他提供了一些线索。他也确实很努力，不顾年迈，四处奔波，经常打车查档案、访后裔。我一次又一次提意见，他不厌其烦地修改补充，令我非常感动。怎奈土地革命战争、解放战争、抗美援朝战争已经远去，而了解他们的战友或同事几乎都已离世，保存下来的档案材料也都很有限，要求作为晚辈的文必发写出内容丰富、感人至深的传记，难矣哉！果然，他把稿子交上去，编辑不怎么认可。他不免有些懊恼。平心而论，我既理解必发的心情，也理解编辑的苦衷，而这几位有代表性的军人，我又不忍让他们从此在通海口的历史上被湮没无闻，于是想到了一个变通办法，即利用这次作跋语的机会，将文必发等整理的文字撮要记录在案，以教育后人——

曾宪琪（1891—1932年），天星洲人。1929年参加贺龙部下娄敏修、邓赤中、胡幼松等领导的地下党，并担任一个支部的负责人。他以教书为掩护，在东荆河两岸组织群众，发动武装暴动，不断向红军部队输送农村优秀青年。长子曾庆观虽然只是少年，但在其影响下也投身革命，帮助传递情报，后来也加入了地下党，参加了赤卫队，积极协助父亲工作，与国民党军队和地方反动武装"白极会"做坚决斗争。

1932年的某一天，曾宪琪父子参加完一个重要会议已是深夜，由于叛徒告密，回家时突遭埋伏在途中的保安队逮捕。第二天父子俩被押赴施家港，反动派对他们施以酷刑，要他们供出"同党"，他们视死如归，不吐一字，最终惨遭杀害！两人临死时同声高呼："中国共产党万岁！"（材料主要由曾宪琪之孙曾凡银提供）

文必怀（1920—1967年），黄金刽村人。出身于一个贫苦人家，小时要过饭，帮地主家放过牛，在作坊当过学徒。1944年5月被抓壮丁，在国民党军队混了4年，看不清前途。1948年9月随国民党军队守锦州，由于中国人民解放军攻势凌厉，国民党军绝大部被歼灭，少部分举行阵前起义（文必怀就属于这支起义部队）。起义后的文必怀被编入中国人民解放军13兵团第38军炮兵团3营9连1排1班，担任炮长。38军军长就是屡建奇勋的梁兴初将军。

1948年10月，文必怀所在的38军炮兵团参加了著名的黑山阻击战，11月又参加了包围、解放沈阳的战役。经过休整入关后，这支光荣的部队还先后参加了平津战役、渡江战役、宜沙战役、衡宝战役、广西战役、湘赣战役、赣西南战役、广东战役、鄂西战役、湘桂粤剿匪、海南岛战役等。其中在平津战役解放天津的战斗中，文必怀所在的炮兵团与守城的国民党炮兵展开对攻，我军大炮以压倒优势轰平了天津和平门一带的碉堡群，为大部队攻进城区撕开了一个大缺口。当然，我军也付出了不小的伤亡代价，其中包括被敌人的炮弹弹片击中负重伤的文必怀，他因此荣立二等功。

1950年，美帝国主义纠集10多个国家的军队，打着"联合国"旗号悍然入侵朝鲜，文必怀所在的38军再次披挂上阵，跨过鸭绿江，担负起"抗美援朝，保家卫国"的神圣使命，与敌人展开了多次殊死搏斗。

在第二次战役中，38军在军长梁兴初指挥下，担负关键的穿插重任。第113师大胆冒充李伪军溃退部队，14小时急行军100多里崎岖山路，赶在了全机械化的美军前，成功穿插三所里与龙源里。335团3连以果敢动作抢占松骨峰，一举切断了美第8集团军南撤退路；激战两昼夜，不顾敌疯狂扫射突围，我军死守阵地，38军炮兵团3营及时给予了炮火支援，特别是3营9连1排在炮长文必怀指挥下，做到了精准打击，积极配合前沿守军打退美军多次进攻，使敌南北两部相距不到1公里却始终无法会合，此战役，38军共歼敌1.1万余人，缴获坦克14辆，大炮200余门，汽车300余辆。一举扭转了整个朝鲜战局。第二次战役是38军的第三次成名战，也是使该军名扬天下的战役。志愿军司令员彭德怀在嘉奖电的最后亲笔写下："第三十八军万岁！"从此"万岁军"名扬四海，文必怀在这次战役中荣立二等功。

在第四次战役中，38军背靠即将开冻的南汉江，依托简易工事，顽强抗击敌军，面对火力占绝对优势的"联合国"军的反扑，我志愿军官兵英勇无畏，前仆后继，使敌军每昼夜只能前进不到900米。文必怀所属炮兵团更是功不可没，他们配合我前沿阵地的守军，对准反扑的敌军群做到弹不虚发，使敌人成片倒下。敌人无计可施，竟丧心病狂地派空军向我炮兵阵地投掷毒气弹，使我炮兵团遭受重大伤亡，文必怀也因此负伤又中毒。但他仍然坚守炮长岗位指挥炮战，直至晕倒在地，才被抬下火线。我炮兵团虽付出了巨大牺牲，但还是胜利完成了掩护任务，保住了阵地，再次受到志愿军司令部的嘉奖，文必怀也因此再次荣立二等功。

1951年9月文必怀同志因伤势恶化，不得不被送回国转东北军区第六陆军医院治疗。1953年元月再转陕西西安第六陆军医院。后来虽基本痊愈出院，但也成了一等残疾军人，他不得不服从组织安排，离开了心爱的部队，转业回到通海口，受到地方党委的极大关心和照顾，被安排到合适的领导岗位，做力所能及的工作。

1967年4月文必怀旧伤复发，生命垂危，虽经医院全力抢救，通海口区委领导曾组织多位青年献血，但他最终还是不幸逝世，年仅47岁，通海口人民为失去这位身经百战的英雄而倍感悲痛！（此材料主要由文昌元提供）

唐良才（1922—2011年），熊庙村人。参军时曾使用胞弟名字顾德山。贫农出身。在旧社会曾三次被抓壮丁，因不堪忍受国民党军官欺凌，三次想法子逃跑。

1950年，美帝国主义悍然出兵侵占朝鲜，唐良才积极响应祖国召唤，报名参加了中国人民志愿军。在武汉补训团整训两月后，被编入志愿军第15军45师135团机枪连，成为一名出色的机枪手，随大部队赴朝参战。与特级战斗英雄黄继光同属一个团。

唐良才在朝鲜战场参加战役和战斗无数，其中最著名当数震惊中外的上甘岭战役！

据可靠历史资料记载，上甘岭战役历时43天，中国人民志愿军先后共组织4万余人参战，他们依托以坑道为骨干的坚固防御阵地，以争夺表面阵地为目标，经过无数次拉锯战，最终以伤亡11000余人的代价，顽强守住了阵地，将布满381个弹孔的鲜红战旗插到了上甘岭主峰。而以美国为首的所谓"联合国"军，先后投入3个多师6万余人、300余门火炮、近200辆坦克、3000余架次飞机，发射炮弹190余万发，投掷炸弹5000余枚，将山头整整削低了2米，敌方损兵折将25000余人，却寸土未得，最终遭到了可耻失败，直至朝鲜停战，他们再也没有组织营级规模以上兵力发动进攻。

唐良才在上甘岭战役中究竟经历了怎样的艰难困苦，人们从各种通讯报道和文艺作品中即能窥见一斑。他一生为人低调，从不在人前炫耀。只是到了晚年，在儿子顾绍培和孙辈们的一再要求下，才尽量搜索记忆，陆陆续续讲了一些片段，而且多讲集体和战友，很少讲到自己。他说："白天，敌人凭借强大的空中支援，占领表面阵地，抢筑工事；一到晚上，就轮到我们充分发挥自己善于夜战的优势，进行猛烈反攻，把他们才修好的工事炸掉，将阵地再夺回来。当然，敌人也不敢睡大觉，当我们用机枪压制敌人火力，掩护战士冲锋时，他们躲在碉堡里用机枪进行疯狂扫射，而且火力更猛。在争夺上甘岭右翼597.9高地时，许多战友倒在了血泊中，黄继光就是为了减少战友们伤亡，直接用胸膛堵住敌人的机枪眼壮烈牺牲的，他真是生得伟大死得光荣！我和我们机枪连的战友们都以他为榜样，坚定发出誓言：'人在阵地在！'每挺机枪射向敌人的都是复仇的子弹，亲眼见敌人在阵前留下了一批又一批尸体。在坚守坑道和阵地的20多天里，我们也付出了很大代价，在12军所属部队接替15军驻守阵地时，我们百余人的机枪连最后只剩十几位战友，我是幸存者之一。一旦撤离，长期绷紧的神经一下子松弛下来，我突然昏迷，等醒来时，才发现自己已经躺在了战地医院，这时战友们来到病床前告诉我，部队给我记三等功一次。1953年，朝鲜停战后，我被调到15军训练2团3营11连当后勤兵，再次受团部通令嘉奖一次。1955年元月归国，随即复员回到通海口熊庙村务农。"他后来当过10多年的生产队长，深得群众信任。（材料主要由其子顾绍培提供）

顾德新（1923—2013年）：熊庙村人。自幼生活在一个家大口阔的佃农家庭，父亲早逝，日子过得十分艰难，每到青黄不接，只好吃野菜度日。

顾德新长大成人后，依然命运多舛。1945年上半年曾两次被皇伪军抓壮丁，两次想办法逃脱，然而皇伪军却没有放过他，竟抓他母亲去当人质！所幸日寇很快投降，通海口迎来了短暂的和平与安宁。只是家里依然是吃了上顿没下顿，生活没有任何改善；加之岳父嫌他家太穷，逼他同自己女儿离婚。他一气之下，只得去"吃粮当兵"。他在仙桃被整编到国民党75军某团1营3连。他满以为在和平时期，既不用打仗，还能吃饱饭。谁知没过几个月，蒋介石撕毁"双十协定"，悍然发动全面内战。顾德新自知走错了路，后悔莫及。好在他所在的部队不乏识时务者，在我人民解放军二野17旅强大攻势下，驻安徽省亳县（今亳州市）某团举行阵前起义，顾德新从此获得新生。经过解放军一段时间的整训和诉苦教育，他彻底明白了为谁打仗的道理，随后被整编到二野6纵队17旅50团1营2连，从此成为一名光荣的人民解放军战士！他从此调转枪口，英勇杀敌，不怕牺牲，同年4月在淮海战役打响前，积极参加我人民解放军17旅50团创建大别山革命根据地的艰苦斗争。解放军在攻打河南卫辉县战役中，他所属连队担负正面主攻任务，其所在班又是突击先遣小分队，他和机枪组其他战士冒着枪林弹雨，勇敢冲锋，几经浴血奋战，终于打掉了敌人的多个火力点，为战役的最后胜利扫清了障碍。在这次战斗中，他不幸右手右脚中弹负重伤，血流不止，立即被救护队用担架送往战地医院抢救，终于脱离了生命危险。后被转移到山东省聊城县徐田庄荣军学校继续进行治疗，他伤口虽已基本愈合，却落下了终身残疾。但他并不以为意，一再恳请首长让自己重返前线，继续杀敌，领导当然不会批准，命令他继续疗养，直至完全康复。1950年，痊愈后的顾德新因国家新形势需要，被组织分配到通海口参加土改和建政工作，于是他带着新婚妻子回到了故乡……

至1983年为止，他曾先后担任过区委副书记、书记，九合垸和排湖原种场党委书记，通海口闸管所所长等职务。他一心为民，工作勤恳，作风朴实，清正廉洁，从不计较个人得失，曾多次被授予"模范共产党员""红旗书记"等荣誉称号。老百姓称赞他是"人民的好勤务员，永不变色的老革命"！（材料主要由其子顾绍军提供）

20世纪八九十年代我就开始思考如何以回忆录或传记文学形式为我的家乡通海口编一本书，真实记录通海口1000多年来特别是近现代的历史。我曾说过，通海口就是中国社会的一个缩影，举凡中国发生的重大历史事件，在通海口都有直接或间接反映，如果能通过通海口还健在的一些老人写回忆录，抢救一些历史资料，留给后人，未尝不是一件很有教育意义的事。

于是我利用经常出差北京的机会，同已从国家科委退休的发小王恒璧谈我的想法，多次连榻夜话，深入交换意见，恒璧深以为然，鼓励我斗胆一试。2007年，散居各地的乡亲们回通海口开了一次恳谈会，为家乡经济社会发展出谋划策，会议由已退休的原湖北省政协秘书长雷万春主持，我也应邀忝列，乘机在会上正式提出编写通海口回忆录的动议和具体要求，得到与会者的热烈响应。这次会议特推举刘祖荣、莫茂修两同志负责组稿、协调、筹措经费，以及同我联络诸事宜。经过数年努力，竟陆续收到百余篇电子稿，以及几十张珍贵老照片，真是大喜过望！我根据原来确定的方针，从中选出80余篇，纂成《通镇往事》一册共55万字，于2015年由广西师范大学出版社正式出版，2016年第二次印刷。

回顾一下《通镇往事》的编纂，有成功的地方，主要是指人们最关心的通海口重要历史事件，得到了一定反映，远的如元末陈友谅领导的农民大起义，近的如土地革命，抗日战争，解放战争，汉奸匪首苏振东危害通海口，工商业的繁荣与社会主义改造，等等，都或详或略写到了。然而也有遗憾：一是动手还是晚了一些，不少知情老人已经谢世，未能抢救更多一些历史资料；二是抗美援朝战争这么重大的历史事件竟付阙如；三是当时的重点放在镇上而没有充分顾及通海口周围农村。好在后来的《通海口记忆》和即将出版的《通海口风情》在一定程度上填补了空白，这是很值得庆幸的。

从《通镇往事》到《通海口记忆》，再到收官之作《通海口风情》，一脉相承，我冒昧将其称之为回忆通镇"三部曲"，我们从60来岁到七八十岁的这一辈人推出这三本书，虽谈不上是什么惊世伟业，但总算给桑梓的父老乡亲有了一个交代。至于家乡往后的历史，我相信"江山代有才人出"，一定会有比我们年轻的一代去书写。

我注意到,从一开始就积极为《通镇往事》撰稿,直到第三本《通海口风情》仍在发挥余热的作者,我比较熟悉的有韩训政、莫茂修、王泉远、熊自强、王恒璧、夏甸清、张礼成、张道兰、韩训华等乡友,在《通海口风情》中还有一些我认识的或只闻其名的作者如王东柏、雷本海、张光照、熊志军、但召旭、涂阳斌、马道富等,他们都让我感到十分亲切!

但我同时也注意到,为"三部曲"作出很大奉献的几位老友竟相继殂谢,他们是雷万春、庞生桂、王东平、李兴华、朱振邦、熊镜川、张道才、李佑垓、刘声才、黄天佑、张定福等(因为信息不畅,也许还有我不知道的鹤游故人),其中有几位甚至等不及著作出版便遽归道山,我谨在此致以悼念之忱,并将永远怀念他们!

顾绍柏

岁在昭阳单阏杏月于北京北郊静庐温故斋

图书在版编目(CIP)数据

通海口风情/余立功总纂. -- 海口：南海出版公司，2025.3. -- ISBN 978-7-5735-0538-5

Ⅰ.K296.35

中国国家版本馆CIP数据核字第2025K63Y14号

## TONGHAIKOU FENGQING
### 通海口风情

| | |
|---|---|
| 总　　　纂 | 余立功 |
| 责任编辑 | 孙翠萍 |
| 出版发行 | 南海出版公司电话：（0898）66568511（出版） |
| | （0898）65350227（发行） |
| 社　　　址 | 海南省海口市海秀中路51号星华大厦五楼 邮编：570206 |
| 电子信箱 | nhpublishing@163.com |
| 经　　　销 | 新华书店 |
| 印　　　刷 | 文畅阁印刷有限公司 |
| 开　　　本 | 787毫米×1092毫米 1/16 |
| 印　　　张 | 34.5 |
| 字　　　数 | 715千字 |
| 版　　　次 | 2025年3月第1版　2025年3月第1次印刷 |
| 书　　　号 | ISBN 978-7-5735-0538-5 |
| 定　　　价 | 198.00元 |

南海版图书　　版权所有　　盗版必究